XVIIIe SIÈCLE

LES
GRANDS AUTEURS FRANÇAIS

Anthologie
et histoire littéraire

Couverture : A. Watteau, *Le pèlerinage à l'isle de Cithère*,
(détail) peinture, 1717.
Musée du Louvre, Paris. Ph. H. Josse.
© Photeb.
Maquette couverture : P. Verbruggen

© Bordas, Paris, 1985.
© Larousse-Bordas, 1997.
© Bordas/HER, Paris 2001.
© Bordas/VUEF, 2001.
© Bordas / Sejer, 2004
ISBN 2-04-016213-5

ANDRÉ LAGARDE

Agrégé des Lettres

Inspecteur général
de l'Instruction Publique

LAURENT MICHARD

Ancien élève
de l'École Normale Supérieure

Inspecteur général de l'Instruction Publique

XVIIIᵉ SIĒCLE

LES
GRANDS AUTEURS FRANÇAIS

Anthologie
et histoire littéraire

BORDAS

Les événements	La lutte philosophique	Les auteurs	Les œuvres	Les arts
Fin du règne de **LOUIS XIV**	1685 Révocation de l'Édit de Nantes	1689 **Montesquieu** 1694 **Voltaire**		1699 Chardin 1703 Boucher
	1697 Bayle : *Diction-naire*	1707 Buffon		1704 La Tour 1709 Soufflot
			1709 *Turcaret*	
		1712 **Rousseau**		
	1713 *Bulle Unigenitus*	1713 **Diderot**	1714-16 *Lettre à l'Acad.*	1714 Pigalle
1715 LA RÉGENCE		1715 Fénelon (†) Vauvenargues	1715-35 *Gil Blas*	J. Vernet 1716 Falconet
	1717 Voltaire à la Bastille	1717 D'Alembert		1721 Watteau (†)
1723 Règne de **LOUIS XV**	1726 Voltaire exilé en Angleterre		1721 **Lettres Persanes**	1725 Greuze († 1805)
			1730 *Jeu de l'Amour et du Hasard*	
			1731 *Manon Lescaut*	1732 Fragonard
		1732 Beaumarchais	1732 *Zaïre*	(† 1806)
			1734 *Considérations* **Lettres Philosophiques**	1733 Hubert Robert
			1736 *Le Mondain*	
1740-86 *Frédéric II roi de Prusse*		1737 Bernardin de Saint-Pierre	1738 *Discours sur l'Homme*	
1741 G. de Succes-sion d'Autriche		1747 Le Sage (†) Vauvenargues (†)	1747 **Zadig**	1741 Houdon († 1828)
1748 Traité d'Aix-la-Chapelle			1748 **Esprit des Lois**	1748 David († 1825)
	1749 Diderot à Vincennes		1749-88 Buffon : *Hist.Nat.*	
	1750 *Encyclopédie,* Prospectus		1750 Rousseau, 1er **Discours**	
	1751 Tome I		1751 **Siècle de Louis XIV**	1752-54 *Les «Bouf-fons» à Paris*
1755 *Désastre de Lisbonne*		1755 St-Simon (†) Montesquieu (†)	1755 Rousseau, II**e** **Discours**	
1756 G. de Sept Ans	1756 *Poème sur le Dé-sastre de Lisbonne*		1756 *Essais sur les Mœurs*	
	1759 Condamnation de l'Encyclopédie		1757 *Lettre à d'Alembert* 1759 **Candide**	*SteGeneviève(Pan-théon) de Soufflot*
	1760 Palissot : *Philoso-phes*			1758 Prud'hon († 1823)
	Voltaire à Ferney		1761 **Nouvelle Héloïse**	
1762-96 *Catherine II tzarine*	1762 Condamn. *Émile* Expulsion des Jésuites	1762 André Chénier	1762 L'**Émile** *Contrat Social*	1762 Bouchardon (†, né 1698)
1763 Traité de Paris	1763 *Tr.sur la tolérance*	1763 Marivaux (†)	*Neveu de Rameau*	
	1764 *Dict. Philoso-phique*			1764 Rameau (†) (né 1683)
	1765 Réhabilit. Calas *Encyclopédie,* t.8 à 17		1765-70 Rousseau écrit les **Confessions**	
	1766 LaBarre décapité	1768 **Chateaubriand**		
	1769 Réhabilit. Sirven			1770 Boucher (†)
1774 LOUIS XVI			1775 *Barbier de Séville*	
1776 *Indépendance des U.S,A.*			1776-78 Rousseau écrit les **Rêveries**	
1778 Intervention française		1778 Voltaire (†) Rousseau (†)		1779 Chardin (†) 1782 Gabriel (†)
	1780 Abolition de la question			(né 1698)
1783 Traité de Versailles	1783 Voltaire, éd. Kehl	1783 D'Alembert(†) Beyle (Stendhal)		
		1784 Diderot (†)	1784 **Mariage de Figaro**	1785 Pigalle (†)
		1788 Buffon (†)	1788 *Paul et Virginie*	1788 La Tour (†)
1789 RÉVOLUTION FRANÇAISE	1789 *Déclaration des droits de l'homme*	1790 **Lamartine**		1789 J.Vernet (†) 1791 Falconet (†)
		1794 Chénier (†)		
		1797 **Vigny**		
1799 BONAPARTE (18 Brumaire)		1799 Beaumarchais†		

AVANT-PROPOS

Selon le principe de la collection, nous avons réuni dans un *livre unique* des extraits spécialement présentés en vue de l'*explication* en classe, des *lectures* complémentaires, une *histoire littéraire* suivie et toujours en relation étroite avec ces textes. Nous voudrions ainsi alléger pour le professeur la tâche de présenter et d'analyser les œuvres ou de dicter des questionnaires, et lui permettre de consacrer tout son temps à l'*étude des textes,* en compagnie d'élèves déjà préparés à cet exercice et intéressés par des lectures complémentaires.

Nous avons voulu permettre une vue d'ensemble du xviiie siècle tout en mettant l'accent sur l'étude des plus grands auteurs. Peut-être nous saura-t-on gré de donner des *philosophes* des extraits abondants : c'est ici, nous semble-t-il, que les explications gagnent plus particulièrement à s'accompagner de nombreuses lectures. Dans certains cas, notamment dans le chapitre sur Diderot, nous avons voulu inviter les lecteurs à *élargir le champ de leur réflexion* en s'initiant à quelques grands problèmes philosophiques ou scientifiques. Qu'il nous soit permis de rendre ici hommage à la mémoire du regretté Raymond Naves, professeur à la Faculté des Lettres de Toulouse, qui par son enseignement et ses ouvrages a été pour nous le guide le plus précieux dans l'étude du xviiie siècle. Par cet ensemble, nous espérons concilier les exigences d'une préparation efficace et l'ambition de former des esprits cultivés, en éveillant le désir de prolonger l'examen des textes choisis par la lecture des œuvres intégrales.

• **Les questionnaires** ont été mis en conformité avec les tendances de la pédagogie actuelle et les instructions ministérielles.

On y trouvera des listes d'extraits d'auteurs du même siècle ou des autres, permettant d'intégrer librement le texte examiné dans des « **groupements de textes choisis et étudiés selon une cohérence thématique ou problématique clairement formulée** ». En raison de la formule de ce recueil, ces textes pourront toujours être situés dans la chronologie et dans les œuvres dont ils sont tirés. Les références au *XXe Siècle* renvoient à la nouvelle édition (1988).

On y trouvera aussi de nombreux exercices à pratiquer **en classe** ou proposés **à l'examen** : contractions, commentaires composés, essais littéraires, entretiens, exposés, débats ; les groupes thématiques suggérés offrent d'ailleurs la possibilité de concevoir d'autres sujets relevant de ces divers types d'exercices.

• **L'illustration** a été groupée en **dossiers thématiques.** En relation avec les textes auxquels elle invite sans cesse à se reporter, elle conduira à une étude plus approfondie de questions importantes, les textes eux-mêmes appelant le regroupement avec d'autres extraits. La confrontation texte-iconographie permettra des exercices d'expression orale et écrite.

Avec le précieux concours des documentalistes, nous avons veillé à la qualité de l'illustration, en couleur pour la majeure partie : elle soulignera la parenté entre littérature et beaux-arts, et, pour une première initiation, elle pourra jouer le rôle d'une sorte de **musée imaginaire.**

L'armée des philosophes

Lemonnier, « Une Soirée chez Mme Geoffrin en 1755 » (détail), peinture,
XVIIIᵉ siècle (Musée des Beaux-Arts, Rouen. Ph. Ellebé © Arch. Photeb.)

Parmi les **salons** qui ont tant fait pour la diffusion des « lumières » (cf. **p. 7-8**), celui de **Mme Geoffrin,** rendez-vous des savants et des encyclopédistes, recevait aussi les artistes et les écrivains. Sous le buste de Voltaire alors absent, son ami l'acteur Lekain (assis devant l'actrice Mlle Clairon) donne une lecture de sa plus récente tragédie, *L'orphelin de la Chine* (1755). Au nombre des assistants, d'Alembert (à droite de la table), Helvétius, Jean-Jacques Rousseau, Choiseul, Rameau et, sur le bord droit près de la maîtresse de maison, Fontenelle qui allait bientôt être centenaire.

INTRODUCTION

En dépit des courants divers qui le traversent, le XVIIe siècle chrétien, monarchique et classique, laisse une impression générale de stabilité. Le XVIIIe siècle au contraire est une période de *mouvement* aboutissant à une crise violente qui anéantit un système politique et social séculaire et instaure un ordre nouveau. De la Régence au coup d'État du 18 Brumaire, que de chemin parcouru ! Une longue *fermentation intellectuelle et sociale* a préparé la Révolution française, tandis que, dans l'ordre littéraire, le *préromantisme* supplantait peu à peu l'idéal classique. La littérature, généralement militante, est d'ailleurs étroitement liée aux revendications qui aboutissent à la Révolution.

I. HISTOIRE ET CIVILISATION

Déclin
de la monarchie

Le règne de Louis XIV avait marqué l'apogée de la monarchie française : le XVIIIe siècle voit son déclin et sa chute. La Régence du duc d'Orléans se traduit par le relâchement des mœurs et aussi de l'autorité. Louis XV ne mérite pas longtemps d'être appelé « le bien-aimé ». L'influence des favorites entrave l'action des ministres et discrédite le pouvoir royal ; à l'égard des idées nouvelles, aucune politique suivie, mais des alternatives d'indulgence et de rigueur.

Malgré les victoires françaises, la guerre de Succession d'Autriche se termine à Aix-la-Chapelle par une paix décevante (1748). Bientôt c'est pire encore : les défaites de la guerre de Sept Ans entraînent le désastreux traité de Paris par lequel la France perd l'Inde et le Canada (1763). L'Angleterre affirme sa suprématie et la Prusse devient une puissance redoutable. Peu de temps avant la Révolution, la France reprend les armes contre l'Angleterre, et le traité de Versailles relève son prestige militaire (1783) ; mais la monarchie n'en profite pas : la sympathie pour les Insurgents américains contribue à répandre dans notre pays l'amour de la liberté et les idées républicaines.

Louis XVI s'engage dans la voie des réformes, mais il se heurte à l'opposition des privilégiés et n'a pas assez d'énergie pour maintenir au pouvoir, en dépit des critiques, des ministres « éclairés » comme Turgot ou Necker. Les difficultés financières s'accroissent sans cesse et provoquent finalement la convocation des États généraux.

LA SOCIÉTÉ, LES MŒURS

Les salons

La Cour cesse d'être le centre du pays et la source de l'opinion. Le mouvement des idées se fait contre elle et non plus par elle. Dans son rôle intellectuel et social elle est supplantée par les *Salons*, les *cafés* et les *clubs*. Les SALONS entretiennent le goût de la conversation brillante, ils font et défont les réputations, procurent aux *écrivains* des admirateurs enthousiastes, des relations utiles, parfois une aide matérielle, et suscitent entre eux une *émulation d'esprit et de hardiesse*. D'abord littéraires et mondains, ils deviennent peu à peu *philosophiques*.

La « COUR DE SCEAUX » (1700-1753). Petite-fille de Condé, la duchesse DU MAINE accueille au château de Sceaux une société nombreuse où brillent Fontenelle et La Motte, les poètes légers Chaulieu et La Fare. Un lettré, M. de Malézieu, l'aide à organiser fêtes champêtres et divertissements littéraires. En 1718, la duchesse est arrêtée pour avoir conspiré contre le Régent, mais elle est bientôt remise en liberté et la « cour de Sceaux » renaît, plus intime et moins éclatante.

LE SALON DE Mme DE LAMBERT (1710-1733). La marquise de Lambert est déjà âgée lorsqu'elle ouvre son salon de la rue de Richelieu ; elle désapprouve la licence des mœurs, s'entoure d'une société plus choisie que celle de Sceaux et tente de faire renaître l'atmosphère spirituelle de l'Hôtel de Rambouillet. Elle reçoit le mardi des savants, des artistes, des écrivains, le mercredi des gens du monde. Fénelon, Fontenelle, La Motte, Montesquieu, Marivaux fréquentent son salon ; ils y rencontrent d'Argenson, le président Hénault, Mlle Lecouvreur.

LE « BUREAU D'ESPRIT » DE Mme DE TENCIN (1726-1749). Après une jeunesse agitée, Mme de Tencin écrit des romans et se passionne pour les idées. Elle reçoit rue Saint-Honoré des philosophes : Duclos, Marmontel, Helvétius, Mably ; des hommes de lettres : l'abbé Prévost, Piron ; d'illustres étrangers : lord Bolingbroke, lord Chesterfield, Tronchin le célèbre médecin de Genève. A la mort de Mme de Lambert, elle accueille les habitués de la rue de Richelieu. Vivante, spirituelle, elle anime les discussions, incite ses hôtes à la hardiesse et exerce sur eux un notable ascendant.

LE SALON DE Mme DU DEFFAND (1740-1780). Quoiqu'elle n'adhère pas sans réserve à l'esprit philosophique et déclare volontiers sa préférence pour les mœurs et la littérature du XVIIe siècle, Mme du Deffand (cf. p. 262) reçoit les encyclopédistes et facilite leur tâche en les présentant à des gens du monde et à des hommes d'État. Fontenelle, Marivaux, Montesquieu fréquentent eux aussi le salon de la rue Saint-Dominique.

LE « ROYAUME » DE Mme GEOFFRIN (1749-1777). C'est le véritable salon *philosophique et encyclopédique*. Riche bourgeoise, Mme Geoffrin reçoit rue Saint-Honoré artistes, écrivains et savants. Marivaux, Marmontel, Grimm, d'Holbach fréquentent chez elle, et surtout Helvétius et d'Alembert. Elle subventionne l'*Encyclopédie*, encourage les philosophes, mais sait aussi modérer leur hardiesse excessive. Elle est connue dans l'Europe entière, les étrangers de marque tiennent à honneur d'être introduits chez elle : ainsi le prince Stanislas Poniatowski.

LE SALON DE Mlle DE LESPINASSE (1764-1776). Demoiselle de compagnie de Mme du Deffand, Julie de Lespinasse (cf. p. 262) prit l'habitude de recevoir dans son entresol certains des habitués du salon de la marquise. Il en résulta une brouille retentissante lorsque celle-ci s'en aperçut. S'installant tout près de là, Mlle de Lespinasse entraîna avec elle d'Alembert et conserva des fidèles : Condillac, Marmontel, Condorcet, Turgot.

Les cafés, les clubs   Apparus pendant la seconde moitié du XVIIe siècle les CAFÉS se sont multipliés rapidement ; on y échange des nouvelles, des idées, on y aborde les questions à l'ordre du jour (cf. Montesquieu, p. 85). Diderot a rendu célèbre le *café de la Régence* et ses joueurs d'échecs (cf. p. 206) ; d'autres établissements sont le rendez-vous des écrivains et des philosophes : ainsi le *café Procope* que fréquentent Fontenelle, Voltaire, Diderot, Marmontel, le *café Gradot* et le *café Laurent*. Quant aux CLUBS, institution anglaise transplantée en France, ils joueront un rôle de premier plan sous la Révolution ; mais dès le début du siècle, le *Club de l'Entresol* (1720-1731), société plus restreinte et plus fermée, réunit dans l'Hôtel du président Hénault, place Vendôme, des esprits sérieux et hardis qui s'intéressent aux problèmes politiques : Montesquieu y paraît, l'abbé de Saint-Pierre y expose son *Projet de paix perpétuelle*.

Les mœurs   Dès la mort de Louis XIV on assiste à une vive réaction contre la rigueur janséniste et l'austérité que Mme de Maintenon avait fait régner à la cour. L'exemple vient du Régent et de ses compagnons de débauche, les *roués*. Le « système » de Law aggrave la démoralisation et la confusion sociale en permettant des fortunes rapides suivies de ruines retentissantes lors de la banqueroute du financier. Le mouvement des idées va favoriser également le goût pour toutes les jouissances : on croit au bonheur en ce monde, et les philosophes réhabilitent, contre le christianisme, passions et instincts. Mais entre bonheur et plaisir la confusion est tentante : par un *épicurisme facile* dont Voltaire se fait l'interprète dans le *Mondain* (cf. p. 128), on croit trouver la félicité dans le bien-être, le luxe et tous les raffinements que procurent la richesse et la civilisation. La licence des mœurs devient extrême dans certaines sphères de la haute société et dans une sorte de demi-monde où se coudoient gentilshommes et aventuriers (cf. *Manon Lescaut*, p. 70-74). Cette immoralité cynique ne s'étale que dans des milieux limités ; la *frivolité*, rançon de l'esprit et de l'ironie, est beaucoup plus répandue : on affecte de prendre à la légère les questions les plus graves, on rit des défaites de la France, on considère la vie comme un jeu, et « tout finit par des chansons ».

En 1750 Rousseau réagit violemment : une mise en garde contre la décadence des mœurs chez un peuple grisé par sa propre civilisation, tel est le sens profond et durable de son premier *Discours* (cf. p. 269). L'influence de Rousseau sera considérable (cf. p. 282) et répandra le goût de la *vie simple*, du *sentiment* et de la *vertu*. Pourtant la morale de l'émotion qu'il prêche ainsi que Diderot n'est pas sans ambiguïté : elle a tendance à confondre l'attendrissement avec la vertu, les bons sentiments avec les bonnes actions. Elle est d'ailleurs impuissante à guérir les âmes corrompues et blasées qui cherchent des plaisirs toujours plus savants dans les raffinements de la perversité (cf. *Les Liaisons dangereuses*, p. 404).

LE SIÈCLE DES LUMIÈRES

Les idées   Le XVIIIe siècle a eu *la passion des idées*. Selon le mouvement amorcé par les Modernes dans leur *Querelle* avec les Anciens (cf. *XVIIe Siècle*, p. 433), les discussions d'idées, les thèses, les systèmes envahissent tous les genres littéraires, parfois au détriment de l'art. L'édifice politique, moral et religieux du grand siècle avait déjà été ébranlé par la « crise de la conscience européenne » (Paul Hazard) ; les philosophes iront plus loin : rejetant les solutions théologiques ou métaphysiques et l'autorité des traditions, ils vont se livrer à une révision critique des notions fondamentales concernant le destin de l'homme et l'organisation de la société. Caractérisé par une entière *confiance dans la raison humaine* chargée de résoudre tous les problèmes et par une *foi optimiste dans le progrès*, l'ESPRIT PHILOSOPHIQUE est un nouvel *humanisme.* Il trouve son expression la plus complète dans l'ENCYCLOPÉDIE, grande œuvre collective destinée à diffuser les « lumières », à combattre l'intolérance et le despotisme, et à contribuer ainsi au bonheur de l'humanité.

Science et littérature Depuis le début du siècle, *la science* a détrôné la métaphysique et *exerce une influence considérable sur la littérature.* La philosophie positive demande aux sciences expérimentales des faits contrôlés, leur emprunte méthodes et raisonnements ; à leur exemple elle renonce à découvrir le *pourquoi* des choses et se contente du *comment,* elle poursuit les causes secondes et rejette les causes premières dans le domaine de l'inconnaissable. Habile vulgarisateur, un homme comme FONTENELLE a beaucoup contribué à répandre cet engouement pour la science (cf. p. 26). Il n'est pas d'écrivain qui ne se pique de connaissances scientifiques, pas de femme du monde cultivée qui ne s'entoure d'instruments de physique. Les sciences de la nature, moins abstraites que les mathématiques, sont surtout en faveur ; MONTESQUIEU procède à des expériences de biologie (cf. p. 107), VOLTAIRE expose en vers le système de NEWTON.

Des sciences à la littérature c'est un échange ininterrompu, et souvent fécond : dans son *Histoire naturelle,* BUFFON a parfois des accents épiques (cf. p. 255), tandis que DIDEROT, plus aventureux que les savants mais aussi plus hardi, conçoit dans une sorte de vision lyrique l'hypothèse évolutionniste (cf. p. 216). A la fin du siècle, CHÉNIER rêvera d'une grande poésie scientifique (cf. p. 376).

Littérature et beaux-arts Des liens plus étroits s'établissent d'autre part entre la littérature et les beaux-arts, que le goût de Voltaire unit dans son idéal de civilisation raffinée. Le grand novateur est ici DIDEROT : de ses *Salons* datent les débuts de la critique d'art comme genre littéraire (cf. p. 221) ; en outre il entretient des relations personnelles avec les peintres Chardin et La Tour, le graveur Cochin, le sculpteur Falconet ; dans sa théorie du drame, il montre que la mise en scène théâtrale gagnerait à s'inspirer de la peinture ; enfin il intervient, ainsi que ROUSSEAU, en faveur de la musique italienne dans la « querelle des Bouffons » qui oppose, à partir de 1752, les admirateurs de l'opéra bouffe créé par PERGOLÈSE aux tenants de l'opéra français classique représenté par RAMEAU. ROUSSEAU est lui-même musicien, et révèle des possibilités musicales de la prose française à peu près ignorées jusqu'alors (cf. p. 334). Avec Chénier, la poésie s'inspire des arts plastiques et rivalise avec la musique en mélodie et en harmonie (cf. p. 367).

L'esprit du siècle se reflète dans les beaux-arts : dans l'ensemble une grâce exquise mais moins de majesté que sous Louis XIV. La grande architecture ne connaît plus la même faveur ; GABRIEL construit le Petit Trianon, SOUFFLOT l'église Sainte-Geneviève bientôt devenue le Panthéon. Au moment où des hommes de lettres prétendaient bannir la poésie, elle semble s'être réfugiée dans la peinture de WATTEAU (1684-1721), qui illustre à merveille, quelques années à l'avance, l'atmosphère du théâtre de Marivaux. On retrouve dans les portraits de LA TOUR (1704-1788) l'élégance et la distinction du temps (se reporter à l'illustration) ; dans les toiles de BOUCHER (1703-1770), la mythologie fleurie, la grâce voluptueuse et frivole. GREUZE incarne le pathétique moralisateur (cf. p. 224) ; les scènes tendres de FRAGONARD, les paysages de Joseph VERNET et Hubert ROBERT contribuent à répandre les sentiments préromantiques. Plus tard, les grandes compositions de DAVID (1748-1825) traduisent ce goût pour la sévérité romaine, si caractéristique de la Révolution française. Cependant le réalisme, un peu dédaigné sous Louis XIV, s'affirme dans les tableaux de genre de CHARDIN (1699-1779) et dans la sculpture de HOUDON (1741-1828).

LE COSMOPOLITISME

Rayonnement   Jamais la France n'a connu une civilisation plus
de la France   brillante, un art de vivre plus raffiné, un rayonnement
                     plus étendu. Quoiqu'elle perde sous Louis XV la
suprématie militaire qu'elle ne retrouvera qu'avec Bonaparte, elle *sert de modèle
à l'Europe entière* par sa littérature, ses arts, ses modes, son élégance et son esprit.
Alors même qu'il combat notre pays, le roi de Prusse Frédéric II parle français
et construit des châteaux imités de Versailles. Le style *rococo* répand ses ornements
un peu contournés en Allemagne et en Italie. Frédéric admire Voltaire et l'attire
à sa cour ; la tsarine Catherine II agit de même à l'égard de Diderot.

Dans cette ambiance, on conçoit aisément que nos écrivains se disent *européens*,
et même *citoyens du monde* (cf. Montesquieu, p. 78, l. 42-52). Rien d'humain ne
leur est étranger ; croyant à l'universalité de la raison, ils combattent particu-
larismes et préjugés nationaux. Très fier au fond d'être français, Voltaire se plaît
à humilier l'orgueil de ses compatriotes, qu'il qualifie de « Welches ». Les philosophes répandent surtout un *idéal de paix* et de *civilisation*.

Influences   Ce cosmopolitisme se traduit encore par l'accueil
étrangères   réservé aux influences étrangères. On se passionne
                   pour la musique italienne ; on imite les *Idylles* du
Suisse GESSNER ; à la fin du siècle l'ascendant de GŒTHE commence à se faire
sentir ; mais dans tous les domaines c'est *l'influence anglaise* qui est prépondérante.
VOLTAIRE et MONTESQUIEU trouvent dans le régime politique de l'Angleterre des
leçons de *tolérance* et de *liberté ;* la physique de NEWTON détrône celle de
Descartes ; on se met à l'école du philosophe LOCKE, d'ironistes comme SWIFT
et STERNE ; on traduit et on imite SHAKESPEARE, POPE, RICHARDSON ; les poèmes
de MACPHERSON, attribués par lui à un barde gaélique du IIIe siècle de notre
ère, OSSIAN, donnent un nouvel essor aux tendances préromantiques. Cette
« anglomanie » se révèle même dans les *mœurs :* on crée des *clubs ;* on boit du thé ;
on préfère les parcs à l'anglaise aux jardins à la française.

II. RATIONALISME ET SENSIBILITÉ

Nous avons jusqu'ici présenté le XVIIIe siècle dans son unité, mais il est
marqué vers les années 1750-1760 par un tournant décisif ; le premier demi-siècle
se place sous le signe du rationalisme philosophique, le second sous le signe de la
sensibilité préromantique. On ne saurait toutefois parler de coupure brusque :
en plein délire de la sensibilité, la raison ne perd pas ses droits, et inversement
le courant émotionnel existait, sous-jacent, dès le début du siècle. Rousseau et
Diderot sont de vivants symboles de ce partage de leur époque entre deux
tendances dominantes : ils ont puissamment contribué l'un et l'autre à faire
triompher les forces instinctives, les élans irrationnels et même inconscients, mais
ils restent tous deux des raisonneurs épris d'idées et de systèmes.

Rationalisme   La règle cartésienne de *l'évidence* (cf. *XVIIe Siècle*,
et goût classique   p. 84) est le point de départ du rationalisme critique.
Les philosophes rejettent toute autre autorité que celle
de la RAISON. Plus audacieux que Descartes leur maître, ils abandonnent sa métaphysique, soumettent à un libre examen la révélation, les dogmes et la morale
du christianisme ainsi que les institutions politiques et sociales. Ils concluent
à la religion et à la morale naturelles, à la tolérance, à l'instauration d'une liberté
accrue et à l'abolition d'abus criants et de privilèges injustifiés. Ainsi *la littérature
devient militante ;* les écrivains dirigent l'opinion et préparent l'avenir.

Cependant, *l'esthétique du premier demi-siècle reste timide et traditionaliste :* si
quelques écrivains parlent de supprimer la poésie, parce que la prose est beaucoup
plus apte à l'expression rigoureuse et à la diffusion des *idées* (cf. p. 353), VOLTAIRE
se fait le *mainteneur du goût classique.* Il concède à son temps le mérite de faire
progresser les *lumières*, mais il l'estime très inférieur au siècle de Louis XIV du
point de vue de l'art littéraire. Il respecte les règles, cherche la gloire dans
les grands genres, épopée, tragédie, pour lesquels il n'est pas doué, et attache peu
de prix à ses premiers *contes*, où éclate pourtant son génie novateur.

Sensibilité   C'est au moment même où paraît l'*Encyclopédie*, où
préromantique   la lutte philosophique prend toute son ampleur,
où commence le règne du *roi Voltaire*, que se mani-
feste au grand jour une tendance tout à fait opposée au rationalisme critique.
Fénelon s'était déjà montré rebelle au joug de la raison classique ; dans ses
tragédies, Voltaire avait parfois sacrifié au goût des larmes ; dans ses comédies,
Marivaux avait montré une sensibilité exquise, mais très intellectuelle encore ;
l'abbé Prévost avait peint la passion fatale, Vauvenargues avait insisté sur les
droits du cœur. Mais avec DIDEROT et ROUSSEAU les émotions se déchaînent,
envahissant les âmes et la littérature. Il ne s'agit plus seulement d'une sensibilité
délicate : ce sont les instincts affectifs les plus profonds qui, longtemps réprimés,
réclament leur revanche. L'émotivité de DIDEROT est puissante, physiologique
(cf. p. 199) ; il oppose le génie au goût (cf. p. 201), peint l'enthousiasme inspiré
comme une sorte de délire (cf. p. 203). En matière de religion et de morale,
ROUSSEAU se fie à la voix du cœur plutôt qu'à celle de la raison : la conscience est
pour lui un instinct divin, aux intuitions infaillibles. Rompant avec tout conformisme, il se complaît dans ses particularités individuelles et trouve une amère
jouissance à se sentir un être exceptionnel, méconnu et réprouvé. En ce siècle
mondain et social, il ne se retrouve vraiment lui-même qu'au fond de la solitude,
dans une communion ineffable avec la vie universelle, aboutissement de toutes
les harmonies qu'il décèle entre la nature et les mouvements de son âme. Avec
ces deux prosateurs, le *lyrisme personnel* reparaît dans notre littérature ; il ranime
ensuite la poésie grâce à André Chénier. A l'analyse classique des sentiments
succède un art plus affectif, dont le pouvoir réside surtout dans la *suggestion*.
Exaltation du moi, lyrisme personnel, goût des émotions, de la mélancolie et de
la solitude, sentiment de la nature, voilà les traits marquants du *préromantisme*.

Ainsi, malgré l'*unité* réelle qu'il doit avant tout à la *lutte philosophique* préparant
la Révolution française, le XVIIIe siècle se trouve *partagé* entre *l'influence* du
siècle de Louis XIV et les *tendances nouvelles* qui s'épanouiront avec le *romantisme*.
Tel est le sens de la célèbre formule de GŒTHE : « avec Voltaire, c'est un monde
qui finit : avec Rousseau, c'est un monde qui commence ».

L'ÉVEIL
DE L'ESPRIT PHILOSOPHIQUE

« Nous avons eu des contemporains sous le règne de Louis XIV » déclarait Diderot en plein XVIIIe siècle. En fait, le courant de *pensée critique* et de *philosophie naturaliste* qui aboutit à l'*esprit encyclopédique* remonte même à la Renaissance, à RABELAIS et surtout à MONTAIGNE. L'exigence critique, la passion de la découverte subissent vers le milieu du XVIIe siècle un arrêt provisoire, l'équilibre de deux courants opposés aboutissant alors à cette réussite harmonieuse : *le classicisme*. Mais l'esprit d'examen subsiste dans l'ombre (cf. *XVIIe Siècle*, p. 127). « Aussi, dès que le classicisme cesse d'être un effort, une volonté, une adhésion réfléchie, pour se transformer en habitude et en contrainte, les tendances novatrices toutes prêtes reprennent-elles leur force et leur élan ; et la conscience européenne se remet à sa recherche éternelle... Dans les années finissantes du XVIIe siècle, un nouvel ordre de choses a commencé » (P. Hazard, *La Crise de la conscience européenne*). Ce passage « de la stabilité au mouvement » est marqué par les progrès de l'esprit d'examen, par la critique des croyances traditionnelles, par un intérêt nouveau pour les questions politiques, sociales et économiques..

PROGRÈS DE L'ESPRIT D'EXAMEN

Le *libertinage* du XVIIe siècle était une attitude d'esprit, une volonté d'affirmer l'autonomie morale de l'homme libre par opposition à l'homme soumis à l'autorité religieuse. A cet aspect surtout spéculatif de la liberté d'esprit va succéder, à la veille du XVIIIe siècle, la forme moderne de l'*esprit critique* appliqué à la réalité et déjà *expérimental*. Il se manifestera par la tendance à tout examiner à la lumière de la *Raison* pour en tirer des conclusions pratiques du point de vue moral, social et même économique. Il va s'exercer à l'occasion de récits de voyages, de recherches sur les textes bibliques, de réflexions sur la morale et la religion. Sa principale victime sera la foi religieuse : face à l'esprit chrétien, l'esprit d'examen tend à fonder un *nouvel humanisme*.

Les Voyages

Dès la fin du XVIIe siècle, les *récits de voyages* sont à la mode. TAVERNIER transporte ses lecteurs en Turquie, en Perse, aux Indes ; BERNIER et le P. LE COMTE visitent la Chine, CHARDIN la Perse et les Indes ; à son retour d'Amérique, le baron de LAHONTAN publie ses *Voyages*, ses *Mémoires*, ses *Dialogues* (1703). Tout au long du XVIIIe siècle, enfin, paraîtront les *Lettres Edifiantes et Curieuses* des Jésuites missionnaires en Extrême-Orient. C'est une matière toute nouvelle pour l'esprit critique, prompt à en tirer des leçons de *relativité* et des objections contre le *christianisme*.

1. LA RELATIVITÉ UNIVERSELLE. Jean-Baptiste TAVERNIER raconte par exemple « *les six voyages... qu'il a faits en Turquie, en Perse et aux Indes pendant l'espace de quarante ans et par toutes les routes que l'on peut tenir, accompagnés d'observations particulières sur la qualité, la religion, le gouvernement, les coutumes et le commerce de chaque pays, avec les figures, le poids et la valeur des monnaies qui y ont cours* ». On devine ce que des

lecteurs avertis pouvaient tirer de ces peintures de civilisations étrangères. Les usages occidentaux, loin d'être universels et seuls raisonnables, n'étaient plus que des coutumes particulières : il y avait en Asie des peuples, non pas inférieurs aux Européens, mais *différents* d'eux en toutes choses ; leurs mœurs n'étaient pas absurdes : elles s'expliquaient logiquement par le milieu et le climat de chaque peuple. La comparaison tournait souvent à la *satire des mœurs françaises :* la relation de voyages imaginaires dans les « Terres Australes » devint même un moyen commode de critiquer l'état politique, social et religieux du vieux continent. Ainsi le sentiment de la relativité universelle autorisait les philosophes à *remettre en discussion les idées reçues* sur la propriété, la justice, la liberté et surtout la religion.

2. OBJECTIONS CONTRE LE CHRISTIANISME. Ces populations étrangères au christianisme posaient bien des *problèmes.* L'Américain pouvait-il descendre d'Adam et Ève ? comment avait-il échappé au Déluge ? était-il, lui aussi, souillé du péché originel ? Il n'était jamais question de lui dans la Bible !

On découvrait avec surprise *la sagesse des païens.* Le roi de Siam, refusant de se convertir, n'avait-il pas raison d'invoquer la Providence qui a donné aux hommes des religions différentes ? On admirait sa *tolérance* envers les missionnaires : comment eût-on accueilli en Europe les « talapoins » (*prêtres siamois*) ? Quant à *la sagesse des Chinois* qui émerveillait les missionnaires Jésuites, elle stimulait aussi la réflexion critique. Bien que privés de la Révélation, ces disciples de Confucius avaient des mœurs pures et un état politique admirablement organisé : *la morale n'était donc pas nécessairement subordonnée à la religion ?*

3. MORALE ET RELIGION NATURELLES. D'autres missionnaires louaient les vertus et le bonheur des « sauvages » américains. Le baron de LAHONTAN contribue à populariser le personnage du *bon sauvage*, vigoureux, simple et généreux, ignorant la corruption des sciences et des arts, et heureux parce qu'il obéit à *la nature* sa mère. A Lahontan le civilisé, Adario le sauvage montre la supériorité de la *religion naturelle* sur le christianisme, et de la *morale naturelle* sur les contraintes de la société civilisée (cf. Rousseau, p. 308).

L'examen critique
des textes sacrés   La *Querelle des Anciens et des Modernes* conduisit les Modernes à douter des historiens anciens, dont SAINT-EVREMOND avait souligné les faiblesses dès 1663 (*Réflexions sur les divers génies du peuple romain*). L'histoire écrite jusque là apparut comme un amas de fables. Une pléiade d'érudits (Dom Mabillon, Étienne Baluze, Du Cange, Montfaucon) se mit à rassembler des *documents* pour refaire avec plus de certitude l'histoire du passé. L'Écriture Sainte ne pouvait manquer d'être soumise, elle aussi, à un rigoureux examen. Après les libertins qui prenaient un malin plaisir à souligner les contradictions de la Bible, les protestants et même certains catholiques se livrèrent à un *travail d'exégèse* (examen scientifique des textes) pour la débarrasser de ses erreurs, de ses préjugés, de ses légendes.

1. L'EXÉGÈSE DE RICHARD SIMON. C'est surtout l'oratorien RICHARD SIMON (1638-1712) qui a attaché son nom à cet effort d'exégèse. Il a eu le mérite de définir, dans leur rigueur, les *lois de la critique des textes*, science qui a pour objet d'établir leur degré de sûreté et d'authenticité indépendamment de tout préjugé théologique, moral ou esthétique. Ses livres s'intitulent *Histoire Critique du Vieux Testament* (1678), *du texte du Nouveau Testament* (1689), *des Versions du Nouveau Testament* (1690), *des Commentaires du Nouveau Testament* (1693). RICHARD SIMON scrute les documents *originaux*, s'en tenant rigoureusement à leur *sens littéral*, quelles qu'en soient les conséquences. Par exemple, étudiant l'*Ancien Testament* dans le texte hébreu, il en relève les altérations, les contradictions, les difficultés chronologiques. Selon lui, les cinq livres du Pentateuque (de la Création à la mort de Moïse) ne sauraient être tous de Moïse ; ils auraient été rédigés par des scribes qui, à travers le temps, reprenaient et remaniaient le récit de leurs prédécesseurs : d'où le danger d'une telle conception : le récit biblique de la Création paraissait incohérent, composé à des époques diverses, remanié, déformé ; comment le considérer désormais comme la parole de Dieu, directement inspirée et transmise jusqu'à nous dans son état original ? RICHARD SIMON, prêtre catholique qui se voulait orthodoxe, avait beau déclarer que les scribes étaient eux-

mêmes inspirés par Dieu, il avait beau faire appel à la Tradition pour expliquer et inter-préter l'Écriture, il n'en fut pas moins combattu par Bossuet (cf. *XVIIe Siècle*, p. 254), mis à l'index et condamné par l'Église. Il offrait la part trop belle aux incrédules qui, tout au long du XVIIIe siècle, fonderont sur *l'examen critique de la Bible* leurs attaques contre le christianisme.

2. L'HÉTÉRODOXIE PROTESTANTE. Au catholicisme, reposant sur l'obéissance volontaire à l'autorité en matière de foi, les protestants opposaient le droit pour chacun d'*examiner individuellement* sa croyance et de s'en tenir aux décisions de sa conscience. Par la Révocation de l'Édit de Nantes (1685), Louis XIV crut porter le dernier coup à la Réforme : il provoqua au contraire *la révolte*. Exilés en Suisse, en Angleterre, en Alle-magne, en Hollande, les protestants devenus des martyrs dressèrent l'Europe contre l'absolutisme de Louis XIV et la religion catholique. Les *gazettes de Hollande*, qui péné-traient en France clandestinement, devinrent les armes du *non-conformisme* et de l'*hétéro-doxie protestante*. Le libre examen provoqua bientôt un *foisonnement de sectes* séparées par des nuances doctrinales et perpétuellement en lutte : Arminiens et Gomariens, Coccéiens et Voétiens, Trinitaires et Antitrinitaires, etc.

Les Sociniens méritent, parmi ces sectes, une mention particulière. Disciples de Sozzini (fin du XVIe siècle), ils ne voulaient croire que ce qu'on trouvait *clairement* exprimé dans l'Écriture, les vérités simples et universelles qui s'accordent avec la Raison : c'était nier le mystère, refuser toute valeur à la Tradition, supprimer tout l'édifice ecclésiastique et ramener la religion chrétienne à une philosophie *purement morale*. A ces rebelles, influencés par le rationalisme, feront écho de plus en plus au XVIIIe siècle, les *philosophes déistes* qui entreront en lutte contre la religion chrétienne.

Le rationalisme

Affirmant l'existence de Dieu, l'immortalité de l'âme, la liberté de la volonté et la grandeur de la vertu, le *cartésia-nisme* parut d'abord un rempart contre le libertinage. Mais avec le temps le système lui-même perdit de son éclat, tandis qu'au contraire les *règles lumineuses de la méthode* passaient au premier plan (cf. *XVIIe Siècle*, p. 84). En proclamant sa foi dans la Raison comme instrument de connaissance certaine et la primauté de l'examen critique sur l'autorité ou la tradition, Descartes offrait aux libertins l'arme la plus efficace contre le dogmatisme religieux. A la fin du XVIIe siècle, après avoir été mis à l'index et persécutés, ses disciples dominent la pensée européenne. Ils n'hésitent pas à soumettre à l'esprit d'examen la *poli-tique*, la *morale* et même la *théologie*, que Descartes avait prudemment mise hors de cause. Le P. Malebranche lui-même, qui toute sa vie s'est efforcé de concilier le cartésianisme et le christianisme, n'y parvient qu'en subordonnant Dieu à la toute-puissance de la Raison : doctrine peu orthodoxe qui lui valut une sévère *Réfutation* de Fénelon.

1. SPINOZA. Dès 1670, dans son *Traité théologico-politique*, le philosophe hollandais Spinoza attaque, au nom de la Raison, les croyances traditionnelles. Considérant les prophètes comme de pauvres illuminés, et refusant de croire aux miracles qui seraient la violation des lois divines par Dieu lui-même, il soumet l'Écriture au même examen critique que les textes profanes, discute l'authenticité de plusieurs livres bibliques et conclut que, comme toute autre religion, le christianisme n'est qu'un *phénomène historique*, relatif à une époque, et transitoire. Sur le plan *politique* les rois ne sont pour Spinoza que des exploiteurs qui asservissent les peuples avec l'aide de la religion, en identifiant le devoir à l'intérêt du prince. Selon lui le pouvoir ne peut être délégué que par les sujets : *la démo-cratie*, assurant à l'individu la liberté de sa pensée et de ses actes, est le régime le plus conforme à *l'état de nature*. Ces théories subversives le firent considérer comme athée : en fait, son *Ethique* (1677) élargit jusqu'au *panthéisme* l'idée d'un Dieu rationnel, essence éternelle et infinie de l'univers.

2. BAYLE ET FONTENELLE. En France même, patrie de Descartes, *l'esprit d'examen* portait les coups les plus rudes au dogmatisme religieux. Les philosophes, et au premier rang Bayle et Fontenelle, vont lutter contre la croyance au surnaturel, fonder la tolérance sur le scepticisme religieux, dissocier la morale de la religion, définir les règles de *l'esprit scientifique* et affirmer l'idée du progrès matériel et moral. *Les philosophes du XVIIIe siècle ne feront, bien souvent, que reprendre avec art les idées de* Bayle *et de* Fontenelle.

PIERRE BAYLE

L'homme
et l'œuvre
PIERRE BAYLE (1647-1706) est né au Carla, dans le comté de Foix. Fils d'un pasteur protestant qui lui apprit le latin et le grec, il poursuivit ses études à l'Académie protestante de Puylaurens, montrant une passion extraordinaire pour les lectures sérieuses. Ayant suivi des cours de philosophie à Toulouse chez les Jésuites, il se convertit au catholicisme en 1669 mais revint au protestantisme dès 1670. Sa situation de *relaps* (retombé dans l'hérésie) l'exposait à des peines sévères : il se réfugia à Genève pour y compléter sa culture. Il fut précepteur à Paris, puis *professeur de philosophie* à l'Académie protestante de Sedan (1675) ; mais la fermeture de cette Académie, épisode des persécutions contre les Réformés, décida BAYLE à s'installer à *Rotterdam* où il enseigna la philosophie et l'histoire.

C'est alors que commence sa grande activité philosophique. Dès 1682 les *Pensées sur la Comète de 1680* établissent sa réputation ; quelques mois plus tard il se fait l'apôtre de la tolérance dans sa *Critique générale de l'Histoire du Calvinisme du P. Maimbourg*. De 1684 à 1687, il rédige seul les *Nouvelles de la République des Lettres*, revue mensuelle où, au prix d'un labeur épuisant, il rend compte des livres et des événements contemporains. La mort de son frère persécuté comme calviniste, la Révocation de l'Édit de Nantes (1685) allaient l'engager plus directement dans les controverses religieuses. L'idée de la tolérance qu'il soutient contre les catholiques dans son *Commentaire Philosophique* (1686) lui attire également l'hostilité du protestant JURIEU, professeur de théologie à Rotterdam, aussi into-lérant que ses adversaires. C'est une bataille de libelles et d'insultes : Jurieu n'a de cesse qu'il n'obtienne la destitution de BAYLE accusé d'impiété et même d'athéisme (1693). Privé de sa chaire, vivant pauvrement, le philosophe se consacre alors à sa grande œuvre, le *Dictionnaire historique et critique* (1697).

BAYLE est la personnification de l'*esprit critique* hérité de DESCARTES. Il examine les idées, les contrôle, les confronte ; il aime peser le pour et le contre, il a la passion de la controverse. Citoyen de la « République des idées », il fait la guerre à l'erreur : « Cette république est un état extrêmement libre. On n'y reconnaît que l'empire de la vérité et de la raison et, sous leurs auspices, on fait la guerre, incessamment, à qui que ce soit. Les amis ont à se garder de leurs amis, les pères de leurs enfants » (*Dictionnaire*, art. Calius, note D).

Les Pensées
sur la Comète
Le phénomène des comètes avait déjà été étudié, et celle de 1680 ne paraît pas avoir provoqué d'épouvante. Mais BAYLE, prétendant répondre « aux questions de plusieurs personnes curieuses et alarmées » saisit ce prétexte d'actualité pour exposer ses idées et combattre la superstition. En 1682-83, dans les *Pensées diverses écrites à un Docteur de Sorbonne à l'occasion de la Comète de 1680*, Bayle démontre par une argumentation rigoureuse que les comètes sont des *phénomènes naturels* et n'ont rien de miraculeux (p. 18). Mais l'essentiel de l'ouvrage est dans les *digressions* qui occupent des chapitres entiers et annoncent la philosophie du XVIIIᵉ siècle : critique de la Tradition et de l'Autorité, légitimité du libre examen critique (p. 17) ; primauté de l'expérience et de l'esprit scientifique, négation du miracle (p. 18) ; indépendance de la morale par rapport à la religion (p. 19). C'est en réalité la Religion qui est *indirectement* atteinte, car l'im-pression d'ensemble est celle de l'incompatibilité entre le mystère religieux et la Raison, de la séparation entre la religion et la morale, et, en définitive, du *scepticisme*.

DEUX PRÉJUGÉS : TRADITION ET AUTORITÉ

BAYLE vient de montrer que le préjugé de l'influence maléfique des Comètes repose sur la tradition des poètes et des historiens. Il saisit cette occasion de ruiner le *respect de la Tradition* comme il ruine, dans un autre chapitre, le *principe d'Autorité*. Écrites à propos des Comètes, ces considérations ont donc une portée plus générale, puisqu'en s'attaquant aux préjugés le philosophe légitime *le libre examen*, condition du progrès scientifique. Mais, du même coup, il remet en cause les bases séculaires de *la Religion* qui s'appuie sur la Tradition et l'Autorité. Dans la *Continuation des Pensées diverses*, il récusera le consentement universel comme preuve de l'existence de Dieu. (*Pensées sur la Comète*, 7 et 47).

Que ne pouvons-nous voir ce qui se passe dans l'esprit des hommes lorsqu'ils choisissent une opinion ! Je suis sûr que si cela était nous réduirions le suffrage d'une infinité de gens à l'autorité de deux ou trois personnes qui, ayant débité une doctrine que l'on supposait qu'ils avaient examinée à fond, l'ont persuadée à plusieurs autres par le préjugé [1] de leur mérite, et ceux-ci à plusieurs autres qui ont trouvé mieux leur compte, pour leur paresse naturelle, à croire tout d'un coup ce qu'on leur disait qu'à l'examiner soigneusement. De sorte que le nombre des sectateurs crédules et paresseux [2] s'augmentant de jour en jour a été un
10 nouvel engagement aux autres hommes de se délivrer de la peine d'examiner une opinion qu'ils voyaient si générale et qu'ils se persuadaient bonnement n'être devenue telle que par la solidité des raisons desquelles on s'était servi d'abord pour l'établir ; et enfin on s'est vu réduit à la nécessité [3] de croire ce que tout le monde croyait, de peur de passer pour un factieux [4] qui veut lui seul en savoir plus que tous les autres et contredire la vénérable Antiquité [5] ; si bien qu'il y a eu du mérite à n'examiner plus rien et à s'en rapporter à la Tradition [6]. Jugez vous-même si cent millions d'hommes engagés dans quelque sentiment, de la manière que je viens de le représenter, peuvent le rendre probable [7] et
20 si tout le grand préjugé qui s'élève sur la multitude de tant de sectateurs ne doit pas être réduit, faisant justice à chaque chose, à l'autorité de deux ou trois personnes qui apparemment [8] ont examiné ce qu'ils enseignaient. (…)
Les Savants sont quelquefois une aussi méchante caution que le peuple, et une Tradition fortifiée de leur témoignage n'est pas pour cela exempte de fausseté. Il ne faut donc pas que le nom et le titre de savant nous en impose [9]. Que savons-nous si ce grand Docteur qui avance quelque doctrine a apporté plus de façon à s'en convaincre qu'un ignorant qui l'a crue sans l'examiner ? Si le Docteur en a fait autant, sa voix n'a pas plus d'autorité que celle de l'autre, puisqu'il est certain que le témoi-
30 gnage d'un homme ne doit avoir de force qu'à proportion du degré de certitude qu'il s'est acquis en s'instruisant pleinement du fait [10].

— 1 L'idée préconçue. — 2 Étudier le rapport de ces deux adj. avec ce qui précède. — 3 L'obligation. — 4 Révolté. — 5 Argument fréquent dans la *Querelle des Anciens et des Modernes*. — 6 Montrer le piquant de cette conclusion. — 7 Digne d'être approuvé, cf. l. 33. — 8 Mot important, à expliquer. — 9 Cf. Montaigne, *XVIe Siècle*, p. 209-210. — 10 Montrer la rigueur de ce raisonnement.

Je vous l'ai déjà dit et je le répète encore : un sentiment ne peut devenir probable par la multitude de ceux qui le suivent qu'autant qu'il a paru vrai à plusieurs, indépendamment de toute prévention et par la seule force d'un examen judicieux accompagné d'exactitude et d'une grande intelligence des choses ; et comme on a fort bien dit qu'un témoin qui a vu est plus croyable que dix qui parlent par ouï-dire, on peut aussi assurer qu'un habile homme qui ne débite que ce qu'il a extrêmement médité et qu'il a trouvé à l'épreuve de tous ses doutes, donne plus de
40 poids à son sentiment que cent mille esprits vulgaires qui se suivent comme des moutons, et se reposent de tout sur la bonne foi d'autrui.

– *Précisez les arguments contre : a) l'universalité de la tradition ; – b) le consentement universel.*
– *Comment le préjugé de l'autorité contribue-t-il à établir celui de la tradition ?*
– *En quoi la critique de la tradition et de l'autorité peut-elle légitimer le libre examen ?*
● **Groupe thématique : L'esprit critique.** BAYLE, p. 18. – FONTENELLE, p. 24 ; p. 26. – MONTESQUIEU, p. 86. – XVIᵉ SIÈCLE. MONTAIGNE, p. 208. – XVIIᵉ SIÈCLE. DESCARTES, p. 84. – PASCAL, p. 147-152.
● **Groupe thématique : La tradition.** VOLTAIRE, p. 133. – XVIᵉ SIÈCLE. MONTAIGNE, p. 229.
● **Groupe thématique : L'autorité.** VOLTAIRE, p. 138. – XVIᵉ SIÈCLE. MONTAIGNE, p. 208-210.
● **Groupe thématique : L'esprit critique et l'action.** VOLTAIRE, p. 175. – XVIᵉ SIÈCLE. MONTAIGNE, p. 235.

Esprit critique, esprit scientifique

Dans sa *Conclusion*, BAYLE résume son argumentation. On verra avec quelle fermeté il proclame la *toute-puissance du fait*, de l'expérience, et exprime un des principes élémentaires de la *science expérimentale :* ne pas prendre la succession pour la conséquence. On étudiera ensuite la *variété des arguments* et la *rigueur du raisonnement critique* par lequel BAYLE ramène le miracle apparent à un phénomène *naturel* et démontre que les Comètes ne sauraient prédire de malheurs.

S i les Comètes étaient le présage de quelques malheurs, ce serait ou parce qu'elles sont la cause efficiente de ces malheurs, ou parce qu'elles sont un signe de ces malheurs. On ne doit point nier cela. Or ce n'est ni parce qu'elles sont la cause efficiente de ces malheurs, ni parce qu'elles sont un signe de ces malheurs. La conclusion sera facile à tirer, pourvu que je prouve les deux parties de cette proposition. (...)
Pour le plus [1], tout ce qu'on peut prouver par l'expérience se réduit à ceci ; c'est que toutes les fois qu'il a paru des Comètes on a vu arriver de grands malheurs dans le monde : ce qui est si éloigné de prouver que les Comètes ont été la cause
10 de ces malheurs qu'on prouverait tout aussitôt que la sortie d'un homme hors de sa maison est la cause pourquoi tant de gens ont passé dans la rue toute la journée. En un mot, c'est raisonner pitoyablement que de conclure que deux choses sont l'effet l'une de l'autre de ce qu'elles se suivent constamment l'une l'autre. (-)
Mais il y a plus, c'est que l'expérience ne prouve pas qu'on ait vu plus de malheurs après l'apparition des Comètes qu'en un autre temps. (...)
Si les Comètes [2] étaient un signe de quelques malheurs, différant des signes naturels et des signes d'institution [3], il faudrait que Dieu leur [4] imprimât certains caractères tout particuliers qui les rendissent significatifs, au défaut d'une révélation expresse ; qui justifiassent le jugement de ceux qui soutiennent que ce sont

---

— 1 La *Première Partie* comporte quatre raisons : nous citons la *troisième.* — 2 C'est la

Deuxième Partie. — 3 Phénomènes habituels obéissant à des lois fixes. — 4 Aux signes que seraient les Comètes.

₂₀ de mauvais présages ; et qui rendissent inexcusables ceux qui n'en croient rien. Or c'est ce que Dieu n'a point fait. Au contraire, il les a tellement dépouillées des véritables marques d'un prodige significatif qu'il semble qu'il ait voulu prévenir notre crédulité naturelle. Il les a soumises à la juridiction du Soleil qui dispose de la situation de leur queue comme il ferait du moindre nuage, et à celle des brouillards ou des nues qui nous en dérobent la connaissance la moitié du temps. Il leur donne quelquefois un mouvement qui les conduit d'abord auprès du Soleil, où elles deviennent invisibles. Il leur donne aussi quelquefois ou si peu de grandeur, ou une si grande élévation qu'elles ne sont vues de personne, si ce n'est peut-être de quelque astronome, qui se morfond toutes les nuits à contempler ₃₀ les étoiles avec un bon télescope [5]. (...)

LA MORALE INDÉPENDANTE DE LA RELIGION

Dieu a-t-il formé les comètes afin de détourner les païens de l'athéisme ? Pour combattre ce *préjugé*, BAYLE consacre de nombreux chapitres à une *réhabilitation des athées*. Il soutient qu'*au point de vue social* « l'athéisme n'est pas un plus grand mal que l'idolâtrie », que les athées ne sont pas forcément corrompus, qu'ils peuvent se conduire aussi bien que les païens et même, en fait, que les chrétiens. Il en vient à montrer le divorce entre les principes et les actions des hommes, quelle que soit leur religion. D'où la conclusion que *la foi n'influe pas sur la moralité* et que *la morale est indépendante de la religion*. Cette idée, sans cesse reprise au XVIIIᵉ siècle, est au point de départ de toute *morale laïque* (*Pensées sur la Comète*, § 172).

Une société d'athées pratiquerait les actions civiles et morales aussi bien que les pratiquent les autres sociétés, pourvu qu'elle fît sévèrement punir les crimes [1] et qu'elle attachât de l'honneur et de l'infamie à certaines choses. Comme l'ignorance d'un premier Être Créateur et Conservateur du Monde n'empêcherait pas les membres de cette Société d'être sensibles à la gloire et au mépris, à la récompense et à la peine, et à toutes les passions [2] qui se voient dans les autres hommes, et n'étoufferait pas toutes les lumières de la raison [3], on verrait parmi eux des gens qui auraient de la bonne foi dans le commerce [4], ₁₀ qui assisteraient les pauvres, qui s'opposeraient à l'injustice, qui seraient fidèles à leurs amis, qui mépriseraient les injures, qui renonceraient aux

---

— 5 « *Comment se peut-on imaginer que Dieu envoie aux hommes des signes invisibles ?* » (§ 56).

— 1 [*Idolâtres et athées*] « ne sauraient former de sociétés si un frein plus fort que celui des Religions, savoir les lois humaines, ne réprimait leur perversité » (§ 131). Cf. la réplique de VOLTAIRE : « Par tous pays la populace a besoin du plus grand frein, et si Bayle avait eu seulement cinq à six cents paysans à gouverner, il n'aurait pas manqué de leur annoncer un Dieu rémunérateur et vengeur » (*Dict. Phil. : Athéisme*). — 2 Cf.

« Le véritable principe des actions de l'homme (j'excepte ceux en qui la grâce du Saint-Esprit se déploie avec toute son efficace) n'est autre chose que le tempérament, l'inclination naturelle pour le plaisir... ou quelque autre disposition qui résulte du fond de notre nature, en quelque pays que l'on naisse, et de quelque connaissance que l'on nous remplisse l'esprit » (§ 136). — 3 « La raison, sans la connaissance de Dieu, peut quelquefois persuader à l'homme qu'il y a des choses honnêtes qu'il est beau et louable de faire, non pas à cause de l'utilité qui en vient, mais parce que cela est conforme à la raison » (§ 178). — 4 Les relations sociales.

voluptés du corps, qui ne feraient tort à personne, soit parce que le désir
d'être loués les pousserait à toutes ces belles actions qui ne sauraient
manquer d'avoir l'approbation publique, soit parce que le dessein de se
ménager des amis et des protecteurs en cas de besoin les y porterait.(…)
Il s'y ferait des crimes de toutes les espèces, je n'en doute point ; mais
il ne s'y en ferait pas plus que dans les sectes idolâtres, parce que tout
ce qui a fait agir les païens, soit pour le bien soit pour le mal, se trouverait
dans une société d'athées, savoir les peines et les récompenses, la gloire
et l'ignominie, le tempérament et l'éducation. Car pour cette grâce
sanctifiante qui nous remplit de l'amour de Dieu et qui nous fait triompher
de nos mauvaises habitudes, les païens en sont aussi dépourvus que les
athées.

Qui voudra se convaincre pleinement qu'un peuple destitué de la
connaissance de Dieu se ferait des règles d'honneur, et une grande
délicatesse pour les observer, n'a qu'à prendre garde qu'il y a parmi les
Chrétiens un certain honneur du monde, qui est directement contraire
à l'esprit de l'Évangile [5]. Je voudrais bien savoir de quoi on a tiré ce
plan d'honneur, duquel les chrétiens sont si idolâtres qu'ils lui sacrifient
toutes choses, Est-ce parce qu'ils savent qu'il y a un Dieu, un Évangile,
une Résurrection, un Paradis et un Enfer, qu'ils croient que c'est déroger
à son honneur que de laisser un affront impuni, que de céder la première
place à un autre, que d'avoir moins de fierté et moins d'ambition que
ses égaux ? On m'avouera que non [6].(…) Comparez un peu les manières
de plusieurs Nations qui professent le christianisme, comparez-les,
dis-je, les unes avec les autres, vous verrez que ce qui passe pour malhon-
nête dans un pays ne l'est point du tout ailleurs. Il faut donc que les
idées d'honnêteté qui sont parmi les chrétiens ne viennent pas de la
religion qu'ils professent.(…) Avouons donc qu'il y a des idées d'honneur
parmi les hommes qui sont un pur ouvrage de la Nature, c'est-à-dire
de la Providence générale. Avouons-le surtout de cet honneur dont nos
braves [7] sont si jaloux, et qui est si opposé à la loi de Dieu. Et comment
douter après cela que la Nature ne peut faire parmi les Athées, où la
connaissance de l'Évangile ne la contrecarrerait pas, ce qu'elle fait parmi
les Chrétiens ?

- *Distinguez les étapes de cette argumentation. Étudiez la possibilité d'une morale laïque.*
- *Sur quelles bases purement humaines repose, selon* BAYLE, *la conduite des individus ?*
- *Formulez l'argument fondé sur la contradiction entre les principes et les mœurs des chrétiens.*
- **Groupe thématique : Morale et religion.** VOLTAIRE, p. 133 ; p. 178. – *Encyclopédie*, p. 240. – ROUSSEAU, p. 311. – XXᵉ SIÈCLE. CAMUS : *La Peste*, p.734-739.
- **Divergences.** XXᵉ SIÈCLE. PÉGUY, p. 185. – GIDE, p. 303. – SARTRE, p. 607.
- **Comparaison.** Le chrétien d'après BAYLE (p. 16-22) et PASCAL (XVIIᵉ SIÈCLE, p. 167-172).

— 5 Dans le *Sermon sur l'Honneur du Monde* (1660), Bossuet accusait déjà cette « idole » de corrompre la vertu, de donner du crédit au vice et « d'attribuer aux hommes ce qui appartient à Dieu ». — 6 Cf. Pascal : *Qu'il y a loin de la connaissance de Dieu à l'aimer !* (280) et *La conversion véritable consiste à s'anéantir devant cet être universel qu'on a irrité tant de fois...* (470). — 7 Allusion aux duellistes.

Le Commentaire
philosophique

Dans l'*Évangile* de Saint Luc, un père de famille ayant encore de la place à son festin ordonne à son serviteur : « Va dans les chemins et contrains les gens d'entrer (*compelle intrare*), afin que ma maison soit remplie ». SAINT AUGUSTIN avait invoqué ce mot pour ramener *de force* les hérétiques ; les apologistes catholiques du XVII⁰ siècle justifiaient de même l'usage de la force contre les protestants. Pour les réfuter, BAYLE publie en 1686 le *Commentaire philosophique sur ces paroles de Jésus-Christ : « Contrains-les d'entrer », où l'on prouve par plusieurs raisons démonstratives qu'il n'y a rien de plus abominable que de faire des conversions par la contrainte, et où l'on réfute tous les sophismes des convertisseurs à contrainte et l'apologie que Saint Augustin a faite des persécutions.* C'est, bien avant Voltaire, un vigoureux plaidoyer en faveur de la tolérance. Refusant le pouvoir de contrainte aussi bien aux protestants qu'aux catholiques, BAYLE proclame, au nom de la Raison, les *droits de la conscience* qu'on ne saurait opprimer lorsqu'elle s'égare de bonne foi.

Les droits de la " Conscience errante "

Au moment où BOSSUET et BOURDALOUE célèbrent la Révocation de l'Édit de Nantes, où JURIEU va dénoncer BAYLE au consistoire de Rotterdam et obtenir sa destitution, celui-ci a le mérite d'affirmer, avant la *Lettre sur la Tolérance* de Locke, les droits de la « conscience errante ». Son argumentation en faveur de la tolérance repose sur l'*inaptitude de l'homme* à atteindre avec une certitude rationnelle la vérité religieuse. Elle suppose chez son auteur assez de largeur d'esprit pour se mettre à la place de ceux qui ne pensent pas comme lui et, il faut l'avouer, un esprit critique parvenu, comme celui de MONTAIGNE, aux confins du *scepticisme*. La foi religieuse n'en sort-elle pas diminuée au profit de la *morale* ? Mais, sur le plan général, comment pourrait autrement cette tolérance sans laquelle, dit BAYLE, le monde deviendrait un coupe-gorge, car chacun prétendrait détenir seul la vérité ? (*Commentaire Philosophique*, II⁰ partie, chap. 10).

Il est impossible, dans l'état où nous nous trouvons, de connaître certainement que la vérité qui nous paraît (je parle des vérités particulières de la Religion, et non pas des propriétés des nombres ou des premiers principes de métaphysique, ou des démonstrations de géométrie [1]) est la vérité absolue ; car tout ce que nous pouvons faire est d'être pleinement convaincus que nous tenons la vérité absolue, que nous ne nous trompons point, que ce sont les autres qui se trompent, toutes marques équivoques de vérité, puisqu'elles se trouvent dans les païens et dans les hérétiques les plus perdus. Il est donc certain que nous ne saurions discerner à aucune marque assurée [2] ce qui est effectivement vérité quand nous le croyons de ce qui ne l'est pas lorsque nous le croyons [3]. (...) Un Papiste est aussi satisfait de sa religion, un Turc de la sienne, un Juif de la sienne, que nous de la nôtre. (...) Les plus fausses religions ont leurs martyrs [4], leurs austérités incroyables, un esprit de faire des prosélytes qui surpasse bien souvent la charité [5] des orthodoxes et un attachement extrême pour leurs cérémonies superstitieuses. Rien en un mot ne peut caractériser à un homme la persuasion de la vérité et la persuasion du mensonge. Ainsi, c'est lui demander plus qu'il ne peut faire que de vouloir qu'il fasse ce discernement. (...)

Dans la condition où se trouve l'homme, Dieu se contente d'exiger de lui qu'il cherche la vérité le plus soigneusement qu'il pourra et que, croyant l'avoir trouvée, il l'aime et y règle sa vie. Ce qui, comme chacun voit, est une preuve que nous sommes obligés d'avoir les mêmes égards pour la vérité putative [6] que pour la vérité réelle. Et dès lors, toutes les objections que l'on fait sur la difficulté de

---

— 1 Noter ce refus du scepticisme total. — 2 Exigence cartésienne. — 3 A quoi tendent ces répétitions de termes ? — 4 Bayle cite souvent l'exemple de Vanini, brûlé en 1619 à Toulouse. — 5 L'ardeur. — 6 Supposée.

l'examen disparaissent comme de vains fantômes, puisqu'il est certain qu'il est de la portée de chaque particulier, quelque simple qu'il soit [7], de donner un sens à ce qu'il lit ou à ce qu'on lui dit, et de sentir que ce sens est véritable ; et voilà sa vérité à lui toute trouvée. Il suffit à un chacun qu'il consulte sincèrement et de bonne foi les lumières que Dieu lui donne et que, suivant cela, il s'attache à l'idée qui lui semble la plus raisonnable et la plus conforme à la volonté de Dieu. Il est moyennant cela orthodoxe [8] à l'égard de Dieu quoique, par un défaut qu'il
30 ne saurait éviter, ses pensées ne soient pas une fidèle image de la réalité des choses. (..) Le principal est ensuite d'agir vertueusement ; et ainsi chacun doit employer toutes ses forces à honorer Dieu par une prompte obéissance à la morale [9]. A cet égard, c'est-à-dire à l'égard de la connaissance de nos devoirs pour les mœurs, la lumière révélée est si claire [10] que peu de gens s'y trompent, quand de bonne foi ils cherchent ce qui en est. (...)

D'où je conclus que l'ignorance de bonne foi disculpe dans les cas les plus criminels, de sorte qu'un hérétique de bonne foi, un infidèle même de bonne foi, ne sera puni de Dieu qu'à cause des mauvaises actions qu'il aura faites croyant qu'elles étaient mauvaises. Pour celles qu'il aura faites en conscience, je dis par
40 une conscience qu'il n'aura pas lui-même aveuglée malicieusement, je ne saurais me persuader qu'elles soient un crime [11].

Le Dictionnaire historique (1695-1697)

Le *Dictionnaire historique et critique* de Pierre BAYLE est un recueil d'articles concernant des *noms propres* historiques ou géographiques. Il a pour objet de corriger, par un examen critique, les erreurs couramment admises. Les articles en sont assez courts, généraux et habituellement anodins ; mais l'*essentiel est dans les notes*, très abondantes, souvent vingt à quarante fois plus longues que le texte lui-même. On ne peut lire un article sans se reporter continuellement d'une page à l'autre ; ce procédé commode pour dissimuler la hardiesse de la pensée et exciter la curiosité du lecteur sera repris dans l'*Encyclopédie* (cf. p. 237).

Chaque article contient ordinairement deux *grandes parties :* d'une part les *certitudes historiques* concernant le personnage (*Abraham, Achille, Adam...*) ; d'autre part *les incertitudes et les mensonges* — combien plus nombreux ! — de l'histoire. BAYLE est implacable : son esprit critique discute sans merci, preuves et références à l'appui, l'authenticité des témoignages ; erreurs des anciens, erreurs des modernes et même des libertins, rien ne trouve grâce devant son examen.

De cette énorme compilation se dégagent *deux impressions d'ensemble.* C'est d'abord l'idée des fautes et des *crimes dont regorge l'histoire humaine* : « ce *Dictionnaire historique et critique* reste le réquisitoire le plus accablant qu'on ait jamais dressé pour la honte et la confusion des hommes. Presque à chaque nom surgit le souvenir d'une illusion, d'une erreur, d'une fourberie ou même d'un crime. Tous ces rois qui ont fait le malheur de leurs sujets ; tous ces papes qui ont abaissé le catholicisme au niveau de leurs ambitions, de leurs passions ; tous ces philosophes qui ont bâti des systèmes absurdes ; tous ces noms de villes, de pays qui rappellent les guerres, des spoliations, des massacres... » (P. Hazard).

En second lieu, c'est un *scepticisme à peu près total.* Dans l'esprit de BAYLE, le doute n'exprimait que la *passion de la vérité* telle que la critique peut l'établir ; mais en réalité, la *contradiction* perpétuelle des témoignages aboutit à ruiner l'histoire et donne l'impression que les doctrines opposées sont également *incertaines :* cette incertitude de la morale et des religions est le fondement de la *tolérance.* Par là, BAYLE est le père des philosophes du XVIIIᵉ siècle qui puiseront sans cesse dans son *Dictionnaire.*

— 7 N'est-ce pas bien optimiste, de la part d'un esprit critique aussi averti ? — 8 Fidèle à la vérité. — 9 Cette tendance à mettre l'accent sur la *morale* aux dépens de la religion se retrouvera chez les philosophes du XVIIIᵉ s.

— 10 Optimisme qui annonce Rousseau. — 11 Cf. « Il n'y a point d'erreur de religion, de quelque nature qu'on la suppose, qui soit un péché lorsqu'elle est involontaire » (*Supplément au Commentaire Philosophique*).

FONTENELLE

Sa vie (1657-1757)   Bernard le Bovier de FONTENELLE, né à Rouen en 1657, était de santé délicate mais sut si bien se ménager qu'il vécut presque centenaire. Neveu des frères CORNEILLE, il débuta au *Mercure Galant* sous la protection de Thomas Corneille (1677).

1. LE BEL ESPRIT. La Bruyère qui ne l'aimait pas l'a peint sous les traits de *Cydias* le bel esprit de profession, qui est « un composé du pédant et du précieux », touchant à tous les sujets et à tous les genres, écrivant sur commande des stances, des élégies et des idylles. Ce portrait malveillant pourrait convenir au FONTENELLE des débuts, non au philosophe et au *savant* qu'il deviendra. Auteur de poésies précieuses, il écrivit des opéras et une dizaine de tragédies. Ses *Lettres Galantes du Chevalier d'Her* (1685), encore précieuses, contiennent de fines notations psychologiques. Toutefois, dès 1683, ses *Dialogues des Morts* révèlent un esprit hardi et moderne.

2. LE PHILOSOPHE. Coup sur coup vont paraître en 1686 la *Relation de l'île de Bornéo* qui faillit le conduire à la Bastille, les *Entretiens sur la Pluralité des Mondes*, l'*Histoire des Oracles*. Ces œuvres de vulgarisation et de critique le rendent célèbre. Par sa *Digression sur les Anciens et les Modernes* (1688, Cf. *XVIIe siècle*, p. 434-435), il entre dans le camp des Modernes qui célèbrent comme une victoire son élection à l'Académie (1691).

3. LE SECRÉTAIRE DE L'ACADÉMIE DES SCIENCES. Secrétaire perpétuel de l'Académie des Sciences (1697) il se consacre aux questions scientifiques : *Histoire* et *Mémoires de l'Académie ; Eloges de Savants* (Bernouilli, Tournefort, Cassini, Leibnitz, Newton...) où il expose clairement les progrès de son siècle ; *Préfaces* d'ouvrages savants où il affirme son cartésianisme et définit l'esprit scientifique. Il publie encore une *Géométrie de l'Infini* (1727) et une *Théorie des tourbillons cartésiens* (1752).

Fontenelle continue néanmoins à écrire des œuvres littéraires : une *Vie de Corneille*, une *Histoire du Théâtre*, des *Réflexions sur la poétique* (1742). Brillant causeur, il fréquentait les salons de Mme de Lambert, de Mme de Tencin et de Mme Geoffrin où il contait avec art des souvenirs vieux d'un siècle.

Critique des Fables   1. L'ORIGINE DES FABLES. Précurseur de la *méthode comparative* en matière religieuse, il publie en 1684 le court traité *De l'Origine des Fables* où il attribue à l'ignorance des premiers hommes la croyance au surnaturel : pour expliquer les phénomènes naturels ils imaginaient des divinités supérieures. Cette étude tend à ruiner l'idée du surnaturel et du miracle. A travers les mythes païens, c'est le *christianisme* qui est visé. En effet, montrant que les fables des anciens sont « l'histoire des erreurs de l'esprit humain », l'auteur éveille le sens critique de ses contemporains : « *Tous les hommes se ressemblent si fort qu'il n'y a point de peuple dont les sottises ne doivent nous faire trembler* ».

2. L'HISTOIRE DES ORACLES (1686) discrédite, à propos d'un cas particulier, le merveilleux surnaturel. FONTENELLE y reprend, mais en l'adaptant et en lui donnant le charme de son esprit, un lourd traité en latin du Hollandais VAN DALE. Les premiers chrétiens ont cru que les Oracles païens étaient l'œuvre des *démons*, que certains d'entre eux annonçaient la venue du Christ, et que les oracles ont cessé après sa venue, preuve supplémentaire en faveur du christianisme. FONTENELLE explique d'abord que les chrétiens, croyant aux démons, leur ont tout naturellement attribué les oracles, pour s'éviter la peine « de contester le miracle même par une longue suite de recherches et de raisonnements ». Mais cette paresse était fautive, car la première précaution raisonnable est de *s'assurer des faits* avant d'en chercher les causes (cf. *La dent d'or*). Or FONTENELLE

consacre huit chapitres mordants à démontrer, citations et références à l'appui, que les oracles ne pouvaient être rendus par les démons puisqu'ils étaient dus aux artifices des prêtres qui exploitaient la crédulité des fidèles. En second lieu, loin de se taire à la venue du Christ, les oracles ne disparaissent qu'au Ve siècle, quand leurs impostures sont dévoilées grâce aux progrès de la philosophie. Et voilà ridiculisée la *croyance aux miracles !*

La *religion chrétienne* est loin de sortir intacte de cette étude critique. Si l'on peut contester la tradition des premiers chrétiens, *où s'arrêtera ce doute ?* La croyance à la magie et au Diable, article de foi, résistera-t-elle à un sérieux examen ? Que penser enfin de la fourberie des prêtres de toutes les religions *sauf la vraie ? — Attaquer indirectement le christianisme* en feignant de s'en prendre au seul paganisme, ce sera la tactique des « philosophes ».

LA DENT D'OR

Par cette anecdote déjà voltairienne, FONTENELLE, tout en se jouant, touche aux plus grands problèmes humains. On ne saurait mieux symboliser la *révolution* qui se fait alors dans les esprits : face aux erreurs de la scolastique, au respect aveugle de l'autorité et de la tradition, à la croyance aux miracles, l'esprit critique dresse les principes de la *science positive et expérimentale.* L'auteur montre les conséquences de ces principes en matière de physique, d'histoire, de religion, et l'on verra que ses réflexions ne vont pas sans un certain *scepticisme.* Pour qui sait lire entre les lignes, prétendre dégager la religion des superstitions qui la compromettent, n'est-ce pas porter *le doute* sur tout l'édifice religieux, amorcer déjà l'entreprise de VOLTAIRE ? (*Première Dissertation, IV*).

Assurons-nous bien du fait, avant que de nous inquiéter de la cause. Il est vrai que cette méthode est bien lente pour la plupart des gens[1] qui courent naturellement à la cause, et passent par-dessus[2] la vérité du fait ; mais enfin nous éviterons le ridicule d'avoir trouvé la cause de ce qui n'est point[3].

Ce malheur arriva si plaisamment sur la fin du siècle passé à quelques savants d'Allemagne, que je ne puis m'empêcher d'en parler ici.

En 1593, le bruit courut que les dents étant tombées à un enfant de Silésie, âgé de sept ans, il lui en était venu une d'or à la place d'une de ses grosses dents. Horstius[4], professeur en médecine dans l'université de Helmstad, écrivit en 1595 l'histoire de cette dent, et prétendit qu'elle était en partie naturelle, en partie miraculeuse, et qu'elle avait été envoyée de Dieu à cet enfant, pour consoler les chrétiens affligés par les Turcs. Figurez-vous quelle consolation, et quel rapport de cette dent aux chrétiens ni aux Turcs[5]. En la même année, afin que cette dent d'or ne manquât pas d'historiens, Rullandus en écrit encore l'histoire. Deux ans après, Ingolsteterus, autre savant, écrit contre le sentiment que Rullandus avait de la dent d'or, et Rullandus fait aussitôt une belle et docte réplique[6]. Un autre grand homme, nommé Libavius, ramasse tout

---

— 1 Cf. ligne 25. — 2 Cf. *courent.* Que traduisent ces métaphores ? — 3 La formule est de Bayle : *Pensées sur la Comète* (§ 49). —

4 Quelle impression produisent les noms latins de ces savants ? — 5 Préciser les deux critiques contenues dans cette réflexion. — 6 Définir ce trait de caractère des pédants scolastiques.

20 ce qui avait été dit de la dent, et y ajoute son sentiment particulier. Il ne manquait autre chose à tant de beaux ouvrages, sinon qu'il fût vrai [7] que la dent était d'or. Quand un orfèvre l'eut examinée [8], il se trouva que c'était une feuille d'or appliquée à la dent, avec beaucoup d'adresse ; mais on commença par faire des livres, et puis on consulta l'orfèvre.

Rien n'est plus naturel [9] que d'en faire autant sur toutes sortes de matières. Je ne suis pas si convaincu de notre ignorance par les choses qui sont, et dont la raison nous est inconnue, que par celles qui ne sont point, et dont nous trouvons la raison. Cela veut dire que, non seulement nous n'avons pas les principes qui mènent au vrai, mais que nous en avons 30 d'autres qui s'accommodent très bien avec le faux [10].

De grands physiciens ont fort bien trouvé pourquoi les lieux souterrains sont chauds en hiver, et froids en été. De plus grands physiciens ont trouvé depuis peu que cela n'était pas.

Les discussions historiques sont encore plus susceptibles de cette sorte d'erreur. On raisonne sur ce qu'ont dit les historiens ; mais ces historiens n'ont-ils été ni passionnés, ni crédules, ni mal instruits, ni négligents [11] ? Il en faudrait trouver un qui eût été spectateur de toutes choses, indifférent, et appliqué [12].

Surtout quand on écrit des faits qui ont liaison avec la religion, il est 40 assez difficile que, selon le parti dont on est [13], on ne donne à une fausse religion des avantages qui ne lui sont point dus ou qu'on ne donne à la vraie de faux avantages dont elle n'a pas besoin. Cependant on devrait être persuadé qu'on ne peut jamais ajouter de la vérité à celle qui est vraie, ni en donner à celles qui sont fausses.

Et FONTENELLE enchaîne sur une critique des « suppositions assez hardies » par lesquelles les chrétiens des premiers siècles attribuaient les oracles païens aux démons : « *On ne prétend point par là affaiblir l'autorité, ni attaquer le mérite de ces grands hommes... Si avec les vrais titres de notre religion ils nous en ont laissé d'autres qui peuvent être suspects, c'est à nous à ne recevoir d'eux que ce qui est légitime* [14], *et à pardonner à leur zèle de nous avoir fourni plus de titres qu'il ne nous en faut.* »

– *Exposez les principes scientifiques mis en lumière dans cette page.*
– **Commentaire composé** (*l. 1-24*). *L'art du récit philosophique et polémique.*
– **Confrontation.** *Extraits des* Pensées sur la Comète, *p. 17-20 : a) les idées ; – b) les méthodes d'argumentation.*
• **Groupe thématique : Difficulté d'établir la vérité historique.** a) VOLTAIRE et la critique historique, p. 144 ; « Le passage du Rhin », p. 147. – b) XIXe SIÈCLE. MICHELET : « La danse galvanique des morts », p. 364. – FUSTEL DE COULANGES : « La méthode historique », p. 383. – c) XXe SIÈCLE. VALÉRY : « Procès de l'histoire », p. 367. – JAURÈS, p. 83. – PÉGUY, p. 180. – LAURENT, p. 785-786.

— 7 A quoi tend cette restriction ? — 8 En quoi son attitude diffère-t-elle de celle des « savants » ? — 9 Expliquer ce terme. — 10 En quoi ce second point est-il plus grave que le premier ? — 11 C'est la justification de la *critique historique* (cf. Voltaire, p. 144). — 12 Que penser de cette exigence ? — 13 Montrer l'impor-tance de cette observation. — 14 Subordination de la religion au contrôle de la raison qui élimine les superstitions. Cf. Bayle : *Tout dogme particulier, soit qu'on l'avance comme contenu dans l'Écriture, soit qu'on le propose autrement, est faux lorsqu'il est réfuté par les notions claires et distinctes de la lumière naturelle* (Commentaire I, 1).

La Pluralité des mondes (1686) FONTENELLE a été l'initiateur de cet *esprit de vulgarisation* si cher aux Encyclopédistes. Désormais la science cessera d'être pédante, de parler latin ou d'employer la langue spéciale des érudits. Avec les *Entretiens sur la Pluralité des Mondes*, c'est *l'astronomie* qui est mise à la portée du grand public cultivé. La plupart en étaient encore au système de Ptolémée qui plaçait la Terre au centre de l'Univers. Pour vulgariser *le système de Copernic*, FONTENELLE s'adresse à une dame qui n'est pas spécialiste, au cours d'une conversation aimable et même galante. Ces *Entretiens* sont divisés en six *Soirs* où il est question de la Terre, de la Lune, des autres Planètes, des Étoiles fixes qui sont autant de soleils, des découvertes récentes. Chemin faisant, le lecteur a l'occasion de réfléchir sur quelques *idées de l'auteur* : scepticisme à l'égard de la métaphysique et du merveilleux, foi dans la méthode scientifique (p. 26), satire des hommes qui se croient au centre de l'univers et affirmation du relativisme, croyance au progrès qui fera de l'homme le maître de la nature (p. 28).

LEÇON D'ASTRONOMIE DANS UN PARC

Par un beau soir d'automne, FONTENELLE se promène dans le parc de la marquise de G*** (en réalité Mme de la Mésangère). La pureté du ciel et la splendeur des étoiles lui inspirent d'abord des *compliments galants* à l'adresse de la marquise ; mais peu à peu l'entretien devient plus *scientifique*. Ce passage donnera une idée de la *préciosité* de l'auteur, mais aussi de son art d'exposer avec *enjouement* les idées les plus ingrates (*Premier soir*).

« Selon moi, il n'y a pas jusqu'aux vérités à qui l'agrément ne soit nécessaire [1]. — Hé bien, reprit-elle, puisque votre folie est si agréable, donnez-la-moi ; je croirai sur les étoiles tout ce que vous voudrez, pourvu que j'y trouve du plaisir. — Ah ! Madame, répondis-je bien vite, ce n'est pas un plaisir comme celui que vous auriez à une comédie de Molière ; c'en est un qui est je ne sais où, dans la raison, et qui ne fait rire que l'esprit. — Quoi donc, reprit-elle, croyez-vous qu'on soit incapable des plaisirs qui ne sont que dans la raison [2] ? Je veux tout à l'heure [3] vous faire voir le contraire ; apprenez-moi vos étoiles. — Non, répliquai-je,
10 il ne me sera point reproché que dans un bois, à dix heures du soir, j'ai parlé de philosophie à la plus aimable personne que je connaisse. Cherchez ailleurs vos philosophes [4]. »

J'eus beau me défendre encore quelque temps sur ce ton-là, il fallut céder. (...) « Toute la philosophie [5], lui dis-je, n'est fondée que sur deux choses, sur ce qu'on a l'esprit curieux et les yeux mauvais ; car si vous aviez les yeux meilleurs que vous ne les avez, vous verriez bien si les étoiles sont des soleils qui éclairent autant de mondes, ou si elles n'en sont pas ; et si d'un autre côté vous étiez moins curieuse, vous ne vous sou-

---

— 1 Cette idée, qui inspire tout l'ouvrage, va dominer l'esthétique des philosophes. — 2 En quoi cette réflexion est-elle le signe d'un esprit nouveau ? — 3 Sur-le-champ.— 4 Synonyme, ici, de *savants*. — 5 Fontenelle vise maintenant les spéculations métaphysiques.

cieriez pas de le savoir, ce qui reviendrait au même [6] ; mais on veut savoir
20 plus qu'on ne voit, c'est là la difficulté. Encore si, ce qu'on voit, on le
voyait bien, ce serait toujours autant de connu ; mais on le voit tout
autrement qu'il n'est. Ainsi les vrais philosophes passent leur vie à ne
point croire ce qu'ils voient, et à tâcher de deviner ce qu'ils ne voient
point [7] ; et cette condition n'est pas, ce me semble, trop à envier. Sur cela
je me figure toujours que la nature est un grand spectacle qui ressemble à
celui de l'Opéra. Du lieu où vous êtes à l'Opéra, vous ne voyez pas le
théâtre tout à fait comme il est ; on a disposé les décorations et les
machines pour faire de loin un effet agréable, et on cache à votre vue ces
roues et ces contrepoids qui font tous les mouvements. Aussi ne vous
30 embarrassez-vous guère de deviner comment tout cela joue. Il n'y a
peut-être que quelque machiniste [8] caché dans le parterre qui s'inquiète
d'un vol [9] qui lui aura paru extraordinaire, et qui veut absolument démêler
comment ce vol a été exécuté. Vous voyez bien que ce machiniste-là est
assez fait comme les philosophes. Mais ce qui, à l'égard des philosophes,
augmente la difficulté, c'est que dans les machines que la nature présente
à nos yeux, les cordes sont parfaitement bien cachées, et elles le sont si
bien, qu'on a été longtemps à deviner ce qui causait les mouvements de
l'univers. Car représentez-vous tous les sages à l'Opéra, ces Pythagore,
ces Platon, ces Aristote, et tous ces gens dont le nom fait aujourd'hui tant
40 de bruit à nos oreilles ; supposons qu'ils voyaient le vol de Phaéton [10] que
les vents enlèvent, qu'ils ne pouvaient découvrir les cordes, et qu'ils ne
savaient point comment le derrière du théâtre était disposé. L'un d'eux [11]
disait : *C'est une certaine vertu secrète qui enlève Phaéton.* L'autre [12] :
Phaéton est composé de certains nombres qui le font monter. L'autre [13] :
*Phaéton a une certaine amitié pour le haut du théâtre ; il n'est point à son
aise quand il n'y est pas.* L'autre [14] : *Phaéton n'est pas fait pour voler, mais
il aime mieux voler que de laisser le haut du théâtre vide ;* et cent autres
rêveries [15] que je m'étonne qui n'aient perdu de réputation toute l'antiquité. A la fin, Descartes [16] et quelques autres modernes sont venus,
50 qui ont dit : *Phaéton monte parce qu'il est tiré par des cordes, et qu'un poids
plus pesant que lui descend.* Ainsi on ne croit plus qu'un corps se remue,
s'il n'est tiré, ou plutôt poussé par un autre corps ; on ne croit plus qu'il
monte ou qu'il descende, si ce n'est par l'effet d'un contrepoids ou d'un
ressort [17] ; et qui verrait la nature telle qu'elle est, ne verrait que le
derrière du théâtre de l'Opéra. — A ce compte, dit la Marquise, la philosophie est devenue bien mécanique [18] ? — Si mécanique, répondis-je, que

---

— 6 Expliquer pourquoi. — 7 Cette
formule n'implique-t-elle pas une critique ?
n'explique-t-elle pas la défiance des philosophes envers la poésie ? — 8 Technicien
spécialiste. — 9 Pourquoi l'auteur a-t-il choisi
cet exemple ? — 10 *Phaéton*, opéra à machines,
de Quinault et Lulli (1683). Commenter le
choix de cette pièce. — 11 Aristote. — 12 Pythagore. — 13 Platon. — 14 Théorie scolastique
selon laquelle « *la Nature a horreur du vide* ».
Pascal la ruina en prouvant, par ses expériences
du Puy-de-Dôme, l'existence du vide. —
15 Quel est le défaut commun de ces *rêveries ?*
— 16 Fontenelle le considère comme l'initiateur de l'esprit scientifique. — 17 En quoi
cette conception diffère-t-elle des précédentes ?
— 18 Expliquer ce terme.

je crains qu'on n'en ait bientôt honte. On veut que l'univers ne soit en grand que ce qu'une montre est en petit, et que tout s'y conduise par des mouvements réglés qui dépendent de l'arrangement des parties. Avouez
60 la vérité. N'avez-vous pas eu quelquefois une idée plus sublime de l'univers et ne lui avez-vous point fait plus d'honneur [19] qu'il ne méritait ? J'ai vu des gens qui l'en estimaient moins depuis qu'ils l'avaient connu. — Et moi, répliqua-t-elle, je l'en estime beaucoup plus, depuis que je sais qu'il ressemble à une montre. Il est surprenant que l'ordre de la nature, tout admirable qu'il est, ne roule que sur des choses si simples.

— Je ne sais pas, lui répondis-je, qui vous a donné des idées si saines ; mais en vérité il n'est pas trop commun de les avoir. Assez de gens ont toujours dans la tête un faux merveilleux enveloppé d'une obscurité qu'ils respectent. Ils n'admirent la nature que parce qu'ils la croient une espèce
70 de magie où l'on n'entend rien [20] ; et il est sûr qu'une chose est déshonorée auprès d'eux dès qu'elle peut être conçue [21]. Mais, Madame, continuai-je, vous êtes si bien disposée à entrer dans tout ce que je veux vous dire, que je crois que je n'ai qu'à tirer le rideau, et à vous montrer le monde. »

— a) Sur quel ton FONTENELLE parle-t-il à la Marquise ? — b) Comment procède-t-il pour lui faire comprendre le mécanisme de l'Univers ? et pour lui exposer les thèses en présence ? — c) Étudiez comment la comparaison de l'Opéra se transforme progressivement en métaphore.
— Montrez, d'après ce texte, la supériorité de la méthode cartésienne et son application à l'astronomie. En quoi apporte-t-elle un esprit nouveau dans les sciences ?
— Précisez les griefs de l'auteur contre la métaphysique et les systèmes anciens.
— En quoi FONTENELLE est-il un « moderne » ? Est-il totalement optimiste à l'égard de la nature humaine ?
• **Groupe thématique : Science et Poésie.** VOLTAIRE, p. 138. — DIDEROT, p. 215-218. — XVIIᵉ SIÈCLE, p. 144. — XIXᵉ SIÈCLE, p. 395.

Irons-nous dans la lune ?

Au cours de la *Querelle des Anciens et des Modernes*, FONTENELLE a affirmé, non sans modération, sa *croyance au progrès* (cf. *XVIIᵉ Siècle*, p. 435). Dans l'essai *De l'Origine des Fables*, il admet que l'esprit humain lui-même s'est perfectionné depuis les temps primitifs. On a déjà vu (p. 24) sa confiance en l'*esprit critique* pour ruiner les superstitions. La page qu'on va lire montre qu'il attendait du *progrès scientifique* un accroissement considérable des possibilités matérielles de l'homme. Cependant, dans les textes ci-dessus, bien des réflexions incidentes révèlent qu'il n'avait guère d'illusions sur « cette espèce bizarre de créatures qu'on appelle le genre humain » ; il fut, selon le mot de J.-R. Carré, un « croyant pessimiste au progrès ».

« Ces gens de la lune, reprit-elle, on ne les connaîtra jamais, cela est désespérant. — Si je vous répondais sérieusement, répliquai-je, qu'on ne sait ce qui arrivera, vous vous moqueriez de moi, et je le mériterais sans doute. Cependant je me défendrais assez bien, si je le voulais. J'ai une pensée très ridicule, qui a un air de vraisemblance qui me surprend ; je ne sais

---

— 19 Préciser cette allusion. — 20 Cf. Bayle : « Les ouvrages de la Nature ne sont pas moins l'effet de la puissance de Dieu que les miracles, et supposent une aussi grande puissance que les miracles » (*Pensées sur la Comète*, § 91). — 21 Préciser cette critique.

où elle peut l'avoir pris, étant aussi impertinente [1] qu'elle est. Je gage que je vais vous réduire à avouer, contre toute raison, qu'il pourra y avoir un jour du commerce [2] entre la terre et la lune. Remettez-vous dans l'esprit l'état où était l'Amérique avant qu'elle eût été découverte par Christophe Colomb. Ses 10 habitants vivaient dans une ignorance extrême. Loin de connaître les sciences, ils ne connaissaient pas les arts les plus simples et les plus nécessaires. Ils allaient nus, ils n'avaient point d'autres armes que l'arc ; ils n'avaient jamais conçu que des hommes pussent être portés par des animaux ; ils regardaient la mer comme un grand espace défendu aux hommes, qui se joignait au ciel, et au delà duquel il n'y avait rien. (..) Cependant voilà un beau jour le spectacle du monde le plus étrange et le moins attendu qui se présente à eux. De grands corps énormes qui paraissent avoir des ailes blanches, qui volent sur la mer, qui vomissent le feu de toutes parts, et qui viennent jeter sur le rivage des gens inconnus, tout écaillés de fer, disposant comme ils veulent des monstres qui courent sous eux [3], et 20 tenant en leur main des foudres dont ils terrassent tout ce qui leur résiste [4]. D'où sont-ils venus ? Qui a pu les amener par-dessus les mers ? Qui a mis le feu en leur disposition ? Sont-ce les enfants du Soleil ? car assurément ce ne sont pas des hommes [5]. Je ne sais, Madame, si vous entrez comme moi dans la surprise des Américains ; mais jamais il ne peut y en avoir eu une pareille dans le monde. Après cela, je ne veux plus jurer qu'il ne puisse y avoir commerce quelque jour entre la lune et la terre. Les Américains eussent-ils cru qu'il eût dû y en avoir entre l'Amérique et l'Europe qu'ils ne connaissaient seulement pas ? Il est vrai qu'il faudra traverser ce grand espace d'air et de ciel qui est entre la terre et la lune. Mais ces grandes mers paraissaient-elles aux Américains plus propres à 30 être traversées ? — En vérité, dit la Marquise en me regardant, vous êtes fou. — Qui vous dit le contraire ? répondis-je. — Mais je veux vous le prouver, reprit-elle ; je ne me contente pas de l'aveu que vous en faites. Les Américains étaient si ignorants, qu'ils n'avaient garde de soupçonner qu'on pût se faire des chemins au travers des mers si vastes ; mais nous qui avons tant de connaissances, nous nous figurerions bien qu'on pût aller par les airs, si l'on pouvait effectivement y aller. — On fait plus que se figurer la chose possible, répliquai-je, on commence déjà à voler un peu ; plusieurs personnes différentes ont trouvé le secret de s'ajuster des ailes qui les soutiennent en l'air, de leur donner du mouvement, et de passer par-dessus des rivières. A la vérité, ce n'a pas été un vol d'aigle et il 40 en a quelquefois coûté à ces nouveaux oiseaux un bras ou une jambe [6] mais enfin cela ne représente encore que les premières planches que l'on a mises sur l'eau, et qui ont été le commencement de la navigation. De ces planches-là, il y avait bien loin jusqu'à de gros navires qui pussent faire le tour du monde. Cependant peu à peu sont venus les gros navires. L'art de voler ne fait encore que de naître ; il se perfectionnera, et quelque jour on ira jusqu'à la lune [7]. Prétendons-nous avoir découvert toutes choses, ou les avoir mises à un point qu'on n'y puisse rien ajouter ? Eh ! de grâce, consentons qu'il y ait encore quelque chose à faire pour les siècles à venir.

Second Soir.

— 1 Peu raisonnable. — 2 Des relations. — 3 Les Américains ne connaissaient pas les chevaux. — 4 Expliquer les images amusantes qui traduisent la surprise des sauvages. — 5 Cf. « A mesure que l'on est plus ignorant et que l'on a moins d'expérience, on voit plus de prodiges » (*De l'Origine des Fables*). — 6 Allusion à diverses tentatives hardies mais malheureuses. La première montgolfière s'envolera en 1783, un siècle plus tard. — 7 Cf. Rabelais, *XVIe Siècle*, p. 80.

QUESTIONS POLITIQUES
ET ÉCONOMIQUES

Questions
politiques

L'intérêt pour les *problèmes politiques* s'était déjà manifesté au XVIIe siècle en Hollande et en Angleterre (cf. p. 31). En France, le fardeau de l'absolutisme, les revers militaires de la fin du règne de Louis XIV, les persécutions religieuses orientèrent les esprits vers des *conceptions nouvelles*. Exilés dans des pays plus libéraux, des protestants proclament le droit à l'insurrection quand le prince veut forcer les consciences (JURIEU : *Lettres Pastorales*, 1686-1689) ; leurs enquêtes sur *le droit naturel* aboutissent à l'idée que la monarchie est une usurpation. De son côté, LA BRUYÈRE s'est élevé contre l'inégalité sociale, la puissance de l'argent et l'absurdité de la guerre ; n'hésitant pas à contester le droit divin, il affirme que les rois sont responsables devant leurs sujets (cf. *XVIIe Siècle*, p. 414-422). Plus hardi encore, FÉNELON critique le despotisme du roi et son amour de la guerre ; il veut soumettre le monarque aux lois et borner son autorité par celle des États Généraux ; il propose l'arbitrage international pour conjurer la guerre et s'élève jusqu'à la conception des devoirs envers l'*humanité :* « Chacun doit incomparablement plus au genre humain, qui est la grande patrie, qu'à la patrie particulière dont il est né. » (cf. *XVIIe Siècle*, p. 426-429). A son tour, l'abbé de SAINT-PIERRE rédige un *Projet de Paix perpétuelle*, première esquisse d'une Société des Nations (1713-1717). De plus en plus, les esprits se tourneront vers l'Angleterre et la Hollande, pays plus libéraux où se réfugient les hommes qui veulent penser librement.

L'Économie
politique

Guerres, mauvaise répartition des impôts, terres en friche, industries bridées par le manque de liberté, commerce paralysé par les douanes intérieures, autant de causes de la misère générale qui aboutissent à la grande famine de 1694. En proposant des remèdes à ces maux, BOISGUILLEBERT fondait l'Économie politique ; VAUBAN allait la faire entrer dans le domaine littéraire.

1. BOISGUILLEBERT (1646-1714). Lieutenant-général au bailliage de Rouen, il publie, en 1697, *Le Détail de la France, la cause de la diminution de ses biens et la facilité du remède*. Ce livre, d'un esprit tout nouveau, étudie l'origine de la richesse et de la prospérité économique. L'appauvrissement de la France résulte, selon l'auteur, de l'abandon de la culture et de la sous-consommation, idée qui sera reprise par les *physiocrates* (cf. p. 248). Il préconise la suppression des douanes intérieures et, pour la première fois, la répartition de l'impôt selon les revenus. On trouve chez BOISGUILLEBERT des formules d'accent tout moderne comme : « *Les lois de l'ordre économique ne se violent jamais impunément.* » On trouve aussi dans son *Supplément au Détail de la France* (1707) des pages où, l'économie politique cédant le pas au plaidoyer humain, on croit déjà entendre *l'éloquence révolutionnaire*. Beaucoup de ses conceptions reparaissent dans le *Télémaque* et les écrits politiques de FÉNELON (cf. *XVIIe Siècle*, p. 426). Mais c'est VAUBAN, cousin de Boisguillebert, qui sera le plus éloquent interprète de ses idées sur l'économie politique.

2. VAUBAN (1633-1707). Grand homme de guerre et en même temps grand citoyen, VAUBAN s'honora en demandant le rétablissement de l'Édit de Nantes et reprit les idées de Boisguillebert dans *sa Dîme Royale* (écrite en 1699, imprimée en 1707). Il trouve des mots émouvants pour évoquer *la misère du royaume :* « Près de la dixième partie du pays est réduite à la mendicité... ; des neuf autres parties, il y en a cinq qui ne sont pas en état de faire l'aumône, et cela parce que eux-mêmes, à quelque chose près, sont réduits à cette malheureuse condition. »

Vauban attire l'attention du roi sur ce qu'il appelle « *le menu peuple* » : « C'est la partie la plus ruinée et la plus misérable du royaume ; c'est elle cependant qui est la plus considérable par son nombre et par les services réels et effectifs qu'elle lui rend ; car c'est elle qui porte toutes les charges, qui a toujours le plus souffert, et qui souffre encore le plus. »

Il montre l'importance du *Tiers État*, et surtout des *couches populaires* : « C'est encore la partie basse du peuple qui, par son travail et son commerce, et par ce qu'elle paie au roi, l'enrichit et tout son royaume ; c'est elle qui fournit tous les soldats et matelots de ses armées de terre et de mer, et grand nombre d'officiers, tous les marchands et les petits officiers de judicature ; c'est elle qui remplit tous les arts et métiers ; c'est elle qui fait tout le commerce et les manufactures de ce royaume, qui fournit tous les laboureurs, vignerons et manouvriers de la campagne ; qui garde et nourrit les bestiaux ; qui sème les blés et les recueille ; qui façonne les vignes et fait le vin ; et pour achever de le dire en peu de mots, c'est elle qui fait tous les gros et menus ouvrages de la campagne et des villes. Voilà en quoi consiste cette partie du peuple si utile et si méprisée, qui a tant souffert, et qui souffre tant à l'heure que j'écris ceci. »

Ce menu peuple qu'il réhabilite ainsi, Vauban voudrait le soulager par une *répartition plus équitable des impôts*, sans exemption ni privilège : la *Dîme Royale*, payée par tous, portera aussi bien sur les revenus de toutes les professions (salaires, industries, immeubles) que sur les produits de la terre.

Ces conseils, pleins d'humanité, venaient d'un *fidèle sujet* persuadé qu'on doit aider les rois à bien gouverner. Ils ne furent pas appréciés : Boisguillebert avait été exilé en Auvergne comme Fénelon le fut à Cambrai ; la *Dîme Royale* fut condamnée au feu, et Vauban mourut presque aussitôt, peut-être de chagrin.

Mais il est remarquable qu'à la fin du siècle, sous un régime absolu, des écrivains aient voulu *rappeler le roi à ses devoirs*, et lui suggérer des réformes. L'esprit français s'orientait vers *d'autres conceptions du gouvernement* : l'Angleterre allait inspirer nos philosophes.

LA PENSÉE ANGLAISE

Dès la fin du XVIIe siècle, l'Angleterre dispute à la France l'hégémonie politique et intellectuelle. Newton, proclamant la soumission aux faits, fonde la *physique expérimentale* (1687) qui prend le pas sur la spéculation métaphysique.

John Locke, à son tour, révolutionne la philosophie avec son *Essai sur l'entendement humain* (1690). Abandonnant les hypothèses métaphysiques, il décide de s'en tenir aux données de l'expérience et de reconstruire ainsi la philosophie sur *l'empirisme*. Il ne croit pas, comme Descartes, aux idées innées ; pour lui le seul élément positif est la *sensation* : la connaissance n'est que le sentiment des rapports entre les idées éveillées par nos sensations. D'ailleurs Locke était *sensualiste*, mais non matérialiste comme on l'a cru à tort : il était chrétien et croyait à la Révélation.

En politique, il a combattu la théorie du droit divin (*Deux traités de gouvernement*, 1689). Selon lui, par le *droit naturel* les hommes sont libres et égaux ; c'est en vertu d'un *pacte social* qu'ils délèguent leur pouvoir à la société pour qu'elle protège cette liberté et cette égalité primitives. Le gouvernement doit donc être *élu* et, à la mode anglaise, garantir la liberté du peuple par la *séparation des pouvoirs*. Enfin, dans sa *Lettre sur la Tolérance* (1689), Locke montre que la tolérance est l'essence même du christianisme. En Angleterre d'ailleurs s'épanouit le *déisme*, adoration d'un Dieu lointain et abstrait, sans mystères ni révélation, sans prêtres ni cérémonies religieuses : avec Toland, l'ardeur rationaliste aboutit même à une attitude nettement anticléricale.

Au XVIIIe siècle, la *pensée anglaise* va se répandre en France grâce aux traductions dues aux protestants français réfugiés outre-Manche et aux séjours de nos philosophes en Angleterre.

LA COMÉDIE AVANT 1750

Le théâtre au XVIIIe siècle Le XVIIIe siècle fut passionné de théâtre : auteur de multiples tragédies et comédies, metteur en scène, comédien amateur, VOLTAIRE incarne dans ce domaine comme à beaucoup d'autres égards les goûts et l'esprit de son temps. ROUSSEAU lui-même fit jouer un opéra, *le Devin du village* (cf. p. 328), et DIDEROT fut l'initiateur d'un genre nouveau, le drame. Une abondante floraison d'œuvres dramatiques, des auteurs célèbres, un public averti et enthousiaste, voilà ce qui frappe tout d'abord. Mais une faible partie seulement de cette énorme production demeure vivante aujourd'hui : la scène française n'a connu au XVIIIe siècle que deux véritables génies, MARIVAUX et BEAUMARCHAIS. Avec des dons très dissemblables, tous deux se sont illustrés dans la *comédie*. Sans doute, tout au long de sa carrière, Voltaire s'efforça de perpétuer le *genre tragique* en le rénovant (cf. p. 185-189), mais ses tragédies, vivement goûtées à l'époque, ne sont plus au répertoire ; à peine trouvent-elles encore des lecteurs. Quant au *drame*, après avoir rencontré un accueil enthousiaste, il ne tarda pas à dépérir sans avoir donné de chef-d'œuvre (cf. p. 227-235).

De Molière à Marivaux Trois noms dominent l'histoire de la comédie dans la première moitié du siècle, ceux de REGNARD, LE SAGE et MARIVAUX. Nous retrouverons Le Sage et Marivaux en étudiant le roman dans la même période (cf. p. 60-67 et 68-69), et nous verrons que la renommée de LE SAGE tient à *Gil Blas* plus encore qu'à *Turcaret ;* en revanche MARIVAUX doit surtout sa gloire à son théâtre. Il ne s'agit point dans son cas d'une réussite isolée comme celle de *Turcaret ;* son œuvre n'a pas non plus les parties caduques que présentera le théâtre de Beaumarchais (cf. p. 383) ; enfin il est le plus original de tous les successeurs de MOLIÈRE.

I. L'HÉRITAGE DE MOLIÈRE. Les auteurs comiques du XVIIIe siècle s'inspirent abondamment de l'œuvre de Molière, lorsqu'ils ne la mettent pas au pillage. Mais aucun d'eux n'ose revendiquer la succession du maître dans sa totalité. Farce, comédie d'intrigue, comédie de mœurs, comédie de caractères, Molière n'avait laissé inexplorée aucune province de son royaume. *Ses successeurs vont se partager cet immense héritage :* les uns choisissent la farce et l'intrigue, d'autres la peinture des mœurs, d'autres encore tentent de retrouver le secret de la comédie de caractères.

1. LA COMÉDIE D'INTRIGUE. Elle est représentée surtout par REGNARD (cf. p. 34) qui maintient la tradition moliéresque du *franc comique* grâce aux procédés classiques de la farce, aux jeux de mots, aux situations burlesques et aux coups de théâtre. Ses personnages eux-mêmes sont amusants mais n'ont aucune profondeur psychologique.

2. LA COMÉDIE DE MŒURS. Les pièces de DANCOURT (1661-1725) constituent un témoignage vivant sur les mœurs du XVIIe siècle finissant. Leurs titres mêmes : *Le Chevalier à la mode* (1687), *La Coquette* (1689), etc., font songer aux *Caractères* de La Bruyère.

Dancourt a senti la fermentation sociale qui marquait son époque et discerné la puissance croissante de l'argent. Par là il annonce LE SAGE. Beaucoup plus âpre et plus mordant, celui-ci nous fait pénétrer avec *Turcaret* (1709) dans le monde des financiers véreux, de leurs émules et de leurs parasites (cf. p. 39).

3. LA COMÉDIE DE CARACTÈRES. Poète lui-même, PIRON (1689-1773) peint dans la *Métromanie* (5 actes en vers, 1738) un personnage possédé par la manie de rimer. Cette plaisante comédie eut un très grand succès ; pourtant le héros est un fantoche plutôt qu'un véritable caractère.

Poète également, chantre spirituel des aventures héroï-comiques du perroquet *Vert-Vert*, GRESSET (1709-1777) s'inspire de *Tartuffe* dans le *Méchant* (5 actes en vers, 1747). Son héros, Cléon, est un *roué* qui trouve son plaisir à semer la discorde autour de lui, mais il est démasqué, et le jeune homme dont il avait fait son disciple échappe à sa néfaste influence. Agréablement rimée, la pièce vaut surtout par l'intrigue et les traits de mœurs ; l'auteur a stigmatisé la sécheresse de cœur à la mode, mais Cléon ne soutient pas la comparaison avec Tartuffe. « Le *méchant* ne l'est pas assez pour faire peur, et il l'est trop pour faire rire » (Lintilhac).

DESTOUCHES (1680-1754) s'est essayé lui aussi à la peinture des *caractères*, en particulier dans *l'Irrésolu* (1713), avant d'inaugurer la *comédie sentimentale* (cf. p. 227).

II. LES TENDANCES NOUVELLES. Si grande que soit l'influence de Molière, une évolution se dessine, en rapport avec les tendances générales du siècle. Après Regnard et jusqu'à Beaumarchais, *auteurs et public semblent perdre peu à peu le sens du grand rire moliéresque*, soit que la comédie s'oriente vers la satire virulente ou vers l'attendrissement, soit encore qu'elle devienne avec Marivaux une délicate peinture, à peine ironique, de l'amour.

1. LA COMÉDIE SPIRITUELLE. On écrit des pièces plus brillantes que solides, plus spirituelles que comiques : ainsi les comédies de VOLTAIRE jeune (*L'Indiscret*, 1725 ; *Les Originaux*, 1732). Molière faisait jaillir le comique de ses personnages eux-mêmes, au moyen de leurs gestes, de leurs réactions, de leurs mots de caractère. Mais au XVIIIe siècle l'esprit est roi, et les auteurs s'abstiennent rarement de *faire de l'esprit* à propos ou aux dépens de leurs héros (cf. p. 40). Méthode dangereuse, car *comique* et *ironie* ne sont pas de même nature ; Péguy les jugeait même incompatibles. Ainsi s'expliquerait que VOLTAIRE, l'homme le plus spirituel de son siècle, ait été un auteur comique médiocre.

2. LA COMÉDIE SATIRIQUE. Molière avait grand soin de distinguer satire et comédie. Au contraire l'ironie du XVIIIe siècle transformera souvent la comédie en *satire personnelle*, et, avant Beaumarchais, la comédie satirique manquera le plus souvent de gaieté. Les attaques de PALISSOT contre les Encyclopédistes dans les *Philosophes*, celles de VOLTAIRE contre Fréron dans *l'Écossaise* (1760) sont trop virulentes pour être vraiment comiques.

3. LA COMÉDIE ATTENDRISSANTE ET MORALISANTE. Le courant de la sensibilité va faire subir à la comédie une déformation inverse mais analogue. DESTOUCHES, puis LA CHAUSSÉE ne la détourneront pas moins de son véritable but en l'*affadissant* à l'extrême : sa vocation est en effet de corriger les hommes par le rire, non par les larmes (cf. p. 227 *La comédie larmoyante*).

4. LA COMÉDIE PSYCHOLOGIQUE. Renonçant lui aussi au grand rire, MARIVAUX a su éviter à la fois l'écueil de l'ironie et celui de l'attendrissement. Il opte pour un sourire amusé, mais complice, devant la comédie sincère de l'amour. Il crée ainsi une *comédie nouvelle*, en substituant à la peinture vigoureuse de caractères marqués une minutieuse analyse des sentiments (cf. p. 50-59). Si personnelle que soit sa manière, on a pu considérer parfois qu'il avait eu un précurseur, encore timide et hésitant, en la personne de DUFRESNY (1648-1724) : dans des pièces comme *L'Esprit de contradiction* (1700) ou *Le Double Veuvage* (1702), celui-ci montre en effet, à défaut de fermeté, de la fantaisie, de la subtilité et de l'esprit.

REGNARD

Sa carrière
(1655-1709)
Né à Paris en 1655 dans une famille de la riche bourgeoisie, Jean-François REGNARD se signale d'abord par ses *voyages* et ses *aventures*. Il se rend en Italie, puis en Orient ; capturé par des pirates, il est vendu comme esclave à Alger. Libéré moyennant rançon, il repart pour les Pays-Bas, le Danemark, la Suède, et revient par la Pologne, la Hongrie et l'Allemagne. Il romance ses souvenirs de captivité dans *La Provençale* et transcrit ses impressions pittoresques dans le *Voyage de Laponie*.

Rentré à Paris en 1682, il jouit de la vie en bon épicurien et charme ses loisirs en écrivant des comédies pour les Italiens, puis pour le Théâtre-Français à partir de 1696. Ses principales pièces sont *Le Joueur* (1696), *Le Distrait* (1697), *Démocrite* (1700), *Les Folies amoureuses* (1704), *Les Ménechmes* (1705), enfin *Le Légataire universel*, généralement considéré comme son chef-d'œuvre (1708). En 1709, Regnard meurt brusquement dans son château de Grillon, près de Dourdan.

Des comédies gaies
Regnard ne se pique pas d'originalité : ses emprunts à Molière sont innombrables ; le *Distrait* rappelle *l'Etourdi* ; les *Folies amoureuses* reprennent le sujet de l'*École des Femmes* (qui sera encore celui du *Barbier de Séville*, cf. p. 386) ; dans le *Légataire universel*, on retrouve des traits de *M. de Pourceaugnac*, des *Fourberies de Scapin* et du *Malade imaginaire*. Mais il ne s'aventure pas à suivre Molière sur le terrain de la comédie de caractères ; ses personnages se contentent d'être des *rôles de théâtre* : le barbon égoïste et ridicule (Géronte), les amoureux (Eraste et Isabelle), les valets remuants et ingénieux, dénués de tout scrupule (Crispin et Lisette) ; jamais ils ne deviennent de véritables êtres humains.

En revanche Regnard excelle à tirer d'une intrigue des *situations burlesques* qui provoquent automatiquement le rire (cf. p. 35). Ses pièces sont une sorte de compromis entre la *pure farce* et la *comédie d'intrigue*. Le spectateur est sans cesse tenu en haleine par des *coups de théâtre*, amusé par des *déguisements :* dans les *Folies amoureuses*, Agathe, l'ingénue, qui simule la folie pour échapper à son tuteur, apparaît successivement en Scaramouche, en vieille femme et en dragon ; dans le *Légataire*, Crispin joue lui aussi trois rôles, outre le sien (cf. analyse). De plus Regnard est un versificateur habile qui jongle avec les *mots plaisants* et multiplie le *traits d'esprit :* il appelle un tailleur GALONNIER, un notaire M. SCRUPULE ; sans être, comme *sans dot* ou *le pauvre homme*, des mots de caractère, ses mots déchaînent pourtant le rire (cf. extrait : *c'est votre léthargie* et *intestat*).

Bref, aucune profondeur ; pas de révélation, par le rire, d'une intense vérité humaine ; mais une *verve* jaillissante, une *gaieté* franche, intarissable, communicative. Cette gaieté fait tout passer : Crispin et Lisette sont des coquins, Eraste lui-même n'est pas précisément honnête ; bien fou qui s'en plaindrait et les prendrait trop au sérieux ! Regnard a réussi la gageure de rendre burlesque un sujet presque macabre : aussi bien n'a-t-il jamais prétendu, même lorsqu'il manie la satire, nous donner l'illusion de la réalité.

Le Légataire universel
ERASTE *ne peut épouser la charmante* ISABELLE *que si son oncle* GÉRONTE, *vieillard cacochyme, l'institue son légataire universel. Ce testament tant désiré permettrait du même coup le mariage de* CRISPIN *valet d'Eraste, avec* LISETTE, *servante de Géronte. Mais le vieillard, reprenant goût à la vie, décide d'épouser... Isabelle : consternation générale ! Heureusement une brouille intervient entre Géronte et la mère d'Isabelle. Eraste sera-t-il donc légataire universel ? Non : Géronte veut maintenant laisser une partie de sa fortune à un neveu bas-normand et à une nièce du Maine. L'artificieux Crispin intervient alors : il se déguise et incarne successivement le neveu et la nièce en question. Bien entendu, il campe des personnages si insupportables et si grotesques que le vieillard ne songe plus à leur laisser un sou. Soudain, coup de théâtre :* Géronte est à l'agonie. On s'assure aussitôt des valeurs qu'il garde*

sur lui, dans son portefeuille ; on les confiera à Isabelle. Mais comment obtenir le reste de la succession ? Crispin invente un nouveau tour de sa façon : il endosse des vêtements de Géronte, on plonge la pièce dans une obscurité propice, et Crispin-Géronte *dicte son testament à deux notaires qui ne s'aperçoivent pas de la supercherie ; Eraste est légataire universel, mais Crispin a pensé aussi à Lisette et ne s'est pas oublié lui-même ! Cependant nos fripons avaient enterré Géronte un peu vite : le vieillard n'a eu qu'une syncope, et le voici en assez bon état, bien remis de sa* léthargie. *Les événements se précipitent avec l'arrivée d'un des notaires, M. Scrupule, qui apporte à Géronte « son » testament, rédigé en bonne et due forme.*

« C'EST VOTRE LÉTHARGIE... »

Cette scène du *Légataire universel* (V, 7) résume assez bien le *comique* de Regnard. Logiquement déduite de l'intrigue, la situation est peu vraisemblable mais extrêmement drôle. Le spectateur (ou le lecteur) attend avec impatience les effets que va produire l'explosion de cette bombe : que vont bien pouvoir imaginer les trois complices ? quelle va être la réaction de Géronte ? la catastrophe sera-t-elle évitée ? L'intérêt est donc très vif, et la *gaieté* est constamment alimentée par la mimique, les apartés et le comique de mots : l'auteur montre autant d'esprit que de métier. (Cf. Beaumarchais, p. 388).

M. SCRUPULE : Certes, je suis ravi, monsieur, qu'en moins d'une heure
Vous jouissiez déjà d'une santé meilleure.
Je savais bien qu'ayant fait votre testament,
Vous sentiriez bientôt quelque soulagement.
Le corps se porte mieux lorsque l'esprit se trouve
Dans un parfait repos.
GÉRONTE : Tous les jours je l'éprouve [1].
M. SCRUPULE : Voici donc le papier que, selon vos desseins,
Je vous avais promis de remettre en vos mains.
GÉRONTE : Quel papier, s'il vous plaît ? Pourquoi ? pour quelle affaire ?
M. SCRUPULE : C'est votre testament que vous venez de faire.   10
GÉRONTE : J'ai fait mon testament ?
M. SCRUPULE : Oui, sans doute [2], monsieur.
LISETTE, *bas :* Crispin, le cœur me bat.
CRISPIN, *bas :* Je frissonne de peur.
GÉRONTE : Eh ! parbleu, vous rêvez [3], monsieur : c'est pour le faire
Que j'ai besoin ici de votre ministère.
M. SCRUPULE : Je ne rêve, monsieur, en aucune façon ;
Vous nous l'avez dicté, plein de sens et raison [4].
Le repentir sitôt saisirait-il votre âme ?
Monsieur était présent, aussi bien que madame ;
Ils peuvent là-dessus dire ce qu'ils ont vu.
ERASTE, *bas :* Que dire ?
LISETTE, *bas :* Juste ciel !
CRISPIN, *bas :* Me voilà confondu !   20
GÉRONTE : Éraste était présent ?
M. SCRUPULE : Oui, monsieur, je vous jure.
GÉRONTE : Est-il vrai, mon neveu ? Parle, je t'en conjure [5].

— 1 Géronte n'a pas écouté très attentivement ; certaines paroles du notaire n'auraient-elles pas dû, déjà, lui sembler étranges ? — 2 Sans aucun doute. — 3 Vous divaguez. — 4 Condition nécessaire pour qu'un testament soit valide (cf. v. 57-59) ; mais la précision n'a-t-elle pas ici une autre valeur ? — 5 Que se passe-t-il dans l'esprit de Géronte ?

ÉRASTE :   Ah ! ne me parlez point, monsieur, de testament;
                C'est m'arracher le cœur trop tyranniquement.

GÉRONTE :   Lisette, parle donc.

LISETTE :   Crispin, parle en [6] ma place ;
                Je sens, dans mon gosier, que ma voix s'embarrasse [7].

CRISPIN, *à Géronte* : Je pourrais là-dessus, vous rendre satisfait [8] ;
                Nul ne sait mieux que moi la vérité du fait.

GÉRONTE :   J'ai fait mon testament ?

CRISPIN :   On ne peut pas vous dire
                Qu'on vous l'ait vu tantôt absolument écrire ;   30
                Mais je suis très certain qu'aux lieux où vous voilà,
                Un homme, à peu près mis comme vous êtes là,
                Assis dans un fauteuil auprès de deux notaires,
                A dicté mot à mot ses volontés dernières.
                Je n'assurerai pas que ce fût vous. Pourquoi ?
                C'est qu'on peut se tromper. Mais c'était vous, ou moi [9].

M. SCRUPULE, *à Géronte* : Rien n'est plus véritable, et vous pouvez m'en croire.

GÉRONTE :   Il faut donc que mon mal m'ait ôté la mémoire ;
                Et c'est ma léthargie.

CRISPIN :   Oui, c'est elle en effet.

LISETTE :   N'en doutez nullement : et, pour prouver le fait,   40
                Ne vous souvient-il pas que, pour certaine affaire,
                Vous m'avez dit tantôt d'aller chez le notaire [10] ?

GÉRONTE :   Oui.

LISETTE :   Qu'il est arrivé dans votre cabinet ;
                Qu'il a pris aussitôt sa plume et son cornet [11],
                Et que vous lui dictiez à votre fantaisie ?

GÉRONTE :   Je ne m'en souviens point.

LISETTE :   C'est votre léthargie [12]...

GÉRONTE :   Je crois qu'ils ont raison, et mon mal est réel.

LISETTE :   Ne vous souvient-il pas que monsieur Clistorel [13]...

ÉRASTE :   Pourquoi tant répéter cet interrogatoire ?
                Monsieur convient de tout, du tort de sa mémoire,   50
                Du notaire mandé, du testament écrit.

GÉRONTE :   Il faut bien qu'il [14] soit vrai, puisque chacun le dit.
                Mais voyons donc enfin ce que j'ai fait écrire.

CRISPIN, *à part* : Ah! voilà bien le diable.

M. SCRUPULE :   Il faut donc vous le lire.
                « Fut présent devant nous, dont les noms sont au bas,
                « Maître Mathieu Géronte, en son fauteuil à bras,
                « Étant en son bon sens, comme on a pu connaître
                « Par le geste et maintien qu'il nous a fait paraître,
                « Quoique de corps malade, ayant sain jugement ;

— 6 A ma place (cf. p. 291, n. 5). — 7 Quel est le prétexte invoqué par Éraste et par Lisette pour se dérober ? En quoi est-il naturel que ce soit Crispin qui réponde ? — 8 *Vous satisfaire ;* les périphrases formées avec *rendre* étaient fréquentes à l'époque ; on disait aussi *se rendre...* pour *devenir...* — 9 Montrer l'habileté et l'effet comique de ces paroles *à double sens.* — 10 Comment procède ici Lisette ? — 11 Encrier. — 12 Nouveau procédé comique, le *refrain* (repris par Crispin dans le passage que nous sautons) ; relevez-en un autre exemple dans le texte, et citez des effets du même genre chez Molière. — 13 Apothicaire de Géronte. — 14 Que *cela...*

« Lequel, après avoir réfléchi mûrement   60
« Que tout est ici-bas fragile et transitoire [15]... »

CRISPIN : Ah ! quel cœur de rocher et quelle âme assez noire
Ne se fendrait en quatre, en entendant ces mots ?

LISETTE : Hélas ! je ne saurais arrêter mes sanglots.

GÉRONTE : En les voyant pleurer, mon âme est attendrie.
Là, là, consolez-vous ; je suis encore en vie [16].

M. SCRUPULE, *continuant de lire :*
« Considérant que rien ne reste en même état,
« Ne voulant pas aussi [17] décéder intestat [18]... »

CRISPIN : Intestat !...

LISETTE : Intestat !... Ce mot me perce l'âme.

M. SCRUPULE : Faites trêve un moment à vos soupirs, madame.   70
« Considérant que rien ne reste en même état,
« Ne voulant pas aussi décéder intestat... »

CRISPIN : Intestat !...

LISETTE : Intestat...

M. SCRUPULE : Mais laissez-moi donc lire ;
Si vous pleurez toujours, je ne pourrai rien dire.
« A fait, dicté, nommé [19], rédigé par écrit
« Son susdit testament, en la forme qui suit. »

GÉRONTE : De tout ce préambule et de cette légende [20],
S'il m'en souvient d'un mot, je veux bien qu'on me pende.

LISETTE : C'est votre léthargie.

CRISPIN : Ah ! je vous en répond [21].
Ce que c'est que de nous ! Moi, cela me confond...   80

M. SCRUPULE, *lisant :* « Je fais mon légataire unique, universel,
« Éraste, mon neveu. »

ÉRASTE : Se peut-il ? Juste ciel [22] !...

GÉRONTE : Oui, je voulais nommer Éraste légataire.
A cet article-là, je vois présentement
Que j'ai bien pu dicter le présent testament.

M. SCRUPULE, *lisant :* « *Item* [23]. Je donne et lègue, en espèce sonnante,
« A Lisette... »

LISETTE : Ah ! grands dieux !

M. SCRUPULE, *lisant :* « Qui me sert de servante,
« Pour épouser Crispin en légitime nœud,
« Deux mille écus. »

CRISPIN, *à Géronte :* Monsieur... en vérité... pour peu...
Non... jamais... car enfin... ma bouche... quand j'y pense...   90
Je me sens suffoquer par la reconnaissance.
A Lisette :
Parle donc.

LISETTE, *embrassant Géronte :* Ah ! monsieur...

— 15 Relever v. 55-76 les expressions et tours propres au style des notaires. — 16 A quoi tient le comique de cette réplique ? — 17 Non plus. — 18 Sans avoir fait son testament. — 19 Spécifié que les volontés qu'il exprimait constituaient son testament. — 20 Ces indications préliminaires. — 21 Cette orthographe est une licence poétique. — 22 Est-il logique qu'Eraste feigne la surprise ? — 23 *En outre* (style juridique).

GÉRONTE :   Qu'est-ce à dire cela ?
Je ne suis point l'auteur de ces sottises-là.
Deux mille écus comptant !

LISETTE :   Quoi ! déjà, je vous prie,
Vous repentiriez-vous d'avoir fait œuvre pie [24] ?
Une fille nubile, exposée au malheur,
Qui veut faire une fin en tout bien, tout honneur,
Lui refuseriez-vous cette petite grâce ?

GÉRONTE :   Comment ! six mille francs ! quinze ou vingt écus, passe.

LISETTE :   Les maris aujourd'hui, monsieur, sont si courus !   100
Et que peut-on, hélas ! avoir pour vingt écus ?

GÉRONTE :   On a ce que l'on peut, entendez-vous, m'amie ?
Il en est à tout prix [25]. *Au notaire :* Achevez, je vous prie.

M. SCRUPULE : « *Item*. Je donne et lègue... »

CRISPIN, *à part :*   Ah ! c'est mon tour enfin.
Et l'on va me jeter...

M. SCRUPULE :   « A Crispin... »   *(Crispin se fait petit).*

GÉRONTE, *regardant Crispin :*   A Crispin !

M. SCRUPULE, *lisant :* « Pour tous les obligeants, bons et loyaux services
« Qu'il rend à mon neveu dans divers exercices,
« Et qu'il peut bien encor lui rendre à l'avenir... »

GÉRONTE :   Où donc ce beau discours doit-il enfin venir ?
Voyons.

M. SCRUPULE, *lisant :* « Quinze cents francs de rentes viagères,   110
« Pour avoir souvenir de moi dans ses prières [26]. »

CRISPIN, *se prosternant aux pieds de Géronde :*
Oui, je vous le promets, monsieur, à deux genoux ;
Jusqu'au dernier soupir je prierai Dieu pour vous.
Voilà ce qui s'appelle un vraiment honnête homme !
Si généreusement me laisser cette somme !

GÉRONTE :   Non ferai-je [27], parbleu ! Que veut dire ceci ?
Au notaire : Monsieur, de tous ces legs je veux être éclairci.

On aura beau invoquer sa léthargie, Géronte ne pourra jamais croire qu'il ait dicté lui-même des legs aussi extravagants. Soudain, il s'aperçoit que son portefeuille a disparu avec les billets qu'il contenait. Justement Isabelle paraît : elle vient lui rendre le précieux portefeuille ; mais, en échange, que Géronte ratifie le testament et consente au mariage d'Eraste avec celle qu'il aime. Comme le vieillard hésite, Lisette lui force la main en interceptant les billets. Pour les ravoir, Géronte cède enfin : le testament sera confirmé, Éraste épousera Isabelle et Lisette épousera Crispin.

– Composition de la scène : *Montrez que les réactions de Géronte déterminent celles de tous les autres personnages.*
– Le comique. a) *Étudiez le comique de situation (résultant de l'intrigue) dans le cas de Géronte, de M. Scrupule, des trois complices ; –* b) *Relevez en les classant les autres effets comiques.*
– *Essai :* effets de répétition dans la comédie. Points communs et différences entre cette scène et celle du Barbier de Séville *(III, 11) citée p. 388. L'effet de répétition a-t-il ici même pouvoir de révélation psychologique que dans* MOLIÈRE : Les Fourberies de Scapin (*XVIIᵉ* SIÈCLE, *p. 187*); Tartuffe *(I, 4)*; L'Avare *(I,5)* ?

— 24 *Charitable ;* l'expression appartenait à la langue du Palais (Furetière). — 25 Les maris sont assimilés à une véritable *denrée !* —

26 En quoi la recommandation est-elle particulièrement plaisante ? — 27 *Je n'en ferai rien* (tour déjà vieilli à l'époque).

LE SAGE

Né en Bretagne en 1668, Alain-René LE SAGE fait des études de droit et devient avocat à Paris. Mais, obéissant à sa vocation littéraire, il ne tarde pas à quitter le barreau. *Sans fortune*, il ne peut compter, pour vivre et pour nourrir sa femme et ses enfants, que sur le produit de ses œuvres, ce qui l'amènera à écrire beaucoup et parfois hâtivement. Peut-être est-ce un peu pour cela qu'il dénoncera avec tant de vigueur *le règne de l'argent mal acquis*. Si sa plume est active, sa vie calme et sans aventures ne ressemble guère à celle de son héros GIL BLAS. Il poursuit une double carrière, d'*auteur dramatique* et de *romancier* (pour ses romans, cf. p. 60-67). En 1743 il se retire avec sa femme chez un de leurs fils, à Boulogne-sur-Mer, où il meurt en 1747.

Son théâtre

Le Sage traduit d'abord des pièces espagnoles ; puis il donne au Théâtre-Français *Crispin rival de son maître* en 1707, *Turcaret* en 1709 et *La Tontine* en 1732 (le mot désigne une association financière). Enfin, de 1712 à 1735, il écrit une centaine de pièces pour le Théâtre de la Foire.

1. LA SATIRE DES MŒURS. *Turcaret* marque une date dans l'histoire de notre théâtre : jamais la *comédie de mœurs* n'avait été traitée avec autant de *réalisme satirique*. LE SAGE doit beaucoup à MOLIÈRE, et, s'il n'a pas son génie, dans cette direction particulière il le dépasse. Reprenant les attaques de LA BRUYÈRE contre les financiers (*XVIIᵉ Siècle*, p. 414-417), il fait preuve d'une lucidité impitoyable. Ancien laquais enrichi à force de spéculations louches et d'escroqueries, sot et suffisant, TURCARET se montre mauvais mari, mauvais frère, cœur sans pitié et amant ridicule : portrait-charge sans doute, mais d'une *terrible vérité*. Il évolue dans un *monde corrompu :* la Baronne ne connaît aucun scrupule ; le Chevalier, Lisette et Frontin rivalisent à qui sera le plus fripon. On est frappé de la courageuse audace de l'auteur, si l'on songe que la pièce a été donnée aux plus mauvaises heures de la guerre de Succession d'Espagne, à un moment où les exactions des financiers et l'insolence de leur luxe étaient particulièrement odieuses au peuple réduit à la misère.

2. UN COMIQUE ASSEZ AMER. Un tel sujet, traité avec tant d'âpreté, ne pouvait faire naître un rire vraiment joyeux. Certes Le Sage a su égayer sa pièce : comme la victime n'est pas à plaindre, la rouerie de la Baronne, la friponnerie de Crispin nous amusent ; Turcaret n'est pas seulement *odieux :* il est *ridicule* par sa naïveté à l'égard de la Baronne, par le contraste entre sa sottise et sa vaniteuse assurance de parvenu (cf. p. 40). Mais la scène de Turcaret avec M. Rafle ne prête point à rire (p. 42) ; et surtout, trait caractéristique du siècle, *l'ironie* qui trahit une intervention de l'auteur *tend à supplanter le comique* issu des personnages eux-mêmes.

Turcaret (1709)

ACTE I. *Le « traitant » (ou* fermier général*)* TURCARET *courtise une jeune veuve, la* BARONNE, *à qui il prodigue les cadeaux ; mais la Baronne a un faible pour un petit-maître, le* CHEVALIER, *qui lui emprunte sans cesse de l'argent. « Je ne rends des soins à la coquette que pour ruiner le traitant », explique-t-il à son valet* FRONTIN *qui résume ainsi la situation :* « Nous plumons une coquette ; la coquette mange un homme d'affaires ; l'homme d'affaires en pille d'autres : cela fait un ricochet de fourberies le plus plaisant du monde ».

ACTE II. *La Baronne a congédié sa suivante* MARINE, *que Frontin s'empresse de remplacer par sa « protégée »* LISETTE. *Cependant Marine a dénoncé à Turcaret le double jeu de la Baronne. Turcaret vient faire un beau tapage chez celle-ci, mais la fine mouche a tôt fait de le berner ; elle obtient des excuses et se moque de lui à son nez :* « — Convenez que vous êtes un homme bien faible. — Oui, madame. — Une franche dupe. — J'en conviens. » *Turcaret se fera pardonner par de nouveaux cadeaux. Pour mieux le plumer, il s'agit maintenant de faire entrer Frontin à son service.*

FRONTIN ENTRE AU SERVICE DE TURCARET

Sous les yeux de la Baronne qui goûte vivement la plaisanterie, Frontin, le rusé compère, *fait le niais* pour gagner la confiance de Turcaret. Celui-ci donne dans le panneau : il ne comprend rien aux *mots à double entente,* même lorsqu'ils sortent de sa propre bouche ! (II, 4). Comment ce grand financier peut-il être aussi balourd ? On songe à La Bruyère : « Il faut une sorte d'esprit pour faire fortune, et surtout une grande fortune : ce n'est ni le bon ni le bel esprit, ni le grand ni le sublime, ni le fort ni le délicat ; je ne sais précisément lequel c'est, et j'attends que quelqu'un veuille m'en instruire. »

La Baronne : Monsieur, voilà le garçon que je veux vous donner.

M. Turcaret : Il paraît un peu innocent[1].

La Baronne : Que vous vous connaissez bien en physionomie !

M. Turcaret : J'ai le coup d'œil infaillible... *(A Frontin)* Approche, mon ami : dis-moi un peu, as-tu déjà quelques principes ?

Frontin : Qu'appelez-vous des principes ?

M. Turcaret : Des principes de commis ; c'est-à-dire, si tu sais comment on peut empêcher les fraudes ou les favoriser[2] ?

Frontin : Pas encore, monsieur ; mais je sens que j'apprendrai cela fort facilement.   10

M. Turcaret : Tu sais, du moins, l'arithmétique ? Tu sais faire des comptes à parties simples ?

Frontin : Oh ! oui, monsieur ; je sais même faire des parties doubles[3]. J'écris aussi de deux écritures, tantôt de l'une et tantôt de l'autre.

M. Turcaret : De la ronde, n'est-ce pas ?

Frontin : De la ronde, de l'oblique.

M. Turcaret : Comment, de l'oblique[4] ?

Frontin : Hé ! oui, d'une écriture que vous connaissez[5]... là... d'une certaine écriture qui n'est pas légitime[6].

M. Turcaret, *à la Baronne :* Il veut dire de la bâtarde.   20

Frontin : Justement : c'est ce mot-là, que je cherchais.

M. Turcaret, *à la Baronne :* Quelle ingénuité !... Ce garçon-là, madame, est bien niais.   La Baronne : Il se déniaisera dans vos bureaux.

M. Turcaret : Oh ! qu'oui, madame, oh ! qu'oui. D'ailleurs un bel esprit n'est pas nécessaire pour faire son chemin. Hors moi et deux ou trois autres, il n'y a parmi nous que des génies[7] assez communs. Il suffit d'un certain usage, d'une routine que l'on ne manque guère d'attraper. Nous voyons tant de gens ! Nous nous étudions à prendre ce que le monde a de meilleur[8] ; voilà toute notre science.

— 1 *Niais.* Turcaret tombe bien ! — 2 Dans cette réplique, quels sont les mots révélateurs ? — 3 On distingue la comptabilité *en partie simple,* et la comptabilité *en partie double* qui met en regard, à chaque article, le *doit* et l'*avoir.* Mais que veut dire Frontin ? — 4 C'est-à-dire *les faux.* — 5 Préciser l'insinuation. — 6 Expliquer le jeu de mots avec *la bâtarde.* — 7 *Intelligences.* Quelle est la saveur de cette remarque ? — 8 Expliquer le double sens.

LA BARONNE : Ce n'est pas la plus inutile de toutes. 30

M. TURCARET, *à Frontin* : Oh çà ! mon ami, tu es à moi, et tes gages courent dès ce moment.

FRONTIN : Je vous regarde donc, monsieur, comme mon nouveau maître... Mais en qualité d'ancien laquais de M. le Chevalier, il faut que je m'acquitte d'une commission dont il m'a chargé : il vous donne, et à madame sa cousine [9], à souper ici ce soir. M. TURCARET : Très volontiers.

FRONTIN : Je vais ordonner chez Fite [10] toutes sortes de ragoûts, avec vingt-quatre bouteilles de vin de Champagne [11] ; et pour égayer le repas, vous aurez des voix et des instruments.

LA BARONNE : De la musique, Frontin ? 40

FRONTIN : Oui, madame ; à telles enseignes que j'ai ordre de commander cent bouteilles de Suresnes [12] pour abreuver la symphonie [13].

LA BARONNE : Cent bouteilles !

FRONTIN : Ce n'est pas trop, madame. Il y aura huit concertants [14], quatre Italiens de Paris [15], trois chanteurs, et deux gros chantres [16].

M. TURCARET : Il a, ma foi, raison, ce n'est pas trop. Ce repas sera fort joli [17].

FRONTIN : Oh diable ! quand M. le chevalier donne des soupers comme cela, il n'épargne rien, monsieur. M. TURCARET : J'en suis persuadé.

FRONTIN : Il semble qu'il ait à sa disposition la bourse d'un partisan [18]. 50

LA BARONNE *à Turcaret* : Il veut dire qu'il fait les choses fort magnifiquement.

M. TURCARET : Qu'il est ingénu ! *(A Frontin)* Eh bien ! nous verrons cela tantôt. *(A la Baronne)* Et, pour surcroît de réjouissance, j'amènerai ici M. Gloutonneau [19], le poète ; aussi bien, je ne saurais manger, si je n'ai quelque bel esprit à ma table.

LA BARONNE : Vous me ferez plaisir. Cet auteur apparemment est fort brillant dans la conversation ?

M. TURCARET : Il ne dit pas quatre paroles dans un repas ; mais il mange et pense beaucoup [20]. Peste ! c'est un homme bien agréable... 60 Oh çà ! je cours chez Dautel [21], vous acheter...

LA BARONNE : Prenez garde à ce que vous ferez, je vous en prie : ne vous jetez point dans une dépense [22]...

M. TURCARET, *l'interrompant à son tour* : Eh ! fi ! madame, fi ! vous vous arrêtez à des minuties. Sans adieu, ma reine.

LA BARONNE : J'attends votre retour impatiemment [23].

ACTE III. *Un Marquis révèle que Turcaret est un ancien laquais et pratique l'usure avec un certain M. Rafle. Turcaret proteste, mais on annonce M. Rafle...*

— 9 La baronne fait passer le chevalier pour son cousin. — 10 Traiteur renommé. — 11 Le champagne mousseux était alors une nouveauté. — 12 Vin léger. — 13 C'est-à-dire *les musiciens.* — 14 Instrumentistes. — 15 Chanteurs du théâtre des Italiens. — 16 Chanteurs à la voix aiguë, alors très appré-ciés. — 17 Mot à la mode. — 18 *Financier.* De fait, par l'intermédiaire de la baronne, l'argent de Turcaret sert aux dépenses du chevalier ! — 19 Cf. extrait suivant *M. Rafle.* — 20 Dans ce trait satirique on sent un peu trop l'inter-vention de l'auteur. — 21 Bijoutier. — 22 Est-elle sincère ? — 23 Préciser le double sens.

– Le réalisme. *a) Étudiez le rôle de l'argent et des questions matérielles ; – b) Comment la vulgarité de Turcaret se traduit-elle dans son langage ? – c) En quoi peut-on parler d'une tranche de vie ?*
– L'ironie. *Montrez a) Comment la baronne et Frontin se moquent du financier ; – b) Comment l'auteur lui-même raille Turcaret ; – c) Quelles conclusions en tirer quant au comique de LE SAGE ?*
• **Groupe thématique : L'homme d'argent.** LE SAGE : *Turcaret*, p. 39-43. – MONTESQUIEU : « Portraits », p. 83. – XVIIᵉ SIÈCLE. LA BRUYÈRE, p. 414-416. – XIXᵉ SIÈCLE. BALZAC, p. 322. – BECQUE, p. 555. – DAUDET, p. 502. – XXᵉ SIÈCLE, p. 419 et 430. – Opposer VOLTAIRE, p. 121. – SEDAINE, p. 230.

Les affaires de Turcaret

    Voici l'*autre face* de TURCARET : aucun scrupule, aucun sentiment humain ; escroquerie, usure, tout lui est bon pour *gagner de l'argent*. Citons encore LA BRUYÈRE : «...L'opulent n'est guère éloigné de la friponnerie. Le savoir-faire et l'habileté ne mènent pas jusques aux énormes richesses » ; ou bien : « Je découvre sur la terre un homme avide, insatiable, inexorable, qui veut, aux dépens de tout ce qui se trouvera sur son chemin et à sa rencontre, et quoi qu'il en puisse coûter aux autres, pourvoir à lui seul, grossir sa fortune, et regorger de bien ». Mais Turcaret se laisse griser par sa réussite ; dans son impudence il se croit au-dessus des lois, à l'abri des poursuites judiciaires : *c'est ce qui le perdra.* Acte III, scène 7.

    M. TURCARET : De quoi est-il question, monsieur Rafle ? Pourquoi me venir chercher jusqu'ici ? Ne savez-vous pas bien que, quand on vient chez les dames, ce n'est pas pour y entendre parler d'affaires ?

    M. RAFLE : L'importance de celles que j'ai à vous communiquer doit me servir d'excuse.

    M. TURCARET : Qu'est-ce que c'est donc que ces choses d'importance ?

    M. RAFLE : Peut-on parler ici librement ?

    M. TURCARET : Oui, vous le pouvez ; je suis le maître [1]. Parlez.

    M. RAFLE, *tirant des papiers de sa poche et regardant dans un bordereau* [2] *:* Premièrement, cet enfant de famille à qui nous prêtâmes l'année passée trois mille livres, et à qui je fis faire un billet de neuf [3] par votre ordre, se voyant sur le point d'être inquiété pour le paiement, a déclaré la chose à son oncle le président [4], qui, de concert avec toute la famille, travaille actuellement à vous perdre.

    M. TURCARET : Peine perdue que ce travail-là [5]... Laissons-les venir ; je ne prends pas facilement l'épouvante.

    M. RAFLE, *après avoir regardé dans son bordereau :* Ce caissier, que vous avez cautionné [6], et qui vient de faire banqueroute de deux cent mille écus [7]...

    M. TURCARET, *l'interrompant :* C'est par mon ordre qu'il... Je sais où il est [8].

    M. RAFLE : Mais les procédures se font contre vous. L'affaire est sérieuse et pressante.

    M. TURCARET : On l'accommodera [9]. J'ai pris mes mesures : cela sera réglé demain.   M. RAFLE : J'ai peur que ce ne soit trop tard.

    M. TURCARET : Vous êtes trop timide... Avez-vous passé chez ce jeune homme de la rue Quincampoix [10], à qui j'ai fait avoir une caisse ?

    M. RAFLE : Oui, monsieur. Il veut bien vous prêter vingt mille francs des premiers deniers qu'il touchera, à condition qu'il fera valoir à son profit ce qui

---

— 1 Nous sommes pourtant chez la baronne. Ce mot traduit la suffisance de Turcaret. — 2 Liste de pièces ou, ici, d'opérations. — 3 Pour trois mille livres reçues, *l'enfant de famille* doit en rembourser neuf mille ! — 4 Sans doute au Parlement. — 5 Commenter le jeu de mots. — 6 Pour lequel vous vous êtes porté garant. —

7 L'écu valait trois francs. — 8 On devine que Turcaret est le complice du caissier dans cette escroquerie, et qu'il a pris ses précautions. Pourtant, au dénouement, les créanciers se saisiront de sa personne. — 9 On l'arrangera à l'amiable. — 10 Rendue célèbre, peu de temps après, par la banque de Law.

pourra lui rester à la Compagnie [11], et que vous prendrez son parti, si l'on vient à s'apercevoir de la manœuvre.

M. TURCARET : Cela est dans les règles ; il n'y a rien de plus juste ; voilà un garçon raisonnable [12]. Vous lui direz, monsieur Rafle, que je le protégerai dans toutes ses affaires. Y a-t-il encore quelque chose ?

M. RAFLE, *après avoir encore regardé dans le bordereau :* Ce grand homme sec, qui vous donna, il y a deux mois, deux mille francs pour une direction [13] que vous lui avez fait avoir à Valognes.   M. TURCARET : Eh bien ?

M. RAFLE : Il lui est arrivé un malheur.   M. TURCARET : Quoi ?

M. RAFLE : On a surpris sa bonne foi ; on lui a volé quinze mille francs... Dans le fond, il est trop bon.

M. TURCARET : Trop bon, trop bon ! Eh ! pourquoi diable s'est-il donc mis dans les affaires ? Trop bon, trop bon !

M. RAFLE : Il m'a écrit une lettre fort touchante, par laquelle il vous prie d'avoir pitié de lui.   M. TURCARET : Papier perdu, lettre inutile [14].

M. RAFLE : Et de faire en sorte qu'il ne soit point révoqué.

M. TURCARET : Je ferai plutôt en sorte qu'il le soit : l'emploi me reviendra ; je le donnerai à un autre pour le même prix.

M. RAFLE : C'est ce que j'ai pensé comme vous.

M. TURCARET : J'agirais contre mes intérêts ; je mériterais d'être cassé à la tête de la Compagnie [15].

M. RAFLE : Je ne suis pas plus sensible que vous aux plaintes des sots... Je lui ai déjà fait réponse, et lui ai mandé tout net qu'il ne devait point compter sur nous [16].   M. TURCARET : Non, parbleu !

M. RAFLE, *regardant encore dans son bordereau :* Voulez-vous prendre, au denier quatorze [17], cinq mille francs qu'un honnête serrurier de ma connaissance a amassés par son travail et par ses épargnes ?

M. TURCARET : Oui, oui, cela est bon : je lui ferai ce plaisir-là. Allez me le chercher ; je serai au logis dans un quart d'heure. Qu'il apporte l'espèce [18]. Allez, allez.

ACTE IV. *Frontin fait présenter à la Baronne une fausse traite que Turcaret s'empresse d'acquitter. Puis on découvre en Mme JACOB, revendeuse à la toilette, une sœur du financier, reniée et indignement traitée par lui. De plus la Baronne apprend par Mme Jacob que Turcaret est marié ; elle veut rompre : « Oui, mais l'intérêt de votre fortune veut que vous le ruiniez auparavant » répond Lisette.*

ACTE V. *Une scène violente et vulgaire met aux prises Turcaret, sa sœur et sa femme. Le financier se retire, mais on apprend presque aussitôt que des créanciers, après avoir saisi ses biens, l'ont fait arrêter ; c'est l'affaire du caissier qui a mal tourné, comme le craignait M. Rafle (cf. p. 42, l. 16-23). La Baronne, qui voit enfin clair dans le jeu du Chevalier, rompt avec lui et chasse Lisette. Le Chevalier à son tour congédie Frontin. Mais celui-ci a si bien manœuvré qu'il a volé tout le monde : nanti de 40.000 francs, il sort vainqueur de cette mêlée de fripons. Il épousera Lisette, et peut conclure : « Voilà le règne de M. Turcaret fini ; le mien va commencer ».*

— 11 Turcaret et le caissier vont spéculer avec les fonds de la Compagnie des fermiers généraux. — 12 En quoi ces trois expressions sont-elles plaisantes ? — 13 Un emploi de directeur de la Ferme générale. Turcaret aurait-il dû accepter (ou plutôt exiger) ces deux mille francs ? — 14 Quel nouveau trait de caractère apparaît ici ? —   15 La Compagnie des fermiers généraux, mais l'expression évoque la dégradation militaire devant le front des troupes. — 16 M. Rafle est le digne adjoint de Turcaret ! — 17 Taux d'intérêt : un quatorzième soit un peu plus de 7 %. Turcaret pourra tirer des 5.000 francs un intérêt infiniment supérieur : cf. l'histoire de *l'enfant de famille.* — 18 Or monnayé.

MARIVAUX

Débuts mondains   Pierre Carlet de Chamblain de MARIVAUX naquit à Paris en 1688. Sa jeunesse et son éducation nous sont fort mal connues. Il séjourna probablement à Riom, où son père fut directeur des Monnaies ; dès l'âge de 18 ans, il fait jouer à Limoges une première comédie. Puis il étudie le droit à Paris, et se lie avec LA MOTTE et FONTENELLE : il adhère ainsi au groupe des *Modernes* et collabore à leur organe, le *Nouveau Mercure* (1717-1720). Il est introduit dans le salon de Mme DE LAMBERT où il brille par ses talents de causeur. Dans le domaine littéraire il cherche sa voie, composant des romans (cf. p. 68), une *Iliade travestie* (1717), et, en 1720, deux comédies pour les Italiens (dont *Arlequin poli par l'amour*) et une tragédie, *Annibal*, pour le Théâtre-Français.

Carrière   A la fin de l'année 1720, Marivaux se trouve *ruiné*
littéraire   *par la banqueroute de Law.* Le mondain bel esprit va devenir un homme de lettres professionnel, dont l'originalité ira s'affirmant dans trois domaines : le *journalisme*, le *théâtre* et le *roman*.

LE JOURNALISTE. Il lance d'abord un nouveau périodique, *Le Spectateur français*, titre emprunté au *Spectator* de l'Anglais ADDISON ; 25 feuilles paraissent de 1722 à 1724. Puis ce sera *L'Indigent Philosophe* (7 feuilles, 1728), et *Le Cabinet du Philosophe* (11 feuilles, 1734). Beaucoup plus tard, Marivaux collaborera de nouveau au *Mercure* (1751-1755). Dans ses articles, où il aborde sur un ton très personnel de nombreuses questions littéraires et morales, il se montre agréable conteur et fin psychologue.

L'AUTEUR DRAMATIQUE. Ses dons s'épanouissent surtout dans les comédies qu'il écrit généralement pour le Théâtre-Italien, rouvert en 1716 ; il y trouve des traditions de fantaisie et de liberté qui favorisent à merveille ses propres tendances, et, en la personne de Gianetta Benozzi, dite SILVIA, une interprète idéale. Depuis *La Surprise de l'Amour* (1722) jusqu'au *Préjugé vaincu* (1746) il donne 27 comédies en prose, dont 18, en un acte ou trois actes, pour le Théâtre-Italien. Ses chefs-d'œuvre sont *Le Jeu de l'Amour et du Hasard* (1730 ; cf. p. 47-59) et *Les Fausses Confidences* (1737).

De 1731 à 1741, Marivaux revient au ROMAN, avec *La Vie de Marianne* et *Le Paysan parvenu* (cf. p. 68). A partir de 1733 il fréquente chez Mme DE TENCIN, qui devient pour lui une amie précieuse ; grâce à elle il est élu à l'Académie française, contre Voltaire, en 1742. Il paraît également dans les salons de Mme du Deffand et de Mme Geoffrin, puis vit dans une demi-retraite, et meurt, presque oublié, en 1763.

La comédie   Le théâtre de Marivaux présente une certaine variété,
psychologique   de la comédie héroïque et romanesque *(Le Prince travesti,*
Le Triomphe de l'Amour) ou mythologique *(Le Triomphe de Plutus)* à la comédie de mœurs *(L'Héritier de Village, L'École des Mères, Le Petit-Maître corrigé,* etc.*)* ; de la comédie à thèse sociale et philosophique *(L'Ile des Esclaves,* cf. p. 46 ; *L'Ile de la Raison, La Colonie)* à la comédie sentimentale et moralisante *(La Mère confidente, La Femme fidèle).* Mais l'auteur marque une prédilection évidente pour la peinture de la *psychologie amoureuse,* et il excelle à analyser la conquête des cœurs par l'amour. Ainsi on lui a reproché, injustement d'ailleurs, de traiter toujours le même sujet, *la surprise de l'amour,* avec de légères variantes. Il écrivait lui-même : « J'ai guetté dans le cœur humain toutes les niches différentes où peut se cacher l'amour lorsqu'il craint de se montrer, et chacune de mes comédies a pour objet de le faire sortir d'une de ses niches... Dans mes pièces, c'est tantôt un amour ignoré des deux amants ; tantôt un amour qu'ils sentent et qu'ils veulent se cacher l'un à l'autre ; tantôt un amour timide qui n'ose se déclarer ; tantôt enfin un amour incertain et comme indécis, un amour à demi-né, pour ainsi dire, dont ils se doutent sans en être bien sûrs et qu'ils épient au dedans d'eux-mêmes avant de lui laisser prendre l'essor. »

AMOUR ET AMOUR-PROPRE. L'obstacle à l'amour n'est ni extérieur, comme chez Molière, ni insurmontable, comme chez Racine. Par suite d'un préjugé, de déceptions antérieures, d'un quiproquo (cf. *Le Jeu de l'Amour et du Hasard*), bref *par amour-propre*, les jeunes héros ne veulent pas reconnaître qu'ils sont amoureux. Par là ils rappellent un peu Alidor, l'amoureux extravagant de Corneille (cf. *XVIIᵉ Siècle*, p. 99) et annoncent certains personnages de Stendhal. Ils appellent la *raison* à leur secours (cf. p. 52, l. 4-5 ; p. 53, l. 37), « mais la raison n'est pas ce qui règle l'amour », Alceste le savait bien. L'amour se joue de leurs feintes et les mène où il veut, en dépit de leurs candides mensonges. Dans les *Fausses Confidences*, Araminte se refuse à admettre qu'elle est éprise de Dorante, entré à son service comme intendant ; mais le meneur de jeu, le valet Dubois, l'y contraint par ses aimables ruses en se faisant le complice de l'amour. Car il s'agit bien toujours d'un *jeu*, un peu artificiel peut-être, mais subtil et délicieux. Après les détours qu'impose l'amour-propre, le dénouement heureux, dont le spectateur n'a jamais douté, est inévitablement *le triomphe de l'amour*.

Originalité de Marivaux

NATURE DU COMIQUE. Dans une comédie ainsi conçue, *les héros nous amusent sans être ridicules*. Seuls les valets (cf. p. 48) et quelques comparses grotesques, dans la tradition de la farce, nous font rire à gorge déployée. Il ne s'agit plus de la comédie de caractères telle que Molière la pratiquait : les personnages principaux ne sont marqués par aucun vice, aucun travers dominant qui prête à rire ; ce qui est plaisant, c'est le débat, né d'un artifice et pourtant authentique, qui partage leur cœur. De tous nos auteurs comiques, MARIVAUX est sans doute celui qui doit le moins à MOLIÈRE.

Il fait plutôt penser à RACINE par la pénétration et la finesse de ses analyses de l'amour. Comme Racine il connaît tous les subterfuges de la logique passionnelle, les charmes de la tendresse et l'irrésistible appel de la passion ; comme lui il est un maître de la psychologie féminine. Mais il s'arrête toujours au point précis où l'amour risquerait de devenir tragique, et il met en lumière des minuties que Racine se bornait à suggérer. Marivaux reste un spectateur parfois *ironique*, lorsqu'il met en scène la rouerie féminine (cf. p. 46), généralement *complice*, mi-amusé mi-attendri, des réactions de ses personnages (p. 50-59).

L'ATMOSPHÈRE. Marivaux n'a ni la puissance de Racine, ni celle de Molière, mais dans son genre il est inimitable, et vraiment parfait. L'atmosphère si particulière de son théâtre tient sans doute à l'union de la *vérité psychologique* et de la *fantaisie*. Ses pièces sont des comédies de salon, et même des divertissements, presque des ballets, mais l'apparente gratuité du jeu permet la révélation de mouvements secrets du cœur humain dont nous reconnaissons aussitôt la vérité. L'émotion, fine et discrète, vient couronner le plaisir de l'esprit. Une *poésie* délicate émane de ces *fêtes galantes* de Marivaux comme des toiles de WATTEAU.

LE MARIVAUDAGE. A la finesse de l'analyse correspond une extrême *subtilité du langage*. Le spectateur doit être sensible aux moindres nuances dans les termes, dans l'intonation, comme le sont les personnages eux-mêmes. Les maîtres ont le langage des salons, tandis que les valets font renaître la préciosité ridicule (cf. p. 48). Mais le *marivaudage* n'est jamais une affectation, car il n'est pas seulement un style : Marivaux « est singulier dans l'exécution parce qu'il est neuf dans l'invention... C'est la solidité du fond qui soutient la précieuse fragilité de la forme » (Brunetière). Diderot l'avait déjà senti, lorsqu'il disait des « écrivains qui ont l'imagination vive », songeant surtout à Marivaux : « Les situations qu'ils inventent, les nuances délicates qu'ils aperçoivent dans les caractères, la naïveté (vérité) des peintures qu'ils ont à faire, les écartent à tout moment des façons de parler ordinaires, et leur font adopter des tours de phrases qui sont admirables toutes les fois qu'ils ne sont ni précieux ni obscurs » *(Lettre sur les Aveugles)*.

Destinée de l'œuvre

Au XVIIIᵉ siècle, le succès de Marivaux ne fut jamais éclatant : les Comédiens Français et leur public lui firent longtemps grise mine, et le Théâtre-Italien restait une scène secondaire. D'autre part Marivaux s'est toujours tenu à l'écart du clan des philosophes. *Tout l'oppose à* VOLTAIRE : ses conceptions religieuses, ses liens avec les Modernes et son indépendance à l'égard de Molière, sa réserve, sa sensibilité délicate, sa bonté discrète. Dans la subtilité de ses analyses et de son style, Voltaire ne voit que métaphysique du cœur et préciosité ; il lui reproche de « peser des œufs de mouche dans des balances de toile d'araignée » ; il parle du « poison de Marivaux et consorts » ; lorsqu'il est le moins dur, il estime que son comique, trop fin et trop délié, ne peut séduire que quelques raffinés, et n'est pas fait pour la scène.

Mais au XIXe siècle le succès des comédies de MUSSET provoque une véritable *résurrection de* MARIVAUX. De nos jours nous reconnaissons en GIRAUDOUX un esprit de sa lignée ; JEAN ANOUILH s'inspire de lui *(La Répétition ou l'Amour puni)* ; Marivaux trouve un public enthousiaste qui goûte à la fois cette *complexité*, très *moderne*, qu'on lui reprochait de son temps, et la critique, encore souriante mais hardie, de l'*inégalité sociale* et des *préjugés*. Il semble parfois avoir écrit *pour nous*, voici deux siècles.

Adorables créatures !

Dans l'*Ile des Esclaves* (1725), Marivaux aborde la question des rapports entre maîtres et serviteurs sur le mode mi-satirique, mi-sentimental, de l'*utopie morale et sociale*. En débarquant dans cette île, *les maîtres deviennent valets et les valets maîtres*. Ainsi IPHICRATE et son laquais ARLEQUIN, EUPHROSINE et sa soubrette CLÉANTHIS échangent leur condition, leurs vêtements et jusqu'à leur nom. Entre autres humiliations que les anciens maîtres ont à subir, pour leur bien d'ailleurs, ils doivent s'entendre dire leurs vérités par leurs ci-devant serviteurs. Le gouverneur de l'île, TRIVELIN, explique ce rite à Cléanthis et Euphrosine (scène III). Ici la satire sociale fait place à la *satire des femmes*, coquettes façonnières ou soubrettes rosses : Marivaux traite ce sujet avec une finesse charmante et une évidente délectation.

CLÉANTHIS : Oh ! que cela est bien inventé ! Allons, me voilà prête ; interrogez-moi, je suis dans mon fort.

EUPHROSINE, *doucement :* Je vous prie, Monsieur, que je me retire, et que je n'entende point ce qu'elle va dire.

TRIVELIN : Hélas, ma chère Dame, cela n'est fait que pour vous ; il faut que vous soyez présente.

CLÉANTHIS : Restez, restez ; un peu de honte est bientôt passé.

TRIVELIN : Vaine, minaudière et coquette, voilà d'abord à peu près sur quoi je vais vous interroger au hasard. Cela la regarde-t-il ?

CLÉANTHIS : Vaine, minaudière et coquette, si cela la regarde ! Eh ! voilà 10 ma chère maîtresse ; cela lui ressemble comme son visage.

EUPHROSINE : N'en voilà-t-il pas assez, Monsieur ?

TRIVELIN : Ah ! je vous félicite du petit embarras que cela vous donne ; vous sentez, c'est bon signe, et j'en augure bien pour l'avenir ; mais ce ne sont encore là que les grands traits ; détaillons un peu cela. En quoi donc, par exemple, lui trouvez-vous les défauts dont nous parlons ?

CLÉANTHIS : En quoi ? partout, à toute heure, en tous lieux ; je vous ai dit de m'interroger ; mais par où commencer ? je n'en sais rien, je m'y perds... Vous souvenez-vous d'un soir où vous étiez avec ce cavalier si bien fait ? j'étais dans la chambre ; vous vous entreteniez bas, mais j'ai l'oreille fine : vous vouliez lui 20 plaire sans faire semblant de rien ; vous parliez d'une femme qu'il voyait souvent. « Cette femme-là est aimable, disiez-vous ; elle a les yeux petits, mais très doux » ; et là-dessus vous ouvriez les vôtres, vous vous donniez des tons, des gestes de tête, de petites contorsions, des vivacités. Je riais. Vous réussîtes pourtant, le cavalier s'y prit ; il vous offrit son cœur. « A moi ? lui dîtes-vous. — Oui, Madame, à vous-même, à tout ce qu'il y a de plus aimable au monde. — Continuez, folâtre, continuez », dîtes-vous, en ôtant vos gants sous prétexte de m'en demander d'autres. Mais vous avez la main belle ; il la vit, il la prit, il la baisa ; cela anima sa déclaration ; et c'était là les gants que vous demandiez. Eh bien ! y suis-je ?

TRIVELIN, *à Euphrosine :* En vérité, elle a raison.   30

CLÉANTHIS : Écoutez, écoutez, voici le plus plaisant. Un jour qu'elle pouvait m'entendre, et qu'elle croyait que je ne m'en doutais pas, je parlais d'elle, et je dis : « Oh ! pour cela il faut l'avouer, Madame est une des plus belles femmes du monde. » Que de bontés, pendant huit jours, ce petit mot-là ne me valut-il pas ? J'essayai en pareille occasion de dire que Madame était une femme très raisonnable : oh ! je n'eus rien, cela ne prit point ; et c'était bien fait, car je la flattais.

EUPHROSINE : Monsieur, je ne resterai point, ou l'on me fera rester par force ; je ne puis en souffrir davantage.

TRIVELIN : En voilà donc assez pour à présent.

CLÉANTHIS : J'allais parler des vapeurs de mignardise auxquelles Madame est   40 sujette à la moindre odeur. Elle ne sait pas qu'un jour je mis à son insu des fleurs dans la ruelle de son lit pour voir ce qu'il en serait. J'attendais une vapeur, elle est encore à venir. Le lendemain, en compagnie, une rose parut ; crac ! la vapeur arrive... *(S'en allant)* Une autre fois je vous dirai comme quoi Madame s'abstient souvent de mettre de beaux habits, pour en mettre un négligé qui lui marque tendrement la taille. C'est encore une finesse que cet habit-là ; on dirait qu'une femme qui le met ne se soucie pas de paraître, mais à d'autres ! on s'y ramasse dans un corset appétissant, on y montre sa bonne façon naturelle ; on y dit aux gens : « Regardez mes grâces, elles sont à moi celles-là » ; et d'un autre côté on veut leur dire aussi : « Voyez comme je m'habille, quelle simplicité ! il n'y a point   50 de coquetterie dans mon fait ».

Finalement Arlequin pardonne à son maître et reprend son habit de valet ; Cléanthis imite son exemple. Pleins de gratitude et de remords, Iphicrate et Euphrosine les embrassent avec émotion. C'est cette réconciliation chaleureuse que souhaitait Trivelin, qui tire la morale de la comédie en disant aux serviteurs : « *Nous aurions puni vos vengeances comme nous avons puni leurs duretés* », *et aux* maîtres : « *Vous avez été leurs maîtres, et vous en avez mal agi ; ils sont devenus les vôtres et ils vous pardonnent ; faites vos réflexions là-dessus.* La différence des conditions n'est qu'une épreuve que les dieux font sur nous* ».

Le Jeu de l'Amour et du Hasard

ACTE I. M. ORGON *voudrait voir sa fille* SILVIA *épouser* DORANTE, *fils d'un v. eil ami. Les deux jeunes gens ne se connaissent pas, et Silvia montre peu d'enthousiasme pour le mariage. Ne pourrait-elle prendre la place de* LISETTE, *sa femme de chambre, pour examiner à loisir son prétendant, tandis que Lisette jouerait le rôle de Silvia?* M. Orgon *acquiesce... d'autant plus volontiers que* Dorante *a eu la même idée : il se présentera « sous la figure de son valet, qui, de son côté, fera le personnage de son maître » ; le père de Dorante en a averti* M. Orgon, *qui lui-même fait part à son fils* MARIO *de cette plaisante coïncidence. Mais ils se gardent bien de prévenir Silvia.* « Voyons si leur cœur ne les avertirait pas de ce qu'ils valent, *dit Mario. Peut-être que Dorante prendra du goût pour ma sœur, toute soubrette qu'elle sera, et cela serait charmant pour elle* » (cf. p. 57).

Survient DORANTE, *qui porte la livrée et se fait appeler* BOURGUIGNON. SILVIA *a revêtu les habits de* LISETTE. *Mario commence à* « les agacer tous deux » : *Bourguignon doit tutoyer* « Lisette », *mais qu'il ne s'avise pas de lui faire la cour, car Mario lui-même est amoureux d'elle ! Dès l'abord les deux jeunes gens sont charmés l'un par l'autre, et fort surpris de ce qu'ils éprouvent ; Bourguignon se montre galant et même tendre ; Silvia l'écoute sans déplaisir et doit se faire violence pour lui interdire de lui parler d'amour. Le valet* ARLEQUIN *arrive à son tour : il joue un Dorante incongru qui ne risque pas de séduire Silvia !*

ACTE II. *Lisette a enflammé le cœur d'Arlequin, qu'elle prend pour Dorante. Elle vient honnêtement prévenir M. Orgon : elle ne répond plus de rien ; au train où vont ses amours, c'est elle qu'épousera le prétendant de Silvia. Elle est très surprise que M. Orgon ne prenne pas la chose au sérieux :* « Renverse, ravage, brûle, enfin épouse ; je te le permets, si tu le peux » !

DUO D'AMOUR BURLESQUE

C'est un procédé comique très sûr que d'opposer aux scènes d'amour entre *maîtres* des scènes d'amour entre *valets* qui en sont la *parodie*. Molière l'avait déjà pratiqué dans le *Dépit amoureux* ; Marivaux en tire l'effet le plus plaisant et, toujours subtil, y ajoute un élément nouveau : ici *les valets jouent le rôle des maîtres, et inversement*. Le texte ci-dessous (II, 3 et 5) s'intercale entre la scène où Dorante a déjà parlé d'amour à Silvia (I, 7) et celle où il poussera beaucoup plus loin ses avantages (cf. p. 52). — M. Orgon vient de sortir, après avoir répondu « *Point d'impatience* » à Arlequin qui brûle d'épouser la fausse Silvia.

Arlequin : Madame, il dit que je ne m'impatiente [1] pas ; il en parle bien à son aise, le bonhomme [2] !

Lisette : J'ai de la peine à croire qu'il vous en coûte tant d'attendre, Monsieur : c'est par galanterie que vous faites l'impatient ; à peine êtes-vous arrivé ! Votre amour ne saurait être bien fort ; ce n'est tout au plus qu'un amour naissant [3].

Arlequin : Vous vous trompez, prodige de nos jours ; un amour de votre façon [4] ne reste pas longtemps au berceau ; votre premier coup d'œil a fait naître le mien, le second lui a donné des forces, et le troisième l'a rendu grand garçon ; tâchons de l'établir [5] au plus vite ; ayez soin de lui, puisque vous êtes sa mère.   10

Lisette : Trouvez-vous qu'on le maltraite ? Est-il si abandonné ?

Arlequin : En attendant qu'il soit pourvu, donnez-lui seulement votre belle main blanche, pour l'amuser un peu.

Lisette : Tenez donc, petit importun, puisqu'on ne saurait avoir la paix qu'en vous amusant.

Arlequin, *en lui baisant la main* : Cher joujou de mon âme ! cela me réjouit comme du vin délicieux. Quel dommage de n'en avoir que roquille [6] !

Lisette : Allons, arrêtez-vous ; vous êtes trop avide.   20

Arlequin : Je ne demande qu'à me soutenir, en attendant que je vive.

Lisette : Ne faut-il pas avoir de la raison ?

Arlequin : De la raison ! hélas ! je l'ai perdue ; vos beaux yeux sont les filous qui me l'ont volée.

Lisette : Mais est-il possible que vous m'aimiez tant ? je ne saurais me le persuader.

Arlequin : Je ne me soucie pas de ce qui est possible, moi ; mais je vous aime comme un perdu, et vous verrez bien dans votre miroir que cela est juste.   30

Lisette : Mon miroir ne servirait qu'à me rendre plus incrédule.

— 1 Subjonctif. — 2 Le vrai Dorante parlerait-il ainsi ? — 3 Montrer comment l'image est *filée* dans les répliques suivantes. — 4 Inspiré par vous. — 5 Préciser le sens, cf. *pourvu*, l. 13. — 6 Quelques gouttes (litt. *quart de setier*).

ARLEQUIN : Ah ! mignonne adorable ! votre humilité ne serait donc qu'une hypocrite !

Ils sont interrompus par Dorante ; trop heureux de jouer le rôle du maître importuné par son valet, Arlequin l'envoie au diable, ce qui lui vaut un coup de pied au derrière donné discrètement par Dorante, sans que Lisette le voie (scène IV). Sur ce, Dorante sort et Arlequin reprend tant bien que mal ses propos galants.

ARLEQUIN : Ah ! Madame, sans lui j'allais vous dire de belles choses, et je n'en trouverai plus que de communes à cette heure, hormis mon amour qui est extraordinaire [7]. Mais, à propos de mon amour, quand est-ce que le vôtre lui tiendra compagnie ?

LISETTE : Il faut espérer que cela viendra.

ARLEQUIN : Et croyez-vous que cela vienne bientôt ?

LISETTE : La question est vive [8] ; savez-vous bien que vous m'embar- rassez ?

ARLEQUIN : Que voulez-vous ? Je brûle, et je crie au feu [9].

LISETTE : S'il m'était permis de m'expliquer [10] si vite....

ARLEQUIN : Je suis du sentiment que vous le pouvez en conscience.

LISETTE : La retenue de mon sexe ne le veut pas.

ARLEQUIN : Ce n'est donc pas la retenue d'à présent ; elle donne bien d'autres permissions [11].

LISETTE : Mais, que me demandez-vous ?

ARLEQUIN : Dites-moi un petit brin que vous m'aimez. Tenez, je vous aime, moi ; faites l'écho ; répétez, princesse.

LISETTE : Quel insatiable ! Eh bien ! Monsieur, je vous aime.

ARLEQUIN : Eh bien ! Madame, je me meurs ; mon bonheur me confond, j'ai peur d'en courir les champs [12]. Vous m'aimez ! cela est admirable !

LISETTE : J'aurais lieu à mon tour d'être étonnée de la promptitude de votre hommage. Peut-être m'aimerez-vous moins, quand nous nous connaîtrons mieux [13].

ARLEQUIN : Ah ! Madame ! quand nous en serons là, j'y perdrai beaucoup ; il y aura bien à décompter [14].

LISETTE : Vous me croyez plus de qualités que je n'en ai.

ARLEQUIN : Et vous, Madame, vous ne savez pas les miennes, et je ne devrais vous parler qu'à genoux.

LISETTE : Souvenez-vous qu'on n'est pas le maître de son sort.

ARLEQUIN : Les pères et mères font tout à leur tête.

LISETTE : Pour moi, mon cœur vous aurait choisi, dans quelque état que vous eussiez été.

ARLEQUIN : Il a beau jeu pour me choisir encore.

— 7 Mot du vocabulaire précieux. — 8 Pressante. — 9 A quoi tient le comique de l'expression ? — 10 Avouer mes sentiments. — 11 Trait satirique glissé par Marivaux.

— 12 Déraisonner ; cf. *battre la campagne.* — 13 Montrer comment est ménagé ce tournant de la scène. — 14 Vous serez bien déçue.

LISETTE : Puis-je me flatter que vous soyez de même à mon égard ?

ARLEQUIN : Hélas ! quand vous ne seriez que Perrette ou Margot ; quand je vous aurais vue, le martinet [15] à la main, descendre à la cave, vous auriez toujours été ma princesse. 70

LISETTE : Puissent de si beaux sentiments être durables !

ARLEQUIN : Pour les fortifier de part et d'autre, jurons-nous de nous aimer toujours, en dépit de toutes les fautes d'orthographe [16] que vous aurez faites sur mon compte.

LISETTE : J'ai plus d'intérêt à ce serment-là que vous, et je le fais de tout mon cœur.

ARLEQUIN *se met à genoux :* Votre bonté m'éblouit et je me prosterne devant elle.

LISETTE : Arrêtez-vous ; je ne saurais vous souffrir dans cette posture- 80 là, je serais ridicule de vous y laisser ; levez-vous. Voilà encore quelqu'un.

- *Analysez le comique de situation ; comment Marivaux l'a-t-il souligné dans la scène V ?*
- *Préciosité ridicule : a) En quoi le langage d'Arlequin trahit-il sa condition ? en quoi est-il précieux (cf. métaphore filée, sc. III) ? en quoi cette préciosité est-elle ridicule ? – b) De MOLIÈRE à MARIVAUX. Lisez la sc. 9 des* Précieuses ridicules. *Quelle est la dette de Marivaux envers Molière ? quelles sont les différences ?*

L'AMOUR-PROPRE CONTRE L'AMOUR

Silvia aime Dorante, mais ne veut pas se l'avouer : *son amour-propre lutte contre son amour.* Avec des variantes, ce thème est constamment repris dans le théâtre de MARIVAUX. Dans le cas présent l'amour-propre a la partie belle : comment ? elle, Silvia, s'éprendre de Bourguignon, un valet ! Le triomphe de l'amour n'en sera que plus éclatant. Les remarques de Lisette obligent Silvia à prendre conscience de ce qu'elle ne voulait pas voir ; du même coup, en voulant se défendre, elle se trahit : d'où son *irritation* contre la soubrette et sa *nervosité croissante,* « qui va jusqu'aux larmes ». *Silvia vient d'ordonner à Lisette d'éconduire Arlequin-Dorante ; Lisette s'y refuse* (II, 7 et 8).

LISETTE : Mais, Madame, le futur, qu'a-t-il donc de si désagréable, de si rebutant ?

SILVIA : Il me déplaît, vous dis-je, et votre peu de zèle aussi.

LISETTE : Donnez-vous le temps de voir ce qu'il est; voilà tout ce qu'on vous demande.

SILVIA : Je le hais assez, sans prendre [1] du temps pour le haïr davantage.

LISETTE : Son valet [2], qui fait l'important, ne vous aurait-il point gâté l'esprit sur son compte ?

SILVIA : Hum ! la sotte ! son valet a bien affaire ici.

LISETTE : C'est que je me méfie de lui, car il est raisonneur. 10

SILVIA : Finissez vos portraits ; on n'en a que faire. J'ai soin que ce valet me parle peu, et dans le peu qu'il m'a dit, il ne m'a jamais rien dit que de très sage.

— 15 Bougeoir. — 16 Expression pittoresque à expliquer.

— 1 Sans avoir besoin de prendre. — 2 Lisette touche le point sensible.

LISETTE : Je crois qu'il est homme à vous avoir conté des histoires maladroites pour faire briller son bel esprit.

SILVIA : Mon déguisement ne m'expose-t-il pas à m'entendre dire de jolies choses ? A qui en avez-vous ? D'où vient la manie d'imputer à ce garçon une répugnance à laquelle il n'a point de part ? Car enfin vous m'obligez à le justifier ; il n'est pas question de le brouiller avec son maître ni d'en faire un fourbe, pour me faire une imbécile, moi, 20 qui écoute ses histoires [3].

LISETTE : Oh ! Madame, dès que [4] vous le défendez sur ce ton-là, et que cela va jusqu'à vous fâcher, je n'ai plus rien à dire.

SILVIA : Dès que je le défends sur ce ton-là ! Qu'est-ce que c'est que le ton dont vous dites cela vous-même ? Qu'entendez-vous par ce discours ? Que se passe-t-il dans votre esprit ?

LISETTE : Je dis, Madame, que je ne vous ai jamais vue comme vous êtes et que je ne conçois rien à votre aigreur. Eh bien ! si ce valet n'a rien dit, à la bonne heure ; il ne faut pas vous emporter pour le justifier, je vous crois, voilà qui est fini ; je ne m'oppose pas à la bonne opinion 30 que vous en avez, moi.

SILVIA : Voyez-vous le mauvais esprit ! comme elle tourne les choses ! Je me sens dans une indignation... qui... va jusqu'aux larmes [5].

LISETTE : En quoi donc, Madame ? Quelle finesse [6] entendez-vous à ce que je dis ?

SILVIA : Moi, j'y entends finesse ! moi, je vous querelle pour lui ! j'ai bonne opinion de lui ! Vous me manquez de respect jusque-là ! Bonne opinion, juste ciel ! bonne opinion ! Que faut-il que je réponde à cela ? Qu'est-ce que cela veut dire ? A qui parlez-vous ? Qui est-ce qui est à l'abri de ce qui m'arrive ? Où en sommes-nous [7] ? 40

LISETTE : Je n'en sais rien ; mais je ne reviendrai de longtemps de la surprise où vous me jetez.

SILVIA : Elle a des façons de parler qui me mettent hors de moi. Retirez-vous ; vous m'êtes insupportable, laissez-moi ; je prendrai d'autres mesures.

SILVIA, *seule :* Je frissonne encore de ce que je lui ai entendu dire. Avec quelle impudence les domestiques ne nous traitent-ils pas dans leur esprit ! Comme ces gens-là vous dégradent ! Je ne saurais m'en remettre ; je n'oserais songer aux termes dont elle s'est servie, ils me font toujours peur. Il s'agit d'un valet ! Ah ! l'étrange chose ! Écartons l'idée 50 dont cette insolente est venue me noircir l'imagination [8]. Voici Bourguignon ; voilà cet objet [9] en question pour lequel je m'emporte ; mais ce n'est pas sa faute, le pauvre garçon ! et je ne dois pas m'en prendre à lui [10].

— 3 Que nous révèle cette réplique ? — 4 Préciser le sens. — 5 Que traduisent ces larmes ? — 6 Intention malicieuse. — 7 Que remarquez-vous dans le style de cette réplique ? Qu'éprouve Silvia ? Comment vous représentez-vous son attitude ? — 8 Quelle est cette idée ? Pourquoi Silvia la juge-t-elle si redoutable ? — 9 *Être pour qui on éprouve un sentiment vif.* Sur quel ton le mot est-il prononcé ? — 10 Commenter ce changement de ton.

- *Montrez : a) que la réaction de Silvia va croissant ; – b) qu'elle constitue un aveu involontaire.*
- *A partir du monologue de Silvia, éclairez le débat intérieur qui a provoqué sa réaction ; où en est-elle, à la fin ?*
- *Comparez cette scène à l'extrait « Pauvre Silvia ! » (p. 54). – a) Situation et réaction de Silvia ; – b) Le rôle de Lisette comparé à celui de Mario et de M. Orgon ; – c) Montrez l'acuité et le pouvoir des mots dans le dialogue de MARIVAUX.*
- **Comparaison : Marivaux et la littérature courtoise.** Comparez ce dialogue à l'entretien entre Lunette et Laudine, MOYEN AGE, p. 64-67.
- *Essai.* Le langage de MARIVAUX. MARIVAUX *se flatte d'avoir saisi « le naturel » dans les conversations humaines ;* M. Arland, *lui, se montre sensible aux qualités scéniques de son langage de théâtre. Que pensez-vous de ces deux jugements ? peut-on les concilier ?*

CAPITULATION DE L'AMOUR-PROPRE

Nouvelle étape : *Dorante arrache à Silvia l'aveu de son amour.* Leur cœur à tous deux est partagé, mais non point de façon identique : Dorante désire cet aveu tout en le redoutant ; Silvia le redoute tout en le désirant. Mais comme elle rappelle Dorante, lorsqu'il fait mine de partir ! Serait-il vraiment parti ? Dorante joue-t-il en virtuose de son amour et de celui de Silvia, ou n'est-ce pas plutôt l'amour qui se joue et de Dorante et de Silvia ? MARIVAUX *entremêle délicieusement les arabesques de la* feinte *instinctive et de la* sincérité *passionnée (II, 9 et 10). Bourguignon va bientôt partir avec son « maître » : Silvia le regrettera-t-elle ?*

SILVIA : Tiens, Bourguignon, une bonne fois pour toutes, demeure, va-t'en, reviens, tout cela doit m'être indifférent, et me l'est en effet [1] ; je ne te veux ni bien ni mal ; je ne te hais, ni ne t'aime, ni ne t'aimerai, à moins que l'esprit ne me tourne. Voilà mes dispositions ; ma raison ne m'en permet point d'autres, et je devrais me dispenser de te le dire.

DORANTE : Mon malheur est inconcevable. Tu m'ôtes peut-être tout le repos de ma vie.

SILVIA : Quelle fantaisie [2] il s'est allé mettre dans l'esprit ! Il me fait de la peine. Reviens à toi. Tu me parles, je te réponds ; c'est beaucoup, c'est trop même ; tu peux m'en croire, et, si tu étais instruit [3], en vérité tu serais content de moi ; tu me trouverais d'une bonté sans exemple, d'une bonté que je blâmerais dans une autre. Je ne me la reproche pourtant pas ; le fond de mon cœur me rassure, ce que je fais est louable. C'est par générosité que je te parle [4] ; mais il ne faut pas que cela dure ; ces générosités-là ne sont bonnes qu'en passant, et je ne suis pas faite pour me rassurer toujours sur l'innocence de mes intentions ; à la fin, cela ne ressemblerait plus à rien. Ainsi finissons, Bourguignon, finissons, je t'en prie. Qu'est-ce que cela signifie ? c'est se moquer ; allons, qu'il n'en soit plus parlé.

DORANTE : Ah ! ma chère Lisette, que je souffre !   20

SILVIA : Venons à ce que tu voulais me dire. Tu te plaignais de moi, quand tu es entré ; de quoi était-il question ?

DORANTE : De rien, d'une bagatelle ; j'avais envie de te voir, et je crois que je n'ai pris qu'un prétexte.

— 1 La 2e affirmation est-elle aussi vraie que la 1re ? Que penser ensuite de cet appel à la *raison ?* — 2 Imagination folle. — 3 Silvia pense : si tu savais qui je suis. — 4 Qu'en pensez-vous ?

SILVIA, *à part :* Que dire à cela ? Quand je m'en fâcherais, il n'en serait ni plus ni moins.

DORANTE : Ta maîtresse, en partant, a paru m'accuser de t'avoir parlé au désavantage de mon maître.

SILVIA : Elle se l'imagine ; et si elle t'en parle encore, tu peux le nier hardiment ; je me charge du reste. 30

DORANTE : Eh ! ce n'est pas cela qui m'occupe.

SILVIA : Si tu n'as que cela à me dire, nous n'avons plus que faire ensemble.

DORANTE : Laisse-moi du moins le plaisir de te voir.

SILVIA : Le beau motif qu'il me fournit là ! J'amuserai la passion de Bourguignon ! Le souvenir de tout ceci me fera bien rire un jour [5].

DORANTE : Tu me railles, tu as raison ; je ne sais ce que je dis, ni ce que je te demande. Adieu.

SILVIA : Adieu ; tu prends le bon parti... Mais à propos de tes adieux, il me reste encore une chose à savoir [6]. Vous partez, m'as-tu dit ; cela est-il 40 sérieux ?

DORANTE : Pour moi, il faut que je parte ou que la tête me tourne.

SILVIA : Je ne t'arrêtais pas pour cette réponse-là, par exemple.

DORANTE : Et je n'ai fait qu'une faute ; c'est de n'être pas parti dès que je t'ai vue.

SILVIA, *à part :* J'ai besoin à tout moment d'oublier que je l'écoute.

DORANTE : Si tu savais, Lisette, l'état où je me trouve...

SILVIA : Oh ! il n'est pas si curieux à savoir que le mien, je t'en assure.

DORANTE : Que peux-tu me reprocher ? Je ne me propose pas de te rendre sensible [7]. 50

SILVIA, *à part :* Il ne faudrait pas s'y fier.

DORANTE : Et que pourrais-je espérer en tâchant de me faire aimer ? Hélas ! quand même je posséderais ton cœur...

SILVIA : Que le ciel m'en préserve ! quand tu le posséderais, tu ne le saurais pas ; et je ferais si bien que je ne le saurais pas moi-même [8]. Tenez, quelle idée il lui vient là !

DORANTE : Il est donc bien vrai que tu ne me hais, ni ne m'aimes, ni ne m'aimeras [9] ?

SILVIA : Sans difficulté.

DORANTE : Sans difficulté ! Qu'ai-je donc de si affreux ? 60

SILVIA : Rien ; ce n'est pas là ce qui te nuit.

DORANTE : Eh bien ! chère Lisette, dis-le-moi cent fois, que tu ne m'aimeras point [10].

SILVIA : Oh ! je te l'ai assez dit [11] ; tâche de me croire.

— 5 Précisez le ton ; comment Silvia s'efforce-t-elle ici de réagir ? — 6 Est-ce bien vrai ? que désire-t-elle en réalité ? Cf. p. 57, l. 15. — 7 De me faire aimer de toi. — 8 Quelle est l'importance de cette formule ? — 9 Cf. l. 3 et 62 ; opposer l. 74-76. — 10 Que penser de cette requête paradoxale ? — 11 Pourquoi ne veut-elle pas le répéter ?

DORANTE : Il faut que je le croie ! Désespère une passion dangereuse, sauve-moi des effets que j'en crains ; tu ne me hais, ni ne m'aimes, ni ne m'aimeras ; accable mon cœur de cette certitude-là. J'agis de bonne foi, donne-moi du secours contre moi-même ; il m'est nécessaire ; je te le demande à genoux. *(Il se jette à genoux. — Dans ce moment, M. Orgon et Mario entrent et ne disent mot).* 　　　　　　　　　　70

SILVIA, *à part :* Ah ! nous y voilà ! il ne manquait plus que cette façon-là à mon aventure. Que je suis malheureuse ! c'est ma facilité [12] qui le place là. *(Haut).* Lève-toi, Bourguignon, je t'en conjure ; il peut venir quelqu'un. Je dirai ce qu'il te plaira ; que me veux-tu ? je ne te hais point. Lève-toi ; je t'aimerais, si je pouvais ; tu ne me déplais point ; cela doit te suffire.

DORANTE : Quoi ! Lisette, si je n'étais pas ce que je suis, si j'étais riche, d'une condition honnête [13], et que je t'aimasse autant que je t'aime, ton cœur n'aurait point de répugnance pour moi ?

SILVIA : Assurément. 　　　　　　　　　　80

DORANTE : Tu ne me haïrais pas ? tu me souffrirais ?

SILVIA : Volontiers. Mais lève-toi.

DORANTE : Tu parais le dire sérieusement, et, si cela est, ma raison est perdue.

SILVIA : Je dis ce que tu veux, et tu ne te lèves point.

- *Montrez comment Dorante amène peu à peu Silvia, et finalement la contraint, par un détour inattendu, à lui avouer son amour.*
- **Essai.** *La psychologie de la jeune fille devant l'amour, d'après cette scène et les autres extraits du Jeu de l'Amour et du Hasard.*
- **Essai.** MARIVAUX *et le déguisement : étudiez dans les extraits de cette comédie le rôle du déguisement pour favoriser la révélation des sentiments.*
- **Comparaison.** *Dans* Le Jeu ... *comparez les scènes de déclarations d'amour entre les valets et entre les maîtres : a) les sentiments des personnages ; – b) les procédés d'expression (mimiques, apartés, sous-entendus).*

Pauvre Silvia !

Qu'on imagine la gêne, la rougeur de Silvia lorsqu'elle s'aperçoit que son père et son frère ont surpris « Bourguignon » et l'ont entendu lui dire : « *Je ne te hais point* ». Pauvre Silvia, après s'être trahie devant Lisette, s'être laissé arracher un aveu par Dorante, elle va subir maintenant l'assaut de M. Orgon et de Mario, qui *se divertissent à ses dépens*. Elle se débat vaillamment, passant du calme affecté à l'irritation, puis à l'indignation et à l'éloquence. Mais elle ne saurait convaincre ni son père et son frère... ni elle-même. Elle n'en peut plus, et la scène risquerait d'être un peu cruelle, si nous ne savions, comme M. Orgon et Mario, que *ce n'est là qu'un jeu* ; ces clins d'œil des personnages masculins et de l'auteur que sont *les mots à double entente* nous le rappellent opportunément (II, 11).

M. ORGON : Eh bien ! Silvia, vous ne nous regardez pas ; vous avez l'air tout embarrassé.

SILVIA : Moi, mon père ! et où serait le motif de mon embarras ? Je suis, grâce au ciel, comme à mon ordinaire ; je suis fâchée de vous dire que c'est une idée [1].

MARIO : Il y a quelque chose, ma sœur, il y a quelque chose.

— 12 Indulgence, complaisance. — 13 Préciser le sens. 　|　— 1 Une idée que vous vous faites, et non la réalité.

SILVIA : Quelque chose dans votre tête, à la bonne heure, mon frère ; mais, dans la mienne, il n'y a que l'étonnement de ce que vous dites.

M. ORGON : C'est donc ce garçon qui vient de sortir qui t'inspire cette extrême antipathie que tu as pour son maître ?

SILVIA : Qui ? le domestique de Dorante ?

M. ORGON : Le galant Bourguignon.

SILVIA : Le galant Bourguignon, dont je ne savais pas l'épithète, ne me parle pas de lui.

M. ORGON : Cependant on prétend que c'est lui qui le détruit auprès de toi, et c'est sur quoi j'étais bien aise de te parler.

SILVIA : Ce n'est pas la peine, mon père ; personne au monde que son maître ne m'a donné l'aversion naturelle que j'ai pour lui.

MARIO : Ma foi, tu as beau dire, ma sœur ; elle est trop forte pour être naturelle, et quelqu'un y a aidé.

SILVIA, *avec vivacité :* Avec quel air mystérieux vous me dites cela, mon frère ! Et qui est donc ce quelqu'un qui y a aidé ? Voyons.

MARIO : Dans quelle humeur es-tu, ma sœur ? Comme tu t'emportes !

SILVIA : C'est que je suis bien lasse de mon personnage [2], et je me serais déjà démasquée, si je n'avais pas craint de fâcher mon père.

M. ORGON : Gardez-vous-en bien, ma fille ; je viens ici pour vous le recommander [3]. Puisque j'ai eu la complaisance de vous permettre votre déguisement, il faut, s'il vous plaît, que vous ayez celle de suspendre votre jugement sur Dorante, et de voir si l'aversion qu'on vous a donnée pour lui est légitime.

SILVIA : Vous ne m'écoutez donc point, mon père ? Je vous dis qu'on ne me l'a point donnée.

MARIO : Quoi ! ce babillard qui vient de sortir ne t'a pas un peu dégoûtée de lui ?

SILVIA, *avec feu :* Que vos discours sont désobligeants ! m'a dégoûtée de lui ! dégoûtée ! J'essuie [4] des expressions bien étranges ; je n'entends plus que des choses inouïes, qu'un langage inconcevable ; j'ai l'air embarrassé, il y a quelque chose ; et puis c'est le galant Bourguignon qui m'a dégoûtée [5]. C'est tout ce qui vous plaira, mais je n'y entends rien.

MARIO : Pour le coup, c'est toi qui es étrange. A qui en as-tu donc ? D'où vient que tu es si fort sur le qui-vive ? Dans quelle idée nous soupçonnes-tu ?

SILVIA : Courage, mon frère ! Par quelle fatalité aujourd'hui ne pouvez-vous me dire un mot qui ne me choque ? Quel soupçon voulez-vous qui me vienne ? Avez-vous des visions ?

M. ORGON : Il est vrai que tu es si agitée que je ne te reconnais point non plus. Ce sont apparemment ces mouvements-là [6] qui sont cause que Lisette nous a parlé comme elle a fait. Elle accusait ce valet de ne t'avoir pas entretenue à l'avantage de son maître, « et Madame, nous a-t-elle dit, l'a défendu contre moi avec tant de colère que j'en suis encore toute surprise [7] ». C'est sur ce mot de *surprise* que nous l'avons querellée, mais ces gens-là ne savent pas la conséquence [8] d'un mot.

SILVIA : L'impertinente ! y a-t-il rien de plus haïssable [9] que cette fille-là ? J'avoue que je me suis fâchée par un esprit de justice pour ce garçon [10].

— 2 Bien lasse du rôle que je joue. — 3 Il faut que le quiproquo se prolonge ; étant donné le caractère de M. Orgon, son attitude n'est d'ailleurs pas invraisemblable. — 4 Je subis. — 5 Silvia relève les termes que son père et son frère viennent d'employer ; procédé constant chez Marivaux. — 6 Signes d'émotion. — 7 Cf. p. 51, l. 41. — 8 L'importance. — 9 L'outrance de ce mot est révélatrice. — 10 Est-ce la vraie raison ?

MARIO : Je ne vois point de mal à cela.

SILVIA : Y a-t-il rien de plus simple ? Quoi ! parce que je suis équitable, que je veux qu'on ne nuise à personne, que je veux sauver un domestique du tort qu'on peut lui faire auprès de son maître, on [11] dit que j'ai des emportements, des fureurs dont on est surprise ! Un moment après, un mauvais esprit raisonne ; il faut se fâcher, il faut la faire taire, et prendre mon parti contre elle, à cause de la conséquence de ce qu'elle dit ! Mon parti ! J'ai donc bien besoin qu'on me défende, qu'on me justifie ! On peut donc mal interpréter ce que je fais ! Mais que fais-je ? de quoi m'accuse-t-on ? Instruisez-moi, je vous en conjure ; cela 60 est sérieux. Me joue-t-on ? se moque-t-on de moi ? Je ne suis pas tranquille.

M. ORGON : Doucement donc.

SILVIA : Non, Monsieur, il n'y a point de douceur qui tienne. Comment donc ! des surprises, des conséquences ! Eh ! qu'on s'explique ! que veut-on dire ? On accuse ce valet, et on a tort ; vous vous trompez tous, Lisette est une folle, il est innocent, et voilà qui est fini. Pourquoi donc m'en reparler encore ? Je suis outrée !

M. ORGON : Tu te retiens, ma fille ; tu aurais grande envie de me quereller aussi. Mais faisons mieux : il n'y a que ce valet qui soit suspect ici, Dorante n'a qu'à le chasser [12].

SILVIA : Quel malheureux déguisement ! Surtout que Lisette ne m'approche 70 pas ; je la hais plus que Dorante.

M. ORGON : Tu la verras, si tu veux ; mais tu dois être charmée que ce garçon s'en aille ; car il t'aime, et cela t'importune assurément.

SILVIA : Je n'ai point à m'en plaindre ; il me prend pour une suivante, et il me parle sur ce ton-là ; mais il ne me dit pas ce qu'il veut, j'y mets bon ordre.

MARIO : Tu n'en es pas tant la maîtresse que tu le dis bien.

M. ORGON : Ne l'avons-nous pas vu se mettre à genoux malgré toi ? N'as-tu pas été obligée, pour le faire lever, de lui dire qu'il ne te déplaisait pas ?

SILVIA, *à part* : J'étouffe !

MARIO : Encore a-t-il fallu, quand il t'a demandé si tu l'aimerais, que tu aies 80 tendrement ajouté : « Volontiers » ; sans quoi il y serait encore.

SILVIA : L'heureuse apostille [13], mon frère ! Mais comme l'action m'a déplu, la répétition n'en est pas aimable. Ah ça, parlons sérieusement, quand finira la comédie que vous vous donnez sur mon compte [14] ?

M. ORGON : La seule chose que j'exige de toi, ma fille, c'est de ne te déterminer à le refuser qu'avec connaissance de cause. Attends encore ; tu me remercieras du délai que je demande, je t'en réponds.

MARIO : Tu épouseras Dorante, et même avec inclination, je te le prédis [15]... Mais mon père, je vous demande grâce pour le valet.

SILVIA : Pourquoi, grâce ? et moi, je veux qu'il sorte [16].

M. ORGON : Son maître en décidera ; allons-nous-en.   90

MARIO : Adieu, adieu, ma sœur ; sans rancune !

L'épreuve de Silvia ne peut se prolonger plus longtemps : le spectateur finirait par souffrir pour elle, et le charme délicat de la comédie s'en trouverait altéré. A la scène suivante, le pseudo-Bourguignon lui avoue son déguisement : « C'est moi qui suis Dorante », et la jeune fille, enfin soulagée, murmure en aparté : « Ah ! je vois clair dans mon cœur ». Va-t-elle révéler à Dorante sa propre identité ? non : nous saurons bientôt pourquoi.

— 11 Commenter l'intonation méprisante. — 12 Quelle est ici l'intention de M. Orgon ?

— 13 Addition. — 14 Elle ne croit pas si bien dire ! — 15 Commenter le double sens de ces répliques. — 16 Pourquoi cette volte-face ?

Le théâtre et son évolution

G.-P. Pannini (1691-1765), « Fête musicale donnée par le cardinal de La Rochefoucauld au Théâtre Argentina de Rome, le 15 juillet 1747 à l'occasion du mariage du Dauphin de France, Louis, fils de Louis XV, avec Marie-Josèphe de Saxe » (Musée du Louvre, Paris Ph. H. Josse © Arch. Photeb.)

Le théâtre est au XVIIIᵉ siècle un des hauts lieux de la société cultivée (cf. **p. 32**). Voltaire auteur tragique lui-même (cf. **p. 185**) voyait dans la représentation d'un opéra l'indice d'une civilisation raffinée (cf. **p. 181**). Il a milité en faveur de la dignité des comédiens (cf. **p. 123**) et exalté Louis XIV protecteur de Racine et de Molière (cf. **p. 151**). Il s'est opposé à Rousseau qui accusait le théâtre de corrompre les mœurs (cf. **p. 275**).

Dans le registre de la comédie, la finesse, l'élégance de Marivaux font songer à Racine (cf. **p. 44 à 59**).

Diderot a médité sur l'art du comédien et s'est efforcé de moderniser le genre en proposant la formule du drame (cf. **p. 228-229**) ; son échec ne doit pas faire oublier ses idées novatrices sur la mise en scène et le jeu des acteurs.

Beaumarchais, enfin, renoue avec la gaieté et le prestige d'une intrigue éblouissante (cf. **p. 385**) ; son théâtre fait écho à la « philosophie » militante et tend à devenir une tribune (cf. **p. 400**).

I

*N. Lancret, « Les Acteurs de la Comédie italienne ou le Théâtre-Italien »,
peinture, XVIIIe siècle.* (Musée du Louvre, Paris. Ph. H. Josse © Photeb.)

Marivaux et les comédiens italiens

C'est pour les comédiens italiens que Marivaux a écrit la plupart de ses comédies (cf. **p. 44**). Certains de ses personnages portent le nom de types traditionnels de la **Commedia dell'arte :** Arlequin (avec son masque, à gauche de Pierrot) qui reparaît dans beaucoup de ses pièces, Trivelin, Frontin, ou des acteurs de la troupe, Lélio, Mario et surtout Silvia, son interprète préférée.

A. Watteau, « Fête vénitienne », peinture 1719. (The National Gallery of Scotland, Edimbourg. Ph. T. Scott © Arch. Photeb.)

Jeu italien et sentiments français

Les jeunes acteurs du Théâtre-Italien apportaient à Marivaux leur jeu plein de liberté et de fantaisie, leur mimique, leurs déguisements. Marivaux les a « francisés » en leur confiant les nuances d'une psychologie subtile et son élégance naturelle — celle que pourraient évoquer, par une correspondance baudelairienne (cf. XIXᵉ siècle, p. 432) les personnages de cette *Fête vénitienne*.

« *Chérubin dans son fauteuil* » (Gravure, 1820.
Bibl. Nat., Paris. Ph. Jeanbor © Arch. Photeb.)

« *Le Mariage de Figaro* », acte I, sc.9. *Le Comte,
qui faisait la cour à Suzanne, est tout surpris et
furieux de découvrir que Chérubin, blotti dans un
fauteuil et dissimulé sous une robe, a été témoin
de ses assiduités (cf. p. 390).*

« *Le Mariage de Figaro* », *acte II. Pendant que le Comte sommait Chérubin de sortir du cabinet (à gauche), Suzanne venant du fond s'est dissimulée derrière le paravent. A la faveur d'une courte absence du Comte, Suzanne va se substituer à Chérubin qui sautera par la fenêtre. A son retour, le Comte ouvrant la porte du cabinet y découvrira... Suzanne ! (cf. analyse p. 392).* (« Les Noces de Figaro », acte II. Mise en scène : J.-L. Cochet, décors : Pierre Clayette. Avec T. Stich-Randall, E. Robson, T. Palmer. Festival d'Aix, 1968. Ph. © Coll. de la Société du Casino municipal d'Aix - Thermal © by SPADEM 1985.)

Beaumarchais et l'intrigue

En accord avec les idées de Diderot (cf. **p. 229**), il accorde une importance primordiale au décor, aux costumes, à l'intonation, aux jeux de scène qu'il indique dans le menu détail avec une grande précision.

« *Le Mariage de Figaro* », acte III sc.5 « *Le Comte : Une réputation détestable* ! *Figaro : Et si je vaux mieux qu'elle* ? *Y a-t-il beaucoup de seigneurs qui puissent en dire autant* ? » (cf. p. 394 à 396). Figaro n'est plus uniquement le valet traditionnel, impertinent à l'égard de son maître, c'est un homme blessé dans sa dignité : il se compare d'égal à égal au grand Seigneur qui voudrait lui « confisquer » sa fiancée (cf. p. 400). (Avec : J.-C. Regnier, A. Robert. Mise en scène de M. Tassencourt, Th. Montansier, 1977. Ph. © Agence Bernand - Photeb.)

« *Les folies* », aquatinte par L. Le Cœur, 1784, d'après L.J. Watteau de Lille. (Ph. © Bibl. Nat. Paris. Arch. Photeb.)
Figaro représenté en paladin pourfendant le monstre des préjugés et des abus (cf. p. 385-386).

« *Le Mariage de Figaro* », acte III sc.15. La scène du procès (cf. p. 396) où le juge se montre un parfait imbécile, est pour Beaumarchais l'occasion de démontrer au public la nécessité d'abolir la vénalité des charges, de garantir l'impartialité des juges, de motiver les sentences. C'était la revendication constante de Voltaire (cf. p. 172). (« Le procès ». Avec : R. Sireygeol, P. Meyrand, J.-P. Taste. Mise en scène : A. Tephany, Chelles, 1977. Ph. © Agence Bernand.)

Théâtre et philosophie

Avec Beaumarchais, le théâtre devient parfois une tribune. Les péripéties de la comédie d'intrigue lui permettent de s'associer, avec l'arme redoutable du rire, à la lutte philosophique.

V

« *Arlequin et Colombine* », *anonyme,
peinture, XVIIIᵉ siècle.* (Musée du Burcado,
Rome. Ph. S. Rossi © Arch. Photeb.)

« *Le Jeu de l'Amour et du Hasard* ».
Arlequin : Cl. Brasseur, Lisette : F. Giret. Réalisation :
M. Bluwal, T.V. 1ᵉʳᵉ chaîne, 1967. (Coll. Télé 7 jours,
Ph. © M. Descamps/Scoop.)

Déguisement et révélation psychologique

Arlequin et Lisette portent les vêtements de leurs maîtres, mais chacun d'eux croit qu'il est seul déguisé et que son partenaire appartient à l'autre caste. D'emblée, en dépit du fossé des conditions sociales, ils reconnaissent qu'ils s'aiment (cf. **p. 49**). Déguisés en serviteurs, les maîtres, Dorante et Silvia seront plus longs à découvrir leur amour, à l'admettre, et surtout à se l'avouer mutuellement (cf. **p. 57 à 59**). C'est tout le sujet de la pièce.

Le déguisement était fréquent au Théâtre-Italien ; le personnage d'Arlequin portait lui-même un masque, comme dans la vignette ci-dessus. Chez Marivaux, le déguisement devient un instrument de révélation psychologique particulièrement efficace. « Presque toutes les pièces de Marivaux nous montrent un déguisement, soit qu'un état civil s'y dérobe, soit, plus souvent, un cœur. C'est là le fondement de leur action et de leur intérêt ; en chacune d'elles, l'auteur n'a de cesse qu'il n'ait contraint le masque à tomber, et révélé, sous l'apparence, la vérité de l'homme » (M. Arland).

ACTE III. *C'est maintenant au tour de Dorante de souffrir dans son amour-propre : Mario, qui feint toujours de ne voir en lui que Bourguignon et d'être épris de « Lisette », provoque sa jalousie et l'humilie devant Silvia. Celle-ci fait part de ses intentions à son père et à son frère : elle espère que Dorante ira jusqu'à lui offrir sa main quoiqu'il la prenne pour une soubrette ; quel triomphe si elle peut l'y amener ! Cependant Arlequin et Lisette ont de leur côté un aveu difficile à se faire. Dans une scène très comique, attendue depuis l'Acte II (cf. p. 49), ils commencent, prudemment, par bien s'assurer de leur flamme réciproque ; après quoi, au bout de savants détours, vient l'aveu : il n'est qu'un valet, elle une femme de chambre ; bref échange de mots vifs : « Faquin... magot... — Masque... mogotte... » ! Mais ils sont bientôt remis de leur déconvenue : « LISETTE : Venons au fait. M'aimes-tu? — ARLEQUIN : Pardi ! oui. En changeant de nom tu n'as pas changé de visage, et tu sais bien que nous nous sommes promis fidélité en dépit de toutes les fautes d'orthographe ». Avec un grand éclat de rire, ils singent de la façon la plus plaisante leurs grands airs de tantôt : « Monsieur, je suis votre servante. — Et moi votre valet, Madame ».*

LE TRIOMPHE DE SILVIA

Après la scène des valets, voici de nouveau la scène des maîtres (III, 8) ; le ton change brusquement. Cette fois, *c'est Silvia qui prend l'offensive*, et son plan nous est connu (cf. analyse). Elle veut une éclatante revanche à la récente humiliation de son amour-propre ; elle veut aussi mesurer par cette épreuve décisive l'amour de Dorante. « *Je serai charmée de triompher*, disait-elle tout à l'heure. *Mais il faut que j'arrache ma victoire, et non pas qu'il me la donne ; je veux un combat entre l'amour et la raison* ».

SILVIA : Quoi ! sérieusement vous partez ?

DORANTE : Vous avez bien peur que je ne change d'avis.

SILVIA : Que vous êtes aimable d'être si bien au fait !

DORANTE : Cela est bien naïf. Adieu. *(Il s'en va)*.

SILVIA, *à part :* S'il part, je ne l'aime plus, je ne l'épouserai jamais [1]... *(Elle le regarde aller.)* Il s'arrête pourtant ; il rêve ; il regarde si je tourne la tête, et je ne saurais le rappeler, moi... Il serait pourtant singulier qu'il partît, après tout ce que j'ai fait !... Ah ! voilà qui est fini, il s'en va ; je n'ai pas tant de pouvoir sur lui que je le croyais. Mon frère est un maladroit ; il s'y est mal pris. Les gens indifférents gâtent tout. Ne suis-je 10 pas bien avancée ? Quel dénoûment !... Dorante reparaît pourtant ; il me semble qu'il revient. Je me dédis donc ; je l'aime encore... Feignons de sortir, afin qu'il m'arrête ; il faut bien que notre réconciliation lui coûte quelque chose.

DORANTE, *l'arrêtant :* Restez, je vous prie ; j'ai encore quelque chose à vous dire.   SILVIA : A moi, Monsieur !

DORANTE : J'ai de la peine à partir sans vous avoir convaincue que je n'ai pas tort de le faire [2].

SILVIA : Eh ! Monsieur, de quelle conséquence [3] est-il de vous justifier auprès de moi ? Ce n'est pas la peine ; je ne suis qu'une suivante, et vous 20 me le faites bien sentir.

— 1 A quel sentiment Silvia obéit-elle ici ? — | 2 Bon prétexte pour ne pas partir ! — 3 Importance.

DORANTE : Moi, Lisette ! est-ce à vous de vous plaindre, vous qui me voyez prendre mon parti sans me rien dire [4] ?

SILVIA : Hum ! si je voulais, je vous répondrais bien là-dessus.

DORANTE : Répondez donc, je ne demande pas mieux que de me tromper. Mais que dis-je ? Mario vous aime.

SILVIA : Cela est vrai.

DORANTE : Vous êtes sensible à son amour ; je l'ai vu par l'extrême envie que vous aviez tantôt que je m'en allasse ; ainsi vous ne sauriez m'aimer.

SILVIA : Je suis sensible à son amour ! qui est-ce qui vous l'a dit ? Je ne saurais vous aimer ! qu'en savez-vous ? Vous décidez bien vite.

DORANTE : Eh bien ! Lisette, par tout ce que vous avez de plus cher au monde, instruisez-moi de ce qui en est, je vous en conjure !

SILVIA : Instruire un homme qui part !

DORANTE : Je ne partirai point.

SILVIA : Laissez-moi [5]. Tenez, si vous m'aimez, ne m'interrogez point. Vous ne craignez que mon indifférence et vous êtes trop heureux que je me taise. Que vous importent mes sentiments ?

DORANTE : Ce qu'ils m'importent, Lisette ! peux-tu [6] douter encore que je ne t'adore ?

SILVIA : Non, et vous me le répétez si souvent que je vous crois ; mais pourquoi m'en persuadez-vous ? que voulez-vous que je fasse de cette pensée-là, Monsieur ? Je vais vous parler à cœur ouvert. Vous m'aimez ; mais votre amour n'est pas une chose bien sérieuse pour vous. Que de ressources n'avez-vous pas pour vous en défaire ? La distance qu'il y a de vous à moi, mille objets que vous allez trouver sur votre chemin, l'envie qu'on aura de vous rendre sensible [7], les amusements d'un homme de votre condition, tout va vous ôter cet amour dont vous m'entretenez impitoyablement. Vous en rirez peut-être au sortir d'ici, et vous aurez raison. Mais moi, monsieur, si je m'en ressouviens, comme j'en ai peur, s'il m'a frappée, quel secours aurai-je contre l'impression qu'il m'aura faite ? Qui est-ce qui me dédommagera de votre perte ? Qui voulez-vous que mon cœur mette à votre place ? Savez-vous bien que, si je vous aimais, tout ce qu'il y a de plus grand dans le monde ne me toucherait plus ? Jugez donc de l'état où je resterais. Ayez la générosité de me cacher votre amour. Moi qui vous parle, je me ferais un scrupule de vous dire que je vous aime, dans les dispositions où vous êtes. L'aveu de mes sentiments pourrait exposer votre raison, et vous voyez bien aussi que je vous les cache [8].

───────── 4 Comme dans la scène de dépit amoureux de *Tartuffe*, chacun des deux jeunes gens voudrait que l'autre fît le premier pas. — 5 Pourquoi Silvia paraît-elle soudain plus froide ? — 6 A quoi correspond ce tutoiement ? — 7 Amoureux. — 8 Quelle serait la portée sociale de cette tirade, si la jeune fille était vraiment une suivante ?

DORANTE : Ah ! ma chère Lisette, que viens-je d'entendre ? tes paroles ont un feu qui me pénètre. Je t'adore, je te respecte. Il n'est ni rang, ni naissance, ni fortune, qui ne disparaisse devant une âme comme la tienne. J'aurais honte que mon orgueil tînt encore contre toi, et mon cœur et ma main t'appartiennent.

SILVIA : En vérité, ne mériteriez-vous pas que je les prisse ? ne faut-il pas être bien généreuse pour vous dissimuler le plaisir qu'ils me font ? et croyez-vous que cela puisse durer ?

DORANTE : Vous m'aimez donc ?

SILVIA : Non, non ; mais si vous me le demandez encore, tant pis pour 70 vous.   DORANTE : Vos menaces ne me font point de peur.

SILVIA : Et Mario, vous n'y songez donc plus ?

DORANTE : Non, Lisette. Mario ne m'alarme plus ; vous ne l'aimez point ; vous ne pouvez plus me tromper ; vous avez le cœur vrai ; vous êtes sensible à ma tendresse. Je ne saurais en douter au transport qui m'a pris, j'en suis sûr ; et vous ne sauriez plus m'ôter cette certitude-là.

SILVIA : Oh ! je n'y tâcherai point, gardez-la ; nous verrons ce que vous en ferez.   DORANTE : Ne consentez-vous pas d'être à moi ?

SILVIA : Quoi ! vous m'épouseriez malgré ce que vous êtes, malgré la colère d'un père, malgré votre fortune ?   80

DORANTE : Mon père me pardonnera dès qu'il vous aura vue ; ma fortune nous suffit à tous deux, et le mérite vaut bien la naissance. Ne disputons point ; car je ne changerai jamais.

SILVIA : Il ne changera jamais ! Savez-vous bien que vous me charmez Dorante ?

DORANTE : Ne gênez [9] donc plus votre tendresse, et laissez-la répondre...

SILVIA : Enfin, j'en suis venue à bout [10]. Vous... vous ne changerez jamais ?

DORANTE : Non, ma chère Lisette.   SILVIA : Que d'amour !

Silvia peut maintenant révéler à Dorante qu'elle est la fille de M. Orgon. Sûrs de s'aimer vraiment, ils vont s'épouser, ainsi que Lisette et Arlequin.

– *Comment Silvia amène-t-elle Dorante à la demander en mariage ?*
– *Étudiez le combat entre l'amour et la raison dans le cœur de Dorante.*
– Dépit amoureux. *Ressemblances et différences entre cette scène et la scène 4 de l'acte II dans* Tartuffe. *En quoi* MARIVAUX *a-t-il renouvelé ici le thème du dépit amoureux ?*
– *Peut-on parler de « cruauté » dans cette scène et la précédente ? Cette « cruauté » est-elle conciliable avec le comique ?*
– Préjugé de caste. *Comment se manifeste-t-il ? Quelle portée sociale aurait la tirade de Silvia s'il s'agissait vraiment d'une femme de chambre ?*
– Comparaison. *Étudiez le parallélisme entre cette scène et les sc. 9 et 10 de l'acte II (p. 52-54).*

— 9 Contraignez (en la *torturant*). — 10 Cri de triomphe, que suit aussitôt l'expression de la tendresse.

LE ROMAN AVANT 1750

De même que la comédie et tous les autres genres, le ROMAN reste fortement marqué par l'influence du XVIIe siècle, mais il évolue lui aussi selon les tendances générales de l'époque. Héritier de la tradition *bourgeoise* des Sorel, Scarron, Furetière (cf. *XVIIe Siècle*, p. 75-81), LE SAGE donne une dignité nouvelle au *roman de mœurs* et prépare le *réalisme* d'un Diderot (cf. p. 204). MARIVAUX conserve des éléments du *roman précieux* qu'il parodie (cf. *XVIIe Siècle*, p. 68-74), mais il accède à une grande *vérité* dans la peinture des *caractères* et des *mœurs contemporains*. Par l'*analyse lucide* de la passion, l'ABBÉ PRÉVOST apparaît comme le successeur de Mme de La Fayette (cf. *XVIIe Siècle*, p. 355-368) ; son *art* est tout à fait *classique*, mais il peint les milieux corrompus de la Régence ou du début du règne de Louis XV, et surtout sa conception de la passion fatale inaugure le *préromantisme* (cf. p. 263).

LE SAGE

Le romancier L'auteur de *Turcaret* (cf. p. 39) appliqua aussi au roman ses dons d'*observation* et de *réalisme satirique*. On lui doit surtout *le Diable boiteux* (1707), inspiré d'un auteur espagnol, Luis Velez de Guevara, et l'*Histoire de Gil Blas de Santillane*, publiée de 1715 à 1735 (Livres I-VI en 1715 ; VII-IX en 1724 ; X-XII en 1735), qui est beaucoup plus originale en dépit de nombreux emprunts. Parmi ses autres romans nous citerons l'*Histoire de Guzman d'Alfarache* (1732), *Le Bachelier de Salamanque* (1734) et *La Valise trouvée* (1740).

LE ROMAN PICARESQUE. Le Sage doit à ses modèles espagnols, outre une quantité d'anecdotes, le genre même du roman *picaresque*, pratiqué en Espagne depuis la fin du XVIe siècle. Il s'agit de narrer les multiples et divertissantes aventures d'un *picaro*, vaurien plutôt sympathique, pauvre hère dont l'injustice sociale fait un fripon, mais toujours capable de s'écrier comme ce personnage de *Gil Blas :* « Je ne suis pas moins prêt à faire une bonne action qu'une mauvaise ». Gentil garçon, mais faible, plus riche de bons sentiments que ferme dans ses principes, GIL BLAS lui-même hésite entre la candeur et le cynisme. Ballotté au gré des aventures et des rencontres, tantôt valet tantôt confident du premier ministre, tantôt berné tantôt fripon, Gil Blas montre peu de consistance, mais il est toujours naturel : Le Sage a su faire de lui un véritable *type*.

LES MŒURS DE LA SOCIÉTÉ FRANÇAISE. L'auteur s'intéresse moins aux aventures de son héros qu'aux *milieux sociaux* qu'il traverse. Complétant les esquisses du *Diable boiteux*, que l'affabulation même de ce roman rendait forcément brèves et dispersées (cf. p. 61), Le Sage nous promène avec Gil Blas de la caverne des brigands (p. 62) à la Cour (p. 67), en passant par le palais de l'archevêque (p. 64). Noblesse, clergé, médecins, hommes de lettres, comédiens, valets, bandits de grand chemin, tous les milieux sont représentés, avec leurs *mœurs*, leurs *travers* ou leurs *vices*. Bien entendu, la couleur espagnole ne doit pas nous faire illusion : c'est la société *française* de la Régence qui s'anime ainsi sous nos yeux.

Très mordante, la *satire* reste gaie. Le Sage imite parfois La Bruyère, surtout dans le *Diable boiteux*, mais il s'écarte de l'art classique par l'importance qu'il attache aux *détails matériels*, par une certaine *truculence dans le réalisme* et par un souci très marqué de peindre, plutôt que des caractères, des *individus*.

A quoi rêvent les hommes

Don Cléophas Léandro Perez Zambullo, « écolier » d'Alcala, vient de délivrer Asmodée, le diable boiteux, qu'un magicien de Madrid avait enfermé dans une bouteille ! En remerciement, Asmodée, enlevant les toits des maisons, en révèle l'intérieur au jeune homme ; il lui révèle même les plus secrètes pensées des humains, et leurs *songes* qui trahissent leurs inquiétudes, leurs remords ou leurs désirs. Grâce à cette fiction symbolique, la *satire morale*, âpre mais variée de ton, prend une saveur nouvelle (*Le Diable boiteux*, chap. XVI).

Je découvre dans la même maison deux frères médecins qui font des songes bien mortifiants [1]. L'un rêve que l'on publie une ordonnance qui défend de payer les médecins quand ils n'auront pas guéri leurs malades ; et son frère songe qu'il est ordonné que les médecins mèneront le deuil à l'enterrement de tous les malades qui mourront entre leurs mains. — Je souhaiterais, dit Zambullo, que cette dernière ordonnance fût réelle, et qu'un médecin se trouvât aux funérailles de son malade, comme un lieutenant criminel [2] assiste en France au supplice d'un coupable qu'il a condamné. — J'aime la comparaison, dit le diable : on pourrait dire, en ce cas-là, que l'un va faire exécuter
10 sa sentence, et que l'autre a déjà fait exécuter la sienne [3].(...)
Dans une grande maison, vis-à-vis l'hôtel garni, demeure un vieux chevalier de la Toison [4], lequel a jadis été vice-roi du Mexique. Il est tombé malade ; et comme il craint de mourir, sa vice-royauté commence à l'inquiéter : il est vrai qu'il l'a exercée d'une manière qui justifie son inquiétude. Les chroniques de la Nouvelle-Espagne [5] ne font pas une mention honorable de lui. Il vient de faire un songe dont toute l'horreur n'est point encore dissipée, et qui sera peut-être cause de sa mort. — Il faut donc, dit Zambullo, que ce songe soit bien extraordinaire. — Vous allez l'entendre, reprit Asmodée ; il a quelque chose en effet de singulier. Ce seigneur rêvait tout à l'heure qu'il était dans la vallée des morts,
20 où tous les Mexicains qui ont été les victimes de son injustice et de sa cruauté sont venus fondre sur lui, en l'accablant de reproches et d'injures : ils ont même voulu le mettre en pièces ; mais il a pris la fuite et s'est dérobé à leur fureur. Après quoi il s'est trouvé dans une grande salle toute tendue de drap noir, où il a vu son père et son aïeul assis à une table sur laquelle il y avait trois couverts. Ces deux tristes convives lui ont fait signe de s'approcher d'eux, et son père lui a dit, avec la gravité qu'ont tous les défunts : « Il y a longtemps que nous t'attendons ; viens prendre ta place auprès de nous [6]. »
— Le vilain rêve ! s'écria l'écolier ; je pardonne au malade d'en avoir l'imagination blessée. — En récompense [7], dit le boiteux, sa nièce, qui est couchée

---

— 1 N'y a-t-il pas une intention plaisante dans le choix de ce mot ? — 2 Magistrat chargé de la répression des crimes. — 3 On reconnaît ici les plaisanteries traditionnelles depuis Molière, mais la satire est un peu macabre. — 4 La Toison'd'or, ordre de cheva-lerie fondée par Philippe le Bon, et adopté par la maison d'Autriche, puis par l'Espagne. — 5 Colonies espagnoles en Amérique. — 6 Montrer comment les deux visions successives se complètent. Quelle impression nous laisse ce paragraphe ? Pourquoi le ton est-il si grave ? — 7 En revanche.

30 dans un appartement au-dessus du sien, passe la nuit délicieusement : le sommeil
lui présente les plus agréables idées. C'est une fille de vingt-cinq à trente ans,
laide et mal faite. Elle rêve que son oncle, dont elle est l'unique héritière, ne vit
plus, et qu'elle voit autour d'elle une foule d'aimables seigneurs qui se disputent
la gloire de lui plaire [8].

— Si je ne me trompe, dit don Cléophas, j'entends rire derrière nous. — Vous
ne vous trompez point, reprit le diable ; c'est une femme qui rit en dormant à
deux pas d'ici, une veuve qui fait la prude et qui n'aime rien tant que la médisance. Elle songe qu'elle s'entretient avec une vieille dévote dont la conversation
lui fait beaucoup de plaisir.

40 Je ris à mon tour en voyant, dans une chambre au-dessous de cette femme, un
bourgeois qui a de la peine à vivre honnêtement du peu de bien qu'il possède.
Il rêve qu'il ramasse des pièces d'or et d'argent, et que plus il en ramasse, plus
il en trouve à ramasser ; il en a déjà rempli un grand coffre. — Le pauvre garçon,
dit Léandro ; il ne jouira plus longtemps de son trésor. — A son réveil, reprit le
boiteux, il sera comme un vrai riche qui se meurt, il verra disparaître ses richesses [9].

GIL BLAS
DE SANTILLANE
*Originaire de Santillane, dans les Asturies, fils d'un
écuyer et d'une femme de chambre,* GIL BLAS *a reçu de
l'instruction grâce à un oncle chanoine. A 17 ans il quitte
Oviedo pour se rendre à l'Université de Salamanque. Mais à peine est-il en route que les
aventures commencent. Il tombe entre les mains de* brigands *qui l'enferment dans leur
souterrain où il leur servira de valet. Pour revoir la lumière du jour, il demande de participer
à leurs expéditions. Comme coup d'essai, il dépouille un moine d'une bourse pleine... de médailles
pieuses. Dans l'affaire suivante, la troupe capture une jeune et noble dame. Gil Blas rêve de
la sauver tout en recouvrant sa propre liberté. Les circonstances sont propices : le vieux
nègre qui garde la caverne est malade, c'est la cuisinière Léonarde qui détient la clé de la grille ;
il suffit que Gil Blas trouve le moyen de rester dans le souterrain pendant que la bande ira
tenter quelque nouveau coup.*

L'évasion de Gil Blas

Ce texte illustre des aspects importants de *Gil Blas*. C'est d'abord une page de *roman d'aventures ;*
mais, tout en exploitant le goût du public pour ce genre de récits, LE SAGE laisse entendre qu'il ne
prend pas au sérieux ces *histoires de brigands :* il fait donc du même coup la *parodie du roman
romanesque.* Tout concourt à cet effet : la personnalité médiocre et le ton mi-candide mi-cynique
du héros ; l'ironie (l. 29-33) ; le *comique réaliste* et même *trivial* du 1er § ; la situation burlesque
qui transforme en infirmiers naïfs ces sombres bandits (Livre I, chap. 10). *Gil Blas* se situe ainsi
dans la lignée du *Roman comique* de SCARRON (cf. *XVIIe Siècle*, p. 77), et annonce à certains
égards le roman réaliste moderne.

Je feignis d'avoir la colique ; je poussai d'abord des plaintes et des gémis-
sements ; ensuite, élevant la voix, je jetai de grands cris. Les voleurs
se réveillent [1] et sont bientôt auprès de moi. Ils me demandent ce qui
m'oblige à crier ainsi. Je répondis que j'avais une colique horrible, et, pour mieux le
leur persuader, je me mis à grincer les dents, à faire des grimaces et des contorsions

---

— 8 Relever dans cette phrase le détail qui
rend encore plus frappant le contraste avec le
rêve précédent. — 9 Montrer par quel détour
imprévu l'anecdote prend un sens moral.

— 1 Étudier les *temps du récit* dans ce §.

effroyables, et à m'agiter d'une étrange façon. Après cela, je devins tout à coup tranquille, comme si mes douleurs m'eussent donné quelque relâche. Un instant après, je me remis à faire des bonds sur mon grabat et à me tordre les bras. En un mot, je jouai si bien mon rôle, que les voleurs, tout fins qu'ils étaient, s'y
10 laissèrent tromper, et crurent qu'en effet je sentais des tranchées [2] violentes. Mais, en faisant si bien mon personnage, je fus tourmenté d'une étrange façon ; car dès que mes charitables confrères [3] s'imaginèrent que je souffrais, les voilà tous qui s'empressent à me soulager. L'un m'apporte une bouteille d'eau-de-vie et m'en fait avaler la moitié ; l'autre me donne malgré moi un lavement d'huile d'amandes douces ; un autre va chauffer une serviette, et vient me l'appliquer toute brûlante sur le ventre. J'avais beau crier miséricorde, ils imputaient mes cris à ma colique et continuaient à me faire souffrir des maux véritables, en voulant m'en ôter un que je n'avais point. Enfin, ne pouvant plus y résister, je fus obligé de leur dire que je ne sentais plus de tranchées et que je les conjurais de me donner
20 quartier [4]. Ils cessèrent de me fatiguer de leurs remèdes, et je me gardai bien de me plaindre davantage, de peur d'éprouver encore leurs secours [5]. (...)

Les brigands partis, Gil Blas s'arme de courage et met son projet à exécution.

Je me levai. Je pris mon épée et mes pistolets, et j'allai d'abord à la cuisine ; mais avant que d'y entrer, comme j'entendis parler Léonarde, je m'arrêtai pour l'écouter. Elle parlait à la dame inconnue, qui avait repris ses esprits, et qui, considérant toute son infortune, pleurait alors et se désespérait. « Pleurez, ma fille, lui disait la vieille, fondez en larmes. N'épargnez point les soupirs, cela vous soulagera. Votre saisissement était dangereux ; mais il n'y a plus rien à craindre, puisque vous versez des pleurs. Votre douleur s'apaisera peu à peu, et vous vous
30 accoutumerez à vivre ici avec nos messieurs, qui sont d'honnêtes gens. Vous serez mieux traitée qu'une princesse. Ils auront pour vous mille complaisances et vous témoigneront tous les jours de l'affection. Il y a bien des femmes qui voudraient être à votre place. »

Je ne donnai pas le temps à Léonarde d'en dire davantage. J'entrai, et, lui mettant un pistolet sur la gorge, je la pressai d'un air menaçant de me remettre la clef de la grille. Elle fut troublée de mon action, et, quoique très avancée dans sa carrière, elle se sentit encore assez attachée à la vie pour n'oser me refuser ce que je lui demandais [6]. Lorsque j'eus la clef entre les mains, j'adressai la parole à la dame affligée. « Madame, lui dis-je, le ciel vous envoie un libérateur. Levez-
40 vous pour me suivre. Je vais vous mener où il vous plaira que je vous conduise. » La dame ne fut pas sourde à ma voix, et mes paroles firent tant d'impression sur son esprit, que, rappelant tout ce qui lui restait de force, elle se leva et vint se jeter à mes pieds, en me conjurant de conserver son honneur. Je la relevai, et l'assurai qu'elle pouvait compter sur moi. Ensuite je pris des cordes que j'aperçus dans la cuisine, et, à l'aide de la dame, je liai Léonarde aux pieds d'une grosse table, en lui protestant [7] que je la tuerais, si elle poussait le moindre cri. La bonne Léonarde, persuadée que je n'y manquerais pas si elle osait me contredire, prit le parti de me laisser faire tout ce que je voulus. J'allumai de la bougie, et j'allai avec l'inconnue à la chambre où étaient les espèces [8] d'or et d'argent.
50 Je mis dans mes poches autant de pistoles et de doubles pistoles qu'il y en put

---

— 2 Coliques. — 3. Apprécier l'humour (cf. l. 30). — 4 Faire grâce. — 5 En quoi la situation est-elle *doublement* paradoxale ? — 6 Commenter le ton (cf. l. 47-48 et 56-57). — 7 Assurant. — 8 Pièces.

tenir ; et, pour obliger la dame à s'en charger aussi, je lui représentai qu'elle ne faisait que reprendre son bien : ce qu'elle fit sans scrupule [9]. Quand nous en eûmes une bonne provision, nous marchâmes vers l'écurie, où j'entrai seul avec mes pistolets en état. Je comptais bien que le vieux nègre, malgré sa goutte et son rhumatisme, ne me laisserait pas tranquillement seller et brider mon cheval, et j'étais dans la résolution de le guérir radicalement de ses maux, s'il s'avisait de vouloir faire le méchant ; mais, par bonheur, il était alors si accablé des douleurs qu'il avait souffertes et de celles qu'il souffrait encore, que je tirai mon cheval de l'écurie sans même qu'il parût s'en apercevoir. La dame m'attendait à la porte.

60 Nous enfilâmes promptement l'allée par où l'on sortait du souterrain. Nous arrivons à la grille, nous l'ouvrons et nous parvenons enfin à la trappe. Nous eûmes beaucoup de peine à la lever, ou plutôt, pour en venir à bout, nous eûmes besoin de la force nouvelle que nous prêta l'envie de nous sauver.

Le jour commençait à paraître lorsque nous nous vîmes hors de cet abîme. Nous songeâmes aussitôt à nous en éloigner. Je me jetai en selle : la dame monta derrière moi, et, suivant au galop le premier sentier qui se présenta, nous sortîmes bientôt de la forêt.

GIL BLAS ET L'ARCHEVÊQUE DE GRENADE

On ne saurait résumer les innombrables aventures de Gil Blas. Après de multiples avatars, le voici au service de l'archevêque de Grenade. Charmé par son savoir, son zèle et ses flatteries, l'archevêque traite son secrétaire en ami et en confident. Mais les grands retirent leur faveur aussi aisément qu'ils l'accordent : Gil Blas va l'apprendre à ses dépens. Chargé d'une mission infiniment délicate, comment va-t-il s'en acquitter ? Le Sage raille ici la *susceptibilité légendaire des auteurs ;* et l'homme de lettres en question se double d'un *grand seigneur* et d'un *prélat* (VII, 3 et 4).

« Ainsi, mon cher Gil Blas, continua le prélat, j'exige une chose de ton zèle : quand tu t'apercevras que ma plume sentira la vieillesse, lorsque tu me verras baisser, ne manque pas de m'en avertir. Je ne me fie point à moi là-dessus : mon amour-propre pourrait me séduire [1]. Cette remarque demande un esprit désintéressé : je fais choix du tien, que je connais bon ; je m'en rapporterai à ton jugement. — Grâces au ciel, lui dis-je, Monseigneur, vous êtes encore fort éloigné de ce temps-là. De plus, un esprit de la trempe de celui de Votre Grandeur se conservera beaucoup mieux qu'un autre, ou, pour parler plus juste, vous serez

10 toujours le même. Je vous regarde comme un autre cardinal Ximénès [2], dont le génie supérieur, au lieu de s'affaiblir par les années, semblait en recevoir de nouvelles forces. — Point de flatterie, interrompit-il, mon ami ! Je sais que je puis tomber tout d'un coup. A mon âge on commence à sentir les infirmités, et les infirmités du corps altèrent l'esprit. Je te le répète, Gil Blas, dès que tu jugeras que ma tête s'affaiblira, donne-m'en aussitôt avis. Ne crains pas d'être franc et sincère ; je recevrai cet avertissement comme une marque d'affection pour moi. D'ailleurs, il y va de ton

---

— 9 Apprécier cette attitude de l'héroïne. | — 1 M'égarer. — 2 Célèbre prélat et homme d'État espagnol (1436-1517).

intérêt : si, par malheur pour toi, il me revenait qu'on dît dans la ville que mes discours n'ont plus leur force ordinaire, et que je devrais me reposer, je te le déclare tout net, tu perdrais avec mon amitié la fortune que je t'ai promise. Tel serait le fruit de ta sotte discrétion. » .(...)

Dans le temps de ma plus grande faveur, nous eûmes une chaude alarme au palais épiscopal ; l'archevêque tomba en apoplexie. On le secourut si promptement et on lui donna de si bons remèdes, que quelques jours après il n'y paraissait plus. Mais son esprit en reçut une rude atteinte. Je le remarquai bien dès la première homélie [3] qu'il composa. Je ne trouvai pas toutefois la différence qu'il y avait de celle-là aux autres assez sensible pour conclure que l'orateur commençait à baisser. J'attendis encore une homélie pour mieux savoir à quoi m'en tenir. Oh ! pour celle-là, elle fut décisive. Tantôt le bon prélat se rebattait [4], tantôt il s'élevait trop haut ou descendait trop bas : c'était un discours diffus, une rhétorique de régent [5] usé, une capucinade [6].

Je ne fus pas le seul qui y prit garde. La plupart des auditeurs, comme s'ils eussent été aussi gagés [7] pour l'examiner, se disaient tout bas les uns aux autres : « Voilà un sermon qui sent l'apoplexie. » — « Allons, monsieur l'arbitre des homélies, me dis-je alors à moi-même, préparez-vous à faire votre office. Vous voyez que Monseigneur tombe ; vous devez l'en avertir, non seulement comme dépositaire de ses pensées, mais encore de peur que quelqu'un de ses amis ne fût [8] assez franc pour vous prévenir [9]. En ce cas-là, vous savez ce qu'il .en arriverait : vous seriez biffé de son testament, où il y aura sans doute pour vous un meilleur legs que la bibliothèque du licencié Sédillo [10].»

Après ces réflexions, j'en faisais d'autres toutes contraires : l'avertissement dont il s'agissait me paraissait délicat à donner. Je jugeais qu'un auteur entêté de ses ouvrages pourrait le recevoir mal ; mais, rejetant cette pensée, je me représentais qu'il était impossible qu'il le prît en mauvaise part, après l'avoir exigé de moi d'une manière si pressante. Ajoutons à cela que je comptais bien de lui parler avec adresse, et de lui faire avaler la pilule tout doucement. Enfin, trouvant que je risquais davantage [11] à garder le silence qu'à le rompre, je me déterminai à parler.

Je n'étais plus embarrassé que d'une chose : je ne savais de quelle façon entamer la parole. Heureusement l'orateur lui-même me tira de cet embarras, en me demandant ce qu'on disait de lui dans le monde, et si l'on était satisfait de son dernier discours. Je répondis qu'on admirait toujours ses homélies, mais qu'il me semblait que la dernière n'avait pas si bien

---

— 3 Une *homélie* (« conversation ») est un sermon familier. — 4 Se répétait. — 5 Pédagogue. — 6 Sermon banal, comme les *capucins* en prononçaient devant des auditoires populaires. — 7 Comme s'ils eussent reçu un salaire. — 8 La concordance exigerait *soit*, mais au XVIIe et au XVIIIe s., on employait l'imparfait du subj. lorsque la phrase comportait l'idée du *conditionnel :* il se pourrait qu'un de ses amis *fût*... — 9 Pour l'en avertir avant vous. — 10 Ancien maître de Gil Blas, qui ne lui avait laissé que quelques livres sans valeur. — 11 *Davantage... que* n'est plus correct.

que les autres affecté l'auditoire [12]. « Comment donc, mon ami, répliqua-
t-il avec étonnement, aurait-elle trouvé quelque Aristarque [13] ? — Non,
Monseigneur, lui repartis-je, non. Ce ne sont pas des ouvrages tels que
les vôtres que l'on ose critiquer : il n'y a personne qui n'en soit charmé.
60 Néanmoins, puisque vous m'avez recommandé d'être franc et sincère, je
prendrai la liberté de vous dire que votre dernier discours ne me paraît
pas tout à fait de la force des précédents. Ne pensez-vous pas cela comme
moi ? »

Ces paroles firent pâlir mon maître, qui me dit avec un souris forcé :
« Monsieur Gil Blas, cette pièce n'est donc pas de votre goût ? — Je ne
dis pas cela, Monseigneur, interrompis-je tout déconcerté. Je la trouve
excellente, quoique un peu au-dessous de vos autres ouvrages. — Je vous
entends, répliqua-t-il. Je vous parais baisser, n'est-ce pas ? Tranchez
le mot. Vous croyez qu'il est temps que je songe à la retraite. — Je n'aurais
70 pas été assez hardi, lui dis-je, pour vous parler si librement, si Votre
Grandeur ne me l'eût ordonné. Je ne fais donc que lui obéir, et je la
supplie très humblement de ne me point savoir de mauvais gré de ma
hardiesse. — A Dieu ne plaise, interrompit-il avec précipitation, à Dieu
ne plaise que je vous la reproche ! Il faudrait que je fusse bien injuste. Je
ne trouve point du tout mauvais que vous me disiez votre sentiment.
C'est votre sentiment seul que je trouve mauvais. J'ai été furieusement la
dupe de votre intelligence bornée [14]. »

Quoique démonté, je voulus chercher quelque modification pour
rajuster [15] les choses ; mais le moyen d'apaiser un auteur irrité, et de plus
80 un auteur accoutumé à s'entendre louer [16] ! « N'en parlons plus, dit-il,
mon enfant. Vous êtes encore trop jeune pour démêler le vrai du faux.
Apprenez que je n'ai jamais composé de meilleure homélie que celle qui a
le malheur [17] de n'avoir pas votre approbation. Mon esprit, grâce au ciel,
n'a encore rien perdu de sa vigueur. Désormais je choisirai mieux mes
confidents. J'en veux de plus capables que vous de décider. Allez, pour-
suivit-il, en me poussant par les épaules hors de son cabinet, allez dire à
mon trésorier qu'il vous compte cent ducats [18], et que le ciel vous conduise
avec cette somme ! Adieu, monsieur Gil Blas, je vous souhaite toutes
sortes de prospérités, avec un peu plus de goût [19]. »

– Récit et dialogue. *Montrez : a) comment l'auteur ménage l'intérêt en recourant tantôt au fait, tantôt au dialogue,
tantôt au monologue intérieur ; – b) comment il choisit et met en évidence les mots décisifs qui peignent un caractère
(commentez, en particulier, le mot de la fin) ; – c) en quoi on reconnaît l'orateur dans les paroles du prélat.*
– **Essai.** *La connaissance des hommes et l'apprentissage de la vie d'après les extraits de* LE SAGE *(p. 39 à 43 et 60
à 67).*
• **Groupe thématique : La parodie** du roman héroïque chez LE SAGE (« L'évasion de Gil Blas », p. 62)
et SCARRON (cf. XVIIᵉ SIÈCLE, p. 77).

— 12 Montrer que Gil Blas emploie un détour
poli. — 13 Grammairien d'Alexandrie (IIᵉ s.
av. J.-C.) : type du critique intelligent, mais
sévère. — 14 Le début de la réplique laissait-il
prévoir une pareille conclusion ? — 15 Arranger. — 16 L'archevêque n'est pas seul de son
espèce ! — 17 Préciser le ton. — 18 Le *ducat*
d'Espagne valait 7 ou 8 francs. — 19 En quoi
ce *mot de la fin* est-il heureux ?

Gil Blas corrompu par la Cour

Gil Blas est devenu secrétaire du duc de Lerme, premier ministre d'Espagne. *Trafiquant de son influence*, il vient d'arranger, contre argent comptant, les affaires de quatre solliciteurs. Maintenant il s'enhardit, et *trouve un complice en la personne du premier ministre* (VIII, 9). Le déguisement espagnol ne diminue en aucune façon l'âpreté de cette *satire de la corruption politique* : en France le duc de Lerme s'appelait le cardinal DUBOIS, après s'être nommé MAZARIN. Cf. HUGO, *Ruy Blas*, III, 1 et 2.

J'éprouvai la vérité du proverbe qui dit que l'appétit vient en mangeant ; mais, outre que je me sentais plus avide à mesure que je devenais plus riche, j'avais obtenu de Son Excellence si facilement les quatre grâces dont je viens de parler, que je ne balançai point à lui en demander une cinquième. C'était le gouvernement de la ville de Vera, sur la côte de Grenade, pour un chevalier de Calatrava [1] qui m'en offrait mille pistoles [2]. Le ministre se prit à rire, en me voyant si âpre à la curée. « Vive Dieu, ami Gil Blas, me dit-il, comme vous y allez ! Vous aimez furieusement à obliger votre prochain [3]. Écoutez : lorsqu'il ne sera question que de bagatelles, je n'y regarderai pas de si près ;
10 mais, quand vous voudrez des gouvernements ou d'autres choses considérables, vous vous contenterez, s'il vous plaît, de la moitié du profit. Vous me tiendrez compte de [4] l'autre. Vous ne sauriez vous imaginer, continua-t-il, la dépense que je suis obligé de faire, ni combien de ressources il me faut pour soutenir la dignité de mon poste ; car, malgré le désintéressement dont je me pare aux yeux du monde, je vous avoue que je ne suis point assez imprudent pour vouloir déranger mes affaires domestiques. Réglez-vous sur cela. »

Mon maître, par ce discours, m'ôtant la crainte de l'importuner, ou plutôt m'excitant à retourner souvent à la charge, me rendit encore plus affamé de richesses que je ne l'étais auparavant. J'aurais alors volontiers fait afficher que
20 tous ceux qui souhaitaient d'obtenir des grâces de la cour n'avaient qu'à s'adresser à moi. J'allais d'un côté, Scipion [5] de l'autre. Je ne cherchais qu'à faire plaisir pour de l'argent. Mon chevalier de Calatrava eut le gouvernement de Vera pour ses mille pistoles, et j'en fis bientôt accorder un autre pour le même prix à un chevalier de Saint-Jacques [6]. Je ne me contentai pas de faire des gouverneurs, je donnai des ordres de chevalerie, je convertis quelques bons roturiers en mauvais gentilshommes par d'excellentes [7] lettres de noblesse. Je voulus aussi que le clergé se ressentît de mes bienfaits. Je conférai de petits bénéfices, des canonicats [8] et quelques dignités ecclésiastiques. A l'égard des évêchés et des archevêchés, c'était don Rodrigue de Calderone [9] qui en était le collateur. Il nommait
30 encore aux magistratures, aux commanderies [10] et aux vice-royautés [11] : ce qui suppose que les grandes places n'étaient pas mieux remplies que les petites ; car les sujets que nous choisissions pour occuper les postes dont nous faisions un si honnête trafic n'étaient pas toujours les plus habiles gens du monde, ni les plus réglés [12]. Nous savions bien que dans Madrid les railleurs s'égayaient là-dessus à nos dépens, mais nous ressemblions aux avares qui se consolent des huées du peuple en revoyant leur or.

— 1 Ordre religieux et militaire espagnol. — 2 Monnaie d'or de valeur variable (de 9 à 22 francs). — 3 Apprécier l'ironie (cf. l. 21, 26 et 33). — 4 Préciser le sens. — 5 Valet de Gil Blas. — 6 Ordre militaire castillan. — 7 Commenter le choix des épithètes. —

8 Dignité de *chanoine*. — 9 Ministre sous Philippe II et Philippe III, père du célèbre auteur dramatique. — 10 Bénéfices attribués aux *commandeurs* des ordres de chevalerie. — 11 Postes de *vice-roi* dans les colonies d'Amérique. — 12 Honorables.

MARIVAUX

Le romancier   Surtout illustre par ses comédies (cf. p. 44), MARIVAUX fut aussi un romancier de talent. Avec *Pharsamon ou les Folies amoureuses* (composé en 1712, publié en 1737) et *Les Aventures de*** ou les Effets surprenants de la Sympathie* (1713-1714), il parodie tout d'abord le roman précieux et romanesque, non sans se laisser prendre lui-même aux attraits du genre. *La Voiture embourbée* (1714) marque un progrès important dans le sens du réalisme et de la vérité, mais c'est seulement avec *La Vie de Marianne,* dont la publication s'échelonne de 1731 à 1741, et avec *Le Paysan parvenu* (1735-1736) que Marivaux affirme un talent original.

Les deux romans sont *inachevés ;* une ancienne actrice devenue femme de lettres, Mme RICCOBONI, donnera une suite à *Marianne* en 1751 ; de même, dans les éditions posthumes, Jacob, le *paysan parvenu,* devra à un auteur anonyme de poursuivre son ascension sociale jusqu'au rang de fermier général seigneur de son village.

1. DU ROMAN PRÉCIEUX AU ROMAN DE MŒURS. On discerne dans ces deux ouvrages la persistance d'une *tradition précieuse.* Il plane un mystère romanesque sur la naissance de Marianne ; la jeune fille connaît de nombreuses aventures et des fortunes très diverses. Le rythme est lent, le récit se perd dans d'innombrables méandres, dans mille subtilités psychologiques ; sur l'intrigue principale se greffent des épisodes secondaires ; soudain, un rebondissement inattendu réveille l'intérêt. Pourtant le milieu où évoluent les héros n'est pas un univers de convention : c'est la France du temps ; les *traits de mœurs* sont *pris sur le vif,* et Marivaux dessine des *scènes de la vie parisienne* pittoresques et variées, parfois même franchement réalistes.

2. VÉRITÉ PSYCHOLOGIQUE. D'ailleurs la sympathie que Marivaux éprouve pour le romanesque se nuance visiblement d'une légère ironie, comme sa sympathie pour ses héros. Ce ne sont pas les péripéties qui intéressent l'auteur : la désinvolture avec laquelle il laisse ses romans inachevés suffirait à le prouver. L'intrigue de ses romans, comme celle de ses comédies, n'est qu'un prétexte à des *analyses psychologiques* pénétrantes et nuancées. Car Marivaux possède « *cet art de lire dans l'esprit des gens et de débrouiller leurs sentiments secrets* » dont il a doué son *paysan parvenu.* Ses personnages sont vivants, complexes, vrais. Joli garçon de dix-neuf ans, à la fois simple et malin, JACOB aura bientôt fait fortune à Paris, car les femmes mûrissantes le trouvent irrésistible ! Exposée aux tentations de la capitale, MARIANNE en goûte vivement les séductions ; elle reste vertueuse et sensible, mais la vie mondaine l'attire invinciblement (cf. ci-dessous). Ainsi *roman psychologique* et *roman de mœurs* se confondent dans l'œuvre de MARIVAUX.

Une délicatesse innée

Une orpheline de quinze ans se trouve seule à Paris, désemparée et sans argent, à la mort de ses protecteurs. Que va-t-elle devenir ? La voici placée chez une marchande de linge. Mais avec ses goûts raffinés la pauvre MARIANNE n'est guère faite pour le négoce. MARIVAUX analyse avec beaucoup de subtilité ses impressions pénibles dans un milieu où tout la blesse, et le secret instinct qui oriente toutes ses aspirations vers la haute société. (I^e partie. L'héroïne, qui est devenue une grande dame, raconte elle-même sa vie.)

Cette marchande, il faut que je vous la nomme pour la facilité de l'histoire. Elle s'appelait Mme Dutour ; c'était une veuve qui, je pense, n'avait pas plus de trente ans ; une grosse réjouie qui, à vue d'œil, paraissait la meilleure femme du monde ; aussi l'était-elle. Son domestique était composé d'un petit garçon de six ou sept ans, qui était son fils, d'une servante, et d'une nommée Mlle Toinon, sa fille de boutique.

Quand je serais tombée des nues, je n'aurais pas été plus étourdie que je l'étais ; les personnes qui ont du sentiment [1] sont bien plus abattues que d'autres dans de certaines occasions, parce que tout ce qui leur arrive les pénètre ; il y a une
10 tristesse stupide [2] qui les prend, et qui me prit : Mme Dutour fit de son mieux pour me tirer de cet état-là.

« Allons, Mademoiselle Marianne, me disait-elle (car elle avait demandé mon nom), vous êtes avec de bonnes gens, ne vous chagrinez point, j'aime qu'on soit gaie ; qu'avez-vous qui vous fâche [3] ? Est-ce que vous vous déplaisez ici ? Moi, dès que je vous ai vue, j'ai pris de l'amitié pour vous ; tenez, voilà Toinon, qui est une bonne enfant, faites connaissance ensemble. » Et c'était en soupant qu'elle me tenait ce discours, à quoi je ne répondais que par une inclinaison de tête et avec une physionomie dont la douceur remerciait sans que je parlasse ; quelquefois je m'encourageais [4] jusqu'à dire : « Vous avez bien de la bonté » ; mais, en vérité,
20 j'étais déplacée, et je n'étais pas faite pour être là. Je sentais, dans la franchise de cette femme-là, quelque chose de grossier qui me rebutait.

Je n'avais pourtant vécu encore qu'avec mon curé et sa sœur [5], et ce n'étaient pas des gens du monde, il s'en fallait bien ; mais je ne leur avais vu que des manières simples et non pas grossières : leurs discours étaient unis [6] et sensés ; d'honnêtes gens, vivant médiocrement, pouvaient parler comme ils parlaient, et je n'aurais rien imaginé de mieux, si je n'avais jamais vu autre chose : au lieu qu'avec ces gens-ci je n'étais pas contente, je leur trouvais un jargon, un ton brusque qui blessait ma délicatesse. Je me disais déjà que dans le monde il fallait qu'il y eût quelque chose qui valait mieux que cela ; je soupirais après, j'étais
30 triste d'être privée de ce mieux que je ne connaissais pas [7]. Dites-moi d'où cela venait. Où est-ce que j'avais pris mes délicatesses ? Étaient-elles dans mon sang ? cela se pourrait bien [8]. Venaient-elles du séjour que j'avais fait à Paris ? cela se pourrait encore. Il y a des âmes perçantes à qui il n'en faut pas beaucoup montrer pour les instruire, et qui sur le peu qu'elles voient soupçonnent tout d'un coup tout ce qu'elles pourraient voir [9].

La mienne avait le sentiment bien subtil, je vous assure, surtout dans les choses de sa vocation [10], comme était le monde. Je ne connaissais personne à Paris, je n'en avais vu que les rues, mais dans ces rues, il y avait des personnes de toute espèce ; il y avait des carrosses, et dans ces carrosses un monde qui m'était très
40 nouveau, mais point étranger [11]. Et sans doute il y avait en moi un goût naturel, qui n'attendait que ces objets-là pour s'y prendre [12] ; de sorte que, quand je les voyais, c'était comme si j'avais rencontré ce que je cherchais.

Vous jugez bien qu'avec ces dispositions, Mme Dutour ne me convenait point, non plus que Mlle Toinon, qui était une grande fille qui se redressait toujours, et qui maniait sa toile avec tout le jugement et toute la décence [13] possibles ; elle y était tout entière, et son esprit ne passait pas son aune [14].

Pour moi, j'étais si gauche à ce métier-là, que je l'impatientais à tout moment. Il fallait voir de quel air il me reprenait, avec quelle fierté de savoir elle corrigeait ma maladresse : et ce qui est plaisant, c'est que l'effet ordinaire de ces corrections,
50 c'était de me rendre encore plus maladroite, parce que j'en devenais plus dégoûtée [15].

— 1 Délicatesse et sensibilité. — 2 Qui rend muet, hébété. — 3 Afflige. — 4 Je faisais effort sur moi-même. — 5 Qui l'avaient recueillie. — 6 Simples. — 7 Noter la finesse de l'analyse. — 8 Enfant trouvée, Marianne est peut-être d'origine noble. — 9 Ne pourrait-on appliquer la formule à Marivaux lui-même ? — 10 Pour lesquelles elle était faite. — 11 Préciser le sens de cette distinction. — 12 S'y attacher. — 13 Compétence (de la manière qui *convenait*) — 14 Commenter cette expression plaisante. — 15 Le trait vous paraît-il bien observé ?

L'ABBÉ PRÉVOST

UNE VIE MOUVEMENTÉE. Né en Artois en 1697, Antoine-François PRÉVOST eut une existence très mouvementée. Pendant une vingtaine d'années, deux êtres semblent aux prises en lui : l'un aspire à la discipline de la vie religieuse, tandis que l'autre est possédé par le démon de l'aventure. Novice chez les Jésuites, il quitte le couvent à deux reprises, puis passe chez les Bénédictins et est ordonné prêtre en 1726 ; pourtant, dès 1728, il s'échappe de l'abbaye de Saint-Germain-des-Prés. Il doit gagner l'étranger, séjourne en Angleterre et en Hollande, puis rentre en France en 1734. Il devient aumônier du prince de Conti, mais doit s'exiler une seconde fois. A son retour (1743), il semble définitivement assagi. Pourvu d'un bénéfice ecclésiastique, il travaille à une histoire des Condés ; la mort le surprend en 1763 alors qu'il méditait des ouvrages d'apologétique.

UN POLYGRAPHE. L'abbé Prévost fut un *écrivain intarissable*, dont presque toutes les œuvres sont d'ailleurs tombées dans l'oubli. Il publia d'abord *de longs romans ;* les *Mémoires d'un Homme de qualité*, commencés alors qu'il était encore bénédictin et parus à partir de 1728, méritent une mention particulière car le tome VII contenait l'*Histoire du chevalier des Grieux et de Manon Lescaut* (Amsterdam, 1731) ; citons encore *Le Philosophe anglais* et *Le Doyen de Killerine*. Puis viennent des *biographies romancées*, des *Mémoires pour servir à l'histoire de la vertu*, des *Contes*, une *Histoire générale des Voyages*, etc. Prévost fut également *journaliste*, alimentant de sa prose *Le pour et le contre* (1733-1740) et collaborant à d'autres gazettes. Enfin il *traduisit* de nombreux livres anglais, en particulier les romans de RICHARDSON : *Paméla* (1742), *Clarisse Harlowe* (1751), *Grandisson* (1755).

Manon Lescaut   Emergeant de cette volumineuse production, un petit livre, *Manon Lescaut*, a immortalisé son auteur. Extrait des *Mémoires d'un Homme de qualité*, ce récit bref et dépouillé fut édité séparément à partir de 1753 ; il n'a cessé, depuis lors, d'être considéré comme l'un des chefs-d'œuvre du roman français. Il doit cette illustre destinée aux liens particuliers qui l'unissent à son auteur et à son époque, et plus encore à sa valeur humaine impérissable.

1. LE TÉMOIGNAGE INTIME. Prévost a mis dans ce roman le meilleur de son art, et *beaucoup de lui-même :* comme Prévost, des Grieux s'enfuit du séminaire ; comme lui, il succombe aisément aux tentations, sans renier cependant sa formation morale et religieuse. Sans doute faut-il se garder de pousser trop loin l'assimilation : l'auteur a largement *transposé* son drame personnel, et l'on ne saurait préciser la part de la fiction et celle de la réalité ; il reste manifeste cependant que *Manon Lescaut* contient, surtout du point de vue psychologique, de nombreux *éléments d'autobiographie*.

II. LE ROMAN DE MŒURS. L'œuvre nous restitue aussi, avec une vérité presque gênante parfois, *tout un milieu social, immoral et corrompu*, caractéristique de l'époque. Elle joue à cet égard le rôle que joueront les *Liaisons dangereuses* pour la fin du XVIIIᵉ siècle. Manon et des Grieux vivent parmi des êtres dénués de tous principes moraux et même de tout sens du bien et du mal. Une seule raison de vivre : le *plaisir ;* et comme le plaisir coûte cher, on se procure de *l'argent* par tous les moyens. Petit être gracieux mais amoral et inconscient, Manon semble née pour un pareil milieu, mais des Grieux lui-même en subit la contagion, et nous assistons à sa déchéance progressive, d'autant plus terrible qu'elle est consciente.

III. LA VALEUR HUMAINE. Mais *Manon Lescaut* est avant tout *une immortelle histoire d'amour :* Manon et des Grieux ont leur place parmi les plus célèbres amants de la littérature. L'abbé Prévost a peint de façon saisissante l'élan des deux jeunes gens l'un vers l'autre et la *passion* qui asservit entièrement des Grieux à son empire ; il est même parvenu à nous faire croire à l'amour sincère de Manon, malgré ses infidélités. En dépit du caractère frivole de l'héroïne et des faiblesses coupables du héros, la passion qui anime toute l'œuvre garde une sorte d'innocence : c'est qu'elle est instinctive, naturelle, et vraie.

1. LA PASSION FATALE. Elle est surtout *fatale*, aux deux sens de ce terme : d'abord parce qu'elle apparaît comme un *entraînement irrésistible* et transforme sur-le-champ l'être qu'elle envahit (cf. p. 72) ; ensuite parce que, toute séduisante qu'elle est, *elle conduit sans recours les amants à leur perte*. « Par quelle fatalité suis-je devenu criminel ? s'écrie des Grieux. L'amour est une passion innocente ; comment s'est-il changé, pour moi, en une source de misères et de désordres ? »

2. PORTÉE MORALE. L'abbé Prévost affirmait que son roman pourrait *servir à l'instruction des mœurs :* « Le public verra dans la conduite de M. des Grieux un exemple terrible de la force des passions. J'ai à peindre un jeune aveugle, qui refuse d'être heureux pour se précipiter volontairement dans les dernières infortunes... ; qui prévoit ses malheurs sans vouloir les éviter ; qui les sent et qui en est accablé sans profiter des remèdes qu'on lui offre sans cesse... ». Cette impuissance à triompher de la passion n'est pas sans rappeler les héros raciniens, et Paul Hazard a pu voir dans *Manon Lescaut* une œuvre *d'inspiration janséniste :* la Providence interviendrait dans l'action et, pour avoir confié toutes ses espérances à un amour trop humain, des Grieux se verrait condamné à demeurer à jamais insatisfait. En revanche, comment n'être pas frappé de *l'immoralisme* des personnages, et de ce charme que garde Manon en dépit de ses tares morales ? Faudrait-il croire alors à une revendication en faveur de la nature et de l'instinct contre toutes les contraintes, y compris la loi morale ?

Il vaut mieux renoncer à chercher une *thèse* dans ce roman : l'auteur n'a pas écrit un livre moralisateur, mais, selon la tradition des *moralistes français*, il a pensé, sans doute, que la peinture fidèle de la réalité psychologique, sans complaisances ni faux-fuyants, était le meilleur enseignement moral que puisse donner la littérature.

3. CLASSICISME ET ROMANTISME. L'élément autobiographique et surtout la peinture de la passion fatale invitent à considérer *Manon Lescaut* comme une œuvre déjà *préro-mantique :* on songe à *l'apologie de la passion* par Rousseau (cf. *Nouvelle Héloïse* p. 281) puis par les romantiques. L'influence de *Manon Lescaut* a certainement joué dans ce sens : pourtant l'œuvre reste *classique*. La passion y est *analysée*, non point chantée ni exaltée. Il ne s'agit pas de la réhabiliter, mais de constater lucidement son redoutable pouvoir et ses ravages dans une âme faible. De plus l'abbé Prévost ne recherche jamais le pittoresque : quoique la fin du roman nous transporte en Amérique, aucune notation vraiment exotique n'apparaît (cf. p. 73). Enfin le *style* est *sobre, dépouillé, précis :* il vise au *naturel ;* aucune déclamation : loin d'être étalée, l'émotion reste discrète et contenue.

DES GRIEUX S'ÉPREND DE MANON

Destiné par ses parents à l'ordre de Malte, le jeune chevalier DES GRIEUX vient d'achever ses études de philosophie à Amiens. Il se dispose à rentrer dans sa famille, lorsqu'il rencontre une jeune fille du peuple, MANON LESCAUT, dont il s'éprend sur-le-champ. *Cette passion*, qui le trans-forme aussitôt, *bouleversera toute sa vie*. Des Grieux est censé raconter ses aventures à l'auteur longtemps après, alors que Manon est morte (cf. p. 73) et qu'il pleure, inconsolable, à la fois sa maîtresse et ses fautes. Cette présentation du récit, qui permet des anticipations sur un triste avenir, confère à la scène la résonance dramatique de *l'irréparable*.

J'avais marqué le temps [1] de mon départ d'Amiens. Hélas ! que ne le marquais-je un jour plus tôt ! j'aurais porté chez mon père toute mon innocence. La veille même de celui que [2] je devais quitter cette ville, étant à me promener avec mon ami, qui s'appelait Tiberge, nous vîmes [3]

— 1 Fixé la date. — 2 Du jour où. — 3 Commenter la construction : *étant... nous vîmes.*

arriver le coche d'Arras, et nous le suivîmes jusqu'à l'hôtellerie où ces voitures descendent. Nous n'avions pas d'autre motif que la curiosité. Il en sortit quelques femmes, qui se retirèrent aussitôt. Mais il en resta une, fórt jeune, qui s'arrêta, seule dans la cour, pendant qu'un homme d'âge avancé, qui paraissait lui servir de conducteur, s'empressait pour faire tirer son équipage des paniers [4]. Elle me
10 parut si charmante que moi, qui n'avais jamais pensé à la différence des sexes ni regardé une fille avec un peu d'attention, moi, dis-je, dont tout le monde admirait la sagesse et la retenue, je me trouvai enflammé tout d'un coup jusqu'au transport [5]. J'avais le défaut d'être excessivement timide et facile à déconcerter ; mais, loin d'être arrêté alors par cette faiblesse, je m'avançai vers la maîtresse de mon cœur [6]. Quoiqu'elle fût encore moins âgée que moi [7], elle reçut mes politesses sans paraître embarrassée. Je lui demandai ce qui l'amenait à Amiens et si elle y avait quelques personnes de connaissance. Elle me répondit ingénument qu'elle y était envoyée par ses parents pour être religieuse. L'amour me rendait déjà si éclairé, depuis un moment qu'il était dans mon cœur, que je regardai ce dessein
20 comme un coup mortel pour mes désirs. Je lui parlai d'une manière qui lui fit comprendre mes sentiments, car elle était bien plus expérimentée que moi. C'était malgré elle qu'on l'envoyait au couvent, pour arrêter sans doute son penchant au plaisir, qui s'était déjà déclaré et qui a causé, dans la suite, tous ses malheurs et les miens. Je combattis la cruelle intention de ses parents par toutes les raisons que mon amour naissant et mon éloquence scolastique [8] purent me suggérer. Elle n'affecta ni rigueur ni dédain. Elle me dit, après un moment de silence, qu'elle ne prévoyait que trop qu'elle allait être malheureuse, mais que c'était apparemment la volonté du ciel, puisqu'il ne lui laissait nul moyen de l'éviter [9].

30 La douceur de ses regards, un air charmant de tristesse en prononçant ces paroles, ou plutôt l'ascendant [10] de ma destinée qui m'entraînait à ma perte, ne me permirent pas de balancer un moment sur ma réponse. Je lui assurai que, si elle voulait faire quelque fond sur [11] mon honneur et sur la tendresse infinie qu'elle m'inspirait déjà, j'emploierais ma vie pour la délivrer de la tyrannie de ses parents et pour la rendre heureuse. Je me suis étonné mille fois, en y réfléchissant, d'où me venait alors tant de hardiesse et de facilité à m'exprimer ; mais on ne ferait pas une divinité de l'amour, s'il n'opérait souvent des prodiges. J'ajoutai mille choses pressantes. Ma belle inconnue savait bien qu'on n'est point trompeur à mon âge ; elle me confessa que, si je voyais quelque jour à [12] pouvoir
40 la mettre en liberté, elle croirait m'être redevable de quelque chose de plus cher que la vie. Je lui répétai que j'étais prêt à tout entreprendre, mais, n'ayant point assez d'expérience pour imaginer tout d'un coup les moyens de la servir, je m'en tenais à cette assurance générale, qui ne pouvait être d'un grand secours pour elle et pour moi [13]. (...)

Je fus surpris, à l'arrivée de son conducteur, qu'elle m'appelât son cousin et que, sans paraître déconcertée le moins du monde, elle me dît que, puisqu'elle était assez heureuse pour me rencontrer à Amiens, elle remettait au lendemain son entrée dans le couvent, afin de se procurer le plaisir de souper avec moi.

— 4 Faire retirer ses bagages des coffres de la voiture. — 5 Que traduit la construction de la phrase ? — 6 Comment s'explique cette soudaine hardiesse ? — 7 Des Grieux a 17 ans, Manon 15 ou 16. — 8 L'éloquence d'un écolier qui vient de terminer brillamment ses études.

Ne peut-on déceler ici une pointe d'ironie ? — 9 Commenter le ton de Manon. Est-elle sincère ? qu'espère-t-elle ? — 10 Terme d'astrologie : influence que les astres sont censés avoir sur la destinée d'un être. — 11 Accorder quelque confiance à. — 12 Quelque moyen de. — 13 Apprécier le ton.

– Comment naît l'amour ? Quelle transformation opère-t-il aussitôt en Des Grieux ?
– Comment la rouerie de Manon et ses mauvais penchants sont-ils annoncés dès cette première rencontre ?
• **Groupe thématique : La rencontre.** Comparez avec celles de *La Princesse de Clèves* (XVIIe SIÈCLE, p. 357-359) : ressemblances et différences dans la conception de l'amour. Voir aussi : ROUSSEAU, p. 320 ; p. 329. – XVIe SIÈCLE. RONSARD, p. 143. – XIXe SIÈCLE. STENDHAL, p. 334. – XXe SIÈCLE. R. ROLLAND, p. 109. – CLAUDEL, p. 207 ; – VILDRAC, p. 415 ; – STAROBINSKI *(Rousseau et Mme Basile)*, p. 879.
*– **Essai.** Étudiez cette observation « Nous n'aurons jamais un portrait en pied de Manon. Elle n'apparaît qu'à travers l'âme de son amant »* (H. Roddier).

Manon se révélera tout à fait indigne de l'ardente passion que lui voue Des Grieux. Elle est charmante et l'aime aussi, à sa façon, mais elle est dénuée de tout sens moral, frivole et dépensière. « Je connaissais Manon ; je n'avais déjà que trop éprouvé que, quelque fidèle et quelque attachée qu'elle me fût dans la bonne fortune, il ne fallait pas compter sur elle dans la misère. Elle aimait trop l'abondance et les plaisirs pour me les sacrifier ». *Mais, quoiqu'elle le trahisse sans cesse, Des Grieux lui revient toujours et se laisse entraîner peu à peu aux pires bassesses. Finalement, Manon est déportée en Amérique avec d'autres filles de mauvaise vie. Des Grieux la suit, mais le neveu du gouverneur s'éprend de Manon : Des Grieux se bat en duel avec lui, reçoit un coup d'épée au bras et blesse lui-même son adversaire ; il croit l'avoir tué et s'enfuit dans le désert avec Manon qui, peu faite pour une vie rude et des émotions violentes, meurt soudain d'épuisement. Des Grieux lui survivra, mais pour traîner, comme une âme en peine, une existence sans but.*

La mort de Manon

Ce récit est remarquable par la vérité des sentiments, la précision des détails vécus et la sobriété du pathétique. Aucun débordement de sensibilité ; certes, les sentiments sont violents, et certains gestes qu'ils inspirent, étrangers à l'idéal du XVIIe siècle, annoncent le romantisme ou le réalisme, mais l'analyse est empreinte d'une réserve et d'une lucidité toutes *classiques*. On notera également la parfaite limpidité de cette prose dont le rythme contribue à traduire l'émotion du héros.

Nous marchâmes aussi longtemps que le courage de Manon put la soutenir, c'est-à-dire environ deux lieues, car cette amante incomparable refusa constamment [1] de s'arrêter plus tôt. Accablée enfin de lassitude, elle me confessa qu'il lui était impossible d'avancer davantage. Il était déjà nuit. Nous nous assîmes au milieu d'une vaste plaine, sans avoir pu trouver un arbre pour nous mettre à couvert [2]. Son premier soin fut de changer le linge de ma blessure, qu'elle avait pansée elle-même avant notre départ. Je m'opposai en vain à ses volontés ; j'aurais achevé de l'accabler mortellement, si je lui eusse refusé la satisfaction de me croire à mon aise et sans danger avant que de penser
10 à sa propre conservation. Je me soumis durant quelques moments à ses désirs. Je reçus ses soins en silence et avec honte.

Mais, lorsqu'elle eut satisfait sa tendresse, avec quelle ardeur la mienne ne reprit-elle pas son tour ! Je me dépouillai de tous mes habits pour lui faire trouver la terre moins dure en les étendant sous elle. Je la fis consentir, malgré elle, à me voir employer à son usage tout ce que je pus imaginer de moins incommode. J'échauffai [3] ses mains par mes baisers ardents et par la chaleur de mes soupirs. Je passai la nuit entière à veiller près d'elle et à prier le ciel de lui accorder un sommeil doux et paisible. O Dieu ! que mes vœux étaient vifs et sincères ! et par quel rigoureux jugement aviez-vous résolu de ne les pas exaucer !
20 Pardonnez, si j'achève en peu de mots un récit qui me tue ; je vous raconte un malheur qui n'eut jamais d'exemple [4]. Toute ma vie est destinée à le pleurer.

— 1 Avec persévérance. — 2 Le paysage est évoqué avec une extrême discrétion (cf. l. 51). — | 3 Je *réchauffai*, dirions-nous (cf. l. 28, et *ouvrir*, l. 61). — 4 Commenter **cette** affirmation.

Mais, quoique je le porte sans cesse dans ma mémoire, mon âme semble reculer d'horreur chaque fois que j'entreprends de l'exprimer [5].

Nous avions passé tranquillement une partie de la nuit. Je croyais ma chère maîtresse endormie et je n'osais pousser le moindre souffle, dans la crainte de troubler son sommeil. Je m'aperçus, dès le point du jour, en touchant ses mains, qu'elle les avait froides et tremblantes. Je les approchai de mon sein pour les échauffer. Elle sentit ce mouvement, et, faisant un effort pour saisir les miennes, elle me dit d'une voix faible qu'elle se croyait à sa dernière heure. Je ne pris
30 d'abord ce discours [6] que pour un langage ordinaire dans l'infortune, et je n'y répondis que par les tendres consolations de l'amour. Mais ses soupirs fréquents, son silence à mes interrogations, le serrement de ses mains, dans lesquelles elle continuait de tenir les miennes, me firent connaître que la fin de ses malheurs approchait.

N'exigez point de moi que je vous décrive mes sentiments, ni que je vous rapporte ses dernières expressions. Je la perdis ; je reçus d'elle des marques d'amour au moment même qu'elle expirait. C'est tout ce que j'ai la force de vous apprendre de ce fatal et déplorable événement.

Mon âme ne suivit pas la sienne. Le ciel ne me trouva point, sans doute, assez
40 rigoureusement puni [7]. Il a voulu que j'aie traîné, depuis, une vie languissante et misérable. Je renonce volontairement à la mener jamais plus heureuse.

Je demeurai plus de vingt-quatre heures la bouche attachée sur le visage et sur les mains de ma chère Manon. Mon dessein était d'y mourir ; mais je fis réflexion, au commencement du second jour, que son corps serait exposé, après mon trépas, à devenir la pâture des bêtes sauvages. Je formai la résolution de l'enterrer et d'attendre la mort sur sa fosse. J'étais déjà si proche de ma fin, par l'affaiblissement que le jeûne et la douleur m'avait causé, que j'eus besoin de quantité d'efforts pour me tenir debout. Je fus obligé de recourir aux liqueurs que j'avais apportées. Elles me rendirent autant de force qu'il m'en fallait pour le
50 triste office que j'allais exécuter. Il ne m'était pas difficile d'ouvrir la terre, dans le lieu où je me trouvais. C'était une campagne couverte de sable. Je rompis mon épée, pour m'en servir à creuser, mais j'en tirai moins de secours que de mes mains. J'ouvris une large fosse. J'y plaçai l'idole de mon cœur, après avoir pris soin de l'envelopper de tous mes habits pour empêcher le sable de la toucher. Je ne la mis dans cet état qu'après l'avoir embrassée mille fois, avec toute l'ardeur du plus parfait amour. Je m'assis encore près d'elle. Je la considérai longtemps. Je ne pouvais me résoudre à fermer la fosse. Enfin, mes forces recommençant à s'affaiblir, et craignant d'en manquer tout à fait avant la fin de mon entreprise, j'ensevelis pour toujours dans le sein de la terre ce qu'elle avait porté de plus
60 parfait [8] et de plus aimable. Je me couchai ensuite sur la fosse, le visage tourné vers le sable, et, fermant les yeux avec le dessein de ne les ouvrir jamais, j'invoquai le secours du ciel et j'attendis la mort avec impatience [9].

Ce qui vous paraîtra difficile à croire, c'est que, pendant tout l'exercice de ce lugubre ministère, il ne sortit point une larme de mes yeux ni un soupir de ma bouche. La consternation [10] profonde où j'étais et le dessein déterminé de mourir avaient coupé le cours à toutes les expressions du désespoir et de la douleur [11]. Aussi ne demeurai-je pas longtemps dans la posture où j'étais sur la fosse sans perdre le peu de connaissance et de sentiment qui me restait.

— 5 Étudier le rythme dans ce § (et aux § 5 et 6).
— 6 Ces paroles. — 7 Des fautes que lui a fait commettre son amour pour Manon. — 8 En quel sens faut-il l'entendre ? — 9 Analyser le pathétique de la scène. — 10 Sens très fort. — 11 Cette notation vous paraît-elle *vraie* ?

MONTESQUIEU

Né au château de la Brède, au sud de Bordeaux, en janvier 1689, CHARLES-LOUIS DE SECONDAT, qui sera baron de LA BRÈDE et de MONTESQUIEU, appartient à la noblesse de robe. Son oncle Jean-Baptiste est président à mortier, son père a servi comme capitaine de chevau-légers avant de se retirer sur ses terres. Formé d'abord par les Oratoriens de Juilly, près de Paris, le jeune homme fait ensuite de solides études de droit, et devient en 1714 conseiller, en 1716 *président à mortier* au Parlement de Guyenne.

Une curiosité universelle
I. TRAVAUX SCIENTIFIQUES. Il montre pourtant peu de goût pour la procédure (« je n'y entendais rien », dira-t-il) et s'oriente vers les recherches expérimentales. A l'Académie des Sciences de Bordeaux, où il entre dès 1716, il fonde un prix d'anatomie et présente des mémoires sur l'usage des glandes rénales, sur l'écho, sur la pesanteur, sur la transparence des corps, sur le flux et le reflux, etc.

II. CRITIQUE SOCIALE : LES LETTRES PERSANES. En 1721, ce petit ouvrage, publié à Amsterdam sans nom d'auteur, le rend tout d'un coup célèbre en lui conférant une renommée de bel esprit. Dans les *Lettres Persanes* la critique des mœurs contemporaines est en effet présentée d'une façon extrêmement piquante, bien propre à séduire le public des salons.

III. LA VEINE GALANTE. Les *Lettres Persanes* sont aussi une histoire de sérail, assez licencieuse parfois : le Président de Montesquieu ne laisse pas de sacrifier à la « galanterie » à la mode. Dans la même veine, mais avec moins d'esprit, il donne le *Temple de Gnide* en 1725 et quelques autres ouvrages, dont le dernier, *Arsace et Isménie* (1754), paraîtra après les *Considérations* et l'*Esprit des Lois*. Selon l'expression de Sainte-Beuve le « cachet Régence » marque un moment cette œuvre appelée à devenir bientôt si austère.

IV. LES SALONS. Le succès des *Lettres Persanes* a ouvert à Montesquieu l'accès des salons parisiens et, de 1721 à 1728, il résidera à Paris plusieurs mois par an, fréquentant le club de l'Entresol, les salons de Mme de Lambert et de Mme de Tencin (et plus tard celui de Mme du Deffand). Il peut s'initier ainsi aux questions à l'ordre du jour.

V. HISTOIRE ET PHILOSOPHIE DU DROIT. Durant ces années, l'activité de Montesquieu peut paraître bien dispersée : signe de jeunesse, signe de l'époque, mais signe de génie également, car de cette dispersion une dominante va bientôt se dégager. Déjà, en 1716, il avait rédigé une *Dissertation sur la politique des Romains dans la religion ;* c'est maintenant le *Dialogue de Sylla et d'Eucrate* (1724), un traité *De la monarchie universelle en Europe*, enfin l'amorce d'études sur la question historique, juridique et politique de la *constitution française*. Ainsi se précise l'ébauche d'un grand dessein entrevu d'autre part dès les *Lettres Persanes*.

En 1728 l'élection à l'Académie Française vient couronner cette première étape de la carrière de Montesquieu.

L'épreuve des faits
Vers cette date, Montesquieu déborde d'idées, idées livresques et traditionnelles, idées personnelles aussi ; idées qui cherchent un centre ; vues de l'esprit qui ont besoin d'être confrontées avec l'expérience, raisonnements déductifs auxquels il faut appliquer la pierre de touche du réel. «Je suivais mon objet sans former de dessein ; je ne connaissais ni les règles ni les exceptions ; je ne trouvais la vérité que pour la perdre » écrira-t-il dans la Préface de l'*Esprit des Lois*. La lumière naîtra au contact des idées avec les faits et les hommes.

DÉCOUVERTE DE L'EUROPE (1728-1731). Montesquieu part pour l'Allemagne en avril 1728. A Vienne il rencontre le prince Eugène ; en Hongrie il s'intéresse aux survivances du régime féodal ; les républiques italiennes, Venise, Gênes, le déçoivent, ainsi que la république de Hollande. Nouvelle déception, au premier abord, en Angleterre, où il arrive en octobre 1729 ; mais, initié par Lord Chesterfield, il ne tarde pas à y découvrir cependant une constitution qui assure la *liberté*, si elle ne peut empêcher la corruption des mœurs parlementaires.

Réalisation du grand dessein   Dès son retour à la Brède (août 1731), il va se consacrer tout entier à l'élaboration d'un grand ouvrage sur *la nature des lois et leurs rapports entre elles*. Plus de longs séjours à Paris, plus de soucis mondains ou académiques : il s'agit maintenant de mener à bien l'œuvre immense qui peu à peu prend corps dans sa pensée. « Que me servirait d'avoir fait des réflexions pendant vingt années si j'avais manqué la première de toutes, que la vie est courte ? Je n'ai même pas le temps d'abréger ce que j'ai fait », écrira-t-il plus tard dans ses *Cahiers*.

En 1734, il donne les *Considérations sur les causes de la grandeur des Romains et de leur décadence*, qui devaient constituer primitivement un chapitre de *l'Esprit des Lois*, mais ont pris une ampleur telle qu'elles méritent une publication séparée : elles forment d'ailleurs un tout distinct (cf. p. 91).

Enfin en octobre 1748 l'*Esprit des Lois* paraît à Genève. Dans les derniers temps, Montesquieu s'est usé à la tâche ; malgré qu'il en ait, peu à peu le pathétique est entré dans sa vie, avec l'âge et la fatigue, fatigue de la vue surtout : il est devenu presque aveugle à force d'avoir lu. Le jeune président brillant, désinvolte et mondain, s'est transfiguré, sans affectation ni grandiloquence, en un véritable *héros de l'esprit*. « J'avoue que cet ouvrage a pensé me tuer, écrit-il à un ami le 7 mars 1749 ; je vais me reposer, je ne travaillerai plus. » Et aussitôt il se remet au travail, pour composer, en réponse à diverses critiques, la *Défense de l'Esprit des Lois* (1750).

Il travaillera jusqu'au bout. Mais la mort, redoutée tant que l'ouvrage n'était pas terminé, peut venir maintenant : « Je touche presque au moment où je dois commencer et finir, au moment qui dévoile et dérobe tout, au moment mêlé d'amertume et de joie, au moment où je perdrai jusqu'à mes faiblesses mêmes. — Pourquoi m'occuperais-je encore de quelques écrits frivoles ? Je cherche l'immortalité, et elle est dans moi-même. Mon âme, agrandissez-vous ! Précipitez-vous dans l'immensité ! Rentrez dans le grand Être !... — Dans l'état déplorable où je me trouve, il ne m'a pas été possible de mettre à cet ouvrage la dernière main, et je l'aurais brûlé mille fois, si je n'avais pensé qu'il était beau de se rendre utile aux hommes jusqu'aux derniers soupirs mêmes... — Dieu immortel ! le Genre humain est votre plus digne ouvrage. L'aimer, c'est vous aimer, et, en finissant ma vie, je vous consacre cet amour. » (Préface de l'*Esprit des Lois*, variante). Montesquieu meurt à Paris le 10 février 1755.

L'homme   Montesquieu laissait en mourant de nombreuses notes inédites : ces *Cahiers* nous apportent des renseignements précieux sur son tempérament et sa personnalité (cf. p. 77). C'était un homme complet, très équilibré, constamment lucide et méthodique, dans l'administration de son domaine qu'il aimait et fit prospérer, en bon gentilhomme terrien, comme dans la conduite de sa vie et dans ses investigations philosophiques.

Grand travailleur, il savait aussi se distraire et se détendre. Avec son temps, il croyait au bonheur sur la terre : le bonheur était sa vocation naturelle, le but poursuivi par sa volonté consciente et le fruit de son art de vivre. Rien de mesquin d'ailleurs, ni d'égoïste dans cet épicurisme spontané : la sérénité était indispensable à l'exécution de son œuvre, et d'ailleurs il sut aussi, dans les dernières années de sa vie, se montrer le digne disciple de ces stoïciens de l'antiquité qu'il admirait tant.

Chez lui les dons de l'esprit l'emportent sur ceux du cœur : non qu'il soit insensible, loin de là, mais il redoute les passions et les effusions. Sa seule passion fut l'*amour de la raison et de la vérité*, uni à un profond *respect de la personne humaine*.

Le penseur Il possède toutes les formes de l'*intelligence*, sauf peut-être le don des plus larges synthèses. « Son intelligence, écrit Paul Hazard, ne construit de grands ensembles qu'au prix d'un effort, elle les construit à sa façon, petite pierre par petite pierre, des milliers de petites pierres si bien ajustées qu'elles tiennent solidement. » Mais sa pensée est brillante, claire, solide, et pénétrante. Il éprouve au maniement des idées, à la découverte des principes et des lois, une joie presque lyrique, et communique au lecteur la *poésie de la raison pure*.

Sceptique et quelque peu cynique dans les *Lettres Persanes*, il en vient avec l'âge à beaucoup plus d'indulgence, de compréhension et d'optimisme ; il renonce également aux tentations du bel esprit pour se consacrer aux spéculations les plus austères. Le mot fameux de Mme du Deffand disant de l'*Esprit des Lois :* « c'est de l'esprit sur les lois », est piquant sans doute, mais frivole et tout à fait injuste. Les idées de Montesquieu, dans ce grand ouvrage, sont généralement justes, toujours fécondes, toujours sereines — à moins que son horreur pour des abus insupportables ne lui arrache un cri d'indignation ; toujours empreintes de l'éminente *dignité* que leur confère un *amour lucide et réfléchi pour l'humanité*. On peut considérer que, parmi les philosophes du XVIIIᵉ siècle, Montesquieu a été le penseur le plus impartial et le plus profond.

Le styliste Montesquieu attache une extrême importance à l'expression frappante et rigoureuse de sa pensée. Il varie les effets, passe du style périodique à la phrase courte, égaie par des images les développements abstraits. On peut d'ailleurs discerner une évolution au cours de sa carrière : dans les *Lettres Persanes* il use volontiers de *saillies* et fait paraître une désinvolture ironique habilement calculée ; dans les *Considérations* la majesté du ton, qui convient parfaitement à la grandeur romaine, doit beaucoup à la rhétorique classique ; dans l'*Esprit des Lois* il atteint à une *simplicité savante* qui est le comble de l'art : la dialectique est soutenue par une langue impeccable et des articulations logiques sans faille ; rien de trop, rien de flou ; une probité, une vigueur et une élégance qui révèlent autant de distinction morale que de talent littéraire.

Son portrait

A la lumière des *Cahiers* MONTESQUIEU apparaît singulièrement vivant et proche de nous. Il nous réserve aussi quelques surprises : qui eût pensé que l'auteur des *Lettres Persanes* ait pu être timide ? Il était distrait aussi, mais savait jouer de sa distraction, tout comme La Fontaine. Nous sommes frappés surtout par ce rare *équilibre*, cette parfaite *aptitude au bonheur*, enfin par l'ardeur de son esprit *civique* et *philanthropique*.

Je n'ai presque jamais eu de chagrin [1], et encore moins d'ennui.

Ma machine [2] est si heureusement construite que je suis frappé par tous les objets assez vivement pour qu'ils puissent me donner du plaisir, pas assez pour me donner de la peine.

J'ai l'ambition qu'il faut pour me faire prendre part aux choses de cette vie ; je n'ai point celle qui pourrait me faire trouver du dégoût dans le poste où la Nature m'a mis [3].

L'étude a été pour moi le souverain remède contre les dégoûts, n'ayant jamais eu de chagrin qu'une heure de lecture ne m'ait ôté.

10 Je m'éveille le matin avec une joie secrète ; je vois la lumière avec une espèce de ravissement. Tout le reste du jour je suis content.

Je passe la nuit sans m'éveiller ; et, le soir, quand je vais au lit, une espèce d'engourdissement m'empêche de faire des réflexions [4].

Je suis presque aussi content avec des sots qu'avec des gens d'esprit, et il y a

---

— 1 Mauvaise humeur (cf. l. 9). — 2 Mon naturel, l'organisation de mon être. — 3 Cf. l. 53-55. — 4 On voit que la *machine* de Montesquieu est, en effet, *heureusement construite*.

peu d'homme [5] si ennuyeux, qui ne m'ait amusé très souvent : il n'y a rien de si amusant qu'un homme ridicule [6].

Je ne hais pas de me divertir en moi-même des hommes que je vois ; sauf à eux de me prendre à leur tour pour ce qu'ils veulent.

J'ai eu, d'abord, en voyant la plupart des grands, une crainte puérile. Dès que
20 j'ai eu fait connaissance, j'ai passé, presque sans milieu, jusqu'au mépris [7].

J'ai naturellement eu de l'amour pour le bien et l'honneur de ma patrie, et peu pour ce qu'on en appelle *la gloire* ; j'ai toujours senti une joie secrète lorsque l'on a fait quelque règlement qui allât au bien commun.

Quand j'ai voyagé dans les pays étrangers, je m'y suis attaché comme au mien propre : j'ai pris part à leur fortune, et j'aurais souhaité qu'ils fussent dans un état florissant [8].

Je n'ai pas été fâché de passer pour distrait : cela m'a fait hasarder bien des négligences qui m'auraient embarrassé.

Je n'ai jamais vu couler de larmes sans en être attendri.

30 Je pardonne aisément par la raison que je ne sais pas haïr. Il me semble que la haine est douloureuse. Lorsque quelqu'un a voulu se réconcilier avec moi, j'ai senti ma vanité flattée, et j'ai cessé de regarder comme ennemi un homme qui me rendait le service de me donner bonne opinion de moi.

Je suis (je crois) presque le seul homme qui ait fait des livres, ayant sans cesse peur de la réputation de bel-esprit [9]. Ceux qui m'ont connu savent que, dans mes conversations, je ne cherchais pas trop à le paraître, et que j'avais assez le talent de prendre la langue de ceux avec qui je vivais.

J'ai toujours eu une timidité qui a souvent fait paraître de l'embarras dans mes réponses. J'ai pourtant senti que je n'ai jamais été si embarrassé avec les gens
40 d'esprit qu'avec les sots. Je m'embarrassais parce que je me croyais embarrassé, et que je me sentais honteux qu'ils pussent prendre sur moi de l'avantage.

Si je savais une chose utile à ma nation qui fût ruineuse à une autre, je ne la proposerais pas à mon prince, parce que je suis homme avant d'être Français ou bien parce que je suis nécessairement homme, et que je ne suis Français que par hasard [10].

Si je savais quelque chose qui me fût utile, et qui fût préjudiciable à ma famille, je la rejetterais de mon esprit. Si je savais quelque chose utile à ma famille, et qui ne le fût pas à ma patrie, je chercherais à l'oublier. Si je savais quelque chose utile à ma patrie, et qui fût préjudiciable à l'Europe, ou bien qui fût utile à l'Europe
50 et préjudiciable au genre humain, je la regarderais comme un crime.

Je suis un bon citoyen ; mais, dans quelque pays que je fusse né, je l'aurais été tout de même.

Je suis un bon citoyen parce que j'ai toujours été content de l'état où je suis ; que j'ai toujours approuvé ma fortune, et que je n'ai jamais rougi d'elle, ni envié celle des autres.

Je suis un bon citoyen parce que j'aime le gouvernement où je suis né, sans le craindre, et que je n'en attends d'autres faveurs que ce bien infini que je partage avec tous mes compatriotes [11] ; et je rends grâces au Ciel de ce qu'ayant mis en moi de la médiocrité [12] en tout, il a bien voulu en mettre un peu moins dans mon
60 âme [13].

-- 5 Comment expliquer ce *singulier*, et « qui ne m'*ait* amusé ? » — 6 C'est l'*humour* qui apparaît ici. — 7 Cf. p. 84. — 8 Son patriotisme n'empêche pas Montesquieu de se sentir citoyen du monde ; cf. l. 42-50. — 9 Montes-quieu est fidèle en cela à l'idéal classique de *l'honnête homme*. — 10 La qualité d'homme ne dépend pas du hasard, la nationalité en dépend. — 11 Quel est ce *bien infini ?* — 12 Préciser le sens. — 13 Modestie nuancée de fierté.

LES LETTRES PERSANES (1721)

La couleur orientale

Deux Persans, USBEK et RICA, visitent la France, de 1712 à 1720. Ils échangent des lettres, écrivent à divers amis pour leur faire part de leurs impressions et reçoivent des nouvelles de Perse, en particulier du Sérail d'Usbek, à Ispahan, où le désordre règne depuis le départ du maître : ROXANE, sa favorite, le trahit. Il ordonne une terrible répression. Avant de retrouver sa dignité en s'empoisonnant, elle lui écrit avec révolte qu'elle ne l'a jamais aimé : « J'ai pu vivre dans la servitude, mais j'ai toujours été libre : j'ai réformé tes lois sur celles de la Nature, et mon esprit s'est toujours tenu dans l'indépendance ». Ainsi le « philosophe » Usbek est puni de la tyrannie qu'il exerçait sur ses femmes, à Ispahan. L'Orient était à la mode depuis les récits de voyages de Tavernier (1676-1679) et de Chardin (1711 ; cf. p. 13) : ici Montesquieu sacrifie à un exotisme piquant, mais assez artificiel, et volontiers licencieux.

Satire des mœurs et institutions

Mais cette couleur orientale sert surtout à faire passer, sous une apparence badine, des *critiques très hardies contre la société du temps*. Comme les Cannibales de Montaigne, les Persans de Montesquieu sont censés observer d'un regard neuf, amusé et parfois stupéfait, les mœurs et les institutions occidentales : mille usages auxquels les Français sont depuis longtemps habitués apparaissent soudain ridicules et absurdes. Ainsi s'accomplit ce que Roger Caillois appelle la *révolution sociologique*, c'est-à-dire « la démarche de l'esprit qui consiste à se feindre étranger à la société où l'on vit, à la regarder du dehors et comme si on la voyait pour la première fois ». Le procédé sera souvent repris par les philosophes du XVIII\ :sup: siècle, en particulier par Voltaire, dans *Micromégas* et dans l'*Ingénu* par exemple (cf. p. 138).

« Le ridicule jeté à propos a une grande puissance », écrira Montesquieu lui-même dans ses *Cahiers*. De fait il s'attaque par l'*ironie* aux manies, aux préjugés et aux abus. Il raille la badauderie des Parisiens (p. 82), les caprices de la mode, l'Académie française, la passion exagérée des admirateurs et détracteurs d'Homère (p. 85). A la manière de La Bruyère, il brosse une série de portraits mordants et spirituels (p. 83-85). Mais sa critique va aussi beaucoup plus loin : il ne respecte ni le roi, ni le pape (p. 80-81) ; il entonne un hymne à la *raison humaine* opposée à la théologie et à la mystique (p. 86).

Pensée politique

Il ne se contente pas de saper ce qui existe en France : de nombreux passages contiennent des éléments constructifs et annoncent déjà les théories qui seront précisées et développées dans l'*Esprit des Lois*. L'histoire des Troglodytes (p. 88-91) comporte un enseignement politique, mais reste une utopie, un mythe moral, à la manière du *Télémaque*. En revanche Montesquieu se montre déjà *sociologue* lorsqu'il parle du divorce, de la dépopulation, de l'esclavage, des colonies. La lettre CXXX contient en germe la théorie des climats (cf. p. 107) ; la lettre CII établit la distinction entre monarchie et despotisme : « La plupart des gouvernements d'Europe sont monarchiques, ou plutôt sont ainsi appelés : car je ne sais pas s'il y en a jamais eu véritablement de tels ; au moins est-il difficile qu'ils aient subsisté longtemps dans leur pureté. C'est un état violent, qui dégénère toujours en despotisme ou en république : la puissance ne peut jamais être également partagée entre le peuple et le prince ; l'équilibre est trop difficile à garder. Il faut que le pouvoir diminue d'un côté, pendant qu'il augmente de l'autre ; mais l'avantage est ordinairement du côté du prince, qui est à la tête des armées. — Aussi le pouvoir des rois d'Europe est-il bien grand, et on peut dire qu'ils l'ont tel qu'ils le veulent. Mais ils ne l'exercent point avec autant d'étendue que nos sultans. » La lettre LXXXIX esquisse les principes des trois gouvernements (cf. p. 98-101) : la *vertu*, l'*honneur* (appelé ici *désir de la gloire*) et la *crainte*.

Dans les *Lettres Persanes*, Montesquieu est donc à la fois *bel esprit*, *moraliste* et *penseur*.

MŒURS ET COUTUMES FRANÇAISES

La lettre XXIV, qui traduit les *premières impressions* de Rica à Paris, offre une *vue d'ensemble* sur les principaux thèmes de l'ouvrage : *satire* légère *des mœurs et habitudes parisiennes, satire* plus hardie du *système politique* et de la *religion*. La feinte candeur du Persan donne beaucoup de sel à ces remarques critiques, et un comique particulier naît de la *désinvolture* avec laquelle l'auteur traite des questions sérieuses (ce sera le procédé favori de Voltaire). MONTESQUIEU se montre ici brillant, incisif, mais assez superficiel : avec l'âge il deviendra beaucoup plus grave, plus compréhensif et plus profond.

Rica à Ibben, à Smyrne.

Nous sommes à Paris depuis un mois, et nous avons toujours été dans un mouvement continuel. Il faut bien des affaires avant qu'on soit logé, qu'on ait trouvé les gens à qui on est adressé, et qu'on se soit pourvu des choses nécessaires, qui manquent toutes à la fois.

Paris est aussi grand qu'Ispahan [1]. Les maisons y sont si hautes qu'on jugerait qu'elles ne sont habitées que par des astrologues. Tu juges bien qu'une ville bâtie en l'air, qui a six ou sept maisons les unes sur les autres [2], est extrêmement peuplée, et que, quand tout le monde est descendu dans la rue, il s'y fait un bel embarras [3].

10 Tu ne le croirais pas peut-être : depuis un mois que je suis ici, je n'y ai encore vu marcher personne [4]. Il n'y a point de gens au monde qui tirent mieux parti de leur machine [5] que les Français : ils courent ; ils volent. Les voitures lentes d'Asie, le pas réglé de nos chameaux, les feraient tomber en syncope. Pour moi, qui ne suis point fait à ce train, et qui vais souvent à pied sans changer d'allure, j'enrage quelquefois comme un Chrétien [6] : car encore passe qu'on m'éclabousse depuis les pieds jusqu'à la tête, mais je ne puis pardonner les coups de coude que je reçois régulièrement et périodiquement. Un homme qui vient après moi, et qui me passe, me fait faire un demi-tour, et un autre, qui me

20 croise de l'autre côté, me remet soudain où le premier m'avait pris [7] ; et je n'ai pas fait cent pas, que je suis plus brisé que si j'avais fait dix lieues.

Ne crois pas que je puisse, quant à présent, te parler à fond des mœurs et des coutumes européennes : je n'en ai moi-même qu'une légère idée, et je n'ai eu à peine que le temps de m'étonner.

Le roi de France est le plus puissant prince de l'Europe. Il n'a point de mines d'or comme le roi d'Espagne [8], son voisin ; mais il a plus de richesses que lui, parce qu'il les tire de la vanité [9] de ses sujets, plus iné-puisable que les mines. On lui a vu entreprendre ou soutenir de grandes

---

— 1 Analyser l'humour de cette remarque. — 2 Que traduit ici le pittoresque de l'expression ? — 3 Thème d'une éternelle actualité ; cf. Boileau, *Satire VI* (*XVIIe Siècle*, p. 321). —

4 Montrer comment l'auteur pique la curiosité. — 5 Organisme. — 6 Que dirait un chrétien ? — 7 Apprécier ce comique de farce. — 8 Au Pérou. — 9 Cette *vanité* annonce l'*honneur*, ressort de la monarchie (cf. p. 101).

30 guerres, n'ayant d'autres fonds que des titres d'honneur à vendre [10], et, par un prodige de l'orgueil humain, ses troupes se trouvaient payées, ses places munies [11], et ses flottes équipées.

D'ailleurs ce roi est un grand magicien : il exerce son empire sur l'esprit même de ses sujets ; il les fait penser comme il veut. S'il n'a qu'un million d'écus dans son trésor, et qu'il en ait besoin de deux, il n'a qu'à leur persuader qu'un écu en vaut deux, et ils le croient [12]. S'il a une guerre difficile à soutenir, et qu'il n'ait point d'argent, il n'a qu'à leur mettre dans la tête qu'un morceau de papier est de l'argent, et ils en sont aussitôt convaincus [13]. Il va même jusqu'à leur faire croire qu'il
40 les guérit de toutes sortes de maux en les touchant [14] ; tant est grande la force et la puissance qu'il a sur les esprits.

Ce que je te dis de ce prince ne doit pas t'étonner : il y a un autre magicien, plus fort que lui, qui n'est pas moins maître de son esprit qu'il l'est lui-même de celui des autres. Ce magicien s'appelle *le Pape*. Tantôt il lui fait croire que trois ne font qu'un, que le pain qu'on mange n'est pas du pain, ou que le vin qu'on boit n'est pas du vin [15], et mille autres choses de cette espèce.

Et, pour le tenir toujours en haleine et ne point lui laisser perdre l'habitude de croire, il lui donne de temps en temps, pour l'exercer, de
50 certains articles de croyance. Il y a deux ans qu'il lui envoya un grand écrit, qu'il appela *Constitution* [16], et voulut obliger, sous de grandes peines, ce prince et ses sujets de croire tout ce qui y était contenu. Il réussit à l'égard du prince, qui se soumit aussitôt et donna l'exemple à ses sujets. Mais quelques-uns d'entre eux [17] se révoltèrent et dirent qu'ils ne voulaient rien croire de tout ce qui était dans cet écrit. Ce sont les femmes qui ont été les motrices de toute cette révolte, qui divise toute la Cour, tout le royaume et toutes les familles. Cette Constitution leur défend de lire un livre que tous les Chrétiens disent avoir été apporté du Ciel : c'est proprement leur Alcoran. Les femmes, indignées de
60 l'outrage fait à leur sexe, soulèvent tout contre la Constitution : elles ont mis les hommes dans leur parti, qui, dans cette occasion, ne veulent point avoir de privilège. On doit pourtant avouer que ce moufti [18] ne raisonne pas mal, et, par le grand Hali [19], il faut qu'il ait été instruit des principes de notre sainte loi. Car, puisque les femmes sont d'une création inférieure à la nôtre et que nos prophètes nous disent qu'elles n'entreront point dans le Paradis, pourquoi faut-il qu'elles se mêlent de lire un livre qui n'est fait que pour apprendre le chemin du Paradis ?. (...)   De Paris, le 4 de la lune de Rediab 2, 1712.

— 10 Pour alimenter le Trésor, on crée des charges inutiles, qui se vendent bien car elles confèrent des privilèges et même la noblesse. — 11 Mises en état de défense (latin *munire :* fortifier). — 12 Des édits fixaient arbitrairement la valeur des monnaies. — 13 On émit pour la première fois du papier-monnaie en 1701. Quant à l'émission de Law (1718), elle est postérieure à la date supposée de cette lettre. — 14 Les rois de France étaient censés guérir des *écrouelles* (scrofulose) par simple attouchement. — 15 Élucider les allusions. 16 La bulle *Unigenitus*, condamnation du jansénisme par Clément XI. Elle date en réalité de 1713. — 17 Les jansénistes. — 18 Ou *mufti :* prêtre musulman. De qui s'agit-il ? — 19 Gendre de Mahomet.

- **Paris.** *Que remarque Rica ? quelles sont ses impressions dominantes ?*
- **Le Pape.** *Précisez la critique : a) de la religion ;– b) de l'autorité du pape sur le roi.*
- **Un « moyen littéraire ».** *« Tantôt c'était la seule ignorance ou la seule étrangeté de ce visiteur inventé qui formait le ressort de ses étonnements et le rendait ultra-sensible à ce que l'habitude nous dérobe ; et d'autres fois, on le louait d'une sagacité, d'une science ou d'une pénétration surhumaines que ce fantoche faisait peu à peu paraître par des questions d'une simplicité écrasante et narquoise. » (P. Valéry). Parcourez les extraits de* MONTESQUIEU *et de* VOLTAIRE *et relevez, en les classant, ceux qui reposent sur ces « moyens littéraires ».*

COMMENT PEUT-ON ÊTRE PERSAN ?

Dans cette lettre (XXX) MONTESQUIEU raille gentiment un trait de caractère tradition-nellement attribué aux Parisiens — et qu'ils partagent, sans doute, avec la plupart des hommes : la *curiosité naïve et indiscrète* pour tout ce qui sort de l'ordinaire. Mais que Rica cesse de porter son costume national, plus personne ne s'intéresse à lui. Quelle déception, s'il eût été vaniteux !

Rica à Ibben, à Smyrne.

Les habitants de Paris sont d'une curiosité qui va jusqu'à l'extravagance. Lorsque j'arrivai, je fus regardé comme si j'avais été envoyé du ciel : vieillards, hommes, femmes, enfants, tous voulaient me voir. Si je sortais, tout le monde se mettait aux fenêtres ; si j'étais aux Tuileries, je voyais aussitôt un cercle se former autour de moi : les femmes mêmes faisaient un arc-en-ciel, nuancé de mille couleurs [1], qui m'entourait ; si j'étais aux spectacles, je trouvais d'abord cent lorgnettes dressées contre ma figure : enfin jamais homme n'a été tant vu que moi. Je souriais quelquefois d'entendre des gens qui n'étaient presque jamais
10 sortis de leur chambre [2], qui disaient entre eux : « Il faut avouer qu'il a l'air bien persan. » Chose admirable ! je trouvais de mes portraits partout ; je me voyais multiplié dans toutes les boutiques, sur toutes les cheminées : tant on craignait de ne m'avoir pas assez vu.

Tant d'honneurs ne laissent pas d'être à charge : je ne me croyais pas un homme si curieux et si rare ; et, quoique j'aie très bonne opinion de moi, je ne me serais jamais imaginé que je dusse troubler le repos d'une grande ville où je n'étais point connu. Cela me fit résoudre à quitter l'habit persan et à en endosser un à l'européenne, pour voir s'il resterait encore dans ma physionomie quelque chose d'admirable. Cet essai me
20 fit connaître ce que je valais réellement : libre [3] de tous les ornements étrangers, je me vis apprécié au plus juste. J'eus sujet de me plaindre de mon tailleur, qui m'avait fait perdre en un instant l'attention et l'estime publique : car j'entrai tout à coup dans un néant affreux [4]. Je demeurais quelquefois une heure dans une compagnie sans qu'on m'eût regardé, et qu'on m'eût mis en occasion d'ouvrir la bouche. Mais si quelqu'un, par hasard, apprenait à la compagnie que j'étais Persan,

---

— 1 Image à commenter. — 2 Quelle est | l'importance de cette précision ? — 3 Dépouillé. — 4 Préciser le sentiment et le ton.

j'entendais aussitôt autour de moi un bourdonnement : « Ah ! ah ! Monsieur est Persan ? c'est une chose bien extraordinaire ! Comment peut-on être Persan ? »

- *Par quels détails pittoresques se révèle la badauderie des Parisiens ?– b) Précisez le caractère de Rica.*
- *Essai. Les Persans de MONTESQUIEU demandent implicitement « Comment peut-on être Français ? », note J. Starobinski. « Cette simple question, dit-il, dévoile instantanément l'absurdité des croyances et des rites qui ne subsistaient que parce qu'on ne s'était jamais avisé d'en demander le pourquoi ». Vous illustrerez cette réflexion à l'aide des extraits des Lettres persanes.*

PORTRAITS

MONTESQUIEU a semé dans les *Lettres Persanes* quelques portraits dans la tradition de LA BRUYÈRE. Sans égaler son devancier, dans un style moins dense et moins travaillé, il pratique ce genre avec beaucoup de talent et lui aussi sait décocher le trait qui porte. Voici le *« fermier »*, le *poète pique-assiette* (Montesquieu n'aime guère les poètes lyriques) et le *général « limogé »* (XLVIII).

Usbek s'est attaché à un Français dont la simplicité lui a plu ; celui-ci va l'initier aux secrets de la vie parisienne.

Un jour que, dans un grand cercle [1], nous nous entretenions en particulier, laissant les conversations générales à elles-mêmes : « Vous trouverez peut-être en moi, lui dis-je, plus de curiosité que de politesse ; mais je vous supplie d'agréer que je vous fasse quelques questions : car je m'ennuie de n'être au fait de rien, et de vivre avec des gens que je ne saurais démêler [2]. Mon esprit travaille depuis deux jours ; il n'y a pas un seul de ces hommes qui ne m'ait donné deux cents fois la torture, et je ne les devinerais de mille ans : ils me sont plus invisibles que les femmes de notre grand monarque [3]. — Vous n'avez
10   qu'à dire, me répondit-il, et je vous instruirai de tout ce que vous souhaiterez ; d'autant mieux que je vous crois homme discret, et que vous n'abuserez pas de ma confiance. »

« Qui est cet homme, lui dis-je, qui nous a tant parlé des repas qu'il a donnés aux grands, qui est si familier avec vos ducs, et qui parle si souvent à vos ministres, qu'on me dit être d'un accès si [4] difficile ? Il faut bien que ce soit un homme de qualité ; mais il a la physionomie si basse [5] qu'il ne fait guère honneur aux gens de qualité ; et d'ailleurs je ne lui trouve point d'éducation. Je suis étranger ; mais il me semble qu'il y a en général une certaine politesse commune à toutes les nations ; je ne lui trouve point de celle-là : est-ce que vos gens de qualité sont plus mal élevés que les autres [6] ? — Cet homme, me répondit-il en riant, est un
20   fermier [7] ; il est autant au-dessus des autres par ses richesses qu'il est au-dessous de tout le monde par sa naissance ; il aurait la meilleure table de Paris, s'il pouvait se résoudre à ne manger jamais chez lui [8]. Il est bien impertinent [9], comme vous voyez ; mais il excelle par son cuisinier : aussi n'en [10] est-il pas ingrat, car vous avez entendu qu'il l'a loué tout aujourd'hui [11]. » . (...)

— 1 Réunion mondaine. — 2 Qui restent pour moi une énigme. — 3 Enfermées dans le harem, en Perse : légère touche de couleur orientale. — 4 Quel est l'effet produit par la répétition de ce mot ? — 5 Vulgaire. — 6 Cf. le texte suivant. — 7 Fermier *général ;* cf. les P.T.S. de La Bruyère (*XVII*e*Siècle*, p. 415). — 8 Cf. Molière, *Misanthrope,* II, 5 : « Il prend soin de servir des mets fort délicats. | — Oui ; mais je voudrais bien qu'il ne s'y servît pas. | C'est un fort méchant plat que sa sotte personne, | Et qui gâte, à mon goût, tous les repas qu'il donne. » Et La Bruyère, XI. *Cliton :* « il possède le langage des cuisines autant qu'il peut s'étendre, et il me fait envie de manger à une bonne table où il ne soit point. » — 9 Mal élevé. — 10 Envers son cuisinier. — 11 En quoi est-ce un signe de mauvaise éducation ?

« Mais, si je ne vous importune pas, dites-moi qui est celui qui est vis-à-vis
de nous, qui est si mal habillé ; qui fait quelquefois des grimaces, et a un langage
différent des autres ; qui n'a pas d'esprit pour parler, mais qui parle pour avoir
de l'esprit ? — C'est, me répondit-il, un poète, et le grotesque du genre humain.
Ces gens-là disent qu'ils sont nés ce qu'ils sont [12] ; cela est vrai, et aussi ce qu'ils
30   seront toute leur vie, c'est-à-dire presque toujours les plus ridicules de tous les
hommes : aussi ne les épargne-t-on point ; on verse sur eux le mépris à pleines
mains. La famine a fait entrer celui-ci dans cette maison ; et il y est bien reçu du
maître et de la maîtresse, dont la bonté ne se dément à l'égard de personne ; il
fit leur épithalame [13] lorsqu'ils se marièrent : c'est ce qu'il a fait de mieux en sa
vie ; car il s'est trouvé [14] que le mariage a été aussi heureux qu'il l'a prédit. »...
     « Et ce vieux homme, lui dis-je tout bas, qui a l'air si chagrin ? Je l'ai pris
d'abord pour un étranger : car, outre qu'il est habillé autrement que les autres,
il censure tout ce qui se fait en France et n'approuve pas votre gouvernement. —
C'est un vieux guerrier, me dit-il, qui se rend mémorable à tous ses auditeurs
40   par la longueur [15] de ses exploits. Il ne peut souffrir que la France ait gagné des
batailles où il ne se soit pas trouvé, ou qu'on vante un siège où il n'ait pas monté
à la tranchée. Il se croit si nécessaire à notre histoire, qu'il s'imagine qu'elle finit
où il a fini : il regarde quelques blessures [16] qu'il a reçues comme la dissolution
de la monarchie, et, à la différence de ces philosophes qui disent qu'on ne jouit
que du présent, et que le passé n'est rien, il ne jouit au contraire que du passé,
et n'existe que dans les campagnes qu'il a faites : il respire dans les temps qui
se sont écoulés, comme les héros doivent vivre dans ceux qui passeront après
eux. — Mais pourquoi, dis-je, a-t-il quitté le service ? — Il ne l'a point quitté,
me répondit-il, mais le service l'a quitté [17] : on l'a employé dans une petite place,
50   où il racontera ses aventures le reste de ses jours ; mais il n'ira jamais plus loin :
le chemin des honneurs lui est fermé [18] ».

– *Comparez la méthode d'observation du voyageur à celle qui apparaît dans la lettre précédente. – Cf. LE SAGE :
« A quoi rêvent les hommes », p. 61. – XVIe SIÈCLE. D'AUBIGNÉ : « Le jeune homme à la cour », p. 179.*
• **Groupe thématique : Financiers.** LE SAGE : *Turcaret*, p. 39-43. – XVIIe SIÈCLE. LA BRUYÈRE :
« L'argent », p. 415.
• **Groupe thématique : Poètes et beaux esprits.** MONTESQUIEU : « L'actualité littéraire », p. 85.
– XVIe SIÈCLE. DU BELLAY : p. 117. – XVIIe SIÈCLE. RÉGNIER : « Poètes ridicules », p. 39.

La morgue des grands

Sans être d'une hardiesse révolutionnaire, ce portrait (LXXIV) va un peu plus loin que les
précédents. Pourquoi les grands seigneurs montrent-ils tant de *morgue*, et même de *sans-gêne*?
La vraie noblesse n'a-t-elle pas de meilleurs moyens de se manifester? On songe aux tâches et
aux responsabilités qui, d'après Montesquieu (*Esprit des Lois*) incombent à la noblesse dans la
monarchie française.
                                                            Usbek à Rica, à ***.

Il y a quelques jours qu'un homme de ma connaissance me dit : « Je vous
ai promis de vous produire dans les bonnes maisons de Paris ; je
vous mène à présent chez un grand seigneur qui est un des hommes du
royaume qui représente le mieux. »

— 12 Allusion au dicton : « On naît poète,
mais on devient orateur ». — 13 Poème célé-
brant un mariage. — 14 Pour une fois, le
sort a réalisé les présages heureux qui sont de
rigueur dans l'épithalame. — 15 Commenter

ce mot. — 16 Blessures *d'amour-propre :* jeu
de mots. — 17 Apprécier la distinction. —
18 En 1718-1719 de nombreux officiers généraux avaient été mis à la retraite ; parmi les
nouveaux promus, on comptait beaucoup de
jeunes, nommés au choix et non à l'ancienneté.

« Que veut dire cela, Monsieur ? Est-ce qu'il est plus poli, plus affable que les autres ? [1] — Non, me dit-il. — Ah ! j'entends [2] ; il fait sentir à tous les instants la supériorité qu'il a sur tous ceux qui l'approchent. Si cela est, je n'ai que faire d'y aller : je la lui passe [3] tout entière, et je prends condamnation [4]. »

Il fallut pourtant marcher, et je vis un petit homme si fier, il prit une prise de tabac avec tant de hauteur, il se moucha si impitoyablement, il cracha avec tant de flegme [5], il caressa ses chiens d'une manière si offensante pour les hommes [6], que je ne pouvais me lasser de l'admirer [7]. « Ah ! bon Dieu ! dis-je en moi-même, si, lorsque j'étais à la cour de Perse, je représentais ainsi, je représentais [8] un grand sot ! » Il aurait fallu, Rica, que nous eussions eu un bien mauvais naturel pour aller faire cent petites insultes à des gens qui venaient tous les jours chez nous témoigner leur bienveillance : ils savaient bien que nous étions au-dessus d'eux, et, s'ils l'avaient ignoré, nos bienfaits le leur auraient appris chaque jour. N'ayant rien à faire pour nous faire respecter, nous faisions tout pour nous rendre aimables : nous nous communiquions [9] aux plus petits ; au milieu des grandeurs, qui endurcissent toujours, ils nous trouvaient sensibles ; ils ne voyaient que notre cœur au-dessus d'eux [10] : nous descendions jusqu'à leurs besoins. Mais, lorsqu'il fallait soutenir la majesté du Prince dans les cérémonies publiques ; lorsqu'il fallait faire respecter la Nation aux étrangers ; lorsque, enfin, dans les occasions périlleuses, il fallait animer les soldats, nous remontions cent fois plus haut que nous n'étions descendus : nous ramenions la fierté sur notre visage, et l'on trouvait quelquefois que nous représentions assez bien [11].

De Paris, le 10 de la lune de Saphar, 1715.

L'actualité littéraire

Au premier plan de l'actualité parisienne, voici les *cafés littéraires :* les discussions y sont vives car la *querelle d'Homère*, nouvelle phase de la querelle des Anciens et des Modernes, bat son plein (cf. *XVII*e *Siècle*, p. 434). Que de passion ! que d'injures échangées ! Et bientôt nul n'y pensera plus : tels sont les caprices de la *mode* (XXXVI). Ailleurs (CXXIX) Montesquieu se moquera des « noùvellistes » qui s'assemblent aux Tuileries, sont au courant de tout, et, stratèges en chambre, « font voler les armées comme les grues et tomber les murailles comme des cartons. »

Usbek à Rhédi, à Venise.

Le café est très en usage à Paris : il y a un grand nombre de maisons publiques où on le distribue. Dans quelques-unes de ces maisons, on dit des nouvelles ; dans d'autres, on joue aux échecs. Il y en a une [1] où l'on apprête le café de telle manière qu'il donne de l'esprit à ceux qui en prennent : au moins, de tous ceux qui en sortent, il n'y a personne qui ne croie [2] qu'il en a quatre fois plus que lorsqu'il y est entré.

Mais ce qui me choque de [3] ces beaux esprits, c'est qu'ils ne se rendent pas utiles [4] à leur patrie, et qu'ils amusent leurs talents à des choses puériles. Par

---

— 1 Cf. l. 18-21. — 2 Je comprends. — 3 Accorde sans discussion. — 4 Je m'avoue vaincu d'avance. — 5 Cf. La Bruyère, portrait de Giton, le riche (*XVII*e *S.* p. 417). — 6 Préciser l'idée. — 7 Le considérer avec stupéfaction. — 8 Montrer l'effet comique tiré des deux emplois juxtaposés de ce mot ; cf. l. 4

et 26. — 9 Nous réservions un aimable accueil. — 10 A expliquer. — 11 Apprécier l'éloquence contenue de ces dernières lignes.

— 1 Sans doute le café Procope. — 2 Montrer l'ironie de cette restriction. — 3 Au sujet de. — 4 L'*utilité sociale* est une des idées maîtresses des philosophes (cf. p. 238, 303).

exemple, lorsque j'arrivai à Paris, je les trouvai échauffés sur une dispute la plus
10 mince qui se puisse imaginer : il s'agissait de la réputation d'un vieux poète
grec [5] dont, depuis deux mille ans, on ignore la patrie, aussi bien que le temps de
sa mort. Les deux partis avouaient que c'était un poète excellent : il n'était
question que du plus ou du moins de mérite qu'il fallait lui attribuer. Chacun
en voulait donner le taux : mais parmi ces distributeurs de réputation, les uns
faisaient meilleur poids que les autres : voilà la querelle [6]. Elle était bien vive,
car on se disait cordialement de part et d'autre des injures si grossières, on
faisait des plaisanteries si amères, que je n'admirais [7] pas moins la manière de
disputer que le sujet de la dispute. Si quelqu'un, disais-je en moi-même, était
assez étourdi pour aller, devant un de ces défenseurs du poète grec, attaquer la
20 réputation de quelque honnête citoyen, il ne serait pas mal relevé [8] ! et je crois
que ce zèle, si délicat sur la réputation des morts, s'embraserait bien pour
défendre celle des vivants [9] ! Mais quoi qu'il en soit, ajoutais-je, Dieu me garde
de m'attirer jamais l'inimité des censeurs de ce poète, que le séjour de deux
mille ans dans le tombeau n'a pu garantir d'une haine si implacable ! Ils frappent
à présent des coups en l'air : mais que serait-ce, si leur fureur était animée par
la présence d'un ennemi ?...

> A Paris, le dernier de la lune de Zilhagé, 1713.

L'ENTHOUSIASME PHILOSOPHIQUE

Avec un enthousiasme qui rappelle celui de la Renaissance (cf. Rabelais, *Lettre de
Gargantua à Pantagruel* ou *Éloge du Pantagruélion*) et annonce celui des Encyclopédistes,
Montesquieu célèbre les récentes découvertes de la *science* et de la *raison humaine*. C'est
presque une griserie : à l'aube du siècle des lumières une ère nouvelle semble s'ouvrir
pour l'humanité, où tous les progrès seront faciles, où l'intelligence de l'homme dissipera
tous les mystères (XCVII).

> Usbek à Hassein,
> Dervis [1] de la montagne de Jaron.

O toi, sage Dervis, dont l'esprit curieux brille de tant de connaissances, écoute ce que je te vais dire.

Il y a ici des philosophes qui, à la vérité, n'ont point atteint jusqu'au
faîte de la sagesse orientale : ils n'ont point été ravis jusqu'au trône
lumineux ; ils n'ont point entendu les paroles ineffables dont les concerts
des anges retentissent, ni senti les formidables [2] accès d'une fureur [3]
divine ; mais, laissés à eux-mêmes [4], privés des saintes merveilles, ils
suivent dans le silence les traces de la raison humaine [5].

Tu ne saurais croire jusqu'où ce guide les a conduits. Ils ont débrouillé
10 le Chaos [6] et ont expliqué, par une mécanique simple, l'ordre de l'architecture divine. L'auteur de la nature a donné du mouvement à la matière :
il n'en a pas fallu davantage pour produire cette prodigieuse variété
d'effets que nous voyons dans l'Univers.

— 5 Homère. — 6 Montesquieu en minimise
plaisamment l'importance ; cf. la méthode
voltairienne. — 7 M'étonnais de... — 8 Repris
vertement. — 9 L'auteur le croit-il réellement ?

— 1 Ou *derviche* : religieux musulman. —
2 Redoutables. — 3 Inspiration. — 4 Quelle
est l'importance de cette précision ? — 5 Formule à commenter. — 6 Le désordre apparent
de l'univers (cf. p. 26).

Que les législateurs ordinaires nous proposent des lois pour régler les sociétés des hommes ; des lois aussi sujettes au changement que l'esprit de ceux qui les proposent, et des peuples qui les observent[7] ! Ceux-ci ne nous parlent que des lois générales, immuables, éternelles, qui s'observent sans aucune exception avec un ordre, une régularité et une promptitude infinie, dans l'immensité des espaces.

20 Et que crois-tu, homme divin, que soient ces lois ? Tu t'imagines peut-être qu'entrant dans le conseil[8] de l'Éternel tu vas être étonné par la sublimité des mystères ; tu renonces par avance à comprendre, tu ne te proposes que d'admirer.

Mais tu changeras bientôt de pensée : elles n'éblouissent point par un faux respect ; leur simplicité les a fait longtemps méconnaître[9], et ce n'est qu'après bien des réflexions qu'on en a vu toute la fécondité et toute l'étendue.

La première est que tout corps tend à décrire une ligne droite, à moins qu'il ne rencontre quelque obstacle qui l'en détourne ; et la seconde, 30 qui n'en est qu'une suite, c'est que tout corps qui tourne autour d'un centre tend à s'en éloigner, parce que, plus il en est loin, plus la ligne qu'il décrit approche de la ligne droite.

Voilà, sublime Dervis, la clef de la nature ; voilà des principes féconds, dont on tire des conséquences à perte de vue.

La connaissance de cinq ou six vérités a rendu leur philosophie pleine de miracles et leur a fait faire presque autant de prodiges et de merveilles que tout ce qu'on nous raconte de nos saints prophètes.

Car, enfin, je suis persuadé qu'il n'y a aucun de nos docteurs qui n'eût été embarrassé si on lui eût dit de peser dans une balance tout 40 l'air qui est autour de la terre[10], ou de mesurer toute l'eau qui tombe chaque année sur sa surface, et qui n'eût pensé plus de quatre fois avant de dire combien de lieues le son fait dans une heure, et quel temps un rayon de lumière emploie à venir du soleil à nous ; combien de toises il y a d'ici à Saturne ; quelle est la courbe selon laquelle un vaisseau doit être taillé pour être le meilleur voilier qu'il soit possible.(...)

De Paris, le 10 de la lune de Chahban, 1716.

– Lois de la nature et lois politiques. *Que devient dans l'*Esprit des lois *(Cf. plan de l'ouvrage p. 94, et extraits sur la nature et les principes des gouvernements, p. 98-104) l'opposition marquée au § 4 ? Quelles conclusions en tirez-vous ?*
• **Groupe thématique : Enthousiasme pour le progrès.** FONTENELLE : « Leçon d'astronomie », p. 26. – « Irons-nous dans la lune » ?, p. 28. – VOLTAIRE : *Micromégas*, p. 138. – XVIᵉ SIÈCLE. RABELAIS : « Éloge du Pantagruélion », p. 78. – XVIIᵉ SIÈCLE. DESCARTES : *Discours de la Méthode*, analyse p. 86-87.

— 7 L'auteur de *l'Esprit des Lois* parlera-t-il encore de la sorte ? — 8 Les secrets. — 9 Non seulement les lois de la nature sont accessibles à la raison humaine, mais encore elles paraissent simples, une fois élucidées par elle. Sont-elles si simples en réalité ? — 10 Noter la façon plaisante dont la chose est présentée : on dirait une devinette.

HISTOIRE DES TROGLODYTES

Les lettres XI à XIV contiennent l'histoire d'un peuple imaginaire, les *Troglodytes*. Il s'agit d'une sorte de *mythe* destiné à prouver (contre Machiavel par exemple, et tous les politiques qui se piquent de « réalisme ») qu'il n'est pas de vie sociale possible sans vertus morales. Nous verrons ainsi l'insubordination et l'égoïsme entraîner l'anarchie avec tous ses maux, et au contraire les bons Troglodytes vivre heureux et prospères parce qu'ils sont vertueux. Enfin le dernier épisode annonce directement l'*Esprit des Lois* : la liberté ne peut subsister sans *vertu* civique et morale : si un peuple se lasse de la vertu, il passe de l'état démocratique à l'état monarchique.

I. MÉFAITS DE L'ANARCHIE

Il y avait en Arabie un petit peuple, appelé *Troglodyte*, qui descendait de ces anciens Troglodytes [1] qui, si nous en croyons les historiens, ressemblaient plus à des bêtes qu'à des hommes. Ceux-ci n'étaient point si contrefaits, ils n'étaient point velus comme des ours, ils ne sifflaient point, ils avaient deux yeux [2] ; mais ils étaient si méchants et si féroces, qu'il n'y avait parmi eux aucun principe d'équité ni de justice.

Ils avaient un roi d'une origine étrangère, qui, voulant corriger la méchanceté de leur naturel, les traitait sévèrement ; mais ils conjurèrent [3] contre lui, le tuèrent, et exterminèrent toute la famille royale.

10 Le coup étant fait, ils s'assemblèrent pour choisir un gouvernement ; et, après bien des dissensions, ils créèrent des magistrats. Mais à peine les eurent-ils élus, qu'il leur devinrent insupportables ; et ils les massacrèrent encore.

Ce peuple, libre de ce nouveau joug, ne consulta plus que son naturel sauvage. Tous les particuliers convinrent qu'ils n'obéiraient plus à personne ; que chacun veillerait uniquement à ses intérêts, sans consulter ceux des autres [4].

Cette résolution unanime flattait extrêmement tous les particuliers. Ils disaient : « Qu'ai-je affaire d'aller me tuer à travailler pour des gens dont je ne me soucie point ? Je penserai uniquement à moi. Je vivrai heureux : que m'importe que les autres le soient ? Je me procurerai tous mes besoins ; et, pourvu que je les aie,
20 je ne me soucie point que tous les autres Troglodytes soient misérables. »

On était dans le mois où l'on ensemence les terres ; chacun dit : « Je ne labourerai mon champ que pour qu'il me fournisse le blé qu'il me faut pour me nourrir ; une plus grande quantité me serait inutile : je ne prendrai point de la peine pour rien. »

Les terres de ce petit royaume n'étaient pas de même nature : il y en avait d'arides et de montagneuses, et d'autres qui, dans un terrain bas, étaient arrosées de plusieurs ruisseaux. Cette année la sécheresse fut très grande, de manière que les terres qui étaient dans les lieux élevés manquèrent [5] absolument, tandis que celles qui purent être arrosées furent très fertiles. Ainsi les peuples des montagnes
30 périrent presque tous de faim par la dureté des autres, qui leur refusèrent de partager la récolte.

L'année d'ensuite fut très pluvieuse ; les lieux élevés se trouvèrent d'une fertilité extraordinaire, et les terres basses furent submergées. La moitié du peuple cria une seconde fois famine ; mais ces misérables trouvèrent des gens aussi durs qu'ils l'avaient été eux-mêmes . (...)

— 1 « Habitants des cavernes ». — 2 Montrer d'après la suite qu'eux aussi sont pourtant plus semblables à des bêtes qu'à des hommes. — 3 Conspirèrent. — 4 Quelles sont les deux vertus sociales dont les Troglodytes croient pouvoir se passer ? — 5 Ne produisirent rien.

Il y avait un homme qui possédait un champ assez fertile, qu'il cultivait avec grand soin. Deux de ses voisins s'unirent ensemble, le chassèrent de sa maison, occupèrent son champ ; ils firent entre eux une union pour se défendre contre tous ceux qui voudraient l'usurper, et, effectivement, ils se soutinrent par là
40 pendant plusieurs mois. Mais un des deux, ennuyé de partager ce qu'il pouvait avoir tout seul, tua l'autre et devint seul maître du champ. Son empire ne fut pas long : deux autres Troglodytes vinrent l'attaquer ; il se trouva trop faible pour se défendre, et il fut massacré. (...)

Cependant une maladie cruelle ravageait la contrée. Un médecin habile y arriva du pays voisin et donna ses remèdes si à propos qu'il guérit tous ceux qui se mirent dans ses mains. Quand la maladie eut cessé, il alla chez tous ceux qu'il avait traités demander son salaire ; mais il ne trouva que des refus. Il retourna dans son pays, et il y arriva accablé des fatigues d'un si long voyage. Mais bientôt après il apprit que la même maladie se faisait sentir de nouveau et affligeait plus
50 que jamais cette terre ingrate [6]. Ils allèrent à lui cette fois et n'attendirent pas qu'il vînt chez eux. « Allez, leur dit-il, hommes injustes ! Vous avez dans l'âme un poison plus mortel que celui dont vous voulez guérir ; vous ne méritez pas d'occuper une place sur la Terre, parce que vous n'avez point d'humanité et que les règles de l'équité vous sont inconnues : je croirais offenser les dieux, qui vous punissent, si je m'opposais à la justice de leur colère. » (Lettre XI).

II. LES BONS TROGLODYTES

Tu as vu, mon cher Mirza, comment les Troglodytes périrent par leur méchanceté même, et furent les victimes de leurs propres injustices. De tant de familles, il n'en resta que deux qui échappèrent aux malheurs de la nation. Il y avait dans ce pays deux hommes bien singuliers [7] : ils avaient
60 de l'humanité ; ils connaissaient la justice ; ils aimaient la vertu ; autant liés par la droiture de leur cœur que par la corruption de celui des autres, ils voyaient la désolation [8] générale, et ne la ressentaient que par la pitié : c'était le motif d'une union nouvelle. Ils travaillaient avec une sollicitude commune pour l'intérêt commun [9] ; ils n'avaient de différends que ceux qu'une douce et tendre amitié faisait naître ; et dans l'endroit du pays le plus écarté, séparés de leurs compatriotes indignes de leur présence, ils menaient une vie heureuse et tranquille : la terre semblait produire d'elle-même, cultivée par ces vertueuses mains.

Ils aimaient leurs femmes, et ils en étaient tendrement chéris. Toute leur attention était d'élever leurs enfants à la vertu. Ils leur représentaient [10] sans
70 cesse les malheurs de leurs compatriotes, et leur mettaient devant les yeux cet exemple si triste ; ils leur faisaient surtout sentir que l'intérêt des particuliers se trouve toujours dans l'intérêt commun ; que vouloir s'en séparer, c'est vouloir se perdre ; que la vertu n'est point une chose qui doive nous coûter ; qu'il ne faut point la regarder comme un exercice pénible, et que la justice pour autrui est une charité pour nous [11].

Ils eurent bientôt la consolation des pères vertueux, qui est d'avoir des enfants qui leur ressemblent. Le jeune peuple qui s'éleva sous leurs yeux s'accrut par d'heureux mariages : le nombre augmenta, l'union fut toujours la même ; et la

---

— 6 *L'ingratitude*, tel est le vice illustré par cet épisode. — 7 Différents des autres. —

8 Malheur. — 9 Noter l'insistance sur ce mot. — 10 Rappelaient. — 11 Apprécier les enseignements contenus dans ces lignes.

vertu, bien loin de s'affaiblir dans la multitude, fut fortifiée, au contraire, par
80 un grand nombre d'exemples.

Qui pourrait représenter ici le bonheur de ces Troglodytes ? Un peuple si
juste devait être chéri des dieux. Dès qu'il ouvrit les yeux pour les connaître,
il apprit à les craindre ; et la religion vint adoucir dans les mœurs ce que la
nature y avait laissé de trop rude.

Ils instituèrent des fêtes en l'honneur des dieux. Les jeunes filles, ornées de
fleurs, et les jeunes garçons, les célébraient par leurs danses et par les accords
d'une musique champêtre ; on faisait ensuite des festins où la joie ne régnait
pas moins que la frugalité.(...)

On allait au temple pour demander les faveurs des dieux : ce n'était pas les
90 richesses et une onéreuse abondance ; de pareils souhaits étaient indignes des
heureux Troglodytes ; ils ne savaient les désirer que pour leurs compatriotes.
Ils n'étaient au pied des autels que pour demander la santé de leurs pères, l'union
de leurs frères, la tendresse de leurs femmes, l'amour et l'obéissance de leurs
enfants. Les filles y venaient apporter le tendre sacrifice de leur cœur et ne leur
demandaient d'autre grâce que celle de pouvoir rendre un Troglodyte heureux [12].

Le soir, lorsque les troupeaux quittaient les prairies; et que les bœufs fatigués
avaient ramené la charrue, ils s'assemblaient, et, dans un repas frugal, ils chantaient les injustices des premiers Troglodytes et leurs malheurs, la vertu renais-
sante avec un nouveau peuple et sa félicité. Ils célébraient les grandeurs des
100 dieux, leurs faveurs toujours présentes aux [13] hommes qui les implorent, et leur
colère inévitable à ceux qui ne les craignent pas ; ils décrivaient ensuite les délices
de la vie champêtre et le bonheur d'une condition toujours parée de l'innocence.
Bientôt ils s'abandonnaient à un sommeil que les soins [14] et les chagrins n'inter-
rompaient jamais [15].

La Nature ne fournissait pas moins à leurs désirs qu'à leurs besoins. Dans ce
pays heureux, la cupidité était étrangère : ils se faisaient des présents où celui
qui donnait croyait toujours avoir l'avantage [16]. Le peuple troglodyte se regardait
comme une seule famille ; les troupeaux étaient presque toujours confondus ; la
seule peine qu'on s'épargnait ordinairement, c'était de les partager [17]. (Lettre XII).

*La lettre XIII illustre par une série d'anecdotes les vertus des Troglodytes. Mais voici qu'un
peuple voisin les attaque injustement ; après avoir vainement tenté de faire entendre raison à
leurs agresseurs, les Troglodytes combattent vaillamment et remportent la victoire.*

III. DE LA DÉMOCRATIE A LA MONARCHIE

110   Comme le peuple grossissait tous les jours, les Troglodytes crurent qu'il
      était à propos de se choisir un roi [18]. Ils convinrent qu'il fallait déférer la
couronne à celui qui était le plus juste, et ils jetèrent tous les yeux
sur un vieillard vénérable par son âge et par une longue vertu. Il n'avait pas voulu
se trouver à cette assemblée ; il s'était retiré dans sa maison, le cœur serré de
tristesse.

Lorsqu'on lui envoya des députés pour lui apprendre le choix qu'on avait fait
de lui : « A Dieu ne plaise, dit-il, que je fasse ce tort aux Troglodytes, que l'on

---

— 12 Quels sont, d'après l'auteur, les biens qu'on
peut demander au ciel ? — 13 A la disposition
des... — 14 Soucis. — 15 Qualifier le ton de
ce §, la nature de ce tableau. — 16 Expliquer

l'idée. — 17 La propriété reste donc *indivise*,
dans cet État idéal. — 18 On estimait que
le régime républicain ne pouvait convenir qu'à
de petits États.

puisse croire qu'il n'y a personne parmi eux de plus juste que moi ! Vous me
déférez la couronne, et, si vous le voulez absolument, il faudra bien que je la
120 prenne. Mais comptez que je mourrai de douleur d'avoir vu en naissant les Troglodytes libres et de les voir aujourd'hui assujettis [19]. » A ces mots, il se mit à répandre
un torrent de larmes. « Malheureux jour ! disait-il ; et pourquoi ai-je tant vécu ? »
Puis il s'écria d'une voix sévère : « Je vois bien ce que c'est, ô Troglodytes ! votre
vertu commence à vous peser. Dans l'état où vous êtes, n'ayant point de chef, il
faut que vous soyez vertueux malgré vous [20] : sans cela vous ne sauriez subsister,
et vous tomberiez dans le malheur de vos premiers pères. Mais ce joug vous
paraît trop dur ; vous aimez mieux être soumis à un prince et obéir à ses lois,
moins rigides que vos mœurs. Vous savez que, pour lors, vous pourrez contenter
votre ambition, acquérir des richesses et languir dans une lâche volupté, et que,
130 pourvu que vous évitiez de tomber dans les grands crimes, vous n'aurez pas
besoin de la vertu [21]. » Il s'arrêta un moment et ses larmes coulèrent plus que
jamais. « Eh ! que prétendez-vous que je fasse ? Comment se peut-il que je commande quelque chose à un Troglodyte ? Voulez-vous qu'il fasse une action vertueuse parce que je le lui commande, lui qui la ferait tout de même [22] sans moi,
et par le seul penchant de sa nature ? O Troglodytes ! je suis à la fin de mes jours,
mon sang est glacé dans mes veines, je vais bientôt revoir vos sacrés aïeux :
pourquoi voulez-vous que je les afflige, et que je sois obligé de leur dire que je
vous ai laissés sous un autre joug que celui de la vertu ? » (Lettre XIV).

- *Précisez les conditions favorables à la vie en société, d'après cet apologue ; quels sont les vices qui entraînent le malheur des Troglodytes ?– définissez le régime des bons Troglodytes ; précisez, d'après la 3ᵉ partie, la notion de* vertu *(cf. Extraits de* l'Esprit des Lois*).*
- La démarche sociologique. *Distinguez dans cet épisode les explications relevant de l'analyse psychologique et celles qui font intervenir des facteurs d'ordre matériel (climat, conditions économiques, etc.).*
- **Essai.** *Selon Usbek, « il y a certaines vérités qu'il ne suffit pas de persuader, mais qu'il faut encore faire sentir. Telles sont les vérités de morale ». Dégagez les principales vérités dont* MONTESQUIEU-USBEK *a voulu nous persuader dans cet épisode et dites comment il s'y est pris pour nous les faire sentir.*

LES CONSIDÉRATIONS

En 1734, Montesquieu détache du futur *Esprit des Lois* des *Considérations* consacrées à
l'histoire de ses « chers Romains ». Il y expose les *causes* de la grandeur de Rome, puis de
sa décadence. L'œuvre présente un double intérêt, historique et philosophique.

INTÉRÊT HISTORIQUE. Montesquieu connaît admirablement l'histoire romaine
et l'expose avec autant de perspicacité que d'élégance et de noblesse. La *grandeur des
Romains* (chapitres I-VIII), à partir d'origines très humbles, s'explique par l'excellence de
leurs institutions militaires, par l'habileté et la continuité de leur politique extérieure, tout
entière orientée vers la conquête, enfin par leur constitution qui, parmi les luttes entre
patriciens et plébéiens, maintient constamment la liberté, c'est-à-dire l'esprit civique et le
patriotisme. Mais *Rome devait périr de sa grandeur même*, grandeur de la ville, grandeur de
l'empire (IX) : les mœurs des Romains se corrompirent, et la république, déchirée par les

---

— 19 Devenus les *sujets* d'un monarque. —
20 Commenter cette expression frappante. —
21 Cf. *Esprit des Lois*, p. 99, § 1 et III, 5

« Que la vertu n'est point le principe du
gouvernement monarchique ». — 22 Tout
aussi bien.

guerres civiles, fit place au régime impérial (X-XIII). Dès lors c'est la *décadence* progressive, depuis le despotisme de Tibère et de Caligula jusqu'à la ruine de l'Empire romain
d'Occident, et enfin de l'Empire d'Orient (XIV-XXIII).

INTÉRÊT PHILOSOPHIQUE. A propos du destin de Rome, Montesquieu pose les
bases de l'*histoire philosophique*. Derrière les faits, il discerne les *lois* qui régissent le sort des
États. On trouve dans les *Considérations* la formule décisive qui traduit le principe fondamental de l'*Esprit des Lois* : « Ce n'est pas la fortune qui domine le monde... Il y a des
causes générales, soit morales, soit physiques, qui agissent dans chaque monarchie,
l'élèvent, la maintiennent ou la précipitent. » (Cf. l. 16-24, et p. 94, *Dessein de l'auteur*).

NOUVELLES MAXIMES PRISES PAR LES ROMAINS

Relatant l'histoire de la *décadence romaine*, MONTESQUIEU dresse, au chapitre XVIII des *Considérations*, une sorte de *bilan* des causes qui l'ont provoquée : bouleversement des institutions
militaires, disparition des vertus civiques. Dépassant l'exemple de Rome, il expose, au paragraphe 5,
les principes de sa *philosophie de l'histoire*.

L es premiers Romains ne mettaient point dans leurs armées un plus
grand nombre de troupes auxiliaires que de romaines ; et, quoique
leurs alliés fussent proprement des sujets, ils ne voulaient point avoir
pour sujets des peuples plus belliqueux qu'eux-mêmes.

Mais dans les derniers temps, non·seulement ils n'observèrent pas cette proportion des troupes auxiliaires, mais même ils remplirent de soldats barbares les
corps de troupes nationales.

Ainsi, ils établissaient des usages tout contraires à ceux qui les avaient rendus
maîtres de tout ; et comme autrefois leur politique constante fut de se réserver
10 l'art militaire et d'en priver tous leurs voisins, ils le détruisaient pour lors chez
eux, et l'établissaient chez les autres.

Voici, en un mot, l'histoire des Romains : ils vainquirent tous les peuples par
leurs maximes [1] ; mais, lorsqu'ils y furent parvenus, leur république ne put subsister [2]; il fallut changer de gouvernement, et des maximes contraires aux premières,
employées dans ce gouvernement nouveau, firent tomber leur grandeur.

Ce n'est pas la fortune [3] qui domine le monde : on peut le demander aux
Romains, qui eurent une suite continuelle de prospérités quand ils se gouvernèrent
sur un certain plan, et une suite non interrompue de revers lorsqu'ils se condui-
sirent sur un autre. Il y a des causes générales, soit morales, soit physiques, qui
20 agissent dans chaque monarchie, l'élèvent, la maintiennent ou la précipitent ;
tous les accidents sont soumis à ces causes ; et si le hasard d'une bataille, c'est-à-
dire une cause particulière, a ruiné un État, il y avait une cause générale qui
faisait que cet État devait périr par une seule bataille. En un mot, l'allure principale entraîne avec elle tous les accidents particuliers [4]. (...)

Enfin, les Romains perdirent leur discipline militaire ; ils abandonnèrent
jusqu'à leurs propres armes. Végèce [5] dit que les soldats les trouvant trop pesantes,
ils obtinrent de l'empereur Gratien de quitter leur cuirasse et ensuite leur casque :
de façon qu'exposés aux coups sans défense, ils ne songèrent plus qu'à fuir.

Il ajoute qu'ils avaient perdu la coutume de fortifier leur camp ; et que, par
30 cette négligence, leurs armées furent enlevées par la cavalerie des Barbares.

La cavalerie fut peu nombreuse chez les premiers Romains : elle ne faisait que

---

— 1 Grâce à la supériorité de leurs principes
politiques et militaires. — 2 Cf. chap. IX, *Deux
causes de la perte de Rome :* « Si la grandeur de
l'empire perdit la république, la grandeur de
la Ville ne la perdit pas moins. » — 3 Le
hasard. — 4 Paragraphe essentiel : l'*Esprit
des Lois* est contenu en germe dans cette théorie
des *causes générales*. — 5 Auteur d'un *Abrégé
de l'art militaire* (IVᵉ siècle).

la onzième partie de la légion, et très souvent moins ; et, ce qu'il y a d'extraordinaire, ils en avaient beaucoup moins que nous, qui avons tant de sièges à faire, où la cavalerie est peu utile. Quand les Romains furent dans la décadence, ils n'eurent presque plus que de la cavalerie. Il me semble que, plus une nation se rend savante dans l'art militaire, plus elle agit par son infanterie ; et que, moins elle le connaît, plus elle multiplie sa cavalerie : c'est que, sans la discipline, l'infanterie pesante ou légère n'est rien ; au lieu que la cavalerie va toujours, dans son désordre même. L'action de celle-ci consiste plus dans son impétuosité et un certain choc ;
40 celle de l'autre dans sa résistance et une certaine immobilité : c'est plutôt une réaction qu'une action. Enfin, la force de la cavalerie est momentanée : l'infanterie agit plus longtemps ; mais il faut de la discipline pour qu'elle puisse agir longtemps [6].

Les Romains parvinrent à commander à tous les peuples, non seulement par l'art de la guerre, mais aussi par leur prudence, leur sagesse, leur constance, leur amour pour la gloire et pour la patrie. Lorsque, sous les empereurs, toutes ces vertus s'évanouirent, l'art militaire leur resta, avec lequel, malgré la faiblesse et la tyrannie de leurs princes, ils conservèrent ce qu'ils avaient acquis ; mais lorsque la corruption se mit dans la milice [7] même, ils devinrent la proie de tous les
50 peuples.

Un empire fondé par les armes a besoin de se soutenir par les armes. Mais comme, lorsqu'un État est dans le trouble, on n'imagine pas comment il peut en sortir, de même, lorsqu'il est en paix et qu'on respecte sa puissance, il ne vient point dans l'esprit comment cela peut changer : il néglige donc la milice, dont il croit n'avoir rien à espérer et tout à craindre, et souvent même il cherche à l'affaiblir.

C'était une règle inviolable des premiers Romains, que quiconque avait abandonné son poste, ou laissé ses armes dans le combat, était puni de mort. Julien et Valentinien [8] avaient, à cet égard, rétabli les anciennes peines. Mais les Barbares
60 pris à la solde des Romains, accoutumés à faire la guerre comme la font aujourd'hui les Tartares, à fuir pour combattre encore [9], à chercher le pillage plus que l'honneur, étaient incapables d'une pareille discipline.

Telle était la discipline des premiers Romains, qu'on y avait vu des généraux condamner à mourir leurs enfants pour avoir, sans leur ordre, gagné la victoire [10] ; mais, quand ils furent mêlés parmi les Barbares, ils y contractèrent un esprit d'indépendance qui faisait le caractère de ces nations ; et, si l'on lit les guerres de Bélisaire [11] contre les Goths, on verra un général presque toujours désobéi par ses officiers.

Sylla et Sertorius, dans la fureur des guerres civiles, aimaient mieux périr que
70 de faire quelque chose dont Mithridate pût tirer avantage ; mais, dans les temps qui suivirent, dès qu'un ministre ou quelque grand crut qu'il importait à son avarice, à sa vengeance, à son ambition, de faire entrer les Barbares dans l'empire, il le leur donna d'abord [12] à ravager.

– *Dégagez les raisons d'ordre général par lesquelles Montesquieu explique la décadence des Romains.*
• **Groupe thématique : Philosophie de l'histoire.** Comparez les idées de MONTESQUIEU (§ 5) à celles de BOSSUET, XVIIᵉ SIÈCLE, p. 280-281 et de VOLTAIRE, p. 146. – Vous pouvez élargir l'enquête en parcourant, dans le XIXᵉ SIÈCLE, le chap. sur l'Histoire (ce qui a trait à la philosophie de l'histoire, p. 356, 359, 363, 365, 381 - 384, 399).

— 6 On voit comment l'auteur explique par des *lois générales*, les *faits particuliers*. — 7 L'armée. — 8 Empereurs romains du IVᵉ siècle. — 9 C'était en particulier la tactique des Parthes. — 10 Ainsi Manlius, pendant la guerre Latine. — 11 Illustre général de Justinien (VIᵉ siècle). — 12 Aussitôt.

L'ESPRIT DES LOIS (1748)

Dessein de l'auteur   Montesquieu veut créer la *science* des lois positives, en montrant qu'au sein de la prodigieuse confusion des lois de tous les pays et de toutes les époques, l'esprit humain peut discerner un *ordre*. « Ce n'est point le corps des lois que je cherche, mais leur âme », et encore : « Il faut toujours en revenir à la nature des choses ». Ainsi toute loi, même odieuse, même absurde en apparence, si elle n'est pas fondée en *raison*, a du moins sa *raison d'être*.

C'est la démarche même de toute science : éliminer le hasard, expliquer par un principe commun des faits disparates ; substituer aux causes individuelles et accidentelles (caprice du législateur, fantaisies criminelles des tyrans) des causes générales et nécessaires (cf. p. 92) telles que la nature de la constitution politique, la nature du climat, etc... ; éliminer également les explications métaphysiques (intervention de la Providence).

Ainsi certains ont pu reprocher à Montesquieu de légitimer, en faisant intervenir la nature des choses, des institutions injustes et tyranniques ; mais tout comprendre n'est pas tout accepter, ni même tout excuser. S'il garde généralement la sérénité du savant, l'auteur ne cache pas ses préférences : au contraire, il marque constamment son mépris pour le despotisme et dénonce avec vigueur tous les abus (cf. p. 108 et 109). Il écrit à propos de l'esclavage : « Comme tous les hommes naissent égaux, il faut dire que l'esclavage est *contre nature*, quoique dans certains pays il soit fondé sur une raison naturelle. » (XV, 7) ; et à propos de la torture : « J'allais dire qu'elle pourrait convenir dans les gouvernements despotiques... ; j'allais dire que les esclaves chez les Grecs et chez les Romains... *Mais j'entends la voix de la nature qui crie contre moi.* » (VI, 17).

BIENFAITS DE LA SCIENCE POLITIQUE. C'est justement la science politique qui permettra d'agir sur les phénomènes : « La politique est une lime sourde, qui use et qui parvient lentement à sa fin » (XIV, 13) ; chez un peuple civilisé, une bonne constitution pourra corriger certains défauts naturels dus à l'influence du climat. Montesquieu ne confond jamais *nécessité physique* et *obligation morale* : il sait fort bien que dans le monde *moral* la loi et le fait ne coïncident pas toujours, mais avec tout son siècle, il croit le *progrès* possible. Ainsi se concilient chez lui *déterminisme historique* et *idéalisme social* (Lanson). Son idéal est la *modération* et la *liberté* ; le but final de ses recherches lucides est l'*utilité sociale* et le *bonheur de l'humanité*.

Plan de l'ouvrage   La structure de l'*Esprit des Lois* est complexe et parfois déroutante : XXXI livres groupés en VI parties, et subdivisés eux-mêmes en de nombreux chapitres, sans parler de l'émiettement des chapitres en paragraphes souvent très courts, qui font songer aux articles d'une loi. Pourtant, comme l'a montré Lanson, on peut discerner au milieu de ce dédale la pensée directrice de Montesquieu. *Sa démarche d'exposition est celle de Descartes* : partant des *principes*, il procède par ordre de complexité croissante en faisant intervenir l'*analyse* et ses distinctions ; l'analyse rebondit à l'apparition de deux facteurs essentiels, l'*espace*, puis le *temps*. Voici quel est à peu près le schéma d'ensemble de l'ouvrage :

INTRODUCTION GÉNÉRALE (Livre I). — La notion de LOI : « Les lois, dans la signification la plus étendue, sont les rapports nécessaires qui dérivent de la nature des choses. » Le monde n'est pas soumis à une *fatalité aveugle*, il existe au contraire une *raison primitive*, « et les lois sont les rapports qui se trouvent entre elle et les différents êtres, et les rapports de ces divers êtres entre eux. » — Distinction entre *lois de la nature* et *lois positives :* « La loi (positive), en général, est la raison humaine, en tant qu'elle gouverne tous les peuples de la terre ; et les lois politiques et civiles de chaque nation ne doivent être que les cas particuliers où s'applique cette raison humaine. » Il existe des « rapports d'équité antérieurs à la loi positive qui les établit ».

I. LA SCIENCE POLITIQUE PROPREMENT DITE (Livres II-XIII). La « nature des choses » sera ici la *nature du gouvernement* et son *principe*. Nous restons à ce niveau dans le domaine des choses en soi : Montesquieu nous présente ses déductions comme valables pour tous les temps, dans tous les pays.

1. NATURE (Livre II, cf. p. 98) et PRINCIPE (Livre III, cf. p. 98) du GOUVERNEMENT. Suivent quelques corollaires (Livres IV-VII) : lois relatives à l'éducation ; action réciproque des lois sur le principe du gouvernement ; simplicité plus ou moins grande des lois civiles et criminelles ; lois somptuaires. Le Livre VIII, formant une conclusion partielle, traite de la dégénérescence des divers types de gouvernement (cf. p. 102-104).

2. EXPLOITATION DES RÉSULTATS ACQUIS (Livres IX-XIII). Quelle que soit sa forme, un État a toujours : un territoire, trois pouvoirs, exécutif, législatif et judiciaire (cf. p. 106), des citoyens régis par ses lois, des finances. Comment réagiront les différents régimes à l'égard de ces réalités communes ?

II. POLITIQUE ET GÉOGRAPHIE (Livres XIV-XXV). Apparition d'un nouvel aspect de la nature des choses : L'ESPACE.

1. SOCIOLOGIE MATÉRIALISTE : théorie des CLIMATS (Livres XIV-XVIII). Le climat agit sur le tempérament des peuples, et par là sur les lois (XIV, cf. p. 107). Application de cette théorie à la question de la servitude (XV-XVII, cf. p. 108). Deuxième aspect de la théorie : la nature du terrain, fertile ou stérile, agit sur les lois (XVIII).

2. SOCIOLOGIE HUMAINE : rapports des lois avec l'ESPRIT GÉNÉRAL d'une nation (Livres XIX-XXV). « Plusieurs choses gouvernent les hommes : le climat, la religion, les lois, les maximes du gouvernement, les exemples des choses passées, les mœurs, les manières ; d'où il se forme un esprit général qui en résulte. » Ainsi, tandis que « la nature et le climat dominent presque seuls sur les sauvages », chez les peuples civilisés, l'esprit général est une résultante beaucoup plus complexe. Les lois dépendent et doivent dépendre de cet esprit général, mais réciproquement, l'esprit général de l'Angleterre peut être déduit de la constitution de cette nation, qui lui assure la liberté (XIX, 27).

Suivent des corollaires, relatifs au *commerce* et à la *monnaie* (XX-XXII), à la *démographie* (XXIII), enfin aux rapports des lois avec la *religion* (XXIV-XXV) : la hardiesse de Montesquieu consiste ici à traiter la religion comme un phénomène sociologique.

III. POLITIQUE ET HISTOIRE DU DROIT (Livres XXVI-XXXI). Apparition du facteur TEMPS qui n'était intervenu jusqu'ici qu'à titre accessoire. Exemple des lois romaines sur les successions (XXVII) ; origine et révolutions des lois civiles françaises (XXVIII) ; théorie des lois féodales et de la monarchie chez les Francs (XXX-XXXI).

Cette dernière partie, très érudite, est la plus aride et aussi la moins nettement composée de l'ouvrage. On comprend mal, en particulier, pourquoi les Livres XXVI et XXIX, qui contiennent l'un et l'autre des conseils aux législateurs, n'ont pas été groupés pour former une conclusion générale. Sans doute faut-il voir là un signe de la fatigue de l'auteur.

PRÉFACE

La Préface de l'*Esprit des Lois* est une très belle page, tant par sa qualité littéraire que par sa valeur humaine. Conscient de la grandeur de la tâche accomplie, MONTESQUIEU s'élève à un véritable *lyrisme* pour dire sa foi enthousiaste dans son œuvre et dans les bienfaits que la science politique, sereine et lucide, peut apporter au genre humain. Ce n'est pas ici un auteur qui vous parle, avec ses préjugés et ses passions, semble-t-il nous dire ; c'est la *nature*, c'est la *raison :* écoutez-les.

Si, dans le nombre infini de choses qui sont dans ce livre, il y en avait quelqu'une qui, contre mon attente, pût offenser, il n'y en a pas du moins qui ait été mise avec mauvaise intention. Je n'ai point naturellement l'esprit désapprobateur. Platon remerciait le ciel de ce qu'il était né du temps de Socrate ; et moi je lui rends grâces de ce qu'il m'a fait naître dans le gouvernement où je vis, et de ce qu'il a voulu que j'obéisse à ceux qu'il m'a fait aimer.

Je demande une grâce que je crains qu'on ne m'accorde pas : c'est de ne pas juger, par la lecture d'un moment, d'un travail de vingt années ;
10 d'approuver ou de condamner le livre entier, et non pas quelques phrases [1]. Si l'on veut chercher le dessein de l'auteur, on ne le peut bien découvrir que dans le dessein de l'ouvrage [2].

J'ai d'abord examiné les hommes, et j'ai cru que, dans cette infinie diversité de lois et de mœurs, ils n'étaient pas uniquement conduits par leurs fantaisies [3].

J'ai posé les principes, et j'ai vu les cas particuliers s'y plier comme d'eux-mêmes, les histoires de toutes les nations n'en être que les suites, et chaque loi particulière liée avec une autre loi, ou dépendre d'une autre plus générale [4].
20 Quand j'ai été rappelé à l'antiquité, j'ai cherché à en prendre l'esprit pour ne pas regarder comme semblables des cas réellement différents, et ne pas manquer les différences de ceux qui paraissent semblables [5].

Je n'ai point tiré mes principes de mes préjugés, mais de la nature des choses.

Ici, bien des vérités ne se feront sentir qu'après qu'on aura vu la chaîne qui les lie à d'autres [6.] Plus on réfléchira sur les détails, plus on sentira la certitude des principes. Ces détails mêmes, je ne les ai pas tous donnés : car, qui pourrait dire tout sans un mortel ennui ?

On ne trouvera point ici ces traits saillants qui semblent caractériser
30 les ouvrages d'aujourd'hui [7]. Pour peu qu'on voie les choses avec une certaine étendue, les saillies s'évanouissent ; elles ne naissent d'ordinaire que parce que l'esprit se jette tout d'un côté, et abandonne tous les autres.

Je n'écris point pour censurer ce qui est établi dans quelque pays que ce soit [8]. Chaque nation trouvera ici les raisons de ses maximes, et on en tirera naturellement cette conséquence, qu'il n'appartient de proposer des changements qu'à ceux qui sont assez heureusement nés pour pénétrer d'un coup de génie toute la constitution d'un État [9].

Il n'est pas indifférent que le peuple soit éclairé [10]. Les préjugés des magistrats [11] ont commencé par être les préjugés de la nation. Dans un
40 temps d'ignorance on n'a aucun doute, même lorsqu'on fait les plus grands maux ; dans un temps de lumière, on tremble encore lorsqu'on fait les plus grands biens. On sent les abus anciens, on en voit la correction ; mais on voit encore les abus de la correction même. On laisse le mal, si l'on craint le pire ; on laisse le bien, si l'on est en doute du mieux.

— 1 Cf. § 7. — 2 Donc ne pas prêter, a priori, telle ou telle thèse à l'auteur. — 3 Cf. p. 92, l. 16. — 4 Méthode *déductive* contrôlée par *l'expérience*. — 5 Définition de l'esprit historique. — 6 Tout se tient dans cet ouvrage, comme dans la réalité. — 7 Cf. p. 78, l. 34-35. — 8 En effet, s'il n'excuse pas tout, Montesquieu cherche à tout comprendre. — 9 La politique est une science. — 10 Quelle est l'importance de cette affirmation ? — 11 Des gouvernants.

On ne regarde les parties que pour juger du tout ensemble ; on examine toutes les causes pour voir tous les résultats [12].

Si je pouvais faire en sorte que tout le monde eût de nouvelles raisons pour aimer ses devoirs, son prince, sa patrie, ses lois ; qu'on pût mieux sentir son bonheur dans chaque pays, dans chaque gouvernement, dans 50 chaque poste où l'on se trouve, je me croirais le plus heureux des mortels.

Si je pouvais faire en sorte que ceux qui commandent augmentassent leurs connaissances sur ce qu'ils doivent prescrire, et que ceux qui obéissent trouvassent un nouveau plaisir à obéir, je me croirais le plus heureux des mortels.

Je me croirais le plus heureux des mortels [13], si je pouvais faire que les hommes pussent se guérir de leurs préjugés. J'appelle ici préjugés, non pas ce qui fait qu'on ignore de certaines choses, mais ce qui fait qu'on s'ignore soi-même [14].

C'est en cherchant à instruire les hommes, que l'on peut pratiquer 60 cette vertu générale, qui comprend l'amour de tous [15]. L'homme, cet être flexible, se pliant, dans la société, aux pensées et aux impressions des autres, est également capable de connaître sa propre nature lorsqu'on la lui montre, et d'en perdre jusqu'au sentiment lorsqu'on la lui dérobe.

J'ai bien des fois commencé, et bien des fois abandonné cet ouvrage [16] ; j'ai mille fois envoyé aux vents les feuilles que j'avais écrites ; je sentais tous les jours les mains paternelles tomber [17], je suivais mon objet sans former de dessein ; je ne connaissais ni les règles, ni les exceptions ; je ne trouvais la vérité que pour la perdre. Mais, quand j'ai découvert mes principes, tout ce que je cherchais est venu à moi ; et, dans le cours 70 de vingt années, j'ai vu mon ouvrage commencer, croître, s'avancer et finir [18].

Si cet ouvrage a du succès, je le devrai beaucoup à la majesté de mon sujet ; cependant, je ne crois pas avoir totalement manqué de génie. Quand j'ai vu ce que tant de grands hommes, en France, en Angleterre et en Allemagne, ont écrit avant moi, j'ai été dans l'admiration, mais je n'ai point perdu le courage : « Et moi aussi, je suis peintre », ai-je dit avec le Corrège [19].

– **Dessein et méthode.** *Exposez le dessein de* MONTESQUIEU *et dégagez les éléments essentiels de sa méthode, en particulier d'après les § 3 à 6.*
– **Essai.** *D'après cette préface et les indications fournies par* MONTESQUIEU *dans son autoportrait (p. 77), esquissez sa personnalité physique et morale.*
• **Groupe thématique : Les lois en question** . XVIᵉ SIÈCLE. MONTAIGNE : « Fragilité de la coutume », p. 229 ; – « MONTAIGNE conservateur ? » p. 235. – XVIIᵉSIÈCLE. PASCAL : « Vérité en deçà des Pyrénées, erreur au delà », p. 152 et p. 153-154.

— 12 Il ne faut donc entreprendre de réformer un État qu'avec une extrême prudence. — 13 Étudier l'effet de la répétition et du chiasme. S'agit-il seulement d'un effet rhétorique ? — 14 Il faut donc avant tout *se connaître ;* c'est le précepte socratique. — 15 La philanthropie (le mot date du XVIIIᵉ siècle). — 16 Noter le changement de ton. Quel sentiment traduit-il ? — 17 Souvenir de l'*Enéide,* VI, 33. — 18 Étudier le rythme de ce §. — 19 Mot qu'aurait prononcé le Corrège devant la *Sainte Cécile* de Raphaël. Analyser le sentiment qu'il exprime.

La nature des gouvernements et leurs principes

Nous groupons ici quelques *définitions* de MONTESQUIEU, préambule indispensable à l'étude plus approfondie des *quatre types de gouvernements.*

Nature   Il y a trois espèces de gouvernements : le RÉPU-
                              BLICAIN, le MONARCHIQUE et le DESPOTIQUE. Pour
en découvrir la nature, il suffit de l'idée qu'en ont les hommes les moins instruits.
Je suppose trois définitions, ou plutôt trois faits : l'un, que « le gouvernement
républicain est celui où le peuple en corps, ou seulement une partie du peuple,
a la souveraine puissance ; le *monarchique,* celui où un seul gouverne, mais par
des lois fixes et établies ; au lieu que, dans le *despotique,* un seul, sans loi et sans
règle, entraîne tout par sa volonté et par ses caprices ».
Voilà ce que j'appelle la nature de chaque gouvernement. Il faut voir quelles
sont les lois qui suivent directement de cette nature, et qui par conséquent sont
les premières lois fondamentales (II, 1).

Le gouvernement républicain se subdivise lui-même en Démocratie *et* Aristocratie :

Lorsque, dans la république, le peuple en corps a la souveraine puissance, c'est
une *Démocratie.* Lorsque la souveraine puissance est entre les mains d'une partie
du peuple, cela s'appelle une *Aristocratie.*
Le peuple, dans la démocratie, est, à certains égards, le monarque ; à certains
autres, il est le sujet (II, 2).
Dans l'aristocratie, la souveraine puissance est entre les mains d'un certain
nombre de personnes. Ce sont elles qui font les lois et qui les font exécuter ; et
le reste du peuple n'est tout au plus à leur égard que comme dans une monarchie
les sujets sont à l'égard du monarque (II, 3).

Principe   Après avoir examiné quelles sont les lois relatives
                              à la nature de chaque gouvernement, il faut voir
celles qui le sont à son principe.
Il y a cette différence entre la nature du gouvernement et son principe que sa
nature est ce qui le fait être tel, et son principe ce qui le fait agir. L'une est sa
structure particulière, et l'autre les passions humaines qui le font mouvoir.
Or les lois ne doivent pas être moins relatives au principe de chaque gouvernement qu'à sa nature. Il faut donc chercher quel est ce principe. C'est ce que
je vais faire dans ce livre-ci (III, 1).

DU PRINCIPE DE LA DÉMOCRATIE

Nourri de lettres grecques et romaines, MONTESQUIEU est plein d'admiration pour les
démocraties antiques : en tant qu'humaniste, il a l'esprit *républicain.* Sa conception de la
vertu républicaine est d'ailleurs complexe : les diverses définitions qu'il en donne précisent
la notion sans l'épuiser ; il a affirmé qu'il avait en vue la vertu *politique,* mais il s'agit bien
aussi de vertu *morale :* le moraliste rejoint ici l'écrivain politique.

Il ne faut pas beaucoup de probité pour qu'un gouvernement
monarchique ou un gouvernement despotique se maintiennent ou se
soutiennent. La force des lois dans l'un, le bras du prince toujours levé

dans l'autre [1], règlent ou contiennent tout. Mais dans un État populaire, il faut un ressort de plus, qui est la VERTU [2].

Ce que je dis est confirmé par le corps entier de l'histoire, et est très conforme à la nature des choses [3]. Car il est clair que, dans une monarchie, où celui qui fait exécuter les lois se juge au-dessus des lois, on a besoin de moins de vertu que dans un gouvernement populaire, où celui qui fait exécuter les lois sent qu'il y est soumis lui-même et qu'il en portera le poids.

Il est clair encore que le monarque qui, par mauvais conseil ou par négligence, cesse de faire exécuter les lois, peut aisément réparer le mal : il n'a qu'à changer de conseil, ou se corriger de cette négligence même. Mais lorsque, dans un gouvernement populaire, les lois ont cessé d'être exécutées, comme cela ne peut venir que de la corruption de la république, l'État est déjà perdu.

Ce fut un assez beau spectacle, dans le siècle passé, de voir les efforts impuissants des Anglais pour établir parmi eux la démocratie. Comme ceux qui avaient part aux affaires n'avaient point de vertu, que leur ambition était irritée [4] par le succès de celui qui avait le plus osé [5], que l'esprit d'une faction n'était réprimé que par l'esprit d'une autre, le gouvernement changeait sans cesse : le peuple, étonné, cherchait la démocratie, et ne la trouvait nulle part. Enfin, après bien des mouvements, des chocs et des secousses, il fallut se reposer [6] dans le gouvernement même qu'on avait proscrit [7].

Quand Sylla voulut rendre à Rome la liberté, elle ne put plus la recevoir : elle n'avait plus qu'un faible reste de vertu; et comme elle en eut toujours moins, au lieu de se réveiller après César, Tibère, Caïus, Claude, Néron, Domitien, elle fut toujours plus esclave : tous les coups portèrent sur les tyrans, aucun sur la tyrannie [8].

Les politiques grecs, qui vivaient dans le gouvernement populaire, ne reconnaissaient d'autre force qui pût le soutenir que celle de la vertu. Ceux d'aujourd'hui ne nous parlent que de manufactures, de commerce, de finances, de richesses, et de luxe même [9].

Lorsque cette vertu cesse, l'ambition entre dans les cœurs qui peuvent la recevoir, et l'avarice [10] entre dans tous. Les désirs changent d'objets : ce qu'on aimait, on ne l'aime plus ; on était libre avec les lois, on veut être libre contre elles ; chaque citoyen est comme un esclave échappé de la maison de son maître ; ce qui était maxime, on l'appelle rigueur ;

— 1 *Pour frapper.* Apprécier l'image. — 2 Cf. *Avertissement :* « Ce que j'appelle la *vertu* dans la république est l'amour de la patrie, c'est-à-dire de l'égalité » ; et aussi IV, 5 : « La vertu politique est un renoncement à soi-même, qui est toujours une chose très pénible. On peut définir cette vertu, l'amour des lois et de la patrie. Cet amour, demandant une préférence continuelle de l'intérêt public au sien propre, donne toutes les vertus particulières ; elles ne sont que cette préférence. » — 3 L'auteur fait appel à la fois à l'histoire et à la déduction. — 4 Excitée. — 5 Cromwell. — 6 Retour au calme et à l'équilibre, après les secousses. — 7 Restauration de Charles II. — 8 Formule à commenter. — 9 Montesquieu montrera plus loin que le luxe convient à l'État monarchique, tandis que la vertu républicaine est amour de la frugalité. — 10 *Cupidité.*

ce qui était règle, on l'appelle gêne ; ce qui était attention, on l'appelle crainte. C'est la frugalité qui y est l'avarice, et non pas le désir d'avoir. Autrefois le bien des particuliers faisait le trésor public ; mais pour lors le trésor public devient le patrimoine des particuliers. La république est une dépouille ; et sa force n'est plus que le pouvoir de quelques citoyens et la licence de tous (III, 3).

– La « vertu » républicaine. *Définissez cette « vertu » d'après ce chapitre (et la note 2) et l'apologue des Troglodytes (p.88). Quels avantages en résultent pour le régime démocratique ? à quelles difficultés se heurte-t-elle ? Quelles leçons doit en tirer le citoyen d'une démocratie ?*
– **Enquête.** *Dans quelle mesure les républiques actuelles sont-elles, ou ne sont-elles pas, des « démocraties » au sens où l'entend Montesquieu ?*
• **Confrontation** avec ROUSSEAU *(Du contrat social)* et ROBESPIERRE (« Démocratie et Révolution »).

Principes des gouvernements non démocratiques

La *modération* aristocratique et l'*honneur* monarchique sont, comme la *vertu* démocratique, des principes *complexes ;* en revanche, la *crainte*, sur laquelle se fonde le despotisme, est un ressort *simple et brutal*, efficace mais *grossier*. De plus, la crainte *dégrade les âmes*, tandis que les trois autres principes les exaltent. C'est dire que le despotisme ne saurait convenir à des peuples *civilisés*, conscients de la *dignité humaine*.

Aristocratie

Comme il faut de la vertu dans le gouvernement populaire, il en faut aussi dans l'aristocratie. Il est vrai qu'elle n'y est pas si absolument requise.

Le peuple, qui est à l'égard des nobles ce que les sujets sont à l'égard du monarque [1], est contenu par leurs lois. Il a donc moins besoin de vertu que le peuple de la démocratie. Mais comment les nobles seront-ils contenus ? Ceux qui doivent faire exécuter les lois contre leurs collègues sentiront d'abord [2] qu'ils agissent contre eux-mêmes. Il faut donc de la vertu dans ce corps, par la nature de la constitution.

10   Le gouvernement aristocratique a par lui-même une certaine force que la démocratie n'a pas. Les nobles y forment un corps qui, par sa prérogative et pour son intérêt particulier, réprime le peuple : il suffit qu'il y ait des lois, pour qu'à cet égard elles soient exécutées.

Mais autant qu'il est aisé à ce corps de réprimer les autres, autant est-il difficile qu'il se réprime lui-même [3]. Telle est la nature de cette constitution, qu'il semble qu'elle mette les mêmes gens sous la puissance des lois, et qu'elle les en retire.

Or, un corps pareil ne peut se réprimer [4] que de deux manières : ou par une grande vertu, qui fait que les nobles se trouvent en quelque façon égaux à leur peuple, ce qui peut former une grande république ; ou par une vertu moindre,
20 qui est une certaine modération qui rend les nobles au moins égaux à eux-mêmes, ce qui fait leur conservation.

— 1 C'est-à-dire : soumis au pouvoir des nobles comme les sujets au pouvoir du monarque. — 2 Sur-le-champ. — 3 « Les crimes publics y pourront être punis, parce que c'est l'affaire de tous, les crimes particuliers n'y seront pas punis, parce que l'affaire de tous est de ne les pas punir. » (Montesquieu). — 4 Souci constant d'éviter l'arbitraire, le pouvoir tyrannique d'un homme ou d'une collectivité.

.La *modération* est donc l'âme de ces gouvernements. J'entends celle qui est fondée sur la vertu, non pas celle qui vient d'une lâcheté et d'une paresse de l'âme [5] (III, 4).

Monarchie

Le gouvernement monarchique suppose, comme nous avons dit, des prééminences, des rangs, et même une noblesse d'origine [6]. La nature de l'*honneur* est de demander des préférences et des distinctions ; il est donc, par la chose même, placé dans ce gouvernement.

30   L'ambition est pernicieuse dans une république. Elle a de bons effets dans la monarchie ; elle donne la vie à ce gouvernement ; et on y a cet avantage, qu'elle n'y est pas dangereuse, parce qu'elle y peut être sans cesse réprimée [7].

Vous diriez qu'il en est comme du système de l'univers, où il y a une force qui éloigne sans cesse du centre tous les corps, et une force de pesanteur qui les y ramène [8]. L'honneur fait mouvoir toutes les parties du corps politique ; il les lie par son action même et il se trouve que chacun va au bien commun, croyant aller à ses intérêts particuliers.

Il est vrai que, philosophiquement parlant, c'est un honneur faux [9] qui conduit toutes les parties de l'État ; mais cet honneur faux est aussi utile au public que
40   le vrai le serait aux particuliers qui pourraient l'avoir.

Et n'est-ce pas beaucoup d'obliger les hommes à faire toutes les actions difficiles, et qui demandent de la force, sans autre récompense que le bruit [10] de ces actions ? (III, 7).

Despotisme

Comme il faut de la *vertu* dans une république, et dans une monarchie de l'*honneur*, il faut de la *crainte* dans un gouvernement despotique : pour la vertu, elle n'y est point nécessaire, et l'honneur y serait dangereux [11].

Le pouvoir immense du prince y passe tout entier à ceux à qui il le confie. Des gens capables de s'estimer beaucoup eux-mêmes seraient en état d'y faire des
50   révolutions. Il faut donc que la crainte y abatte tous les courages et y éteigne jusqu'au moindre sentiment d'ambition.

Un gouvernement modéré peut, tant qu'il veut, et sans péril, relâcher ses ressorts : il se maintient par ses lois et par sa force même. Mais lorsque dans le gouvernement despotique le prince cesse un moment de lever le bras, quand il ne peut pas anéantir à l'instant ceux qui ont les premières places, tout est perdu : car le ressort du gouvernement, qui est la crainte, n'y étant plus, le peuple n'a plus de protecteur.

C'est apparemment dans ce sens que des cadis [12] ont soutenu que le grand Seigneur [13] n'était point obligé de tenir sa parole ou son serment, lorsqu'il
60   bornait par là son autorité.

— 5 En tant que *principe* d'un gouvernement, la *modération* doit être active, dynamique (cf. p. 98, définition du *principe*). — 6 « Les pouvoirs intermédiaires, subordonnés et dépendants, constituent la nature du gouvernement monarchique...Le pouvoir intermédiaire subordonné le plus naturel est celui de la noblesse » (II, 4). — 7 Par le souverain. — 8 Expression imagée de l'*équilibre politique* ainsi obtenu. — 9 Parce qu'il est entaché de *vanité :* « L'honneur c'est-à-dire le préjugé de chaque personne et de chaque condition... » (III, 6). — 10 La renommée. — 11 En quoi, selon vous ? Préciser l'explication donnée au § suivant. — 12 Juges musulmans. — 13 Le sultan de Constantinople.

Il faut que le peuple soit jugé par les lois, et les grands par la fantaisie du prince ; que la tête du dernier sujet soit en sûreté, et celle des bachas [14] toujours exposée. On ne peut parler sans frémir de ces gouvernements monstrueux. Le sophi de Perse, détrôné de nos jours [15] par Mirivéis, vit le gouvernement périr avant la conquête, parce qu'il n'avait pas versé assez de sang.

L'histoire nous dit que les horribles cruautés de Domitien effrayèrent les gouverneurs au point que le peuple se rétablit un peu sous son règne [16]. C'est ainsi qu'un torrent qui ravage tout d'un côté laisse de l'autre des campagnes où l'œil voit de loin quelques prairies [17]. (III, 9).

DE LA CORRUPTION DU PRINCIPE DE LA DÉMOCRATIE

MONTESQUIEU place en tête du Livre VIII, *De la corruption des principes des trois gouvernements*, cette réflexion générale : « La corruption de chaque gouvernement commence presque toujours par celle des principes. » Puis il examine le cas de la *démocratie* : ce régime peut être menacé par les ambitions individuelles *(esprit d'inégalité)*, mais il l'est plus encore par l'esprit d'insubordination, ou *esprit d'égalité extrême*, encouragé par la politique des démagogues, et qui provoque l'*anarchie*, terrain favorable à l'établissement du *despotisme*.

Le principe de la démocratie se corrompt, non seulement lorsqu'on perd l'esprit d'égalité, mais encore quand on prend l'esprit d'égalité extrême [1], et que chacun veut être égal à ceux qu'il choisit pour lui commander. Pour lors le peuple, ne pouvant souffrir le pouvoir même qu'il confie, veut tout faire par lui-même, délibérer pour le sénat, exécuter pour les magistrats, et dépouiller tous les juges [2].

Il ne peut plus y avoir de vertu dans la république [3]. Le peuple veut faire les fonctions des magistrats : on ne les respecte donc plus. Les délibérations du sénat n'ont plus de poids : on n'a donc plus d'égards pour les sénateurs, et par conséquent pour les vieillards [4]. Que si l'on n'a pas du respect pour les vieillards, on n'en aura pas non plus pour les pères ; les maris ne méritent pas plus de déférence, ni les maîtres plus de soumission. Tout le monde parviendra à aimer ce libertinage [5] : la gêne [6] du commandement fatiguera, comme celle de l'obéissance. Les femmes, les enfants, les esclaves n'auront de soumission pour personne. Il n'y aura plus de mœurs, plus d'amour de l'ordre, enfin plus de vertu.

— 14 Ou *pachas :* dignitaires musulmans. — 15 En 1709. — 16 Montesquieu se fonde sur un texte de Suétone. — 17 Apprécier cette image.

— 1 Le mot comporte la notion d'*excès*. —

2 Ce qui entraîne la désastreuse *confusion des trois pouvoirs* (cf. p. 106). — 3 Puisque la *vertu* consiste à faire passer l'intérêt général avant l'intérêt particulier. — 4 Les sénats antiques étaient composés d'hommes âgés. — 5 Cette licence. — 6 Le fardeau.

On voit dans le *Banquet* de Xénophon une peinture bien naïve [7] d'une république où le peuple a abusé de l'égalité. Chaque convive
20 donne à son tour la raison pourquoi [8] il est content de lui. « Je suis content de moi, dit Charmidès, à cause de ma pauvreté. Quand j'étais riche, j'étais obligé de faire ma cour aux calomniateurs [9], sachant bien que j'étais plus en état de recevoir du mal d'eux que de leur en faire ; la république me demandait toujours quelque nouvelle somme ; je ne pouvais m'absenter. Depuis que je suis pauvre, j'ai acquis de l'autorité ; personne ne me menace, je menace les autres ; je puis m'en aller ou rester. Déjà les riches se lèvent de leur place et me cèdent le pas. Je suis un roi, j'étais esclave ; je payais un tribut à la république, aujourd'hui elle me nourrit ; je ne crains plus de perdre, j'espère d'acquérir. »

30 Le peuple tombe dans ce malheur, lorsque ceux à qui il se confie, voulant cacher leur propre corruption, cherchent à le corrompre. Pour qu'il ne voie pas leur ambition, ils ne lui parlent que de sa grandeur ; pour qu'il n'aperçoive pas leur avarice [10], ils flattent sans cesse la sienne [11].

La corruption augmentera parmi les corrupteurs, et elle augmentera parmi ceux qui sont déjà corrompus. Le peuple se distribuera [12] tous les deniers publics ; et, comme il aura joint à sa paresse la gestion des affaires, il voudra joindre à sa pauvreté les amusements du luxe. Mais, avec sa paresse et son luxe, il n'y aura que le trésor public qui puisse être un objet [13] pour lui.

40 Il ne faudra pas s'étonner si l'on voit les suffrages se donner pour de l'argent. On ne peut donner beaucoup au peuple, sans retirer encore plus de lui ; mais, pour retirer de lui, il faut renverser l'État. Plus il paraîtra tirer d'avantage de sa liberté, plus il s'approchera du moment où il doit la perdre. Il se forme de petits tyrans qui ont tous les vices d'un seul. Bientôt, ce qui reste de liberté devient insupportable ; un seul tyran s'élève ; et le peuple perd tout, jusqu'aux avantages de sa corruption.

La démocratie a donc deux excès à éviter : l'esprit d'inégalité, qui la mène à l'aristocratie, ou au gouvernement d'un seul ; et l'esprit d'égalité extrême, qui la conduit au despotisme d'un seul, comme le despotisme
50 d'un seul finit par la conquête. (VIII, 2).

– *Précisez ce que* Montesquieu *appelle « esprit d'égalité extrême ». Expliquez le rôle que jouent, selon lui, les démagogues et exposez la différence entre démocratie et démagogie.*
– *Par quel enchaînement l'esprit d'égalité extrême conduit-il au despotisme ?*
– **Débat.** *Comment la démocratie peut-elle être corrompue par le vice contraire, « l'esprit d'inégalité » ?*
– **Contraction** (*ensemble du texte*). **Essai.** *Exposez et commentez l'idée du texte qui vous intéresse le plus.*

— 7 *Prise sur le vif.* Cf. dans les *Lettres Persanes* le tableau d'un peuple qui refuse toute discipline (*Histoire des Troglodytes*, p. 88). — 8 Pour laquelle. — 9 Ils accusaient les citoyens riches, pour pouvoir s'emparer d'une partie de leurs biens. — 10 Cupidité. — 11 L'auteur condamne ici les *démagogues*. — 12 Se répartira. — 13 Un *objectif* offert à sa cupidité.

De la corruption du principe de la monarchie

De même que les formes supérieures de l'énergie tendent à se transformer en chaleur, les formes supérieures de gouvernement risquent constamment de se dégrader en despotisme. Le péril est particulièrement visible pour la *monarchie*. MONTESQUIEU semble parler en général, mais il est aisé de voir qu'il songe avant tout à la *monarchie française*, et sa critique de l'absolutisme établi par Louis XIV est à peine déguisée. Dans les *Cahiers*, il se montre extrêmement dur pour le roi-soleil : « Il semblait n'avoir de puissance que pour l'ostentation : tout était fanfaron, jusqu'à sa politique... Il avait un désir immodéré d'accroître sa puissance sur ses sujets ».

Comme les démocraties se perdent lorsque le peuple dépouille le sénat, les magistrats et les juges de leurs fonctions, les monarchies se corrompent lorsqu'on ôte peu à peu les prérogatives des corps ou les privilèges des villes [1]. Dans le premier cas, on va au despotisme de tous ; dans l'autre au despotisme d'un seul.

« Ce qui perdit les dynasties de Tsin et de Souï, dit un auteur chinois, c'est qu'au lieu de se borner, comme les anciens, à une inspection générale, seule digne du souverain, les princes voulurent gouverner tout immédiatement par eux-mêmes. » L'auteur chinois nous donne ici la cause de la corruption de presque
10 toutes les monarchies.

La monarchie se perd, lorsqu'un prince croit qu'il montre plus sa puissance en changeant l'ordre des choses qu'en les suivant ; lorsqu'il ôte les fonctions naturelles des uns pour les donner arbitrairement à d'autres, et lorsqu'il est plus amoureux de ses fantaisies que de ses volontés [2].

La monarchie se perd, lorsque le prince, rapportant tout uniquement à lui, appelle l'État à sa capitale, la capitale à sa cour, et la cour à sa seule personne [3].

Enfin elle se perd, lorsqu'un prince méconnaît son autorité, sa situation, l'amour de ses peuples ; et lorsqu'il ne sent pas bien qu'un monarque doit se juger en sûreté, comme un despote doit se croire en péril. (VIII, 6).
20 Le principe de la monarchie se corrompt lorsque les premières dignités sont les marques de la première servitude, lorsqu'on ôte aux grands le respect des peuples, et qu'on les rend de vils instruments du pouvoir arbitraire.

Il se corrompt encore plus, lorsque l'honneur a été mis en contradiction avec les honneurs, et que l'on peut être à la fois couvert d'infamie et de dignités.

Il se corrompt lorsque le prince change sa justice en sévérité ; lorsqu'il met, comme les empereurs romains, une tête de Méduse sur sa poitrine [4] ; lorsqu'il prend cet air menaçant et terrible que Commode [5] faisait donner à ses statues.

Le principe de la monarchie se corrompt lorsque des âmes singulièrement lâches tirent vanité de la grandeur que pourrait avoir leur servitude [6], et qu'elles
30 croient que ce qui fait que l'on doit tout au prince fait que l'on ne doit rien à sa patrie.

Mais, s'il est vrai (ce que l'on a vu dans tous les temps) qu'à mesure que le pouvoir du monarque devient immense, sa sûreté diminue [7], corrompre ce pouvoir jusqu'à le faire changer de nature, n'est-ce pas un crime de lèse-majesté contre lui [8] ? (VIII, 7).

Quant au principe du gouvernement despotique, il « *se corrompt sans cesse, parce qu'il est corrompu par sa nature* » (VIII, 10).

— 1 Donc lorsqu'on supprime les *pouvoirs intermédiaires*. — 2 Ceci vise Louis XIV. — 3 Cf. le mot fameux : « L'État, c'est moi ». — 4 Image frappante : la tête coupée de Méduse était censée paralyser de terreur ceux qui la regardaient ; elle ornait symboliquement la cuirasse des empereurs. — 5 Tyran cruel, empereur de 161 à 192. — 6 A expliquer. — 7 Cf. ci-dessus, § 5. — 8 Noter l'habileté et le caractère inattendu de ce raisonnement.

L'IDÉAL POLITIQUE DE MONTESQUIEU

Peut-on établir une hiérarchie des régimes politiques étudiés par Montesquieu ? Existe-t-il une forme de gouvernement qui soit propre par excellence à assurer le bonheur des hommes ? Un fait frappe dès l'abord : *la condamnation du despotisme*, régime brutal et simpliste, incompatible avec « l'amour des hommes pour la liberté » et « leur haine contre la violence ». Mais il est moins facile de discerner où vont les préférences de Montesquieu.

I. LA DÉMOCRATIE ANTIQUE. Ce serait, dans l'abstrait, le régime idéal ; moralement la *vertu* qui le régit est très supérieure à l'*honneur* monarchique. Mais Montesquieu l'admire surtout en humaniste imbu de lettres grecques et latines. Il ne paraît pas croire que ce régime puisse convenir aux grands États modernes.

II. LA CONSTITUTION ANGLAISE (XI, 6 et XIX, 27). Ce régime complexe, monarchique en apparence, républicain en réalité, a une valeur exemplaire, car il assure la *séparation*, ou plutôt l'*équilibre* des trois pouvoirs, *exécutif*, *législatif* et *judiciaire*, équilibre sans lequel il ne peut y avoir de liberté (cf. p. 106). Le roi détient la puissance exécutive, le Parlement la puissance législative, et ses deux Chambres se font mutuellement contrepoids ; l'organisation des tribunaux garantit une indépendance suffisante à la puissance judiciaire et préserve les citoyens de l'arbitraire.

Cette constitution est une réussite à un double point de vue : elle est parfaitement adaptée au tempérament anglais, et la complexité même de ses rouages assure la *modération* du régime. Double leçon à retenir : 1° il n'existe pas d'institutions parfaites dans l'absolu ; une constitution est bonne ou mauvaise par rapport aux traditions et à l'esprit général de la nation ; 2° une constitution n'est pas un système abstrait, mais une machine compliquée, ou pour mieux dire un organisme vivant.

III. ESQUISSE D'UNE CONSTITUTION FRANÇAISE. La question des origines et de la nature de la *monarchie française* était à l'ordre du jour dans la première moitié du XVIIIᵉ siècle ; Montesquieu l'a étudiée en érudit dans les derniers livres de l'*Esprit des Lois* ; il a surtout ébauché, tant par ses suggestions que par ses critiques, l'esquisse d'une constitution française conforme à son idéal.Selon lui la monarchie convient au tempérament français ; mais la monarchie traditionnelle, d'institution féodale, et par conséquent tempérée, a été peu à peu transformée en un régime tout proche du despotisme par les empiétements de Richelieu, Mazarin, Louis XIV (cf. p. 104). Il faut revenir à un régime *modéré* où des *pouvoirs intermédiaires* (noblesse, Parlements) s'opposeraient à l'arbitraire royal. A défaut d'une séparation des pouvoirs sur le modèle anglais, on parviendrait à un *équilibre* si l'on consacrait les Parlements comme *dépôt des lois*, la vénalité des charges assurant d'autre part l'indépendance du pouvoir judiciaire.

On peut se demander si les préjugés de Montesquieu n'interviennent pas ici. Parlementaire lui-même et privilégié, il accorde un rôle capital aux Parlements et aux corps privilégiés, à un moment où l'esprit démocratique commence à se répandre en France, et se révolte contre tous les privilèges. N'eût-on pas assisté à une réaction nobiliaire si les vues de Montesquieu avaient triomphé ? En revanche il ne donne point dans l'utopie du *despotisme éclairé* qui allait séduire tant de philosophes : son grand souci est au contraire de *fonder la liberté en limitant le pouvoir royal*.

L'Assemblée Constituante s'inspirera largement des idées de Montesquieu sur la *liberté* (Déclaration des Droits de l'Homme) et la *séparation des pouvoirs*, mais elle s'écartera de lui radicalement en s'attaquant à tous les privilèges, à tous les pouvoirs intermédiaires. Montesquieu préférait la liberté à l'égalité : la Révolution française échouera dans sa tentative pour établir à la fois l'une et l'autre.

LA SÉPARATION DES POUVOIRS

Dans le chapitre VI du livre XI, *De la constitution d'Angleterre*, MONTESQUIEU pose le principe de la *séparation des pouvoirs*, qui n'a rien perdu de son actualité. La liberté politique, qu'il a définie plus haut « le droit de faire tout ce que les lois permettent » ne peut régner que dans un gouvernement *modéré*, et trouve sa meilleure garantie dans l'équilibre des trois pouvoirs. Après un préambule général (ci-dessous), l'auteur entre dans le détail et montre comment cet équilibre est assuré dans la constitution anglaise.

Il y a, dans chaque État, trois sortes de pouvoirs : la puissance législative, la puissance exécutrice des choses qui dépendent du droit des gens [1], et la puissance exécutrice de celles qui dépendent du droit civil [2].

Par la première, le prince ou le magistrat fait des lois pour un temps ou pour toujours, et corrige ou abroge celles qui sont faites. Par la seconde, il fait la paix ou la guerre, envoie ou reçoit des ambassades, établit la sûreté, prévient les invasions. Par la troisième, il punit les crimes ou juge les différends des particuliers. On appellera cette dernière
10 la puissance de juger ; et l'autre, simplement la puissance exécutrice de l'État.

La liberté politique dans un citoyen est cette tranquillité d'esprit qui provient de l'opinion que chacun a de sa sûreté ; et pour qu'on ait cette liberté, il faut que le gouvernement soit tel qu'un citoyen ne puisse pas craindre un autre citoyen.

Lorsque, dans la même personne ou dans le même corps de magistrature, la puissance législative est réunie à la puissance exécutrice, il n'y a point de liberté, parce qu'on peut craindre que le même monarque ou le même sénat ne fasse des lois tyranniques pour les exécuter tyranni-
20 quement.

Il n'y a point encore de liberté si la puissance de juger n'est pas séparée de la puissance législative et de l'exécutrice. Si elle était jointe à la puissance législative, le pouvoir sur la vie et la liberté des citoyens serait arbitraire : car le juge serait législateur. Si elle était jointe à la puissance exécutrice, le juge pourrait avoir la force d'un oppresseur.

Tout serait perdu si le même homme, ou le même corps des principaux [3], ou des nobles, ou du peuple, exerçait ces trois pouvoirs : celui de faire des lois, celui d'exécuter les résolutions publiques, et celui de juger les crimes ou les différends des particuliers.
30 Dans la plupart des royaumes de l'Europe, le gouvernement est modéré, parce que le prince, qui a les deux premiers pouvoirs, laisse à ses sujets l'exercice du troisième. Chez les Turcs, où les trois pouvoirs sont réunis sur la tête du sultan, il règne un affreux despotisme.

— 1 Pouvoir exécutif. — 2 Pouvoir judiciaire ; cf. fin du 2ᵉ §. — 3 Aristocratie.

LA THÉORIE DES CLIMATS

Au Livre XIV, Montesquieu aborde l'étude des causes physiques qui agissent sur les lois positives : c'est la fameuse *théorie des climats,* complétée au Livre XVIII par une sorte d'appendice relatif à la nature du terrain.

Originalité　　　Le climat agit sur le tempérament des hommes : l'idée n'est pas neuve, elle remonte à l'antiquité et apparaît déjà chez Boileau comme une sorte de lieu commun : « Les climats font souvent les diverses humeurs ». Mais Montesquieu en tire un *système* fortement organisé.

1. Il tente de présenter cette idée avec une rigueur *scientifique,* de la fonder sur l'expérimentation : « L'air froid resserre les extrémités des fibres extérieures de notre corps ; cela augmente leur ressort, et favorise le retour du sang des extrémités vers le cœur. Il diminue la longueur de ces mêmes fibres ; il augmente donc encore par là leur force. L'air chaud, au contraire, relâche les extrémités des fibres, et les allonge ; il diminue donc leur force et leur ressort.

On a donc plus de vigueur dans des climats froids. (.)Cette force plus grande doit produire bien des effets : par exemple, plus de confiance en soi-même, c'est-à-dire plus de courage ; plus de connaissance de sa supériorité, c'est-à-dire moins de désir de la vengeance ; plus d'opinion de sa sûreté, c'est-à-dire plus de franchise, moins de soupçons, de politique et de ruses... Les peuples des pays chauds sont timides comme les vieillards le sont ; ceux des pays froids sont courageux comme le sont les jeunes gens. (.)

J'ai observé le tissu extérieur d'une langue de mouton, dans l'endroit où elle paraît, à la simple vue, couverte de mamelons. J'ai vu avec un microscope, sur ces mamelons, de petits poils ou une espèce de duvet ; entre les mamelons étaient des pyramides, qui formaient par le bout comme de petits pinceaux. Il y a une grande apparence que ces pyramides sont le principal organe du goût.

J'ai fait geler la moitié de cette langue, et j'ai trouvé, à la simple vue, les mamelons considérablement diminués ; quelques rangs mêmes de mamelons s'étaient enfoncés dans leur gaine. J'en ai examiné le tissu avec le microscope, je n'ai plus vu de pyramides. A mesure que la langue s'est dégelée, les mamelons, à la vue simple, ont paru se relever ; et, au microscope, les petites houppes ont commencé à reparaître.

Cette observation confirme ce que j'ai dit, que, dans les pays froids, les houppes nerveuses sont moins épanouies : elles s'enfoncent dans leurs gaines, où elles sont à couvert de l'action des objets extérieurs. Les sensations sont donc moins vives.

Dans les pays froids on aura peu de sensibilité pour les plaisirs ; elle sera plus grande dans les pays tempérés ; dans les pays chauds, elle sera extrême. (.)Il en sera de même de la douleur. (.) Il faut écorcher un Moscovite pour lui donner du sentiment. » (XIV, 2).

2. De l'influence du climat sur le tempérament, il conclut à son influence sur *les lois,* contribuant ainsi à fonder la *sociologie :* « S'il est vrai que le caractère de l'esprit et les passions du cœur soient extrêmement différents dans les divers climats, les lois doivent être relatives à la différence de ces passions, et à la différence de ces caractères. » (XIV, 1).

Il établit également le rapport qui existe entre *les lois d'un pays* et *la nature de son sol et de son climat,* par l'intermédiaire des conditions de la *vie économique :* « Les lois ont un très grand rapport avec la façon dont les divers peuples se procurent la subsistance. Il faut un code de lois plus étendu pour un peuple qui s'attache au commerce et à la mer, que pour un peuple qui se contente de cultiver ses terres. Il en faut un plus grand pour celui-ci que pour un peuple qui vit de ses troupeaux. Il en faut un plus grand pour ce dernier que pour un peuple qui vit de sa chasse. »

Valeur   L'enthousiasme du savant (« *J'ai observé... j'ai vu...* »)
ne doit pas nous faire illusion : les déductions de
Montesquieu sont souvent hâtives et imprudentes ; il passe beaucoup trop vite de la
physiologie de la langue de mouton à la *psychologie* des peuples. Mais il a eu l'immense
mérite de montrer que toute *science politique* devait commencer par une étude approfondie
des phénomènes physiques, psycho-physiologiques et économiques, sans sacrifier pour
autant la liberté humaine. Il a ouvert des perspectives extrêmement importantes à la
sociologie, à la *géographie humaine et politique* et même à la *critique littéraire* (idées de
Mme de Staël sur les liens entre la littérature et la société ; système de Taine fondé sur
la race, le milieu et le moment).

DE L'ESCLAVAGE DES NÈGRES

Pour combattre l'esclavage des nègres, MONTESQUIEU emploie le procédé de l'*ironie :* il
feint de parler en partisan de l'esclavage, mais les arguments qu'il apporte sont ridicules,
absurdes et odieux ; la thèse esclavagiste s'en trouve absolument déconsidérée, et cette
méthode indirecte se révèle donc plus *efficace* qu'un plaidoyer ému en faveur des nègres.
D'ailleurs, sous la froideur affectée de l'ironie, il est aisé de discerner les véritables
sentiments de l'auteur : sa généreuse *indignation* est sensible dès le début ; d'abord
contenue, elle éclate à la fin du chapitre. L'action des philosophes aboutira à la suppression
de l'esclavage par la Convention en 1794.

Si j'avais à soutenir le droit que nous avons eu de rendre les nègres
esclaves, voici ce que je dirais :

Les peuples d'Europe ayant exterminé ceux de l'Amérique, ils ont dû [1]
mettre en esclavage ceux de l'Afrique, pour s'en servir à défricher tant
de terres.

Le sucre serait trop cher, si l'on ne faisait travailler la plante qui le
produit par des esclaves.

Ceux dont il s'agit sont noirs depuis les pieds jusqu'à la tête ; et ils ont
le nez si écrasé, qu'il est presque impossible de les plaindre.

10   On ne peut se mettre dans l'esprit que Dieu, qui est un être très sage,
ait mis une âme, surtout une âme bonne, dans un corps tout noir. (...)

On peut juger de la couleur de la peau par celle des cheveux, qui,
chez les Égyptiens, les meilleurs philosophes du monde, était d'une si
grande conséquence [2], qu'ils faisaient mourir tous les hommes roux
qui leur tombaient entre les mains.

Une preuve que les nègres n'ont pas le sens commun, c'est qu'ils font
plus de cas d'un collier de verre que de l'or, qui, chez des nations
policées [3], est d'une si grande conséquence [4].

Il est impossible que nous supposions que ces gens-là soient des
20   hommes, parce que, si nous les supposons des hommes, on commen-
cerait à croire que nous ne sommes pas nous-mêmes chrétiens [5].

— 1 Commenter ce mot ; montrer qu'il est
d'une ironie terrible. — 2 *Importance ;* cf. fin
du § suivant. — 3 Civilisées. — 4 Est-il plus
conforme à la raison d'avoir le culte de l'or ? —
5 Cf. *Lettres Persanes,* LXXV : « Les princes

chrétiens... ont ensuite fait des conquêtes dans
des pays où ils ont vu qu'il leur était avantageux d'avoir des esclaves ; ils ont permis d'en
acheter et d'en vendre, oubliant ce principe de
religion qui les touchait tant » (l'interdiction
de l'esclavage par le christianisme).

De petits esprits exagèrent trop l'injustice que l'on fait aux Africains : car, si elle était telle qu'ils le disent, ne serait-il pas venu dans la tête des princes d'Europe, qui font entre eux tant de conventions inutiles, d'en faire une générale en faveur de la miséricorde et de la pitié ? (XV, 5).

– La démarche polémique. *Classez les arguments en faveur de l'esclavage en fonction des procédés auxquels recourt* Montesquieu *pour faire en sorte qu'ils se détruisent eux-mêmes. – Comparez cette démarche à celle qu'il adopte dans l'extrait suivant : « Très humble remontrance... ».*
– *Indiquez comment procède l'auteur pour atteindre un triple but : a) ridiculiser les partisans de l'esclavage ;– b) convaincre la raison de ses lecteurs ;– c) toucher leur cœur et leur conscience.*
• **Comparaison.** Voltaire : *Candide,* « Le nègre de Surinam », p. 167.
– **Essai.** *« Le ridicule jeté à propos a une grande puissance »* (Montesquieu, Cahiers*). A la lumière de cette remarque, vous étudierez dans les extraits des* Lettres persanes *les procédés destinés à susciter le ridicule, et leur efficacité.*

Très humble remontrance aux Inquisiteurs d'Espagne et de Portugal

Montesquieu attaque *l'intolérance* en matière de religion avec autant de vigueur et de conviction que l'esclavage des nègres. Mais ici il n'a pas recours à l'ironie : il fonde d'abord la *tolérance* sur la *raison :* « Lorsque les lois d'un État ont cru devoir souffrir plusieurs religions, il faut qu'elles les obligent aussi à se tolérer entre elles » (XXV, 9) ; puis, abordant un cas précis, il joint, dans le texte ci-dessous, *l'émotion* et *l'éloquence* au raisonnement. Par un artifice littéraire qui rend ce chapitre beaucoup plus pathétique, l'auteur ne parle pas en son nom personnel : il feint de citer l'ouvrage d'un auteur juif, composé à l'occasion du supplice d' « une juive de dix-huit ans, brûlée à Lisbonne au dernier auto-da-fé ». (Cf. Voltaire, p. 166).

« Vous vous plaignez, dit-il aux inquisiteurs, de ce que l'empereur du Japon fait brûler à petit feu tous les chrétiens qui sont dans ses États ; mais il vous répondra : Nous vous traitons, vous qui ne croyez pas comme nous, comme vous traitez vous-mêmes ceux qui ne croient pas comme vous ; vous ne pouvez vous plaindre que de votre faiblesse, qui vous empêche de nous exterminer, et qui fait que nous vous exterminons [1].

« Mais il faut avouer que vous êtes bien plus cruels que cet empereur [2]. Vous nous faites mourir, nous qui ne croyons que ce que vous croyez, parce que nous ne croyons pas tout ce que vous croyez. Nous suivons une religion que vous savez vous-mêmes avoir été autrefois chérie de Dieu ; nous pensons que Dieu l'aime encore, et vous pensez qu'il ne l'aime plus ; et, parce que vous jugez ainsi, vous faites passer par le fer et par le feu ceux qui sont dans cette erreur si pardonnable, de croire que Dieu aime encore ce qu'il a aimé [3].

« Si vous êtes cruels à notre égard, vous l'êtes bien plus à l'égard de nos enfants ; vous les faites brûler, parce qu'ils suivent les inspirations que leur ont données ceux que la loi naturelle et les lois de tous les peuples leur apprennent à respecter comme des dieux [4].

« Vous vous privez de l'avantage que vous a donné sur les mahométans la manière dont votre religion s'est établie. Quand ils se vantent du nombre de leurs fidèles, vous leur dites que la force les leur a acquis, et qu'ils ont étendu leur religion par le fer : pourquoi donc établissez-vous la vôtre par le feu ?

— 1 Tant que les chrétiens persécutent les juifs. ils n'ont pas le droit de se plaindre lorsqu'ils sont eux-mêmes persécutés. — 2 Nouvel argument : il y a moins de différence entre la religion juive et la religion chrétienne qu'entre celle-ci et celle des Japonais. — 3 Le christianisme, issu du judaïsme, continue à croire à l'*Ancien Testament,* auquel il a simplement ajouté le *Nouveau Testament.* — 4 C'est-à-dire *leurs parents.*

« Quand vous voulez nous faire venir à vous, nous vous objectons une source dont vous vous faites gloire de descendre [5]. Vous nous répondez que votre religion est nouvelle, mais qu'elle est divine ; et vous le prouvez parce qu'elle s'est accrue par la persécution des païens et par le sang de vos martyrs ; mais aujourd'hui vous prenez le rôle des Dioclétiens [6], et vous nous faites prendre le vôtre.

« Nous vous conjurons, non pas par le Dieu puissant que nous servons vous et nous, mais par le Christ que vous nous dites avoir pris la condition humaine pour vous proposer des exemples que vous puissiez suivre, nous vous conjurons
30 d'agir avec nous comme il agirait lui-même s'il était encore sur la terre [7]. Vous voulez que nous soyons chrétiens et vous ne voulez pas l'être.

« Mais si vous ne voulez pas être chrétiens, soyez au moins des hommes : traitez-nous comme vous feriez, si, n'ayant que ces faibles lueurs de justice que la nature nous donne [8], vous n'aviez point une religion pour vous conduire, et une révélation pour vous éclairer.

« Si le Ciel vous a assez aimés pour vous faire voir la vérité, il vous a fait une grande grâce ; mais est-ce aux enfants qui ont eu l'héritage de leur père de haïr ceux qui ne l'ont pas eu ?

« Que si vous avez cette vérité, ne nous la cachez pas par la manière dont
40 vous nous la proposez. Le caractère de la vérité, c'est son triomphe sur les cœurs et les esprits, et non pas cette impuissance que vous avouez lorsque vous voulez la faire recevoir par des supplices.

« Si vous êtes raisonnables [9], vous ne devez pas nous faire mourir parce que nous ne voulons pas vous tromper. Si votre Christ est le fils de Dieu, nous espérons qu'il nous récompensera de n'avoir pas voulu profaner ses mystères [10] ; et nous croyons que le Dieu que nous servons, vous et nous, ne nous punira pas de ce que nous avons souffert la mort pour une religion qu'il nous a autrefois donnée, parce que nous croyons qu'il nous l'a encore donnée.

« Vous vivez dans un siècle où la lumière naturelle est plus vive qu'elle n'a
50 jamais été [11], où la philosophie a éclairé les esprits, où la morale de votre Évangile a été plus connue, où les droits respectifs des hommes les uns sur les autres, l'empire qu'une conscience a sur une autre conscience, sont mieux établis. Si donc vous ne revenez pas de vos anciens préjugés, qui, si vous n'y prenez garde, sont vos passions [12], il faut avouer que vous êtes incorrigibles, incapables de toute lumière et de toute instruction ; et une nation est bien malheureuse, qui donne de l'autorité à des hommes tels que vous [13].

« Voulez-vous que nous vous disions naïvement [14] notre pensée ? Vous nous regardez plutôt comme vos ennemis, que comme les ennemis de votre religion ; car, si vous aimiez votre religion, vous ne la laisseriez pas corrompre par une
60 ignorance grossière.

« Il faut que nous vous avertissions d'une chose [15] : c'est que, si quelqu'un dans la postérité ose jamais dire que dans le siècle où nous vivons les peuples d'Europe étaient policés, on vous citera pour prouver qu'ils étaient barbares ; et l'idée que l'on aura de vous sera telle, qu'elle flétrira votre siècle, et portera la haine sur tous vos contemporains. » (XXV, 13).

— 5 Cf. le paragraphe 2, p. 109. — 6 Empereur romain qui persécuta les chretiens (284-305). — 7 Argument capital : les persécutions sont contraires à l'enseignement du Christ (*Aimez-vous les uns les autres*). — 8 Appel aux *sentiments naturels d'humanité*. — 9 Appel à la *raison*. — 10 En nous convertissant par crainte, sans avoir la foi. — 11 Le *siècle des lumières*. — 12 En définitive ce sont des passions humaines, et non le zèle religieux, qui provoquи les persécutions (cf. § suivant). — 13 Noter le changement de ton : dans ce § l'auteur passe à l'attaque. — 14 Ouvertement. — 15 Le ton change encore : apprécier l'éloquence.

Le rêve du « bonheur sur la terre »

« Voltaire jeune », copie d'après M. Quentin de La Tour, peinture, après 1736. (Musée national du château de Versailles. Ph. H. Josse © Photeb.)

Le brillant polémiste des *Lettres philosophiques* oppose au pessimisme de Pascal (cf. XVIIᵉ siè-cle, p. 144 à 157), la possibilité d'établir, par le travail, une société civilisée capable de réaliser le rêve du « bonheur sur la terre » (cf. **p. 126**).

J. Vernet, « Le Port de Bordeaux » (détail),peinture, vers 1753. (Musée de la Marine, Paris. Ph H. Josse © Arch. Photeb.)

Rôle civilisateur du commerce

Dans la *Lettre philosophique* « Sur le Commerce » (cf. **p. 121**), Voltaire raille l'orgueil des nobles qui méprisent les commerçants. Il fait l'éloge de la flotte anglaise qui, maîtresse des mers, permet des échanges fructueux avec les pays lointains. Grâce aux « agiles vaisseaux » (cf. **p. 128**) comme ceux du port de Bordeaux, les négociants développent le bien-être et contribuent ainsi « au bonheur du monde » (cf. **p. 122, 230 à 235, 245**).

J.H. Fragonard « La Fête à Saint-Cloud » (détail), peinture, vers 1775.
(Ph. © Coll. privée. D.R.)

L'enchantement de la fête

L'enchantement de la fête : heureux moment de la vie d'un « honnête homme » telle que la rêvait Voltaire dans sa jeunesse (cf. **p. 128**), telle aussi que Fragonard l'a évoquée dans cette toile. Ce parc harmonieusement disposé pour l'agrément du citadin est bien différent de la nature sauvage que Rousseau révélait à son temps (cf. **p. 283, 305, 316, 324, 337 à 341**). – cf. **planches XXXVIII à XLIII.**

J.-M. Moreau le Jeune, « Souper à Louveciennes, le 2 septembre 1771 » aquarelle. (Cabinet des dessins, Musée du Louvre, Paris. Ph. H. Josse © Photeb.)

« Oh ! le bon temps que ce siècle de fer ! »

C'est l'exclamation optimiste de Voltaire dans *le Mondain* (cf. **p. 128**), hymne assez provocant au progrès, au luxe, aux beaux-arts qui offrent aux heureux mortels, non seulement l'indispensable, mais aussi « le superflu, chose très nécessaire ». A cet idéal s'opposera l'aspiration de Rousseau au bonheur d'une vie simple à la campagne (cf. **p. 305 à 307**).

F. Boucher, « Audience de l'Empereur de Chine » (détail), peinture, 1742.
(Musée des Beaux-Arts et d'Archéologie, Besançon. Ph. C. Choffet © Coll. du Musée - Photeb.)

Luxe et exotisme

Dans la décoration des appartements luxueux, c'était au XVIIIe siècle la mode des « chinoiseries ». Les philosophes, eux, trouvaient dans l'exotisme un moyen de critiquer indirectement la société française : songer aux Persans de Montesquieu, (cf. **p. 79 à 91**), au Zadig de Voltaire (cf. **p. 130 à 138**), à ses pamphlets (cf. **p. 173**), à la fantaisie qui, pour conclure *le Siècle de Louis XIV,* nous transporte à la cour de l'Empereur de Chine (cf. **p. 153**).

*S. Leclerc, « Visite de Louis XIV à l'Académie royale des Sciences en 1667 »,
gravure, 1682.* (Bibl. Nat., Paris Ph. Jeanbor © Arch. Photeb.)

Bienfaits de la science

Voltaire compte sur les sciences et leurs applications pour améliorer la condition des hommes (cf. **p. 122, 145**). Il soutient l'*Encyclopédie*. S'il déplore les insuffisances du règne de Louis XIV (cf. **p. 149**), il donne la leçon à ses contemporains en louant le monarque protecteur des savants dont les découvertes sont utiles et contribuent à détruire « beaucoup de superstition » *(Des Sciences)*.

*« Le géant Micromégas et le nain de Saturne », gravure de G.
Vidal d'après Ch. Monnet, 1777.* (Ph. © Bibl. nat., Paris, Arch. Photeb.)

Le relativisme source de toute sagesse

Voltaire a toujours eu le sens de la relativité des choses de ce monde. Cette idée, qui domine la philosophie du XVIIIe siècle, est illustrée par le conte de *Micromégas* (cf. **p. 138**). De cette relativité découle la
nécessité de la tolérance, - la nécessité aussi, puisque le bonheur n'est que relatif, d'aspirer sagement,
sans demander l'impossible, au bonheur sur la terre... « autant que la nature humaine le comporte »
(cf. **p. 127**). Sur ce point, Rousseau aura une formule assez voisine (cf. **p. 274**).

Ch. Chatelain, « Vue de la Cascade, ou Buffet dans les Jardins de Trianon » (détail), peinture, 1714. (Musée National du Château de Versailles. Ph. H. Josse © Arch. Photeb.)

« Je cherchai la retraite... » (cf. p. 190)

Dans sa jeunesse, Voltaire a rêvé de devenir le conseiller du monarque, afin de promouvoir une politique de réformes. Déçu par son échec à la cour de France (cf. **p. 112**), il crut trouver en Frédéric de Prusse le « despote éclairé » qui lui permettrait de réaliser son rêve philosophique, mais l'aventure de Berlin lui fut encore plus amère (cf. **p. 141 à 143**). Décidément, comme au temps de Louis XIV, c'était toujours sur la servilité des courtisans empressés autour du prince (comme dans ce tableau) que reposait la faveur de ces « puissants de quatre jours » dont parlera Beaumarchais (cf. **p. 400**) ! Prenant alors le parti de s'éloigner, Voltaire se retire aux Délices, puis à Ferney pour y « cultiver son jardin » (cf. **p. 167**) : puisqu'il ne peut disposer de l'appui du roi pour appliquer ses idées (cf. **p. 168**), il va les répandre par ses écrits, en se lançant à fond dans la bataille philosophique (cf. **p. 170**).

VOLTAIRE

Une jeunesse turbulente (1694-1726)

Né à Paris en 1694, François-Marie Arouet, fils d'un notaire, gardera de ses origines le sens des affaires et l'ambition d'égaler les nobles.

1. ÉDUCATION HUMANISTE ET MONDAINE (1704-1710). A Louis-le-Grand, chez les Jésuites, cet élève frondeur mais remarquablement intelligent reçoit une formation classique. Ses maîtres encouragent sa vocation poétique et il restera leur ami; ses condisciples, d'Argental, d'Argenson, Cideville lui seront un jour précieux. Introduit de bonne heure par son parrain, l'abbé de Châteauneuf, dans la Société du Temple, milieu de bons vivants et de libertins, l'adolescent, négligeant ses études de droit, y acquiert le goût du plaisir et du bel esprit.

2. PREMIER SÉJOUR A LA BASTILLE (1717). Devenu clerc d'un procureur, Arouet s'initie au droit et se lie avec Thieriot, l'ami de toute sa vie. Ses *écrits satiriques* contre le poète La Motte, puis contre le Régent, le font exiler deux fois en province (1716). A peine rentré, il écrit contre le Régent une épigramme en latin : cette fois il est enfermé à la Bastille pour onze mois (1717-1718). Le jeune écervelé y lit Homère et Virgile, termine sa tragédie d'*Œdipe* et commence le poème de *La Ligue*.

3. LE POÈTE MONDAIN (1718-1726). Sorti de prison, il prend le nom de Voltaire et devient célèbre à 24 ans grâce au succès d'*Œdipe* (1718) et de *La Ligue* (1723). Il hérite d'une jolie fortune et l'arrondit par d'habiles placements. On l'attire dans les salons et les châteaux où triomphent ses talents de poète mondain. En 1725, le voici à Fontainebleau, où il donne trois pièces de théâtre pour le mariage du roi. Faveurs, pensions, tout vient combler ses désirs.

4. NOUVEAU SÉJOUR A LA BASTILLE (1726). Une dispute l'oppose au chevalier de Rohan, plein de mépris pour ce bourgeois « qui n'a même pas un nom ». Voltaire lui lance cette réplique : « Mon nom, je le commence, et vous finissez le vôtre ! » En réponse, il subit une bastonnade. Abandonné par ses nobles protecteurs, plein d'amertune, Voltaire voudrait une réparation par les armes, mais une lettre de cachet l'envoie de nouveau à la Bastille, méditer sur ce qu'il en coûte à un roturier de s'attaquer à un gentilhomme. Peu après, il est autorisé à s'exiler en Angleterre (mai 1726).

Les leçons de l'Angleterre

Accueilli à bras ouverts par la société politique et littéraire, il y retrouve l'existence brillante qu'il avait connue en France (cf. p. 117). On verra plus bas tout le travail qui s'opère en lui au spectacle d'une civilisation si différente. Il publie la *Henriade*, remaniement de *La Ligue*, qu'il dédie à la reine d'Angleterre (1728) ; il prépare quatre tragédies, se documente pour le *Charles XII* et les *Lettres Anglaises*. De retour en France en 1729, il reconquiert peu à peu la société parisienne. Il donne des tragédies inspirées de Shakespeare : *Brutus* (1730), *Zaïre* (1732), *Adélaïde du Guesclin* (1734). Il publie clandestinement l'*Histoire de Charles XII* (1731) ; il risque le *Temple du Goût* (1733) dont les jugements sévères lui attirent de nouveaux ennemis. Enfin il se décide à publier, sans autorisation, les *Lettres Philosophiques* ou *Lettres Anglaises* (1734) « première bombe lancée contre l'ancien régime » (Lanson) : aussitôt, une lettre de cachet l'oblige à s'exiler en Lorraine.

Cirey (1734-1744)

Accueilli au château de Cirey, chez Mme du CHATELET, il va passer dix années laborieuses dans cette retraite sûre, à quelques lieues de la Lorraine où il peut se réfugier à la moindre alerte. Il installe un théâtre dans le grenier. C'est une véritable fièvre de représentations dramatiques où ses invités se voient confier les rôles des nombreuses pièces écrites dans cette période créatrice : *La mort de César* (1735), *Alzire* (1736), *L'Enfant prodigue* (1736), *Zulime* (1740), *Mahomet* (1741), *Mérope* (1743). Intelligente et cultivée, passionnée de sciences expérimentales, Mme du CHATELET incite VOLTAIRE à la prudence. S'il fait encore scandale avec le libertinage agressif du *Mondain* (1736), il est plus modéré dans les *Discours sur l'Homme* (1738) et diffère la publication d'un dangereux *Traité de Métaphysique*. Il s'occupe de physique, de chimie, d'astronomie, écrit une *Épître sur Newton* (1736), vulgarise les *Éléments de la Philosophie de Newton* (1738) et soumet à l'Académie des Sciences un *Essai sur la nature du feu* (1738). Voulant initier Mme du CHATELET à l'histoire, il entreprend le *Siècle de Louis XIV* et l'*Essai sur les Mœurs*.

Il s'évade parfois de Cirey : nous le voyons tantôt à Paris, tantôt en Belgique ou en Hollande, tantôt en Prusse, en visite amicale ou en négociation diplomatique chez son royal disciple FRÉDÉRIC (cf. p. 141). De sa retraite enfin, il mène allègrement une guerre de *pamphlets* injurieux et parfois grossiers contre le poète J.-B. Rousseau et l'abbé Desfontaines. Il entretient une vaste correspondance, surtout avec Paris ; car ce Parisien a la nostalgie de sa capitale.

L'expérience des cours (1744-1755)

Tout à coup D'ARGENSON, devenu ministre, le rappelle à Versailles (1744). Le philosophe va terminer son apprentissage par la plus amère des expériences, celle du courtisan déçu qui tombe de désillusion en désillusion.

1. VERSAILLES (1744-1747). Pendant trois ans, VOLTAIRE s'abandonne au tourbillon de la cour. Historiographe du roi, puis gentilhomme ordinaire de la chambre, il écrit des *opéras* pour les fêtes royales ; il embouche la trompette épique pour le *Poème de Fontenoy* (1745) ; il entre à l'Académie. Mais il comprend que Versailles ne fera jamais de lui qu'un poète de cour. Il est mal vu du roi et de la reine ; Mme de Pompadour qui l'a d'abord protégé s'offense de sa familiarité et lui préfère le vieux tragique Crébillon. VOLTAIRE se tourne alors vers la duchesse du Maine : il fréquente la cour plus riante de Sceaux et d'Anet et transpose dans *Zadig* (1747) ses mésaventures de courtisan. Ses imprudences de plume, l'hostilité des jaloux entraînent enfin sa disgrâce : c'est le retour mélancolique à Cirey, avec le regret de vieillir et d'avoir perdu son temps.

2. LUNÉVILLE (1747-1750). Il accompagne Mme du CHATELET à la cour lorraine de STANISLAS, accueillante mais médiocre. Les yeux toujours tournés vers Paris, il s'acharne contre CRÉBILLON dont il reprend les sujets, avec *Sémiramis*, *Oreste*, *Catilina* (ou *Rome sauvée*). La mort brutale de Mme du Châtelet le plonge dans le désarroi (1749). De retour à Paris chez sa nièce Mme DENIS, il tente un dernier effort pour rentrer en grâce et finit par céder aux invitations de FRÉDÉRIC II.

3. LA PRUSSE (1750-1753). On verra plus loin (p. 141) par quelles étapes VOLTAIRE est passé de l'enthousiasme pour le « Salomon du Nord » aux plus amères déceptions et à la brouille avec FRÉDÉRIC. Cependant c'est à Berlin qu'il publie le *Siècle de Louis XIV* (1751) et qu'il écrit le *Poème sur la Loi Naturelle* (1752) ; c'est alors qu'il s'engage définitivement, avec *Micromégas* (1752) dans la voie du conte philosophique, avec *Akakia* dans celle du pamphlet. Enfin l'expérience prussienne lui a montré l'envers du despotisme éclairé : son arrestation à Francfort, sur le chemin du retour, lui a fait sentir le prix de la liberté et la douceur d'être maître chez soi.

4. L'ALSACE (1753-1755). N'osant rentrer à Paris, il passera deux ans en Alsace. En 1754, un séjour de quelques semaines dans l'abbaye du savant bénédictin DOM CALMET lui permet de se plonger dans les Pères de l'Église, en vue de l'*Essai sur les Mœurs*. Enfin, décidé à chercher le calme hors de France, mais près de la frontière, il s'installe au début de 1755 aux portes de Genève, dans la propriété qu'il appellera Les Délices.

Les Délices
(1755-1760)

A 60 ans, VOLTAIRE découvre la nature et la vie rustique. Avec Mme DENIS, sa gouvernante, il reçoit ses amis, et installe, bien entendu, un théâtre où l'on joue l'*Orphelin de la Chine* (1755). Toujours philosophe, il publie le *Poème sur le désastre de Lisbonne* et l'*Essai sur les Mœurs* (1756). Il a même l'espoir de gagner à la « philosophie » les pasteurs protestants, plus soucieux de morale que de dogme, et de fonder à Genève le culte de l'Être suprême. Quelle amère désillusion ! Les Genevois interdisent son théâtre, s'irritent de voir Calvin sévèrement jugé dans l'*Essai sur les Mœurs*, s'indignent d'être traités de sociniens (autant dire déistes) dans l'article *Genève* de l'*Encyclopédie*, inspiré par VOLTAIRE (cf. p. 157).

Après quelques hésitations, ce dernier s'engage à fond dans la bataille encyclopédique et accable de satires et de pamphlets les ennemis des philosophes : FRÉRON (*Le Pauvre Diable*, 1758 ; *L'Écossaise*, 1760), LE FRANC DE POMPIGNAN (*La Vanité*, 1760), le Journal de Trévoux (*Maladie du Jésuite Berthier*, cf. p. 182). C'est encore pendant le séjour aux Délices que s'envenime la brouille avec ROUSSEAU (cf. p. 158), et que VOLTAIRE écrit *Candide* (1759), chef-d'œuvre du conte philosophique.

Le patriarche
de Ferney
(1760-1778)

En 1760, VOLTAIRE s'installe à Ferney, à portée de la Suisse, prêt à s'y réfugier à la moindre alerte. Il y restera presque jusqu'à sa mort.

1. « L'AUBERGISTE DE L'EUROPE ». Par sa vaste correspondance (6.000 lettres pour cette seule période), il est en relations avec toute l'Europe. Il correspond avec Frédéric II et Catherine de Russie, avec les rois de Pologne, de Suède, de Danemark. Il écrit surtout à Paris où Thieriot et les d'Argental font jouer ses pièces, où d'Alembert, Helvétius, Condorcet diffusent sa propagande, où Richelieu, Choiseul, Turgot le protègent de leur influence. Grâce au contreseing de Damilaville, commis au vingtième, puis de Marin, censeur royal, la correspondance des philosophes circule librement.

Autour du « patriarche » vivent sa nièce Mme DENIS et Mlle CORNEILLE, arrière-petite-nièce de l'auteur du *Cid*, qu'il a adoptée et qu'il dotera en publiant une vaste *édition de Corneille* accompagnée d'un *Commentaire* (1764). Ses autres familiers sont son secrétaire, son chapelain le P. Adam, le médecin Tronchin, les Cramer qui impriment ses écrits philosophiques. Il devient, selon son expression, « *l'aubergiste de l'Europe* » : le château de Ferney, accueille d'innombrables visiteurs, princes, écrivains, admirateurs de toutes nations. VOLTAIRE y donne des représentations dramatiques où il interprète lui-même ses rôles : il écrit encore à Ferney une dizaine de tragédies.

2. LA BATAILLE PHILOSOPHIQUE. De sa province, le « roi Voltaire » reste, plus que jamais, au cœur de la mêlée. Dès 1762, il devient le champion de la justice : à propos de l'affaire Calas, il entreprend contre l'intolérance et les tares de la justice une campagne fébrile, qui ne prendra fin qu'à sa mort (cf. *Affaires judiciaires*, p. 170). Son activité est prodigieuse. Il lance encore dans la bataille des romans philosophiques (*Jeannot et Colin, L'Ingénu, La Princesse de Babylone*), et l'important *Dictionnaire Philosophique* (1764). Ses tragédies elles-mêmes sont alors des pièces à thèse (cf. p. 185). Mais, dans cette période où il combat sur tous les fronts, ses armes favorites sont les *Dialogues* et les innombrables *pamphlets* par lesquels il associe l'opinion à ses luttes et harcèle ses adversaires : philosophes, Parlements, jésuites, érudits et journalistes. Ferney c'est pour VOLTAIRE « la retraite frénétique » (R. Naves).

3. VOLTAIRE « SEIGNEUR DE VILLAGE ». Avec son sens des affaires et de la vie pratique, il « civilise » la région de Ferney : il dessèche des marais, bâtit des maisons, un théâtre et même une église, plante des arbres, utilise les semoirs perfectionnés, crée des prairies artificielles et développe l'élevage. Il installe une tannerie, fabrique des bas de soie que Mme de Choiseul présente à la Cour et des montres que nos ambassadeurs recommandent à l'étranger ! Il délivre le pays de la gabelle et on l'acclame comme un bienfaiteur. Pour lui *Ferney est une expérience*, une démonstration : « *Un repaire de 40 sauvages est devenu une petite ville opulente habitée par 1 200 personnes utiles* ».

Retour à Paris
(1778)
A 84 ans, VOLTAIRE fait à Paris un retour triomphal. Fêté à l'Académie, il assiste à la représentation d'*Irène*, sa dernière tragédie, et voit son buste couronné sur la scène, au milieu de l'enthousiasme. Épuisé par tant de gloire, il meurt le 30 mai 1778. Dès février il avait rédigé sa dernière profession de foi : « *Je meurs en adorant Dieu, en aimant mes amis, en ne haïssant pas mes ennemis, en détestant la superstition* ». En 1791, ses cendres seront transférées au Panthéon.

LES IDÉES DE VOLTAIRE

Peu d'hommes ont été plus diversement jugés. VOLTAIRE *est un polémiste :* sa pensée s'affirme plus souvent dans la controverse que dans des exposés didactiques ; de là ce caractère fragmentaire et satirique qui la fait paraître superficielle. Il est d'ailleurs opposé par principe à tout esprit de système. Cependant, durant une cinquantaine d'années, *il n'a guère varié dans ses idées essentielles* et l'on peut dire que s'il a beaucoup *détruit*, il a aussi indiqué les éléments d'une *réforme positive* de la société.

La Métaphysique
Toute sa vie, VOLTAIRE s'est occupé de métaphysique, mais c'est pour combattre les métaphysiciens et leurs *vaines spéculations*. Attributs et vraie nature de Dieu, origine du monde et de la vie, existence et immortalité de l'âme, rapports de l'âme et du corps, origine du mal, destinée de l'homme, toutes ces questions dépassent notre intelligence. C'est ignorer les limites de notre nature que de prétendre résoudre ces problèmes sur lesquels les philosophes ne sont jamais d'accord : mieux vaut nous en tenir au *doute* et, comme LOCKE, nous tourner vers le monde physique que nous connaissons, lui, par nos sens (cf. *Micromégas*, p. 138-141).

La métaphysique présente *deux graves dangers :* 1. Elle divise les hommes, et les conduit, sur le plan religieux, aux excès du *fanatisme* (p. 155). — 2. Elle les tient dans l'angoisse devant des problèmes insolubles, et les détourne de la vie. Pourquoi perdre ainsi notre temps et notre énergie ? La *sagesse* consiste à tourner le dos à la métaphysique et à rechercher le bonheur terrestre, « autant que la nature humaine le comporte » (cf. p. 127, et p. 167-169).

Attitude paresseuse ? — « Non, répond VOLTAIRE, c'est le repos raisonnable des gens qui ont couru en vain ; et après tout, philosophie paresseuse vaut mieux que théologie turbulente et chimères métaphysiques » *(Dictionnaire philosophique : Faculté)*.

Religion et morale
Romans, traités historiques, poèmes et même tragédies, toute son œuvre touche aux questions religieuses. Elles occupent une place de choix dans les *Lettres Philosophiques*, les *Dialogues Philosophiques*, le *Traité sur la Tolérance*, le *Dictionnaire Philosophique*. Pour Voltaire *philosophie* signifie *libre pensée*.

I. L'EXISTENCE DE DIEU. Contre les encyclopédistes athées Diderot et d'Holbach, il donne deux justifications de cette croyance qu'il proclame sans cesse :

1. ELLE S'IMPOSE A NOTRE RAISON : « Le monde est assurément une machine admirable ; donc il y a dans le monde une admirable intelligence, quelque part où elle soit » *(Dictionnaire : Athéisme*, II). Dieu est « l'horloger », « l'éternel géomètre », « l'éternel architecte du monde ». Cf. *Les Cabales :* « L'univers m'embarrasse, et je ne puis songer Que cette horloge existe et n'ait point d'horloger ».

2. ELLE EST UTILE A LA SOCIÉTÉ : « Je veux que mon procureur, mon tailleur, mes valets croient en Dieu ; et je m'imagine que j'en serai moins volé » *(Dialogues*, A B C, 17). La crainte d'un Dieu « *rémunérateur et vengeur* » est en effet le meilleur fondement de la morale pour les esprits simples. Quant aux « philosophes », ils peuvent s'en passer : leur raison suffit à les maintenir dans la morale.

II. LE DÉISME VOLTAIRIEN. Conscient des limites de l'homme, VOLTAIRE s'interdit de définir Dieu avec plus de précision : « Je ne sais point ce que sont les attributs de Dieu, et je ne suis point fait pour embrasser son essence » (*Le philosophe ignorant*). Tel est le point de départ de son déisme.

1. CRITIQUE DES RELIGIONS RÉVÉLÉES. Pour lui, les religions révélées reposent sur des impostures. Il se livre à une critique implacable et parfois mesquine de leurs fondements, surtout des textes bibliques. Interprétant les données de l'exégèse récente (cf. p. 14), il ne voit partout qu'invraisemblances, absurdités, superstitions primitives ; il ne se lasse pas de ridiculiser les cérémonies religieuses. Sous une forme burlesque, il tend à un but sérieux : montrer que, dans la diversité de leurs dogmes et de leurs rites, *les religions sont purement humaines* et usurpent le respect dû aux choses divines (cf. p. 171).

Selon Lanson, la forme *irrévérencieuse* et *parfois ordurière* de cette critique serait une réaction contre l'ingénuité avec laquelle on admettait alors, au mépris de toute exégèse, la divinité intégrale des Écritures. Si son information — plus précise qu'on ne l'a prétendu — aboutit à des *interprétations contestables*, VOLTAIRE a eu du moins le mérite de poser ces problèmes sur le plan historique.

Toutefois son *scepticisme* le préparait mal à une étude *objective* des religions. Il ne comprend rien à la foi ni au mysticisme. Pour lui les esprits religieux se divisent en deux catégories : les « fripons » qui ne croient pas à leur religion mais la considèrent comme un moyen de domination, et les « imbéciles » crédules et enthousiastes qui deviennent des fanatiques (*Dialogues*, XXV). C'est méconnaître, évidemment, ce qu'il y a de profond dans le sentiment religieux.

2. CULTE DE L'ÊTRE SUPRÊME. En réalité, toutes ces religions qui se déchirent entre elles sont *d'accord sur l'essentiel* : l'existence de Dieu (p. 134). Elle nous est garantie, non par une révélation illusoire, mais par la *raison*, qui fait l'accord entre les hommes. C'est cette *religion naturelle*, ce culte de l'ÊTRE SUPRÊME, « Dieu de tous les êtres, de tous les mondes et de tous les temps » que Voltaire voudrait faire triompher. Il veut désabuser les hommes de l'esprit de secte et des « mystères incompréhensibles » ; il combat la superstition qui attache le salut à des croyances et des cérémonies particulières, et non à *la morale* qui est universelle. Il rejette même l'idée de la prière, qui lui paraît méconnaître la toute-puissance divine.

Il avait admiré en Angleterre les *sociniens*, tolérants et presque déistes (cf. p. 15). Vers 1755, aux Délices, il eut l'illusion que le protestantisme des pasteurs genevois, libéral et assez détaché du dogme, l'aiderait à fonder une secte philosophique d'esprit déiste ; pour les y engager, il poussa même D'ALEMBERT à les présenter dans l'*Encyclopédie* comme étant déjà d'un « socinianisme parfait » (article *Genève*, cf. p. 157). L'article souleva des protestations unanimes et VOLTAIRE conçut de cet échec une vive désillusion. C'est que sa grande préoccupation est *d'assurer la paix*, si souvent troublée par les luttes religieuses « parce qu'on a toujours négligé la morale pour le dogme » (p. 155).

3. PRÉÉMINENCE DE LA MORALE. C'est en effet la *morale* qui importe (cf. p. 178). « La religion n'est instituée que pour maintenir les hommes dans l'ordre et leur faire mériter les bontés de Dieu *par la vertu* » (*Dictionnaire : Droit canonique*, I). Base de toute société la morale est le trait d'union entre les hommes : « Il n'y a pas deux morales. Celles de Confuztée, de Zoroastre, de Pythagore, d'Aristote, d'Épictète, de Marc-Antonin sont absolument les mêmes. Dieu a mis dans tous les cœurs la conscience du bien avec quelque inclination pour le mal » (*Dictionnaire : Aristote*). En l'absence d'une révélation, notre *raison* et notre *conscience* seront donc nos véritables guides. Une maxime de CONFUCIUS représente pour Voltaire « le code du genre humain » : « *Vis comme en mourant tu voudrais avoir vécu : traite ton prochain comme tu veux qu'il te traite* ». Et si, une fois, il s'est tourné vers JÉSUS, lui disant : « Je vous prends pour mon seul maître », c'est que le Christ a enrichi cette maxime d'un précepte d'amour : « *Aimez Dieu et votre prochain comme vous-même* » (*Dictionnaire : Religion*).

III. LA TOLÉRANCE. Le *fanatisme* empêche les hommes de s'aimer comme frères : VOLTAIRE dénonce « l'enthousiasme » qui ramène tout à une unique pensée au lieu de voir le juste milieu des choses. Sans relâche il évoque les guerres civiles, les injustices, les assassinats dictés par l'esprit de secte qui aveugle autant les victimes que leurs persécuteurs (cf. p. 155). Il s'en prend particulièrement à la religion catholique parce qu'à son époque elle bénéficie contre les autres religions de l'appui du pouvoir civil ; mais il a aussi dénoncé le fanatisme des protestants et des mahométans.

Seule la « *philosophie* » peut favoriser l'esprit de tolérance, et VOLTAIRE s'y emploie de toutes ses forces. En insistant sur l'incertitude de nos croyances, il nous invite à tolérer, par *humilité*, celles des autres hommes aussi persuadés que nous de détenir la vérité (p. 133). Il raille les disputes théologiques, ramène à des futilités matérielles les différences entre les religions, afin de souligner *leur accord profond sur l'essentiel* et l'absurdité des persécutions mutuelles. Par malheur il n'a pas toujours donné lui-même l'exemple de la tolérance.

Idéal politique

Considérant que les hommes sont *naturellement libres et égaux*, VOLTAIRE a fait à maintes reprises un éloge, théorique il est vrai, de la *démocratie* ; mais, comme ROUSSEAU, il ne la croit applicable qu'aux petits États. En homme pratique, il s'intéresse surtout aux réformes urgentes et immédiatement réalisables en France, pays monarchique. Il ne croit pas au droit divin, mais il a rêvé d'un *despote éclairé* qui rendrait ses peuples heureux : les erreurs de Louis XIV et les ambitions dangereuses de Frédéric, pourtant « philosophe », l'ont désabusé de ce beau rêve (cf. p. 142). C'est le *régime constitutionnel* anglais qui aurait ses préférences, car il garantit la liberté et limite le pouvoir royal, contrôlé par les élites sociales (cf. p. 120). Mais comment se fier en France aux Parlements attachés aux privilèges et aux préjugés ? En définitive, loin d'être révolutionnaire, VOLTAIRE souhaite que le roi choisisse ses ministres parmi *les hommes éclairés*, comme TURGOT, et leur demande de rendre ses sujets heureux par une sage politique, celle qui conduit à la *civilisation*.

La civilisation

Ne croyant ni à la bonté primitive de l'homme ni à la chute originelle, VOLTAIRE considère l'être humain comme « passable », à l'image du monde qu'il habite (cf. p. 126). Il n'attend rien de la Providence, et, comme l'au-delà reste pour nous un mystère, il nous invite à organiser notre *bonheur terrestre* avec les moyens à notre portée. Il combat au premier rang pour un idéal de civilisation.

1. LA PAIX. La grande ennemie de la civilisation est *la guerre* (cf. p. 155) : c'est une « boucherie héroïque » qui ruine les États et détruit le vainqueur comme le vaincu (cf. p. 165). Aux héros « saccageurs de provinces », VOLTAIRE préfère les grands hommes, savants, ingénieurs, artistes, dont les œuvres préparent « des plaisirs purs et durables » au genre humain (cf. p. 145). Quel ne serait pas l'avenir de l'Europe, sans les guerres (p. 156-157) !

Les *guerres civiles* et les *persécutions religieuses* sont plus odieuses encore (cf. p. 119, 155, 166, 179). Le devoir de l'État est d'empêcher les disputes théologiques de troubler la société (cf. p. 154), en subordonnant les religions au gouvernement et en faisant respecter la *tolérance* (p. 118) : l'intolérance est la pire erreur politique.

2. LA LIBERTÉ ET LA JUSTICE. Admirant la législation anglaise qui assure la justice et la liberté, « le premier des biens », VOLTAIRE revendique la *liberté des personnes*, par l'abolition du servage et de l'esclavage (cf. p. 167), la *liberté individuelle* par la suppression des lettres de cachet et l'institution d'une sorte d'*habeas corpus*, la *libre disposition* pour chacun *de ses biens et de son travail* (cf. p. 118), la *liberté de parler et d'écrire* (cf. page 123), et la *liberté de conscience* (cf. p. 170). Il admet qu'en France le catholicisme soit la religion de l'État, mais à condition qu'il respecte la loi civile et que le clergé ne jouisse d'aucun privilège en matière d'impôt ; pour les protestants, il revendique la liberté du culte et l'égalité des droits civiques.

Quant aux garanties que doit offrir *la justice*, elles ont entraîné VOLTAIRE à des luttes qui l'ont rendu célèbre (cf. *Réforme de la justice*, p. 172).

3. LE BIEN-ÊTRE ET LE LUXE. Contre la disette et la misère, un bon gouvernement doit constituer des réserves de grains (cf. p. 154) et encourager les cultivateurs (cf. p. 153). Mais cette sécurité n'est qu'une condition élémentaire du bonheur ; pour

VOLTAIRE, le *luxe* est la consécration même de la civilisation : « le superflu, chose très nécessaire » (p. 128) rend heureux les hommes qui en jouissent et améliore la vie des autres, en stimulant l'industrie, l'agriculture, le commerce.

Son PROGRAMME ÉCONOMIQUE repose sur l'idée que le *commerce*, source du bien-être et de la prospérité générale, fait la force et la richesse des nations (cf. p. 121).

L'*agriculture*, « le premier des arts nécessaires », doit être libérée par une *série de réformes :* suppression du servage, des jurandes et des maîtrises, abolition des corvées, des dîmes, de la gabelle, des entraves à la circulation des grains ; enfin, répartition équitable de l'impôt, sans privilèges (cf. p. 119) : Voltaire a soutenu la politique réformatrice de TURGOT. A Ferney il a donné l'exemple de « ce que peut une liberté honnête et modérée en fait de commerce aussi bien qu'en agriculture » (A Baudeau, 1775).

4. LES ARTS ET LES « LUMIÈRES ». La civilisation trouve son couronnement dans les *beaux-arts* et l'*activité intellectuelle :* les arts adoucissent les mœurs (cf. p. 151), « les lettres nourrissent l'âme, la rectifient, la consolent » (cf. p. 159). Sans doute, « il y a peu d'êtres pensants », et VOLTAIRE n'a que mépris pour « la canaille » qui vit dans l'ignorance et la superstition ; néanmoins, il ne renonce pas à instruire « la partie saine du peuple », et il compte sur l'*élite éclairée* pour conduire la société à sa plus grande perfection (cf. p. 146).

LES LEÇONS DE L'ANGLETERRE

Lorsqu'il s'embarque pour l'Angleterre en 1726, VOLTAIRE est surtout connu par son talent de poète mondain et son esprit satirique. A son retour, le poète de salon est devenu le philosophe des *Lettres Anglaises* ou *Lettres Philosophiques*. Gardons-nous cependant de croire qu'il doit tout à l'Angleterre. Il a grandi dans un milieu épris de Saint-Evremond, Bayle et Fontenelle. Ses écrits de la vingtième année nous le montrent *libertin*, peu soucieux de morale et de dogme, uniquement préoccupé d'être heureux ; l'*Épître à Uranie* (parue seulement en 1732) est un réquisitoire en règle contre la religion révélée ; le *Poème de la Ligue* est plein de tirades contre le fanatisme, les mauvais rois, les impôts, la vénalité des charges ; en 1722, à Amsterdam, il admire l'activité heureuse d'une ville de cinq cent mille hommes où « il n'y en a pas un d'oisif, pas un pauvre, pas un petit maître, pas un insolent » : c'est déjà le ton des *Lettres Anglaises*.

LES LETTRES PHILOSOPHIQUES

I. VOLTAIRE EN ANGLETERRE. La découverte d'un peuple travailleur, libre et respectueux de l'intelligence, l'aide à prendre conscience de sa pensée ; il y acquiert le sens de l'*œuvre philosophique*, essai ou pamphlet, et découvre l'efficacité sociale de l'*humour*. Les *Lettres Philosophiques* sont une date par la révélation de la prose voltairienne, claire, pétillante, perpétuellement ironique et porteuse d'idées.

En Angleterre cet écrivain exilé, qui se souvient d'avoir été bâtonné et embastillé, s'initie aux *libertés parlementaires* auprès de Bolingbroke, lord Peterborough, Walpole ; hôte du négociant FALKENER il découvre les bienfaits du *commerce* et de l'*industrie ;* il étudie les *sectes religieuses* et fréquente des libres penseurs ; il s'entretient avec SWIFT, l'auteur de *Gulliver*, qui publie un *journal* satirique ; avec les poètes POPE, Gay, Young ; avec les philosophes Berkeley et Clarke ; il admire LOCKE et NEWTON ; il applaudit les drames de Shakespeare.

II. LES LETTRES ANGLAISES (1734). Bien qu'elles n'apportent rien d'absolument nouveau sur l'Angleterre, les *Lettres Anglaises* sont au XVIIIe siècle un livre capital par l'esprit philosophique qui en fait l'unité, et par la leçon qui s'en dégage.

1. C'EST UNE ŒUVRE DE PROPAGANDE : elle montre les *bienfaits de la liberté*, du point de vue religieux, politique, philosophique, scientifique et littéraire ; de cette liberté résultent l'amélioration de la vie et le progrès des lumières. La plupart des idées qui seront chères au philosophe de Ferney sont déjà dans ce petit livre.

2. C'EST UNE ŒUVRE SATIRIQUE, une critique permanente, directe ou déguisée, de la *société française*, avec son intolérance, son despotisme, ses privilèges et ses préjugés : l'auteur ne voulait pas seulement philosopher mais suggérer des *réformes*.

La XXVe lettre *Sur les Pensées de Pascal* révélait la portée profonde du livre : en réaction contre les bases théologiques et chrétiennes de la société française, VOLTAIRE proposait une notion purement *humaine et laïque* du bonheur terrestre.

L'entreprise était dangereuse. VOLTAIRE retarda tant qu'il put la publication des *Lettres Philosophiques*. Mais la traduction parue en Angleterre (1733) et une contrefaçon de l'édition clandestine de Rouen provoquèrent une *lettre de cachet* (3 mai 1734). Aussitôt l'auteur s'enfuit en Lorraine ; l'imprimeur est mis à la Bastille ; le livre est condamné au feu par le Parlement, comme « propre à inspirer le libertinage le plus dangereux pour la religion et la société civile ». Mais cinq éditions s'épuisent dès 1734.

Les Religions anglaises

LETTRES I A IV *Sur les Quakers :* leur histoire, leurs mœurs, leurs croyances. Voltaire raille leur galimatias et leur prétendue inspiration divine : « *Fox se croyait inspiré.*
Il crut par conséquent devoir parler d'une manière différente des autres hommes, il se mit à trembler, à faire des contorsions et des grimaces, à retenir son haleine, à la pousser avec violence... Le petit peuple s'amusait à les contrefaire. On tremblait, on parlait du nez, on avait des convulsions et on croyait avoir le Saint-Esprit. Il leur fallait quelques miracles, ils en firent » (III). En dépit de ce ridicule, VOLTAIRE juge les Quakers avec sympathie : il estime leur droiture, leur humilité, leur simplicité, la pureté de leur morale, et surtout leur tolérance. Il présente avec complaisance les points de leur doctrine qui s'accordent avec ses propres conceptions. Pas de baptême : « *Nous ne pensons pas que le christianisme consiste à jeter de l'eau froide sur la tête avec un peu de sel* » ; pas de communion : « *non, point d'autre que celle des cœurs* » (I). Pas de prêtres : « *Vous n'avez donc point de prêtres, lui dis-je ? — Non, mon ami, dit le Quaker, et nous nous en trouvons bien. A Dieu ne plaise que nous osions ordonner à quelqu'un de recevoir le Saint-Esprit le dimanche, à l'exclusion des autres fidèles* » (II). Pour les Quakers, en effet, « point de christianisme sans une révélation immédiate », conception assez proche du *déisme*, qui élimine la théologie et rend inutile la hiérarchie ecclésiastique.

Les LETTRES V ET VI sont au contraire hostiles aux *Anglicans* suspects d'ambitions temporelles, et aux *Presbytériens* accusés d'intolérance et de rigidité excessive. VOLTAIRE expose à ce propos une idée qui lui est chère, la nécessité de subordonner la religion au gouvernement. Surtout, il prône comme Bayle et Montesquieu, les bienfaits *sociaux* de la tolérance : « *S'il n'y avait en Angleterre qu'une religion, son despotisme serait à craindre ; s'il y en avait deux, elles se couperaient la gorge ; mais il y en a trente, et elles vivent en paix heureuses* » (VI). La LETTRE VII *Sur les Sociniens, ou Ariens, ou Anti-Trinitaires*, favorable à cette religion presque déiste, garde un silence prudent sur les déistes, pourtant nombreux en Angleterre. Ces Lettres résument déjà la *position voltairienne :* déisme, horreur des luttes religieuses ; tolérance assurée au besoin par la multiplicité des sectes ; subordination des religions au gouvernement, gage d'indépendance et de paix sociale (cf. p. 119).

Vie politique et sociale

La LETTRE VIII *Sur le Parlement* vante l'équilibre du régime anglais qui assure la paix religieuse et la liberté des citoyens (p. 119). La LETTRE IX *Sur le Gouvernement* retrace l'évolution politique de l'Angleterre, tour à tour soumise à la tyrannie des barons, des évêques et du Pape : « *Le Peuple, la plus nombreuse, la plus vertueuse même, et par conséquent la plus respectable partie des hommes, composée de ceux qui étudient les lois et les sciences, des négociants, des artisans, des laboureurs enfin, qui exercent la plus noble et la plus méprisée des professions, en un mot tout ce qui n'était point tyran ; le Peuple, dis-je, était regardé par eux comme des animaux au-dessous de l'homme... Le plus grand nombre des hommes était en Europe ce qu'ils sont encore en plusieurs endroits du Nord, serf d'un seigneur, espèce de bétail qu'on vend et qu'on achète avec la terre. Il a fallu des siècles pour rendre justice à l'humanité, pour sentir qu'il était horrible que le grand nombre semât et que le petit nombre recueillît ; et n'est-ce pas un bonheur pour le genre humain que l'autorité de ces petits brigands ait été éteinte en France par la puissance légitime de nos Rois, et en Angleterre par la puissance légitime des Rois et du Peuple?* » Exposant les libertés définies par la *Grande Charte*, VOLTAIRE, qui vise indirectement la France, insiste sur l'absence de privilèges terriens en Angleterre et sur l'égalité devant l'impôt : « *Un homme, parce qu'il est noble ou parce qu'il est prêtre, n'est pas ici exempt de payer certaines taxes : tous les impôts sont réglés par la Chambre des Communes... Chacun donne non selon sa qualité (ce qui est absurde), mais selon son revenu ; il n'y a point de taille ni de capitation arbitraire, mais une taxe réelle sur les terres.*»

Enfin la LETTRE X *Sur le Commerce* vante l'esprit pratique des Anglais qui doivent au commerce leur richesse et leur puissance politique (p. 121).

SUR LE PARLEMENT

La LETTRE VIII *Sur le Parlement* donne une idée assez juste des *Lettres Anglaises*. On y retrouve l'écho des lettres sur les *questions religieuses* ; on y découvre la passion de VOLTAIRE pour la *liberté politique* et son admiration pour le régime anglais qu'il idéalise ; on pourra enfin saisir sur un exemple précis la *critique* parfois directe, mais le plus souvent implicite, des mœurs et des institutions françaises. Dans ses *Dialogues* (A, B, C : 6ᵉ Entretien, 1768), VOLTAIRE prêtera à un interlocuteur une vibrante apologie de la démocratie ; néanmoins ses préférences vont d'ordinaire à la *monarchie parlementaire* qui garantit la liberté, la justice et la propriété (cf. p. 116). On sait que l'équilibre du régime anglais séduira aussi MONTESQUIEU (cf. p. 105).

« Les membres du Parlement d'Angleterre aiment à se comparer aux anciens Romains autant qu'ils le peuvent ». C'est à la faveur d'une comparaison entre les deux peuples que, dans ce chapitre où il n'est guère question du Parlement, Voltaire va exposer ses propres idées.

Les deux nations me paraissent entièrement différentes, soit en bien, soit en mal. On n'a jamais connu chez les Romains la folie horrible des guerres de religion ; cette abomination était réservée à des dévots prêcheurs d'humilité et de patience [1]. Marius et Sylla, Pompée et César, Antoine et Auguste ne se battaient point pour décider si le *flamen* [2] devait porter sa chemise par-dessus sa robe, ou sa robe par-dessus sa chemise [3], et si les poulets sacrés devaient manger et boire, ou bien manger seulement [4], pour qu'on prît les augures. Les Anglais se sont fait pendre autrefois réciproquement à leurs assises, et se sont détruits en bataille rangée pour des querelles de pareille espèce ; la secte des épiscopaux et le presbytérianisme ont tourné pour un temps ces têtes mélancoliques. Je m'imagine que pareille sottise ne leur arrivera plus ; ils me paraissent devenir sages à leurs dépens, et je ne leur vois nulle envie de s'égorger dorénavant pour des syllogismes [5]. Toutefois, qui peut répondre des hommes [6] ?

— 1 Préciser cette critique (cf. Montesquieu, p. 110). — 2 Prêtre de Jupiter, Mars, etc. — 3 Les anglicans (ou épiscopaux) portaient des ornements sacerdotaux ; les presbytériens étaient en jaquette noire. — 4 Allusion aux querelles entre chrétiens sur la communion. — 5 Déductions (tirées des textes sacrés). — 6 Quelle philosophie s'exprime dans ce trait ?

Voici une différence plus essentielle entre Rome et l'Angleterre, qui met tout l'avantage du côté de la dernière : c'est que le fruit des guerres civiles de Rome a été l'esclavage, et celui des troubles d'Angleterre, la liberté. La nation anglaise est la seule de la terre qui soit parvenue à régler le pouvoir des rois en leur résistant [7], et qui d'efforts en efforts ait enfin établi ce gouvernement sage où le prince, tout-puissant pour faire du bien, a les mains liées pour faire le mal [8] ; où les seigneurs sont grands sans insolence et sans vassaux [9], et où le peuple partage le gouvernement sans confusion [10].

La chambre des pairs et celle des communes sont les arbitres de la nation, le roi est le surarbitre. Cette balance manquait aux Romains : les grands et le peuple étaient toujours en division à Rome, sans qu'il y eût un pouvoir mitoyen qui pût les accorder. Le sénat de Rome, qui avait l'injuste et punissable orgueil de ne vouloir rien partager avec les plébéiens, ne connaissait d'autre secret, pour les éloigner du gouvernement, que de les occuper toujours dans les guerres étrangères. Ils regardaient le peuple comme une bête féroce qu'il fallait lâcher sur leurs voisins de peur qu'elle ne dévorât ses maîtres ; ainsi le plus grand défaut du gouvernement des Romains en fit des conquérants [11] ; c'est parce qu'ils étaient malheureux chez eux qu'ils devinrent les maîtres du monde, jusqu'à ce qu'enfin leurs divisions les rendirent esclaves [12].

Le gouvernement d'Angleterre n'est point fait pour un si grand éclat, ni pour une fin si funeste ; son but n'est point la brillante folie de faire des conquêtes [13], mais d'empêcher que ses voisins n'en fassent ; ce peuple n'est pas seulement jaloux de sa liberté, il l'est encore de celle des autres. Les Anglais étaient acharnés contre Louis XIV, uniquement parce qu'ils lui croyaient de l'ambition. Ils lui ont fait la guerre de gaieté de cœur, assurément sans aucun intérêt [14].

Il en a coûté sans doute pour établir la liberté en Angleterre ; c'est dans des mers de sang qu'on a noyé l'idole du pouvoir despotique ; mais les Anglais ne croient point avoir acheté trop cher leurs lois. Les autres nations n'ont pas eu moins de troubles, n'ont pas versé moins de sang qu'eux ; mais ce sang qu'elles ont répandu pour la cause de leur liberté n'a fait que cimenter leur servitude. (...) Les Français pensent que le gouvernement de cette île est plus orageux que la mer qui l'environne, et cela est vrai ; mais c'est quand le roi commence la tempête, c'est quand

— 7 Pourquoi est-ce si difficile ? (cf. p. 79, § 3). — 8 Formule de Fénelon (cf. *XVIIe Siècle*, p. 426, l. 3). — 9 Ils « reçoivent du roi leur titre et rien de plus ; presque aucun d'eux n'a la terre dont il porte le nom » (L. IX). Songer à la morgue du chevalier de Rohan envers Voltaire. — 10 Note de 1739 : « Il faut ici bien soigneusement peser les termes. Le mot de Roi ne signifie point partout la même chose. En France, en Espagne, il signifie un homme qui par les droits du sang est Juge souverain et sans appel de toute la Nation. En Angleterre, en Suède, en Pologne, il signifie le premier Magistrat ». Étudier l'intention qui a dicté cette note. — 11 Idée développée par Bossuet (*Histoire Universelle*, III, 7), et qu'on retrouve dans les *Considérations* de Montesquieu. — 12 Montesquieu est-il de cet avis (cf. p. 91-92) ? — 13 Préciser les idées de Voltaire sur la guerre. — 14 Argument des tories pour justifier la cessation de la guerre. En réalité les deux grands partis rejetaient l'idéalisme en politique extérieure.

il veut se rendre le maître du vaisseau dont il n'est que le premier pilote. Les guerres civiles de France ont été plus longues, plus cruelles, plus fécondes en crimes que celles d'Angleterre ; mais de toutes ces guerres civiles aucune n'a eu une liberté sage pour objet.

Dans les temps détestables de Charles IX et de Henri III il s'agissait seulement de savoir si on serait l'esclave des Guises. Pour la dernière guerre de Paris [15], elle ne mérite que des sifflets ; le cardinal de Retz [16], avec beaucoup d'esprit et de courage mal employés, rebelle sans aucun
60 sujet, factieux sans dessein, chef de parti sans armée, cabalait pour cabaler, et semblait faire la guerre civile pour son plaisir. Le parlement ne savait ce qu'il voulait, ni ce qu'il ne voulait pas ; il levait des troupes par arrêt, il les cassait ; il menaçait, il demandait pardon ; il mettait à prix la tête du cardinal Mazarin, et ensuite venait le complimenter en cérémonie : nos guerres civiles sous Charles VI avaient été cruelles, celles de la Ligue furent abominables, celle de la Fronde fut ridicule.

On reproche aux Anglais le supplice de Charles Iᵉʳ « jugé, condamné et décapité » : Voltaire *lui oppose les meurtres d'excellents rois, comme Henri IV, assassinés par des fanatiques.*

- *Dégagez les opinions religieuses de* Voltaire *; comment ridiculise-t-il les controverses ?*
- *Quels sont les mérites du régime anglais ? Précisez le rôle du roi et les limites de son pouvoir.*
- **Groupe thématique : Guerres de religion.** Voltaire : *Essai sur les Mœurs*, p. 155 ; – « Dogmes », p. 178 ; – « Prière à Dieu », p. 171. – XVIᵉ siècle. a) Témoignages engagés. Ronsard : « Plaintes de la France », p. 158. – D'Aubigné, p. 176 ; – b) Critique : Montaigne, p. 236.
- **Groupe thématique : Fanatisme et tolérance.** Voltaire : « l'Autodafé », p. 166 ; – « Dogmes », p. 178 ; – « Le Souper », p. 133 ; – « Prière à Dieu », p. 171. – Bayle p. 21. – Montesquieu, p. 109.
- **Monarchie tempérée.** Montesquieu : *Esprit des lois*, p. 98-107. – *Encyclopédie, p. 243.*

Sur le commerce

Hôte du riche marchand Falkener, à qui il a dédié *Zaïre*, Voltaire a pu mesurer le crédit dont jouissent en Angleterre les négociants, ainsi que les bienfaits de l'industrie et du commerce. Lui qui était surtout sensible à la civilisation mondaine, le voici qui s'intéresse aux *problèmes économiques* et s'enflamme, avec son sens pratique, pour le *bien-être matériel* et le *luxe* : il les considérera désormais comme inséparables de l'idée de civilisation (cf. 127, 128, 180). — Le pamphlétaire ne manque pas de railler, par contraste, la sottise du *préjugé nobiliaire* (*Lettre X*).

L e commerce, qui a enrichi les citoyens en Angleterre, a contribué à les rendre libres, et cette liberté a étendu le commerce à son tour ; de là s'est formée la grandeur de l'État. C'est le commerce qui a établi peu à peu les forces navales par qui les Anglais sont les maîtres des mers. Ils ont à présent près de deux cents vaisseaux de guerre. La postérité apprendra peut-être avec surprise qu'une petite île, qui n'a de soi-même qu'un peu de plomb, de l'étain, de la terre à foulon [1] et de la laine grossière, est devenue par son commerce assez puissante pour envoyer, en 1723 [2], trois flottes à la fois en trois extrémités du monde, l'une devant Gibraltar conquise et conservée par
10 ses armes, l'autre à Portobello [3], pour ôter au roi d'Espagne la jouissance des

— 15 La Fronde.—16 Cf. *XVIIᵉ Siècle*, p. 372. | 2 En réalité, juin 1726. — 3 Port de l'Amérique
— 1 Argile qui sert à dégraisser les tissus. — | centrale.

trésors des Indes, et la troisième dans la mer Baltique, pour empêcher les puissances du Nord de se battre [4].

Quand Louis XIV faisait trembler l'Italie, et que ses armées, déjà maîtresses de la Savoie et du Piémont, étaient prêtes de prendre Turin, il fallut que le prince Eugène [5] marchât du fond de l'Allemagne au secours du duc de Savoie ; il n'avait point d'argent, sans quoi on ne prend ni ne défend les villes ; il eut recours à des marchands anglais : en une demi-heure de temps on lui prêta cinquante millions. Avec cela il délivra Turin, battit les Français, et écrivit à ceux qui avaient prêté cette somme ce petit billet : « Messieurs, j'ai reçu votre 20 argent, et je me flatte de l'avoir employé à votre satisfaction [6] ».

Tout cela donne un juste orgueil à un marchand anglais et fait qu'il ose se comparer, non sans quelque raison, à un citoyen romain. Aussi le cadet d'un pair du royaume ne dédaigne point le négoce. Milord Townshend, ministre d'État, a un frère qui se contente d'être marchand dans la Cité. Dans le temps que milord Oxford gouvernait l'Angleterre, son cadet était facteur [7] à Alep, d'où il ne voulut pas revenir et où il est mort.

Cette coutume, qui pourtant commence trop à se passer, paraît monstrueuse à des Allemands entêtés de leurs quartiers [8] ; ils ne sauraient concevoir que le fils d'un pair d'Angleterre ne soit qu'un riche et puissant bourgeois, au lieu qu'en 30 Allemagne tout est prince ; on a vu jusqu'à trente altesses du même nom n'ayant pour tout bien que des armoiries et de l'orgueil.

En France est marquis qui veut ; et quiconque arrive à Paris du fond d'une province avec de l'argent à dépenser, et un nom en ac ou en ille, peut dire : « Un homme comme moi, un homme de ma qualité », et mépriser souverainement un négociant. Le négociant entend lui-même parler si souvent avec mépris de sa profession, qu'il est assez sot pour en rougir [9] ; je ne sais pourtant lequel est le plus utile à un État, ou un seigneur bien poudré qui sait précisément à quelle heure le roi se lève, à quelle heure il se couche, et qui se donne des airs de grandeur en jouant le rôle d'esclave dans l'antichambre d'un ministre, ou un négociant qui 40 enrichit son pays, donne de son cabinet des ordres à Surate [10] et au Caire, et contribue au bonheur du monde [11].

La Philosophie

LETTRE XI : Moins routiniers que les Français, les Anglais pratiquent avec succès l'inoculation de la petite vérole. — LETTRE XII : Éloge de Bacon, « le père de la philosophie expérimentale. »
Dans la LETTRE XIII, Voltaire expose la philosophie de Locke qu'il place bien au-dessus de celle de Descartes. LOCKE a eu le mérite de se détourner des systèmes métaphysiques pour s'en tenir à l'expérience ; ne croyant que ce qu'il pouvait vérifier, il a ruiné la théorie cartésienne des idées innées et établi « que toutes nos idées nous viennent des sens ». VOLTAIRE admet avec Locke la possibilité de la nature matérielle de l'âme ; aux théologiens indignés d'une proposition si impie, il réplique que nous ne connaissons clairement ni l'esprit ni la matière, et que l'impiété consisterait au contraire à borner la puissance de Dieu (cf. Micromégas, p. 140, l. 56-63).
Les LETTRES XIV A XVII sont consacrées à NEWTON, à son système de l'attraction, à ses découvertes en optique, au calcul infinitésimal. Voltaire estime Newton supérieur à

— 4 Étudier comment Voltaire a mis en lumière la puissance maritime des Anglais. — 5 Prince français passé au service de l'Autriche, vainqueur à Turin en 1706. — 6 Voltaire a un peu « arrangé » les faits : Les merciers de Londres émirent un emprunt de 6 *millions* seulement, qui fut couvert en 6 *jours*, et le prince Eugène remercia *avant* la bataille en promettant d'en faire bon usage. Étudier avec quel art est présentée cette *anecdote symbolique.* — 7 Agent commercial dirigeant une « factorerie ». Alep est en Syrie du Nord. — 8 De noblesse. — 9 Cf. M. Jourdain. — 10 Ville commerçante de l'Inde. — 11 Cf. p. 231-232.

Descartes, dont la méthode a mis cependant les savants « sur la voie de la vérité ». Ces lettres sur la philosophie sont un hymne à la liberté de penser.

La Littérature   Les LETTRES XVIII a XXIV concernent la *tragédie* (Shakespeare), la *comédie*, les *poètes* (Pope), les Académies. Voltaire admire SHAKESPEARE mais est déconcerté, dans son goût classique, par les bizarreries d'*Othello* et de *Hamlet* : « *Il créa le théâtre ; il avait un génie plein de force et de fécondité, de naturel et de sublime, sans la moindre étincelle de bon goût et sans la moindre connaissance des règles... Il y a de si belles scènes, des morceaux si grands et si terribles répandus dans ses farces monstrueuses qu'on appelle tragédies, que ces pièces ont toujours été jouées avec un grand succès* » (XVIII).

LA CONSIDÉRATION DUE AUX GENS DE LETTRES

VOLTAIRE a déjà écrit une *Lettre sur les inconvénients du métier d'homme de lettres* (1732) et revendiqué dans sa *Lettre à un premier commis* (1733) la liberté d'expression pour les écrivains tracassés inutilement par la censure. Le voici qui proclame « la considération qu'on doit aux gens de lettres » (XXIII). On n'oubliera pas, en lisant ce texte, les rêves politiques de sa jeunesse, le refus par Louis XV de la dédicace de la *Henriade*, qui fut dédiée par la suite à la reine d'Angleterre, l'insolence du chevalier de Rohan, les deux emprisonnements, l'exil. On se souviendra enfin que VOLTAIRE a gardé toute sa vie la passion du théâtre.

Ni en Angleterre ni en aucun pays du monde on ne trouve des établissements en faveur des beaux-arts comme en France. Il y a presque partout des universités ; mais c'est en France seule qu'on trouve ces utiles encouragements pour l'astronomie [1], pour toutes les parties des mathématiques, pour celle [2] de la médecine, pour les recherches de l'antiquité, pour la peinture, la sculpture et l'architecture [3]. Louis XIV s'est immortalisé par toutes ces fondations, et cette immortalité ne lui a pas coûté deux cent mille francs par an.

J'avoue que c'est un de mes étonnements que le parlement d'Angleterre, qui s'est avisé de promettre vingt mille guinées à celui qui ferait l'impossible découverte des longitudes [4], n'ait jamais pensé à imiter Louis XIV dans sa magnificence envers les arts.

Le mérite trouve à la vérité, en Angleterre, d'autres récompenses plus honorables pour la nation ; tel est le respect que ce peuple a pour les talents, qu'un homme de mérite y fait toujours fortune. M. Addison [5], en France, eût été de quelque académie, et aurait pu obtenir, par le crédit de quelque femme, une pension de douze cents livres, ou plutôt on lui aurait fait des affaires, sous prétexte qu'on aurait aperçu dans sa tragédie de *Caton* quelques traits contre le portier d'un homme en place ; en Angleterre, il a été secrétaire d'État. M. Newton était intendant des monnaies du royaume ; M. Congrève [6] avait une charge importante ;

— 1 L'Observatoire, fondé en 1667. — 2 La partie de... — 3 Académies des Sciences, des Belles-Lettres, de Peinture et de Sculpture, d'Architecture, toutes fondées au XVIIᵉ siècle. — 4 Déterminer la distance d'un point à un

méridien : ce problème, capital pour la navigation, ne sera résolu qu'au XIXᵉ siècle. — 5 Auteur dramatique aimé de Voltaire parce qu'il est plus classique que Shakespeare. — 6 Auteur comique devenu secrétaire de la Jamaïque.

M. Prior [7] a été plénipotentiaire ; le docteur Swift [8] est doyen d'Irlande
et y est beaucoup plus considéré que le primat. Si la religion de M. Pope [9]
ne lui permet pas d'avoir une place, elle n'empêche pas que sa traduction
d'Homère ne lui ait valu deux cent mille francs. J'ai vu longtemps en
France l'auteur de *Rhadamiste* [10] près de mourir de faim, et le fils d'un
des plus grands hommes que la France ait eus [11], et qui commençait à
marcher sur les traces de son père, était réduit à la misère sans M. Fagon.
Ce qui encourage le plus les arts en Angleterre, c'est la considération
30   où ils sont : le portrait du premier ministre se trouve sur la cheminée
de son cabinet ; mais j'ai vu celui de M. Pope dans vingt maisons.

M. Newton était honoré de son vivant, et l'a été après sa mort comme
il devait l'être. Les principaux de la nation se sont disputé l'honneur
de porter le poêle à son convoi. Entrez à Westminster : ce ne sont pas
les tombeaux des rois qu'on y admire, ce sont les monuments que la
reconnaissance de la nation a érigés aux plus grands hommes qui ont
contribué à sa gloire ; vous y voyez leurs statues comme on voyait dans
Athènes celles des Sophocle et des Platon ; et je suis persuadé que la
seule vue de ces glorieux monuments a excité plus d'un esprit et a formé
40   plus d'un grand homme.

On a même reproché aux Anglais d'avoir été trop loin dans les honneurs
qu'ils rendent au simple mérite ; on a trouvé à redire qu'ils aient enterré
dans Westminster la célèbre comédienne Mlle Ofils [12], à peu près avec
les mêmes honneurs qu'on a rendus à M. Newton : quelques-uns ont
prétendu qu'ils avaient affecté d'honorer à ce point la mémoire de cette
actrice afin de nous faire sentir davantage la barbare et lâche [13]
injustice qu'ils nous reprochent, d'avoir jeté à la voirie le corps de
Mlle Lecouvreur [14].

Mais je puis vous assurer que les Anglais, dans la pompe funèbre de
50   Mlle Ofils, enterrée dans leur Saint-Denis [15], n'ont rien consulté que
leur goût ; ils sont bien loin d'attacher l'infamie à l'art des Sophocle
et des Euripide et de retrancher du corps de leurs citoyens [16] ceux qui
se dévouent à réciter devant eux des ouvrages dont leur nation se glorifie.

*VOLTAIRE s'en prend alors aux « rigoristes fanatiques » qui condamnent le théâtre au nom
de principes religieux. Il souligne les contradictions de la France où les acteurs sont méprisés
et excommuniés, et où pourtant « Louis XIV et Louis XV ont été acteurs »* !

- **Comparaison.** Cf. VIGNY (XIXe SIÈCLE. *Chatterton*, « A quoi sert le poète », p. 259).
- **Groupe thématique : Condition du poète.** a) Dépendance. MOYEN AGE. « La pauvreté Rutebeuf »,
  p. 188. – XVIe SIÈCLE. MAROT : « Épîtres au roi », p. 21-30. – DU BELLAY : « le poète courtisan »,
  p. 117. – XVIIe SIÈCLE. MALHERBE : « les heureux succès de la Régence », p. 24. – b) Mission sacrée.
  XIXe SIÈCLE. VIGNY : p. 125 ; p. 137 ; p. 256-262. – HUGO : « Fonction du poète », p. 162.

— 7 Poète et diplomate. — 8 L'auteur des
Voyages de Gulliver. — 9 Illustre poète. Il
était catholique ; or, seuls les Anglicans
recevaient des emplois officiels. Pourquoi
Voltaire n'insiste-t-il pas sur cette intolérance ?
— 10 Le poète tragique Crébillon (cf. p. 185).
— 11 Le poète Louis Racine devenu, par
protection, inspecteur puis directeur des fermes

en Provence. — 12 Mlle Oldfield, décédée
en 1730. — 13 Expliquer ces deux adjectifs. —
14 Adrienne Lecouvreur, actrice particulièrement aimée de Voltaire, était morte en
1730. — 15 Seuls les rois de France, leur
famille, et quelques grands capitaines étaient
enterrés à Saint-Denis. — 16 Allusion à
l'excommunication des comédiens.

Sur les Pensées de Pascal

La Lettre XXV, *Remarques sur les Pensées de Pascal*, est comme l'aboutissement philosophique des leçons de l'Angleterre.

1. L'ANTI-PASCAL. Jusqu'à la veille de sa mort (*Dernières remarques*, 1777) VOLTAIRE s'attaque à Pascal comme à son adversaire direct. Il voit en lui un *fanatique* intellectuel qui égare l'homme dans la métaphysique et le dégoûte de la vie terrestre.

2. L'HOMME EST NÉ POUR L'ACTION. Pascal considérait le « divertissement », qui nous détourne de la méditation, comme « la plus grande de nos misères ». Pour VOLTAIRE au contraire l'*action* est la source du bonheur humain : « *L'homme est né pour l'action, comme le feu tend en haut et la pierre en bas. N'être point occupé et n'exister pas est la même chose pour l'homme* » (XXIII). « Cet instinct secret étant le premier principe et le fondement nécessaire de la société, il vient plutôt de la bonté de Dieu, et il est plutôt l'instrument de notre bonheur que le ressentiment de notre misère... N'est-il pas plaisant que des têtes pensantes aient pu imaginer que la paresse est un titre de grandeur, et l'action un rabaissement de notre nature ? » (XXIV). « Au contraire, l'homme est si heureux en ce point, et nous avons tant d'obligation à l'auteur de la nature, qu'il a attaché l'ennui à l'inaction, afin de nous forcer par là à être utiles au prochain et à nous-même » (XXVI).

Voltaire contre Pascal

Sous l'apparent hommage rendu à PASCAL, on notera le procédé de l'*insinuation* qui tend à déconsidérer son œuvre. Mais peut-on regarder Pascal comme un ennemi de l'espèce humaine et un défenseur maladroit du christianisme ? En réalité VOLTAIRE est au cœur du problème. Ce qu'il combat chez Pascal c'est le *pessimisme* qui détourne l'homme de vivre « selon sa nature » ; c'est aussi la volonté de prouver *rationnellement* le christianisme, ce qui entraînerait l'adhésion *obligatoire* des hommes raisonnables, et favoriserait l'*intolérance*. Ces *Remarques* sont adressées à THIERIOT.

Je vous envoie les remarques critiques que j'ai faites depuis longtemps sur les *Pensées* de M. Pascal. Ne me comparez point ici, je vous prie, à Ezéchias qui voulut faire brûler tous les livres de Salomon. Je respecte le génie et l'éloquence de M. Pascal ; mais plus je les respecte, plus je suis persuadé qu'il aurait lui-même corrigé beaucoup de ces *Pensées*, qu'il avait jetées au hasard sur le papier pour les examiner ensuite : et c'est en admirant son génie que je combats quelques-unes de ses idées.

Il me paraît qu'en général l'esprit dans lequel M. Pascal écrivit ces *Pensées* était de montrer l'homme dans un jour odieux ; il s'acharne à nous peindre tous

10 méchants et malheureux [1] ; il écrit contre la nature humaine à peu près comme il écrivait contre les jésuites. Il impute à l'essence de notre nature ce qui n'appartient qu'à certains hommes : il dit éloquemment des injures au genre humain.

J'ose prendre le parti de l'humanité contre ce misanthrope sublime [2] ; j'ose assurer que nous ne sommes ni si méchants ni si malheureux qu'il le dit. Je suis de plus très persuadé que s'il avait suivi, dans le livre qu'il méditait, le dessein qui paraît dans ses *Pensées*, il aurait fait un livre plein de paralogismes [3] éloquents et de faussetés admirablement déduites. Je crois même que tous ces livres qu'on

---

— 1 Songer au pessimisme janséniste ; mais Pascal réduit-il l'homme au désespoir ?

(cf. *XVII*e *Siècle*, p. 157-172). — 2 Montrer l'habileté de cette tactique. — 3 Erreurs involontaires de raisonnement.

a faits depuis peu pour prouver [4] la religion chrétienne, sont plus capables de
20 scandaliser que d'édifier. Ces auteurs prétendent-ils en savoir plus que Jésus-
Christ et ses apôtres ? C'est vouloir soutenir un chêne en l'entourant de roseaux ;
on peut écarter ces roseaux inutiles sans craindre de faire tort à l'arbre.

J'ai choisi avec discrétion [5] quelques *Pensées* de Pascal : j'ai mis les réponses
au bas. Au reste [6], on ne peut trop répéter ici combien il serait absurde et cruel
de faire une affaire de parti de cet examen des *Pensées* de Pascal : je n'ai de parti
que la vérité ; je pense qu'il est très vrai que ce n'est pas à la métaphysique de
prouver la religion chrétienne, et que la raison est autant au-dessous de la foi
que le fini est au-dessous de l'infini. Il ne s'agit ici que de raison, et c'est si peu
de chose chez les hommes que cela ne vaut pas la peine de se fâcher [7].

LE BONHEUR SUR LA TERRE

« A l'égard de Pascal, le grand point de la question roule visiblement sur ceci, savoir
si la raison humaine peut prouver deux natures dans l'homme » (*A La Condamine*,
22 juin 1734). VOLTAIRE s'oppose en effet, essentiellement, à la prétention pascalienne
d'établir *en raison* le dogme de la chute originelle. Si le christianisme n'est plus qu'une
question de foi, le « sage » reste libre de fonder sa morale sur une connaissance *positive*
de l'homme et de ses limites.

III. « *Et cependant, sans ce mystère le plus incompréhensible de tous, nous sommes incompréhensibles à nous-mêmes. Le nœud de notre condition prend ses retours et ses plis dans
l'abîme du péché originel ; de sorte que l'homme est plus inconcevable sans ce mystère que ce
mystère n'est inconcevable à l'homme.* »

Est-ce raisonner que de dire : l'homme est inconcevable sans ce
mystère inconcevable [1] ? Pourquoi vouloir aller plus loin que l'Écriture ? n'y a-t-il pas de la témérité à croire qu'elle a besoin d'appui,
et que ces idées philosophiques peuvent lui en donner [2] ? Qu'aurait
répondu M. Pascal à un homme qui lui aurait dit : « Je sais que le mystère
du péché originel est l'objet de ma foi et non de ma raison. Je conçois
fort bien sans ce mystère ce que c'est que l'homme [3]. (.) L'homme n'est
point une énigme comme vous vous le figurez pour avoir le plaisir de la
deviner. L'homme paraît être à sa place dans la nature, supérieur aux
10 animaux, auxquels il est semblable par les organes ; inférieur à d'autres
êtres, auxquels il ressemble probablement par la pensée. Il est comme
tout ce que nous voyons, mêlé de mal et de bien, de plaisir et de peine.
Il est pourvu de passions pour agir [4], et de raison pour gouverner ses
actions. Si l'homme était parfait, il serait Dieu, et ces prétendues contra-

---

— 4 Montrer que c'est ici l'idée centrale du
texte (cf. l. 26-27). — 5 Discernement. —
6 Addition de l'éd. de Kehl. — 7 Préciser le ton.

— 1 Autre rédact. : « Ne vaut-il pas mieux
dire : *Je ne sais rien ?* Un mystère ne fut
jamais une explication, c'est une chose divine
et inexplicable ». — 2 « Encore une fois,
adorons Dieu sans vouloir percer dans l'obscurité de ses mystères » (*Rem.* 12). — 3 Les Jésuites

de Trévoux donnèrent raison à Voltaire sur
ce point : la Révélation mise à part, l'homme
peut être ce qu'il est sans péché ni chute
(Lanson). — 4 Voltaire réhabilite toujours les
passions, contre l'idée chrétienne de la corruption de l'homme (cf. Vauvenargues, p. 260).
A Pascal qui disait : « *Qui veut faire l'ange
fait la bête* », il réplique : « *Qui veut détruire
les passions au lieu de les régler veut faire l'ange* »
(Rem. 52).

riétés que vous appelez contradictions sont les ingrédients nécessaires qui entrent dans le composé de l'homme, qui est ce qu'il doit être [5]. » Voilà ce que la raison peut dire ; ce n'est donc point la raison qui apprend aux hommes la chute de la nature humaine ; c'est la foi seule à laquelle il faut avoir recours.

VI. « *En voyant l'aveuglement et la misère de l'homme, et ces contrariétés étonnantes qui se découvrent dans sa nature, en regardant tout l'univers muet, et l'homme sans lumière, abandonné à lui-même, et comme égaré dans ce recoin de l'univers, sans savoir qui l'y a mis, ce qu'il est venu y faire, ce qu'il deviendra en mourant, j'entre en effroi comme un homme qu'on aurait emporté endormi dans une île déserte et effroyable, et qui s'éveillerait sans connaître où il est et sans avoir aucun moyen d'en sortir ; et sur cela j'admire comment on n'entre pas en désespoir d'un si misérable état.* »

20 ... Pour moi [6], quand je regarde Paris ou Londres, je ne vois aucune raison pour entrer dans ce désespoir dont parle M. Pascal ; je vois une ville qui ne ressemble en rien à une île déserte, mais peuplée, opulente, policée [7], et où les hommes sont heureux autant que la nature humaine le comporte. Quel est l'homme sage qui sera plein de désespoir parce qu'il ne sait pas la nature de sa pensée, parce qu'il ne connaît que quelques attributs de la matière, parce que Dieu ne lui a pas révélé ses secrets [8] ? Il faudrait autant se désespérer de n'avoir pas quatre pieds et deux ailes. Pourquoi nous faire horreur de notre être ? Notre existence n'est point si malheureuse qu'on veut nous le faire accroire. Regarder
30 l'univers comme un cachot, et tous les hommes comme des criminels qu'on va exécuter [9], est l'idée d'un fanatique. Croire que le monde est un lieu de délices où l'on ne doit avoir que du plaisir, c'est la rêverie d'un sybarite [10]. Penser que la terre, les hommes et les animaux sont ce qu'ils doivent être dans l'ordre de la Providence est, je crois, d'un homme sage.

X. « *S'il y a un Dieu, il ne faut aimer que lui et non les créatures.* »

Il faut aimer, et très tendrement, les créatures ; il faut aimer sa patrie, sa femme, son père, ses enfants ; et il faut si bien les aimer que Dieu nous les fait aimer malgré nous. Les principes contraires ne sont propres qu'à faire de barbares raisonneurs [11].

– Voltaire et Pascal. *VOLTAIRE attribue à PASCAL l'intention de montrer l'homme « dans un jour odieux ». Examinez cette opinion en considérant plus de Pensées prises dans leur ensemble (cf XVIIᵉ SIÈCLE). Voir XIXᵉ SIÈCLE. SAINTE-BEUVE*, « Pascal », p. 389.
– *Enquête. Cherchez d'autres extraits de VOLTAIRE relevant de la même aspiration au « bonheur sur la terre ».*
– *En quoi la Remarque X résume-t-elle la position de VOLTAIRE en matière religieuse ?*
• **Groupe thématique : Le bonheur sur la terre**, XXᵉ SIÈCLE : CAMUS, p. 727 ; p. 734-739. – GIDE, p. 290.

—5 « L'état présent de l'homme n'est-il pas un bienfait du Créateur ? Qui vous a dit que Dieu vous en devait davantage ? Qui vous a dit que votre être exigeait plus de connaissances et plus de bonheur ? » (*Remarque 29 a*, éd. Lanson). — 6 Voltaire vient de citer une lettre de son ami Falkener qui trouve son bonheur sur la terre, sans la moindre angoisse métaphysique. — 7 *Bien administrée*. L'auteur songe à la prospérité matérielle des Anglais, due à l'industrie et au commerce. — 8 Autre rédact. : « Quel est l'homme sage qui sera prêt à se pendre parce qu'il ne sait pas comme on voit Dieu face à face et que sa raison ne peut débrouiller le mystère de la Trinité ? » Étudier l'inspiration différente des deux rédactions. — 9 Cf. *XVIIᵉ Siècle*, p. 165 (l. 9-12). — 10 Toutefois, cf. *Le Mondain* (p. 128). — 11 Voltaire ne paraît pas comprendre que le chrétien doit aimer les créatures *par amour de Dieu*.

Le Mondain

Sous une forme volontairement provocante, *Le Mondain* (1736) reflète une conception de la vie et de la civilisation déjà perceptible dans les *Lettres Anglaises*. S'opposant à FÉNELON et par avance à ROUSSEAU, l'épicurien chante le *luxe* et le *bien-être* avec une impertinence gamine destinée à scandaliser les moralistes austères. Le poème fit scandale en effet parce qu'à l'idée religieuse d'une vie future, il opposait la jouissance terrestre comme le seul bonheur positif à notre portée. En réalité, VOLTAIRE s'amuse à outrer sa pensée : par la suite, dans la *Défense du Mondain* et l'*Ode sur l'usage de la Vie*, il définira avec plus de mesure « l'art peu connu d'être heureux » qui consiste à « modérer ses feux ». On étudiera cet ingénieux *plaidoyer en faveur du luxe*, ainsi que la verve aisée et pétillante qui fait, dans ses réussites les plus heureuses, le charme des Épîtres de VOLTAIRE (cf. p. 190).

Regrettera qui veut le bon vieux temps
Et l'âge d'or, et le règne d'Astrée,
Et les beaux jours de Saturne et de Rhée [1],
Et le jardin de nos premiers parents [2] ;
Moi je rends grâce à la nature sage
Qui, pour mon bien, m'a fait naître en cet âge
Tant décrié par nos tristes frondeurs :
Ce temps profane est tout fait pour mes mœurs.
J'aime le luxe, et même la mollesse,
10 Tous les plaisirs, les arts de toute espèce,
La propreté [3], le goût, les ornements :
Tout honnête homme [4] a de tels sentiments.
Il est bien doux pour mon cœur très immonde
De voir ici l'abondance à la ronde,
Mère des arts et des heureux travaux,
Nous apporter, de sa source féconde,
Et des besoins et des plaisirs nouveaux.
L'or de la terre et les trésors de l'onde,
Leurs habitants et les peuples de l'air,
20 Tout sert au luxe, aux plaisirs de ce monde.
Oh ! le bon temps que ce siècle de fer !
Le superflu, chose très nécessaire,
A réuni l'un et l'autre hémisphère.
Voyez-vous pas ces agiles vaisseaux
Qui du Texel [5], de Londres, de Bordeaux,
S'en vont chercher, par un heureux échange,
Ces nouveaux biens, nés aux sources du Gange,
Tandis qu'au loin vainqueurs des musulmans [6],
Nos vins de France enivrent les sultans !
30 Quand la nature était dans son enfance,
Nos bons aïeux vivaient dans l'innocence
Ne connaissant ni le *tien*, ni le *mien* [7].
Qu'auraient-ils pu connaître ? ils n'avaient rien ;
Ils étaient nus, et c'est chose très claire
Que qui n'a rien n'a nul partage à faire.
Sobres étaient [8]. Ah ! je le crois encor :

— 1 Saturne et Rhée, détrônés par leur fils Jupiter, avaient fait régner l'âge d'or. Astrée déesse de la Justice, quitta la terre à la fin de l'âge d'or. — 2 Le Paradis terrestre. — 3 L'élégance. — 4 Au sens classique, comme au v. 49 (cf. *XVII*e *Siècle*, p. 8). — 5 Ile de Hollande, patrie des navigateurs. — 6 Victoire sur le fanatisme, le vin leur étant interdit par le Coran. — 7 Cf. Rousseau, p. 273. — 8 Tournure de « style marotique ».

Martialo [9] n'est point du siècle d'or.
D'un bon vin frais ou la mousse ou la sève
Ne gratta point le triste gosier d'Eve ;
40 La soie et l'or ne brillaient point chez eux.
Admirez-vous pour cela nos aïeux ?
Il leur manquait l'industrie et l'aisance :
Est-ce vertu ? C'était pure ignorance.
Quel idiot, s'il avait eu pour lors
Quelque bon lit, aurait couché dehors [10] ?(...)
   Or maintenant, voulez-vous, mes amis,
Savoir un peu, dans nos jours tant maudits,
Soit à Paris, soit dans Londre, ou dans Rome,
Quel est le train des jours d'un honnête homme ?
50 Entrez chez lui : la foule des beaux-arts,
Enfants du goût, se montre à vos regards.
De mille mains l'éclatante industrie
De ces dehors [11] orna la symétrie.
L'heureux pinceau, le superbe dessin
Du doux Corrège [12] et du savant Poussin [13]
Sont encadrés dans l'or d'une bordure ;
C'est Bouchardon [14] qui fit cette figure,
Et cet argent fut poli par Germain [15].
Des Gobelins l'aiguille et la teinture
60 Dans ces tapis surpassent la peinture.
Tous ces objets sont vingt fois répétés
Dans des trumeaux tout brillants de clartés.
De ce salon je vois par la fenêtre,
Dans des jardins, des myrtes en berceaux ;
Je vois jaillir les bondissantes eaux [16].(...)
   Or maintenant, Monsieur du Télémaque,
Vantez-nous bien votre petite Ithaque,
Votre Salente [17], et vos murs malheureux,
Où vos Crétois, tristement vertueux,
70 Pauvres d'effets et riches d'abstinence,
Manquent de tout pour avoir l'abondance :
J'admire fort votre style flatteur
Et votre prose, encor qu'un peu traînante ;
Mais mon ami, je consens de grand cœur
D'être fessé dans vos murs de Salente,
Si je vais là pour chercher mon bonheur.
Et vous, jardin de ce premier bonhomme,
Jardin fameux par le diable et la pomme,
C'est bien en vain que, par l'orgueil séduits,
80 Huet, Calmet [18], dans leur savante audace,
Du paradis ont recherché la place :
Le paradis terrestre est où je suis.

---

9 « Auteur du *Cuisinier françois* » (V.). —
10 Voltaire évoque alors la dure vie d'Adam et d'Ève.—11 L'extérieur de la maison.—12 Peintre italien du XVIe s. — 13 Peintre français du XVIIe s. — 14 Sculpteur du XVIIIe s. — 15 « Excellent orfèvre » (V.). — 16 Et Voltaire de décrire l'existence dorée d'un gentilhomme : vie de société, plaisirs, beaux-arts, danse, musique, repas fins, champagne... — 17 Cf. Fénelon, *XVIIe siècle*, p. 427. — 18 Évêque et bénédictin connus par leurs études bibliques.

ROMANS ET CONTES

Réfugié à Sceaux, chez la duchesse du Maine (cf. p. 8 et 112) où règne encore l'esprit léger de la Régence, le courtisan déçu de Versailles inaugure avec *Zadig* (1747) la veine des *contes philosophiques* à la manière anglaise. Dans ces récits en apparence anodins VOLTAIRE atteint impitoyablement ses adversaires et répand ses idées comme en se jouant. C'est le genre voltairien par excellence : en dehors des romans, beaucoup de *pamphlets*, de *Dialogues philosophiques*, d'articles du *Dictionnaire philosophique* se présentent sous la forme de dialogues ou de récits à idées. Mais bien entendu, les chefs-d'œuvre du genre sont les romans : *Zadig* (1747), *Babouc* (1748), *Micromégas* (1752), *Scarmentado* (1756), *Candide* (1759), *Jeannot et Colin* (1764), *l'Ingénu* (1767), *L'Homme aux quarante écus* (1768), *La Princesse de Babylone* (1768).

Les romans
de Voltaire

1. LE CONTENU PHILOSOPHIQUE : Dans chaque roman le *thème central* revient comme un leit-motiv : *Zadig* révèle les caprices de la Destinée et pose le problème de la Providence, *Micromégas* illustre la relativité universelle, *Candide* est une satire de l'Optimisme, *L'Ingénu* s'attaque à l'hypocrisie sociale, *L'Homme aux quarante écus* traite de questions économiques.

Aucune rigidité dans ces romans à thèse : l'auteur varie les épisodes et égaie le récit de mille autres *intentions satiriques*, selon l'inspiration du moment. Il suffira de lire nos extraits des *Contes* pour faire le tour de ses idées chères et recueillir de surcroît toute une gerbe de traits satiriques. Cette *revue des thèmes voltairiens* se fait d'habitude à propos d'un *voyage* et des aventures mouvementées d'un héros ; l'*enquête sur les idées* se double ainsi d'une *enquête sur les sociétés :* sous nos yeux défilent les mœurs, les croyances, les civilisations les plus diverses. La leçon qui s'en dégage est toujours la même : scepticisme envers la Providence, rôle prépondérant du hasard, médiocrité de l'homme, absurdité des religions, méfaits du fanatisme.

2. L'ART DU CONTEUR. Par une sorte de grâce, ces contes philosophiques où les idées sont souveraines nous paraissent de purs *divertissements*. Le récit ne traîne jamais : les épisodes dramatiques, les dialogues pétillants de vie s'enchaînent avec une admirable aisance et sans cesse réveillent l'intérêt. L'auteur aime nous dépayser par un *exotisme léger* et nous charmer par des aventures *merveilleuses*. Ses *personnages* ne valent ni par la profondeur de l'analyse ni par la vérité de la peinture ; ce sont de rapides croquis, de plaisantes caricatures, des *marionnettes* vues de l'extérieur dont les gestes un peu mécaniques provoquent le rire, mais qui finissent par incarner des *idées* et devenir des types *humains* (cf. Candide, p. 162). Mais le charme de ces romans tient essentiellement à la *verve pittoresque* du conteur, à l'*esprit* et à l'*humour* de VOLTAIRE, toujours présent, toujours prêt à stimuler notre réflexion par les mille nuances de son *ironie*. Un clin d'œil, une allusion glissée légèrement pour nous inviter à lire entre les lignes, et nous voilà complices de son jeu. Les *Contes* de VOLTAIRE sont une fête pour l'intelligence.

Zadig (1747)

ZADIG, « celui qui dit la vérité » est évidemment VOLTAIRE. La satire des rois inconstants, des courtisans avides et pervers, des prêtres fanatiques, constitue *l'amère leçon de Versailles*. Nous retrouvons aussi le « philosophe » des *Lettres Anglaises*, méditant sur la Destinée et déjà plus *sceptique* à l'égard de la Providence.

ZADIG, *jeune Babylonien riche et plein de qualités, croit avoir tout pour* être heureux. *Il souffrira d'abord de l'inconstance féminine : sa fiancée l'abandonne pour un rival ; sa femme lui est infidèle et il la répudie. Il cherche alors le bonheur dans la science ; sa sagesse le met en péril, une fois pour être trop perspicace, une autre fois pour être trop prudent :* « qu'il est difficile d'être heureux dans sa vie ! ». *Trouvera-t-il le bonheur dans la* vie mondaine ?

un envieux le fait injustement emprisonner. Sur le point d'être supplicié, notre héros est sauvé par le perroquet royal : « Voilà donc de quoi dépendent les destinées des hommes ! ».

Maintenant le roi MOABDAR *le nomme premier ministre : sa justice, sa sagesse, son goût des beaux-arts le font admirer ; la reine elle-même le regarde avec complaisance :* « Zadig commençait à croire qu'il n'est pas si difficile d'être heureux ». *Brusquement le malheur s'abat sur lui : sa tendresse pour la reine* ASTARTÉ *éveille la jalousie du roi. Il doit s'enfuir en toute hâte, maudissant l'*injustice de la destinée : « O vertu ! à quoi m'avez-vous servi ?... *Tout ce que j'ai fait de bien a toujours été pour moi une source de malédictions, et je n'ai été élevé au comble de la grandeur que pour tomber dans le plus horrible précipice de l'infortune. Si j'eusse été méchant comme tant d'autres, je serais heureux comme eux* ».

Esclave du marchand arabe SÉTOC, *il devient l'ami de son maître, fait abolir la coutume de brûler les veuves avec le corps de leur mari et révèle l'*Etre Suprême *à des hommes intolérants (p. 133). Mais on l'accuse d'impiété et il est condamné au bûcher ; il se réfugie auprès du roi de Sérendib à qui il procure ingénieusement un ministre honnête (p. 131). Menacé de nouveau par les prêtres, il s'enfuit, retrouve* ASTARTÉ *devenue esclave et la fait libérer. De retour à Babylone en pleine révolution, il remporte un tournoi qui doit désigner le nouveau roi ; mais* la destinée lui est encore contraire : *il se voit injustement évincé, et il se désespère, quand un ermite lui révèle* le secret du bonheur : la soumission aux décrets de la Providence *(p. 135). Tout s'arrange enfin :* ZADIG *devient roi, épouse* ASTARTÉ, *et ils sont heureux.*

La Danse

Figurant pour la première fois dans l'édition de Kehl (posthume, 1784), le CHAPITRE XIV n'en reflète pas moins fidèlement la manière de VOLTAIRE dans *Zadig*. Beaucoup d'épisodes se présentent ainsi sous la forme d'*énigmes* qui exercent longtemps notre curiosité et ne sont résolues qu'en fin de chapitre par la *sagesse* du héros. Chemin faisant, la plume malicieuse du courtisan désabusé parsème le récit de *traits satiriques* contre les rois, les courtisans, les financiers, les hommes d'Église, les mœurs politiques de son pays. On étudiera son art de renouveler sans cesse l'*intérêt*, la précision *ironique* de ses railleries, le *naturel* de ce style piquant et infiniment spirituel.

L e roi voulut le voir et l'entendre. Il connut bientôt tout ce que valait Zadig ; il eut confiance en sa sagesse et en fit son ami. La familiarité et l'estime du roi fit trembler Zadig. Il était nuit et jour pénétré du malheur que lui avaient attiré les bontés de Moabdar. « Je plais au roi, dit-il, ne serais-je pas perdu [1] ? » Cependant il ne pouvait se dérober aux caresses de Sa Majesté ; car il faut avouer que Nabussan, roi de Serendib [2], fils de Nussanab, fils de Nabassun, fils de Sanbusna [3], était un des meilleurs princes de l'Asie ; et quand on lui parlait, il était difficile de ne le pas aimer.

Ce bon prince était toujours loué, trompé et volé : c'était à qui pillerait ses
10 trésors. Le receveur général de l'île de Serendib donnait toujours cet exemple, fidèlement suivi par les autres [4]. Le roi le savait ; il avait changé de trésorier plusieurs fois, mais il n'avait pu changer la mode établie de partager les revenus du roi en deux moitiés inégales, dont la plus petite revenait toujours à Sa Majesté, et la plus grosse aux administrateurs [5].

Le roi Nabussan confia sa peine au sage Zadig. « Vous qui savez tant de belles choses, lui dit-il, ne sauriez-vous pas le moyen de me faire trouver un trésorier qui ne me vole point ? — Assurément, répondit Zadig, je sais une façon infaillible de vous donner un homme qui ait les mains nettes. » Le roi, charmé, lui demanda, en l'embrassant, comment il fallait s'y prendre. « Il n'y a, dit Zadig, qu'à faire
20 danser tous ceux qui se présenteront pour la dignité de trésorier, et celui qui

---

— 1 Rattacher ces réflexions paradoxales à l'idée centrale du roman et à l'expérience de Voltaire. — 2 Ceylan. — 3 Parodie des généalogies bibliques. — 4 Étudier l'humour du récit dans ce début de §. — 5 Quels sont, selon vous, les hommes visés par Voltaire ?

dansera avec le plus de légèreté sera infailliblement le plus honnête homme. —
Vous vous moquez, dit le roi ; voilà une plaisante façon de choisir un receveur de
mes finances ! Quoi ! vous prétendez que celui qui fera le mieux un entrechat
sera le financier le plus intègre et le plus habile ! — Je ne vous réponds pas qu'il
sera le plus habile, repartit Zadig ; mais je vous assure que ce sera indubitablement
le plus honnête homme [6]. » Zadig parlait avec tant de confiance que le roi crut
qu'il avait quelque secret surnaturel pour connaître les financiers. « Je n'aime pas
le surnaturel, dit Zadig ; les gens et les livres à prodiges m'ont toujours déplu [7] :
si Votre Majesté veut me laisser faire l'épreuve que je lui propose, elle sera bien
30 convaincue que mon secret est la chose la plus simple et la plus aisée. » Nabussan,
roi de Serendib, fut bien plus étonné d'entendre que ce secret était simple que
si on le lui avait donné pour un miracle [8] : « Or bien, dit-il, faites comme vous
l'entendrez. — Laissez-moi faire, dit Zadig ; vous gagnerez à cette épreuve plus
que vous ne pensez. » Le jour même il fit publier, au nom du roi, que tous ceux
qui prétendaient à l'emploi de haut receveur des deniers de Sa Gracieuse Majesté
Nabussan, fils de Nussanab, eussent à se rendre, en habits de soie légère, le
premier de la lune du Crocodile [9], dans l'antichambre du roi. Ils s'y rendirent au
nombre de soixante et quatre. On avait fait venir des violons [10] dans un salon
voisin : tout était préparé pour le bal, mais la porte de ce salon était fermée, et
40 il fallait, pour y entrer, passer par une petite galerie assez obscure. Un huissier
vint chercher et introduire chaque candidat, l'un après l'autre, par ce passage,
dans lequel on le laissait seul quelques minutes. Le roi, qui avait le mot, avait
étalé tous ses trésors dans cette galerie. Lorsque tous les prétendants furent arrivés
dans le salon, Sa Majesté ordonna qu'on les fît danser. Jamais on ne dansa plus
pesamment et avec moins de grâce ; ils avaient tous la tête baissée, les reins courbés,
les mains collées à leurs côtés. « Quels fripons ! » disait tout bas Zadig. Un seul
d'entre eux formait des pas avec agilité, la tête haute, le regard assuré, les bras
étendus, le corps droit, le jarret ferme. « Ah ! l'honnête homme ! le brave homme ! »
disait Zadig. Le roi embrassa ce bon danseur, le déclara trésorier, et tous les autres
50 furent punis et taxés avec la plus grande justice du monde ; car chacun, dans le
temps qu'il avait été dans la galerie, avait rempli ses poches, et pouvait à peine
marcher [11]. Le roi fut fâché pour la nature humaine que de ces soixante et quatre
danseurs il y eût soixante et trois filous. La galerie obscure fut appelée le *corridor
de la Tentation*. On aurait [12], en Perse, empalé ces soixante et trois seigneurs ;
en d'autres pays [13], on eût fait une chambre de justice [14] qui eût consommé en
frais le triple de l'argent volé, et qui n'eût rien remis dans les coffres du souverain ;
dans un autre royaume, ils se seraient pleinement justifiés, et auraient fait
disgracier ce danseur si léger : à Serendib, ils ne furent condamnés qu'à augmenter
le trésor public, car Nabussan était fort indulgent.

- Le procédé de l'énigme. *Relevez dans ce texte et dans les autres extraits de* VOLTAIRE *les passages où* VOLTAIRE
*utilise le procédé littéraire de l'énigme ; étudiez le parti qu'il en tire pour mettre des idées en valeur et pour renouveler
l'intérêt du récit.*
- *Cherchez d'autres exemples d'énigmes dans les extraits de* PASCAL *et de* LA BRUYÈRE (XVIIe SIÈCLE).
- *Élucidez les allusions satiriques et expliquez pourquoi Zadig a pu être appelé « l'anti-Versailles ».*
- **Essai.** *« Les gens et les livres à prodiges m'ont toujours déplu » déclare Zadig-Voltaire. Dans quelle mesure cette
assertion se trouve-t-elle vérifiée dans les extraits de* VOLTAIRE ?

— 6 Étudier, à chaque réplique, l'art d'aiguiser
la curiosité. — 7 Préciser ces allusions très
voltairiennes. — 8 Cf. Fontenelle : *La dent
d'or* (p. 24). — 9 Couleur « orientale » : chaque
lune de l'année porte un nom d'animal. —

10 Anachronisme plaisant. — 11 En quoi
consiste l'art du conteur dans les l. 43-52 ? —
12 L'esprit satirique de Voltaire reprend ses
droits ! — 13 Préciser. — 14 Comme celle qui
fut instituée en 1715 par le Régent.

Le Souper

C'est peut-être dans cet apologue (CHAP. XII) que Voltaire a présenté sous la forme la plus séduisante l'idée du *déisme* : satire des querelles religieuses à propos des détails matériels qu'il juge sans importance ; idée que les religions sont d'accord sur l'essentiel. « Nous sentons que nous sommes sous la main d'un être invisible ; c'est tout, et nous ne pouvons faire un pas au-delà. Il y a une témérité insensée à vouloir deviner ce que c'est que cet être, s'il est étendu ou non, s'il existe dans un lieu ou non, comment il existe, comment il opère » *(Dict. Philosophique, Dieu)*.

Sétoc, qui ne pouvait se séparer de cet homme en qui habitait la sagesse, le mena à la grande foire de Bassora [1], où devaient se rendre les plus grands négociants de la terre habitable. Ce fut pour Zadig une consolation sensible de voir tant d'hommes de diverses contrées réunis dans la même place. Il lui paraissait que l'univers était une grande famille qui se rassemblait à Bassora. Il se trouva à table, dès le second jour, avec un Egyptien, un Indien Gangaride [2], un habitant du Cathay [3], un Grec, un Celte, et plusieurs autres étrangers qui, dans leurs fréquents voyages vers le golfe Arabique [4], avaient appris assez d'arabe pour se faire entendre. L'Égyptien paraissait fort en colère.

10 « Quel abominable pays que Bassora ! disait-il ; on m'y refuse mille onces d'or sur le meilleur effet [5] du monde. — Comment donc ! dit Sétoc ; sur quel effet vous a-t-on refusé cette somme ? — Sur le corps de ma tante, répondit l'Égyptien ; c'était la plus brave femme d'Égypte. Elle m'accompagnait toujours ; elle est morte en chemin ; j'en ai fait une des plus belles momies que nous ayons ; et je trouverais dans mon pays tout ce que je voudrais en la mettant en gage [6]. Il est bien étrange qu'on ne veuille pas seulement me donner ici mille onces d'or sur un effet si solide. » Tout en se courrouçant, il était près de manger d'une excellente poule bouillie, quand l'Indien, le prenant par la main, s'écria avec douleur : « Ah ! qu'allez-vous faire ? — Manger de cette poule, dit l'homme

20 à la momie. — Gardez-vous en bien [7], dit le Gangaride ; il se pourrait faire que l'âme de la défunte fût passée dans le corps de cette poule [8], et vous ne voudriez pas vous exposer à manger votre tante ? Faire cuire des poules, c'est outrager manifestement la nature. — Que voulez-vous dire avec votre nature et vos poules ? reprit le colérique Égyptien ; nous adorons un bœuf [9] et nous en mangeons bien. — Vous adorez un bœuf ! est-il possible ? dit l'homme du Gange. — Il n'y a rien de si possible, repartit l'autre ; il y a cent trente-cinq mille ans que nous en usons ainsi, et personne parmi nous n'y trouve à redire [10]. — Ah ! cent trente-cinq mille ans ! dit l'Indien, ce compte est un peu exagéré ; il n'y en a que quatre-vingt mille que l'Inde est peuplée, et assurément nous sommes vos anciens ; et Brama

30 nous avait défendu de manger des bœufs avant que vous vous fussiez avisés de les mettre sur les autels et à la broche. — Voilà un plaisant animal que votre Brama, pour le comparer à Apis ! dit l'Égyptien ; qu'a donc fait votre Brama de si beau ? » Le bramin répondit : « C'est lui qui a appris aux hommes à lire et à écrire, et à qui toute la terre doit le jeu des échecs. — Vous vous trompez, dit un Chaldéen qui était auprès de lui ; c'est le poisson Oannès à qui on doit de si grands bienfaits, et il est juste de ne rendre qu'à lui ses hommages. Tout le monde vous dira que c'était un être divin, qu'il avait la queue dorée, avec une belle tête

---

— 1 Ville commerçante voisine du Golfe Persique. — 2 Des bords du Gange. — 3 La Chine. — 4 La Mer Rouge. — 5 Valeur donnée comme garantie d'un prêt. — 6 Pour un Égyptien, le bonheur de l'âme était lié à la conservation du cadavre. — 7 Sa religion lui interdit de manger de la viande. — 8 Croyance à la métempsycose. — 9 Le bœuf Apis, vivante incarnation de la divinité. — 10 Satire des preuves reposant sur l'ancienneté d'une croyance et sur le consentement universel.

d'homme, et qu'il sortait de l'eau pour venir prêcher à terre trois heures par jour.
Il eut plusieurs enfants qui furent tous rois, comme chacun sait. J'ai son portrait
40 chez moi que je révère comme je le dois. On peut manger du bœuf tant qu'on
veut ; mais c'est assurément une très grande impiété de faire cuire du poisson ;
d'ailleurs vous êtes tous deux d'une origine trop peu noble et trop récente pour
me rien disputer. La nation égyptienne ne compte que cent trente-cinq mille
ans, et les Indiens ne se vantent que de quatre-vingt mille, tandis que nous avons
des almanachs de quatre mille siècles. Croyez-moi, renoncez à vos folies [11], et
je vous donnerai à chacun un beau portrait d'Oannès. »

L'homme de Cambalu [12], prenant la parole, dit : « Je respecte fort les Égyptiens,
les Chaldéens, les Grecs, les Celtes, Brama, le bœuf Apis, le beau poisson Oannès ;
mais peut-être que le Li ou le Tien [13], comme on voudra l'appeler, vaut bien les
50 bœufs et les poissons. Je ne dirai rien de mon pays ; il est aussi grand que la terre
d'Égypte, la Chaldée, et les Indes ensemble. Je ne dispute pas d'antiquité, parce
qu'il suffit d'être heureux, et que c'est fort peu de chose d'être ancien ; mais,
s'il fallait parler d'almanachs, je dirais que toute l'Asie prend les nôtres, et que
nous en avions de fort bons avant qu'on sût l'arithmétique en Chaldée.

— Vous êtes de grands ignorants tous tant que vous êtes ! s'écria le Grec :
est-ce que vous ne savez pas que le Chaos [14] est le père de tout, et que la forme et
la matière [15] ont mis le monde dans l'état où il est ? » Ce Grec parla longtemps ;
mais il fut enfin interrompu par le Celte [16], qui, ayant beaucoup bu pendant
qu'on disputait, se crut alors plus savant que tous les autres, et dit en jurant qu'il
60 n'y avait que Teutath [17] et le gui de chêne qui valussent la peine qu'on en parlât ;
que, pour lui, il avait toujours du gui dans sa poche ; que les Scythes, ses ancêtres,
étaient les seuls gens de bien qui eussent jamais été au monde ; qu'ils avaient, à
la vérité, quelquefois mangé des hommes [18], mais que cela n'empêchait pas qu'on
ne dût avoir beaucoup de respect pour sa nation ; et qu'enfin, si quelqu'un parlait
mal de Teutath, il lui apprendrait à vivre. La querelle s'échauffa pour lors, et
Sétoc vit le moment où la table allait être ensanglantée. Zadig, qui avait gardé
le silence pendant toute la dispute, se leva enfin : il s'adressa d'abord au Celte,
comme au plus furieux ; il lui dit qu'il avait raison, et lui demanda du gui ; il
loua le Grec sur son éloquence, et adoucit tous les esprits échauffés. Il ne dit
70 que très peu de chose à l'homme du Cathay, parce qu'il avait été le plus raisonnable de tous. Ensuite il leur dit : « Mes amis, vous alliez vous quereller pour
rien, car vous êtes tous du même avis [19]. » A ce mot, ils se récrièrent tous. « N'est-il
pas vrai, dit-il au Celte, que vous n'adorez pas ce gui, mais celui qui a fait le gui
et le chêne ? — Assurément, répondit le Celte. — Et vous, monsieur l'Égyptien
vous révérez apparemment dans un certain bœuf celui qui vous a donné les bœufs ?
— Oui, dit l'Égyptien. — Le poisson Oannès, continua-t-il, doit céder à celui
qui a fait la mer et les poissons. — D'accord, dit le Chaldéen [20]. — L'Indien,
ajouta-t-il, et le Cathayen, reconnaissent comme vous un premier principe. Je
n'ai pas trop bien compris les choses admirables que le Grec a dites, mais je suis
80 sûr qu'il admet aussi un Être supérieur, de qui la forme et la matière dépendent. »

— 11 Mot à commenter (cf. p. 116, § 2). — 12 Pékin. Pour Voltaire, les Chinois représentent la sagesse (cf. l. 70). — 13 Mots chinois signifiant la *raison* et le *ciel*, « et qui signifient aussi *Dieu* » (Voltaire). — 14 Mélange confus des éléments qui aurait précédé l'organisation harmonieuse du monde. — 15 Termes de la philosophie aristotélicienne, que Voltaire considère comme incompréhensible (cf. l. 79, et p. 139, l. 24-34). — 16 Notre ancêtre ! — 17 Teutatès, divinité druidique qui exigeait des sacrifices humains. — 18 Voltaire aime rabaisser la vanité des Français qu'il appelle « les Welches » (cf. *Discours aux Welches*). — 19 Formule importante, à commenter. — 20 Bossuet reproche au contraire aux idolâtres d'adorer les ouvrages sans en comprendre « le sage artisan » (*Élévations sur les Mystères*, VII, 8). Qui a raison ?

Le Grec, qu'on admirait, dit que Zadig avait très bien pris sa pensée. « Vous êtes donc tous du même avis, répliqua Zadig, et il n'y a pas là de quoi se quereller. » Tout le monde l'embrassa. Sétoc, après avoir vendu fort cher ses denrées, reconduisit son ami Zadig dans sa tribu. Zadig apprit en arrivant qu'on lui avait fait son procès en son absence, et qu'il allait être brûlé à petit feu.[21]

– *Dégagez les idées de* VOLTAIRE *sur la religion. Comment se justifient : a) le déisme ; – b) la tolérance ?*
– Critique de l'intolérance. *Sur quelles erreurs est-elle fondée ? quelles sont ses manifestations ?*
● **Groupe thématique : Déisme.** L'idée de Dieu d'après ce chapitre, le *Traité sur la Tolérance,* p. 171 ; – le *Dictionnaire Philosophique,* p. 175-181. – Comparez avec ROUSSEAU, p. 308-310.
● **Groupe thématique : Tolérance.** VOLTAIRE : « le souper », p. 133 ; – « L'autodafé », p. 166 ; – *Micromégas,* p. 138 ; – « Prière à Dieu », p. 171 ; – « Dieu », p. 176. – MONTESQUIEU : « Très humble remontrance... », p. 109. – BAYLE, p. 21. – *Encyclopédie,* « Christianisme », p. 240.

L'ERMITE

L'Épisode de l'*Ermite* (CHAP. XX), adapté d'une ancienne légende orientale, est plus directement inspiré de l'Anglais Parnell (1721). Dans ce *récit symbolique,* VOLTAIRE aborde le thème de la Destinée, sujet même de *Zadig,* et le problème de l'existence du mal (cf. p. 160). En dépit du *Mondain* et des *Discours sur l'Homme* influencés par l'optimisme de Pope, il a toujours été préoccupé par ce problème ; vers 1747, ses études historiques, ses propres déboires lui en donnent une conscience plus vive. S'il croit à un ordre du monde, il ne peut se défendre d'*ironiser* sur les arguments des *Optimistes* en faveur de la Providence, et de laisser entendre, à la fin du chapitre, la *révolte de la raison et de la conscience humaines* contre cette « explication » métaphysique. Ce pessimisme ira croissant et triomphera dans *Candide.*

Il rencontra en marchant un ermite, dont la barbe blanche et vénérable lui descendait jusqu'à la ceinture. Il tenait en main un livre qu'il lisait attentivement. Zadig s'arrêta, et lui fit une profonde inclination. L'ermite le salua d'un air si noble et si doux que Zadig eut la curiosité de l'entretenir. Il lui demanda quel livre il lisait. « C'est le livre des destinées, dit l'ermite ; voulez-vous en lire quelque chose ? » Il mit le livre dans les mains de Zadig, qui, tout instruit qu'il était dans plusieurs langues, ne put déchiffrer un seul caractère du livre [1]. Cela redoubla encore sa curiosité. « Vous me paraissez bien chagrin, lui dit ce
10 bon père. — Hélas ! que j'en ai sujet ! dit Zadig. — Si vous permettez que je vous accompagne, repartit le vieillard, peut-être vous serai-je utile ; j'ai quelquefois répandu des sentiments de consolation dans l'âme des malheureux [2]. » Zadig se sentit du respect pour l'air, pour la barbe, et pour le livre de l'ermite. Il lui trouva dans la conversation des lumières supérieures. L'ermite parlait de la destinée, de la justice, de la morale, du souverain bien, de la faiblesse humaine, des vertus et des vices, avec une éloquence si vive et si touchante que Zadig se sentit entraîné vers

---

— 21 Pour avoir dit « que les étoiles ne se couchaient pas dans la mer » : cette conclusion inattendue nous ramène au *thème central.*

— 1 Expliquer l'allusion (cf. p. 141, l. 80-85).
— 2 En leur dévoilant les desseins de la Providence. En quoi est-ce consolant ?

lui par un charme invincible. Il le pria avec insistance de ne le point
quitter jusqu'à ce qu'ils fussent de retour à Babylone. « Je vous demande
20 moi-même cette grâce, lui dit le vieillard ; jurez-moi par Orosmade [3]
que vous ne vous séparerez point de moi d'ici à quelques jours, quelque
chose que je fasse [4]. » Zadig jura, et ils partirent ensemble.

Nos voyageurs sont magnifiquement, mais trop orgueilleusement accueillis par un riche
seigneur ; ZADIG, *admirant cette générosité, constate avec stupéfaction que l'ermite a dérobé
à leur hôte un « bassin d'or garni de pierreries ». Le lendemain, ils sont reçus chichement par
un avare : nouvelle surprise ! l'ermite, satisfait, remercie ce mauvais hôte et lui donne l'objet
précieux dérobé la veille.* ZADIG *commence à s'indigner. La réponse de l'ermite constitue
une première justification des injustices apparentes de la Destinée par les intentions secrètes
de la Providence : « Cet homme magnifique, qui ne reçoit les étrangers que par vanité et
pour faire admirer ses richesses, deviendra plus sage ; l'avare apprendra à exercer l'hospitalité :
ne vous étonnez de rien, et suivez-moi. » L'étape suivante les conduit chez un philosophe
qui les accueille avec une amabilité extrême.*

Leur séparation fut tendre ; Zadig surtout se sentait plein d'estime
et d'inclination pour un homme si aimable. Quand l'ermite et lui furent
dans leur appartement, ils firent longtemps l'éloge de leur hôte. Le
vieillard, au point du jour, éveilla son camarade. « Il faut partir, dit-il ;
mais, tandis que tout le monde dort encore, je veux laisser à cet homme
un témoignage de mon estime et de mon affection. » En disant ces mots,
il prit un flambeau, et mit le feu à la maison [5]. Zadig, épouvanté, jeta
30 des cris, et voulut l'empêcher de commettre une action si affreuse.
L'ermite l'entraînait par une force supérieure ; la maison était enflammée.
L'ermite, qui était déjà assez loin avec son compagnon, la regardait
brûler tranquillement. « Dieu merci ! dit-il, voilà la maison de notre cher
hôte détruite de fond en comble ! L'heureux homme [6] ! » A ces mots
Zadig fut tenté à la fois d'éclater de rire, de dire des injures au révérend
père, de le battre et de s'enfuir [7] ; mais il ne fit rien de tout cela, et toujours
subjugué par l'ascendant de l'ermite, il le suivit malgré lui à la dernière
couchée.

Ce fut chez une veuve charitable et vertueuse qui avait un neveu
40 de quatorze ans, plein d'agréments et son unique espérance [8]. Elle fit
du mieux qu'elle put les honneurs de sa maison. Le lendemain elle
ordonna à son neveu d'accompagner les voyageurs jusqu'à un pont qui,
étant rompu depuis peu, était devenu un passage dangereux. Le jeune
homme empressé marche au-devant d'eux. Quand ils furent sur le pont :
« Venez, dit l'ermite au jeune homme, il faut que je marque ma reconnaissance à votre tante. » Il le prend alors par les cheveux et le jette dans
la rivière. L'enfant tombe, reparaît un moment sur l'eau, et est engouffré
dans le torrent. « O monstre ! ô le plus scélérat de tous les hommes !
s'écria Zadig. — Vous m'aviez promis plus de patience, lui dit l'ermite
50 en l'interrompant : apprenez que sous les ruines de cette maison où la

---

3 Nom grec d'Ormuzd, dieu du
bien chez les Persans. — 4 Dégager de cette
exposition les idées concernant la Providence.—
5 Étudier dans les l. 23-29 l'art de préparer

l'effet de contraste (et de même l. 31-34). —
6 Que signifie cette incohérence ? — 7 Expliquer cet état d'âme complexe. — 8 Expliquer
d'après la suite le choix de ces détails.

Providence a mis le feu, le maître a trouvé un trésor immense, apprenez que ce jeune homme dont la Providence [9] a tordu le cou aurait assassiné sa tante dans un an, et vous dans deux [10]. — Qui te l'a dit, barbare ? cria Zadig ; et quand tu aurais lu cet événement dans ton livre des destinées, t'est-il permis de noyer un enfant qui ne t'a point fait de mal [11] ? »

Tandis que le Babylonien parlait, il aperçut que le vieillard n'avait plus de barbe, que son visage prenait les traits de la jeunesse. Son habit d'ermite disparut ; quatre belles ailes couvraient un corps majestueux
60 et resplendissant de lumière [12]. « O envoyé du ciel, ô ange divin ! s'écria Zadig en se prosternant, tu es donc descendu de l'empyrée [13] pour apprendre à un faible mortel à se soumettre aux ordres éternels ? — Les hommes, dit l'ange Jesrad, jugent de tout sans rien connaître : tu étais celui de tous les hommes qui méritait le plus d'être éclairé. » Zadig lui demanda la permission de parler [14]. « Je me défie de moi-même, dit-il ; mais oserais-je te prier de m'éclaircir un doute : ne vaudrait-il pas mieux avoir corrigé cet enfant, et l'avoir rendu vertueux, que de le noyer ? » Jesrad reprit : « S'il avait été vertueux, et s'il eût vécu, son destin [15] était d'être assassiné lui-même avec la femme qu'il devait épouser, et le fils
70 qui en devait naître. — Mais quoi, dit Zadig, il est donc nécessaire qu'il y ait des crimes et des malheurs ? et que les malheurs tombent sur les gens de bien [16] ? — Les méchants, répondit Jesrad, sont toujours malheureux : ils servent à éprouver un petit nombre de justes répandus sur la terre, et il n'y a point de mal dont il ne naisse un bien [17]. — Mais, dit Zadig, s'il n'y avait que du bien, et point de mal ? — Alors, reprit Jesrad, cette terre serait une autre terre, l'enchaînement des événements serait un autre ordre de sagesse [18] ; et cet ordre, qui serait parfait, ne peut être que dans la demeure éternelle de l'Être suprême, de qui le mal ne peut approcher. (.) Tout ce que tu vois sur le petit atome où tu es né
80 devait être dans sa place et dans son temps fixe, selon les ordres immuables de celui qui embrasse tout. Les hommes pensent que cet enfant qui vient de périr est tombé dans l'eau par hasard, que c'est par un même hasard que cette maison est brûlée : mais il n'y a point de hasard [19] ; tout est épreuve, ou punition, ou récompense, ou prévoyance. (.) Faible mortel, cesse de disputer contre ce qu'il faut adorer. — Mais, dit Zadig [20].... » Comme il disait *mais*, l'ange prenait déjà son vol vers la

---

— 9 A quoi tend la répétition du mot ? — 10 En quoi cette seconde justification diffère-t-elle de la précédente ? Est-elle aussi acceptable ? — 11 Expliquer cette révolte de la raison *humaine*. — 12 Comment est créée l'impression d'une transformation progressive et merveilleuse ? — 13 Partie supérieure du ciel, la plus lumineuse, où séjournent les dieux. — 14 Chez les modèles de Voltaire, l'homme se soumet, *en silence*, à l'autorité surnaturelle de l'ange. Expliquer l'intention de l'auteur. — 15 La Providence n'est donc pas totalement libre. —

16 Distinguer nettement les deux objections. — 17 Conception de Leibnitz et de Pope. Voltaire va discuter aussitôt et discutera de plus en plus cet enchaînement inéluctable du mal et du bien, en invoquant la liberté de Dieu, « maître des Destins » : « Dieu tient en main la chaîne et n'est point enchaîné » (*Poème sur le Désastre de Lisbonne*, v. 75). — 18 Notre terre n'est que « le meilleur des mondes *possibles* » (cf. p. 160). — 19 Cf. Bossuet, *Histoire Universelle* (*XVIIe Siècle*, p. 280). — 20 Comment comprendre cette dernière réplique et le silence de l'ange ?

dixième sphère. Zadig, à genoux, adora la Providence, et se soumit [21].
L'ange lui cria du haut des airs : « Prends ton chemin vers Babylone. »

— Distinguez les arguments des Optimistes en faveur de la Providence ; la valeur symbolique des divers épisodes.
— Si Zadig représente l'auteur, exposez ses objections à l'explication du mal par la Providence.
• **Groupe thématique : La Providence.** Voir « VOLTAIRE et la Providence », p. 160-162 et *Candide.*
MOYEN AGE, p. 117 – XVIe SIÈCLE. CALVIN, p. 34. – XVIIe SIÈCLE. BOSSUET, p. 280. – XVIIIe SIÈCLE.
ROUSSEAU, p. 157 ; p. 292. – XIXe SIÈCLE. LAMARTINE, p. 100 ; p. 109. – VIGNY, p. 144. – HUGO, p. 186.
• **Comparaison.** VOLTAIRE et CAMUS. Cf. *La Peste* (XXe SIÈCLE, p. 734-739).
— Essai : D'après les extraits de Zadig et des autres contes de VOLTAIRE, étudiez les avantages de la formule du conte philosophique pour répandre les idées de l'auteur.

Micromégas (1752)

Conçu dès 1739, *Micromégas* rappelle le *Gulliver* de SWIFT (1726) ou le *Gargantua* de RABELAIS, et s'inspire aussi de FONTENELLE (cf. p. 28). Ce petit roman traite de manière plaisante le thème de la *relativité universelle :* vanité des spéculations métaphysiques ; et, même dans le domaine scientifique, idée que notre connaissance, loin d'épuiser la réalité, reste toujours relative.

MICROMÉGAS (*c'est-à-dire* petit-grand), *habitant d'un satellite de Sirius, est à l'échelle de son monde et mesure 8 lieues de haut. « Vers les 450 ans, au sortir de l'enfance », ce jeune homme de beaucoup d'esprit est suspect pour ses audaces philosophiques (allusion aux ennuis de* VOLTAIRE) : « Le mufti *(chef religieux) de son pays, grand vétillard et fort ignorant, trouva dans son livre des propositions suspectes, malsonnantes, téméraires, hérétiques, sentant l'hérésie, et le poursuivit vivement : il s'agissait de savoir si la forme substantielle des puces de Sirius était de même nature que celle des colimaçons. Micromégas se défendit avec esprit ; il mit les femmes de son côté ; le procès dura 220 ans. Enfin le mufti fit condamner le livre par des jurisconsultes qui ne l'avaient pas lu, et l'auteur eut l'ordre de ne paraître à la cour de 800 années ».* MICROMÉGAS *entreprend alors un voyage interplanétaire. Il émerveille le secrétaire de l'Académie de Saturne, en lui démontrant la relativité universelle, et ce « nain de Saturne » (haut seulement d'environ 2 km.) l'accompagne dans son voyage : Jupiter, Mars, et enfin la Terre où ils parviennent en 1737. Ils prennent dans le creux de leur main le navire d'un groupe de savants qui reviennent du cercle polaire : au prix de bien des difficultés, ils découvrent le moyen de converser avec ces « insectes invisibles ».*

CONVERSATION AVEC LES HOMMES

Les *systèmes métaphysiques* ne conduisent à aucune certitude : mieux vaut nous consacrer à l'*observation* et à l'*expérience*, qui sont à notre portée. C'est le thème voltairien par excellence : « J'avoue que mille tomes de métaphysique ne nous enseigneront pas ce que c'est que notre âme... Concluons que nous devons employer cette intelligence, dont la nature est inconnue, à perfectionner les sciences qui sont l'objet de l'*Encyclopédie*, comme les horlogers emploient des ressorts dans leurs montres, sans savoir ce que c'est que le ressort. » *(Dictionnaire Philosophique*, art. *Ame).*

Le voyageur se sentait ému de pitié pour la petite race humaine, dans laquelle il découvrait de si étonnants contrastes [1]. « Puisque vous êtes du petit nombre des sages, dit-il à ces messieurs, et qu'apparemment vous ne tuez personne pour de l'argent [2], dites-moi, je vous en prie, à

— 21 En dépit de son « *Mais...* ». Pourquoi ?
— 1 Micromégas vient d'apprendre que les hommes passent leur temps à s'entretuer (satire de la guerre). — 2 Au XVIIIe siècle les armées sont composées de soldats de métier.

quoi vous vous occupez. — Nous disséquons des mouches, dit le philosophe, nous mesurons des lignes, nous assemblons des nombres [3] ;
nous sommes d'accord sur deux ou trois points que nous entendons [4], et
nous disputons sur deux ou trois mille que nous n'entendons pas. » Il
prit aussitôt fantaisie au Sirien et au Saturnien d'interroger ces atomes
10 pensants [5], pour savoir de quoi ils convenaient [6]. « Combien comptez-
vous, dit celui-ci, de l'étoile de la Canicule à la grande étoile des
Gémeaux ? » Ils répondirent tous à la fois : « Trente-deux degrés et
demi. — Combien comptez-vous d'ici à la lune ? — Soixante demi-
diamètres de la terre en nombre rond. — Combien pèse votre air ? »
Il croyait les attraper, mais tous lui dirent que l'air pèse environ neuf
cents fois moins qu'un pareil volume de l'eau la plus légère, et dix-neuf
mille fois moins que l'or du ducat [7]. Le petit nain de Saturne, étonné
de leurs réponses, fut tenté de prendre pour des sorciers ces mêmes
gens auxquels il avait refusé une âme [8] un quart d'heure auparavant.

20   Enfin Micromégas leur dit : « Puisque vous savez si bien ce qui est
hors de vous, sans doute vous savez encore mieux ce qui est en dedans.
Dites-moi ce que c'est que votre âme, et comment vous formez vos
idées [9]. » Les philosophes parlèrent tous à la fois comme auparavant ;
mais ils furent tous de différents avis [10]. Le plus vieux citait Aristote,
l'autre prononçait le nom de Descartes ; celui-ci, de Malebranche ; cet
autre, de Leibnitz ; cet autre, de Locke. Un vieux péripatéticien [11] dit
tout haut avec confiance : « L'âme est une entéléchie [12] et une raison par
qui elle a la puissance d'être ce qu'elle est. C'est ce que déclare expressé-
ment Aristote, page 633 de l'édition du Louvre. Ἐντελέχειά ἐστι [13].
30 — Je n'entends pas trop bien le grec, dit le géant. — Ni moi non plus, dit
la mite philosophique. — Pourquoi donc, reprit le Sirien, citez-vous un
certain Aristote en grec ? — C'est, répliqua le savant, qu'il faut bien citer
ce qu'on ne comprend point du tout dans la langue qu'on entend [14] le
moins. »

Le cartésien prit la parole et dit : « L'âme est un esprit pur qui a
reçu dans le ventre de sa mère toutes les idées métaphysiques, et qui, en
sortant de là, est obligée [15] d'aller à l'école, et d'apprendre tout de nouveau
ce qu'elle a si bien su et qu'elle ne saura plus [16]. — Ce n'était donc pas
la peine, répondit l'animal de huit lieues, que ton âme fût si savante
40 dans le ventre de ta mère, pour être si ignorante quand tu aurais de la

---

— 3 Présentation humoristique ; toutefois,
voir l. 10-19, et dégager l'idée sérieuse. —
4 Comprenons. — 5 Echo amusant de Pascal. —
6 Tombaient d'accord. — 7 Que révèlent ces
réponses ? — 8 A cause de la stupidité de la
guerre. — 9 Problèmes métaphysiques souvent
abordés par Voltaire : *Lettres Philosophiques*,
XIII ; *Dict. Philosophique : Ame*. — 10 Par
quel procédé habile Voltaire a-t-il souligné
ce désaccord ? — 11 Disciple d'Aristote. —
12 Substance « qui possède en elle-même sa fin

et son principe d'activité ». — 13 Que montrent
ces références érudites ? — 14 *Comprend.*
Étudier l'ironie de ce passage. — 15 Expliquer
cet accord par syllepse. — 16 Présentation
caricaturale de l'innéisme cartésien, selon lequel
« l'âme arrive dans le corps pourvue de toutes
les notions métaphysiques, connaissant Dieu,
l'espace, l'infini, ayant toutes les idées abstraites »
(XIIIᵉ *Lettre Phil.*). A cette conception
s'oppose l'empirisme de Locke pour qui ces
idées sont acquises par l'expérience (l. 56-63).

barbe au menton. Mais qu'entends-tu par esprit ? — Que me demandez-vous là ? dit le raisonneur ; je n'en ai point d'idée ; on dit que ce n'est pas la matière. — Mais sais-tu au moins ce que c'est que la matière ? — Très bien, lui répondit l'homme. Par exemple cette pierre est grise, est d'une telle forme, a ses trois dimensions ; elle est pesante et divisible. — Eh bien ! dit le Sirien, cette chose qui te paraît divisible, pesante et grise, me diras-tu bien ce que c'est ? Tu vois quelques attributs ; mais le fond de la chose, le connais-tu ? — Non, dit l'autre. — Tu ne sais donc point ce que c'est que la matière [17]. (...)

50   — Et toi, mon ami, dit-il à un leibnitzien qui était là, qu'est-ce que ton âme ? — C'est, répondit le leibnitzien, une aiguille qui montre les heures pendant que mon corps carillonne [18] ; ou bien si vous voulez, c'est elle qui carillonne pendant que mon corps montre l'heure ; ou bien mon âme est le miroir de l'univers, et mon corps est la bordure du miroir : tout cela est clair. »

Un petit partisan de Locke était là tout auprès ; et quand on lui eut enfin adressé la parole : « Je ne sais pas, dit-il, comment je pense, mais je sais que je n'ai jamais pensé qu'à l'occasion de mes sens [19]. Qu'il y ait des substances immatérielles et intelligentes, c'est de quoi je ne doute
60 pas : mais qu'il soit impossible à Dieu de communiquer la pensée à la matière, c'est de quoi je doute fort. Je révère la puissance éternelle ; il ne m'appartient pas de la borner [20], je n'affirme rien ; je me contente de croire qu'il y a plus de choses possibles qu'on ne pense. »

L'animal de Sirius sourit : il ne trouva pas celui-là le moins sage, et le nain de Saturne aurait embrassé le sectateur de Locke sans l'extrême disproportion. Mais il y avait là par malheur un petit animalcule en bonnet carré [21] qui coupa la parole à tous les autres animalcules philosophes ; il dit qu'il savait tout le secret, que tout cela se trouvait dans la *Somme de saint Thomas* ; il regarda de haut en bas les deux habitants
70 célestes ; il leur soutint que leurs personnes, leurs mondes, leurs soleils, leurs étoiles, tout était fait uniquement pour l'homme [22]. A ce discours nos deux voyageurs se laissèrent aller l'un sur l'autre en étouffant de ce rire inextinguible qui, selon Homère, est le partage des dieux ; leurs épaules et leurs ventres allaient et venaient, et, dans ces convulsions, le vaisseau que le Sirien avait sur son ongle tomba dans une poche de la culotte du Saturnien [23]. Ces deux bonnes gens le cherchèrent longtemps ; enfin ils retrouvèrent l'équipage, et le rajustèrent fort proprement. Le Sirien reprit les petites mites ; il leur parla encore avec beaucoup de bonté, quoiqu'il fût un peu fâché dans le fond du cœur de voir que les

---

—17 Pour Voltaire, Descartes qui a détruit par sa méthode les erreurs de l'antiquité a eu le tort d'y substituer les siennes, qui sont « le roman de la philosophie ». — 18 Allusion à l'*harmonie préétablie* par laquelle Leibnitz expliquait l'accord, sans communication, entre l'âme et le corps. — 19 Cf. p. 31. — 20 Cf. p. 122, Analyse de la *Lettre* XIII. — 21 Un docteur en théologie. — 22 Étudier l'art de la présentation. — 23 Montrer que cet épisode amusant constitue une réponse à la prétention du théologien.

80 infiniment petits eussent un orgueil presque infiniment grand. Il leur promit de leur faire un beau livre de philosophie, écrit fort menu pour leur usage, et que, dans ce livre, ils verraient le bout des choses. Effectivement il leur donna ce volume avant son départ : on le porta à Paris, à l'Académie des sciences, mais quand le vieux secrétaire l'eut ouvert, il ne vit rien qu'un livre tout blanc [24]. « Ah ! dit-il, je m'en étais bien douté. »

– *Science et métaphysique. Sur quelles connaissances les hommes sont-ils d'accord ? sur quelles questions l'accord est-il impossible ? pourquoi cette opposition selon* VOLTAIRE ?
– *Technique du conte philosophique. Comparez la structure de ce chapitre avec celle du « Souper », p. 133 dans* Zadig, *et celle de la Conclusion de* Candide, *p. 167.*
– ***Essai.*** *En quoi le procédé imaginé par* VOLTAIRE *dans* Micromégas, *p. 138. vous semble-t-il comparable (avec des nuances à préciser) à celui de* MONTESQUIEU *dans les* Lettres persanes ? *Cherchez des exemples de procédés analogues dans les autres extraits de* VOLTAIRE, *de* MONTAIGNE (XVIᵉ SIÈCLE) *et de* LA BRUYÈRE (XVIIᵉ SIÈCLE). *Quel est l'avantage de cette démarche pour la diffusion des idées de l'auteur ?*

L'AVENTURE DE BERLIN

Dès 1736, le prince royal de Prusse, plein d'admiration pour VOLTAIRE, voulut devenir son disciple. Quelle joie de guider un prince éclairé, poète, ennemi de la superstition, soucieux du bonheur des peuples ! Mais il fallut déchanter car, aussitôt sur le trône, FRÉDÉRIC envahit la Silésie : « *Le roi a déformé l'homme, et maintenant il goûte le pouvoir despotique autant qu'un Mustapha, un Sélim ou un Soliman* » (1740). VOLTAIRE espéra alors jouer un rôle politique, s'efforçant en vain de renouer l'alliance rompue entre la Prusse et le France (1742 et 1743) : cet échec lui fit mesurer le fossé entre la philosophie et le réalisme politique.

Il résista longtemps aux avances de FRÉDÉRIC ; mais en 1750, resté seul depuis la mort de Mme du Châtelet, déçu par la cour de France où il essayait vainement de rentrer en grâce, *il se laissa tenter par les promesses du roi de Prusse*, le poste de chambellan, la grande croix de l'ordre du Mérite, une pension de vingt mille livres. Il arrive à Berlin dans l'enthousiasme : « *Enfin, me voici dans ce séjour autrefois sauvage, et qui est aujourd'hui aussi embelli par les arts qu'ennobli par la gloire. Cent cinquante mille soldats victorieux, point de procureurs, opéra, comédie, philosophie, poésie, un héros philosophe et poète, grandeur et grâces, grenadiers et Muses, trompettes et violons, repas de Platon, société et liberté ! Qui le croirait ? Tout cela pourtant est très vrai.* » (A d'Argental, 24 juillet 1750). Passé le « tumulte des fêtes » il est encore ravi de ses entretiens familiers avec le monarque. A la cour de Potsdam, au milieu d'esprits hardis, comme le mathématicien Maupertuis, l'impie d'Argens, le matérialiste La Mettrie, VOLTAIRE règne par l'éclat de son esprit sur les conversations de Sans-Souci. S'il n'est pas le conseiller politique du roi, il est son oracle en littérature et garde assez de loisirs pour parachever le *Siècle de Louis XIV*.

Mais bien vite le ton va changer ; les relations, comme le temps, se mettent au beau froid, témoin la jolie lettre des *Mais* : « *Les soupers du roi sont délicieux, on y parle raison, esprit, science ; la liberté y règne ; il est l'âme de tout cela ; point de mauvaise humeur, point de nuages, du moins point d'orages. Ma vie est libre et occupée ; mais... mais... Opéras, comédies, carrousels, soupers à Sans-Souci, manœuvres de guerre, concerts, études, lectures ; mais... mais... La ville de Berlin, grande, mieux percée que Paris, palais, salles de spectacles, reines affables, princesses charmantes, filles d'honneur belles et bien faites, la maison de Mme de Tyrconnell toujours pleine et souvent trop ; mais... mais..., ma chère enfant, le temps*

— 24 Cf. *Zadig*, p. 135, lignes 1-8. Comment comprendre ce trait ?

commence à se mettre à un beau froid » (A Mme Denis, 6 nov. 1750). Dès la fin de l'année VOLTAIRE écrit des lettres désenchantées et parle déjà de rentrer en France. Le roi et le philosophe s'accordent sur le plan des lumières et de la lutte contre le fanatisme. Mais Voltaire agace Frédéric par son tempérament frondeur, ses irrévérences, ses combinaisons financières, ses prétentions politiques. De son côté il éprouve l'égoïsme du roi, son réalisme, son esprit despotique ; on lui rapporte des *paroles désobligeantes* de FRÉDÉRIC (cf. ci-dessous, n. 7) ; on contrôle sa correspondance.

Et pourtant, son séjour en Prusse va se prolonger jusqu'en 1753. C'est qu'il y est retenu par la publication du *Siècle de Louis XIV* et que, « pour écrire l'histoire de son pays, il faut être hors de son pays ». Et d'ailleurs, quel accueil lui réserve-t-on à Paris ? « *Si j'avais été à Paris ce carême, on m'aurait sifflé à la ville, on se serait moqué de moi à la Cour, on aurait dénoncé le* Siècle de Louis XIV *comme sentant l'hérésie, téméraire et malsonnant. Il aurait fallu se justifier dans l'antichambre du lieutenant de police. Les experts auraient dit en me voyant passer : voilà un homme qui nous appartient. Le poète Roy aurait bégayé à Versailles que je suis un mauvais poète et un mauvais citoyen ; et Hardion aurait dit en grec et en latin chez Monsieur le dauphin qu'il faut bien se donner de garde de me donner une chaire au Collège royal* » (A d'Argental, 11 mars 1752).

En 1752, une *querelle académique* entre les savants MAUPERTUIS et KŒNIG précipite la brouille avec Frédéric (cf. Lettre ci-dessous). VOLTAIRE obtient enfin l'autorisation d'aller faire une cure à Plombières. Aussitôt hors de portée, il lance une série de pamphlets. Mais il doit encore essuyer « *l'avanie de Francfort* » : pendant plus d'un mois il est retenu par un envoyé de Frédéric, venu lui réclamer les poésies du roi de Prusse qu'il se proposait de publier pour en amuser toute l'Europe. Le temps apaisera les rancunes : leur correspondance philosophique reprendra de plus belle, et un jour Voltaire dissuadera Frédéric, presque vaincu, de se suicider (1757).

« PETIT DICTIONNAIRE A L'USAGE DES ROIS »

La querelle entre MAUPERTUIS et KŒNIG n'était qu'un prétexte. VOLTAIRE, qui s'accordait mal avec Maupertuis, se déclara contre lui dans sa malicieuse *Diatribe du docteur Akakia médecin du Pape*. Le roi prit le parti de Maupertuis : sous les fenêtres de Voltaire, il fit brûler le pamphlet par la main du bourreau ; puis il publia lui-même la *Lettre d'un Académicien de Berlin à un Académicien de Paris*, où il traitait l'écrivain de « menteur effronté ». Voici une lettre à Mme DENIS qui nous révèle le *désarroi* de VOLTAIRE, ulcéré de cette aventure, blessé dans son amour-propre, et ne songeant plus qu'à s'évader.

A Berlin, le 18 décembre 1752.

Je vous envoie, ma chère enfant, les deux contrats du duc de Wurtemberg [1] ; c'est une petite fortune assurée pour votre vie. J'y joins mon testament. Ce n'est pas que je croie à votre ancienne prédiction que le roi de Prusse me *ferait mourir de chagrin*. Je ne me sens pas d'humeur à mourir d'une si sotte mort ; mais la nature me fait beaucoup plus de mal que lui [2], et il faut toujours avoir son paquet prêt [3] et le pied à l'étrier pour voyager dans cet autre monde où, quelque chose qui arrive, les rois n'auront pas grand crédit [4].

— 1 Toujours homme d'affaires, il a placé 300.000 livres sur les terres que le duc possède en France. — 2 Voltaire, qui mourra à 84 ans, se présente souvent comme un « vieux malade ». — 3 Pour l'idée et l'expression, cf. La Fontaine, *XVIIe Siècle*, p. 249. — 4 Expliquer ce trait satirique et commenter le ton.

Comme je n'ai pas dans ce monde-ci cent cinquante mille mous-
10 taches [5] à mon service, je ne prétends point du tout faire la guerre. Je
ne songe qu'à déserter honnêtement [6], à prendre soin de ma santé, à vous
revoir, à oublier ce rêve de trois années.

Je vois bien *qu'on a pressé l'orange ;* il faut penser à sauver l'*écorce* [7].
Je vais me faire, pour mon instruction, un petit dictionnaire à l'usage
des rois.

Mon ami signifie *mon esclave.*

Mon cher ami veut dire *vous m'êtes plus qu'indifférent.*

Entendez par *je vous rendrai heureux* [8], *je vous souffrirai tant que j'aurai
besoin de vous.*

20 *Soupez avec moi ce soir* signifie *je me moquerai de vous ce soir.*

Le dictionnaire peut être long ; c'est un article à mettre dans l'*Encyclopédie* [9].

Sérieusement, cela serre le cœur. Tout ce que j'ai vu est-il possible ?
se plaire à mettre mal ensemble ceux qui vivent ensemble avec lui ! Dire
à un homme les choses les plus tendres, et écrire contre lui des
brochures [10] et quelles brochures ! Arracher un homme à sa patrie par
les promesses les plus sacrées [11], et le maltraiter avec la malice la plus
noire ! Que de contrastes ! Et c'est là l'homme qui m'écrivait tant de
choses philosophiques, et que j'ai cru philosophe ! et je l'ai appelé le
30 *Salomon du Nord !*

Vous vous souvenez de cette belle lettre qui ne vous a jamais rassurée.
Vous êtes philosophe, disait-il ; *je le suis de même.* Ma foi, Sire, nous ne le
sommes ni l'un ni l'autre [12].

Ma chère enfant, je ne me croirai tel que quand je serai avec mes
pénates [13] et avec vous. L'embarras est de sortir d'ici. Vous savez ce
que je vous ai mandé dans ma lettre du premier novembre. Je ne peux
demander de congé qu'en considération de ma santé. Il n'y a pas moyen
de dire : « Je vais à Plombières [14] », au mois de décembre.

Il y a ici une espèce de ministre du saint Évangile, nommé Pérard,
40 né comme moi en France ; il demandait permission d'aller à Paris pour
ses affaires ; le roi lui fit répondre qu'il connaissait mieux ses affaires que
lui-même, et qu'il n'avait nul besoin d'aller à Paris [15].

Ma chère enfant, quand je considère un peu en détail tout ce qui se
passe ici, je finis par conclure que cela n'est pas vrai, que cela est impossible, qu'on se trompe, que la chose est arrivée à Syracuse [16], il y a
quelque trois mille ans. Ce qui est bien vrai, c'est que je vous aime de
tout mon cœur et que vous faites ma consolation.

---

5 Grenadiers. — 6 Commenter cette alliance de mots. — 7 Allusion spirituelle à une parole du roi qui a été rapportée à Voltaire : « *J'aurai besoin de lui encore un an, tout au plus ; on presse l'orange et on en jette l'écorce* » (2 sept. 1751). — 8 Allusion à l'invitation très affectueuse de Frédéric (cf. l. 27). — 9 Deux volumes avaient déjà paru (1751-1752). — 10 Allusion à l'injurieuse *Lettre d'un acadé-micien de Berlin.* — 11 Pension, place de chambellan, décorations... — 12 Expliquer cette boutade. — 13 Dieux du foyer. — 14 Station thermale des Vosges. — 15 Dégager la signi-fication de l'anecdote. — 16 A la cour de Denys le Tyran ou de Denys le Jeune : le philosophe Platon y fut retenu malgré lui (IVe s. av. J.-C.).

– *Dégagez la leçon philosophique et politique de l'expérience prussienne.*
• **Comparaison.** *Deux visages de* VOLTAIRE *épistolier.* Comparez, du point de vue de l'art épistolaire, la lettre à Madame Denis et la *Lettre à* ROUSSEAU (p. 158) qui était destinée à être publiée : aspects parallèles et aspects profondément différents (humeur, ironie et humour, sensibilité, sentences philosophiques, transitions, formules de politesse). Pour quelles raisons VOLTAIRE se montre-t-il sous un jour différent dans les deux lettres ?

VOLTAIRE HISTORIEN

Avant VOLTAIRE, l'histoire est représentée par des mémorialistes (Retz, Saint-Simon), des compilateurs sans méthode critique (Mézeray, le P. Daniel, Rollin), des philosophes (Saint-Evremond), des théologiens (Bossuet, cf. *XVIIe Siècle*, p. 280). Toutefois avec BAYLE et FONTENELLE (cf. p. 16-23) se précisent des exigences critiques, et FÉNELON définit les notions d'impartialité et de couleur historique (cf. *XVIIe Siècle*, p. 430). Enfin MONTESQUIEU inaugure la philosophie de l'histoire (cf. p. 92). VOLTAIRE a sans cesse élargi le champ de sa curiosité : son *Charles XII* (1731) est l'histoire d'un roi, le *Siècle de Louis XIV* (1751) celle d'une nation, l'*Essai sur les Mœurs* (1756) est une histoire du monde.

La méthode historique

Le *Siècle de Louis XIV* est l'œuvre d'un philosophe autant que d'un historien, et l'*Essai sur les Mœurs* a tout le parti pris d'une œuvre de propagande. Néanmoins VOLTAIRE a contribué à créer la notion de *science historique*.

1. LA DOCUMENTATION. Dans le *Supplément au Siècle de Louis XIV*, il s'élève contre les portraits de fantaisie et les fausses harangues de l'histoire traditionnelle ; il se refuse à « mettre son imagination à la place des réalités ». Pour lui, « *un fait vaut mieux que cent antithèses* » : pendant plus de vingt ans il s'est livré à la chasse aux documents. Il harcèle de questions les témoins directs, compagnons de Charles XII ou courtisans de Louis XIV ; il interroge Sully, Vendôme, Villars, le neveu de Fénelon, les protestants réfugiés en Hollande ; il compulse les archives ; il dépouille 200 volumes de mémoires, des lettres, un nombre considérable de gros ouvrages. Aussi reconnaissons-nous encore la solidité de sa documentation.

2. LA CRITIQUE HISTORIQUE. L'historien est « comptable de la vérité » aux hommes de tous les pays. Mais qu'elle est difficile à établir (cf. p. 147) ! « Les hommes différent entre eux d'état, de parti, de religion. Le guerrier, le magistrat, le janséniste, le moliniste ne voient point les mêmes faits avec les mêmes yeux... Parlez de la Révocation de l'Édit de Nantes à un bourgmestre hollandais, c'est une tyrannie imprudente ; consultez un ministre de la cour de France, c'est une politique sage. Que dis-je ! La même nation, au bout de vingt ans, n'a plus les mêmes idées qu'elle avait sur le même événement et la même personne » (1744).
Voltaire s'est constitué une MÉTHODE D'INVESTIGATION, contrôlant la chronologie, confrontant prudemment les témoignages passionnés. « Il n'y a peut-être qu'une règle sûre, c'est de croire le bien qu'un historien de parti ose dire des héros de la faction contraire et le mal qu'il ose dire des chefs de la sienne dont il n'aura pas à se plaindre » ; quant aux témoignages d'adversaires, « s'ils s'accordent, ils sont vrais ; s'ils se contrarient, doutez » *(Dict. Phil.* Histoire, III*)*. Ne pouvant contrôler seul les huit siècles de l'*Essai sur les Mœurs*, il s'est résigné à agir en compilateur, mais avec circonspection, car « toute certitude qui n'est pas démonstration mathématique n'est qu'une extrême probabilité. Il n'y a pas d'autre certitude historique » *(Ibid.)*.
VOLTAIRE EST-IL IMPARTIAL ? Il s'efforçait de l'être. Historiographe mais non fade panégyriste, nous le voyons en pleine guerre de Succession d'Autriche demander à Falkener le point de vue ennemi sur Fontenoy (1er octobre 1745). S'il s'attarde à Berlin,

c'est pour y publier plus librement le *Siècle de Louis XIV*, car il est difficile de « faire imprimer dans son pays l'histoire de son pays » (A Richelieu, 31 août 1751). Voilà des scrupules qui l'honorent. Mais cette documentation qu'il veut la plus exacte possible ne semble l'intéresser que s'il peut *l'interpréter en faveur de ses idées*. Dès le *Siècle de Louis XIV*, et surtout dans l'*Essai sur les Mœurs*, l'éclairage des faits exacts sera faussé par le *parti pris philosophique* : il insiste sur les petitesses de l'histoire, l'intolérance, le fanatisme, mais il est fermé au sentiment religieux, aux enthousiasmes nobles, qu'il sous-estime et juge dangereux.

3. L'ART D'ÉCRIRE L'HISTOIRE. L'historien sera *un artiste* en même temps qu'un savant : son récit ne doit jamais ennuyer.

L'Histoire dramatique. Voltaire compare l'histoire à la tragédie : « Mézeray et Daniel m'ennuient ; c'est qu'ils ne savent ni peindre ni remuer les passions. Il faut dans une histoire, comme dans une pièce de théâtre, exposition, nœud et dénouement ». (A d'Argenson, 26 janvier 1740). De fait son *Charles XII*, chef-d'œuvre de l'histoire narrative, se lit parfois comme un roman ; ces qualités dramatiques se retrouvent dans maint épisode militaire (cf. p. 147-149) et dans la composition d'ensemble. du *Siècle* ou de l'*Essai*.

Le choix des détails. Pour intéresser, Voltaire choisit les « *détails signifiants* » qui éclairent les événements : « Les détails qui ne mènent à rien sont, dans l'histoire, ce que sont les bagages dans une armée, *impedimenta* » (*Essai sur les Mœurs*, Préface). Qu'importe le portrait physique de Colbert, avec ses sourcils épais, sa physionomie rude et basse ? « J'ai porté la vue sur ce qu'il a fait de mémorable, sur la reconnaissance que les siècles à venir lui doivent, non sur la manière dont il mettait son rabat » *(Supplément)*. Il choisit les faits qui aideront à « démêler dans les événements une *histoire de l'esprit humain* ». Malheur aux détails inutiles ! Des 40 volumes de *Mémoires* de Dangeau, Voltaire extrait 40 pages. Aussi les moindres faits, les personnages eux-mêmes prennent chez lui une *valeur symbolique* (cf. p. 148).

L'histoire de la civilisation « On n'a fait que l'histoire des rois, mais on n'a point fait celle de la nation. Il semble que pendant quatorze cents ans il n'y ait eu dans les Gaules que des rois, des ministres et des généraux ; mais nos mœurs, nos lois, nos coutumes, notre esprit ne sont-ils donc rien ? (A d'Argenson, 1740).

1. NON L'HISTOIRE DES ROIS, MAIS CELLE DES HOMMES. Comme le *Charles XII*, la Iʳᵉ partie du *Siècle de Louis XIV* respecte la tradition des récits militaires ; mais dans la seconde partie Voltaire va innover, en étudiant le gouvernement intérieur (p. 149), la justice, le commerce, la police, les lois, l'armée, la marine, les finances, la vie religieuse, et surtout les sciences et les arts (p. 151). L'*Essai* comptera presque autant de chapitres sur les mœurs, les institutions, les arts et l'esprit des peuples que sur les événements politiques et militaires (p. 154-157).

2. HÉROS ET GRANDS HOMMES. Cet élargissement du champ de l'histoire conduit Voltaire à modifier l'optique traditionnelle : « J'aimerais mieux des détails sur Racine et Despréaux, sur Quinault, Lulli, Molière, Le Brun, Bossuet, Poussin, Descartes, etc., que sur la bataille de Steinkerque. Il ne reste plus rien que le nom de ceux qui ont conduit des bataillons et des escadrons ; il ne revient rien au genre humain de cent batailles données ; mais les grands hommes dont je vous parle ont préparé des plaisirs purs et durables aux hommes qui ne sont pas encore nés. Une écluse du canal qui joint les deux mers, un tableau du Poussin, une belle tragédie, une vérité découverte sont des choses mille fois plus précieuses que toutes les relations de campagnes ; vous savez que chez moi les grands hommes sont les premiers et les héros les derniers. J'appelle grands hommes tous ceux qui ont excellé dans l'utile ou dans l'agréable. Les saccageurs de provinces ne sont que héros » (A Thieriot, 15 juillet 1735). Charles XII n'était qu'un héros ; Louis XIV intéresse désormais Voltaire parce que c'est un « grand homme » qui a encouragé la civilisation et les arts (p. 149-153) : le *Siècle* sera conçu plus tard comme l'aboutissement de l'*Essai sur les Mœurs* (cf. p. 155).

3. TABLEAUX ET SYNTHÈSES. Pour suivre les étapes de la civilisation, Voltaire délaisse le récit chronologique et nous peint, en de *vastes fresques*, la vie matérielle et intellectuelle des peuples à chaque siècle. Dans l'*Essai sur les Mœurs*, par une série de synthèses à des moments bien choisis, il veut amener le lecteur à « juger par lui-même de l'extinction, de la renaissance et des progrès de l'esprit humain ».

4. COSMOPOLITISME ET COULEUR DES TEMPS. Son histoire concerne non seulement l'Europe mais encore la Chine (p. 153), l'Inde, le Japon, l'Amérique. Sur ces pays lointains son information, aussi sérieuse qu'elle pouvait l'être, se trouve souvent en défaut ; mais il a contribué à faire sentir *la diversité des civilisations*. De même, il a voulu mettre en lumière le caractère *original* de chaque époque, amorçant ainsi le courant *pittoresque* qui aboutira à la *couleur locale*.

La philosophie de l'histoire   Ainsi conçue, l'histoire est liée aux *idées de l'auteur*, soucieux avant tout d'en tirer une confirmation de sa philosophie.

1. LE RÈGNE DU HASARD. Pour Voltaire, il n'est pas de Providence organisatrice : c'est le *hasard* qui domine l'histoire. Des causes infimes expliquent les plus grands événements (opposer Montesquieu, p. 92). Les hommes interviennent surtout par leurs passions mesquines, leurs ambitions : leur histoire est « un ramas de crimes, de folies et de malheurs » (p. 155).

2. LES GRANDS HOMMES ET LE PROGRÈS. Cependant Voltaire croit discerner, dans l'ensemble, une sorte de tendance diffuse vers la *civilisation* (p. 156). Le hasard favorise parfois l'action des grands hommes qui contribuent au progrès. Quand, par bonheur, comme sous Louis XIV, un monarque protège ces grands hommes, alors on voit éclore un « Siècle » où l'humanité tend vers la civilisation idéale. Malheureusement *le progrès n'est pas continu :* il y a parfois des régressions, des retours à la barbarie.

3. RAISONS D'ESPÉRER. Néanmoins le *Siècle de Louis XIV* et l'*Essai sur les Mœurs* se terminent sur des paroles d'espoir (p. 157). Ne croyant pas au péché originel, Voltaire croit à la possibilité de réaliser sur la terre une *société heureuse*. Le siècle de Louis XIV a été terni par le fanatisme ; mais au siècle de l'*Encyclopédie*, le progrès des « lumières » annonce une civilisation plus parfaite, unissant aux progrès artistiques et sociaux du règne précédent la philosophie libératrice du XVIIIᵉ siècle.

Histoire de Charles XII (1731)   L'*Histoire de Charles XII*, roi de Suède (1682-1718) illustre déjà la méthode de Voltaire : documentation, examen critique, narration dramatique à souhait.

Livres I A IV : L'ascension de Charles XII : *vainqueur des Danois et des Russes, maître de la Pologne, il poursuit jusqu'en Ukraine les troupes du tsar Pierre le Grand ; mais il est vaincu à Pultava et doit se réfugier en Turquie.*

Livres V A VIII : Les revers de cette destinée : *prisonnier des Turcs malgré une défense acharnée, Charles XII rentre en Suède au prix d'incroyables aventures et se fait tuer en essayant de conquérir la Norvège.*
Les exploits de ce héros extraordinaire passionnent l'historien, mais Voltaire veut désabuser les princes de la folie des conquêtes, et leur montrer « combien un gouvernement pacifique et heureux est au-dessus de tant de gloire ».

Le Siècle de Louis XIV (1751)   Conçu vers 1732, publié en 1751, complété jusqu'en 1756, le *Siècle de Louis XIV* repose sur un immense labeur de documentation. C'est, encore aujourd'hui, un livre important pour l'étude du XVIIᵉ siècle. L'intention primitive était de *critiquer indirectement le règne de Louis XV* en glorifiant le siècle de Louis XIV, « le plus éclairé qui fut jamais ». Par un parti pris fort contestable, Voltaire ne compte en effet dans l'histoire du monde que *quatre grands Siècles*, « où les arts ont été perfectionnés et qui, servant d'époque à la grandeur de l'esprit humain, sont l'exemple de la postérité » : les siècles de Périclès, d'Auguste, des Médicis, et de Louis XIV. C'est à l'apologie de ce dernier que tendent les 34 premiers chapitres de l'ouvrage.

CHAPITRES I A XXIV. Histoire militaire et diplomatique : *récit alerte avec des moments dramatiques, quand ce règne glorieux se trouve assombri par des revers.*

CHAPITRES XXV A XXVIII. Particularités et anecdotes. *Accumulation de « petits détails » qui, mieux que les grands portraits traditionnels, nous font connaître la Cour et surtout Louis XIV, son esprit, sa vie privée, ses grandeurs et ses faiblesses.*

CHAPITRES XXIX A XXXIV. Le gouvernement intérieur (p. 149), les Beaux-arts (*p. 151*). *Pour Voltaire, c'était la partie éblouissante du règne, où l'action du « despote éclairé » a fait épanouir la civilisation : dans le projet primitif, l'ouvrage devait se terminer en apothéose par les chapitres sur les Beaux-Arts. Mais peu à peu le philosophe découvrit une ombre à ce tableau : les disputes théologiques, le fanatisme, l'influence des Jésuites sur le roi, la révocation de l'Edit de Nantes. Au lieu d'aboutir à l'émerveillement des Beaux-arts, le livre nous laissera sur une impression décevante : cinq chapitres sur « ces dissensions qui font la honte de la raison humaine ».*

CHAPITRES XXXV A XXXIX. Affaires ecclésiastiques, Calvinisme, Jansénisme, Quiétisme, Disputes sur les cérémonies chinoises (p. 153). *C'est la satire des faiblesses du règne : l'absence de lumières. Voltaire ne renie pas son admiration pour Louis XIV, mais il est de plus en plus séduit par la « saine philosophie » de son temps : tous ces chapitres sur les querelles religieuses se terminent par des éloges de « l'esprit raisonnable » grâce auquel ces querelles ne reviendront plus.*

Dans cette perspective nouvelle, le *Siècle de Louis XIV* devient une œuvre de propagande philosophique destinée à couronner l'*Essai sur les Mœurs :* ce siècle est une étape importante, encore qu'imparfaite, des progrès de la civilisation, à la veille de l'âge philosophique qui assurera le bonheur des hommes.

LE PASSAGE DU RHIN

Ce récit vivant, dans la veine narrative du *Charles XII*, donnera une idée des chapitres consacrés à l'histoire diplomatique et militaire. A vrai dire, parmi les relations de batailles du *Siècle de Louis XIV*, celle-ci est la plus développée et la plus réussie. C'est que VOLTAIRE, fort de son enquête personnelle, veut détruire la *légende* qui faisait du passage du Rhin un événement prodigieux. On y trouvera donc, en plus des qualités du narrateur, l'application de sa *méthode critique* et son art de présenter les faits pour dégager la vérité. On y percevra enfin la réaction du *philosophe* devant ce témoignage de la faiblesse de l'esprit humain : la naissance d'une légende dans « le siècle le plus éclairé » (chap. X).

Toutes les places qui bordent le Rhin et l'Yssel [1] se rendirent. Quelques gouverneurs envoyèrent leurs clefs dès qu'ils virent seulement passer de loin un ou deux escadrons français : plusieurs officiers s'enfuirent des villes où ils étaient en garnison, avant que l'ennemi fût dans leur territoire : la consternation était générale. Le prince d'Orange n'avait point encore assez de troupes pour paraître en campagne. Toute la Hollande s'attendait à passer sous le joug, dès que le roi serait au delà du Rhin. Le prince d'Orange fit faire à la hâte des lignes au delà de ce fleuve ; et après les avoir faites, il connut l'impuissance de les garder.
10 Il ne s'agissait plus que de savoir en quel endroit les Français voudraient [2]

— 1 *Bras du Rhin.* — Louis XIV vient de déclencher par surprise la campagne de Hollande, avec 130.000 soldats auxquels Guillaume d'Orange ne peut même pas en opposer 25.000. — 2 Commenter ce verbe.

faire un pont de bateaux, et de s'opposer, si on pouvait, à ce passage. En effet, l'intention du roi était de passer le fleuve sur un pont de ces petits bateaux inventés par Martinet [3]. Des gens du pays informèrent alors le prince de Condé que la sécheresse de la saison avait formé un gué sur un bras du Rhin, auprès d'une vieille tourelle qui sert de bureau de péage [4], qu'on nomme *Toll-huys, la maison du péage*, dans laquelle il y avait dix-sept soldats. Le roi fit sonder ce gué par le comte de Guiche. Il n'y avait qu'environ vingt pas à nager au milieu de ce bras du fleuve, selon ce que dit dans ses lettres Pellisson [5], témoin oculaire, et ce que

20 m'ont confirmé les habitants. Cet espace n'était rien, parce que plusieurs chevaux de front rompaient le fil de l'eau, très peu rapide. L'abord était aisé : il n'y avait de l'autre côté de l'eau que quatre à cinq cents cavaliers, et deux faibles régiments d'infanterie sans canon. L'artillerie française les foudroyait en flanc. Tandis que la maison du roi [6] et les meilleures troupes de cavalerie passèrent, sans risque, au nombre d'environ quinze mille hommes (12 juin 1672), le prince de Condé les côtoyait dans un bateau de cuivre. À peine quelques cavaliers hollandais entrèrent dans la rivière, pour faire semblant de combattre ; ils s'enfuirent l'instant d'après, devant la multitude qui venait à eux. Leur infanterie mit

30 aussitôt bas les armes, et demanda la vie. On ne perdit dans le passage que le comte de Nogent et quelques cavaliers qui, s'étant écartés du gué, se noyèrent ; et il n'y aurait eu personne de tué dans cette journée [7], sans l'imprudence du jeune duc de Longueville. On dit qu'ayant la tête pleine des fumées du vin, il tira un coup de pistolet sur les ennemis qui demandaient la vie à genoux, en leur criant : *Point de quartier pour cette canaille*. Il tua du coup un de leurs officiers. L'infanterie hollandaise désespérée reprit à l'instant ses armes, et fit une décharge dont le duc de Longueville fut tué. Un capitaine de cavalerie nommé Ossembrœk, qui ne s'était point enfui avec les autres, court au prince de Condé qui montait alors

40 à cheval en sortant de la rivière, et lui appuie son pistolet à la tête. Le prince, par un mouvement, détourna le coup, qui lui fracassa le poignet [8]. Condé ne reçut jamais que cette blessure dans toutes ses campagnes. Les Français irrités firent main-basse [9] sur cette infanterie, qui se mit à fuir de tous côtés. Louis XIV passa sur un pont de bateaux avec l'infanterie, après avoir dirigé lui-même toute la marche.

Tel fut ce passage du Rhin, action éclatante et unique, célébrée alors comme un des grands événements qui dussent occuper la mémoire des hommes [10]. Cet air de grandeur dont le roi relevait toutes ses actions, le

---

— 3 L'ingénieur Martinet est un technicien qui avait fait adopter la baïonnette et conçu des bateaux métalliques pour établir des ponts. — 4 Où l'on percevait un droit de *passage*. — 5 Historiographe du roi avant Racine et Boileau. Ses *Lettres historiques* sont, pour ce récit, la principale source de Voltaire. — 6 Préciser le sens de l'expression. —

7 Pellisson signale *deux cents tués*, dont un assez grand nombre d'officiers. Pourquoi Voltaire a-t-il atténué ces pertes ? — 8 Étudier les éléments qui donnent, dans cet épisode, une impression de vie et de vérité. — 9 Massacrèrent sans merci. — 10 Cf. Bossuet : « Le passage du Rhin, le prodige de notre siècle » *(O.F. de Condé)* ; cf. aussi Boileau, *Épître IV*.

bonheur rapide de ses conquêtes, la splendeur de son règne, l'idolâtrie
50 de ses courtisans ; enfin, le goût que le peuple, et surtout les Parisiens,
ont pour l'exagération, joint à l'ignorance de la guerre où l'on est dans
l'oisiveté des grandes villes ; tout cela fit regarder, à Paris, le passage
du Rhin comme un prodige qu'on exagérait encore. L'opinion commune
était que toute l'armée avait passé ce fleuve à la nage [11], en présence d'une
armée retranchée, et malgré l'artillerie d'une forteresse imprenable [12],
appelée le *Tholus* [13]. Il était très vrai que rien n'était plus imposant pour
les ennemis que ce passage ; et que s'ils avaient eu un corps de bonnes
troupes à l'autre bord, l'entreprise était très périlleuse.

Moment dramatique : *la Hollande est sauvée par le patriotisme de ses citoyens qui rompent
les digues et inondent leur pays plutôt que de le livrer à l'ennemi. Finalement Louis XIV doit
lâcher prise et retirer ses troupes.*

— Philosophie de l'histoire : a) *D'après* VOLTAIRE, *distinguez la part du hasard et le rôle des chefs dans cette
opération militaire ; –* b) *Comment explique-t-il la naissance de la légende ? Quelle leçon nous invite-t-il à en tirer ?*
— **Essai.** *Quelles réflexions vous inspire ce texte à propos de la difficulté de faire la relation fidèle d'un événement :*
a) *pour un reporter ; –* b) *pour un historien ?*
— **Essai.** *Leçons de l'histoire. Étudiez comment l'histoire sert de support à la pensée philosophique dans les extraits du*
Siècle de Louis XIV.
• **Groupe thématique : Mythes historiques. L'événement transfiguré par le récit.** MOYEN AGE.
Chroniqueurs. – XVIIᵉ SIÈCLE. BOSSUET : « Condé à Rocroi », p. 279. – XIXᵉ SIÈCLE. HUGO : « La
charge des cuirassiers à Waterloo », p. 201. – MICHELET : *Jeanne d'Arc*, p. 370-374 ; – « Valmy »,
p. 379.

L'œuvre intérieure de Louis XIV

« *Tout commençait à tendre tellement à la perfection...* » s'écrie VOLTAIRE dans le même chapitre XXIX, *Du Gouvernement intérieur*. Après l'histoire diplomatique et militaire, le philosophe
s'est attaché en effet à mettre en lumière ce qui, pour lui, constitue la *vraie grandeur* du règne
de LOUIS XIV : les progrès de la justice, du commerce, de l'industrie, de la police, de la marine,
des finances, des beaux-arts. C'est par là que ce siècle doit servir de modèle pour réaliser le bonheur
de l'homme. Partout apparaît l'idée du *despotisme éclairé*, facteur essentiel du progrès ; cette thèse
entraîne même Voltaire à embellir son tableau du Grand Siècle. Néanmoins il s'efforce de formuler
un jugement modéré. On étudiera dans le détail les *réserves* concernant les erreurs de Louis XIV,
et surtout les progrès qu'il n'a pas su réaliser. On en déduira : 1) l'idéal voltairien d'une *société
civilisée ;* 2) le programme de *réformes* suggéré aux contemporains.

On voit quels changements Louis XIV fit dans l'État, changements
utiles puisqu'ils subsistent. Ses ministres le secondèrent à l'envi.
On leur doit sans doute tout le détail, toute l'exécution ; mais on lui
doit l'arrangement général. Il est certain que les magistrats n'eussent pas réformé
les lois, que l'ordre n'eût pas été remis dans les finances, la discipline introduite
dans les armées, la police générale dans le royaume ; qu'on n'eût point eu de
flottes, que les arts n'eussent point été encouragés [1], tout cela de concert et en

---

— 11 Cf. Mme de Sévigné : « Je ne comprends
pas le passage du Rhin à la nage. Se jeter
dedans à cheval comme des chiens après un
cerf et n'être ni noyé ni assommé en abordant,
tout cela passe tellement mon imagination
que la tête m'en tourne ». — 12 Cf. Mme de
Sévigné : « L'Yssel est défendu, et bordé de

200 pièces de canon et de 60.000 hommes de
pied, de trois grosses villes, d'une large rivière
qui est encore devant ». — 13 Déformation
populaire de *Toll-huys* : Voltaire s'amuse.

— 1 Telles sont, en effet, les grandes lignes
du chapitre XXIX.

même temps et avec persévérance et sous différents ministres, s'il ne se fût trouvé un maître qui eût en général toutes ces grandes vues, avec une volonté ferme pour
10 les remplir.

Il ne sépara point sa propre gloire de l'avantage de la France, et il ne regarda pas le royaume du même œil dont un seigneur regarde sa terre, de laquelle il tire tout ce qu'il peut, pour ne vivre que dans les plaisirs [2]. Tout roi qui aime la gloire aime le bien public .(...)

Voilà en général ce que Louis XIV fit et essaya pour rendre sa nation plus florissante. Il me semble qu'on ne peut guère voir tous ces travaux et tous ces efforts sans quelque reconnaissance, et sans être animé de l'amour du bien public qui les inspira. Qu'on se représente ce qu'était le royaume du temps de la Fronde, et ce qu'il est de nos jours. Louis XIV fit plus de bien à sa nation que vingt de
20 ses prédécesseurs ensemble ; et il s'en faut beaucoup qu'il fît ce qu'il aurait pu. La guerre qui finit la paix de Ryswick commença la ruine de ce grand commerce que son ministre Colbert avait établi ; et la guerre de la Succession [3] l'acheva.

S'il avait employé à embellir Paris, à finir le Louvre, les sommes immenses que coûtèrent les aqueducs et les travaux de Maintenon, pour conduire des eaux à Versailles, travaux interrompus et devenus inutiles ; s'il avait dépensé à Paris la cinquième partie de ce qu'il en a coûté pour forcer la nature à Versailles, Paris serait, dans toute son étendue, aussi beau qu'il l'est du côté des Tuileries et du Pont-Royal, et serait devenu la plus magnifique ville de l'univers [4].

30 C'est beaucoup d'avoir réformé les lois, mais la chicane n'a pu être écrasée par la justice. On pensa à rendre la jurisprudence uniforme ; elle l'est dans les affaires criminelles, dans celles du commerce, dans la procédure : elle pourrait l'être dans les lois qui règlent les fortunes des citoyens. C'est un très grand inconvénient qu'un même tribunal ait à prononcer sur plus de cent coutumes différentes [5]. Des droits de terre, ou équivoques, ou onéreux, ou qui gênent la société, subsistent encore comme des restes du gouvernement féodal, qui ne subsiste plus ; ce sont des décombres d'un bâtiment gothique ruiné.

Ce n'est pas qu'on prétende que les différents ordres de l'État doivent être assujettis à la même loi. On sent bien que les usages de la noblesse, du clergé,
40 des magistrats, des cultivateurs, doivent être différents [6] ; mais il est à souhaiter, sans doute, que chaque ordre ait sa loi uniforme dans tout le royaume ; que ce qui est juste ou vrai dans la Champagne ne soit pas réputé faux ou injuste en Normandie. L'uniformité en tout genre d'administration est une vertu ; mais les difficultés de ce grand ouvrage ont effrayé.

Louis XIV aurait pu se passer plus aisément de la ressource dangereuse des traitants [7], à laquelle le réduisit l'anticipation qu'il fit presque toujours sur ses revenus, comme on le verra dans le chapitre des finances.

S'il n'eût pas cru qu'il suffisait de sa volonté pour faire changer de religion à un million d'hommes, la France n'eût pas perdu tant de citoyens [8]. Ce pays

---

— 2 Opposer les critiques de Fénelon, *XVIIe Siècle*, p. 426-429, et les n. — 3 Guerre de Succession d'Espagne (1701-1713). — 4 Voltaire ne nie pas les embellissements de Paris dus à Louis XIV : colonnade du Louvre, Observatoire, Invalides, place des Victoires, etc. Il pense qu'ils auraient pu être plus grands.

— 5 Cf. p. 173. — 6 Addition de 1769 : loin d'être révolutionnaire, Voltaire admet ici l'inégalité devant la loi et l'existence de divers ordres. — 7 Les fermiers généraux (Cf. *XVIIe Siècle*, p. 415). — 8 Le chap. 36, *Du Calvinisme*, contient une condamnation sévère de la Révocation de l'Édit de Nantes, pour son intolérance et ses funestes conséquences.

50 cependant, malgré ses secousses et ses pertes, est encore un des plus florissants
de la terre, parce que tout le bien qu'a fait Louis XIV subsiste, et que le mal,
qu'il était difficile de ne pas faire dans des temps orageux, a été réparé. Enfin
la postérité, qui juge les rois, et dont ils doivent avoir toujours le jugement devant
les yeux, avouera, en pesant les vertus et les faiblesses de ce monarque, que,
quoiqu'il eût été trop loué pendant sa vie, il mérita de l'être à jamais et qu'il fut
digne de la statue qu'on lui a érigée à Montpellier, avec une inscription latine
dont le sens est : *A Louis-le-Grand après sa mort.*

LA TRAGÉDIE AU XVIIe SIÈCLE

Après les tableaux du *gouvernement intérieur* viennent quatre chapitres sur les *Sciences*
et les *Beaux-arts* en France et en Europe. Du chap. 32 où Voltaire passe en revue tous les
écrivains du XVIIe siècle, nous détachons les remarques sur la *tragédie*. Complétés par
ceux qui sont cités en note, ces jugements donneront une idée du *goût étroitement classique*
de Voltaire et de sa critique littéraire. Pour VOLTAIRE, les arts sont le magnifique aboutissement, la consécration d'une civilisation : leur épanouissement, supposant la paix
intérieure et la prospérité matérielle, est directement lié à l'œuvre bienfaisante d'un
gouvernement éclairé. A leur tour les beaux-arts, et particulièrement le théâtre, affinent
les mœurs et concourent par leur action civilisatrice à la perfection de la société.

Les peuples sont ce qu'est chaque homme en particulier. Platon
et Cicéron commencèrent par faire des vers. On ne pouvait encore citer
un passage noble et sublime de prose française, quand on savait par cœur
le peu de belles stances que laissa Malherbe, et il y a grande apparence
que sans Pierre Corneille le génie des prosateurs ne se serait pas
développé.

Cet homme est d'autant plus admirable, qu'il n'était environné que
de très mauvais modèles, quand il commença à donner des tragédies [1].
Ce qui devait encore lui fermer le bon chemin, c'est que ces mauvais
10 modèles étaient estimés, et, pour comble de découragement, ils étaient
favorisés par le cardinal de Richelieu, le protecteur des gens de lettres
et non pas du bon goût. (...)

Corneille eut à combattre son siècle, ses rivaux et le cardinal de
Richelieu. Je ne répéterai point ici ce qui a été écrit sur le *Cid.* Je remar-
querai seulement que l'Académie, dans ses judicieuses décisions entre
Corneille et Scudéry [2], eut trop de complaisance pour le cardinal de
Richelieu, en condamnant l'amour de Chimène. Aimer le meurtrier
de son père et poursuivre la vengeance de ce meurtre était une chose
admirable. Vaincre son amour eût été un défaut capital dans l'art tragique,
20 qui consiste principalement dans les combats du cœur. Mais l'art était
inconnu alors à tout le monde, hors à l'auteur. (...)

Le Cid, après tout, était une imitation très embellie de Guilhem de
Castro, et en plusieurs endroits une traduction. *Cinna*, qui le suivit,

— 1 Cf. *XVIIe Siècle*, p. 91-93. — 2 Cf. *XVIIe Siècle*, p. 103.

était unique [3]. J'ai connu un ancien domestique [4] de la maison de Condé, qui disait que le grand Condé, à l'âge de vingt ans, étant à la première représentation de *Cinna*, versa des larmes à ces paroles d'Auguste :

> Je suis maître de moi comme de l'univers :
> Je le suis, je veux l'être. O siècles ! ô mémoire !
> Conservez à jamais ma dernière victoire.
> Je triomphe aujourd'hui du plus juste courroux
> De qui le souvenir puisse aller jusqu'à vous !
> — Soyons amis, Cinna ; c'est moi qui t'en convie.

C'étaient là des larmes de héros. Le grand Corneille faisant pleurer le grand Condé d'admiration est une époque bien célèbre dans l'histoire de l'esprit humain [5].

30 La quantité de pièces indignes de lui qu'il fit, plusieurs années après [6], n'empêcha pas la nation de le regarder comme un grand homme ; ainsi que les fautes considérables d'Homère n'ont jamais empêché qu'il ne fût sublime. C'est le privilège du vrai génie, et surtout du génie qui ouvre une carrière, de faire impunément de grandes fautes [7].

Corneille s'était formé tout seul ; mais Louis XIV, Colbert, Sophocle et Euripide contribuèrent tous à former Racine. Une ode qu'il composa à l'âge de dix-huit ans, pour le mariage du roi, lui attira un présent qu'il n'attendait pas, et le détermina à la poésie. Sa réputation s'est accrue de jour en jour et celle des ouvrages de Corneille a un peu diminué. La 40 raison en est que Racine, dans tous ses ouvrages, depuis son *Alexandre*, est toujours élégant, toujours correct, toujours vrai, qu'il parle au cœur [8], et que l'autre manque trop souvent à tous ces devoirs. Racine passa de bien loin et les Grecs et Corneille dans l'intelligence des passions [9], et porta la douce harmonie de la poésie, ainsi que les grâces de la parole, au plus haut point où elles puissent parvenir. Ces hommes enseignèrent à la nation à penser, à sentir et à s'exprimer. Leurs auditeurs, instruits par eux seuls, devinrent enfin des juges sévères pour ceux mêmes qui les avaient éclairés.(...)

La singulière destinée de ce siècle rendit Molière [10] contemporain de 50 Corneille et de Racine.(...)

---

3 Voltaire considérait *Cinna* comme le chef-d'œuvre de Corneille. — 4 Personnage faisant partie de sa « maison » (lat. *domus*). — 5 Voltaire s'est montré sévère pour Corneille, qu'il trouvait souvent mauvais « par le style, par la froideur de l'intrigue, par les amours déplacés et insipides, et par un entassement de raisonnements alambiqués qui sont à l'opposé du tragique ». Mais il admire vivement le *sublime* cornélien, par exemple le « Qu'il mourût » d'*Horace*. — 6 « *Pulchérie*, *Agésilas* et *Suréna*, Fruits languissants de sa vieillesse, Trop indignes de leurs aînés » (*Temple du goût*). — 7 Voltaire excuse de même les irrégularités de Shakespeare. — 8 « Plus pur, plus élégant, plus tendre Et

parlant au cœur de plus près, Nous attachant sans nous surprendre Et ne se démentant jamais » (*ibid.*). — 9 [*Corneille*] « n'a presque jamais parlé d'amour qu'en déclamateur, et Racine en a parlé en homme » (*A d'Argenson*, 1739). Voltaire ne reproche à Racine que la fadeur galante de ses héros amoureux : « Ils ont tous le même mérite. Tendres, galants, doux et discrets. Et l'Amour qui marche à leur suite Les croit des courtisans français » (*Temple du goût*). — 10 « Molière fut, si on ose le dire, un législateur des bienséances du monde », et surtout « il était philosophe ». Cependant Voltaire lui reproche, dans le *Temple du goût*, de « descendre au bas comique » pour plaire au peuple.

C'était un temps digne de l'attention des temps à venir que celui où les héros de Corneille et de Racine, les personnages de Molière, les symphonies de Lulli toutes nouvelles pour la nation, et (puisqu'il ne s'agit ici que des arts) les voix des Bossuet et des Bourdaloue se faisaient entendre à Louis XIV, à Madame, si célèbre par son goût, à un Condé, à un Turenne, à un Colbert, et à cette foule d'hommes supérieurs qui parurent en tout genre. Ce temps ne se retrouvera plus, où un duc de La Rochefoucauld, l'auteur des *Maximes*, au sortir de la conversation d'un Pascal et d'un Arnauld, allait au théâtre de Corneille.

> « *Il ne s'éleva guère de grands génies depuis les beaux jours de ces artistes illustres ; et, à peu près vers le temps de la mort de Louis XIV, la nature sembla se reposer... Le génie n'a qu'un siècle, après quoi il faut qu'il dégénère.* »

- Corneille : *a) Précisez les difficultés qui rendent plus grand son mérite, – b) Quelles sont, pour* VOLTAIRE, *ses qualités dominantes et ses faiblesses ? Qu'en pensez-vous ?*
- Racine : *a) Quelles sont, selon* VOLTAIRE, *ses qualités essentielles ? vérifiez ces éloges à l'aide d'exemples personnels ; – b) L'idéal de la tragédie selon* VOLTAIRE *et selon* BOILEAU *(*XVII*ᵉ* SIÈCLE, *p. 341).*
- *Précisez les causes qui sont, selon* VOLTAIRE, *de nature à influencer la création littéraire.*
- **Comparaison.** Le parallèle entre CORNEILLE et RACINE selon VOLTAIRE et selon LA BRUYÈRE (XVIIᵉ SIÈCLE, p. 399) ; points communs et différences.
- **Essai.** *D'après les extraits du Siècle de Louis XIV dressez le bilan des louanges et des critiques – explicites ou implicites – adressées à la politique de ce monarque ; puis esquissez le portrait idéal du bon roi selon* VOLTAIRE.

Un monarque éclairé... chez les Chinois

Le *Siècle de Louis XIV* se termine de façon inattendue, après les questions religieuses, par un chapitre intitulé *Disputes sur les cérémonies chinoises* (chap. XXXIX). Utilisant les *Lettres édifiantes* des missionnaires, l'auteur y relate les efforts des Jésuites pour christianiser la Chine et leurs querelles avec les Dominicains qui les accusaient de tolérer le culte idolâtrique des ancêtres et de Confucius. VOLTAIRE admire ce peuple *déiste* et *vertueux* et oppose la sagesse pacifique des Chinois à l'esprit mesquin et querelleur des missionnaires. La fin du chapitre, addition de 1768 est particulièrement intéressante du point de vue artistique. Retrouvant son génie de conteur, VOLTAIRE transforme cette page d'histoire orientale en *récit exotique édifiant*, conclusion constructive au *Siècle de Louis XIV*. L'empereur Young-tching, modèle des monarques, a su éviter les erreurs de Louis XIV : il assure la prospérité matérielle de ses sujets et chasse les « fanatiques » au lieu de s'égarer dans leurs querelles théologiques.

L e nouvel empereur Young-tching [1] surpassa son père dans l'amour des lois et du bien public. Aucun empereur n'encouragea plus l'agriculture. Il porta son attention sur ce premier des arts nécessaires [2] jusqu'à élever au grade de mandarin du huitième ordre, dans chaque province, celui des laboureurs qui serait jugé, par les magistrats de son canton, le plus diligent, le plus industrieux et le plus honnête homme ; non que ce laboureur dût abandonner un métier où il avait réussi pour exercer les fonctions de la judicature, qu'il n'aurait pas connues ; il restait laboureur avec le titre de mandarin ; il avait le droit de s'asseoir chez le vice-roi de la province, et de manger avec lui. 10 Son nom était écrit en lettres d'or dans une salle publique. On dit que ce règlement si éloigné de nos mœurs, et qui peut-être les condamne [3], subsiste encore.

— 1 Fils de Kang-hi qui avait admis l'apostolat des jésuites en Chine. — 2 Idée chère à Voltaire (cf. p. 117). — 3 Satire de l'esprit de caste. Préciser le sens de cette anecdote symbolique.

Ce prince ordonna que dans toute l'étendue de l'empire on n'exécutât personne à mort avant que le procès criminel lui eût été envoyé, et même présenté trois fois [4]. Deux raisons qui motivent cet édit sont aussi respectables que l'édit même. L'une est le cas qu'on doit faire de la vie de l'homme ; l'autre, la tendresse qu'un roi doit à son peuple.

Il fit établir de grands magasins de riz dans chaque province avec une économie qui ne pouvait être à charge au peuple, et qui prévenait pour jamais les disettes [5]. Toutes les provinces faisaient éclater leur joie par de nouveaux spectacles, et leur 20 reconnaissance en lui érigeant des arcs de triomphe. Il exhorta, par un édit, à cesser ces spectacles qui ruinaient l'économie par lui recommandée, et défendit qu'on lui élevât des monuments. « Quand j'ai accordé des grâces, dit-il dans son rescrit aux mandarins, ce n'est pas pour avoir une vaine réputation ; je veux que le peuple soit heureux ; je veux qu'il soit meilleur, qu'il remplisse tous ses devoirs. Voilà les seuls monuments que j'accepte [6]. »

Tel était cet empereur, et malheureusement ce fut lui qui proscrivit la religion chrétienne. Les jésuites avaient déjà plusieurs églises publiques, et même quelques princes du sang impérial avaient reçu le baptème : on commençait à craindre des innovations funestes dans l'empire. Les malheurs arrivés au Japon faisaient plus 30 d'impression sur les esprits que la pureté du christianisme [7], trop généralement méconnu, n'en pouvait faire. On sut que précisément en ce temps-là les disputes [8] qui aigrissaient les missionnaires de différents ordres les uns contre les autres, avaient produit l'extirpation de la religion chrétienne dans le Tonkin ; et ces mêmes disputes, qui éclataient encore plus à la Chine, indisposèrent tous les tribunaux contre ceux qui, venant prêcher leur loi, n'étaient pas d'accord entre eux sur cette loi même [9]. Enfin on apprit qu'à Canton il y avait des Hollandais, des Suédois, des Danois, des Anglais qui, quoique chrétiens [10], ne passaient pas pour être de la religion des chrétiens de Macao [11].

Toutes ces réflexions réunies déterminèrent enfin le suprême tribunal des 40 rites [12] à défendre l'exercice du christianisme. L'arrêt fut porté le 10 janvier 1724, mais sans aucune flétrissure, sans décerner de peines rigoureuses, sans le moindre mot offensant contre les missionnaires [13] : l'arrêt même invitait l'empereur à conserver à Pékin ceux qui pourraient être utiles dans les mathématiques [14].

L'Essai sur les Mœurs (1756)

L'*Essai sur les Mœurs et l'esprit des Nations* complète l'*Histoire Universelle* de Bossuet : c'est une *histoire du Monde*, de Charlemagne à Louis XIV. Commencé à Cirey pour Mme du Châtelet, c'est une œuvre *philosophique*.

1. Par une série de TABLEAUX, l'auteur nous rend sensibles, de siècle en siècle, les *progrès matériels* et l'épanouissement des *sciences et des arts*. Si l'histoire n'incite guère à l'optimisme, il affirme néanmoins sa foi dans les *progrès de la raison*.

2. Élargissant son sujet à l'Amérique et à l'Extrême-Orient (cf. *Siècle de Louis XIV*, p. 153), il souligne la *relativité* de nos coutumes et de nos croyances, et montre l'*unité profonde de la nature humaine* sous tous les climats (p. 156).

─────────── 4 Cf. Réforme de la Justice (p. 172). — 5 Songer aux famines du XVIIe et du XVIIIe s. — 6 Préciser l'allusion à Louis XIV (p. 150). — 7 Selon son habitude Voltaire fait l'éloge de la doctrine en déplorant les divisions qu'elle suscite. — 8 D'où le titre de ce chapitre : *Disputes sur les cérémonies chinoises.* — 9 C'est un des arguments favoris de Voltaire (cf. p. 115). — 10 Ce sont des protestants. — 11 Catholiques portugais. — 12 Une des six cours souveraines auxquelles l'empereur est soumis, et qui « protègent la nation contre le despotisme des souverains » (*Essai sur les Mœurs*). — 13 Préciser cette critique de la Révocation de l'Édit de Nantes.— 14 Au lieu de les forcer à s'exiler comme les protestants français.

Pour ces 197 chapitres, sa documentation, bien que sérieuse, est loin de valoir celle du *Siècle de Louis XIV*. L'ouvrage est faussé par le *parti pris philosophique* et notamment par des jugements peu équitables sur le Moyen Age chrétien.

CONCLUSION DE L'ESSAI SUR LES MŒURS

« Deux idées dominent cette œuvre historique : les hommes sont absurdes et féroces, l'humanité tend à la civilisation » (R. Naves). Le titre de ce dernier chapitre est comme un cri de soulagement : *Résumé de toute cette histoire jusqu'au temps où commence le beau siècle de Louis XIV* (chap. 197). Jusqu'à Louis XIV, en effet, l'histoire n'est que celle des « sottises du genre humain », mais VOLTAIRE les contemple sans désespérer. A travers les vestiges de la barbarie primitive, les modernes lui semblent *en progrès ;* en tout cas l'analyse de la nature humaine dans ses ressorts les plus intimes lui permet d'espérer que, mieux guidée, l'humanité verra triompher peu à peu la cause de la *civilisation*.

Il est aisé de remarquer combien les mœurs ont changé dans presque toute la terre depuis les inondations des Barbares jusqu'à nos jours. Les arts, qui adoucissent les esprits en les éclairant [1], commencèrent un peu à renaître dès le douzième siècle ; mais les plus lâches et les plus absurdes superstitions, étouffant ce germe, abrutissaient presque tous les esprits ; et ces superstitions, se répandant chez tous les peuples de l'Europe ignorants et féroces, mêlaient partout le ridicule à la barbarie. (..)

Vous avez vu parmi ces barbaries ridicules les barbaries sanglantes des guerres de religion.

10   La querelle des pontifes avec les empereurs et les rois, commencée dès le temps de Louis-le-Faible, n'a cessé entièrement en Allemagne qu'après Charles-Quint ; en Angleterre, que par la constance d'Élisabeth ; en France, que par la soumission forcée d'Henri IV à l'Église romaine.

Une autre source qui a fait couler tant de sang a été la fureur dogmatique ; elle a bouleversé plus d'un État, depuis les massacres des Albigeois au XIIIe siècle, jusqu'à la petite guerre des Cévennes [2] au commencement du XVIIIe. Le sang a coulé dans les campagnes et sur les échafauds, pour des arguments de théologie, tantôt dans un pays, 20 tantôt dans un autre, pendant cinq cents années, presque sans interruption ; et ce fléau n'a duré si longtemps que parce qu'on a toujours négligé la morale pour le dogme [3].

Il faut donc, encore une fois, avouer qu'en général toute cette histoire est un ramas de crimes, de folies, et de malheurs [4], parmi lesquels nous avons vu quelques vertus, quelques temps heureux, comme on découvre des habitations répandues çà et là dans les déserts sauvages.

— 1 Sur le rôle social des arts, cf. p. 151-153. — 2 Révolte des protestants appelés Camisards. — 3 Cf. p. 115, et ci-dessous, p. 178. Dans le *Siècle de Louis XIV*, Voltaire en appelle au témoignage des papes eux-mêmes : « Les papes eurent toujours pour but d'étouffer ces controverses, dans lesquelles on ne s'entend point, et de réduire les deux parties à enseigner la même morale, que tout le monde entend. Rien n'était plus raisonnable » (ch. 37). — 4 « Histoire de l'esprit humain, c'est-à-dire de la sottise humaine » (1734).

L'homme peut-être 'qui dans les temps grossiers qu'on nomme du moyen âge, mérita le plus du genre humain, fut le pape Alexandre III. Ce fut lui qui, dans un concile, au XIIe siècle, abolit autant qu'il le put
30 la servitude ; c'est ce même pape qui triompha dans Venise, par sa sagesse, de la violence de l'empereur Frédéric Barberousse, et qui força Henri II, roi d'Angleterre, de demander pardon à Dieu et aux hommes du meurtre de Thomas Becket. Il ressuscita les droits des peuples [5], et réprima le crime dans les rois. (...)

On peut demander comment, au milieu de tant de secousses, de guerres intestines, de conspirations, de crimes, et de folies, il y a eu tant d'hommes qui aient cultivé les arts utiles et les arts agréables en Italie, et ensuite dans les autres États chrétiens. C'est ce que nous ne voyons point sous la domination des Turcs.

40   Il faut que notre partie de l'Europe ait eu dans ses mœurs et dans son génie un caractère qui ne se trouve ni dans la Thrace, où les Turcs ont établi le siège de leur empire, ni dans la Tartarie, dont ils sortirent autrefois. Trois choses influent sans cesse sur l'esprit des hommes, le climat, le gouvernement, et la religion : c'est la seule manière d'expliquer l'énigme de ce monde [6]. (...)

Tout diffère entre [les Orientaux] et nous : religion, police, gouvernement, mœurs, nourriture, vêtements, manière d'écrire, de s'exprimer, de penser. La plus grande ressemblance que nous ayons avec eux est cet esprit de guerre, de meurtre et de destruction qui a toujours dépeuplé
50 la terre. (...)

Au milieu de ces saccagements et de ces destructions que nous observons dans l'espace de neuf cents années, nous voyons un amour de l'ordre qui anime en secret le genre humain, et qui a prévenu sa ruine totale. C'est un des ressorts de la nature qui reprend toujours sa force ; c'est lui qui a formé le code des nations ; c'est par lui qu'on révère la loi et les ministres de la loi dans le Tonkin et dans l'île Formose, comme à Rome. (...)

Il résulte de ce tableau que tout ce qui tient intimement à la nature humaine se ressemble d'un bout de l'univers à l'autre ; que tout ce qui
60 peut dépendre de la coutume est différent, et que c'est un hasard s'il se ressemble. L'empire de la coutume est bien plus vaste que celui de la nature ; il s'étend sur les mœurs, sur tous les usages ; il répand la variété sur la scène de l'univers : la nature y répand l'unité ; elle établit partout un petit nombre de principes invariables [7] : ainsi le fonds est partout le même, et la culture produit des fruits divers. (...)

Dans quel état florissant serait donc l'Europe, sans les guerres conti-

---

— 5 Il avait décrété l'abolition du servage. Voltaire lui-même a fait campagne pour libérer les derniers serfs du Jura. — 6 Cf. Montesquieu, p. 95 et 107. Toutefois Voltaire reste plus sceptique : « Il est bien délicat de cher- cher les raisons physiques des gouvernements : mais surtout il ne faut pas chercher la raison de ce qui n'est point ». — 7 Cf. « Tous ces peuples ne nous ressemblent que par les passions et par la raison universelle qui contre- balance les passions » (chap. 143).

nuelles qui la troublent pour de très légers intérêts, et souvent pour de petits caprices !(...)Les guerres civiles ont très longtemps désolé l'Allemagne, l'Angleterre, la France ; mais ces malheurs ont été bientôt réparés, 70 et l'état florissant de ces pays prouve que l'industrie des hommes a été beaucoup plus loin encore que leur fureur.(.) Quand une nation connaît les arts, quand elle n'est point subjuguée et transportée par les étrangers, elle sort aisément de ses ruines et se rétablit toujours.

– *Enquête. Dans quel sens va, selon VOLTAIRE, le progrès de la civilisation ? Cherchez des textes inspirés – avec des nuances à préciser – par une conception du progrès assez proche de la sienne (XIXᵉ SIÈCLE chap. sur LAMARTINE, VIGNY, HUGO, MICHELET).*
• **Groupe thématique : Guerre civile.** XVIᵉ SIÈCLE. RONSARD, *Discours*, p. 157-160. – D'AUBIGNÉ, p. 173-188. – XVIIIᵉ SIÈCLE. VOLTAIRE : « Sur le Parlement », p. 119. – CHÉNIER : *Iambes*, p. 380. – XIXᵉ SIÈCLE : LAMARTINE : « Les révolutions », p. 109. – HUGO : « La mort de Gavroche », p 203. – XXᵉ SIÈCLE. FRANCE, p. 95-98. – CLAUDEL : p. 215. – MONTHERLANT : p. 658. – MALRAUX : p. 536 à 542.

VOLTAIRE ET ROUSSEAU

Historique   En 1755, J.-J. ROUSSEAU voudrait s'établir à Genève ; mais il y renonce, craignant d'y retrouver, acclimatés par VOLTAIRE, « le ton, les airs, les mœurs » qui le chassent de Paris. Opposés par leur tempérament et leurs doctrines, les deux hommes vont se livrer une lutte inégale : solidement assis, plus habile à manier l'ironie, Voltaire fait trop souvent figure d'un puissant qui s'acharne sur une victime aux abois.

1. LA QUESTION DE LA CIVILISATION. En 1755, leurs relations sont encore courtoises. Rousseau, qui admire Voltaire, lui envoie le *Discours sur l'Inégalité*. Bien que heurté dans son enthousiasme pour la civilisation, VOLTAIRE le remercie ironiquement (cf. p. 158). ROUSSEAU lui réplique lourdement, mais sans acrimonie.

2. LA QUESTION DE LA PROVIDENCE. L'opposition est déjà plus nette à propos du *Poème sur le Désastre de Lisbonne* (1756) où s'affirme sur un ton particulièrement vif le doute de VOLTAIRE à l'égard de la Providence (cf. p. 161). ROUSSEAU lui répond aussitôt dans la *Lettre sur la Providence* où la querelle métaphysique tourne parfois à l'opposition entre le pauvre et le riche : « *Non, j'ai trop souffert en cette vie pour n'en pas attendre une autre. Toutes les subtilités de la métaphysique ne me feront pas douter un moment de l'immortalité de l'âme et d'une Providence bienfaisante. Je la sens, je la crois, je la veux, je l'espère... Rassasié de gloire et désabusé des vaines grandeurs, vous vivez libre au sein de l'abondance : vous ne trouvez pourtant que mal sur la terre ; et moi, homme obscur, pauvre, tourmenté d'un mal sans remède, je médite avec plaisir dans ma retraite et trouve que tout est bien. D'où viennent ces contradictions apparentes ? Vous l'avez vous-même expliqué : vous jouissez, moi j'espère, et l'espérance adoucit tout.* » Prétextant la maladie, VOLTAIRE ne répond pas : sa vraie réplique sera *Candide* (1759), réquisitoire implacable contre la Providence (cf. p. 162). ROUSSEAU, se croyant directement visé, en sera ulcéré.

3. LA QUESTION DU THÉÂTRE. VOLTAIRE voudrait installer un théâtre aux Délices mais se heurte au grand Conseil de Genève. Il inspire alors à D'ALEMBERT l'article *Genève* de l'*Encyclopédie* (1757) : quelle ville admirable ! ses pasteurs sont presque déistes ! mais pourquoi n'a-t-elle pas de théâtre où l'on pourrait goûter les chefs-d'œuvre ? JEAN-JACQUES répond longuement dans la *Lettre d'Alembert sur les Spectacles* (1758). Il défend les pasteurs accusés d'hérésie, dénonce l'immoralité de la comédie et combat le projet d'établir un théâtre à Genève. Blessé dans sa politique antireligieuse et son amour de la comédie, VOLTAIRE considéra JEAN-JACQUES comme traître à la philosophie :

ne rompait-il pas avec d'Alembert juste au moment où l'on suspendait l'*Encyclopédie* (cf. p. 236)?

4. BATAILLE DE PHILOSOPHES.

ROUSSEAU, de son côté, écrivit à VOLTAIRE une étonnante déclaration de guerre publiée plus tard dans ses *Confessions* (Livre X) : « *Je ne vous aime point, monsieur ; vous m'avez fait les maux qui pouvaient m'être les plus sensibles, à moi votre disciple et votre enthousiaste... Je vous hais enfin, puisque vous l'avez voulu ; mais je vous hais en homme plus digne de vous aimer, si vous l'aviez voulu... Adieu, monsieur* » (Juin 1760). Dès lors VOLTAIRE ne manquera pas une occasion d'atteindre son adversaire. Contre la *Nouvelle Héloïse*, il publie les *Lettres sur la Nouvelle Héloïse*. Après la publication de l'*Émile* (1762), quand ROUSSEAU doit se réfugier en Suisse, il semble se raviser : au nom de la solidarité des philosophes, il offre l'hospitalité à son adversaire, qui refuse.

Mais voici que, dans les *Lettres sur la Montagne*, JEAN-JACQUES le dénonce comme l'auteur de l'irréligieux *Sermon des Cinquante* et l'expose ainsi à des représailles. Furieux, VOLTAIRE lance le *Sentiment des Citoyens* où il réclame une peine capitale contre ce « vil séditieux ». Il poursuit ROUSSEAU jusque dans son exil en Angleterre, publiant dans les journaux de Londres la *Lettre au Docteur Pansophe* (1760), pamphlet sarcastique où, pour brouiller Jean-Jacques avec ses hôtes, il rappelle tout le mal qu'il a dit des Anglais. Enfin, en 1767, dans le poème satirique de la *Guerre civile de Genève*, il traite odieusement « ce sombre énergumène | Cet ennemi de la nature humaine », sans pitié pour les angoisses d'un malade persécuté.

Telle est cette *querelle de philosophes* : d'un côté l'humeur ombrageuse de ROUSSEAU, de l'autre la susceptibilité mesquine de VOLTAIRE et son sectarisme.

LETTRE A ROUSSEAU

Après le succès du *Discours sur les Sciences et les Arts* (1750), ROUSSEAU vient d'adresser à Voltaire le *Discours sur l'Inégalité* (1755). Pour l'instant, VOLTAIRE prend le parti de *persifler* son correspondant. Déformant malicieusement les idées du *Discours sur l'Iné-galité*, il songe surtout à réfuter les tirades du *Premier Discours* contre la civilisation et les beaux-arts. La lettre, publiée dès 1755, est un chef-d'œuvre d'habileté par son *indulgence ironique* et son *impertinence*.

30 août 1755.

J'ai reçu, monsieur, votre nouveau livre contre le genre humain [1], je vous en remercie. Vous plairez aux hommes, à qui vous dites leurs vérités, mais vous ne les corrigerez pas. On ne peut peindre avec des couleurs plus fortes [2] les horreurs de la société humaine, dont notre ignorance et notre faiblesse se promettent tant de consolations [3]. On n'a jamais employé tant d'esprit à vouloir nous rendre bêtes [4] ; il prend envie de marcher à quatre pattes, quand on lit votre ouvrage. Cependant, comme il y a plus de soixante ans que j'en ai perdu l'habitude, je sens malheureusement [5] qu'il m'est impossible de la reprendre [6], et je laisse 10 cette allure naturelle à ceux qui en sont plus dignes [7] que vous et moi. Je ne peux non plus m'embarquer pour aller trouver les sauvages [8] du Canada ; premièrement, parce que les maladies dont je suis accablé me

---

— 1 Montrer l'ironie de l'expression. — 2 Justifier ce compliment (cf. p. 273). — 3 Fausse humilité qui cache un argument. Préciser. — 4 Expliquer cette formule à double sens. — 5 Préciser le ton. — 6 Rousseau se défend de prêcher le retour à l'état de nature. — 7 Préciser l'insinuation. — 8 Cf. p. 272 et 180.

retiennent auprès du plus grand médecin de l'Europe [9], et que je ne trouverais pas les mêmes secours chez les Missouris, secondement, parce que la guerre est portée dans ces pays-là [10], et que les exemples de nos nations ont rendu les sauvages presque [11] aussi méchants que nous. Je me borne à être un sauvage paisible dans la solitude que j'ai choisie [12] auprès de votre patrie, où vous devriez être [13].

Je conviens avec vous que les belles-lettres et les sciences [14] ont causé
20 quelquefois beaucoup de mal [15]. Les ennemis du Tasse firent de sa vie un tissu de malheurs ; ceux de Galilée le firent gémir dans les prisons, à soixante et dix ans, pour avoir connu le mouvement de la terre ; et ce qu'il y a de plus honteux, c'est qu'ils l'obligèrent à se rétracter. Dès que vos amis [16] eurent commencé le *Dictionnaire encyclopédique*, ceux qui osèrent être leurs rivaux les traitèrent de *déistes*, d'*athées*, et même de *jansénistes* [17]. (...)

De toutes les amertumes répandues sur la vie humaine, ce sont là les moins funestes. Les épines attachées à la littérature et à un peu de réputation ne sont que des fleurs en comparaison des autres maux qui de
30 tout temps ont inondé la terre. Avouez que ni Cicéron, ni Varron, ni Lucrèce, ni Virgile, ni Horace n'eurent la moindre part aux proscriptions. Marius était un ignorant ; le barbare Sylla, le crapuleux Antoine, l'imbécile Lépide lisaient peu Platon et Sophocle ; et, pour ce tyran sans courage, Octave Cépias, surnommé si lâchement *Auguste*, il ne fut un détestable assassin que dans le temps où il fut privé de la société des gens de lettres [18].

Avouez que Pétrarque et Boccace ne firent pas naître les troubles de l'Italie [19] ; avouez que le *badinage* de Marot n'a pas produit la Saint-Barthélemy et que la tragédie du *Cid* ne causa pas les troubles de la
40 Fronde. Les grands crimes n'ont guère été commis que par de célèbres ignorants. Ce qui fait et fera toujours de ce monde une vallée de larmes, c'est l'insatiable cupidité et l'indomptable orgueil des hommes, depuis Thamas Kouli-Kan [20], qui ne savait pas lire, jusqu'à un commis de la douane qui ne sait que chiffrer. Les lettres nourrissent l'âme, la rectifient, la consolent ; elles vous servent, monsieur, dans le temps que vous écrivez contre elles [21] : vous êtes comme Achille, qui s'emporte contre la gloire, et comme le P. Malebranche, dont l'imagination brillante écrivait contre l'imagination.

Si quelqu'un doit se plaindre des lettres, c'est moi, puisque dans tous
50 les temps et dans tous les lieux elles ont servi à me persécuter ; mais

— 9 Tronchin, médecin genevois. — 10 Les Anglais chassent du Canada les Français commandés par Montcalm. — 11 Que penser de cette restriction ? — 12 Aux Délices. — 13 Allusion satirique : Rousseau est mal vu à Genève depuis le *Discours sur l'Inégalité*. — 14 Voltaire s'en prend maintenant au *Discours sur les Sciences et les Arts* (cf. p. 268). — 15 Étudier dans ce § l'habileté du polémiste. —

16 Diderot et d'Alembert. — 17 Voltaire énumère alors les persécutions dont il a été lui-même victime : calomnies, diffamations, vol de ses œuvres... — 18 Expliquer la nature de cet argument. — 19 Luttes des *Guelfes* (partisans du Pape) et des *Gibelins* (partisans de l'Empereur d'Allemagne) du XIIe au XVe siècle. — 20 Aventurier devenu roi de Perse (1688-1747). — 21 Montrer l'habileté de l'argument.

il faut les aimer malgré l'abus qu'on en fait, comme il faut aimer la société dont tant d'hommes méchants corrompent les douceurs ; comme il faut aimer sa patrie, quelques injustices qu'on y essuie [22] ; comme il faut aimer et servir l'Être suprême, malgré les superstitions et le fanatisme qui déshonorent si souvent son culte.

M. Chappuis m'apprend que votre santé est bien mauvaise ; il faudrait la venir rétablir dans l'air natal, jouir de la liberté, boire avec moi du lait de nos vaches, et brouter nos herbes [23].

Je suis très philosophiquement et avec la plus tendre estime, etc.

– Réplique au Discours sur l'inégalité. a) *Dégagez les arguments de* VOLTAIRE *qui répondent implicitement au Discours de* ROUSSEAU *(p. 271-275) ; –* b) *Montrez comment il a déformé la pensée de* ROUSSEAU .
– Réplique au discours sur les Sciences et les Arts. a) VOLTAIRE *répond-il exactement aux griefs de* ROUSSEAU ?
– b) *Quelle est, selon lui, l'origine des maux dans la société ?*
– **Essai.** *Pensez-vous avec* VOLTAIRE *que les lettres et les sciences exercent sur les hommes une influence bienfaisante et que l'ignorance les dispose à la méchanceté ? Justifiez votre opinion.*
• **Groupe thématique : Gens de Lettres.** MONTESQUIEU, « L'enthousiasme philosophique », p. 86.
– VOLTAIRE, p. 123. – XIXᵉ SIÈCLE. VIGNY : *Chatterton*, p. 256-262.

Voltaire et la Providence

La question de la Providence occupe particulièrement VOLTAIRE pendant son séjour aux Délices. *Comment concilier l'existence du mal avec la bonté du Créateur ?* Selon les optimistes, LEIBNITZ, Pope, Wolf, « Tout est pour le mieux dans le meilleur des mondes possibles » ; c'est-à-dire que Dieu, ne *pouvant* créer un monde parfait puisque ce monde serait lui-même divin, y a mis la plus petite portion de mal qu'il était possible. Sans ce mal, le bien ne nous serait pas sensible et la Providence organise le monde de sorte que tout mal est compensé par un bien infiniment plus grand.

1. OPTIMISME RELATIF. VOLTAIRE a toujours été choqué par l'existence du mal : toute la partie satirique des *Lettres Anglaises*, tous ses ouvrages historiques en témoignent. Néanmoins, au début de sa carrière, en réaction contre les « fanatiques » qui veulent « nous peindre tous méchants et malheureux » selon le dogme de la chute originelle, il admet que les hommes « *sont heureux autant que la nature humaine le comporte* » (cf. p. 127, l. 24). Dans un bref moment d'épicurisme agressif, il a même chanté le parfait bonheur de l'homme civilisé (cf. p. 128).

2. ÉVOLUTION VERS LE PESSIMISME. Dans *Zadig* (1747), le courtisan déçu oppose déjà son ironie et sa raison aux arguments en faveur de la Providence (cf. p. 135). Après l'aventure de Berlin et au terme de ses enquêtes historiques, il rejette dans l'*Essai sur les Mœurs* (1756) la thèse providentielle de Bossuet (cf. p. 155). Les événements contemporains semblent altérer son optimisme instinctif : dans le *Poème sur le désastre de Lisbonne* (1756), il s'attaque à l'argumentation contradictoire des Optimistes (cf. p. 161). Enfin la querelle avec ROUSSEAU l'engage plus avant encore dans le doute : *Candide* (1759) est une réfutation de la Providence et du « *Tout est bien* » (cf. p. 162).

En réalité, VOLTAIRE est partagé entre les deux tendances. Son « optimisme » vers 1730 vient surtout de ce qu'il s'oppose à PASCAL, mais il n'en déduit pas une justification de l'existence du mal ; vingt ans plus tard, son « pessimisme » vient de ce qu'il réagit contre LEIBNITZ. Dans les deux cas il s'élève contre des *explications unilatérales du monde*. Le mot qui résume le mieux sa pensée, et qu'il a souvent repris, apparaît dans *Babouc*, un de ses premiers contes : « *Si tout n'est pas bien, tout est passable* ».

3. UNE ATTITUDE VIRILE. Loin de se décourager devant l'indifférence de la Providence, VOLTAIRE invite les hommes à *organiser eux-mêmes la vie terrestre*. Puisque

— 22 Allusions directes à Rousseau. — 23 Étudier ce mélange d'amabilité et de raillerie.

rien ne nous garantit avec certitude un au-delà compensateur, prenons l'être humain avec ses limites et cherchons à le rendre heùreux, sans jeter l'interdit sur les passions et sur les plaisirs, qui, au même titre que le malheur, sont des « présents de Dieu ». Tout n'est pas parfait, sans doute, mais il dépend de nous d'améliorer la condition humaine : à nous de répandre les « lumières », de développer les arts, le commerce, l'industrie, de faire régner la tolérance, la justice et la liberté. C'était déjà l'esprit des *Lettres Philosophiques*, c'est la leçon d'espoir qui termine les ouvrages historiques, c'est le sens de la Conclusion de *Candide : « Il faut cultiver notre jardin »* (p. 167).

POÈME SUR LE DÉSASTRE DE LISBONNE

En 1755, le tremblement de terre de Lisbonne, avec ses milliers de morts, passionne savants et philosophes. VOLTAIRE, dont le pessimisme s'accentue avec l'âge, y voit un argument de taille contre les idées de LEIBNITZ sur la Providence : il écrit le *Poème sur le désastre de Lisbonne, ou examen de cet axiome : Tout est bien* (1756). Aux métaphysiciens qui prétendent que « *Tout est bien* », il objecte le mal partout présent dans le monde, frappant innocents et coupables : aux subtilités des raisonneurs il oppose la *révolte de la sensibilité humaine*. Peut-on admettre que ces maux sont « nécessaires » ? c'est oublier que *Dieu est libre* de répartir équitablement le bien et le mal : « *Je respecte mon Dieu, mais j'aime l'univers* ». Voici la dernière partie du poème : on verra que si VOLTAIRE s'incline devant le mal inévitable, en nous offrant la fragile consolation de l'*espérance*, il ne peut consentir à l'approuver moralement. C'est le grand reproche que lui adressera ROUSSEAU dans sa *Lettre sur la Providence* (1756).

> Que peut donc de l'esprit la plus vaste étendue ?
> Rien : le livre du sort se ferme à notre vue.
> L'homme, étranger à soi, de l'homme est ignoré.
> Que suis-je ? où suis-je ? où vais-je, et d'où suis-je tiré [1] ?
> Atomes tourmentés sur cet amas de boue,
> Que la mort engloutit, et dont le sort se joue,
> Mais atomes pensants, atomes dont les yeux,
> Guidés par la pensée, ont mesuré les cieux [2],
> Au sein de l'infini nous élançons notre être,
> 10 Sans pouvoir un moment nous voir et nous connaître.
> Ce monde, ce théâtre et d'orgueil et d'erreur,
> Est plein d'infortunés qui parlent de bonheur.
> Tout se plaint, tout gémit en cherchant le bien-être ;
> Nul ne voudrait mourir, nul ne voudrait renaître.
> Quelquefois, dans nos jours consacrés aux douleurs,
> Par la main du plaisir nous essuyons nos pleurs ;
> Mais le plaisir s'envole et passe comme une ombre :
> Nos chagrins, nos regrets, nos pertes sont sans nombre.
> Le passé n'est pour nous qu'un triste souvenir ;
> 20 Le présent est affreux s'il n'est point d'avenir,
> Si la nuit du tombeau détruit l'être qui pense.
> *Un jour tout sera bien*, voilà notre espérance :
> *Tout est bien aujourd'hui*, voilà l'illusion.
> Les sages me trompaient, et Dieu seul a raison.
> Humble dans mes soupirs, soumis dans ma souffrance,
> Je ne m'élève point contre la Providence [3].
> Sur un ton moins lugubre on me vit autrefois

— 1 Cf. p. 167-168 et p. 114. — 2 Cf. p. 139. — 3 Cf. *Zadig*, p. 137.

Chanter des doux plaisirs les séduisantes lois [4] ;
D'autres temps, d'autres mœurs : instruit par la vieillesse,
30 Des humains égarés partageant la faiblesse,
Dans une épaisse nuit cherchant à m'éclairer,
Je ne sais que souffrir, et non pas murmurer.
Un calife autrefois, à son heure dernière,
Au Dieu qu'il adorait dit pour toute prière :
« Je t'apporte, ô seul roi, seul être illimité,
Tout ce que tu n'as pas dans ton immensité,
Les défauts, les regrets, les maux, et l'ignorance. »
Mais il pouvait encore ajouter *l'espérance* [5].

– Voltaire et Rousseau. *Dans sa* Lettre sur la Providence, ROUSSEAU *répondit :* « *Cet optimisme que vous trouvez si cruel me console pourtant dans les mêmes douleurs que vous me peignez comme insupportables* ». *Commentez la position des deux philosophes.*
• **Comparaison :** VOLTAIRE et PASCAL. D'après les extraits des *Pensées* (XVIIe SIÈCLE), quelles sont les convergences et les différences entre leurs conceptions ?
• **Groupe thématique : Poésie philosophique.** Comparez cette formule poétique à celles de LAMARTINE et de VIGNY sur un sujet analogue, XIXe SIÈCLE : p. 91, p. 133.

Candide (1759)

Avec *Candide* ou *l'Optimisme*, VOLTAIRE réplique à ROUSSEAU (*Lettre sur la Providence*, cf. p. 157), et surtout aux philosophes optimistes disciples de LEIBNITZ et de WOLF.

1. PORTÉE PHILOSOPHIQUE. Aux spéculations sur *l'origine et la signification du mal*, il répond par une accumulation de *faits*. Chaque chapitre nous découvre une forme nouvelle du mal : mal métaphysique, naufrages, tremblements de terre (p. 166) ; mal venant des hommes, de leur violence (guerre, fanatisme, esclavage, p. 165, 166, 167), de leur ruse et de leur fourberie (p. 164). Ce ne sont pas les raisonnements des métaphysiciens qui mettront fin à ces maux ! Dans sa *Conclusion*, VOLTAIRE nous propose une solution de *morale pratique :* la *retraite* du paysan turc, qui offre ainsi moins de prise aux méchants, et surtout le *travail*, source de progrès matériels et moraux qui rendront les hommes plus heureux. Le philosophe a transposé dans ce roman *sa propre expérience :* sa naïveté de jeune homme, ses voyages, la maturation de son esprit, la retraite aux Délices et à Ferney où il allait « *cultiver son jardin* ». La formule est à interpréter non dans le sens d'un repliement sur soi-même, mais dans le sens le plus largement social et humain : *le jardin qu'il nous invite à fertiliser, c'est le monde.*

2. VALEUR ARTISTIQUE. *Candide* porte à sa perfection l'art du *roman philosophique*. L'intention polémique y est plus sensible que dans *Zadig ;* néanmoins le conteur sait nous ramener sans cesse à l'idée centrale sans nous infliger de démonstration. Par l'*animation* du récit, l'alternance des moments de bonheur et de malheur, la *diversité* des aventures et de leurs cadres exotiques, il sait voiler sous *la variété et le burlesque de la narration* la monotonie de la thèse. Il y a autour de Candide toute une escorte de personnages principaux : Pangloss, Martin, Cacambo. CANDIDE lui-même présente un caractère plus riche au point de vue psychologique : il est timide et, par ricochet, colérique : sa personnalité s'affirme peu à peu : romanesque et inconsistant au début, il finit par acquérir de la volonté et du sens pratique. Enfin, c'est dans *Candide* qu'il faudrait étudier toutes les nuances de l'*ironie voltairienne*, instrument incomparable pour déconcerter le lecteur vulgaire et communier à demi-mot, d'intelligence à intelligence, avec cette aristocratie de l'esprit dont VOLTAIRE a tant recherché la sympathie.

— 4 Cf. Le Mondain , p. 128. — 5 Une correction pessimiste figure dans un manuscrit de Leningrad : « Mais pouvait-il encore ajouter l'espérance » ? (Signalé par M. Havens, *Modern language notes*, 1929).

Le jeune CANDIDE *vivait heureux chez le baron de Thunder-ten-tronckh, en Westphalie :*
« Il avait le jugement assez droit, avec l'esprit le plus simple... » *Dans le même château,
le précepteur* PANGLOSS, *disciple de Leibnitz et de Wolf, professait un optimisme béat :*
« Il prouvait admirablement qu'il n'y a point d'effet sans cause, et que, dans ce meilleur
des mondes possibles, le château de monseigneur le baron était le plus beau des châteaux
et madame la meilleure des baronnes possibles... Ceux qui ont avancé que tout est bien
ont dit une sottise : il fallait dire que tout est au mieux ». CANDIDE *partageait d'autant
plus volontiers cet optimisme qu'il était amoureux de* Mlle CUNÉGONDE, *fille du baron. Hélas !
le baron s'oppose à leurs amours et chasse l'infortuné Candide. Son existence ne sera plus,
dès lors, qu'une suite de malheurs, réquisitoire accablant contre les illusions des optimistes.*
CANDIDE *n'en restera pas moins fidèle aux leçons de* PANGLOSS : *c'est seulement au terme de ses
infortunes qu'il comprendra enfin son erreur.*

Enrôlé de force, il assiste à une horrible bataille (p. 165*), déserte et passe en Hollande.
Il y retrouve* PANGLOSS *rongé d'une affreuse maladie, et apprend que tous les habitants du
château ont été massacrés. Recueillis par un bon anabaptiste, les voici à Lisbonne juste au
moment du terrible tremblement de terre ; le navire fait naufrage, leur bienfaiteur est noyé :
hormis* CANDIDE *et* PANGLOSS, *la Providence n'épargne qu'un criminel ! Les deux hommes
errent parmi les cadavres et les décombres ; une parole imprudente les fait condamner par
l'Inquisition (p.* 166*).* PANGLOSS *est pendu ; quant à* CANDIDE, *après avoir été supplicié, il
est sauvé... par l'intervention de* CUNÉGONDE, *miraculeusement échappée au massacre de sa
famille. Tout serait-il pour le mieux ? Non :* CANDIDE *est entraîné à tuer deux personnes et
s'enfuit en Amérique. Il doit abandonner* CUNÉGONDE *et se réfugie auprès des Jésuites du
Paraguay dont, grâce à la Providence, le colonel n'est autre que le frère de Cunégonde, lui
aussi survivant. Hélas ! une dispute s'élève entre eux, et* CANDIDE, *pour la troisième fois
meurtrier, pourfend son adversaire. Il échappe par bonheur aux sauvages Oreillons et séjourne
au merveilleux pays d'Eldorado où les cailloux sont des diamants. Il en repart comblé de trésors
et rencontre, à Surinam, un malheureux esclave (p.* 167*). Après bien des mésaventures, le
voici à Venise où il dîne avec six rois détrônés, venus au carnaval oublier leurs déboires.
A Constantinople, il libère* PANGLOSS *miraculeusement sauvé, lui aussi, mais devenu galérien.*
CANDIDE *ruiné retrouve enfin* CUNÉGONDE *enlaidie par ses malheurs ; il l'épouse néanmoins
et s'installe avec ses compagnons d'infortune dans une métairie où, renonçant aux stériles
bavardages métaphysiques, ils seront heureux grâce à leur travail (p.* 167-169*).*

CANDIDE SOLDAT

A peine chassé de son château natal, CANDIDE verra les théories de PANGLOSS soumises
à rude épreuve. Tout en ridiculisant l'Optimisme, VOLTAIRE raille les méthodes militaires
qu'il a observées en Prusse et dénonce *les horreurs de la guerre.* Le texte vaut avant tout
par l'art de conter avec enjouement des choses pénibles et d'évoquer des atrocités avec une
froideur affectée (CHAPITRES II ET III).

Candide, chassé du paradis terrestre, marcha longtemps sans
savoir où, pleurant, levant les yeux au ciel, les tournant souvent vers le
plus beau des châteaux, qui renfermait la plus belle des baronnettes ;
il se coucha sans souper au milieu des champs entre deux sillons ; la
neige tombait à gros flocons. Candide, tout transi, se traîna le lendemain
vers la ville voisine, qui s'appelle *Valdberghoff-trarbk-dikdorff,* n'ayant
point d'argent, mourant de faim et de lassitude. Il s'arrêta tristement à la
porte d'un cabaret. Deux hommes habillés de bleu le remarquèrent :
« Camarade, dit l'un, voilà un jeune homme très bien fait, qui a la taille
10 requise. » Ils s'avancèrent vers Candide et le prièrent à dîner très civi-

lement [1]. « Messieurs, leur dit Candide avec une modestie charmante,
vous me faites beaucoup d'honneur, mais je n'ai pas de quoi payer mon
écot. — Ah ! monsieur, lui dit un des bleus, les personnes de votre figure
et de votre mérite ne payent jamais rien : n'avez-vous pas cinq pieds cinq
pouces de haut [2] ? — Oui, messieurs, c'est ma taille, dit-il en faisant la
révérence. — Ah ! monsieur, mettez-vous à table ; non seulement nous
vous défrayerons, mais nous ne souffrirons jamais qu'un homme comme
vous manque d'argent ; les hommes ne sont faits que pour se secourir les
uns les autres [3]. — Vous avez raison, dit Candide ; c'est ce que M. Pangloss
20 m'a toujours dit, et je vois bien que tout est au mieux [4]. » On le prie
d'accepter quelques écus, il les prend et veut faire son billet [5] ; on n'en
veut point, on se met à table. « N'aimez-vous pas tendrement ?... — Oh !
oui, répondit-il, j'aime tendrement Mlle Cunégonde. — Non, dit l'un
de ces messieurs, nous vous demandons si vous n'aimez pas tendrement
le roi des Bulgares ? — Point du tout, dit-il, car je ne l'ai jamais vu. —
Comment ! c'est le plus charmant des rois, et il faut boire à sa santé [6]. —
Oh ! très volontiers, messieurs. » Et il boit. « C'en est assez, lui dit-on,
vous voilà l'appui, le soutien, le défenseur, le héros des Bulgares ; votre
fortune est faite, et votre gloire est assurée. » On lui met sur-le-champ
30 les fers aux pieds, et on le mène au régiment. On le fait tourner à droite,
à gauche, hausser la baguette [7], remettre la baguette, coucher en joue,
tirer, doubler le pas [8], et on lui donne trente coups de bâton ; le lendemain, il fait l'exercice un peu moins mal, et il ne reçoit que vingt coups ;
le surlendemain, on ne lui en donne que dix, et il est regardé par ses
camarades comme un prodige [9].

Candide, tout stupéfait, ne démêlait pas encore bien comment il était
un héros. Il s'avisa un beau jour de printemps de s'aller promener,
marchant tout droit devant lui, croyant que c'était un privilège de
l'espèce humaine, comme de l'espèce animale, de se servir de ses jambes
40 à son plaisir. Il n'eut pas fait deux lieues, que voilà quatre autres héros
de six pieds qui l'atteignent, qui le lient, qui le mènent dans un cachot.
On lui demanda juridiquement ce qu'il aimait le mieux d'être fustigé
trente-six fois par tout le régiment, ou de recevoir à la fois douze balles
de plomb dans la cervelle. Il eut beau dire que les volontés sont libres, et
qu'il ne voulait ni l'un ni l'autre, il fallut faire un choix ; il se détermina,
en vertu du don de Dieu qu'on nomme *liberté*, à passer trente-six fois par
les baguettes ; il essuya deux promenades. Le régiment était composé de
deux mille hommes. Cela lui composa quatre mille coups de baguettes
qui depuis la nuque du cou jusqu'au cul lui découvrirent les muscles et les
nerfs. Comme on allait procéder à la troisième course, Candide, n'en pouvant plus, demanda en grâce qu'on voulût bien avoir la bonté de lui casser

---

— 1 On étudiera l'habileté de ces « racoleurs ».
— 2 *Pied* : 33 cm. ; *pouce* : le douzième du
pied. — 3 Que penser de cette affirmation dans
la bouche de tels personnages ? — 4 Formule
de l'Optimisme. — 5 Reconnaissance de dette.

— 6 Dernière formalité de l'enrôlement. —
7 La baguette pour bourrer la charge dans le
canon du fusil. — 8 Quel est l'effet produit
par cette énumération ? — 9 Étudier l'ironie
de la présentation.

la tête : il obtint cette faveur [10] ; on lui bande les yeux ; on le fait mettre à genoux. Le roi des Bulgares passe dans ce moment, s'informe du crime du patient ; et comme ce roi avait un grand génie, il comprit, par tout ce qu'il apprit de Candide, que c'était un jeune métaphysicien fort ignorant des choses de ce monde, et il lui accorda sa grâce avec une clémence qui sera louée dans tous les journaux et dans tous les siècles. Un brave chirurgien guérit Candide en trois semaines avec les émollients enseignés par Dioscoride [11]. Il avait déjà un peu de peau et pouvait marcher, quand
60 le roi des Bulgares livra bataille au roi des Abares [12].

Rien n'était si beau, si leste, si brillant, si bien ordonné que les deux armées. Les trompettes, les fifres, les hautbois, les tambours, les canons, formaient une harmonie telle qu'il n'y en eut jamais en enfer. Les canons renversèrent d'abord à peu près six mille hommes de chaque côté ; ensuite la mousqueterie ôta du meilleur des mondes environ neuf à dix mille coquins qui en infectaient la surface. La baïonnette fut aussi la raison suffisante de la mort de quelques milliers d'hommes. Le tout pouvait bien se monter à une trentaine de mille âmes. Candide, qui tremblait comme un philosophe, se cacha du mieux qu'il put pendant
70 cette boucherie héroïque. Enfin, tandis que les deux rois faisaient chanter des *Te Deum* [13], chacun dans son camp, il prit le parti d'aller raisonner ailleurs des effets et des causes. Il passa par-dessus des tas de morts et de mourants, et gagna d'abord un village voisin ; il était en cendres : c'était un village abare que les Bulgares avaient brûlé, selon les lois du droit public. Ici des vieillards criblés de coups regardaient mourir leurs femmes égorgées, qui tenaient leurs enfants à leurs mamelles sanglantes ; là, des filles éventrées après avoir assouvi les besoins naturels de quelques héros rendaient les derniers soupirs ; d'autres à demi brûlées criaient qu'on achevât de leur donner la mort. Des cervelles étaient répandues sur la
80 terre à côté de bras et de jambes coupés.

Candide s'enfuit au plus vite dans un autre village : il appartenait à des Bulgares, et les héros abares l'avaient traité de même. Candide, toujours marchant sur des membres palpitants, ou à travers des ruines, arriva enfin hors du théâtre de la guerre, portant quelques petites provisions dans son bissac, et n'oubliant jamais Mlle Cunégonde.

• **Groupe thématique : Critique de la guerre.** XVIe SIÈCLE : RABELAIS, « Guerre picrocholine », p.51-68.– XVIIe SIÈCLE : LA BRUYÈRE, « Contre la guerre », p. 421. – XVIIIe SIÈCLE : *Encyclopédie*, « Paix », p.246. – XIXe SIÈCLE : FRANCE, *Les opinions de Jérôme Coignard* p.562. – Quelle formule polémique préférez-vous, et pourquoi ?
– *Enquête. Recherchez, du MOYEN AGE au XXe SIÈCLE, les textes évoquant des scènes guerrières ; classez-les d'après le ton adopté et les intentions qui vous semblent avoir inspiré leurs auteurs.*
– *Essai. Ce tableau de la guerre et les arguments suggérés pour en détourner les hommes vous semblent-ils encore d'actualité ? A quels arguments auriez-vous recours aujourd'hui ?*

— 10 Étudier la fantaisie et l'humour du style dans toute cette scène. — 11 Médecin grec du Ier siècle après J.-C. — 12 Envahisseurs tartares qui fondèrent un empire en Hongrie au VIe siècle. Voltaire vise peut-être le roi de France en lutte contre Frédéric (Guerre de Sept ans). — 13 Critique fréquente de Voltaire qui associe la satire religieuse à la satire de la guerre (cf. *Dict. Phil. : Guerre*).

L'Autodafé

Voici une spirituelle critique de l'optimisme : la principale victime de cet autodafé est *le philosophe optimiste lui-même*, et, par un humour qui lui est propre, Voltaire évoque la belle ordonnance de la « cérémonie » en parodiant le style béat du disciple de Leibnitz. Quant à la satire des *absurdités* et des pratiques *barbares* de l'Inquisition, encore vivantes à l'époque, elle nous aide à mieux comprendre l'acharnement de l'auteur contre le fanatisme et, peut-être, certaines de ses mesquineries antireligieuses (CHAPITRE VI).

Après le tremblement de terre qui avait détruit les trois quarts de Lisbonne [1], les sages du pays n'avaient pas trouvé un moyen plus efficace pour prévenir une ruine totale que de donner au peuple un bel autodafé [2] ; il était décidé par l'université de Coïmbre que le spectacle de quelques personnes brûlées à petit feu en grande cérémonie est un secret infaillible pour empêcher la terre de trembler.

On avait en conséquence saisi un Biscayen [3] convaincu d'avoir épousé sa commère [4], et deux Portugais qui, en mangeant un poulet, en avaient arraché le lard [5] ; on vint lier après le dîner le docteur Pangloss et son disciple Candide, l'un pour avoir parlé [6], et l'autre pour l'avoir écouté d'un air d'approbation : tous deux furent menés séparément dans des appartements d'une extrême fraîcheur, dans lesquels on n'était jamais incommodé du soleil ; huit jours après ils furent tous deux revêtus d'un san-benito [7] et on orna leurs têtes de mitres de papier : la mitre et le san-benito de Candide étaient peints de flammes renversées et de diables qui n'avaient ni queues ni griffes ; mais les diables de Pangloss portaient griffes et queues, et les flammes étaient droites [8]. Ils marchèrent en procession ainsi vêtus, et entendirent un sermon très pathétique, suivi d'une belle musique en faux-bourdon [9]. Candide fut fessé en cadence, pendant qu'on chantait ; le Biscayen et les deux hommes qui n'avaient pas voulu manger le lard furent brûlés, et Pangloss fut pendu, quoique ce ne soit pas la coutume. Le même jour la terre trembla de nouveau avec un fracas épouvantable [10].

Candide épouvanté, interdit, éperdu, tout sanglant, tout palpitant, se disait à lui-même : « Si c'est ici le meilleur des mondes possibles, que sont donc les autres ? passe encore si je n'étais que fessé, je l'ai été chez les Bulgares ; mais, ô mon cher Pangloss, le plus grand des philosophes, faut-il vous avoir vu pendre, sans que je sache pourquoi ! O mon cher anabaptiste [11], le meilleur des hommes, faut-il que vous ayez été noyé dans le port ! O mademoiselle Cunégonde, la perle des filles, faut-il qu'on vous ait fendu le ventre [12] ! »

Il s'en retournait, se soutenant à peine, prêché, fessé, absous et béni, lorsqu'une vieille [13] l'aborda, et lui dit : « Mon fils, prenez courage, suivez-moi. »

— 1 Il y eut plus de 20.000 victimes (cf. p. 161). — 2 « *Acte de foi* » : cérémonie solennelle où l'on exécutait des hérétiques. Cet autodafé eut lieu réellement le 20 juin 1756. — 3 De la province basque de Biscaye. — 4 *Marraine* d'un enfant dont il était le parrain. Un tel mariage était interdit par l'Église. — 5 Selon l'usage des Juifs. — 6 Pangloss, disant que « tout est nécessaire », a paru douter du libre arbitre de l'homme, condition de la chute originelle. — 7 Casaque jaune des condamnés, rappelant le vêtement de l'ordre de Saint Benoît. — 8 Détails symboliques, selon le degré de culpabilité (cf. l. 10). — 9 Chant d'église à plusieurs voix. — 10 Il y eut en effet d'autres secousses, mais en 1755. Expliquer l'intention. — 11 Cf. page 163, § 2. Les *anabaptistes* différaient le baptême jusqu'à l'âge de raison. — 12 Au moment du massacre de sa famille. — 13 Elle est au service de Cunégonde qui, mêlée à la foule, assiste à l'autodafé.

Le nègre de Surinam

Épisode saisissant, dans sa brièveté : la générosité de VOLTAIRE répond à celle de MONTESQUIEU (cf. p. 108). Il n'a cessé de lutter contre les vestiges du servage en Europe ; devant la *barbarie de l'esclavage*, l'ironiste contient mal son émotion et le conte, devenu *pamphlet*, prend le ton indigné d'un réquisitoire (CHAP. XIX).

En approchant de la ville [1], ils rencontrèrent un nègre étendu par terre, n'ayant plus que la moitié de son habit, c'est-à-dire d'un caleçon de toile bleue ; il manquait à ce pauvre homme la jambe gauche et la main droite. « Eh, mon Dieu ! lui dit Candide en hollandais, que fais-tu là, mon ami, dans l'état horrible où je te vois ? — J'attends mon maître, M. Vanderdendur le fameux négociant, répondit le nègre. — Est-ce M. Vanderdendur, dit Candide, qui t'a traité ainsi ? — Oui, monsieur, dit le nègre ; c'est l'usage. On nous donne un caleçon de toile pour tout vêtement deux fois l'année ; quand nous travaillons aux sucreries et que la meule nous attrape le doigt, on nous coupe la main ; quand nous voulons nous enfuir, on nous coupe la jambe ; je me suis
10 trouvé dans ces deux cas : c'est à ce prix que vous mangez du sucre en Europe. Cependant, lorsque ma mère me vendit dix écus patagons sur la côte de Guinée, elle me disait : « Mon cher enfant, bénis nos fétiches, adore-les toujours, ils te feront vivre heureux ; tu as l'honneur d'être esclave de nos seigneurs les blancs, et tu fais par là la fortune de ton père et de ta mère ». Hélas ! je ne sais pas si j'ai fait leur fortune, mais ils n'ont pas fait la mienne ; les chiens, les singes et les perroquets sont mille fois moins malheureux que nous. Les fétiches [2] hollandais, qui m'ont converti, me disent tous les dimanches que nous sommes tous enfants d'Adam, blancs et noirs. Je ne suis pas généalogiste ; mais si ces prêcheurs disent
20 vrai, nous sommes tous cousins issus de germain : or, vous m'avouerez qu'on ne peut pas en user avec ses parents d'une manière plus horrible. — O Pangloss ! s'écria Candide, tu n'avais pas deviné cette abomination ! c'en est fait, il faudra qu'à la fin je renonce à ton optimisme. — Qu'est-ce qu'optimisme ? disait Cacambo [3]. — Hélas ! dit Candide, c'est la rage de soutenir que tout est bien quand on est mal. » Et il versait des larmes en regardant son nègre, et en pleurant il entra dans Surinam.

« IL FAUT CULTIVER NOTRE JARDIN »

Loin de nous laisser sur l'impression décourageante d'un pessimisme fataliste et sans nuances, la *Conclusion* de *Candide* nous offre un *remède pratique* au mal qui règne dans le monde : si la Providence se désintéresse des hommes il dépend de nous de « *cultiver notre jardin* ». La formule doit beaucoup aux préoccupations du « jardinier » qui vient d'acheter Ferney (oct. 1758), mais elle prend une valeur plus *largement symbolique* si l'on songe à l'activité universelle de ce vieillard, persuadé dès 1730 que *l'homme est né pour l'action*. VOLTAIRE est pessimiste sans doute, mais d'un *pessimisme viril*, tempéré par l'idée de la civilisation et du progrès qui assureront le bonheur des hommes.

Il y avait dans le voisinage un derviche [1] très fameux, qui passait pour le meilleur philosophe de la Turquie ; ils allèrent le consulter [2].

— 1 Surinam, capitale de la Guyane hollandaise. — 2 Prêtres et pasteurs. — 3 Valet de Candide.

— 1 Moine mahométan. — 2 Ils se trouvaient malheureux, et Martin disait que « l'homme était né pour vivre dans les convulsions de l'inquiétude ou dans la léthargie de l'ennui ».

Pangloss porta la parole et lui dit : « Maître, nous venons vous prier de nous dire pourquoi un aussi étrange animal que l'homme a été formé. — De quoi te mêles-tu, lui dit le derviche ? est-ce là ton affaire ? — Mais, mon révérend père, dit Candide, il y a horriblement de mal sur la terre [3]. — Qu'importe, dit le derviche, qu'il y ait du mal ou du bien ? quand Sa Hautesse [4] envoie un vaisseau en Égypte, s'embarrasse-t-elle si les souris qui sont dans le vaisseau sont à leur aise ou non [5] ? — Que faut-il donc faire ? dit Pangloss. — Te taire, dit le derviche. — Je me flattais, dit Pangloss, de raisonner un peu avec vous des effets et des causes, du meilleur des mondes possibles, de l'origine du mal, de la nature de l'âme et de l'harmonie préétablie [6]. » Le derviche, à ces mots, leur ferma la porte au nez.

Pendant cette conversation, la nouvelle s'était répandue qu'on venait d'étrangler à Constantinople deux vizirs du banc [7] et le mufti [8], et qu'on avait empalé plusieurs de leurs amis : cette catastrophe faisait partout un grand bruit pendant quelques heures [9]. Pangloss, Candide et Martin [10], en retournant à la petite métairie, rencontrèrent un bon vieillard qui prenait le frais à sa porte sous un berceau d'orangers. Pangloss, qui était aussi curieux que raisonneur, lui demanda comment se nommait le mufti qu'on venait d'étrangler. « Je n'en sais rien, répondit le bonhomme, et je n'ai jamais su le nom d'aucun mufti ni d'aucun vizir. J'ignore absolument l'aventure dont vous me parlez ; je présume qu'en général ceux qui se mêlent des affaires publiques périssent quelquefois misérablement, et qu'ils le méritent ; mais je ne m'informe jamais de ce qu'on fait à Constantinople ; je me contente d'y envoyer vendre les fruits du jardin que je cultive. » Ayant dit ces mots, il fit entrer les étrangers dans sa maison ; ses deux filles et ses deux fils leur présentèrent plusieurs sortes de sorbets qu'ils faisaient eux-mêmes, du kaïmak [11] piqué d'écorces de cédrat confit, des oranges, des citrons, des limons [12], des ananas, des pistaches, du café de Moka qui n'était point mêlé avec le mauvais café de Batavia et des îles : après quoi les deux filles de ce bon musulman parfumèrent les barbes de Candide, de Pangloss et de Martin. « Vous devez avoir, dit Candide au Turc, une vaste et magnifique terre ? — Je n'ai que vingt arpents [13], répondit le Turc ; je les cultive avec mes enfants : le travail éloigne de nous trois grands maux, l'ennui [14], le vice et le besoin ».

Candide, en retournant dans sa métairie, fit de profondes réflexions sur le discours du Turc ; il dit à Pangloss et à Martin : « Ce bon vieillard me paraît s'être fait un sort bien préférable à celui des six rois avec qui

— 3 La préoccupation de Candide est-elle du même ordre que celle de Pangloss ? — 4 Le Sultan. — 5 Préciser le sens symbolique de cette question. — 6 Résumé amusant des théories de Leibnitz. — 7 Conseillers du Sultan. — 8 Chef religieux. — 9 Commenter l'allusion satirique (cf. l. 24-26). — 10 Philosophe pessimiste qui accompagne Candide. — 11 Friandise à base de crème sucrée. — 12 *Cédrat, limons :* variétés de citrons. — 13 *Arpent :* environ 35 ares. — 14 Au sens pascalien d'*inquiétude* (cf. *Lettres Philosophiques*, p. 125, § 2).

nous avons eu l'honneur de souper [15]. — Les grandeurs, dit Pangloss, sont fort dangereuses, selon le rapport de tous les philosophes [16] : car enfin Eglon, roi des Moabites, fut assassiné par Aod ; Absalon fut pendu par les cheveux et percé de trois dards ; le roi Nadab, fils de Jéroboam, fut tué par Baza, le roi Ela par Zambri, Ochosias par Jéhu, Attalia par Joiada ; les rois Joachim, Jéchonias, Sédécias, furent esclaves. Vous savez comment périrent Crésus, Astyage, Darius, Denys de Syracuse, Pyrrhus, Persée, Annibal, Jugurtha, Arioviste, César, Pompée, Néron,
50 Othon, Vitellius, Domitien, Richard II d'Angleterre, Édouard II, Henri VI, Richard III, Marie Stuart, Charles Ier, les trois Henri de France, l'empereur Henri IV. Vous savez.... — Je sais aussi, dit Candide, qu'il faut cultiver notre jardin. — Vous avez raison, dit Pangloss ; car quand l'homme fut mis dans le jardin d'Éden, il y fut mis *ut operaretur eum*, pour qu'il travaillât : ce qui prouve que l'homme n'est pas né pour le repos [17]. — Travaillons sans raisonner, dit Martin ; c'est le seul moyen de rendre la vie supportable [18]. »

Toute la petite société entra dans ce louable dessein ; chacun se mit à exercer ses talents : la petite terre rapporta beaucoup. Cunégonde était,
60 à la vérité, bien laide, mais elle devint une excellente pâtissière ; Paquette [19] broda, la vieille [20] eut soin du linge. Il n'y eut pas jusqu'à frère Giroflée [21] qui ne rendît service ; il fut un très bon menuisier, et même devint honnête homme ; et Pangloss disait quelquefois à Candide : « Tous les événements sont enchaînés dans le meilleur des mondes possibles ; car enfin, si vous n'aviez pas été chassé d'un beau château à grands coups de pied dans le derrière pour l'amour de Mlle Cunégonde, si vous n'aviez pas été mis à l'Inquisition, si vous n'aviez pas couru l'Amérique à pied, si vous n'aviez pas donné un bon coup d'épée au baron, si vous n'aviez pas perdu tous vos moutons du bon pays d'Eldo-
70 rado, vous ne mangeriez pas ici des cédrats confits et des pistaches [22]. — Cela est bien dit, répondit Candide ; mais il faut cultiver notre jardin.

– La leçon de Candide. *1) Dégagez de la conversation avec le derviche les idées sur la métaphysique et sur la Providence ; – 2) En quoi consiste la sagesse du vieillard Turc ? en quoi complète-t-elle celle du derviche ? – 3) Expliquez la valeur du précepte final : a) au sens littéral ; – b) au sens symbolique. – 4) Quelle conception de la vie humaine se dégage du dernier § ? en quoi est-elle pessimiste ? en quoi est-elle optimiste ?*
• **Comparaison.** VOLTAIRE et PASCAL. Comparez la conception de la vie humaine d'après cette Conclusion et celle de PASCAL dans les fragments sur le divertissement (XVIIᵉ SIÈCLE, p. 155-157).
• **Groupe thématique : Optimisme ou pessimisme ?** De *Zadig* à *Candide*, étudiez l'évolution de la pensée de VOLTAIRE sur la question du mal dans le monde et de l'action de la Providence.
– **Enquête.** *D'après les extraits de* VOLTAIRE : *a) Faites le bilan des idées qu'il a voulu répandre par le moyen des Contes ; – b) Recherchez dans ses autres œuvres la présence des mêmes idées.*
– **Essai.** « *Les livres les plus utiles sont ceux dont les lecteurs font eux-mêmes la moitié* ». *Expliquez cette opinion de* VOLTAIRE *en l'appliquant aux extraits de* Candide *et des autres contes.*

— 15 Pour oublier leur sort, ces rois détrônés étaient venus « passer le carnaval à Venise ». — 16 Enquoi cette réflexion et l'énumération qui suit sont-elles plaisantes dans la bouche de Pangloss ? — 17 Préciser l'intention polémique de Voltaire (cf. p. 125, *L'action*). — 18 Montrer que la leçon du roman se complète peu à peu.— 19 Servante de Cunégonde. — 20 Cf. p. 166, l. 30. — 21 Moine libéré du couvent, rencontré à Venise. — 22 Étudier dans les idées et dans les termes la satire de l'Optimisme.

FERNEY : LA LUTTE PHILOSOPHIQUE

L'affaire Calas   A Toulouse, en 1761, le jeune Marc-Antoine CALAS est trouvé pendu dans sa propre maison. La rumeur publique accuse son père, le calviniste Jean CALAS, de l'avoir assassiné pour l'empêcher de se faire catholique. Les passions religieuses déchaînées influent sur les juges eux-mêmes : bien qu'il crie jusqu'au bout son innocence, *Jean Calas est rompu vif sur la roue* (10 mars 1762). Sa femme est acquittée, son fils Pierre condamné au bannissement, ses deux filles enfermées dans des couvents.

1. L'ENQUÊTE DU PHILOSOPHE. VOLTAIRE fut d'abord indécis, car l'accusation reposait sur des allégations sérieuses : contradictions de Calas, impossibilité matérielle d'un suicide, cris entendus par des passants. Mais, recueillant chez lui deux fils du supplicié, Donat et Pierre, le philosophe acquiert la *conviction* que Calas est innocent.

2. LA CAMPAGNE DE RÉHABILITATION. Dès lors, pour obtenir la revision du procès, VOLTAIRE va déployer une *activité extraordinaire.* Il fait appel à tous ses amis : d'Argental, Choiseul, Damilaville, Richelieu ; il décide la veuve Calas à se rendre à Paris, lui prête de l'argent, lui trouve des avocats célèbres (Elie de Beaumont). Polémiste infatigable, il porte l'affaire devant l'opinion, par une série de *libelles : Lettres de Donat Calas de la dame Calas, Déclaration de Pierre Calas, Mémoires des avocats...* Chaque fois, c'est un modèle de plaidoyer groupant les faits qui rendent plausible le suicide et réfutent l'accusation. Il montre la solidarité de toute la famille, y compris la servante catholique qui avait élevé la victime : il fallait condamner ou acquitter tout le monde.

Obtenant un *premier arrêt en faveur de Calas,* VOLTAIRE saisit l'occasion de stigmatiser le fanatisme dans le *Traité sur la Tolérance* (1763). Il oblige le Parlement de Toulouse à communiquer sa procédure et obtient la *cassation du jugement* (1764). Pour que l'affaire soit rejugée, la famille Calas doit se constituer prisonnière. Enfin, en 1765, au bout de trois ans de lutte, le Grand Conseil prononce, à l'unanimité des 40 juges, la *réhabilitation de Calas.* De nos jours, par passion antivoltairienne, certains ont relevé des indices contre *Calas* sans établir sa culpabilité : en l'absence de preuves, l'accusé devait au moins *bénéficier du doute.* De toute façon, la campagne de Voltaire en faveur de la *tolérance* et de la *réforme de la justice* garde sa pleine valeur.

3. LA LUTTE CONTRE L'INJUSTICE. Dans le *Traité sur la Tolérance,* le *Dictionnaire Philosophique* (cf. p. 174), les *Dialogues* (cf. p. 173), le *Commentaire sur les délits et les peines* (1766), *l'Essai sur la probabilité en fait de justice* (1772), il dénoncera sans répit les vices de la justice de son temps et proposera des garanties pour l'inculpé.

Traité sur la   *Dans ces 25 chapitres, après avoir évoqué l'*innocence de
Tolérance (1763)   *Calas et les méfaits du fanatisme,* VOLTAIRE *plaide la cause des protestants. Les progrès de la raison, l'adoucissement des mœurs, la force du gouvernement permettraient de tolérer maintenant les calvinistes sans craindre de désordres : le retour de ces exilés enrichirait la France.*

*Le philosophe fait alors l'*historique *de l'intolérance à travers les âges, montre qu'elle n'est pas de droit naturel, conte les atrocités des guerres de religion, et s'étonne que les chrétiens puissent recourir à la persécution quand leurs dogmes sont si incertains.* JÉSUS-CHRIST *n'a-t-il pas répudié la violence, pour prêcher la* douceur *et le pardon ? Contre l'intolérance, n'avons-nous pas les témoignages des philosophes et des hommes d'Église : saint Augustin, saint Bernard, Fléchier, Fénelon ? Attachons donc moins d'importance aux dogmes incertains qu'aux actes vertueux, et les persécutions feront place à la* tolérance universelle *: « Je vous dis qu'il faut regarder tous les hommes comme nos frères : Quoi ! mon frère le Turc ? mon frère le Chinois ? le Juif ? le Siamois ? — Oui, sans doute : ne sommes-nous pas tous enfants du même père et créatures du même Dieu ? »*

La lutte philosophique

J.-A. Houdon, « Buste de Voltaire » (détail), marbre, 1781.
(Ph. © Victoria and Albert Museum, Londres. Arch. Photeb.)

Tel était Voltaire à la fin de sa vie : il semble encore prêt à lancer un de ces traits dont il avait le secret. Mûri par l'expérience, il sait que ce monde ne sera jamais un « paradis terrestre ». *Candide* est une revue des maux qui font de cette terre une vallée de larmes (cf. **p. 162**). Conclusion : « il faut cultiver notre jardin » (cf. **p. 167**). Voltaire va-t-il donc se borner à fertiliser la région de Ferney ? Ce serait mal le connaître. Plus que jamais il s'emploiera, dans ses dernières années, à combattre les vices d'une société mal organisée et à promouvoir les valeurs propres à améliorer la condition humaine (cf. **p. 170 à 184**).

« *Chassé... à grands coups de pied* » *(cf. p. 163, 169), dessin de J.-M. Moreau le Jeune, 1803.* ᐸ(Ph. © Bibl. Nat., Paris-Photeb.)

« *Les Horreurs de la guerre* » *(cf. p. 165), dessin de J.-M. Moreau le Jeune, 1803.* (Ph. © Bibl. Nat., Paris. Arch. Photeb.)

« *Le Nègre de Surinam* » *(cf. p. 167), gravure de P.-C. Baquoy d'après J.-M. Moreau le Jeune, 1785.* (Ph. © Bibl. Nat. Paris-Arch. Photeb.)

« *Candide retrouve Cunégonde vieillie* », *gravure de J.-L. Delignon d'après J.-M. Moreau le Jeune, 1787.* (Ph. © Bibl. Nat. Paris-Arch. Photeb.)

Les Malheurs de Candide

H.-D. Van Blarenberghe, « Bataille de Fontenoy, 11 mai 1745 » (détail), gouache, 1779. (Musée National du Château de Versailles. Ph. © Réunion des musées nationaux.)

« Rien n'était si beau, si leste, si brillant, si ordonné... »

Quand il décrit les trois temps de la bataille où Candide tremble « comme un philosophe » (cf. **p. 165**) Voltaire se souvient de la victoire qu'il avait chantée, lorsqu'il était bien en cour, dans son *Poème de Fontenoy* (1745). Mais le ton a changé. S'il jette un regard d'ensemble sur la belle ordonnance des troupes, c'est maintenant avec une ironie sarcastique qu'il évoque « cette boucherie héroïque ». En s'enfuyant, Candide prend conscience du contraste entre le beau spectacle et les horreurs de la guerre. Voltaire n'a cessé de dénoncer la « brillante folie de faire des conquêtes » (cf. **p. 120**) : il place les héros « saccageurs de provinces » bien au-dessous des grands hommes « qui ont excellé dans l'utile ou dans l'agréable » (cf. **p. 145**).

« *Un Autodafé* », *gravure de C. Vermeulen d'après un dessin de P. Sevin, début XVIIIᵉ S.* (Bibl. Nat., Paris. Ph. Jeanbor © Arch. Photeb.)

« Un secret infaillible pour empêcher la terre de trembler »

La lutte contre l'intolérance est une des constantes de l'action philosophique. Quand Voltaire décrit dans *Candide* la « cérémonie » de l'autodafé (cf. **p. 166**), il reprend sur le mode burlesque la sévère condamnation de Montesquieu dans *l'Esprit des lois* (cf. **p. 109**). Pierre Bayle les a devancés en revendiquant les droits de la « conscience errante » (cf. **p. 21**) ; *l'Encyclopédie* lutte pour la même cause (cf. **p. 240**). Quant à Voltaire, son œuvre est jalonnée de prises de position contre l'intolérance et les dangers du fanatisme (cf. par exemple, **p. 119, 133, 155, 170, 171, 178**).

« *La malheureuse famille Calas* », *gravure de J.-B. Delafosse d'après un dessin de Carmontelle, 1765.* (Ph. © Bibl. Nat., Paris/Arch. Photeb.)

« *Le Supplice de Damiens* », *28 mars 1757 (détail), gravure anonyme, XVIIIᵉ siècle.* (Ph. © Bibl. Nat., Paris/Photeb.)

Les garanties de la Justice

En liaison avec la lutte contre l'intolérance, Voltaire a milité en faveur des victimes d'erreurs judiciaires souvent dues au fanatisme des témoins ou des juges : affaires Calas (cf. **p. 170**), Sirven, La Barre, etc. (cf. **p. 172**). Pour obtenir la réhabilitation de Calas, il dut décider la famille du supplicié à se laisser emprisonner à la Conciergerie en attendant la révision du jugement.

L'indignation a dicté à Voltaire des pages d'une ironie terrible contre le supplice de la question pour arracher des aveux, et contre la torture des condamnés à mort (cf. **p. 173-174**). Ses revendications touchant les garanties de la justice, relayées par Beaumarchais (cf. **p. 396 à 399**) sont encore d'actualité.

E. Jeaurat, « Repas champêtre, Voltaire à Ferney » (détail), peinture, fin XVIIIᵉ siècle. (Coll. particulière. Ph. © Bibl. Nat., Paris-Arch. Photeb.)

« Voltaire et les Paysans » (détail), aquarelle d'après J. Huber, fin XVIIIᵉ S. (Institut et Musée Voltaire, Genève. Ph. F. Martin © Photeb.)

Voltaire à Ferney

Autre volet de la légende voltairienne. Le redresseur d'injustices devient ici Voltaire seigneur de village, accueillant pour les malheureux, et aimé des paysans : il leur rend visite dans les champs, acclimate de nouvelles méthodes de culture (cf. **p. 184**) et assure la prospérité de la région de Ferney. Dans la ligne de La Bruyère et de Fénelon (cf. **XVIIᵉ siècle, p. 419** et **428**), de Vauban et des physiocrates (cf. **p. 31** et **248**), il rend hommage à l'agriculture, « le premier des arts nécessaires » (cf. **p. 153**).

PRIÈRE A DIEU

VOLTAIRE se tourne maintenant avec émotion vers le « Dieu de tous les êtres ». Son *déisme* lui permet de s'élever au-dessus des religions et de considérer la faiblesse humaine avec une commisération qui conduit logiquement à la *tolérance*. Mais cet appel, dont les intentions sont très nobles, peut-il être vraiment efficace alors qu'il repose sur le *doute rationnel*, c'est-à-dire sur la négation même de la foi religieuse ? Dans ce morceau d'apparat où l'auteur adjure les religions de se respecter mutuellement, l'*esprit voltairien* reprend çà et là le dessus pour railler, avec une irrévérence mesquine, le détail particulier de leurs rites.

Ce n'est plus aux hommes que je m'adresse ; c'est à toi, Dieu de tous les êtres, de tous les mondes, et de tous les temps [1] : s'il est permis à de faibles créatures perdues dans l'immensité, et imperceptibles au reste de l'univers [2], d'oser te demander quelque chose, à toi qui as tout donné, à toi dont les décrets sont immuables comme éternels [3], daigne regarder en pitié les erreurs attachées à notre nature ; que ces erreurs ne fassent point nos calamités. Tu ne nous as point donné un cœur pour nous haïr, et des mains pour nous égorger ; fais que nous nous aidions mutuellement à supporter le fardeau d'une vie pénible et passagère [4] ;
10 que les petites différences entre les vêtements qui couvrent nos débiles corps, entre tous nos langages insuffisants, entre tous nos usages ridicules, entre toutes nos lois imparfaites, entre toutes nos opinions insensées [5], entre toutes nos conditions si disproportionnées à nos yeux, et si égales devant toi ; que toutes ces petites nuances qui distinguent les atomes appelés *hommes* ne soient pas des signaux de haine et de persécution ; que ceux qui allument des cierges en plein midi pour te célébrer supportent [6] ceux qui se contentent de la lumière de ton soleil ; que ceux qui couvrent leur robe d'une toile blanche pour dire qu'il faut t'aimer ne détestent pas ceux qui disent la même chose [7] sous un manteau de
20 laine noire [8] ; qu'il soit égal de t'adorer dans un jargon formé d'une ancienne langue [9], ou dans un jargon plus nouveau ; que ceux dont l'habit est teint en rouge ou en violet [10], qui dominent sur une petite parcelle d'un petit tas de la boue de ce monde et qui possèdent quelques fragments arrondis d'un certain métal [11], jouissent sans orgueil de ce qu'ils appellent

---

— 1 Voltaire vient de ridiculiser les sectes qui disent : « Il y a 900 millions de petites fourmis comme nous sur la terre, mais il n'y a que ma fourmilière qui soit chère à Dieu ; toutes les autres lui sont en horreur de toute éternité ; elle seule sera heureuse ». Cf. Le Souper (p. 133). — 2 Cf. Micromégas (p. 138). — 3 Cf. DIALOGUES, *Providence :* « Je crois la Providence générale, ma chère sœur, celle dont est émanée de toute éternité la loi qui règle toute chose ; mais je ne crois point qu'une Providence particulière change l'économie du monde pour votre moineau ou pour votre

chat ». Cf. aussi Candide, p. 168 (l. 6-9). — 4 « La nature dit à tous les hommes : *Puisque vous êtes faibles, secourez-vous ; puisque vous êtes ignorants, éclairez-vous et supportez-vous* » (chap. XXV). Cf. la Conclusion de Candide (p. 169). — 5 Étudier dans cette phrase la valeur des adjectifs, et préciser l'intention de l'auteur. — 6 C'est le sens même du latin *tolerare*. — 7 Cf. Zadig : Le Souper (p. 134, l. 72). — 8 Préciser ces allusions. — 9 Le latin. — 10 Cardinaux et évêques. — 11 Voltaire a-t-il habituellement ce mépris des biens terrestres ? Expliquer son intention.

grandeur et *richesse* [12], et que les autres les voient sans envie : car tu sais qu'il n'y a dans ces vanités ni de quoi envier, ni de quoi s'enorgueillir.

    Puissent tous les hommes se souvenir qu'ils sont frères ! qu'ils aient en horreur la tyrannie exercée sur les âmes, comme ils ont en exécration le brigandage qui ravit par la force le fruit du travail et de l'industrie
30 paisible ! Si les guerres sont inévitables, ne nous haïssons pas, ne nous déchirons pas les uns les autres dans le sein de la paix, et employons l'instant de notre existence à bénir également en mille langages divers, depuis Siam jusqu'à la Californie, ta bonté qui nous a donné cet instant [13].

    VOLTAIRE *se félicite enfin de la révision du procès Calas :* « *Il y a donc de l'humanité et de la justice chez les hommes... Je sème un grain qui pourra un jour produire une moisson* ».

  – Tolérance. *a) Sur quels arguments repose l'action de* VOLTAIRE *en faveur de la tolérance ? – b) A quoi ramène-t-il les différences entre religions ? qu'en pensez-vous ? – c) Dans quelle mesure la satire des pratiques rituelles s'accorde-t-elle avec l'objet de cette prière ?*
  • **Groupe thématique : Critique de l'intolérance.** VOLTAIRE : *Candide*, « L'Autodafé », p. 166 – *Lettres Philosophiques*, « Sur le Parlement », p. 119. – MONTESQUIEU, « Très humble remontrance... », p. 109. – Étudiez les points de rencontre et les divergences entre les deux philosophes. Quelle est, selon vous, la formule polémique la plus efficace ?
  – *Essai.* « *Cette prière célèbre [...] n'a rien perdu de son actualité* ». *En appliquant, au besoin, les termes de cette prière à d'autres problèmes humains, dites en quoi cette opinion d'un critique contemporain vous semble justifiée.*

Affaires Sirven, La Barre, etc.

    Au prix de neuf ans de lutte, VOLTAIRE obtint l'acquittement des SIRVEN, protestants de Castres, injustement accusés d'avoir jeté leur fille dans un puits (1762-1771). En 1766, le chevalier de La Barre, âgé de 18 ans, accusé sans preuves d'avoir mutilé un crucifix, eut le poignet droit tranché et fut décapité. VOLTAIRE ne cessera de réclamer la révision de l'affaire. Il plaide encore la cause de PERRA, MARTIN (1767), MONTBAILLI (1770). Il défend 12 000 serfs du Jura contre leurs maîtres, les Bénédictins de Saint-Claude ; il obtient enfin, à la veille de sa mort, la réhabilitation de LALLY-TOLLENDAL, enfermé à la Bastille et décapité pour trahison, sans avoir été interrogé.

Pour la réforme de la justice

    Les juges, qui achètent leurs charges, n'offrent pas toutes les garanties d'intelligence, de compétence, d'impartialité (cf. p. 174). Ils se contentent de présomptions, d'intimes convictions. VOLTAIRE exige qu'avant de condamner un homme on ait fait la *preuve irréfutable* de sa culpabilité (cf. p. 173, n. 3), que tout jugement s'accompagne des *motifs* qui le justifient, et que les peines soient *proportionnées aux délits*.
  CERTAIN, CERTITUDE. « Il n'y a nulle certitude, dès qu'il est physiquement ou moralement possible que la chose soit autrement. Quoi ! il faut une démonstration pour oser assurer que la surface d'une sphère est égale à quatre fois l'aire de son grand cercle, et il n'en faudra pas pour arracher la vie à un citoyen par un supplice affreux ! Si tel est le malheur de l'humanité qu'on soit obligé de se contenter d'extrêmes probabilités, il faut au moins consulter l'âge, le rang, la conduite de l'accusé, l'intérêt qu'il peut avoir eu à commettre le crime, l'intérêt de ses ennemis à le perdre. » (*Dictionnaire Philosophique*).

  — 12 Dans le *Dictionnaire Philosophique*, Voltaire, partisan de donner un salaire décent aux prêtres de toutes les religions (art. *Curé de Campagne*), s'élève contre les richesses et les ambitions temporelles des hauts dignitaires (art. *Abbé*). — 13 Montrer que le dernier § reprend les thèmes essentiels de cette prière.

LA QUESTION. Voltaire s'élève contre la coutume barbare d'infliger *la question* : « Il n'y a pas d'apparence qu'un conseiller de la Tournelle regarde comme un de ses semblables un homme qu'on lui amène hâve, pâle, défait, les yeux mornes, la barbe longue et sale, couvert de la vermine dont il a été rongé dans un cachot. Il se donne le plaisir de l'appliquer à la grande et à la petite torture, en présence d'un chirurgien qui lui tâte le pouls, jusqu'à ce qu'il soit en danger de mort, après quoi on recommence ; et, comme on dit très bien dans la comédie des Plaideurs : « Cela fait toujours passer une heure ou deux ». Le grave magistrat qui a acheté pour quelque argent le droit de faire ces expériences sur son prochain va conter à dîner à sa femme ce qui s'est passé le matin. La première fois madame en a été révoltée, à la seconde elle y a pris goût, parce qu'après tout les femmes sont curieuses ; et ensuite la première chose qu'elle lui dit lorsqu'il rentre en robe chez lui : « Mon petit cœur, n'avez-vous fait donner aujourd'hui la question à personne ? »

André Destouches à Siam

VOLTAIRE a mis au point assez tardivement la formule des *Dialogues Philosophiques* qui lui permet d'exposer ses idées sous une forme *ordonnée* et cependant *piquante* (cf. p. 182). On s'attachera à discerner dans ce fragment d'*André Destouches à Siam* (1766) les critiques du philosophe contre la *mauvaise organisation de la justice*, et les variations de cette *ironie légère* qui donne à la critique toute sa saveur. Cette conversation entre le musicien français André DESTOUCHES et le fonctionnaire siamois CROUTEF a commencé par une satire du régime militaire et de la multiplicité des moines au Siam (c'est-à-dire en France).

DESTOUCHES : Et votre jurisprudence, est-elle aussi parfaite que tout le reste de votre administration ?

CROUTEF : Elle est bien supérieure ; nous n'avons point de lois, mais nous avons cinq ou six mille volumes sur les lois. Nous nous conduisons d'ordinaire par des coutumes, car on sait qu'une coutume ayant été établie au hasard est toujours ce qu'il y a de plus sage. Et de plus, chaque coutume ayant nécessairement changé dans chaque province comme les habillements et les coiffures, les juges peuvent choisir à leur gré l'usage qui était en vogue il y a quatre siècles, ou celui qui régnait l'année passée ; c'est une variété de législation que nos voisins ne cessent d'admirer ; c'est une fortune assurée pour les praticiens, une ressource 10 pour tous les plaideurs de mauvaise foi, et un agrément infini pour les juges, qui peuvent, en sûreté de conscience, décider les causes sans les entendre.

DESTOUCHES : Mais, pour le criminel [1], vous avez du moins des lois constantes ?

CROUTEF : Dieu nous en préserve ! nous pouvons condamner au bannissement, aux galères, à la potence, ou renvoyer hors de cour, selon que la fantaisie nous en prend. Nous nous plaignons quelquefois du pouvoir arbitraire de monsieur le barcalon [2] ; mais nous voulons que tous nos jugements soient arbitraires.

DESTOUCHES : Cela est juste. Et la question, en usez-vous ?

CROUTEF : C'est notre plus grand plaisir ; nous avons trouvé que c'est un secret infaillible pour sauver un coupable qui a les muscles vigoureux, les jarrets forts 20 et souples, les bras nerveux et les reins doubles ; et nous rouons gaiement tous les innocents à qui la nature a donné des organes faibles. Voici comme nous nous y prenons avec une sagesse et une prudence merveilleuses. Comme il y a des demi-preuves [3], c'est-à-dire des demi-vérités, il est clair qu'il y a des demi-

---

— 1 La juridiction criminelle. — 2 Premier ministre du Siam. — 3 Cf. au contraire : « Si contre cent mille probabilités que l'accusé est coupable il y en a une seule qu'il est innocent, cette seule doit balancer toutes les autres » *(Dictionnaire Philosophique : Crimes).*

innocents et des demi-coupables. Nous commençons donc par leur donner une demi-mort, après quoi nous allons déjeuner ; ensuite vient la mort tout entière, ce qui donne dans le monde une grande considération, qui est le revenu du prix de nos charges.

DESTOUCHES : Rien n'est plus prudent et plus humain, il faut en convenir. Apprenez-moi ce que deviennent les biens des condamnés.   30

CROUTEF : Les enfants en sont privés : car vous savez que rien n'est plus équitable que de punir tous les descendants d'une faute de leur père [4].

DESTOUCHES : Oui, il y a longtemps que j'ai entendu parler de cette jurisprudence.

CROUTEF : Les peuples de Lao [5], nos voisins, n'admettent ni la question, ni les peines arbitraires, ni les coutumes différentes, ni les horribles supplices qui sont parmi nous en usage ; mais nous les regardons comme des barbares qui n'ont aucune idée d'un bon gouvernement. Toute l'Asie convient que nous dansons beaucoup mieux qu'eux, et que par conséquent il est impossible qu'ils approchent de nous en jurisprudence, en commerce, en finances, et surtout dans l'art militaire. 40

DESTOUCHES : Dites-moi, je vous prie, par quels degrés on parvient dans Siam à la magistrature.

CROUTEF : Par de l'argent comptant. Vous sentez qu'il serait impossible de bien juger si on n'avait pas trente ou quarante mille pièces d'argent toutes prêtes. En vain on saurait par cœur toutes les coutumes, en vain on aurait plaidé cinq cents causes avec succès, en vain on aurait un esprit rempli de justesse et un cœur plein de justice ; on ne peut parvenir à aucune magistrature sans argent. C'est encore ce qui nous distingue de tous les peuples de l'Asie, et surtout de ces barbares de Lao, qui ont la manie de récompenser tous les talents, et de ne vendre aucun emploi.

Le dialogue se poursuit par la satire des disputes théologiques et des horreurs du fanatisme. Et DESTOUCHES *de conclure : « Il ne vous manque qu'une bonne musique. Quand vous l'aurez, vous pourrez hardiment vous dire la plus heureuse nation de la terre ».* Une bonne musique, *c'est-à-dire une* bonne philosophie *qui réformera les abus dont souffre la France !*

***

Le Dictionnaire Philosophique

Le *Dictionnaire Philosophique portatif* ou *La Raison par alphabet* (1764) est devenu un ensemble de 614 articles quand les éditeurs de Kehl y ont inséré ceux des *Questions sur l'Encyclopédie* (1771-1773) et de l'*Opinion par alphabet*. Il y a des articles d'esthétique et de critique littéraire : *Anciens et Modernes, Art dramatique, Beau, Épopée, Goût, Histoire ;* de philosophie : *Ame, Aristote, Athéisme, Bien, Tout est bien, Blé* (cf. p. 175), *Causes finales, Homme* (cf. p. 180), *Nature, Philosophie ;* de critique religieuse : *Abbaye, Abraham, Alcoran, Apôtres, Catéchismes, Dieu* (cf. p. 176), *Dogmes* (cf. p.178), *Martyrs, Prières, Religion ;* de critique politique et sociale : *Certitude, Démocratie, Égalité, Esclaves, Fertilisation, Guerre, Impôts, Lois, Torture, Patrie.*

VOLTAIRE croyait cette formule du « *Portatif* » mieux adaptée à la lutte philosophique que les gros volumes de l'*Encyclopédie*. Beaucoup d'articles, d'une variété extrême, tant pour les sujets que pour la forme et le ton, ont en effet *le charme de ses meilleurs pamphlets* et nous ramènent sans cesse aux thèmes préférés de la propagande voltairienne : superstition, fanatisme, erreurs judiciaires, injustice sociale.

— 4 Préciser cette allusion au péché originel. — 5 Ils représentent les Anglais.

BLÉ

Paru en 1770 dans les *Questions sur l'Encyclopédie*, l'article *Blé* résume sous une forme piquante l'esprit du *Dictionnaire Philosophique* : lutte contre les erreurs et les superstitions, action prudente mais persévérante de la *philosophie* en faveur du progrès. La philosophie a pour fonction « d'exterminer la barbarie » : « Vous me répliquez qu'on n'en viendra pas à bout. Non, chez le peuple et chez les imbéciles ; mais chez tous les honnêtes gens, votre affaire est faite » *(Dictionnaire Philosophique*, Philosophie, section I). On verra que, même du côté du peuple, VOLTAIRE n'abandonnait pas totalement la partie.

On dit proverbialement : « *Manger son blé en herbe ; être pris comme dans un blé ; crier famine sur un tas de blé.* » Mais de tous les proverbes que cette production de la nature et de nos soins a fournis, il n'en est point qui mérite plus d'attention des législateurs que celui-ci : « *Ne nous remets pas au gland quand nous avons du blé.* »

Cela signifie une infinité de bonnes choses, comme par exemple : Ne nous gouverne pas dans le XVIIIe siècle comme on gouvernait du temps d'Albouin, de Gondebald, de Clodevick [1], nommé en latin Clodovœus. Ne parle plus des lois de Dagobert, quand nous avons les
10 œuvres du chancelier d'Aguesseau, les discours de MM. les gens du roi, Montclar, Servan, Castillon, La Chalotais, Dupaty [2], etc.

Ne nous cite plus les miracles de saint Amable, dont les gants et le chapeau furent portés en l'air pendant tout le voyage qu'il fit à pied du fond de l'Auvergne à Rome. Laisse pourrir tous les livres remplis de pareilles inepties, songe dans quel siècle nous vivons [3].

Si jamais on assassine à coups de pistolet un maréchal d'Ancre, ne fais point brûler sa femme en qualité de sorcière [4], sous prétexte que son médecin italien lui a ordonné de prendre du bouillon fait avec un coq blanc, tué au clair de lune, pour la guérison de ses vapeurs.

20 Distingue toujours les honnêtes gens qui pensent, de la populace qui n'est point faite pour penser [5]. Si l'usage t'oblige à faire une cérémonie ridicule en faveur de cette canaille [6], et si en chemin tu rencontres quelques gens d'esprit, avertis-les par un signe de tête, par un coup d'œil, que tu penses comme eux [7], mais qu'il ne faut pas rire [8].

— 1 Rois des Lombards, des Bourguignons, des Francs (VIe siècle). — 2 Jurisconsultes contemporains qui réclamaient des améliorations de la législation et de la justice : égalité devant la loi, abolition de la torture, état civil aux protestants, etc. La Chalotais avait été emprisonné en 1765, Dupaty en 1770. — 3 Sur les miracles, cf. Bayle, p. 18, Fontenelle, p. 24. — 4 Après le meurtre de Concini (1617), sa femme fut brûlée comme sorcière. Voltaire cite souvent cet exemple de superstition populaire. — 5 Cf. p. 180, l. 6-11. — 6 Terme de mépris par lequel Voltaire désigne couramment la populace. — 7 Cf. *Dialogues*, XVIII, où Voltaire fait définir par Rabelais sa tactique philosophique : « Je pris mes compatriotes par leur faible ; je parlai de boire, je dis des ordures, et avec ce secret tout me fut permis. Les gens d'esprit y entendirent finesse et m'en surent gré ; les gens grossiers ne virent que les ordures et les savourèrent ; tout le monde m'aima, loin de me persécuter ». — 8 La plupart des philosophes durent garder l'anonymat pour éviter les persécutions ; plusieurs (Voltaire, Diderot) furent emprisonnés.

Affaiblis peu à peu toutes les superstitions anciennes, et n'en introduis aucune nouvelle.

Les lois doivent être pour tout le monde ; mais laisse chacun suivre ou rejeter à son gré ce qui ne peut être fondé que sur un usage indifférent.

30   Si la servante de Bayle meurt entre tes bras, ne lui parle point comme à Bayle, ni à Bayle comme à sa servante [9].

Si les imbéciles veulent encore du gland, laisse-les en manger ; mais trouve bon qu'on leur présente du pain [10].

En un mot, ce proverbe est excellent en mille occasions.

– Tactique philosophique. *Précisez cette tactique ; comment se justifie-t-elle pour* VOLTAIRE *? Vous semble-t-elle encore d'actualité pour soutenir une cause ? est-elle la plus efficace ?*
– Progrès. *Dans quelle mesure, et avec quelles limites,* VOLTAIRE *est-il ici homme de progrès ?*
– Essai. *Précisez le rôle de l'intellectuel et sa relation avec le peuple d'après ce texte de* VOLTAIRE *; dans son œuvre, le considérez-vous comme « engagé » au même titre que les écrivains de notre temps (*XXe SIÈCLE *; Sartre, Camus, Éluard, Aragon, Malraux) ?*

DIEU

Ce dialogue tiré de l'article *Dieu* (*section VI*, 1764) est un excellent résumé des *idées religieuses* de VOLTAIRE. On verra tout le parti que l'auteur des *Dialogues Philosophiques* (p. 182) a su tirer de cette formule pour suggérer alertement une foule d'idées avec ce style incisif que nul n'a utilisé mieux que lui.

Sous l'empire d'Arcadius [1], Logomacos, théologal [2] de Constantinople, alla en Scythie, et s'arrêta au pied du Caucase, dans les fertiles plaines de Zéphirim, sur les frontières de la Colchide. Le bon vieillard Dondindac était dans sa grande salle basse, entre sa grande bergerie et sa vaste grange ; il était à genoux avec sa femme, ses cinq fils et ses cinq filles, ses parents et ses valets, et tous chantaient les louanges de Dieu après un léger repas [3]. « Que fais-tu là, idolâtre ? lui dit Logomacos. — Je ne suis pas idolâtre, dit Dondindac. — Il faut bien que tu sois idolâtre, dit Logomacos, puisque tu n'es pas Grec. Çà, dis-moi, que chantais-tu dans ton barbare jargon de Scythie ? — Toutes les langues sont égales aux oreilles de Dieu [4], répondit le Scythe ; nous chantions [10] ses louanges. — Voilà qui est bien extraordinaire, reprit le théologal, une famille scythe qui prie Dieu sans avoir été instruite par nous ! » Il engagea bientôt une conversation avec le Scythe Dondindac, car le théologal savait un peu de scythe, et l'autre un peu de grec. On a retrouvé cette conversation dans un manuscrit conservé dans la bibliothèque de Constantinople.

LOGOMACOS : Voyons si tu sais ton catéchisme. Pourquoi pries-tu Dieu ?

DONDINDAC : C'est qu'il est juste d'adorer l'Être suprême de qui nous tenons tout.

— 9 Expliquer pourquoi.— 10 Voltaire ne désespère pas d'instruire « la partie saine du peuple ». Il s'élève, dans l'article *Fraude*, contre ceux qui veulent « user de fraudes pieuses avec le peuple » et lui enseigner des erreurs pour son bien : « Nos lettrés sont de la même pâte que nos tailleurs, nos tisserands et nos laboureurs...

pourquoi ne pas daigner instruire nos ouvriers comme nous instruisons nos lettrés ? »

— 1 Empereur d'Orient de 395 à 408. — 2 Professeur de théologie. — 3 Montrer que ce sage vieillard a résolu le problème du bonheur terrestre (cf. Candide, p. 168). — 4 Cf. p. 133-134 et p. 171-172.

LOGOMACOS : Pas mal pour un barbare ! Et que lui demandes-tu ?

DONDINDAC : Je le remercie des biens dont je jouis, et même des maux dans 20 lesquels il m'éprouve ; mais je me garde bien de lui rien demander ; il sait mieux que nous ce qu'il nous faut [5], et je craindrais d'ailleurs de demander du beau temps quand mon voisin demanderait de la pluie.

LOGOMACOS : Ah ! je me doutais bien qu'il allait dire quelque sottise. Reprenons les choses de plus haut. Barbare, qui t'a dit qu'il y a un Dieu ?

DONDINDAC : La nature entière [6].

LOGOMACOS : Cela ne suffit pas. Quelle idée as-tu de Dieu ?

DONDINDAC : L'idée de mon créateur, de mon maître, qui me récompensera si je fais bien, et qui me punira si je fais mal [7].

LOGOMACOS : Bagatelles, pauvretés que cela ! Venons à l'essentiel. Dieu est-il 30 infini *secundum quid*, ou selon l'essence [8] ? DONDINDAC : Je ne vous entends pas.

LOGOMACOS : Bête brute [9] ! Dieu est-il en un lieu, ou hors de tout lieu, ou en tout lieu ?   DONDINDAC : Je n'en sais rien... tout comme il vous plaira.

LOGOMACOS : Ignorant ! Peut-il faire que ce qui a été n'ait point été, et qu'un bâton n'ait pas deux bouts ? voit-il le futur comme futur ou comme présent ? comment fait-il pour tirer l'être du néant, et pour anéantir l'être ?

DONDINDAC : Je n'ai jamais examiné ces choses.

LOGOMACOS : Quel lourdaud ! Allons, il faut s'abaisser, se proportionner [10]. Dis-moi, mon ami, crois-tu que la matière puisse être éternelle ?

DONDINDAC : Que m'importe qu'elle existe de toute éternité, ou non ? je n'existe 40 pas, moi, de toute éternité. Dieu est toujours mon maître ; il m'a donné la notion de la justice, je dois la suivre ; je ne veux point être philosophe [11], je veux être homme.

LOGOMACOS : On a bien de la peine avec ces têtes dures. Allons pied à pied : qu'est-ce que Dieu ?   DONDINDAC : Mon souverain, mon juge, mon père.

LOGOMACOS : Ce n'est pas là ce que je demande. Quelle est sa nature ?

DONDINDAC : D'être puissant et bon.

LOGOMACOS : Mais, est-il corporel ou spirituel ?

DONDINDAC : Comment voulez-vous que je le sache ?

LOGOMACOS : Quoi ! tu ne sais pas ce que c'est qu'un esprit ?   50

DONDINDAC : Pas le moindre mot : à quoi cela me servirait-il ? en serais-je plus juste ? serais-je meilleur mari, meilleur père, meilleur maître, meilleur citoyen ?

— 5 Sur la question de la prière, cf. « L'Eternel a ses desseins de toute éternité. Si la prière est d'accord avec ses volontés immuables, il est très inutile de lui demander ce qu'il a résolu de faire. Si on le prie de faire le contraire de ce qu'il a résolu, c'est le prier d'être faible, léger, inconstant, c'est croire qu'il soit tel, c'est se moquer de lui » (*Dict. Phil.*, Prières). Cf. p. 171, l. 2-5 (et n. 3). L'argument est-il irréfutable ? — 6 Cf. p. 114. — 7 C'est le Dieu « rémuné- rateur et vengeur » (cf. p. 114, I, 2). — 8 Son infinité est-elle relative ou absolue ? — 9 « Un Dieu unique étant adoré sur toute la terre connue, faut-il que ceux qui le reconnaissent pour leur père lui donnent toujours le spectacle de ses enfants qui se détestent, qui s'anathé- matisent, qui se poursuivent, qui se massacrent pour des arguments ? » (*Dict. Phil.*, Adorer). — 10 Se mettre à ton niveau. — 11 Préciser ici le sens du terme et de cette opposition.

LOGOMACOS : Il faut absolument t'apprendre ce que c'est qu'un esprit ; c'est, c'est, c'est... Je te dirai cela une autre fois [12].

DONDINDAC : J'ai bien peur que vous ne me disiez moins ce qu'il est que ce qu'il n'est pas [13]. Permettez-moi de vous faire à mon tour une question. J'ai vu autrefois un de vos temples : pourquoi peignez-vous Dieu avec une grande barbe ?

LOGOMACOS : C'est une question très difficile, et qui demande des instructions préliminaires. 60

DONDINDAC : Avant de recevoir vos instructions, il faut que je vous conte ce qui m'est arrivé un jour. Je venais de faire bâtir un cabinet au bout de mon jardin ; j'entendis une taupe qui raisonnait avec un hanneton : « Voilà une belle fabrique, disait la taupe ; il faut que ce soit une taupe bien puissante qui ait fait cet ouvrage. — Vous vous moquez, dit le hanneton ; c'est un hanneton tout plein de génie qui est l'architecte de ce bâtiment [14]. » Depuis ce temps-là j'ai résolu de ne jamais disputer.

– Le dialogue philosophique. Dégagez les idées que le dialogue a pour objet de suggérer. Montrez que, pour les mettre en évidence, l'auteur a conçu une véritable scène de comédie : mise en scène, caractères des personnages, péripéties, dénouement.
• **Groupe thématique : Tolérance.** *Zadig*, « le souper », p. 133 ; – *Dictionnaire philosophique*, « Dogmes », p. 178 ; – *Micromégas*, « Conversation avec les hommes », p. 138 ; – *Lettres Philosophiques*, « Le bonheur sur la terre », p. 126 ; – *Candide*, « Il faut cultiver notre jardin », p. 167.

Dogmes

Pour nous éclairer sur la vraie religion, VOLTAIRE nous transporte volontiers dans l'au-delà, au moment du jugement dernier (cf. *Traité sur la Tolérance*, chap. 22 ; *Dictionnaire Philosophique*, Religion II). On retrouvera dans l'article *Dogmes* (paru en 1765) l'essentiel de sa doctrine : ce qui compte, ce ne sont pas les dogmes ou les rites qui varient avec les religions, ce sont les *actes vertueux* sur lesquels les hommes sont d'accord : « La morale est une, elle vient de Dieu ; les dogmes sont différents, ils viennent de nous » (*Du Juste et de l'Injuste*). Cet article en forme d'apologue est remarquable par la *variété du ton*, tantôt plein de fantaisie, tantôt empreint d'une noble gravité, parfois désinvolte et goguenard, parfois indigné jusqu'à l'éloquence pour condamner les horreurs du fanatisme.

L e 18 février de l'an 1763 de l'ère vulgaire, le soleil entrant dans le signe des Poissons, je fus transporté au ciel, comme le savent tous mes amis.
Ce ne fut point la jument Borac de Mahomet [1] qui fut ma monture ; ce ne fut point le char enflammé d'Élie qui fut ma voiture ; je ne fus porté ni sur l'éléphant de Sammonocodom [2] le Siamois, ni sur le cheval de saint George patron de l'Angleterre, ni sur le cochon de saint Antoine [3] : j'avoue avec ingénuité que mon voyage se fit je ne sais comment.
On croira bien que je fus ébloui ; mais ce qu'on ne croira pas, c'est que je vis juger tous les morts. Et qui étaient les juges ? C'étaient, ne vous en déplaise, tous
10 ceux qui ont fait du bien aux hommes, Confucius, Solon, Socrate, Titus, les

— 12 Comment interpréter cette réplique ? — 13 Cf. p. 140, l. 42. — 14 Expliquer l'allusion.

— 1 Dans l'art. *Alcoran*, Voltaire se moque aussi du voyage de Mahomet au ciel, que ses disciples ont supprimé du Coran : « Ils craignirent les railleurs et les philosophes. C'était avoir trop de délicatesse. Ils pouvaient s'en fier aux commentateurs, qui auraient bien su expliquer l'itinéraire. Les amis de Mahomet devaient savoir par expérience que le merveilleux est la raison du peuple ». — 2 Dieu siamois, à qui Voltaire a consacré un amusant article sur un thème voisin de celui-ci : toutes les religions ont une belle morale, mais pourquoi est-elle associée à des dogmes absurdes ? — 3 Pourquoi ces exemples de miracles sont-ils tirés de religions différentes ?

Antonins, Épictète, Charron, de Thou, le chancelier de l'Hospital : tous les grands hommes qui, ayant enseigné et pratiqué les vertus que Dieu exige, semblent seuls être en droit de prononcer ses arrêts.

Je ne dirai point sur quels trônes ils étaient assis, ni combien de millions d'êtres célestes étaient prosternés devant l'éternel architecte de tous les globes, ni quelle foule d'habitants de ces globes innombrables comparut devant les juges. Je ne rendrai compte ici que de quelques petites particularités tout à fait intéressantes dont je fus frappé.

Je remarquai que chaque mort qui plaidait sa cause, et qui étalait ses beaux
20 sentiments, avait à côté de lui tous les témoins de ses actions. Par exemple, quand le cardinal de Lorraine se vantait d'avoir fait adopter quelques-unes de ses opinions par le concile de Trente, et que, pour prix de son orthodoxie, il demandait la vie éternelle, tout aussitôt (...) on voyait ceux qui avaient jeté avec lui les fondements de la Ligue ; tous les complices de ses desseins pervers venaient l'environner.

Vis-à-vis du cardinal de Lorraine était Jean Chauvin [4], qui se vantait, dans son patois grossier, d'avoir donné des coups de pied à l'idole papale, après que d'autres l'avaient abattue. J'ai écrit contre la peinture et la sculpture, disait-il ; j'ai fait voir évidemment que les bonnes œuvres ne servent à rien du tout [5], et j'ai prouvé qu'il est diabolique de danser le menuet : chassez vite d'ici le cardinal de Lorraine,
30 et placez-moi à côté de saint Paul.

Comme il parlait, on vit auprès de lui un bûcher enflammé ; un spectre épouvantable, portant au cou une fraise espagnole à moitié brûlée, sortait du milieu des flammes avec des cris affreux. Monstre, s'écriait-il, monstre exécrable, tremble ! reconnais ce Servet [6] que tu as fait périr par le plus cruel des supplices, parce qu'il avait disputé contre toi sur la manière dont trois personnes peuvent faire une seule substance. Alors tous les juges ordonnèrent que le cardinal de Lorraine serait précipité dans l'abîme, mais que Calvin serait puni plus rigoureusement.

Je vis une foule prodigieuse de morts qui disaient : J'ai cru, j'ai cru ; mais
40 sur leur front il était écrit : J'ai fait ; et ils étaient condamnés.

Le jésuite Le Tellier [7] paraissait fièrement, la bulle *Unigenitus* à la main. Mais à ses côtés s'éleva tout d'un coup un monceau de deux mille lettres de cachet. Un janséniste y mit le feu : Le Tellier fut brûlé jusqu'aux os ; et le janséniste, qui n'avait pas moins cabalé que le jésuite, eut sa part de la brûlure.

Je voyais arriver à droite et à gauche des troupes de fakirs, de talapoins [8], de bonzes [9], de moines blancs, noirs et gris, qui s'étaient tous imaginé que, pour faire leur cour à l'Être Suprême, il fallait ou chanter, ou se fouetter, ou marcher tout nus. J'entendis une voix terrible qui leur demanda : Quel bien avez-vous fait aux hommes ? A cette voix succéda un morne silence ; aucun n'osa répondre, et
50 ils furent tous conduits aux Petites-Maisons [10] de l'univers : c'est un des plus grands bâtiments qu'on puisse imaginer.

L'un criait : C'est aux métamorphoses de Xaca [11] qu'il faut croire ; l'autre : C'est à celles de Sammonocodom. Bacchus arrêta le soleil et la lune, disait celui-ci ; les dieux ressuscitèrent Pélops [12], disait celui-là. Voici la bulle *In cœna Domini* [13], disait un nouveau venu ; et l'huissier des juges criait : aux Petites-Maisons, aux Petites-Maisons !

— 4 Calvin. — 5 Allusion à la prédestination (cf. *XVIe Siècle*, p. 34). — 6 Brûlé sur l'ordre de Calvin (1552). — 7 Confesseur de Louis XIV, ennemi des jansénistes, qui furent condamnés par la bulle *Unigenitus* (1713). — 8 Moines siamois. — 9 Prêtres bouddhistes. — 10 Asiles de fous. — 11 Adoré par des sectes japonaises. — 12 Selon la mythologie grecque. — 13 Sur les excommuniés à qui était refusée l'absolution.

Quand tous ces procès furent vidés, j'entendis alors promulguer cet arrêt : DE PAR L'ÉTERNEL, CRÉATEUR, CONSERVATEUR, RÉMUNÉRATEUR, VENGEUR, PARDONNEUR, etc., etc., soit notoire à tous les habitants des cent mille millions
60 de milliards de mondes qu'il nous a plu de former, que nous ne jugerons jamais aucun desdits habitants sur leurs idées creuses, mais uniquement sur leurs actions ; car telle est notre justice.

J'avoue que ce fut la première fois que j'entendis un tel édit : tous ceux que j'avais lus sur le petit grain de sable où je suis né finissaient par ces mots : *Car tel est notre plaisir* [14].

HOMME

Presque tout l'article *Homme (Questions sur l'Encyclopédie,* 1771 *)* est une satire des idées de ROUSSEAU sur l'*état de nature.* VOLTAIRE vient de soutenir que loin d'être fait pour la solitude l'homme est fait pour vivre en société ; « *loin que le besoin de la société ait dégradé l'homme, c'est l'éloignement de la société qui le dégrade* ». On verra dans le passage suivant comment VOLTAIRE réfute le tableau idyllique de l'homme à l'état de nature selon Rousseau (cf. p. 272). Entraîné par la polémique ou par une expérience plus amère du monde, il considère la condition humaine d'un œil *moins optimiste* qu'au temps des *Lettres Anglaises.*

Que serait l'homme dans l'état qu'on nomme de *pure nature ?* Un animal fort au-dessous des premiers Iroquois [1] qu'on trouva dans le nord de l'Amérique. Il serait très inférieur à ces Iroquois, puisque ceux-ci savaient allumer du feu et se faire des flèches. Il fallut des siècles pour parvenir à ces deux arts.

L'homme abandonné à la pure nature n'aurait pour tout langage que quelques sons mal articulés ; l'espèce serait réduite à un très petit nombre par la difficulté de la nourriture et par le défaut des secours, du moins dans nos tristes climats. Il n'aurait pas plus de connaissance de Dieu et
10 de l'âme que des mathématiques, ses idées seraient renfermées dans le soin de se nourrir [2]. L'espèce des castors serait très préférable.

C'est alors que l'homme ne serait précisément qu'un enfant robuste [3] ; et on a vu beaucoup d'hommes qui ne sont pas fort au-dessus de cet état.

Les Lapons, les Samoïèdes, les habitants du Kamtchatka, les Cafres, les Hottentots sont à l'égard de l'homme en l'état de pure nature ce qu'étaient autrefois les cours de Cyrus et de Sémiramis en comparaison des habitants des Cévennes. Et cependant ces habitants du Kamtchatka et ces Hottentots de nos jours, si supérieurs à l'homme entièrement sauvage, sont des animaux qui vivent six mois de l'année dans des cavernes, où ils
20 mangent à pleines mains la vermine dont ils sont mangés [4].

En général l'espèce humaine n'est pas de deux ou trois degrés plus civilisée que les gens du Kamtchatka. La multitude des bêtes brutes

---

— 14 Formule terminant les édits royaux.

— 1 Cf. Rousseau, p. 274, et Voltaire, p. 158.
— 2 Cf. « La populace reste toujours dans la profonde ignorance où la nécessité de gagner

sa vie la condamne, et où l'on a cru longtemps que le bien de l'État devait la tenir » (*Dialogues,* IV). — 3 Thèse de l'Anglais Hobbes combattue par Rousseau, car l'enfant n'est pas libre. — 4 Montrer la vigueur de ce développement.

appelées *hommes*, comparée avec le petit nombre de ceux qui pensent, est au moins dans la proportion de cent à un chez beaucoup de nations [5]. Il est plaisant de considérer d'un côté le P. Malebranche qui s'entretient familièrement avec le Verbe [6], et de l'autre ces millions d'animaux semblables à lui qui n'ont jamais entendu parler du Verbe, et qui n'ont pas une idée métaphysique. Entre les hommes à pur instinct et les hommes de génie flotte ce nombre immense occupé uniquement de

30 subsister [7].

Cette subsistance coûte des peines si prodigieuses qu'il faut souvent, dans le nord de l'Amérique, qu'une image de Dieu [8] coure cinq ou six lieues pour avoir à dîner, et que chez nous l'image de Dieu arrose la terre de ses sueurs toute l'année pour avoir du pain.

Ajoutez à ce pain ou à l'équivalent une hutte et un méchant habit ; voilà l'homme tel qu'il est en général d'un bout de l'univers à l'autre. Et ce n'est que dans une multitude de siècles qu'il a pu arriver à ce haut degré.

Enfin, après d'autres siècles, les choses viennent au point où nous les

40 voyons. Ici on représente une tragédie en musique ; là on se tue sur la mer dans un autre hémisphère avec mille pièces de bronze [9] ; l'opéra et un vaisseau de guerre du premier rang étonnent toujours mon imagination. Je doute qu'on puisse aller plus loin dans aucun des globes dont l'étendue est semée. Cependant plus de la moitié de la terre habitable est encore peuplée d'animaux à deux pieds qui vivent dans cet horrible état qui approche de la pure nature, ayant à peine le vivre et le vêtir, jouissant à peine du don de la parole, s'apercevant à peine qu'ils sont malheureux, vivant et mourant presque sans le savoir.

– L'état de nature. *Définissez cet « état » selon* VOLTAIRE *et l'appréciation qu'il en donne ; indiquez les traits qui visent directement la conception de* ROUSSEAU *, p. 273-274. Quelle image de l'espèce humaine se dégage de cet article ? D'après vous, les allusions à la « civilisation » sont-elles optimistes ou pessimistes ; et pourquoi ?*
– Essai : *L'homme à l'état de nature vu par* VOLTAIRE, ROUSSEAU, *p. 273-274 et* BUFFON, *p. 255-256. De ces peintures de l'homme primitif, quelle est, selon vous, la plus vraisemblable ?*

Les pamphlets

C'est, à Ferney, l'*arme favorite* de VOLTAIRE. Il lance à tout moment ces « libelles », « fusées volantes », « rogatons » et « petits pâtés » : œuvres brèves, satiriques, toujours amusantes, exploitant l'actualité et diffusées clandestinement. D'ailleurs, selon sa *tactique philosophique*, l'auteur se dissimule sous des *pseudonymes* plaisants qui ne trompent personne. La forme de ces pamphlets varie à l'infini : relations, anecdoctes, édits, lettres, mémoires, dialogues.

— 5 Cf. « Il y a peu d'êtres pensants. Mon ancien disciple couronné me mande qu'il n'y en a guère qu'un sur mille : c'est à peu près le nombre de la bonne compagnie » *(A d'Alembert*, 1765). — 6 Terme biblique désignant la Divinité. — 7 Cf. « Ce monde-ci est composé de fripons, de fanatiques et d'imbéciles parmi lesquels il y a un petit troupeau séparé qu'on appelle la bonne compagnie ; ce petit troupeau étant riche, bien élevé, instruit, poli, est comme la fleur du genre humain ; c'est pour lui que les plaisirs honnêtes sont faits » *(Dialogues*, XI). Pour Voltaire, la richesse est importante parce qu'elle libère l'homme des occupations vulgaires et lui permet de s'adonner aux « plaisirs honnêtes » de la civilisation. — 8 Cf. *Genèse :* « Dieu créa l'homme à son image ». — 9 Que pensez-vous de ce « progrès » ?

Les plus nombreux sont les pamphlets antireligieux : le *Jésuite Berthier* (cf. p. 182), le *Sermon des Cinquante* (1761, apologie de la religion naturelle), *Saint Cucufin* (cf. p. 184). D'autres concernent les affaires judiciaires (cf. p. 170), la liberté de penser, les défauts des Français (*Discours aux Welches*, 1764). Enfin, c'est par les pamphlets que VOLTAIRE ridiculise Fréron, Le Franc de Pompignan et surtout Jean-Jacques (cf. p. 158).

Les *Dialogues Philosophiques* sont de la même veine, mais plus riches d'idées et d'arguments, parfois aussi plus sérieux. Citons *Lucrèce et Posidonius* (1756, sur le déisme). *Le Sauvage et le Bachelier* (1761, sur la métaphysique), *La Toilette de Madame de Pompadour* (1765, sur les Anciens et les Modernes), *André Destouches* (cf. p. 173), *Le dîner du comte de Boulainvilliers* (1767, critique religieuse) et enfin les *Dialogues entre A, B, C* (1768) et les *Dialogues d'Evhémère* (1777) où VOLTAIRE passe en revue toutes ses idées.

LA MALADIE DU JÉSUITE BERTHIER

Relation de la maladie, de la confession, de la mort et de l'apparition du jésuite Berthier (1759). C'est un des premiers pamphlets de VOLTAIRE. Au plus fort de la crise de l'*Encyclopédie* (cf. p. 236), il jette dans la balance son ardeur de pamphlétaire. Il ridiculise ici le *Journal de Trévoux* et son rédacteur le P. BERTHIER qui, depuis 1751, dénonçait sans relâche les hardiesses de l'*Encyclopédie* (cf. *Autorité Politique*, n. 2 et 4, p. 243). A partir d'une idée très simple, son imagination bâtit une *savoureuse anecdote :* tout est dans le talent du conteur.

Ce fut le 12 octobre 1759 que frère Berthier alla, pour son malheur, de Paris à Versailles avec frère Coutu, qui l'accompagne ordinairement. Berthier avait mis dans la voiture quelques exemplaires du *Journal de Trévoux*, pour les présenter à ses protecteurs et protectrices, comme à la femme de chambre de madame la nourrice, à un officier de bouche, à un des garçons apothicaires du roi, et à plusieurs autres seigneurs qui font cas des talents [1]. Berthier sentit en chemin quelques nausées ; sa tête s'appesantit : il eut de fréquents bâillements. « Je ne sais ce que j'ai, dit-il à Coutu, je n'ai jamais tant bâillé. — Mon révérend père, répondit
10 frère Coutu, ce n'est qu'un rendu. — Comment ! que voulez-vous dire avec votre rendu ? dit frère Berthier. — C'est, dit frère Coutu, que je bâille aussi, et je ne sais pourquoi, car je n'ai rien lu de la journée, et vous n'avez point parlé depuis que je suis en route avec vous [2]. » Frère Coutu, en disant ces mots, bâilla plus que jamais. Berthier répliqua, par des bâillements qui ne finissaient point. Le cocher se retourna, et les voyant ainsi bâiller, se mit à bâiller aussi ; le mal gagna tous les passants ; on bâilla dans toutes les maisons voisines : tant la seule présence d'un savant a quelquefois d'influence sur les hommes !

Cependant, une petite sueur froide s'empara de Berthier. « Je ne sais
20 ce que j'ai, dit-il, je me sens à la glace. — Je le crois bien, dit le frère compagnon. — Comment, vous le croyez bien ! dit Berthier : qu'entendez-vous par là ? — C'est que je suis gelé aussi, dit Coutu. — Je m'endors, dit Berthier. — Je n'en suis pas surpris, dit l'autre. —

— 1 Préciser cette raillerie. — 2 Étudier cet aspect de l'ironie voltairienne (cf. p. 173-174).

Pourquoi cela ? dit Berthier. — C'est que je m'endors aussi » dit le compagnon. Les voilà saisis tous deux d'une affection soporifique et léthargique, et en cet état ils s'arrêtent devant la porte des coches de Versailles. Le cocher, en leur ouvrant la portière, voulut les tirer de ce profond sommeil ; il n'en put venir à bout : on appela du secours. Le compagnon, qui était plus robuste que frère Berthier, donna enfin 30 quelques signes de vie ; mais Berthier était plus froid que jamais. Quelques médecins de la cour, qui revenaient de dîner, passèrent auprès de la chaise ; on les pria de donner un coup d'œil au malade : l'un d'eux, lui ayant tâté le pouls, s'en alla en disant qu'il ne se mêlait plus de médecine depuis qu'il était à la cour. Un autre, l'ayant considéré attentivement, déclara que le mal venait de la vésicule du fiel qui était toujours trop pleine : un troisième assura que le tout provenait de la cervelle qui était trop vide [3].

Pendant qu'ils raisonnaient, le patient empirait, les convulsions commençaient à donner des signes funestes, et déjà les trois doigts dont on 40 tient la plume étaient tout retirés, lorsqu'un médecin principal qui avait étudié sous Mead [4] et sous Boerhaave [5], et qui en savait plus que les autres, ouvrit la bouche de Berthier avec un biberon, et ayant attentivement réfléchi sur l'odeur qui s'en exhalait, prononça qu'il était empoisonné.

A ce mot tout le monde se récria. « Oui, messieurs, continua-t-il, il est empoisonné ; il n'y a qu'à tâter sa peau, pour voir que les exhalaisons d'un poison froid se sont insinuées par les pores ; et je maintiens que ce poison est pire qu'un mélange de ciguë, d'ellébore noire, d'opium, de solanum et de jusquiame. Cocher, n'auriez-vous point mis dans votre voiture 50 quelque paquet pour nos apothicaires ? — Non, monsieur, répondit le cocher ; voilà l'unique ballot que j'y ai placé par ordre du révérend père. » Alors il fouilla dans le coffre et en tira deux douzaines d'exemplaires du *Journal de Trévoux*. « Eh bien ! messieurs, avais-je tort ? » dit ce grand médecin.

On administre au malade un contre-poison énergique : une page de l'Encyclopédie trempée dans du vin blanc. Mais le poison du Journal de Trévoux *est le plus fort :* BERTHIER *confesse ses fautes et meurt, non sans échanger des injures avec son confesseur qui, par malheur, se trouve être janséniste. Le surlendemain, il apparaît à son successeur, frère* GARASSISE, *lui conte son arrivée en Enfer et l'invite à abandonner son activité qui le conduit à la damnation.*

– *Dégagez l'idée centrale de l'anecdote et étudiez sa mise en œuvre littéraire.*
– *Le Conteur.* a) *comment fait-il progresser l'intérêt ? –* b) *comment retarde-t-il le mot de l'énigme ? –* c) *comment prépare-t-il le mot de la fin ? –* d) *étudiez l'union du réalisme et de la fantaisie.*
– *Pamphlets voltairiens. Étudiez les caractères communs aux deux pamphlets des p. 182 et 184 : l'idée centrale et ses variations ; intrusion d'autres thèmes satiriques ; fantaisie et burlesque, virtuosité du jeu verbal.*
– *Ironie et humour.* « *Tantôt on énoncera ce qui* devrait *être en feignant de croire que c'est précisément ce qui est : en cela consiste l'ironie. Tantôt, au contraire, on décrira minutieusement et méticuleusement ce qui est en affectant de croire que c'est ainsi que les choses* devraient *être : ainsi procède souvent l'humour » (Bergson). D'après cette distinction, relevez dans les extraits de* VOLTAIRE *des exemples caractéristiques d'ironie et d'humour ; expliquez l'efficacité de ces deux registres pour la communication de la pensée.*

— 3 Montrer la relation entre ces diagnostics et l'activité du journaliste. — 4 Spécialiste des | poisons, qui expliquait les miracles bibliques par des causes naturelles. — 5 Médecin hollandais.

Apparition de Saint Cucufin

En 1766, le pape avait canonisé, sous le nom de Séraphin, un moine capucin, frère CUCUFIN d'Ascoli, mort en 1604, modèle d'humilité et de labeur. VOLTAIRE n'y voit pas d'objection : tous les grands hommes mériteraient d'être béatifiés ! Mais l'interdiction de travailler les dimanches et les jours de fêtes est-elle la meilleure façon d'honorer les saints qui donnèrent l'*exemple du travail* ? C'est saint Cucufin lui-même qui, par un *nouveau miracle*, va enseigner aux hommes une doctrine plus conforme... à la philosophie voltairienne. Dans sa *naïveté voulue*, ce simple récit publié en 1769 était, sans doute, plus efficace qu'un volumineux traité de théologie.

L e jour qu'on faisait à Troyes, dans notre cathédrale, le service de saint Cucufin, je m'avisai de semer pour la troisième fois mon champ dont les semailles avaient été pourries par les pluies ; car je savais bien qu'il ne faut pas que le blé pourrisse en terre pour lever, *quoiqu'on die* [1]. Le pain valait quatre sous et demi la livre ; les pauvres, dans notre élection [2], ne sèment et ne mangent que du blé noir, et sont accablés de tailles. Notre terrain est si mauvais, malgré tout ce qu'a pu faire saint Loup notre patron, que la huitième partie tout au plus est semée en froment ; la saison avançait, je n'avais pas un moment à perdre [3] ; je semais donc mon champ situé derrière Saint-Nicier,
10 avec mon semoir à cinq socs [4], après avoir entendu la messe et chanté les antiennes du saint jour. Voilà-t-il pas aussitôt le révérend gardien des capucins, assisté de quatre profès [5], qui se présente à moi à une heure et un quart de relevée, au sortir de table. Il était enflammé comme un chérubin et criait comme un diable : « Théiste, athéiste, janséniste, oses-tu outrager Dieu et saint Cucufin au point de semer ton champ au lieu de dîner ? Je vais te déférer comme un impie à monsieur le subdélégué [6], à monsieur le directeur des aides, à monseigneur l'intendant et à monseigneur l'évêque [7] ». Disant ces mots, il se met en devoir de briser mon semoir.
Alors saint Cucufin lui-même descendit du ciel dans une nuée éclatante, qui
20 s'étendait de l'empyrée [8] jusqu'au faubourg de Troyes ; un jaune d'œuf ct de la bouillie ornaient encore sa barbe [9]. Frère Ange, dit-il au gardien, calme ton saint zèle ; ne casse point le semoir de cc bon homme ; les pauvres manquent de pain dans ton pays ; il travaille pour les pauvres après avoir assisté à la sainte messe. C'est une bonne œuvre, j'en ai conféré avec saint Loup, patron de la ville ; va dire de ma part à monseigneur l'évêque qu'on ne peut mieux honorer les saints qu'en cultivant la terre. [10]
Le gardien obéit, et monseigneur s'adressa lui-même aux magistrats de la grande police pour faire enjoindre à nos concitoyens de labourer, ou semer, ou planter, ou provigner [11], ou palisser [12], ou tondre, ou vendanger, ou cuver, ou
30 blanchir, au lieu d'aller boire au cabaret les jours de fêtes après la sainte messe.
Gloire à Dieu et à saint Cucufin.

— 1 Allusion malicieuse à la parole de saint Jean et saint Paul : « Si le grain ne meurt... ». C'est *le sieur Aveline, bourgeois de Troyes*, qui fait le récit. — 2 Région administrée par des *élus* du roi, qui fixent les impôts ; dans les *pays d'États*, c'est une assemblée qui répartit la taille. — 3 Relever toutes les justifications du personnage. — 4 Propagande pour les machines « modernes ! » — 5 Moines qui ont prononcé leurs vœux (cf. *profession de foi*). — 6 Fondé de pouvoir de l'intendant. —

7 Étudier comment Voltaire a rendu le personnage ridicule. — 8 Partie supérieure et lumineuse du ciel. — 9 Voltaire a rapporté qu'à la table de son évêque, Cucufin feignant la maladresse par humilité avait renversé un œuf frais sur sa barbe. — 10 L'argument est-il sans réplique, aux yeux d'un Pascal par exemple ? — 11 Reproduire les plantes, surtout la *vigne*, à l'aide de jeunes pousses. — 12 Disposer les arbres en espaliers, le long d'un treillage.

VOLTAIRE ET LA TRAGÉDIE AU XVIIIᵉ

CRÉBILLON (1674-1762), au début du siècle, essaya de renouveler la tragédie en créant une impression d'horreur par des scènes atroces : dans *Atrée et Thyeste* (1707), Atrée fait boire à Thyeste le sang de son fils qu'il vient d'égorger. « Corneille, disait Crébillon, avait pris le ciel, Racine la terre ; il ne me restait plus que l'enfer ».

A partir d'*Œdipe* (1718), c'est VOLTAIRE qui devient pour le public le seul grand tragique. Le théâtre fut la passion de toute sa vie : en plus de ses médiocres comédies et de ses opéras, on lui doit une vingtaine de tragédies dont les plus connues sont *Zaïre* (1732) et *Mérope* (1743). Partout où il passe, à Cirey, à Postdam, aux Délices, à Ferney, il lui faut une scène où il interprète lui-même ses rôles. Pour lui, le théâtre qui instruit, forme le goût et affine les âmes, est éminemment civilisateur.

Goût classique et innovations   VOLTAIRE, admirateur du classicisme, a le goût aussi étroit que BOILEAU (cf. p. 151). Il est partisan des unités, de la « bienséance », de la distinction des genres, de la tragédie en vers qu'il a défendue contre La Motte. RACINE, avec sa pureté, sa simplicité, son naturel représentaient pour lui la perfection s'il n'accordait trop de place à l'amour et à la galanterie. Cependant le souvenir de SHAKESPEARE lui a dicté quelques innovations.

I. VARIÉTÉ DU CADRE ET DES SUJETS. L'antiquité lui fournit de vastes tableaux *(Brutus, Mort de César, Rome sauvée)*, mais il élargit encore son inspiration.

1. SUJETS NATIONAUX ET EXOTIQUES : Il emprunte des sujets à l'histoire nationale dans *Zaïre, Adélaïde du Guesclin, Tancrède,* où retentissent les noms illustres de la chevalerie. Son imagination nous transporte à Jérusalem *(Zaïre),* au Pérou *(Alzire),* à La Mecque *(Mahomet),* en Assyrie *(Sémiramis),* en Chine *(L'Orphelin de la Chine).*

2. TRAGÉDIES SANS AMOUR. La passion est souvent reléguée au second plan, par exemple dans *Mérope,* drame de l'amour maternel, et dans l'*Orphelin de la Chine* où nous voyons l'amour maternel aux prises avec la loyauté politique.

3. TRAGÉDIES PHILOSOPHIQUES. Enfin Voltaire a écrit des pièces où les conflits religieux provoquent des situations dramatiques *(Alzire, Mahomet).* A Ferney, son théâtre devient une tribune où les idées s'expriment en maximes vigoureuses *(Les Guèbres* ou *la Tolérance).*

II. LE DÉCOR ET LE SPECTACLE. Les drames shakespeariens et l'Opéra français avaient révélé à Voltaire les ressources de la mise en scène. Il s'engagea dans cette voie : on vit les sénateurs en toge *(Brutus),* les complices de Catilina *(Rome sauvée),* les chevaliers français *(Tancrède)* ; on vit apparaître un spectre dans *Eriphyle,* une ombre dans *Sémiramis* ; on entendit le tonnerre, des tumultes, des fanfares, et même un coup de canon *(Adélaïde du Guesclin).* L'exotisme des sujets invitait d'ailleurs au pittoresque : sous son impulsion, on rechercha plus de *vérité dans les costumes,* plus de *naturel* dans la diction.

Nostalgie de l'art racinien   En dépit de ces innovations, VOLTAIRE nous paraît obsédé par la tragédie de RACINE. Séduit à ses débuts par SHAKESPEARE, il finira par le considérer comme un « sauvage ivre ». Même quand il imite *Othello* dans *Zaïre,* il ne peut s'empêcher d'en atténuer les violences, de l'adapter au goût classique, aux bienséances. Telle est la faiblesse de la tragédie de VOLTAIRE : *l'incapacité de s'affranchir du moule racinien.* A tout instant on retrouve les situations de notre théâtre classique, on croit revoir Junie, Monime, Andromaque ou Hermione, on reconnaît des hémistiches empruntés à Racine. Mais VOLTAIRE ne pouvait rivaliser avec son modèle par la vérité et la profondeur de l'analyse. Il n'apporte guère d'innovations psychologiques, sauf peut-être, dans *Mahomet,* les caractères du fondateur de religion, imposteur sans scrupule, et de son instrument aveugle, le fanatique Séide, dont le nom est devenu nom commun.

Peintre médiocre du cœur féminin, Voltaire a tenté de suppléer au défaut d'analyse par *l'ingéniosité des situations*, et d'éveiller l'émotion par des *effets scéniques*. Il en vint à accorder une grande place au *pathétique extérieur* et à attribuer un rôle important au jeu de ses acteurs préférés, Mlle Clairon et Lekain : il les harcelait de conseils pour mettre au point leur interprétation. En accoutumant ainsi le public à la traduction matérielle des sentiments, aux effets mélodramatiques, aux sujets héroïques et chevaleresques, ce classique ouvrait la voie au *drame romantique*.

Zaïre (1732)

Au XIIIᵉ siècle, dans le sérail de Jérusalem, Zaïre, esclave d'origine chrétienne et captive depuis le berceau, est devenue musulmane. Elle aime le jeune soudan *(sultan)* Orosmane qui est passionnément épris d'elle et se dispose à la prendre pour unique épouse. Or, un chevalier relâché sur parole, Nérestan, apporte la rançon de Zaïre et de dix Français. Orosmane lui accorde la liberté de cent chevaliers, mais non celles de Zaïre et du vieux Lusignan, descendant des rois de Jérusalem. Toutefois Zaïre obtient du soudan la libération de Lusignan.

Une émouvante reconnaissance

Une *double reconnaissance* : comment Voltaire ne cèderait-il pas à la *tendance sentimentale* si fréquente dans son théâtre et si inattendue chez ce satirique ? De ce *coup de théâtre* naîtra le conflit psychologique qui anime la pièce. — Acte II, scène III.

Guidé par son ami Chatillon, Lusignan, *presque aveugle car il n'a pas vu la lumière depuis vingt ans, s'inquiète du sort de son fils et de sa fille pris par les Sarrasins lors de la chute de Césarée. Mais voici que son attention est attirée par* une croix *que* Zaïre *porte sur elle depuis son enfance.*

LUSIGNAN :   Quel ornement, madame, étranger en ces lieux !
              Depuis   quand   l'avez-vous ?

ZAÏRE :   Depuis que je respire,
           Seigneur... Eh quoi ! d'où vient que votre âme soupire ?

LUSIGNAN :   Ah ! daignez confier à mes tremblantes mains...
ZAÏRE *(lui donnant la croix)* : De quel trouble nouveau tous mes sens sont atteints !
(il baise la croix, et pleure) : Seigneur, que faites-vous ?

LUSIGNAN :   O ciel ! ô Providence !
           Mes yeux, ne trompez point ma timide espérance !
           Serait-il bien possible ? Oui, c'est elle !... je vois
           Ce présent qu'une épouse avait reçu de moi,
           Et qui de mes enfants ornait toujours la tête,   10
           Lorsque de leur naissance on célébrait la fête.
           Je revois... je succombe à mon saisissement.

ZAÏRE :   Qu'entends-je ? et quel soupçon m'agite en ce moment ?
           Ah ! seigneur...

LUSIGNAN :   Dans l'espoir dont j'entrevois les charmes,
           Ne m'abandonnez pas, Dieu qui voyez mes larmes !
           Dieu mort sur cette croix, et qui revis pour nous,
           Parle, achève, ô mon Dieu ! ce sont là de tes coups.
           Quoi ! madame, en vos mains elle était demeurée ?
           Quoi ! tous les deux captifs, et pris dans Césarée ?

ZAÏRE :   Oui, seigneur.

NÉRESTAN :   Se peut-il ?

LUSIGNAN :   Leur parole, leurs traits,   20
           De leur mère en effet sont les vivants portraits.
           Oui, grand Dieu ! tu le veux, tu permets que je voie...

Dieu, ranime mes sens trop faibles pour ma joie !
Madame... Nérestan... soutiens-moi, Châtillon...
Nérestan, si je dois vous nommer de ce nom,
Avez-vous dans le sein la cicatrice heureuse
Du fer dont à mes yeux une main furieuse...

NÉRESTAN : Oui, seigneur, il est vrai.

LUSIGNAN :   Dieu juste ! heureux moments !

NÉRESTAN, *à genoux :* Ah ! seigneur ! ah ! Zaïre !

LUSIGNAN :   Approchez, mes enfants.

NÉRESTAN : Moi, votre fils !

ZAÏRE :   Seigneur !

LUSIGNAN :   Heureux jour qui m'éclaire !   30
Ma fille, mon cher fils, embrassez votre père.

CHATILLON : Que d'un bonheur si grand mon cœur se sent toucher !

LUSIGNAN : De vos bras, mes enfants, je ne puis m'arracher.
Je vous revois enfin, chère et triste famille,
Mon fils, digne héritier... vous... hélas ! vous, ma fille !
Dissipez mes soupçons, ôtez-moi cette horreur,
Ce trouble qui m'accable au comble du bonheur.
Toi qui seul as conduit sa fortune et la mienne,
Mon Dieu qui me la rends, me la rends-tu chrétienne ?
Tu pleures, malheureuse, et tu baisses les yeux !   40
Tu te tais ! Je t'entends ! O crime ! ô justes cieux !

ZAÏRE :   Je ne puis vous tromper : sous les lois d'Orosmane...
Punissez votre fille... elle était musulmane.

LUSIGNAN : Que la foudre en éclats ne tombe que sur moi !
Ah ! mon fils, à ces mots j'eusse expiré sans toi.
Mon Dieu ! j'ai combattu soixante ans pour ta gloire ;
J'ai vu tomber ton temple, et périr ta mémoire ;
Dans un cachot affreux abandonné vingt ans,
Mes larmes t'imploraient pour mes tristes enfants :
Et, lorsque ma famille est par toi réunie,   50
Quand je trouve une fille, elle est ton ennemie !
Je suis bien malheureux... C'est ton père, c'est moi,
C'est ma seule prison qui t'a ravi ta foi.
Ma fille, tendre objet de mes dernières peines,
Songe au moins, songe au sang qui coule dans tes veines !
C'est le sang de vingt rois, tous chrétiens comme moi ;
C'est le sang des héros, défenseurs de ma loi ;
C'est le sang des martyrs...

Ces touchantes exhortations chrétiennes sont assez inattendues chez Voltaire. ZAÏRE, *émue, se reconnaît chrétienne et promet de garder « un secret si funeste ».*

Pour apaiser les derniers moments de LUSIGNAN *qui se meurt,* ZAÏRE *a promis à* NÉRESTAN *de recevoir le baptême. Mais elle se trouve déchirée entre son serment et son amour pour* OROSMANE *qui la presse de l'épouser. Devant l'embarras de Zaïre,* OROSMANE *est pris de soupçons, puis d'une terrible jalousie quand on lui remet un billet de* NÉRESTAN *fixant un rendez-vous à* ZAÏRE. *En vain il veut faire avouer à la malheureuse qu'elle aime un autre homme : elle proclame au contraire sa passion pour Orosmane. Se croyant trahi, ce dernier attend, dans la nuit, au lieu fixé pour le rendez-vous entre* ZAÏRE *et* NÉRESTAN (cf. p. 188).*

Une tragique méprise

Ce dénouement animé mêle timidement à la *dignité* racinienne le souvenir des *violences* d'*Othello*. Un jaloux qui attend dans l'obscurité l'heure de la vengeance, une terrible méprise, une femme poignardée sous les yeux des spectateurs, tous ces *effets de scène* expliquent que VOLTAIRE soit considéré de nos jours comme un *précurseur du drame romantique* (ACTE V, sc. 8, 9, 10).

OROSMANE : On vient.

CORASMIN :   Non, jusqu'ici nul mortel ne s'avance ;
Le sérail est plongé dans un profond silence ;
Tout dort, tout est tranquille ; et l'ombre de la nuit...

OROSMANE : Hélas ! le crime veille, et son horreur me suit.
A ce coupable excès porter sa hardiesse !
Tu ne connaissais pas mon cœur et ma tendresse !
Combien je l'adorais ! quels feux ! Ah ! Corasmin,
Un seul de ses regards aurait fait mon destin :
Je ne puis être heureux, ni souffrir, que par elle.
Prends pitié de ma rage. Oui, cours... Ah ! la cruelle !   10

CORASMIN : Est-ce vous qui pleurez ? vous, Orosmane ? ô cieux !

OROSMANE : Voilà les premiers pleurs qui coulent de mes yeux.
Tu vois mon sort, tu vois la honte où je me livre :
Mais ces pleurs sont cruels, et la mort va les suivre.
Plains Zaïre, plains-moi. L'heure approche : ces pleurs
Du sang qui va couler sont les avant-coureurs...
Approche, viens, j'entends... Je ne me trompe pas.

CORASMIN : Sous les murs du palais quelqu'un porte ses pas.

OROSMANE : Va saisir Nérestan ; va, dis-je ! qu'on l'enchaîne :
Que tout chargé de fers à mes yeux on l'entraîne !   20

ZAÏRE :   Viens Fatime.

OROSMANE :   Qu'entends-je ! Est-ce là cette voix
Dont les sons enchanteurs m'ont séduit tant de fois,
Cette voix qui trahit un feu si légitime,
Cette voix infidèle, et l'organe du crime ?
Perfide !... Vengeons-nous... Quoi ! c'est elle ? ô destin !
(il tire son poignard) : Zaïre ! Ah ! Dieu... ce fer échappe de ma main.

ZAÏRE, *à Fatime :* C'est ici le chemin ; viens, soutiens mon courage.

FATIME :   Il va venir.

OROSMANE :   Ce mot me rend toute ma rage.

ZAÏRE :   Je marche en frissonnant, mon cœur est éperdu...
Est-ce vous, Nérestan, que j'ai tant attendu ?   30

OROSMANE, *accourant :* C'est moi que tu trahis. Tombe à mes pieds, parjure !

ZAÏRE, *tombant :* Je me meurs, ô mon Dieu.

OROSMANE :   J'ai vengé mon injure.
Ôtons-nous de ces lieux. Je ne puis... Qu'ai-je fait ?...
Rien que de juste... Allons, j'ai puni son forfait.
Ah ! voici son amant que mon destin m'envoie
Pour remplir ma vengeance et ma cruelle joie.
(à Nérestan) : Approche, malheureux qui viens de m'arracher,
De m'ôter pour jamais ce qui me fut si cher !

Méprisable ennemi, qui fais encor paraître
L'audace d'un héros avec l'âme d'un traître,   40
Tu m'imposais ici pour me déshonorer.
Va, le prix en est prêt, tu peux t'y préparer.
Tes maux vont égaler les maux où tu m'exposes,
Et ton ingratitude, et l'horreur que tu causes.
Avez-vous ordonné son supplice ?

CORASMIN :   Oui, seigneur.
OROSMANE : Il commence déjà dans le fond de ton cœur.
Tes yeux cherchent partout, et demandent encore
La perfide qui t'aime et qui me déshonore.
Regarde, elle est ici.

NÉRESTAN :   Que dis-tu ? Quelle erreur...
OROSMANE : Regarde-la, te dis-je.

NÉRESTAN :   Ah ! que vois-je ? Ah ! ma sœur !   50
Zaïre !... elle n'est plus ! Ah ! monstre ! Ah ! jour horrible !
OROSMANE : Sa sœur ! Qu'ai-je entendu ! Dieu ! serait-il possible ?
NÉRESTAN : Barbare, il est trop vrai : viens épuiser mon flanc
Du reste infortuné de cet auguste sang.
Lusignan, ce vieillard, fut son malheureux père ;
Il venait dans mes bras d'achever sa misère ;
Et d'un père expiré j'apportais en ces lieux
La volonté dernière et les derniers adieux ;
Je venais, dans un cœur trop faible et trop sensible,
Rappeler des chrétiens le culte incorruptible.   60
Hélas ! elle offensait notre Dieu, notre loi ;
Et ce Dieu la punit d'avoir brûlé pour toi.
OROSMANE : Zaïre... Elle m'aimait ! Est-il bien vrai, Fatime ?
Sa sœur ?... J'étais aimé ?

Accablé de douleur, OROSMANE *ordonne de délivrer les chrétiens, et se donne la mort.*

VOLTAIRE POÈTE

L'Épopée   Œuvre de jeunesse, la *Henriade* (1728) consacre dix
                        chants aux luttes religieuses qui précédèrent l'avènement
d'Henri IV. VOLTAIRE y prend des libertés avec l'histoire et y fait une large place à la
Philosophie : satire du fanatisme, tolérance, critique des institutions de son temps. Cette
épopée, dont le succès fut très vif, ne nous touche plus aujourd'hui : hanté par des réminiscences de Virgile, de Lucain, du Tasse, l'auteur abuse du merveilleux artificiel, des
allégories (la Discorde, la Religion, le Fanatisme), des songes et des prédictions .

Poésie satirique   Le tempérament *militant* de VOLTAIRE le disposait
et philosophique   naturellement à la *satire* (cf. *Le Mondain* p. 128).
                            Sa verve impitoyable et parfois méchante s'exerce
surtout sur ses ennemis personnels : FRÉRON (*Le Pauvre Diable*, 1758), LE FRANC DE
POMPIGNAN (*La Vanité*, 1760). Sa terrible ironie triomphe aussi dans l'*épigramme*.

L'autre jour, au fond d'un vallon,   Savez-vous pourquoi Jérémie
Un serpent piqua Jean Fréron.   A tant pleuré toute sa vie ?
Que pensez-vous qu'il arriva ?   C'est qu'en prophète il prévoyait
Ce fut le serpent qui creva.   Qu'un jour Le Franc le traduirait.

Ses grands POÈMES PHILOSOPHIQUES, les *Discours sur l'Homme* (1738), le *Poème de la Loi Naturelle* (1752) et le *Poème sur le Désastre de Lisbonne* (cf. p. 161) offrent des formules heureuses, des maximes bien frappées ; parfois le ton s'élève à l'éloquence et même à une vibration qui annonce Lamartine philosophe. Mais l'ensemble paraît lourd et guindé : il y a plus de *raisonnements en vers* que de vraie poésie.

Ses ÉPITRES MORALES ET FAMILIÈRES restent ses meilleurs poèmes philosophiques : admirateur de Boileau, VOLTAIRE égale et parfois dépasse ici son modèle.

ÉPITRE A HORACE

Au moment où il écrit cette charmante épître (1772) VOLTAIRE, presque octogénaire, est possesseur d'un magnifique domaine. Il jette sur son passé un regard apaisé et se flatte d'avoir trouvé dans sa retraite le *secret du bonheur*. Il s'adresse à HORACE qui symbolise la *sagesse épicurienne* dans son art de savourer la vie. Mais on découvrira, par référence à HORACE, MONTAIGNE ou LA FONTAINE, la nuance *humanitaire* dont la philosophie voltairienne a teinté l'épicurisme : nous retrouvons ici le jardin de *Candide*.

> Je t'écris aujourd'hui, voluptueux Horace,
> A toi qui respiras la mollesse et la grâce,
> Qui, facile en tes vers, et gai dans tes discours,
> Chantas les doux loisirs, les vins, et les amours,
> Et qui connus si bien cette sagesse aimable
> Que n'eut point de Quinault le rival intraitable [1].
>   Je suis un peu fâché pour Virgile et pour toi,
> Que, tous deux nés Romains, vous flattiez tant un roi [2].
> Mon Frédéric du moins, né roi très légitime,
> 10 Ne doit point ses grandeurs aux bassesses du crime.
> Ton maître était un fourbe, un tranquille assassin ;
> Pour voler son tuteur, il lui perça le sein [3]. (...)
> Je sais que prudemment ce politique Octave
> Payait l'heureux encens d'un plus adroit esclave [4].
> Frédéric exigeait des soins moins complaisants :
> Nous soupions avec lui sans lui donner d'encens ;
> De son goût délicat la finesse agréable
> Faisait, sans nous gêner, les honneurs de sa table :
> Nul roi ne fut jamais plus fertile en bons mots
> 20 Contre les préjugés, les fripons, et les sots.
> Maupertuis gâta tout : l'orgueil philosophique
> Aigrit de nos beaux jours la douceur pacifique [5].
> Le Plaisir s'envola ; je partis avec lui.
>   Je cherchai la retraite. On disait que l'Ennui
> De ce repos trompeur est l'insipide frère.
> Oui, la retraite pèse à qui ne sait rien faire ;
> Mais l'esprit qui s'occupe y goûte un vrai bonheur.
> Tibur [6] était pour toi la cour de l'empereur ;
> Tibur, dont tu nous fais l'agréable peinture,
> 30 Surpassa les jardins vantés par Épicure [7].
> Je crois Ferney plus beau. Les regards étonnés,
> Sur cent vallons fleuris doucement promenés,

— 1 Dans l'Épître à Boileau (1769), Voltaire lui reproche sa sévérité pour Quinault. — 2 L'*empereur* Auguste, leur protecteur. —

3 Les crimes d'Octave (cf. Corneille, *Cinna*). — 4 Allusion malveillante à Virgile. — 5 Cf. p 141-143. — 6 Où Horace avait sa maison de campagne. — 7 A Athènes.

De la mer de Genève admirent l'étendue ;
Et les Alpes de loin, s'élevant dans la nue,
D'un long amphithéâtre enferment ces coteaux
Où le pampre en festons rit parmi les ormeaux.
Là quatre États divers arrêtent ma pensée :
Je vois de ma terrasse, à l'équerre tracée,
L'indigent Savoyard, utile en ses travaux,
40 Qui vient couper mes blés pour payer ses impôts ;
Des riches Genevois les campagnes brillantes ;
Des Bernois valeureux les cités florissantes ;
Enfin cette Comté, franche [8] aujourd'hui de nom,
Qu'avec l'or de Louis conquit le grand Bourbon [9] :
Et du bord de mon lac à tes rives du Tibre,
Je te dis, mais tout bas : Heureux un peuple libre !
   Je le suis en secret dans mon obscurité ;
Ma retraite et mon âge ont fait ma sûreté. (...)
J'ai fait un peu de bien ; c'est mon meilleur ouvrage.
50 Mon séjour est charmant, mais il était sauvage ;
Depuis le grand édit [10], inculte, inhabité,
Ignoré des humains, dans sa triste beauté,
La nature y mourait : je lui portai la vie ;
J'osai ranimer tout. Ma pénible industrie
Rassembla des colons par la misère épars ;
J'appelai les métiers, qui précèdent les arts [11] ;
Et, pour mieux cimenter mon utile entreprise,
J'unis le protestant avec ma sainte Église.
Toi qui vois d'un même œil frère Ignace [12] et Calvin,
60 Dieu tolérant, Dieu bon, tu bénis mon dessein [13] ! (...)
Jouissons, écrivons, vivons, mon cher Horace.
J'ai déjà passé l'âge où ton grand protecteur,
Ayant joué son rôle en excellent acteur,
Et sentant que la mort assiégeait sa vieillesse,
Voulut qu'on l'applaudit lorsqu'il finit sa pièce [14].
J'ai vécu plus que toi ; mes vers dureront moins.
Mais au bord du tombeau je mettrai tous mes soins
A suivre les leçons de ta philosophie,
A mépriser la mort en savourant la vie,
70 A lire tes écrits pleins de grâce et de sens,
Comme on boit d'un vin vieux qui rajeunit les sens.

– Le bilan d'une vie. *En parcourant l'ensemble du chapitre sur* VOLTAIRE, *relevez les extraits qui permettent d'éclairer les allusions à sa vie passée et présente. Dans ce bilan, distinguez entre ce qui vous semble être objectif et les appréciations qui paraissent devoir être rectifiées.*
• **Groupe thématique : Le bon usage de la « retraite ».** Comparez la « retraite » telle que la conçoit et la pratique VOLTAIRE et celle qu'évoque ROUSSEAU dans les **Rêveries**, p. 337-341. – Extension : XVIIᵉ SIÈCLE. RACAN : *Stances*, p. 31. – LA FONTAINE : « Le songe d'un habitant du Mogol », p. 239 ; BOILEAU : « Haute-Isle », p. 327.

— 8 Libre. — 9 Pour conquérir la Franche-Comté, Condé y avait acheté des complicités. — 10 La Révocation de l'Édit de Nantes avait incité les protestants à passer en Suisse. — 11 Cf. p. 113. — 12 Ignace de Loyola, fondateur de l'ordre des Jésuites au XVIᵉ siècle. — 13 Suit une violente sortie contre ses ennemis, ces « rimeurs subalternes », ces « rats du Parnasse ». — 14 « La farce de la vie » (Suétone).

Poésie lyrique

La *poésie légère* ou « *fugitive* » convenait à la verve malicieuse et impertinente de VOLTAIRE, à son esprit pétillant et naturellement badin. Il s'y mêle parfois une *discrète mélancolie* qui fait de ces œuvres gracieuses des chefs-d'œuvre de la *poésie élégiaque.*

L'amour et l'amitié

Le premier de ces deux poèmes est extrait d'une *lettre* de VOLTAIRE à son cher ami CIDEVILLE (1741) ; quant à l'autre, croirait-on que la *mélancolie* d'un octogénaire puisse s'exprimer avec cette *grâce légère* et *fluide? (Stances à Mme Lullin,* 1773). C'est encore dans ces pièces de circonstance que VOLTAIRE est le plus véritablement *lyrique,* par la souplesse et l'abandon de la phrase, par le frémissement du *rythme* attendri ou mélancolique.

« Si vous voulez que j'aime encore,
Rendez-moi l'âge des amours :
Au crépuscule de mes jours
Rejoignez, s'il se peut, l'aurore.

Des beaux lieux où le dieu du vin
Avec l'Amour tient son empire,
Le Temps, qui me prend par la main,
M'avertit que je me retire.

De son inflexible rigueur
Tirons au moins quelque avantage.
Qui n'a pas l'esprit de son âge,
De son âge a tout le malheur.

Laissons à la belle jeunesse
Ses folâtres emportements ;
Nous ne vivons que deux moments,
Qu'il en soit un pour la sagesse.

Quoi ! pour toujours vous me fuyez,
Tendresse, illusion, folie,
Dons du ciel, qui me consoliez
Des amertumes de la vie !

On meurt deux fois, je le vois bien :
Cesser d'aimer et d'être aimable,
C'est une mort insupportable ;
Cesser de vivre, ce n'est rien. »

Ainsi je déplorais la perte
Des erreurs de mes premiers ans,
Et mon âme, aux désirs ouverte,
Regrettait ses égarements.

Du ciel alors daignant descendre,
L'Amitié vint à mon secours :
Elle était peut-être aussi tendre,
Mais moins vive que les Amours.

Touché de sa beauté nouvelle,
Et de sa lumière éclairé,
Je la suivis ; mais je pleurai
De ne pouvoir plus suivre qu'elle.

Hé quoi ! vous êtes étonnée
Qu'au bout de quatre-vingt hivers,
Ma muse faible et surannée
Puisse encor fredonner des vers ?

Quelquefois un peu de verdure
Rit sous les glaçons de nos champs ;
Elle console la nature
Mais elle sèche en peu de temps.

Un oiseau peut se faire entendre
Après la saison des beaux jours ;
Mais sa voix n'a plus rien de tendre,
Il ne chante plus ses amours.

Ainsi je touche encor ma lyre,
Qui n'obéit plus à mes doigts ;
Ainsi j'essaie encor ma voix
Au moment même qu'elle expire.

« Je veux dans mes derniers adieux,
Disait Tibulle à son amante,
Attacher mes yeux sur tes yeux,
Te presser de ma main mourante. »

Mais quand on sent qu'on va passer,
Quand l'âme fuit avec la vie,
A-t-on des yeux pour voir Délie,
Et des mains pour la caresser ?

Dans ce moment chacun oublie
Tout ce qu'il a fait en santé.
Quel mortel s'est jamais flatté
D'un rendez-vous à l'agonie ?

Délie elle-même, à son tour,
S'en va dans la nuit éternelle,
En oubliant qu'elle fut belle,
Et qu'elle a vécu pour l'amour.

Nous naissons, nous vivons, bergère,
Nous mourons sans savoir comment ;
Chacun est parti du néant :
Où va-t-il ?... Dieu le sait, ma chère.

DIDEROT

La jeunesse Aîné d'une famille de sept enfants, DENIS DIDEROT naquit à Langres en octobre 1713. Son père, maître coutelier, était un artisan aisé. On destinait l'enfant à l'état ecclésiastique : il devait succéder à un oncle chanoine et fut tonsuré dès l'âge de douze ans. Chez les Jésuites de Langres, c'est un élève brillant, mais indiscipliné. Puis il va poursuivre ses études à Paris, probablement au Collège d'Harcourt, et devient maître ès arts en 1732.

LA VIE DE BOHÈME. Ensuite, durant une dizaine d'années, sa vie nous est mal connue. Il perd la foi, mais nous ne savons ni à quel moment ni dans quelles circonstances. Il travaille pendant deux ans chez un procureur, puis connaît des moments difficiles. Comme un de ses héros, le Neveu de Rameau, il ne mange pas toujours à sa faim, et couche parfois dans une écurie, lorsqu'il n'a pas de quoi payer sa chambre (cf. p. 206). Il tâte de divers métiers, rédige moyennant salaire les sermons d'un digne ecclésiastique, enseigne les mathématiques — sans les savoir ! — après quoi nous le retrouvons précepteur chez un financier ; il aurait songé aussi à devenir comédien. Bref, cette *bohème parisienne*, c'est pour le jeune Langrois l'apprentissage de l'indépendance et de la vie, apprentissage pénible parfois, mais aussi précieux : Diderot acquiert alors de l'expérience et toutes sortes de connaissances. C'est également à cette époque qu'il se lie avec ROUSSEAU (sans doute en 1742) et fait, par son intermédiaire, la connaissance de GRIMM.

DIDEROT EN MÉNAGE. En 1743 il épouse une lingère, Antoinette Champion, en dépit de la vive opposition de son père qui va même jusqu'à le faire enfermer dans un couvent ; mais Denis s'échappe et court rejoindre sa « Nanette » ! Union mal assortie d'ailleurs, et qui ne sera pas heureuse. En revanche une fille, Angélique, qui naît en 1753, lui donnera de douces joies.

Denis le philosophe Diderot ne tarde pas à se lancer dans la lutte philosophique : il publie en 1745 l'*Essai sur le mérite et la vertu*, traduction libre d'un ouvrage de l'Anglais SHAFTESBURY ; en 1746 un ouvrage plus audacieux, les *Pensées Philosophiques*, où il attaque le christianisme et milite en faveur de la *religion naturelle ;* ces *Pensées* seront complétées en 1770 par une *Addition* beaucoup plus violente. En 1747 il donne *La Promenade du sceptique*. De la même époque datent un roman philosophique et libertin, *Les Bijoux indiscrets*, et des *Mémoires sur différents sujets de mathématiques*. Ainsi, dès le début, sa production se signale par une grande diversité.

VINCENNES. La hardiesse de sa pensée ne cesse de s'affirmer ; déiste, puis sceptique, il s'oriente franchement vers le matérialisme avec la *Lettre sur les aveugles à l'usage de ceux qui voient* (cf. p. 212). Il était déjà suspect : la publication de cet ouvrage provoque son arrestation et sa *détention au château de Vincennes* (juillet-novembre 1749). C'est là qu'il reçoit la fameuse visite de Rousseau méditant son premier *Discours* (cf. p. 268). Cet emprisonnement va contraindre Diderot à une attitude plus prudente, s'il veut être en mesure de mener à bien une tâche immense qu'il vient d'entreprendre, la publication de l'*Encyclopédie*.

L'ENCYCLOPÉDIE. En 1746 le libraire LE BRETON lui a confié la direction de l'*Encyclopédie*, dont le prospectus paraît en 1750 (cf. p. 236-247). Pendant vingt ans (jusqu'en 1765 et même au delà) les travaux de l'*Encyclopédie* vont absorber une grande partie de son activité. Il se multiplie, rédige, corrige, révise une foule d'articles, stimule les collaborateurs, maudit parfois cette servitude écrasante, mais se console en songeant qu'il aura « servi l'humanité ». Finalement, presque à lui seul, *il conduit l'entreprise au succès*. D'ailleurs il ne se laisse jamais accaparer complètement par l'*Encyclopédie :* il trouve toujours — on ne sait par quel miracle — du temps à consacrer à ses amis et à ses œuvres personnelles.

DIDEROT ET SES AMIS. L'ami par excellence, c'est Grimm, auquel Diderot donne sans compter et son affection, et sa prose qui alimente la *Correspondance littéraire*, journal de l'écrivain allemand diffusé dans les cours d'Europe. L'amie, c'est Sophie Volland qu'il rencontre probablement en 1756 ; ils ne sont plus tout jeunes, ni l'un ni l'autre, pourtant le philosophe éprouve pour elle une tendresse passionnée qui ne se démentira pas jusqu'à la mort de Sophie (février 1784). Les lettres qu'il lui écrit (1759-1774, cf.p. 196 et 215) constituent peut-être son chef-d'œuvre. Et puis il y a le baron d'Holbach, Damilaville, Mme d'Epinay, Mme d'Houdetot et Saint-Lambert.

En décembre 1757 (cf. p. 267), c'est la brouille avec Rousseau qu'il poursuivra désormais de ses sarcasmes. On reste affligé de trouver le *bon* Diderot, cette *âme sensible*, capable d'une pareille haine : dans l'ami d'hier il ne voit plus qu'un traître qui aurait tenté de pactiser avec les ennemis des philosophes ; l'homme de cœur a cédé la place à l'homme de parti.

LES ŒUVRES DE LA MATURITÉ. Il est impossible d'établir un classement chronologique rigoureux des œuvres de Diderot dans cette période. D'abord, depuis Vincennes, s'il écrit beaucoup il publie peu ; la plupart de ses ouvrages, et les plus importants, ne seront édités qu'après sa mort. Le fait peut s'expliquer par des raisons de prudence peut-être, mais surtout par l'extrême dispersion du philosophe, par ses multiples occupations et par une absence complète de vanité littéraire. L'élaboration de certaines de ses œuvres s'étend sur de longues années (cf. p. 205), si bien qu'on ne peut leur assigner une date fixe. D'autre part il écrit simultanément dans les genres les plus divers, avec quelques préoccupations dominantes mais un extrême désordre apparent.

1. Théâtre. Diderot veut doter notre scène d'un genre nouveau, le *drame* ou la *comédie sérieuse* (cf. p. 227). Il mène de front la théorie et la pratique, publiant en 1757 *Le Fils naturel*, joué sans succès en 1771, et les *Entretiens sur le Fils naturel ;* en 1758 *Le Père de famille* (joué en 1761) et un traité *De la poésie dramatique*. Plus tard, oubliant un peu ses principes et ce désir de moraliser qui nuisait à sa verve, il écrira une comédie assez vivante, *Est-il bon ? est-il méchant ?* (achevée en 1781), où il figure lui-même sous les traits du héros, M. Hardouin. Enfin il réfléchit sur l'art du comédien et soutient l'idée, assez surprenante de sa part (cf. p. 200), que les grands acteurs, loin d'éprouver violemment les passions qu'ils expriment, sont des têtes froides qui calculent posément tous leurs effets : c'est le *Paradoxe sur le comédien* (1773).

2. Critique d'art. Depuis longtemps Diderot s'intéresse à l'esthétique abstraite : c'est lui qui rédige l'article beau de l'*Encyclopédie*. En 1759 il aborde la critique d'art avec ses *Salons* (1759-1781) destinés à la *Correspondance littéraire* de Grimm. On peut aussi glaner dans ses autres œuvres, en particulier dans les *Lettres à Sophie Volland*, le *Neveu de Rameau*, les *Entretiens sur le Fils naturel*, l'essai sur la *Poésie dramatique*, quantité d'idées souvent contradictoires, mais toujours vivantes, sur la beauté littéraire et artistique.

3. Romans et contes. Lecteur enthousiaste de Richardson (cf. p. 262) auquel il consacre en 1761 un *Éloge* dithyrambique, Diderot narrateur ne suit point, cependant, les traces de son idole : il apparaîtrait plutôt comme le disciple des *humoristes* anglais, de Sterne en particulier. Mais surtout, entre le conte philosophique, la nouvelle et le roman réaliste, il se fraie un chemin bien à lui. Ce sont tantôt de brefs récits ou dialogues : *Les Deux Amis de Bourbonne, Entretien d'un père avec ses enfants* (composés en 1770), *Ceci n'est pas un conte* (1772), *Regrets sur ma vieille robe de chambre* (publié en 1772) ; tantôt des œuvres plus longues : *La Religieuse* (composée en 1760) et ses deux romans les plus importants, *Le Neveu de Rameau* (commencé en 1762, cf. p. 205) et *Jacques le fataliste* (1773, cf. p. 208).

4. Essais philosophiques. Qu'il écrive ses contes, ses *Salons* ou ses drames, Diderot n'oublie jamais qu'il est philosophe. La nature de l'homme, sa place dans le monde, le sens de son destin, le moyen de fonder une morale, telles sont les questions qui sollicitent constamment sa pensée. Mais certains ouvrages leur sont plus particulièrement consacrés :

l'*Entretien entre D'Alembert et Diderot*, le *Rêve de D'Alembert* et la *Suite de l'Entretien* (1769, cf. p. 212), le *Supplément au Voyage de Bougainville* (vers 1772), la *Réfutation d'un ouvrage d'Helvétius intitulé L'Homme* (1773-1774), où il marque les limites que son matérialisme ne franchira pas. Soucieux d'instaurer une philosophie *positive*, il poursuit des études scientifiques, s'intéresse aux travaux des savants, et surtout à la *méthode expérimentale* qu'il a définie en 1753 dans les *Pensées sur l'interprétation de la nature* (cf. p. 211).

Diderot et Catherine II   Pour pouvoir doter sa fille, Diderot cherchait à vendre sa bibliothèque : en 1765 *l'impératrice de Russie l'achète*, mais lui en laisse la jouissance, sa vie durant. Le geste est généreux, mais du même coup le philosophe perd une partie de son indépendance. Voici *le plébéien Diderot courtisan de la tsarine*, sa protectrice attitrée. Elle l'invite à Saint-Pétersbourg : il entreprend ce long voyage en 1773, s'arrête quelque temps à La Haye, *demeure cinq mois à la cour de Russie* et rentre en France, après un nouveau séjour à La Haye, en octobre 1774. Il est enchanté et ne tarit pas d'éloges sur la souveraine : elle a indifféremment « l'âme de César » ou « l'âme de Brutus », « avec toutes les séductions de Cléopâtre » ! Après VOLTAIRE, DIDEROT s'est laissé prendre à son tour au mirage du *despotisme éclairé*.

DERNIÈRES ANNÉES, DERNIERS TRAVAUX. A la demande de la tsarine, il dresse le *Plan d'une université pour le gouvernement de Russie*. Il publie l'*Entretien d'un philosophe avec la maréchale de****, profession de foi matérialiste (1776), l'*Essai sur les règnes de Claude et de Néron* (1778) où il examine diverses questions de morale ; il rassemble des *Éléments de Physiologie* (1774-1778). Son activité est maintenant moins intense : il s'est dépensé sans compter et, avec l'âge, la fatigue se fait sentir. Ses dernières années sont calmes ; Diderot restera jusqu'au bout semblable à lui-même, mais il paraît alors apaisé, moins brillant peut-être mais aussi moins instable. Il meurt à Paris le 30 juillet 1784.

Le tempérament de Diderot   1. VITALITÉ. Diderot fut un être prodigieusement vivant, et son œuvre, qui ressemble un peu à une forêt vierge, reste puissamment marquée par cette *vitalité dynamique* : elle a la richesse, le foisonnement jaillissant, le désordre et jusqu'à l'incohérence apparente de la vie. Grand mangeur et grand buveur, Diderot n'est pas moins avide d'émotions et de connaissances que de sensations. Il manie les idées avec une véritable *ivresse* (cf. p. 217). Il est généreux au sens où l'on parle d'un sang généreux : il sème à tous vents idées, impressions, hypothèses (cf. p. 216) et prophéties (cf. p. 204) ; il se disperse sans jamais épuiser sa richesse intérieure. Soumis plus qu'un autre aux exigences et aux caprices de son *tempérament*, il est excessif, extrême en tout, et peut paraître instable. Il subit très vivement l'influence du milieu (cf. p. 197) et des émotions. « Dogmatique pour, le matin, dogmatique contre, l'après-midi », il accumule les *contradictions* dans son œuvre comme dans ses propos. Il passe sans transition de l'exaltation à l'abattement, chante ou maudit la sensibilité (cf. p. 199), trouve la vie excellente puis exécrable.

2. LE CŒUR ET LA RAISON. Il porte surtout en lui une contradiction essentielle, se montrant également tenté par les *lumières de la raison* et par les *transports de la sensibilité*. Il hésite par exemple entre deux conceptions inconciliables du *génie*, le génie froid, lucide et calculateur, fait de raison et de maîtrise de soi *(Paradoxe sur le comédien)* ou le génie instinctif et inspiré, presque délirant, déjà romantique (cf. p. 201 et 203). Il est ainsi singulièrement représentatif de ce tournant du siècle, du *rationalisme* au *culte de l'instinct et de la passion*. Diderot prend conscience de ce *conflit* intérieur et l'accepte allègrement, sans y voir un drame. D'ailleurs ce serait simplifier à l'excès cette dualité que d'opposer brutalement sa raison à sa sensibilité : les idées de Diderot sont toujours plus ou moins émotionnelles et lyriques, et il ne goûte pleinement ses émotions que lorsqu'elles se cristallisent autour d'une grande idée, comme l'idée de vertu, de bienfaisance ou de justice. Et Diderot n'est pas une girouette (cf. p. 196) ; il nous a donné lui-même le moyen de *discerner sa pensée dominante parmi les contradictions :* « notre véritable sentiment n'est pas celui dans lequel nous n'avons jamais vacillé, mais celui auquel nous sommes le plus habituellement revenus ». « Tout être vivant a une unité, sinon il ne serait pas vivant, écrit M. Mornet... Cette unité est dans le tempérament de Diderot. »

3. LE CŒUR ET LE CORPS. Plébéien, sensuel, bavard et démonstratif, Diderot manque de tact et de délicatesse. Sa sensibilité est avant tout une *émotivité physiologique :* trop exubérante, peu raffinée, elle ne révèle nullement une âme exquise. « Il me plaît fort, écrit Mlle de Lespinasse ; mais rien de toute sa manière ne vient à mon âme ; sa sensi-bilité est à fleur de peau : il ne va pas plus loin que l'émotion. » Il commet des fautes de goût qui traduisent de la *vulgarité* dans les sentiments eux-mêmes. Il a bon cœur sans doute, mais commet d'étranges confusions entre *plaisir* et *vertu,* entre les sensations les plus basses et les émotions élevées qui honorent l'homme. Il est vulgaire, de cœur et parfois de style, telle est la rançon de sa vitalité. Il lui arrive d'être cru et grossier, car il ignore cette élégance supérieure avec laquelle Voltaire sait faire passer les hardiesses les plus risquées. Bref, le *corps* tient une grande place dans la *sensibilité* et dans la *pensée* même de Diderot : très matériel, il semble avoir été prédisposé au matérialisme.

4. LA PENSÉE JAILLISSANTE. Mais cette vigueur de tempérament nous vaut une œuvre absolument originale en ce qu'elle nous permet sans cesse de saisir *à l'état naissant* la *pensée* de l'auteur. Diderot ne sait guère disserter : il écrit de verve, enchaînant les thèmes par associations d'idées, transformant en une manière personnelle son inapti-tude à composer de façon rigoureuse. On trouve dans ses ouvrages non pas la régu-larité d'une exposition magistrale, mais l'ordre plus secret de la *pensée spontanée,* de la *découverte* et de la *vie.* C'est tantôt l'*effusion lyrique* (ainsi p. 203), tantôt la forme du *dialogue* (p. 220) ou celle du *paradoxe* (215) qui permettent à l'auteur de ne rien sacrifier de sa richesse intérieure. Il joue les deux rôles à la fois, JACQUES et son MAITRE, MOI et LUI dans le *Neveu de Rameau ;* il essaie ainsi ses idées et transcrit son conflit intérieur. Il nous force nous-mêmes à réagir, à vérifier nos propres idées, à avouer nos préjugés. GŒTHE écrivait à son sujet : « La plus haute efficacité de l'esprit est d'éveiller l'esprit ».

DIDEROT ET LES LANGROIS

DIDEROT s'est rendu à Langres à l'occasion de la mort de son père. Retrouvant l'atmo-sphère de son pays natal, il y cherche l'explication de son propre tempérament. Le *ton* même de cette lettre à SOPHIE VOLLAND, d'abord spirituel et raisonneur, puis enthousiaste, traduit à merveille, dans sa complexité, le *caractère de l'auteur.*

Langres, le 10 août 1759.

Les habitants de ce pays ont beaucoup d'esprit, trop de vivacité, une inconstance de girouettes. Cela vient, je crois, des vicissitudes de leur atmosphère qui passe en vingt-quatre heures du froid au chaud, du calme à l'orage, du serein au pluvieux. Il est impossible que ces effets ne se fassent sentir sur eux, et que leurs âmes soient quelque temps de suite dans une même assiette [1]. Elles s'accoutument ainsi, dès la plus tendre enfance, à tourner à tout vent. La tête d'un Langrois est sur ses épaules comme un coq d'église en haut d'un clocher [2]. Elle n'est jamais fixe dans un point ; et si elle revient à celui qu'elle a quitté, ce n'est pas pour s'y
10 arrêter. Avec une rapidité surprenante dans les mouvements, dans les désirs, dans les projets, dans les fantaisies, dans les idées, ils ont le parler lent [3]. Il n'y a peut-être que ma sœur, dans toute la ville, qui ait la prononciation brève. C'est une exception dont j'ignore la cause. Il est sûr qu'à

— 1 Disposition stable. — 2 Comment la comparaison est-elle amenée ?   — 3 Étudier le rythme de la phrase.

l'entendre on la prendrait pour une étrangère. Pour moi, je suis de mon pays ; seulement le séjour de la capitale et l'application assidue m'ont un peu corrigé. Je suis constant dans mes goûts [4]. Ce qui m'a plu une fois me plaît toujours, parce que mon choix m'est toujours motivé. Que je haïsse ou que j'aime, je sais pourquoi. Il est vrai que je suis porté naturellement à négliger les défauts et à m'enthousiasmer des qualités. Je suis plus affecté des charmes de la vertu que de la difformité [5] du vice. Je me détourne doucement des méchants, et je vole au-devant des bons. S'il y a dans un ouvrage, dans un caractère, dans un tableau, dans une statue, un bel endroit, c'est là que mes yeux s'arrêtent ; je ne vois que cela ; je ne me souviens que de cela ; le reste est presque oublié. Que deviens-je [6] lorsque tout est beau ? Vous le savez, vous, ma Sophie, vous le savez, vous, mon amie. Un tout est beau lorsqu'il est un ; en ce sens Cromwell est beau, et Scipion aussi, et Médée, et Arria [7], et César, et Brutus [8]. Voilà un petit bout de philosophie qui m'est échappé. Ce sera le texte [9] d'une de vos causeries sur le banc du Palais-Royal [10]. Adieu, mon amie ; dans huit jours d'ici j'y serai, je l'espère.

– Diderot et Montesquieu. *Sur quels points (vocabulaire, causalité) l'explication du caractère des Langrois semble-t-elle se rattacher à la théorie des Climats (Cf. p. 107) ? Voir aussi : XIXᵉ SIÈCLE. TAINE, p. 399.*
• **Groupe thématique : Influence du milieu.** DIDEROT : « La leçon de la nature », p. 197. – « Combien nos sens influent sur notre morale », p. 213 – Rousseau : « Influence bienfaisante de la montagne », p. 283.
– Autoportrait. *En quoi DIDEROT est-il « de son pays » ? en quoi est-il différent ?*
• **Groupe thématique : L'enthousiasme.** DIDEROT, *p. 199, 203, 222.*

LA LEÇON DE LA NATURE

DIDEROT est le type même du citadin, qui ne peut se passer longtemps des salons, des discussions entre philosophes et de la vie trépidante de Paris. Pourtant, en vrai *préromantique*, il goûte à ses heures *l'influence apaisante de la nature*. Sa vive sensibilité se traduit ici par sa communion intime avec le milieu qui l'entoure : à la campagne il se sent un autre homme ; on dirait qu'il se plonge avec délices dans un bain lénifiant. Et il a su trouver les accents propres à nous communiquer cette *impression pénétrante et subtile (Correspondance, fragment sans date.)*

J'avais apporté ici [1] une âme serrée, un esprit obscurci de vapeurs noires [2]. Il me semble que je suis un peu mieux. Les sensations douces, lorsqu'elles sont continues, calment, sans qu'on s'en aperçoive, les mou-

— 4 « *Constant dans ses goûts, je le veux bien ; mais certes extrêmement mobile dans ses impressions* », tel est le commentaire de Sainte-Beuve. — 5 Le vice est une sorte de monstruosité. — 6 Préciser le sens. — 7 Romaine qui se poignarda devant son mari condamné à mort pour l'encourager à se tuer. — 8 Dans quelle intention Diderot a-t-il choisi et groupé ces exemples ? — 9 Sujet. — 10 Où Diderot retrouvait Sophie Volland. Cf. *Neveu de Rameau* (début) : « Qu'il fasse beau, qu'il fasse laid, c'est mon habitude d'aller sur les heures du soir me promener au Palais-Royal. C'est moi qu'on voit... rêvant sur le banc d'Argenson... »

— 1 Au Grandval (Seine-et-Oise), propriété de Mme d'Aine, belle-mère du baron d'Holbach. — 2 C'est le sens propre de *mélancolie*.

vements les plus violents [3]. On ne se défend pas de cette paix de la nature qui règne sans cesse autour de soi. On s'en défend d'autant moins qu'elle agit imperceptiblement. Ce n'est point une éloquence qu'on entende, c'est une persuasion qu'on respire [4] ; c'est un exemple auquel on se conforme par une pente naturelle à se mettre à l'unisson avec tout ce qu'on voit [5]. L'immobilité des arbres nous arrête ; l'étendue d'une plaine égare nos
10 yeux et notre âme ; le bruit égal et monotone des eaux nous endort. Il semble que tout nous berce dans les champs, nous partageons la rêverie de l'être [6] qui forma le désordre de cette scène où rien n'est arrangé ni déplacé, et celui qui me voit au loin errer à l'aventure sur cette scène m'y trouve fort bien. Il serait rempli d'étonnement et d'effroi, l'inquiétude le saisirait, je troublerais la tranquillité du spectacle pour lui, s'il me voyait précipiter mes pas, porter mes bras en l'air, arrêter des regards menaçants vers le ciel, me rouler à terre [7]. Toutes les douleurs ici finissent par être lentes et mélancoliques. Les querelles dans les champs ont un aspect plus hideux que dans les carrefours des villes ; c'est comme un
20 cri perçant dans le silence et l'obscurité de la nuit ; c'est comme un contraste de guerre avec l'image d'une paix générale ; et réciproquement un homme apathique, immobile, indolent, tranquille, dans le tumulte des villes, est comme un contraste avec l'image d'une guerre universelle. Au milieu d'une foule qui s'inquiète, qui s'agite, d'instinct on se met à rouler son tonneau [8]. C'est pour faire comme les autres. Ici, d'instinct, on s'assied, on se repose, on regarde sans voir, on abandonne son cœur, son âme, son esprit, ses sens à toute leur liberté ; c'est-à-dire qu'on ne fait rien, pour être au ton de tous les êtres. Ils sont, et l'on est. Tout est utile, tout sert, tout concourt, tout est bon, on n'est rien sans
30 y tâcher [9]. Est bien mal né, est bien méchant, est bien profondément pervers, celui qui médite le mal au milieu des champs. Il lutte [10] contre l'impression de la nature entière qui lui répète à voix basse et sans cesse, qui lui murmure à l'oreille : demeure en repos, demeure en repos, reste comme tout ce qui t'environne, dure comme tout ce qui t'environne, jouis doucement comme tout ce qui t'environne, laisse aller les heures, les journées, les années, comme tout ce qui t'environne, et passe comme tout ce qui t'environne : voilà la leçon continue de la nature.

- **Comparaison.** ROUSSEAU : « La rêverie au bord du lac », p. 340. Ressemblances et différences.
- **Groupe thématique : Influence de la nature.** ROUSSEAU : « Influence bienfaisante de la montagne », p. 283 ; – « La promenade sur le lac », p. 287 ; – « Pensées d'automne », p. 334 ; – p. 340.
- **Groupe thématique : La nature apaisante.** XIXe SIÈCLE. LAMARTINE : « Le Vallon », p. 96 ; – VIGNY : p. 137. – HUGO : « A Villequier », p. 175. – MUSSET : *Souvenir*, p. 226.
- **Groupe thématique : Déterminisme.** XIXe SIÈCLE. MICHELET « La Bretagne » p. 367. – XXe SIÈCLE. ROLLAND : « Le Fleuve... Les Cloches... », p. 107. – BARRÈS : p. 128. – PROUST : p. 246.
- **Groupe thématique : Harmonies.** « Mélancolie préromantique », p. 345. – XIXe SIÈCLE. CHATEAUBRIAND : « L'appel de l'infini », p. 42 ; – p. 52 ; – p. 77. – Lamartine : p. 98.

— 3 Montrer comment le rythme traduit l'impression ressentie. — 4 Apprécier cette distinction. — 5 Diderot sentait vivement la continuité de la vie universelle. — 6 Un dieu vague, considéré comme une sorte d'artiste. —

7 On croirait entendre Diderot critique d'art relevant une fausse note dans un tableau. — 8 Comme Diogène au milieu des Corinthiens s'apprêtant à soutenir un siège ; donc *s'agiter en pure perte*. — 9 Préciser le sens. — 10 Étudier le rythme de ces dernières lignes.

La sensibilité

Nous groupons ici divers extraits dont le rapprochement donnera une idée d'ensemble de la *sensibilité* de DIDEROT, et même de la *sensibilité en général* dans la seconde moitié du XVIIIe siècle. Il s'agit d'une *émotivité* très vive, dont le caractère physiologique est bien marqué. Mais on *cultive* ce don naturel, on lui attache une valeur sentimentale, morale et même intellectuelle (§ 5). Si l'on souffre parfois d'être une *âme sensible*, on en est fier. On a beau maudire les excès de la sensibilité, en fait on lui voue un véritable culte. — Cf. Vauvenargues (p. 259) et *Sensibilité* (p. 261-262).

Ses manifestations — Si le spectacle de l'injustice me transporte quelquefois d'une telle indignation que j'en perds le jugement, et que, dans ce délire, je tuerais, j'anéantirais, aussi [1] celui de l'équité me remplit d'une douceur, m'enflamme d'une chaleur et d'un enthousiasme où la vie, s'il fallait la perdre, ne me tiendrait à rien [2] ; alors il me semble que mon cœur s'étend au dedans de moi, qu'il nage ; je ne sais quelle situation [3] délicieuse et subite me parcourt partout ; j'ai peine à respirer ; il s'excite à toute la surface de mon corps comme un frémissement ; c'est surtout au haut du front, à l'origine des cheveux qu'il se fait sentir ; et puis les symptômes de l'admiration et du plaisir viennent se mêler sur mon visage avec ceux de la joie, et mes yeux se remplissent de pleurs. Voilà ce que je suis quand je m'intéresse vraiment à celui qui fait le bien.

A Sophie Volland, 18 octobre 1760.

Sa nature — La sensibilité, selon la seule acception qu'on ait donnée jusqu'à présent à ce terme, est, ce me semble, cette disposition compagne de la faiblesse des organes, suite de la mobilité du diaphragme [4], de la vivacité de l'imagination, de la délicatesse des nerfs, qui incline à compatir, à frissonner, à admirer, à craindre, à se troubler, à pleurer, à s'évanouir, à secourir, à fuir, à crier, à perdre la raison, à exagérer, à mépriser, à dédaigner, à n'avoir aucune idée précise du vrai, du bon et du beau, à être injuste, à être fou [5]. Multipliez les âmes sensibles, et vous multiplierez en même proportion les bonnes et les mauvaises actions en tout genre, les éloges et les blâmes outrés [6].

Paradoxe sur le comédien.

Son empire tyrannique — La sensibilité (...) ou l'extrême mobilité de certains filets du réseau [7] est la qualité dominante des êtres médiocres [8](...) Qu'est-ce qu'un être sensible ? Un être abandonné à la discrétion du diaphragme. Un mot touchant a-t-il frappé l'oreille, un phénomène singulier a-t-il frappé l'œil, et voilà tout à coup le tumulte intérieur qui s'élève, tous les brins du faisceau qui s'agitent, le frisson qui se répand, l'horreur qui saisit, les larmes qui coulent, les soupirs qui suffoquent, la voix qui s'interrompt, l'origine du faisceau qui ne sait ce qu'il devient ; plus de sang-froid, plus de jugement, plus d'instinct, plus de ressource [9].

Rêve de d'Alembert.

— 1 En revanche. — 2 Préciser le sens. — 3 Il semble qu'il s'agisse d'un lapsus, pour *sensation*. — 4 Car la respiration devient haletante dans les émotions vives. — 5 Quelle est l'impression produite par cette accumulation ?

— 6 Expliquer ces effets de la sensibilité. — 7 Cf. II, I, p. 212. — 8 Cf. Mlle de Lespinasse *(Lettres)* : « Nous sommes convenus que la sensibilité était le partage de la médiocrité ». — 9 C'est le médecin Bordeu qui est censé parler en ces termes.

Son amertume   Cette qualité si prisée, qui ne conduit à rien de
grand, ne s'exerce presque jamais fortement sans
douleur ou faiblement sans ennui ; ou l'on bâille, ou l'on est ivre [10]. Vous vous
prêtez sans mesure à la sensation d'une musique délicieuse ; vous vous laissez
entraîner au charme d'une scène pathétique ; votre diaphragme se serre, le
plaisir est passé, et il ne vous reste qu'un étouffement qui dure toute la soirée [9].

Rêve de d'Alembert.

Ah ! Sophie, la vie est bien mauvaise chose pour les âmes sensibles ; elles sont
entourées de cailloux qui les choquent et les froissent sans cesse [11].

A Sophie Volland, 20 septemre 1760.

Ses vertus   Heureux celui qui a reçu de nature une âme
sensible et mobile ! Il porte en lui la source d'une
multitude d'instants délicieux que les autres ignorent [12]. Tous les hommes
s'affligent, mais c'est lui seul qui sait se plaindre et pleurer(...)C'est son cœur qui
lie ses idées. Celui qui n'a que de l'esprit, que du génie ne l'entend [13] pas. Il est
un organe qui leur manque. La langue du cœur est mille fois plus variée que celle
de l'esprit, et il est impossible de donner les règles de sa dialectique. Cela tient
du délire et ce n'est pas le délire ; cela tient du rêve et ce n'est pas le rêve. Mais
comme dans le rêve ou le délire, ce sont les fils du réseau qui commandent à leur
origine [14], le maître se résout à la condition d'interprète.

A Sophie Volland, fragment sans date.

Le Génie

Cet article de l'*Encyclopédie,* paru en 1757 et attribué aujourd'hui à Saint-Lambert, a certainement été approuvé par Diderot. Boileau parlait de la *raison* et du *bon sens,* M.-J. Chénier dira encore :
« *le génie est la raison sublime* » ; pour Diderot, le génie est un *instinct,* une *inspiration* puissante,
intuitive, enthousiaste, qu'aucune règle ne saurait brider. Il peut même *entrer en conflit avec la
raison :* « il a sa source dans une extrême sensibilité qui le rend susceptible d'une foule d'impressions
nouvelles par lesquelles il peut être détourné du dessein principal, contraint... de sortir des lois
de la raison ». Dans les arts et la littérature, il est rebelle à l'empire du *goût.* Cette conception
marque le passage de l'*âge classique* à l'*âge romantique :* elle *annonce l'avenir.*

GÉNIE. *(Philosophie et littérature.)* L'étendue de l'esprit, la force de l'imagination et l'activité de l'âme, voilà le *génie.* De la manière dont on
reçoit ses idées dépend celle dont on se les rappelle. L'homme jeté
dans l'univers reçoit avec des sensations plus ou moins vives les idées de tous les
êtres [1]. La plupart des hommes n'éprouvent de sensations vives que par l'impression des objets qui ont un rapport immédiat à leurs besoins, à leur goût, etc.
Tout ce qui est étranger à leurs passions, tout ce qui est sans analogie à leur
manière d'exister, ou n'est point aperçu par eux, ou n'en est vu qu'un instant
sans être senti, et pour être à jamais oublié.

— 10 Cf. cette notation de Mlle de Lespinasse : mon âme « passe sans cesse de l'état
de convulsion à celui de l'abattement ». —
11 Cf. Julie *(Nouvelle Héloïse,* p. 294) : « On
m'a fait boire jusqu'à la lie la coupe amère et
douce de la sensibilité ». — 12 Mlle de Lespinasse dira de la sensibilité et de la tendresse :
« Elles attachent, elles lient, elles remplissent
toute la vie ». — 13 Comprend. — 14 Cf. n. 7.

— 1 Selon l'auteur, toutes nos *idées* nous
viennent de *sensations* (cf. p. 247-248).

10   L'homme de *génie* est celui dont l'âme, plus étendue, frappée par les sensations de tous les êtres, intéressée à tout ce qui est dans la nature, ne reçoit pas une idée qu'elle n'éveille un sentiment ; tout l'anime et tout s'y conserve [2].

Lorsque l'âme a été affectée par l'objet même, elle l'est encore par le souvenir ; mais, dans l'homme de *génie*, l'imagination va plus loin : il se rappelle des idées avec un sentiment plus vif qu'il ne les a reçues, parce qu'à ces idées mille autres se lient, plus propres à faire naître le sentiment.

Le *génie* entouré des objets dont il s'occupe ne se souvient pas : il voit ; il ne se borne pas à voir : il est ému ; dans le silence et l'obscurité du cabinet, il jouit de cette campagne riante et féconde ; il est glacé par le sifflement des vents ; il
20 est brûlé par le soleil, il est effrayé des tempêtes. L'âme se plaît souvent dans ces affections [3] momentanées ; elles lui donnent un plaisir qui lui est précieux ; elle se livre à tout ce qui peut l'augmenter ; elle voudrait par des couleurs vraies, par des traits ineffaçables, donner un corps aux fantômes qui sont son ouvrage, qui la transportent ou qui l'amusent [4].

Veut-elle peindre quelques-uns de ces objets qui viennent l'agiter, tantôt les êtres se dépouillent de leurs imperfections ; il ne se place dans ses tableaux que le sublime, l'agréable : alors le *génie* peint en beau [5] ; tantôt elle ne voit dans les événements les plus tragiques que les circonstances les plus terribles ; et le *génie* répand dans ce moment les couleurs les plus sombres, les expressions énergiques
30 de la plainte et de la douleur ; il anime la matière, il colore la pensée ; dans la chaleur de l'enthousiasme, il ne dispose ni de la nature, ni de la suite de ses idées ; il est transporté dans la situation des personnages qu'il fait agir ; il a pris leur caractère [6] : s'il éprouve dans le plus haut degré les passions héroïques, telles que la confiance d'une grande âme que le sentiment de ses forces élève au-dessus de tout danger, telles que l'amour de la patrie porté jusqu'à l'oubli de soi-même, il produit le sublime, le *moi* de Médée [7], le *qu'il mourût* du vieil Horace, le *je suis consul de Rome* de Brutus [8] ; transporté par d'autres passions, il fait dire à Hermione : *qui te l'a dit?* à Orosmane : *j'étais aimé* [9] ; à Thyeste : *je reconnais mon frère* [10]. (...)

40   Le *génie* n'est pas toujours *génie ;* quelquefois, il est plus aimable que sublime ; il sent et peint moins dans les objets le beau que le gracieux ; il éprouve et fait moins éprouver des transports qu'une douce émotion [11]. (...)

Le goût est souvent séparé du *génie* [12]. Le *génie* est un pur don de la nature ; ce qu'il produit est l'ouvrage d'un moment ; le goût est l'ouvrage de l'étude et du temps ; il tient à la connaissance d'une multitude de règles ou établies ou supposées ; il fait produire des beautés qui ne sont que de convention [13]. Pour qu'une chose soit belle selon les règles du goût, il faut qu'elle soit élégante, finie, travaillée sans le paraître : pour être de génie, il faut quelquefois qu'elle soit négligée, qu'elle ait l'air irrégulier, escarpé, sauvage. Le sublime et le *génie* brillent dans Shakes-
50 peare comme des éclairs dans une longue nuit, et Racine est toujours beau : Homère est plein de *génie*, et Virgile d'élégance.

— 2 Dégager ces deux différences entre l'homme de génie et l'homme ordinaire. — 3 Impressions. — 4 Montrer comment on s'achemine vers la *création littéraire* (§ suivant) — 5 C'est la *belle nature* des classiques. — 6 Montrer que l'on reconnaît ici *l'inspiration* romantique. — 7 Corneille, *Médée* (I, 5) : « Dans un si grand revers que vous reste-t-il ? — *Moi* ». —

8 *Brutus*, de Voltaire (1730). — 9 Dans *Zaïre*, de Voltaire (p. 189). — 10 *Atrée et Thyeste*, de Crébillon (1707). — 11 Dans le § suivant, l'auteur parle du génie comique, qui « agrandit le champ du ridicule » : on songe à Molière. — 12 Idée importante, qui oppose Diderot à Voltaire, et sera reprise par Hugo. — 13 Cf. la critique de la tragédie classique par Hugo.

Les règles et les lois du goût donneraient des entraves au *génie* ; il les brise pour voler au sublime, au pathétique, au grand. L'amour de ce beau éternel qui caractérise la nature, la passion de conformer ses tableaux à je ne sais quel modèle qu'il a créé et d'après lequel il a les idées et les sentiments du beau, sont le goût de l'homme de *génie*. Le besoin d'exprimer les passions qui l'agitent est continuellement gêné par la grammaire et par l'usage : souvent l'idiome dans lequel il écrit se refuse à l'expression d'une image qui serait sublime dans un autre idiome [14]...

Enfin, la force et l'abondance, je ne sais quelle rudesse, l'irrégularité, le sublime,
60 le pathétique, voilà dans les arts le caractère du *génie* ; il ne touche pas faiblement, il ne plaît pas sans étonner, il étonne encore par ses fautes [15].(...)

Le *génie* [16] est frappé de tout, et, dès qu'il n'est point livré à ses pensées et subjugué par l'enthousiasme, il étudie, pour ainsi dire, sans s'en apercevoir ; il est forcé, par les impressions que les objets font sur lui, à s'enrichir sans cesse de connaissances qui ne lui ont rien coûté ; il jette sur la nature des coups d'œil généraux et perce ses abîmes. Il recueille dans son sein des germes qui y entrent imperceptiblement et qui produisent dans le temps des effets si surprenants qu'il est lui-même tenté de se croire inspiré : il a pourtant le goût de l'observation, mais il observe rapidement un grand espace, une multitude d'êtres [17] [...].
70 Le vrai ou le faux, dans les productions philosophiques, ne sont point les caractères distinctifs du *génie*. (...)

Le *génie* hâte cependant les progrès de la philosophie par les découvertes les plus heureuses et les moins attendues [18] : il s'élève d'un vol d'aigle vers une vérité lumineuse, source de mille vérités auxquelles parviendra dans la suite en rampant la foule timide des sages observateurs. Mais, à côté de cette vérité lumineuse, il placera les ouvrages de son imagination : incapable de marcher dans la carrière et de parcourir successivement les intervalles, il part d'un point et s'élance vers le but ; il tire un principe fécond des ténèbres ; il est rare qu'il suive la chaîne des conséquences ; il est primesautier, pour me servir de l'expression de
80 Montaigne. Il imagine plus qu'il n'a vu ; il produit plus qu'il ne découvre ; il entraîne plus qu'il ne conduit : il anima les Platon, les Descartes, les Malebranche, les Bacon, les Leibnitz ; et, selon le plus ou moins que l'imagination domina dans ces grands hommes, il fit éclore des systèmes brillants ou découvrir de grandes vérités [19]. (...)

Dans les arts, dans les sciences, dans les affaires [20], le *génie* semble changer la nature des choses ; son caractère se répand sur tout ce qu'il touche, et ses lumières, s'élançant au-delà du passé et du présent, éclairent l'avenir : il devance son siècle qui ne peut le suivre ; il laisse loin de lui l'esprit qui le critique avec raison, mais qui, dans sa marche égale, ne sort jamais de l'uniformité de la nature. Il est
90 mieux senti que connu par l'homme qui veut le définir : ce serait à lui-même à parler de lui ; et cet article, que je n'aurais pas dû faire, devait être l'ouvrage d'un de ces hommes extraordinaires, qui honore ce siècle, et qui, pour connaître le *génie*, n'aurait eu qu'à regarder en lui-même [21].

— 14 Aussi Homère et Milton ont-ils eu recours à plusieurs dialectes. — 15 Cf. La Bruyère : « L'on voit bien que c'est quelque chose de manqué par un habile homme, et une faute de Praxitèle ». — 16 L'auteur passe au génie *philosophique*. — 17 Tout cela s'applique exactement à Diderot lui-même. — 18 Ainsi dans le *Rêve de d'Alembert* (cf. p. 212 et 216).

— 19 L'auteur aborde ensuite le *génie politique*, puis le génie des *grands capitaines* (Alexandre, Condé). — 20 Dans la politique. — 21 Hommage à VOLTAIRE (mais celui-ci vous paraît-il vraiment incarner le *génie* tel qu'il est ici conçu ?), ou hommage à Diderot ?

Un paradoxe du Neveu de Rameau [1] : Les hommes de génie ? « Il n'en faut point ».

LUI : Ils ne sont bons qu'à une chose, passé cela, rien ; ils ne savent ce que c'est d'être citoyens, pères, mères, frères, parents, amis. Entre nous, il faut leur ressembler de tout point, mais ne pas désirer que la graine en soit commune. Il faut des hommes ; mais pour des hommes de génie, point ; non, ma foi, il n'en faut point. Ce sont eux qui changent la face du globe ; et dans les plus petites choses, la sottise est si commune et si puissante qu'on ne la réforme pas sans charivari. Il s'établit partie de ce qu'ils ont imaginé, partie reste comme il était ; de là deux évangiles, un habit d'arlequin. La sagesse du moine de Rabelais [2] est la vraie sagesse pour son repos et pour celui des autres. Faire son devoir tellement quellement, toujours dire du bien de M. le prieur et laisser aller le monde à sa fantaisie. Il va bien, puisque la multitude en est contente. Si je savais l'histoire, je vous montrerais que le mal est toujours venu ici-bas par quelque homme de génie. (*Le Neveu de Rameau*)

LA POÉSIE DE L'AVENIR

Voici comment DIDEROT conçoit le *génie poétique*. Il réagit violemment contre la tendance de son temps à considérer la poésie comme un simple ornement, fleur d'une civilisation raffinée. L'*inspiration* est une émotion violente, une force instinctive et sauvage, un *délire* ; ici encore, *le génie s'oppose au goût*. Diderot semble *prophétiser*, dans ces lignes inspirées, la tourmente révolutionnaire et la poésie romantique. Cet idéal correspond à un besoin des générations montantes, comme vont le prouver, deux ans plus tard (1760), les accents « barbares » des poèmes attribués à OSSIAN par l'Écossais MACPHERSON *(De la Poésie dramatique, ch. XVIII).*

Qu'est-ce qu'il faut au poète ? Est-ce une nature brute ou cultivée, paisible ou troublée ? Préférera-t-il la beauté d'un jour pur et serein à l'horreur d'une nuit obscure, où le sifflement interrompu des vents se mêle par intervalles au murmure [1] sourd et continu d'un tonnerre éloigné, et où il voit l'éclair allumer le ciel sur sa tête [2] ? Préférera-t-il le spectacle d'une mer tranquille à celui des flots agités ? Le muet et froid édifice d'un palais à la promenade parmi des ruines [3] ? Un édifice construit, un espace planté de la main des hommes, au touffu d'une antique forêt, au creux ignoré d'une roche déserte ? Des nappes d'eau,
10 des bassins, des cascades, à la vue d'une cataracte [4] qui se brise en tombant à travers des rochers, et dont le bruit se fait entendre au loin du berger qui a conduit son troupeau dans la montagne, et qui l'écoute avec effroi ?

La poésie veut quelque chose d'énorme, de barbare et de sauvage.

C'est lorsque la fureur de la guerre civile ou du fanatisme arme les hommes de poignards, et que le sang coule à grands flots sur la terre,

---

— I Cf. p. 205. — 2 Frère Jean (cf. *XVIe Siècle*, p. 56).

— I *Grondement :* sens étymologique. — 2 Cf. Chateaubriand : « Levez-vous vite, orages

désirés... » ; « Je marchais à grands pas, le visage enflammé, le vent sifflant dans ma chevelure, ne sentant ni pluie, ni frimas... » *(René)* — 3 Cf. p. 222. — 4 Cf. la cataracte du Niagara, dans Chateaubriand *(Atala).*

que le laurier d'Apollon ⁵ s'agite et verdit. Il en veut être arrosé. Il se
flétrit dans les temps de la paix et du loisir. Le siècle d'or ⁶ eût produit
une chanson peut-être, ou une élégie. La poésie épique et la poésie drama-
20 tique demandent d'autres mœurs.

Quand verra-t-on naître des poètes ? Ce sera après les temps de
désastres et de grands malheurs ; lorsque les peuples harassés commen-
ceront à respirer. Alors les imaginations, ébranlées par des spectacles
terribles, peindront des choses inconnues à ceux qui n'en ont pas été les
témoins. N'avons-nous pas éprouvé, dans quelques circonstances, une
sorte de terreur qui nous était étrangère ⁷ ? Pourquoi n'a-t-elle rien
produit ? N'avons-nous plus de génie ?

Le génie est de tous les temps ; mais les hommes qui le portent en
eux demeurent engourdis, à moins que des événements extraordinaires
30 n'échauffent la masse, et ne les fassent paraître ⁸. Alors les sentiments
s'accumulent dans la poitrine, la travaillent ; et ceux qui ont un organe ⁹,
pressés de parler, le déploient et se soulagent ¹⁰.

– **Essai** : *a) En quoi la conception de* DIDEROT *s'oppose-t-elle à celle de* VOLTAIRE *et du* XVIIIᵉ SIÈCLE *en général
(cf. p. 353) ? – b) Dans l'œuvre de* CHÉNIER *(cf. p. 365-382) quels poèmes vous semblent confirmer les intuitions
de* DIDEROT *? – c) En quoi ce texte vous semble-t-il annoncer la poésie romantique ?*
– **Confrontation.** *Indiquez en quoi l'extrait ci-dessous précise et complète l'idéal poétique de* DIDEROT. « *Prêtres, placez
vos autels, élevez vos édifices au fond des forêts. Que les plaintes de vos victimes percent les ténèbres. Que vos scènes
mystérieuses, théurgiques ¹¹, sanglantes, ne soient éclairées que de la lueur funeste des torches. La clarté est bonne
pour convaincre ; elle ne vaut rien pour émouvoir. La clarté, de quelque manière qu'on l'entende, nuit à l'enthousiasme.
Poètes, parlez sans cesse d'éternité, d'infini, d'immensité, du temps, de l'espace, de la divinité, des tombeaux, des mânes,
des enfers, d'un ciel obscur, des mers profondes, des forêts obscures, du tonnerre, des éclairs qui déchirent la nue.
Soyez ténébreux. Les grands bruits ouïs au loin, la chute des eaux qu'on entend sans les voir, le silence, la solitude,
le désert, les ruines, les cavernes, le bruit des tambours voilés, les coups de baguette séparés par des intervalles, les
coups d'une cloche interrompus et qui se font attendre, le cri des oiseaux nocturnes, celui des bêtes féroces en hiver,
pendant la nuit, surtout s'il se mêle au murmure des vents, toute plainte qui cesse et qui reprend, qui reprend avec
éclat, et qui finit en s'éteignant : il y a, dans toutes ces choses, je ne sais quoi de terrible, de grand et obscur. »
(Salon de 1967, Vernet).*

LE CONTEUR RÉALISTE

Un réalisme sélectif   Au XIXᵉ siècle, les Goncourt ont salué en Diderot le
créateur du *roman réaliste*. De fait, dans ses romans et
contes, il apparaît comme un précurseur. Renonçant à la stylisation et à l'idéalisation
classiques, il s'intéresse vivement à la réalité matérielle, au corps et au comportement des
personnages, aux détails vrais. Il dit lui-même du conteur : « Il parsèmera son récit de
petites circonstances si liées à la chose, de traits si simples, si naturels et toutefois si difficiles à imaginer, que vous serez forcé de vous dire en vous-même : Ma foi, cela est vrai : on

— 5 Dieu de la grande poésie. — 6 Époque fabuleuse où les hommes auraient connu un
bonheur parfait. — 7 L'inspiration ainsi
conçue est une sorte de délire. — 8 Comparer

la formule de Voltaire : « Le génie n'a qu'un
siècle, après quoi il faut qu'il dégénère »
(cf. p. 153, l. 61). — 9 Le don du verbe, de
l'expression poétique. — 10 Terme à commenter. — 11 Magiques.

n'invente pas ces choses-là ». *(Les Deux Amis de Bourbonne)*. Il excelle à reproduire la mimique du Neveu de Rameau (p. 207), à animer soit une scène plaisante ou pathétique (p. 209), soit un dialogue (p. 220), enfin à peindre une estampe qui prendrait vie dans son cadre.

Mais ce réalisme est très personnel : épris de caractères tranchés, d'individus originaux, *Diderot ne confond jamais vérité et banalité*. Son réalisme n'est jamais une plate copie de la réalité quotidienne. L'artiste choisit les traits frappants et significatifs et les met en valeur par une langue extrêmement pittoresque : « J'ai un diable de ramage saugrenu, moitié des gens du monde et des lettres, moitié de la Halle », dit son héros, le Neveu de Rameau. C'est aussi un réalisme *satirique*, plein de verve et de mordant, emporté dans un mouvement endiablé.

Roman et conte philosophique

Et pourtant, à propos de ses contes ou récits, il est difficile de parler de *romans*. A une exception près, le Neveu de Rameau, que lui fournissait la réalité, ses personnages sont des fantoches, des marionnettes comme Jacques et son Maître, dont l'auteur tire les ficelles. Dans *Jacques le fataliste*, seuls les héros des récits secondaires sont de vrais héros de roman (cf. p. 209). On sent trop la présence ironique de Diderot qui dialogue avec lui-même, jouant tous les rôles à la fois. D'autre part, si vivants que soient les contes, leur intention philosophique est trop apparente : ils sont destinés à éprouver une thèse (cf. p. 218-220), à mettre en valeur une idée. Ainsi Diderot crée la technique réaliste sans être un romancier au sens où on l'a entendu jusqu'à l'aube du XXᵉ s.

Le Neveu de Rameau

Commencée en 1762, restée en chantier une vingtaine d'années, l'œuvre, inédite du vivant de Diderot, eut un destin très curieux : elle fut connue d'abord par la traduction allemande qu'en donna Gœthe en 1805, puis par des copies de seconde main, jusqu'au jour où l'érudit Monval découvrit chez un bouquiniste le manuscrit autographe de Diderot (1891). L'œuvre est une SATIRE, à la fois au sens ordinaire du terme, et au sens de *pot-pourri* qu'avait à l'origine le mot latin *satura*. C'est une satire, car Diderot s'en prend à ses adversaires, en particulier à PALISSOT qui l'avait raillé dans sa comédie des *Philosophes* (1760) et à FRÉRON ; c'est un pot-pourri, car l'auteur y déverse, selon le rythme désordonné de la conversation, la plupart de ses idées morales et esthétiques, depuis la question du fondement de la morale et de l'éducation jusqu'à son goût pour la musique italienne, plus passionnée et plus naturelle selon lui que la musique de Rameau (querelle des Bouffons, cf. p. 10).

1. RAMEAU LE NEVEU. L'œuvre se présente comme un *dialogue* entre Jean-François Rameau (LUI) et Diderot (MOI), dialogue introduit par la présentation du personnage (p. 206) et coupé de temps en temps par des réflexions de l'auteur. Ce JEAN-FRANÇOIS RAMEAU est un personnage réel, neveu du grand RAMEAU le musicien. C'était un *bohème*, sans caractère sinon sans talents, qui se laissa aller après la mort de sa femme et de son enfant et tomba dans la misère. De cette figure pittoresque mais surtout lamentable, et au demeurant plutôt sympathique, Diderot a fait un *type*, celui du parasite cynique, du raté génial, homme à paradoxes dépourvu de tout sens moral (cf. p. 203, 206 et 220). Son héros ressemble certainement au modèle, mais tous ses traits sont accusés, ses dons naturels et ses défauts sont portés à leur paroxysme.

2. LUI ET MOI. La ressemblance physique entre Rameau et Diderot est frappante : même vigueur de poumons, même voix de stentor, même goût de la gesticulation, même don de mimer ce qu'ils ressentent. Diderot lui aussi a connu la vie de bohème ; il est remarquable lui aussi par la chaleur de son imagination. Nous comprenons ainsi que *son héros est un autre lui-même :* le philosophe s'intéresse au bohème parce qu'il lui ressemble tout en s'opposant violemment à lui. Il ne prend certes pas à son compte tous les scandaleux paradoxes de Rameau, mais ce sont au moins des objections qu'il a dû se faire à lui-même : *Rameau traduit la tendance anarchique que Diderot refoule généralement*. Denis le philosophe se laisse fasciner un moment par le spectacle de l'*être qu'il aurait pu devenir*.

UN SINGULIER PERSONNAGE

Le neveu de Rameau est un bohème, une « espèce » comme on disait alors. DIDEROT le connaît « de longue main », et il éprouve à son égard des sentiments contradictoires : *il ne l'estime pas*, nous dit-il, et pourtant *il est très attiré par lui :* c'est que de tels *originaux* agissent comme un *ferment* et obligent à réagir contre le conformisme et la tyrannie des conventions sociales. La présente rencontre a lieu au café de la Régence, place du Palais-Royal, rendez-vous des joueurs d'échecs.

Un après-dîner, j'étais là, regardant beaucoup, parlant peu et écoutant le moins que je pouvais [1], lorsque je fus abordé par un des plus bizarres personnages de ce pays où Dieu n'en a pas laissé manquer. C'est un composé de hauteur et de bassesse, de bon sens et de déraison. Il faut que les notions de l'honnête et du déshonnête soient bien étrangement brouillées dans sa tête, car il montre ce que la nature lui a donné de bonnes qualités sans ostentation, et ce qu'il en a reçu de mauvaises sans pudeur. Au reste, il est doué d'une organisation forte, d'une chaleur d'imagination singulière, et d'une vigueur de poumons peu
10 commune. Si vous le rencontrez jamais et que son originalité ne vous arrête [2] pas, ou vous mettrez vos doigts dans vos oreilles, ou vous vous enfuirez. Dieux, quels terribles poumons ! Rien ne dissemble [3] plus de lui que lui-même. Quelquefois il est maigre et hâve comme un malade au dernier degré de la consomption ; on compterait ses dents à travers ses joues, on dirait qu'il a passé plusieurs jours sans manger, ou qu'il sort de la Trappe [4]. Le mois suivant, il est gras et replet comme s'il n'avait pas quitté la table d'un financier, ou qu'il eût été renfermé dans un couvent de Bernardins. Aujourd'hui en linge sale, en culotte déchirée, couvert de lambeaux, presque sans souliers, il va la tête basse, il se
20 dérobe, on serait tenté de l'appeler pour lui donner l'aumône. Demain poudré, chaussé, frisé, bien vêtu, il marche la tête haute, il se montre, et vous le prendriez à peu près [5] pour un honnête homme [6]. Il vit au jour la journée ; triste ou gai, selon les circonstances. Son premier soin [7] le matin, quand il est levé, est de savoir où il dînera ; après dîner, il pense où il ira souper. La nuit amène aussi son inquiétude : ou il regagne, à pied, un petit grenier qu'il habite, à moins que l'hôtesse ennuyée d'attendre son loyer, ne lui en ait redemandé la clef ; ou il se rabat dans une taverne du faubourg où il attend le jour entre un morceau de pain et un pot de bière. Quand il n'a pas six sous dans sa poche, ce qui lui

---

— 1 Parce que les joueurs d'échecs sont parfois des sots. — 2 Retienne. — 3 Verbe forgé par Diderot, d'après *ressembler* et *dissemblable*. — 4 Couvent dont la règle est extrê-mement sévère. Les *Bernardins* passaient au contraire pour de bons vivants. — 5 Commenter cette restriction. — 6 Préciser le sens. — 7 Souci.

30 arrive quelquefois, il a recours soit à un fiacre [8] de ses amis, soit au cocher d'un grand seigneur qui lui donne un lit sur de la paille, à côté de ses chevaux. Le matin il a encore une partie de son matelas dans ses cheveux[9]. Si la saison est douce, il arpente toute la nuit le Cours [10] ou les Champs-Élysées. Il réparaît avec le jour à la ville, habillé de la veille pour le lendemain, et du lendemain quelquefois pour le reste de la semaine. Je n'estime pas ces originaux-là ; d'autres en font leurs connaissances familières, même leurs amis. Ils m'arrêtent une fois l'an, quand je les rencontre, parce que leur caractère tranche avec celui des autres, et qu'ils rompent cette fastidieuse uniformité que notre éducation, nos 40 conventions de société, nos bienséances d'usage, ont introduite. S'il en paraît un dans une compagnie, c'est un grain de levain qui fermente et qui restitue à chacun une portion de son individualité naturelle [11]. Il secoue, il agite ; il fait approuver ou blâmer ; il fait sortir la vérité, il fait connaître les gens de bien ; il démasque les coquins ; c'est alors que l'homme de bon sens écoute et démêle son monde.

– **Portrait.** *Relevez les détails physiques et les comportements révélant la personnalité morale du Neveu. Quel est le trait dominant de cet original ? En quoi semble-t-il être réel et qu'a-t-il de commun avec DIDEROT (cf. p. 193-196) ?*
– Le parasite. *Étudiez les variations sur le thème de la dépendance de RAMEAU par rapport à ses protecteurs (nourriture, etc). Quels aspects de son caractère se révèlent à ce propos ?*
– Le « grain de levain ». (l. 41). *Qu'est-ce qui désigne Rameau pour critiquer la « belle société » et remettre en question la morale ? Comparez son rôle à celui du Persan de MONTESQUIEU ou de Micromégas.*
– Pantomime. *Parlant du drame (p. 229). DIDEROT évoque le pouvoir révélateur des gestes et de la « pantomime ». Étudiez cet aspect de son art dans cet extrait et les deux suivants.*

L'homme orchestre

Entre autres talents, le neveu de Rameau possède, à un degré rare, celui de la *pantomime :* il faut le voir exécuter un morceau de musique sans violon ni clavecin ! Un peu plus loin il se surpassera, « faisant lui seul les danseurs, les danseuses, les chanteurs, les chanteuses, tout un orchestre, tout un théâtre lyrique ». Diderot a su peindre avec une vie étonnante cette gesticulation forcenée, mais infiniment expressive. On verra (p. 229) l'importance qu'il attachait à la *mimique* des acteurs.

En même temps, il se met dans l'attitude d'un joueur de violon ; il fredonne de la voix un *allegro* [1] de Locatelli [2], son bras droit imite le mouvement de l'archet, sa main gauche et ses doigts semblent se promener sur la longueur du manche ; s'il fait un ton faux, il s'arrête, il remonte ou baisse la corde ; il la pince de l'ongle pour s'assurer si elle est juste ; il reprend le morceau où il l'a laissé. Il bat la mesure du pied, il se démène de la tête, des pieds, des mains, des bras, du corps, comme vous avez vu quelquefois, au concert spirituel [3], Ferrari ou Chiabran [4], ou quelque autre virtuose dans les mêmes convulsions,

— 8 Cocher de fiacre. — 9 Commenter cette expression plaisante. — 10 Le Cours-la-Reine. — 11 Or Diderot aime les individualités bien marquées, les caractères tranchés.

— 1 Mouvement vif et gai d'une sonate. — 2 Virtuose et compositeur italien. — 3 Concert de musique religieuse, fondé par Philidor en 1725. — 4 Violonistes italiens.

m'offrant l'image du même supplice et me causant à peu près la même peine ;
10 car n'est-ce pas une chose pénible à voir que le tourment dans celui qui s'occupe
à me peindre le plaisir ? Tirez entre cet homme et moi un rideau qui me le cache,
s'il faut qu'il me montre un patient appliqué à [5] la question. Au milieu de ses
agitations et de ses cris, s'il se présentait une tenue [6], un de ces endroits harmonieux où l'archet se meut lentement sur plusieurs cordes à la fois, son visage
prenait l'air de l'extase ; sa voix s'adoucissait, il s'écoutait avec ravissement. Il est
sûr que les accords résonnaient dans ses oreilles et dans les miennes. Puis remettant
son instrument sous son bras gauche de la même main dont il le tenait, et laissant
tomber sa main droite avec son archet : Eh bien, me disait-il, qu'en pensez-vous ?

Moi : A merveille !

20 Lui : Cela va, ce me semble ; cela résonne à peu près comme les autres.
Et aussitôt il s'accroupit comme un musicien qui se met au clavecin [7].

« Je vous demande grâce pour vous et pour moi », lui dis-je.

Lui : Non, non ; puisque je vous tiens, vous m'entendrez. Je ne veux point
d'un suffrage [8] qu'on m'accorde sans savoir pourquoi. Vous me louerez d'un ton
plus assuré, et cela me vaudra quelque écolier.

Moi : Je suis si peu répandu [9], et vous allez vous fatiguer en pure perte.

Lui : Je ne me fatigue jamais.

Comme je vis que je voudrais inutilement avoir pitié de mon homme, car la
sonate sur le violon l'avait mis tout en eau, je pris le parti de le laisser faire. Le
30 voilà donc assis au clavecin, les jambes fléchies, la tête élevée vers le plafond où
l'on eût dit qu'il voyait une partition notée, chantant, préludant, exécutant une
pièce d'Alberti ou de Galuppi [10], je ne sais lequel des deux. Sa voix allait comme
le vent et ses doigts voltigeaient sur les touches, tantôt laissant le dessus [11] pour
prendre la basse, tantôt quittant la partie d'accompagnement pour revenir
au dessus. Les passions se succédaient sur son visage [12]. On y distinguait la
tendresse, la colère, le plaisir, la douleur ; on sentait les piano, les forte [13], et je
suis sûr qu'un plus habile que moi aurait reconnu le morceau au mouvement,
au caractère, à ses mines et à quelques traits [14] de chant qui lui échappaient par
intervalle. Mais ce qu'il y avait de bizarre, c'est que de temps en temps il tâtonnait,
40 se reprenait comme s'il eût manqué, et se dépitait de n'avoir plus la pièce dans
les doigts.

Jacques le fataliste

Le *Neveu de Rameau* était une « satire », *Jacques le fataliste* (composé en 1773) est un *conte philosophique*, où Diderot pose, sous une forme apparemment désinvolte et grâce au procédé du dialogue, le *problème de la liberté* (cf. p. 213 et p. 218-220). Il s'inspire de *Tristram Shandy*, roman de l'ironiste STERNE (1713-1768), qu'il appelait le Rabelais des Anglais, mais Sterne ne lui fournit guère qu'un stimulant, et une confirmation de ses propres tendances. Diderot se moque des romans d'aventures : il affecte d'arrêter l'action au moment pathétique, de montrer que les choses auraient tourné autrement dans une histoire inventée à plaisir, d'affirmer qu'il respecte scrupuleusement la vérité. En fait ces constantes interventions du meneur de jeu nous rappellent sans cesse qu'il s'agit d'une fiction, et l'illusion qui fait le charme d'un vrai roman ne peut pas naître. D'ailleurs le « récit des amours de Jacques » n'est pas le sujet de l'œuvre, ce n'est qu'un prétexte. Pourtant, à *l'intérêt philosophique* de l'ensemble se joint *l'intérêt romanesque et humain* d'une foule d'*épisodes et récits secondaires*.

— 5 Soumis à — 6 Note soutenue pendant deux ou plusieurs mesures. — 7 Instrument à clavier et à cordes, remplacé depuis par le piano. — 8 Éloge. — 9 J'ai si peu de relations.

— 10 Compositeurs italiens. — 11 Les notes aiguës. — 12 Comme dans la musique qu'il mime. — 13 Mots italiens indiquant, sur une partition, qu'il faut adoucir ou renforcer le son. — 14 Passages caractéristiques.

LE PARDON DU MARQUIS DES ARCIS

La trame très lâche de *Jacques le fataliste* est constamment coupée par des récits secondaires : voici le dénouement du plus important de ces épisodes, qui constitue à lui seul un bref roman. Par amour pour le marquis des Arcis, la marquise de La Pommeraye a compromis sa réputation ; mais elle s'aperçoit que le marquis se détache d'elle ; pour le lui faire avouer, elle feint elle-même de désirer reprendre sa liberté : ils ne s'aiment plus, que cela ne les empêche pas de rester bons amis. En fait, cruellement blessée, elle brûle de se venger, et prépare longuement, lucidement sa vengeance avec un machiavélisme qui annonce les *Liaisons dangereuses* (cf. p. 404). Elle amène une fille de mauvaise vie, la d'Aisnon, à feindre la vertu et à mener avec sa mère une vie irréprochable ; puis elle ménage une rencontre entre cette fille et le marquis, et manœuvre si bien que M. des Arcis tombe dans le piège, s'éprend éperdument de la d'Aisnon qu'il croit honnête, et l'épouse. Aussitôt après le mariage, la marquise lui apprend la vérité. M. des Arcis fait alors une scène violente à sa femme, puis il s'absente pendant quinze jours.

A son retour, le marquis s'enferma dans son cabinet, et écrivit deux lettres, l'une à sa femme, l'autre à sa belle-mère. Celle-ci partit dans la même journée, et se rendit au couvent des Carmélites de la ville prochaine, où elle est morte il y a quelques jours. Sa fille s'habilla, et se traîna[1] dans l'appartement de son mari où il lui avait apparemment enjoint de venir. Dès la porte, elle se jeta à genoux. « Levez-vous »[2], lui dit le marquis...

Au lieu de se lever, elle s'avança vers lui sur ses genoux ; elle tremblait de tous ses membres ; elle était échevelée ; elle avait le corps un peu
10 penché, les bras portés de son côté, la tête relevée, le regard attaché sur ses yeux, et le visage inondé de pleurs. « Il me semble », lui dit-elle, un sanglot séparant chacun de ses mots, « que votre cœur justement irrité s'est radouci, et que peut-être avec le temps j'obtiendrai miséricorde. Monsieur, de grâce, ne vous hâtez pas de me pardonner[3]. Tant de filles honnêtes sont devenues de malhonnêtes femmes, que peut-être serai-je un exemple contraire. Je ne suis pas encore digne que vous vous rapprochiez de moi ; attendez, laissez-moi seulement l'espoir du pardon. Tenez-vous loin de moi ; vous verrez ma conduite ; vous la jugerez : trop heureuse mille fois, trop heureuse si vous daignez quelquefois m'appeler !
20 Marquez-moi le recoin obscur de votre maison où vous permettez que j'habite ; j'y resterai sans murmure. Ah ! si je pouvais m'arracher le nom et le titre qu'on m'a fait usurper[4], et mourir après, à l'instant vous seriez satisfait ! Je me suis laissé conduire par faiblesse[5], par séduction[6], par autorité, par menaces, à une action infâme ; mais ne croyez pas, monsieur, que je sois méchante[7] : je ne le suis pas, puisque je n'ai pas

— 1 Commenter le choix de ce terme. —
2 Cf. l. 41-49. — 3 Cette prière n'est-elle pas
inattendue ? Quel sentiment traduit-elle ? —
4 Quelle circonstance atténuante apparaît ici ?

— 5 Ce terme est-il sur le même plan que les suivants ? Préciser. — 6 *Séduire :* tromper, induire en erreur. — 7 On peut agir mal sans être foncièrement « méchant » : Rousseau fait la même distinction.

balancé [8] à paraître devant vous quand vous m'avez appelée, et que j'ose à présent lever les yeux sur vous et vous parler. Ah ! si vous pouviez lire au fond de mon cœur, et voir combien mes fautes passées sont loin de moi ; combien les mœurs de mes pareilles me sont étrangères ! La
30 corruption s'est posée sur moi ; mais elle ne s'y est point attachée. Je me connais, et une justice que je me rends, c'est que par mes goûts, par mes sentiments, par mon caractère, j'étais née digne de l'honneur de vous appartenir. Ah ! s'il m'eût été libre de vous voir [9], il n'y avait qu'un mot à dire, et je crois que j'en aurais eu le courage. Monsieur, disposez de moi comme il vous plaira ; faites entrer vos gens : qu'ils me dépouillent, qu'ils me jettent la nuit dans la rue : je souscris à tout. Quel que soit le sort que vous me préparez, je m'y soumets : le fond d'une campagne, l'obscurité d'un cloître peut me dérober pour jamais à vos yeux : parlez, et j'y vais. Votre bonheur n'est point perdu sans ressources, et vous
40 pouvez m'oublier...

— Levez-vous, lui dit doucement le marquis ; je vous ai pardonné [10] : au moment même de l'injure j'ai respecté ma femme en vous ; il n'est pas sorti de ma bouche une parole qui l'ait humiliée, ou du moins je m'en repens, et je proteste [11] qu'elle n'en entendra plus aucune qui l'humilie, si elle se souvient qu'on ne peut rendre son époux malheureux sans le devenir. Soyez honnête, soyez heureuse, et faites que je le sois. Levez-vous, je vous en prie, ma femme, levez-vous et embrassez-moi ; madame la marquise, levez-vous, vous n'êtes pas à votre place ; madame des Arcis, levez-vous... »

50 Pendant qu'il parlait ainsi, elle était restée le visage caché dans ses mains, et la tête appuyée sur les genoux du marquis ; mais au mot de *ma femme*, au mot de *madame des Arcis*, elle se leva brusquement, et se précipita sur le marquis, elle le tenait embrassé, à moitié suffoquée par la douleur et par la joie ; puis elle se séparait de lui, se jetait à terre, et lui baisait les pieds.

« Ah ! lui disait le marquis, je vous ai pardonné ; je vous l'ai dit ; et je vois que vous n'en croyez rien.

— Il faut, lui répondit-elle, que cela soit, et que je ne le croie jamais [12]. »

– **Plaidoyer :** *a)* *S'agit-il d'un plaidoyer de Mme des Arcis ou d'un acte d'humilité ? est-elle sincère ? est-elle habile ?*
  – *b)* *Comment expliquez-vous le pardon de M. des Arcis ?*
– **Roman et dramaturgie.** *Relevez les éléments qui permettraient de jouer la scène (dialogue, gestes, attitudes). Esquissez l'adaptation du passage pour la scène ou pour l'écran.*
– **Débat.** *Certains personnages de* Jacques le Fataliste *tentent les uns de réhabiliter Mme de la Pommeraye, les autres de contester – au nom de l'unité du caractère – la conduite prêtée à Mme des Arcis. Comment soutiendriez-vous ces deux thèses ? Qu'en pensez-vous ?*

— 8 Puisque je n'ai pas *hésité*. — 9 C'est précisément ce que Mme de La Pommeraye a évité. — 10 Qu'indique le *temps* employé. — 11 J'affirme solennellement. — 12 Commenter cette réplique et le sentiment qui l'inspire.

LA PHILOSOPHIE DE DIDEROT

La philosophie de Diderot consiste en une vaste *enquête sur l'homme :* il n'est pas exagéré de dire que toute son œuvre a plus ou moins directement pour sujet la *nature de l'homme* et le *sens de son destin.* « L'homme est le terme unique d'où il faut partir et auquel il faut tout ramener », lit-on dans l'*Encyclopédie.*

L'homme sans Dieu   Dès l'abord les explications métaphysiques et surtout théologiques sont repoussées : « la pensée qu'il n'y a point de Dieu n'a jamais effrayé personne. » *(Pensées philosophiques,* 9). Le recours à l'idée de Dieu est écarté pour deux raisons : 1. L'existence du mal serait incompatible avec l'existence de Dieu ; 2. Dieu serait impensable, et ses attributs contradictoires. La croyance en Dieu serait d'ailleurs un obstacle au bonheur, et même un danger pour la morale : elle risquerait de dénaturer l'homme. L'idéal des *Pensées philosophiques* est le libre épanouissement de l'homme libéré de la crainte de Dieu : « Le beau projet que celui d'un dévot qui se tourmente comme un forcené pour ne rien désirer, ne rien aimer, ne rien sentir, et qui finirait par devenir un vrai monstre s'il réussissait ! » (3). Donc pas de métaphysique, mais *une morale.* Pour fonder cette morale, il faut savoir ce qu'est l'homme, et s'il est libre.

L'enquête morale   Il faut savoir « si la vie est une bonne ou une mauvaise chose, si la nature humaine est bonne ou méchante, ce qui fait notre bonheur ou notre malheur. » La méthode traditionnelle consiste à s'étudier soi-même et à observer autrui : ce sera l'un des moyens de Diderot, qui prolonge à cet égard la lignée de nos moralistes classiques (cf. sa pièce *Est-il bon, est-il méchant ?)*

L'HOMME EST-IL BON ? Son tempérament optimiste pousse Diderot à faire confiance à l'homme. Spontanément, il fonde la morale sur le *plaisir* que l'on éprouve à faire le bien, sur l'*horreur* (une horreur physique, cf. p. 199, 1er §) que l'on ressent pour le mal. Cela suppose qu'aucun homme, si avili soit-il, n'est complètement dépourvu de cette forme de sensibilité, autrement dit de *sens moral.* Il n'est plus question de péché originel : on peut parvenir à un heureux équilibre des instincts et des passions. De plus les vices portent en eux-mêmes leur châtiment : « vous vous livrez à la débauche, vous serez hydropique ; vous êtes crapuleux (ivrogne), vous serez poumonique. » *(Neveu de Rameau).* La vie est bonne, les gens vertueux sont heureux, les méchants malheureux : c'est la morale que Diderot illustre dans ses drames.

EST-IL MÉCHANT ? Mais cet optimisme facile, qui fut à peu près celui de la première moitié du siècle, ne peut satisfaire vraiment Diderot. Les objections s'accumulent et, dans les heures de dépression, il trouve au contraire les hommes méchants et la vie mauvaise ; l'histoire lui apparaît comme une longue suite d'atrocités. L'homme aime-t-il la vertu, est-il même perfectible ? rien n'est moins sûr. Le philosophe a beau utiliser parfois le mythe du *bon sauvage (Supplément au Voyage de Bougainville),* il n'y croit guère.
Ainsi on aboutit à une *impasse.* Entre optimisme et pessimisme la *raison* ne peut se prononcer ; la méthode de l'analyse morale reste insuffisante.

Science et morale   Où l'analyse morale a échoué, la méthode scientifique réussira peut-être. Diderot va tenter d'acquérir une *connaissance scientifique de l'homme* et de fonder une *morale positive.* Justement, dans les *Pensées sur l'interprétation de la nature* (1753), il a défini la méthode expérimentale : « Nous avons trois moyens principaux : l'observation de la nature, la réflexion et l'expérience. L'observation recueille les faits ; la réflexion les combine ; l'expérience vérifie le résultat de la combinaison. » Donc « soyons physicien », cessons de considérer l'homme comme une entité morale, voyons d'abord en lui un *organisme.*

I. LA LETTRE SUR LES AVEUGLES. C'est une première étape, et une étape décisive vers le *matérialisme*. Nos connaissances, nos idées nous viennent des sens (cf. à la même époque le *sensualisme* de CONDILLAC, p. 247) : donc notre morale, notre métaphysique dépendent de l'état de nos organes (cf. p. 213). Justement à cette époque, on commençait à opérer avec succès des aveugles de naissance : Diderot tente de concevoir quelle révolution se produit alors dans leur représentation du monde. Et surtout il conclut à la *relativité de la morale* et voit dans les infirmités congénitales un *argument contre la providence et la finalité*. Voici les paroles qu'il prête à un aveugle-né, Saunderson : « Je conjecture donc que, dans le commencement où la matière en fermentation faisait éclore l'univers, mes semblables étaient fort communs. Mais pourquoi n'assurerais-je pas des mondes ce que je crois des animaux ? Combien de mondes estropiés, manqués, se sont dissipés, se reforment et se dissipent peut-être à chaque instant dans des espaces éloignés, où je ne touche point, et où vous ne voyez pas, mais où le mouvement continue et continuera de combiner des amas de matière, jusqu'à ce qu'ils aient obtenu quelque arrangement dans lequel ils puissent persévérer. » Ce sont déjà les idées du *Rêve de D'Alembert*.

II. L'ENTRETIEN et le RÊVE DE D'ALEMBERT. Diderot s'attaque à la distinction des deux substances, *matière* et *esprit* : pour lui il n'existe qu'une seule substance, *la matière, douée d'une sensibilité soit active* (végétaux, animaux) *soit inerte* (minéraux) ; la sensibilité est « propriété générale de la matière, ou produit de l'organisation ». Une première étape conduit du minéral à l'être sensible : le marbre devient humus, l'humus nourrit la plante, qui nourrit à son tour l'animal ou l'homme.

1. **L'HOMME ORGANISME.** Une seconde étape permet de passer de l'être sensible à l'être pensant, par les phénomènes, qui seraient purement mécaniques, de l'association d'idées et de la mémoire. Les *fibres* de nos organes sont comme des *cordes vibrantes sensibles*. « La corde vibrante sensible oscille, résonne longtemps après qu'on l'a pincée » : ainsi s'explique la *mémoire*. « Mais les cordes vibrantes ont encore une autre propriété, c'est d'en faire frémir d'autres, et c'est ainsi qu'une première idée en rappelle une seconde, ces deux-là une troisième, toutes les trois une quatrième, et ainsi de suite » : c'est *l'association d'idées*. « Nous sommes des instruments doués de sensibilité et de mémoire.» L'homme est un agrégat de molécules de matière, un *faisceau de brins ou de fils* dont les extrémités agissent sur le *centre* et lui obéissent tour à tour : on reconnaît là un schéma du système nerveux. La science de l'homme, c'est la *physiologie*.

2. **L'HOMME ET LE MONDE.** Donc l'homme n'est pas un être privilégié, son destin se perd dans le déterminisme universel. Pas de naissance absolue ni de mort absolue : la *vie humaine* est un état transitoire de la matière (cf. p. 215). *L'homme n'est qu'un moment, un accident, dans l'immense devenir d'un univers matériel* (cf. p. 216). Diderot établit un parallèle frappant entre la naissance, la croissance, la décrépitude et la dissolution d'un être, et l'origine, la transformation et la disparition des espèces, car son imagination prodigieuse devine ce qui sera plus tard l'hypothèse évolutionniste. Il s'exalte jusqu'au lyrisme en maniant ces idées grandioses : il lui paraît sublime que l'homme, être purement matériel, ait pu accéder aux plus hautes conceptions du génie.

3. **L'ESPÈCE HUMAINE.** Il ne faut donc plus parler de personne humaine, mais d'*espèce humaine*. L'homme n'est pas libre ; les individus n'existent même pas à proprement parler : « Que voulez-vous donc dire avec vos individus ? Il n'y en a point, non, il n'y en a point... Il n'y a qu'un seul grand individu, c'est le tout. » (p. 218). Pour fonder une morale, la seule considération valable sera le bien de l'espèce. Ainsi la notion de morale change complètement de sens : il s'agit d'un *dressage* ou d'une *thérapeutique* : « il n'y a guère de maximes de morale dont on ne fît un aphorisme de médecine, et réciproquement peu d'aphorismes de médecine dont on ne fît une maxime de morale. » *(Jacques le fataliste).* Mais qui définira le bien de l'espèce ? L'individu ne risque-t-il pas d'être asservi à la collectivité, à l'État ou à la race ? Diderot semble d'abord accepter le risque, de gaîté de cœur : va-t-il donc renoncer à cette morale émotionnelle qu'il prêchait d'instinct ?

Le destin individuel

Et pourtant nous sommes des individus. Dans l'hypothèse d'un déterminisme matérialiste, qui paraissait acceptable sur le plan de l'espèce, que devient le *destin individuel* ? Diderot pose la question dans *Jacques le fataliste* ; en même temps, du grand mythe lyrique où il jonglait avec les soleils, les mondes, les millénaires, il passe à un tout autre registre, celui de la comédie, *la comédie absurde du destin.*

JACQUES LE FATALISTE. Le Maître se sent libre, et croit à la liberté ; Jacques, qui suit les leçons de son capitaine, lequel avait lu Spinoza, pense que la liberté est une pure illusion, et que tout ce qui nous arrive était marqué sur le « grand rouleau » (cf. p. 219). Au demeurant son fatalisme intellectuel ne l'empêche pas d'agir « comme vous et moi ». (cf. p. 219). Qu'en pense Diderot ? Le Maître a tort et Jacques n'a pas raison. On ne peut vivre en se disant constamment, comme Jacques, que tout était écrit : notre vie nous deviendrait en quelque sorte étrangère, nous aurions l'impression d'un mécanisme à répétition. Comme l'impression d'être libre est indéracinable, ne fût-elle qu'illusion, nous ne pouvons nous confondre avec ce déroulement nécessaire, ni l'accepter. Nous refusons de considérer notre existence comme un simple spectacle auquel nous assisterions impuissants, avec angoisse ou ironie selon notre tempérament. Entre la *liberté d'indifférence* à laquelle le Maître reste attaché et le *fatalisme* de Jacques, n'y a-t-il pas un moyen terme ?

LE CONFLIT. A ce conflit, Diderot n'a jamais trouvé de solution rationnelle. *Son intelligence et son instinct ne sont pas d'accord :* « Il est dur de s'abandonner aveuglément au torrent universel ; il est impossible de lui résister. Les efforts impuissants ou victorieux sont aussi dans l'ordre. Si je crois que je vous aime librement, je me trompe. Il n'en est rien. O le beau système pour les ingrats ! J'enrage d'être empêtré d'une diable de philosophie que mon esprit ne peut s'empêcher d'approuver, ni mon cœur dé démentir. Je ne puis souffrir que mes sentiments pour vous, que vos sentiments pour moi soient assujettis à quoi que ce soit au monde, et que Naigeon le fasse dépendre du passage d'une comète ». *(Correspondance*, fragment sans date).

L'humanisme de Diderot — S'il ne parvient pas à fonder la liberté, ni même à la concevoir, Diderot donne pourtant au problème une solution pratique, qui est son *humanisme*. Il maintient malgré tout, contre Helvétius, une certaine autonomie de l'homme au sein de la matière : « Je suis homme, et il me faut des causes propres à l'homme ». Par son goût pour les individualités marquées et les passions fortes, sa revendication des droits exceptionnels du génie, il préserve également l'autonomie de la personne humaine au sein de la collectivité. Il croit au sens moral et à l'efficacité de l'éducation. Sa confiance en l'homme a les caractères d'une *foi*, car elle demeure imperméable aux objections de sa raison.

Cet humanisme est *très moderne* par ce qu'il a de presque anarchique ; il pose des antinomies sans les résoudre : cœur et raison, individu et société. Il semble renoncer à découvrir des certitudes, plaçant la dignité de l'homme dans la recherche plutôt que dans la découverte de la vérité.

COMBIEN NOS SENS INFLUENT SUR NOTRE MORALE

Avec la *Lettre sur les Aveugles* (1749), Diderot, qui jusque-là paraissait déiste, s'oriente franchement vers *l'athéisme matérialiste.* Il se demande comment un aveugle-né qui vient de recouvrer la vue grâce à une opération peut faire coïncider ses impressions auditives et tactiles anciennes avec les impressions visuelles qui lui sont soudain révélées. Mais ce problème psychologique n'est qu'accessoire : l'important pour l'auteur est de montrer que *nos idées morales et métaphysiques dépendent de l'état de notre organisme ;* elles ne résulteraient donc nullement d'un *instinct divin* ou d'une *révélation.* Bien plus, selon Diderot, il serait presque impossible à un aveugle-né de croire en Dieu.

Comme je n'ai jamais douté que l'état de nos organes et de nos sens n'ait beaucoup d'influence sur notre métaphysique et sur notre morale, et que nos idées les plus purement intellectuelles, si je puis parler

ainsi, ne tiennent de fort près à la conformation de notre corps, je me mis à questionner notre aveugle [1] sur les vices et sur les vertus. Je m'aperçus d'abord qu'il avait une aversion prodigieuse pour le vol ; elle naissait en lui de deux causes : de la facilité qu'on avait de le voler sans qu'il s'en aperçût ; et plus encore, peut-être, de celle qu'on avait de l'apercevoir quand il volait. Ce n'est pas qu'il ne sache très bien se mettre en garde
10 contre le sens qu'il nous connaît de plus qu'à lui, et qu'il ignore la manière de bien cacher un vol. Il ne fait pas grand cas de la pudeur : sans les injures de l'air [2], dont les vêtements le garantissent, il n'en comprendrait guère l'usage. (...)

Comme, de toutes les démonstrations extérieures qui réveillent en nous la commisération et les idées de la douleur, les aveugles ne sont affectés que par la plainte, je les soupçonne, en général, d'inhumanité. Quelle différence y a-t-il, pour un aveugle, entre un homme qui urine et un homme qui, sans se plaindre, verse son sang ? Nous-mêmes ne cessons-nous pas de compatir lorsque la distance ou la petitesse des objets produit le même effet sur nous que la privation de la vue sur les aveugles ? tant
20 nos vertus dépendent de notre manière de sentir et du degré auquel les choses extérieures nous affectent ! Aussi je ne doute point que, sans la crainte du châtiment, bien des gens n'eussent moins de peine à tuer un homme à une distance où ils ne le verraient gros que comme une hirondelle, qu'à égorger un bœuf de leurs mains. Si nous avons de la compassion pour un cheval qui souffre, et si nous écrasons une fourmi sans aucun scrupule, n'est-ce pas le même principe qui nous détermine [3] ? Ah, madame [4] ! que la morale des aveugles est différente de la nôtre ! que celle d'un sourd différerait encore de celle d'un aveugle, et qu'un être qui aurait un sens de plus que nous trouverait notre morale imparfaite, pour ne rien dire de pis !

30 Notre métaphysique ne s'accorde pas mieux avec la leur. Combien de principes pour eux qui ne sont que des absurdités pour nous, et réciproquement ! Je pourrais entrer là-dessus dans un détail qui vous amuserait sans doute, mais que de certaines gens, qui voient du crime à tout, ne manqueraient pas d'accuser d'irréligion, comme s'il dépendait de moi de faire apercevoir aux aveugles les choses autrement qu'ils ne les aperçoivent. Je me contenterai d'observer une chose dont je crois qu'il faut que tout le monde convienne : c'est que ce grand raisonnement [5], qu'on tire des merveilles de la nature, est bien faible pour des aveugles. La facilité que nous avons de créer, pour ainsi dire, de nouveaux objets
40 par le moyen d'une petite glace, est quelque chose de plus incompréhensible pour eux que des astres qu'ils ont été condamnés à ne voir jamais [6]. Ce globe lumineux qui s'avance d'orient en occident les étonne moins qu'un petit feu qu'ils ont la commodité d'augmenter ou de diminuer :

— 1 Un aveugle-né. — 2 Dangers des intempéries. — 3 A expliquer. — 4 La *Lettre* est adressée à Mme de Puisieux.

— 5 En faveur de l'existence de Dieu.
6 Donc, si nous avions un sens de plus, les merveilles de l'univers nous sembleraient peut-être toutes naturelles.

comme ils voient la matière d'une manière beaucoup plus abstraite que nous, ils sont moins éloignés de croire qu'elle pense [7].

Si un homme qui n'a vu que pendant un jour ou deux se trouvait confondu chez [8] un peuple d'aveugles, il faudrait qu'il prît le parti de se taire, ou celui de passer pour un fou. Il leur annoncerait tous les jours quelque nouveau mystère, qui n'en serait un que pour eux, et que les
50 esprits forts se sauraient bon gré [9] de ne pas croire [10] Les défenseurs de la religion ne pourraient-ils pas tirer un grand parti d'une incrédulité si opiniâtre, si juste même, à certains égards, et cependant si peu fondée [11] ? Si vous vous prêtez pour un instant à cette supposition, elle vous rappellera, sous des traits empruntés, l'histoire et les persécutions de ceux qui ont eu le malheur de rencontrer la vérité dans des siècles de ténèbres [12], et l'imprudence de la déceler à leurs aveugles contemporains, entre lesquels ils n'ont point eu d'ennemis plus cruels que ceux qui, par leur état et leur éducation, semblaient devoir être les moins éloignés de leurs sentiments [13].

– La morale en question. *En quoi les sentiments de l'aveugle montrent-ils la relativité de la morale ? Quelles conclusions générales en tire* DIDEROT *? Opposition avec la conception chrétienne.*
– La métaphysique en question. *a) L'argument des merveilles de la nature (cf.* XIX*ᵉ* SIÈCLE*, p. 46-48 ; 100-102 ; 104-105) ; – b) Pourquoi n'aurait-il aucun sens pour les aveugles-nés ?*
• **Groupe thématique : Relativité de la morale.** XVIᵉ SIÈCLE. MONTAIGNE*, p. 227, 229, 232. –* XVIIᵉ SIÈCLE. PASCAL*, p. 148-154.*
– Dernier paragraphe. *a) A quelles conclusions Diderot veut-il nous amener ? – b) Quelle méthode utilise-t-il ?*
– **Contraction** *(ensemble du texte).* **Essai :** *Le relativisme et ses conséquences (morale, métaphysique, art, etc).*

Qu'est-ce que vivre ?

Sous une forme qui lui est chère, celle du *paradoxe*, DIDEROT expose ici, en l'animant par le dialogue, une idée maîtresse de sa philosophie : *la matière est vivante et sensible.* Les chrétiens croient à l'immortalité de l'âme individuelle : pour Diderot, c'est aux *molécules de matière* provisoirement unies pour former un être organisé qu'appartient le privilège de *l'immortalité.* Ronsard, s'inspirant de la philosophie antique, ne disait-il pas déjà : « La matière demeure et la forme se perd » ?

(A Sophie Volland, 15 octobre 1759).

Il me passa par la tête un paradoxe que je me souviens d'avoir entamé un jour à votre sœur ; et je dis au *père* Hoop [1], car c'est ainsi que nous l'avons surnommé parce qu'il a l'air ridé, sec et vieillot : « Vous êtes bien à plaindre [2] ! mais s'il était quelque chose de ce que je pense, vous le seriez bien davantage. — Le pis est d'exister, et j'existe. — Le pis n'est pas d'exister, mais d'exister pour toujours. — Aussi je me flatte qu'il n'en sera rien. — Peut-être. Dites-moi, avez-vous jamais pensé sérieusement à ce que c'est que de vivre ? Concevez-vous bien qu'un être puisse jamais passer de l'état de non-vivant à l'état de vivant ? Un corps s'accroît ou diminue, se meut ou se repose ; mais s'il ne vit

— 7 Idée essentielle : cf. *Entretien avec d'Alembert* et *Rêve.* — 8 Mêlé à. — 9 Seraient tout fiers. — 10 Préciser le sens de ce *mythe.* — 11 Diderot croit-il vraiment que les idées qu'il expose soient favorables à la religion ? — 12 A qui est-il fait allusion ? — 13 Ici encore, préciser l'allusion.

— 1 Chirurgien écossais, que Diderot a rencontré chez d'Holbach. — 2 Hoop souffre du *spleen.*

10 pas par lui-même, croyez-vous qu'un changement,quel qu'il soit, puisse lui donner de la vie ? Il n'en est pas de vivre comme de se mouvoir ; c'est autre chose. Un corps en mouvement frappe un corps en repos, et celui-ci se meut ; mais arrêtez, accélérez un corps non vivant, ajoutez-y, retranchez-en, organisez-le, c'est-à-dire disposez-en les parties comme vous l'imaginerez : si elles sont mortes, elles ne vivront non plus dans une position que dans une autre [3]. Supposer qu'en mettant à côté d'une particule morte, une, deux ou trois particules mortes, on en formera un système de corps vivant, c'est avancer, ce me semble, une absurdité très forte, ou je ne m'y connais pas. Quoi ! la particule A placée à gauche de la particule B n'avait point la conscience de son existence, ne sentait point, était inerte et morte ;
20 et voilà que celle qui était à gauche mise à droite, et celle qui était à droite mise à gauche, le tout vit, se connaît, se sent [4] ! Cela ne se peut. Que fait ici la droite ou la gauche ? Y a-t-il un côté et un autre dans l'espace ? Cela serait, que le sentiment et la vie n'en dépendraient pas. Ce qui a ces qualités les a toujours eues et les aura toujours. Le sentiment et la vie sont éternels. Ce qui vit a toujours vécu, et vivra sans fin. La seule différence que je connaisse entre la mort et la vie, c'est qu'à présent vous vivez en masse, et que, dissous, épars en molécules, dans vingt ans d'ici vous vivrez en détail [5]. — Dans vingt ans, c'est bien loin ! »

LE GRAND TRAVAIL DE LA NATURE

Dans cette page saisissante du *Rêve de d'Alembert*, DIDEROT a l'intuition de la *transformation des espèces* (cf. Buffon, p. 250), bien avant les travaux de LAMARCK (1744-1829) et DARWIN (1809-1882). Du « grand sédiment inerte » naissent spontanément les diverses espèces, qui nous paraissent fixes à nous êtres éphémères, mais que nous verrions *évoluer* sans cesse si nous pouvions embrasser l'immensité du temps. S'agit-il d'une *hypothèse scientifique* géniale, ou bien d'un *mythe*, de la vision d'un poète ? La présentation de ces idées est significative : c'est d'Alembert qui est censé *parler en rêve*, après avoir examiné ces problèmes avec Diderot ; mais, précise l'auteur, « *il n'y a aucune différence entre un médecin* (un homme de science) *qui veille et un philosophe qui rêve* ».

Qui sait si la fermentation et ses produits [1] sont épuisés ? Qui sait à quel instant de la succession de ces générations animales nous en sommes ? Qui sait si ce bipède déformé, qui n'a que quatre pieds de hauteur, qu'on appelle encore dans le voisinage du pôle un homme, et qui ne tarderait pas à perdre ce nom en se déformant un peu davantage, n'est pas l'image d'une espèce qui passe [2] ? Qui sait s'il n'en est pas ainsi de toutes les espèces d'animaux ? Qui sait si tout ne tend pas à se réduire à un grand sédiment inerte et immobile ? Qui sait quelle sera la durée de cette inertie ? Qui sait quelle race nouvelle peut résulter
10 derechef d'un amas aussi grand de points sensibles et vivants ? Pourquoi

---

— 3 Il faut donc que les particules de *matière* dont se composent les êtres organisés soient *vivantes* par elles-mêmes. — 4 Ces particules sont donc douées non seulement de vie, mais de *sensibilité* et de *conscience*. — 5 Cf. *Rêve de d'Alembert* : « Vivant, j'agis et je réagis en masse ;... mort, j'agis et je réagis

en molécules... Je ne meurs donc point ?..' Non, sans doute, je ne meurs point en ce sens' ni moi, ni quoi que ce soit... Naître, vivre et passer, c'est changer de formes ».
— 1 A cette date, Diderot croit à la génération spontanée : cf. l. 17 et 34. — 2 Contre l'anthropocentrisme.

pas un seul animal ? Qu'était l'éléphant dans son origine ? Peut-être l'animal énorme tel qu'il nous paraît, peut-être un atome, car tous les deux sont également possibles ; ils ne supposent que le mouvement et les propriétés diverses de la matière... L'éléphant, cette masse énorme, organisée, le produit subit de la fermentation ! Pourquoi non ? Le rapport de ce grand quadrupède à sa matrice première est moindre que celui du vermisseau à la molécule de farine qui l'a produit ; mais le vermisseau n'est qu'un vermisseau... C'est-à-dire que la petitesse qui vous dérobe son organisation lui ôte le merveilleux... Le prodige, c'est la vie, c'est la
20 sensibilité ; et ce prodige n'en est plus un... Lorsque j'ai vu la matière inerte passer à l'état sensible [3], rien ne doit plus m'étonner. Quelle comparaison d'un petit nombre d'éléments mis en fermentation dans le creux de ma main, et de ce réservoir immense d'éléments divers épars dans les entrailles de la terre, à sa surface, au sein des mers, dans le vague des airs [4] !... Cependant, puisque les mêmes causes subsistent, pourquoi les effets ont-ils cessé [5] ? Pourquoi ne voyons-nous plus le taureau percer la terre de sa corne, appuyer ses pieds contre le sol, et faire effort pour en dégager son corps pesant [6] ?... Laissez passer la race présente des animaux subsistants ; laissez agir le grand sédiment inerte quelques
30 millions de siècles. Peut-être faut-il, pour renouveler les espèces, dix fois plus de temps qu'il n'en est accordé à leur durée. Attendez, et ne vous hâtez pas de prononcer sur le grand travail de la nature. Vous avez deux grands phénomènes, le passage de l'état d'inertie à l'état de sensibilité, et les générations spontanées ; qu'ils vous suffisent : tirez-en de justes conséquences [7], et dans un ordre de choses où il n'y a ni grand ni petit, ni durable ni passager absolus, garantissez-vous du sophisme de l'éphémère [8].

- *Il s'agit d'un rêve ; comment cela se traduit-il dans le style, et le rythme des idées ou visions.*
- *D'après ce texte et l'extrait ci-dessous : a) exposez la théorie de* DIDEROT *; – b) faites la part de la méthode expérimentale telle qu'il l'a définie (p. 211) et de l'imagination créatrice.– Cherchez ici l'application de la conception du génie exposée p. 202, l. 62-94 :*
DIDEROT : Me permettriez-vous d'anticiper de quelques milliers d'années sur les temps ? D'ALEMBERT : Pourquoi non ? Le temps n'est rien pour la nature. DIDEROT : Vous consentez donc que j'éteigne notre soleil ? D'ALEMBERT : D'autant plus volontiers que ce ne sera pas le premier qui se soit éteint. DIDEROT : Le soleil éteint, qu'en arrivera-t-il ? Les plantes périront, les animaux périront, et voilà la terre solitaire et muette. Rallumez cet astre, vous rétablirez la cause nécessaire d'une infinité de générations nouvelles entre lesquelles je n'oserai assurer qu'à la suite des siècles nos plantes, nos animaux d'aujourd'hui se reproduiront ou ne se reproduiront pas. D'ALEMBERT : Et pourquoi les mêmes éléments venant à se réunir ne rendraient-ils pas les mêmes résultats ? DIDEROT : C'est que tout se tient dans la nature, et que celui qui suppose un nouveau phénomène ou ramène un instant passé, recrée un nouveau monde. *(Entretien entre d'Alembert et Diderot).*
- **Exposé.** *Les idées de* DIDEROT *sur la matière et sur la vie, et les conséquences qu'il en dégage, d'après les extraits cités, p. 215-218.*

— 3 Cf. p. 212. — 4 Commenter le ton. — 5 Contrairement à l'une des règles formulées par Bacon ; cf. p. 220, l. 10-13. — 6 Vision saisissante, digne de Lucrèce, mais la chose est inconcevable du point de vue scientifique. — 7 S'agit-il de conséquences rigoureuses, ou d'une hypothèse hardie ? — 8 Les êtres éphémères (l'homme en l'occurrence) se trompent lorsqu'ils croient éternel tout ce qui dépasse leur propre durée ; ainsi cette rose qui disait que de mémoire de rose on n'avait vu mourir un jardinier (Fontenelle).

Et vous parlez d'individus !

Mlle DE LESPINASSE et le célèbre médecin BORDEU sont au chevet de D'ALEMBERT ; celui-ci recommence à rêver tout haut. Bien entendu, comme dans l'extrait précédent, ce sont les idées de DIDEROT qu'il exprime. Tous les êtres sont soumis au déterminisme universel ; non seulement les espèces se transforment (p. 216), mais encore il y a *continuité* entre le règne minéral, le règne végétal, le règne animal et l'homme. *La notion d'individu n'a pas de sens :* tout être n'est qu'une parcelle du grand *tout*, au même titre qu'une molécule (ou une cellule) est une parcelle d'un organisme.

Tous les êtres circulent les uns dans les autres, par conséquent toutes les espèces... tout est en un flux perpétuel... Tout animal est plus ou moins homme ; tout minéral est plus ou moins plante ; toute plante est plus ou moins animal. Il n'y a rien de précis en nature... Le ruban du père Castel [1]... Oui, père Castel, c'est votre ruban et ce n'est que cela. Toute chose est plus ou moins une chose quelconque, plus ou moins terre, plus ou moins eau, plus ou moins air, plus ou moins feu ; plus ou moins d'un règne ou d'un autre...donc rien n'est de l'essence d'un être particulier... Non, sans doute, puisqu'il n'y a aucune qualité dont aucun être ne soit participant... et que c'est le rapport plus ou moins grand de
10 cette qualité qui nous la fait attribuer à un être exclusivement à un autre... Et vous parlez d'individus, pauvres philosophes ! laissez-là vos individus ; répondez-moi. Y a-t-il un atome en nature rigoureusement semblable à un autre atome ?... Non... ne convenez-vous pas que tout tient en nature et qu'il est impossible qu'il y ait un vide dans la chaîne ? Que voulez-vous donc dire avec vos individus ? Il n'y en a point, non, il n'y en a point... Il n'y a qu'un seul grand individu, c'est le tout. Dans ce tout comme dans une machine, dans un animal quelconque, il y a une partie que vous appellerez telle ou telle ; mais quand vous donnerez le nom d'individu à cette partie du tout, c'est par un concept aussi faux que si, dans un oiseau, vous donniez le nom d'individu à l'aile, à une plume de l'aile... Et vous
20 parlez d'essences, pauvres philosophes ! laissez là vos essences. Voyez la masse générale, ou si, pour l'embrasser, vous avez l'imagination trop étroite, voyez votre première origine et votre fin dernière.

LE « FATALISME » EN ACTION

Peut-on mettre en pratique, dans la vie quotidienne, *une philosophie déterministe* ne laissant aucune place à la liberté morale ? Tel est le problème que DIDEROT pose tout au long de *Jacques le fataliste* et en particulier dans ce passage, sous une forme très vivante et très concrète. Le sens des notions morales et *le fondement de la morale* vont se trouver transformés, mais pratiquement Jacques se conduira à peu près comme s'il se croyait libre.

Jacques ne connaissait ni le nom de vice, ni le nom de vertu ; il prétendait qu'on était heureusement ou malheureusement né [1]. Quand il entendait prononcer les mots *récompenses* ou *châtiments*, il haussait les épaules. Selon lui la récompense était l'encouragement des bons ; le châtiment, l'effroi des méchants [2]. Qu'est-ce autre chose, disait-il,

---

— 1 Inventeur d'un « clavecin oculaire » fondé sur la gamme des couleurs comme le clavecin sur la gamme des sons ; Diderot fait allusion au passage *insensible* d'une couleur à l'autre dans les teintes de l'arc-en-ciel.

— 1 Préciser le sens de cette formule et sa portée. — 2 Inversement, indiquer ce que *ne sont pas* récompense et châtiment, aux yeux de Jacques.

s'il n'y a point de liberté, et que notre destinée soit écrite là-haut [3] ?
Il croyait qu'un homme s'acheminait aussi nécessairement à la gloire
ou à l'ignominie, qu'une boule qui aurait la conscience d'elle-même suit
la pente d'une montagne ; et que, si l'enchaînement des causes et des
10 effets qui forment la vie d'un homme depuis le premier instant de sa
naissance jusqu'à son dernier soupir nous était connu, nous resterions
convaincus qu'il n'a fait que ce qu'il était nécessaire de faire [4]. Je l'ai
plusieurs fois contredit, mais sans avantage et sans fruit [5]. En effet, que
répliquer à celui qui vous dit : Quelle que soit la somme des éléments
dont je suis composé, je suis un ; or, une cause n'a qu'un effet ; j'ai
toujours été une cause une ; je n'ai donc jamais eu qu'un effet à produire ;
ma durée n'est donc qu'une suite d'effets nécessaires [6]. C'est ainsi que
Jacques raisonnait d'après son capitaine. La distinction d'un monde
physique et d'un monde moral lui semblait vide de sens. Son capitaine
20 lui avait fourré dans la tête toutes ces opinions qu'il avait puisées, lui,
dans son Spinoza [7] qu'il savait par cœur. D'après ce système, on pourrait
imaginer que Jacques ne se réjouissait, ne s'affligeait de rien ; cela n'était
pourtant pas vrai. Il se conduisait à peu près comme vous et moi. Il
remerciait son bienfaiteur, pour qu'il lui fît encore du bien [8]. Il se
mettait en colère contre l'homme injuste ; et quand on lui objectait
qu'il ressemblait alors au chien qui mord la pierre qui l'a frappé : « Nenni,
disait-il, la pierre mordue par le chien ne se corrige pas ; l'homme injuste
est corrigé par le bâton [9] ». Souvent il était inconséquent comme vous
et moi, et sujet à oublier ses principes, excepté dans quelques circons-
30 tances où sa philosophie le dominait évidemment ; c'était alors qu'il
disait : « Il fallait que cela fût, car cela était écrit là-haut. » Il tâchait à
prévenir le mal ; il était prudent avec le plus grand mépris pour la
prudence. Lorsque l'accident était arrivé, il en revenait à son refrain ;
et il était consolé. Du reste, bon homme, franc, honnête, brave, attaché,
fidèle, très têtu, encore plus bavard [10].

- Fatalisme ? *D'après notre extrait (pages 218, 219), Jacques est-il fataliste au sens ordinaire du mot ? Qu'entend Diderot par ce terme ? Ne pourrait-on en proposer un autre moins ambigu ? Quelles notions morales se trouvent éliminées et par quoi remplacées ? Un tel système moral vous paraît-il souhaitable ?*
- Essai de synthèse. *Diderot devant le problème du déterminisme et de la liberté d'après les extraits du* Neveu de Rameau *et de* Jacques le Fataliste. *Donnez votre position personnelle.*
- « Le laboratoire du récit » (Butor). *Dans les extraits du* Neveu de Rameau *et de* Jacques le Fataliste, *étudiez comment s'entrelacent récit, dialogue, interventions de l'auteur. En quoi cette démarche annonce-t-elle certaines formes modernes du roman ?*

— 3 C'est le refrain fataliste (cf. l. 31 et 33) : *tout est écrit* sur le « grand rouleau ». — 4 Sur ce point, Diderot hésitait, écrivant tantôt : « il n'y a qu'une sorte de causes, à proprement parler : ce sont les causes physiques » *(A Landois, 29 juin 1756)* ; cf. ici l. 19 ; tantôt : « Il me faut des causes propres à l'homme » *(Réfutation d'Helvétius)*. — 5 L'auteur transpose son dialogue intérieur (cf. p. 213, *Le conflit)*. — 6 « Ce qui nous trompe, c'est la prodigieuse variété de nos actions, jointe à l'habitude que nous avons prise tout en naissant de confondre le volontaire avec le libre ». — 7 Cf. p. 15. — 8 Donc par *intérêt* et non par *gratitude*. — 9 « Quoique l'homme bien ou mal faisant ne soit pas libre, l'homme n'en est pas moins un être qu'on modifie » *(A Landois)*. — 10 Comme Diderot !

L'immoralisme du Neveu de Rameau

Le Neveu est un immoraliste cynique (cf. p. 205). Pour lui, le rôle des moralistes est de nous révéler les vertus qu'il faut feindre pour pouvoir, à l'abri d'une façade hypocrite, n'agir que selon nos intérêts. N'est-ce pas d'ailleurs « *ce que la plupart des hommes font par instinct* » ? Après Montaigne et Pascal, par cette satire de la comédie sociale, l'immoraliste stimule, en fait, notre réflexion morale. Selon lui, cette comédie relève d'une sorte de déterminisme. « *Et puis la misère*, dit-il. *La voix de la conscience et de l'honneur est bien faible lorsque les boyaux crient* ».

Les idiotismes moraux

LUI. Il y a une conscience générale, comme il y a une grammaire générale, et puis des exceptions dans chaque langue, que vous appelez, je crois, vous autres savants, des... aidez-moi donc, des...

MOI. *Idiotismes.*

LUI. Tout juste. Eh bien, chaque état a ses exceptions à la conscience générale auxquelles je donnerais volontiers les noms d'*idiotismes* de métier.

MOI. J'entends. Fontenelle parle bien, écrit bien, quoique son style fourmille d'*idiotismes* français.

LUI. Et le souverain, le ministre, le financier, le magistrat, le militaire, l'homme de lettres, l'avocat, le procureur, le commerçant, le banquier, l'artisan, le maître à chanter, le maître à danser, sont de fort honnêtes gens, quoique leur conduite s'écarte en plusieurs points de la conscience générale, et soit remplie d'idiotismes moraux. Plus l'institution des choses est ancienne, plus il y a d'idiotismes ; plus les temps sont malheureux, plus les idiotismes se multiplient. Tant vaut l'homme, tant vaut le métier, et réciproquement, à la fin, tant vaut le métier, tant vaut l'homme. On fait donc valoir le métier tant qu'on peut.

MOI. Ce que je conçois clairement à tout cet entortillage, c'est qu'il y a peu de métiers honnêtement exercés, ou peu d'honnêtes gens dans leurs métiers.

LUI. Bon ! il n'y en a point.

La pantomime des gueux

LUI. Le pis c'est la posture contrainte où nous tient le besoin. L'homme nécessiteux ne marche pas comme un autre, il saute, il rampe, il se tortille, il se traîne, il passe sa vie à prendre et à exécuter des positions. [...]

MOI. Mais à votre compte, dis-je à mon homme, il y a bien des gueux dans ce monde-ci, et je ne connais personne qui ne sache quelques pas de votre danse.

LUI. Vous avez raison. Il n'y a dans tout un royaume qu'un homme qui marche, c'est le souverain ; tout le reste prend des positions.

MOI. Le souverain ? Encore y a-t-il quelque chose à dire. Et croyez-vous qu'il ne se trouve pas de temps en temps à côté de lui un petit pied, un petit chignon, un petit nez qui lui fasse faire un peu de la pantomime ? Quiconque a besoin d'un autre est indigent et prend une position. Le roi prend une position devant sa maîtresse, et devant Dieu il fait son pas de pantomime. Le ministre fait le pas de courtisan, de flatteur, de valet et de gueux devant son roi. La foule des ambitieux danse vos positions, en cent manières plus viles les unes que les autres, devant le ministre ; l'abbé de condition, en rabat et en manteau long, au moins une fois la semaine, devant le dépositaire de la feuille des bénéfices. Ma foi, ce que vous appelez la pantomime des gueux est le grand branle de la terre.

L'ESTHÉTIQUE DE DIDEROT

BOILEAU s'intéressait peu aux arts plastiques et ne se posait pas de questions sur la nature du beau : il lui suffisait que la raison le discernât aisément. LA BRUYÈRE et FÉNELON ont des préoccupations beaucoup plus proches de l'esthétique moderne. Mais c'est seulement au XVIIIe siècle que celle-ci prend naissance. Voltaire reste avant tout un homme de goût ; mais d'autres écrivains tentent de donner une *définition abstraite du beau*, valable à la fois pour la poésie et pour les arts plastiques : ainsi l'abbé DU BOS dans ses *Réflexions critiques sur la poésie et la peinture* (1719), et l'abbé BATTEUX dans *Les beaux-arts réduits à un même principe* (1746).

A son tour DIDEROT aborde la question en philosophe et non en connaisseur. Sa première définition du beau est extrêmement abstraite : « J'appelle beau hors de moi tout ce qui contient en soi de quoi réveiller dans mon entendement l'idée de rapports ; et beau par rapport à moi tout ce qui réveille cette idée. » (Article BEAU de l'Encyclopédie). Mais en faisant la critique des œuvres exposées au Salon de peinture et de sculpture, en se liant avec des artistes comme Greuze et Falconet, il va acquérir peu à peu les connaissances qui lui faisaient défaut. Ses jugements conservent certains traits classiques : critère du goût et du sublime, unité et harmonie indispensables à une œuvre d'art. Mais il faut chercher ailleurs son originalité, et d'abord dans le contraste entre la tendance *émotionnelle* et la tendance *rationnelle*.

Esthétique émotionnelle

Diderot mesure la beauté d'une œuvre, comme la valeur morale d'un acte, à *l'intensité de son émotion*. Il insiste sur le *pathétique* de la scène beaucoup plus que sur l'art du peintre (cf. p. 224-226). Il veut être attendri, effrayé, bouleversé. Ce critère est très peu sûr et Diderot commet alors des fautes de goût caractérisées. D'autre part il établit entre l'art et la morale des rapports abusifs et d'ailleurs contradictoires, selon qu'il souhaite une émotion douce et vertueuse ou un délire passionnel. Il en arrive à écrire tantôt : « Rendre la vertu aimable, le vice odieux, le ridicule saillant, voilà le projet de tout honnête homme qui prend la plume, le pinceau ou le ciseau » ; tantôt : « Presque toujours ce qui nuit à la beauté morale redouble la beauté poétique. On ne fait guère que des tableaux tranquilles et froids avec la vertu ; c'est la passion et le vice qui animent les compositions du peintre, du poète et du musicien ».

Pourtant, grâce à ce goût de l'émotion, il inaugure la *critique enthousiaste*, qui contraste avec la méthode formaliste et tâtillonne de Voltaire *(Commentaire sur Corneille* par exemple) et ouvre ainsi la voie à la critique admirative des romantiques, de Chateaubriand en particulier. Il inaugure également la *critique créatrice :* il s'enflamme, sa verve jaillit, et le voilà qui refait en imagination telle œuvre qui lui paraît en partie manquée.

Esthétique rationnelle

En même temps il cherche un critère rationnel, et tente de préciser cette notion de rapports qui lui était apparue dès le début. La loi fondamentale est la *convenance*, c'est-à-dire l'adaptation exacte de l'ouvrage à son objet : ainsi la courbe du dôme de Saint-Pierre de Rome, esthétiquement parfaite, est la courbe de la plus grande résistance. Ce qu'on appelle l'instinct de l'artiste n'est que la synthèse d'une suite d'expériences ; on pourrait donc écrire un véritable code du beau, où aucun détail ne serait laissé au hasard. Diderot arrive ainsi à une solution originale du problème de la relativité du beau : le beau est à la fois *absolu* puisqu'il se définit par une convenance parfaite, et *relatif* à l'objet variable auquel l'œuvre doit être adaptée : l'idée du beau dépendra donc des mœurs, de l'état de la société, etc... Très valable dans ses grandes lignes, et surtout pour un art rigoureux comme l'architecture, ce système paraît trop mathématique pour être appliqué tel quel à la peinture, à la sculpture ou à la poésie. Aussi bien Diderot n'a-t-il jamais rédigé ce *code du beau* qu'il jugeait possible.

Autonomie de l'art

Il a d'ailleurs évolué, au long de sa carrière de critique, jusqu'à apercevoir une idée essentielle qui lui avait longtemps échappé : l'art doit être considéré avant tout comme le moyen d'expression de la personnalité de l'artiste. Ainsi il place très haut Chardin, dont les natures mortes et les intérieurs n'offrent pourtant aucun pathétique ; et, après avoir inlassablement répété que l'art était l'imitation, sinon la copie de la nature, il donne finalement ce conseil aux peintres : « Éclairez vos objets selon votre soleil, qui n'est pas celui de la nature ; soyez l e disciple de l'arc-en-ciel, mais n'en soyez pas l'esclave.» *(Pensées détachées sur la peinture.)*

Les Salons

Tous les deux ans, les membres de l'Académie de peinture et de sculpture présentaient leurs œuvres au public dans une exposition à laquelle on donna le nom de Salon. A la demande de Grimm, Diderot *rédigea pour la* Correspondance littéraire *des appréciations sur les œuvres parues aux Salons de 1759 à 1771, puis aux Salons de 1775 et de 1781. Au* Salon de 1765 *(le plus intéressant avec celui de 1767, cf. p. 222 et p. 224), il joignit un Essai sur la peinture, et à celui de 1781 des* Pensées détachées sur la peinture. *Ses artistes préférés sont* Greuze, Vernet, La Tour, Chardin, Hubert Robert, *et le sculpteur* Falconet. *Il est très dur pour* Boucher *(cf. p. 226, fin du texte) : il lui reproche d'être immoral et maniéré, et d'exercer une fâcheuse influence sur les jeunes peintres qui s'empressent d'imiter ses défauts sans avoir ses qualités.*

LA POÉTIQUE DES RUINES

Parmi les paysagistes, Diderot place Vernet au premier rang ; mais il apprécie également les œuvres de Loutherbourg et d'Hubert Robert (1733-1808). Il s'agit ici d'une toile de ce dernier, exposée au Salon de 1767, *Grande galerie éclairée du fond.* Comme cela lui arrive souvent, au lieu de se borner à décrire et à critiquer, Diderot s'abandonne à son émotion et le tableau n'est plus que l'occasion d'une méditation lyrique. Ce thème des *ruines*, qui convient parfaitement à la *sensibilité préromantique*, sera très en faveur à la veille de la révolution ; on ira jusqu'à bâtir de fausses ruines dans les jardins à l'anglaise.

O les belles, les sublimes ruines ! Quelle fermeté, et en même temps quelle légèreté, sûreté, facilité de pinceau ! Quel effet ! quelle grandeur ! quelle noblesse ! Qu'on me dise à qui ces ruines [1] appartiennent, afin que je les vole : le seul moyen d'acquérir quand on est indigent [2]. Hélas ! elles font peut-être si peu de bonheur au riche stupide qui les possède ; et elles me rendraient si heureux ! Propriétaire indolent ! quel tort te fais-je, lorsque je m'approprie des charmes que tu ignores ou que tu négliges ! Avec quel étonnement, quelle surprise je regarde cette voûte brisée, les masses surimposées à cette voûte ! Les peuples
10 qui ont élevé ce monument, où sont-ils ? que sont-ils devenus [3] ? Dans quelle énorme profondeur obscure et muette mon œil va-t-il s'égarer ?

— 1 Le tableau, bien entendu. — 2 Passage inattendu de la critique d'art à la critique sociale. — 3 Cf. Chateaubriand méditant sur l'Acropole : « Tout passe, tout finit en ce monde. Où sont allés les génies divins qui élevèrent le temple sur les débris duquel j'étais assis ». *(Itinéraire de Paris à Jérusalem).*

A quelle prodigieuse distance est renvoyée la portion du ciel que j'aperçois à cette ouverture ! L'étonnante dégradation de lumière ! comme elle s'affaiblit en descendant du haut de cette voûte, sur la longueur de ces colonnes ! comme ces ténèbres sont pressées par le jour de l'entrée et le jour du fond ! on ne se lasse point de regarder. Le temps s'arrête pour celui qui admire. Que j'ai peu vécu ! que ma jeunesse a peu duré [4] !

20 C'est une grande galerie voûtée et enrichie intérieurement d'une colonnade qui règne de droite et de gauche. Vers le milieu de sa profondeur, la voûte s'est brisée, et montre au-dessus de sa fracture les débris d'un édifice surimposé. Cette longue et vaste fabrique [5] reçoit encore la lumière par son ouverture du fond. On voit à gauche, en dehors, une fontaine ; au-dessus de cette fontaine, une statue antique assise ; au-dessous du piédestal de cette statue, un bassin élevé sur un massif de pierre ; autour de ce bassin, au-devant de la galerie, dans les entre-colonnements [6], une foule de petites figures, de petits groupes, de petites scènes très variées. On puise de l'eau, on se repose, on se promène, on converse [7]. Voilà bien du mouvement et du bruit.

Apostrophant le peintre, Diderot lui reproche d'avoir mis trop de figures dans son tableau : il ne faut conserver « que celles qui ajouteront à la solitude et au silence ». Robert ignore la poétique des ruines : le critique va lui apprendre « pourquoi les ruines font tant de plaisir, indépendamment de la variété des accidents qu'elles montrent. »

30 Les idées que les ruines réveillent en moi sont grandes. Tout s'anéantit, tout périt, tout passe. Il n'y a que le monde qui reste. Il n'y a que le temps qui dure. Qu'il est vieux ce monde ! Je marche entre deux éternités [8]. De quelque part que je jette les yeux, les objets qui m'entourent m'annoncent une fin et me résignent [9] à celle qui m'attend. Qu'est-ce que mon existence éphémère, en comparaison de celle de ce rocher qui s'affaisse, de ce vallon qui se creuse, de cette forêt qui chancelle, de ces masses suspendues au-dessus de ma tête et qui s'ébranlent ? Je vois le marbre des tombeaux tomber en poussière [10], et je ne veux pas mourir ! et j'envie [11] un faible tissu de fibres et de chair à une loi générale qui 40 s'exécute sur le bronze ! Un torrent entraîne les nations les unes sur les autres au fond d'un abîme commun ; moi, moi seul, je prétends m'arrêter sur le bord et fendre le flot qui coule à mes côtés [12] !

Si le lieu d'une ruine est périlleux, je frémis. Si je m'y promets le secret et la sécurité, je suis plus libre, plus seul, plus à moi, plus près de moi. C'est là que j'appelle mon ami. C'est là que je regrette mon amie. C'est là que nous jouirons de nous, sans trouble, sans témoins, sans

— 4 Remarquer comment s'enchaînent notations esthétiques et réflexions morales.—5 *Construction*, en termes de peinture. — 6 Intervalles entre deux colonnes (terme technique). — 7 Apprécier l'effet de contraste produit par le rythme. — 8 Préciser l'idée. — 9 Commenter cette construction. — 10 Souvenir probable de Juvénal, X, 146 : « Les tombeaux eux-mêmes sont destinés à périr ». — 11 Je voudrais disputer. — 12 Apprécier l'image.

importuns, sans jaloux. C'est là que je sonde mon cœur. C'est là que j'interroge le sien, que je m'alarme et me rassure. De ce lieu jusqu'aux habitants des villes, jusqu'aux demeures du tumulte, au séjour de l'intérêt,
50 des passions, des vices, des crimes, des préjugés, des erreurs, il y a loin [13].

Si mon âme est prévenue [14] d'un sentiment tendre, je m'y livrerai sans gêne. Si mon cœur est calme, je goûterai toute la douceur de son repos.

Dans cet asile désert, solitaire et vaste, je n'entends rien ; j'ai rompu avec tous les embarras de la vie. Personne ne me presse et ne m'écoute. Je puis me parler tout haut, m'affliger, verser des larmes sans contrainte.

– Critique d'art. *Dans les deux extraits des* Salons *(p. 222-226) distinguez : a) la part de la critique d'art proprement dite ; – b) les réflexions philosophiques et morales. Que pensez-vous de cette conception de la critique d'art ?*
• **Groupe thématique : Les ruines.** BERNARDIN DE SAINT-PIERRE : « Plaisir de la ruine », p. 346. – XVIᵉ SIÈCLE. DU BELLAY : *Antiquités*, p. 102-108. – XVIIᵉ SIÈCLE. SAINT-AMANT : « La solitude », p. 47. – XIXᵉ SIÈCLE. CHATEAUBRIAND : *Itinéraire*, p. 67-69. – MORÉAS : STANCES (IV, 4.), p. 545. – XXᵉ SIÈCLE. BARRÈS : « La Sibylle d'Auxerre », p. 131. – MALRAUX : « L'art est un anti-destin », p. 544. *Classement : pittoresque, résurrection du passé, mélancolie, considérations philosophiques et morales.*

Deux esquisses de Greuze

Au Salon de 1765, DIDEROT a beaucoup admiré deux esquisses de GREUZE : *Le Fils ingrat* et *Le Mauvais Fils puni*. Les pages qu'il leur consacre illustrent une des tendances de son esthétique : le goût du *pathétique moralisateur*. Il renchérit encore sur les intentions de l'artiste, donnant dans l'émotion facile et la déclamation. C'est un aspect caractéristique, mais aujourd'hui bien vieilli, de l'art de Greuze et de la critique de Diderot. Il suffira de se reporter aux planches de cet ouvrage pour voir sur quels points ces esquisses différaient des tableaux définitifs.

LE FILS INGRAT

Imaginez une chambre où le jour n'entre guère que par la porte, quand elle est ouverte, ou que par une ouverture carrée pratiquée au-dessus de la porte, quand elle est fermée. Tournez les yeux autour de cette chambre triste, et vous n'y verrez qu'indigence [1]. Il y a pourtant sur la droite, dans un coin, un lit qui ne paraît pas trop mauvais ; il est couvert avec soin. Sur le devant, du même côté, un grand confessionnal [2] de cuir noir où l'on peut être commodément assis : asseyez-y le père du fils ingrat. Attenant à la porte, placez un bas d'armoire, et tout près du vieillard caduc, une petite table, sur laquelle on vient de servir un potage [3].

10   Malgré le secours dont le fils aîné de la maison peut être à son vieux père, à sa mère et à ses frères, il s'est enrôlé [4] ; mais il ne s'en ira point sans avoir mis à

— 13 Cf. p. 198. — 14 Affectée par avance.

— 1 De la notation de la lumière, on passe aussitôt à une indication d'ordre moral et social. — 2 Fauteuil. — 3 Comment procède le critique dans ce 1ᵉʳ § ? — 4 Au 18ᵉ siècle, l'armée étant recrutée par racolage, c'étaient parfois de mauvais sujets ou des paresseux qui s'enrôlaient.

contribution ces malheureux. Il vient avec un vieux soldat [5] ; il a fait sa demande. Son père en est indigné ; il n'épargne pas les mots durs à cet enfant dénaturé qui ne connaît plus ni père, ni mère, ni devoirs, et qui lui rend injures pour reproches [6]. On le voit au centre du tableau ; il a l'air violent, insolent et fougueux ; il a le bras droit élevé du côté de son père, au-dessus de la tête d'une de ses sœurs ; il se dresse sur ses pieds ; il menace de la main ; il a le chapeau sur la tête ; et son geste et son visage sont également insolents. Le bon vieillard, qui a aimé ses enfants, mais qui n'a jamais souffert qu'aucun d'eux lui manquât [7], fait effort pour se
20 lever ; mais une de ses filles, à genoux devant lui, le retient par les basques de son habit. Le jeune libertin est entouré de l'aînée de ses sœurs, de sa mère et d'un de ses petits frères. Sa mère le tient embrassé par le corps ; le brutal cherche à s'en débarrasser et la repousse du pied. Cette mère a l'air accablé, désolé ; la sœur aînée s'est interposée entre son frère et son père ; la mère et la sœur semblent, par leur attitude, chercher à les cacher l'un à l'autre. Celle-ci a saisi son frère par son habit, et lui dit, par la manière dont elle le tire : « Malheureux, que fais-tu ? Tu repousses ta mère, tu menaces ton père ; mets-toi à genoux et demande pardon. » Cependant le petit frère pleure, porte une main à ses yeux ; et, pendu au bras droit de son grand frère, il s'efforce à l'entraîner hors de la maison.
30 Derrière le fauteuil du vieillard, le plus jeune de tous a l'air intimidé et stupéfait. A l'autre extrémité de la scène, vers la porte, le vieux soldat, qui a enrôlé et accompagné le fils ingrat chez ses parents, s'en va, le dos tourné à ce qui se passe, son sabre sous le bras et la tête baissée [8]. J'oubliais qu'au milieu de ce tumulte un chien, placé sur le devant, l'augmentait encore par ses aboiements.

Tout est entendu [9], ordonné, caractérisé, clair, dans cette esquisse, et la douleur, et même la faiblesse de la mère pour un enfant qu'elle a gâté, et la violence du vieillard, et les actions diverses des sœurs et des petits enfants, et l'insolence de l'ingrat, et la pudeur [10] du vieux soldat qui ne peut s'empêcher de lever les épaules de ce qui se passe ; et ce chien qui aboie est un des accessoires que Greuze sait
40 imaginer par un goût tout particulier.

Cette esquisse, très belle, n'approche pourtant pas, à mon gré, de celle qui suit.

LE MAUVAIS FILS PUNI

Il a fait la campagne [11]. Il revient ; et dans quel moment ? Au moment où son père vient d'expirer. Tout a bien changé dans la maison. C'était la demeure de l'indigence. C'est celle de la douleur et de la misère. Le lit est mauvais et sans matelas. Le vieillard mort est étendu sur ce lit. Une lumière qui tombe d'une fenêtre n'éclaire que son visage, le reste est dans l'ombre. On voit à ses pieds, sur une escabelle de paille, le cierge bénit [12] qui brûle et le bénitier. La fille aînée, assise dans le vieux confessionnal de cuir, a le corps renversé en arrière, dans l'attitude du désespoir, une main portée à sa tempe, et l'autre élevée et tenant
50 encore le crucifix qu'elle a fait baiser à son père. Un de ses petits enfants, effrayés, s'est caché le visage dans son sein. L'autre, les bras en l'air et les doigts écartés, semble concevoir les premières idées de la mort. La cadette, placée entre la fenêtre

---

— 5 Le sergent recruteur (cf. 1. 31-32). — 6 Comment peut-on deviner ce que *disent* les personnages d'un tableau ? — 7 Lui manquât de respect. — 8 Quels sentiments cette attitude traduit-elle ? — 9 Habilement disposé. — 10 Honte. — 11 Nous disons aujourd'hui : *il a fait campagne*, si le mot n'est pas déterminé. — 12 Quelle remarque appelle l'orth. de ce mot ?

et le lit, ne saurait se persuader qu'elle n'a plus de père : elle est penchée vers lui ; elle semble chercher ses derniers regards ; elle soulève un de ses bras, et sa bouche entr'ouverte crie : « Mon père, mon père ! est-ce que vous ne m'entendez plus ? [13] » La pauvre mère est debout, vers la porte, le dos contre le mur, désolée, et ses genoux se dérobant sous elle.

Voilà le spectacle qui attend le fils ingrat. Il s'avance. Le voilà sur le pas de la porte. Il a perdu la jambe dont il a repoussé sa mère ; et il est perclus du bras dont
60 il a menacé son père [14].

Il entre. C'est sa mère qui le reçoit. Elle se tait ; mais ses bras tendus vers le cadavre lui disent : « Tiens, vois, regarde ; voilà l'état où tu l'as mis. »

Le fils ingrat paraît consterné ; la tête lui tombe en devant [15], il se frappe le front avec le poing.

Quelle leçon pour les pères et pour les enfants !

Ce n'est pas tout ; celui-ci [16] médite ses accessoires aussi sérieusement que le fond de son sujet.

A ce livre placé sur une table, devant cette fille aînée, je devine qu'elle a été chargée, la pauvre malheureuse ! de la fonction douloureuse de réciter la prière
70 des agonisants.

Cette fiole qui est à côté du livre contient apparemment les restes d'un cordial.

Et cette bassinoire qui est à terre, on l'avait apportée pour réchauffer les pieds du moribond.

Et puis, voici le même chien, qui est incertain s'il reconnaîtra cet éclopé pour le fils de la maison, ou s'il le prendra pour un gueux [17].

Je ne sais quel effet cette courte et simple description d'une esquisse de tableau fera sur les autres ; pour moi, j'avoue que je l'ai point faite sans émotion.

Cela est beau, très beau, sublime ; tout, tout. Mais comme il est dit que l'homme ne fera rien de parfait, je ne crois pas que la mère ait l'action vraie du
80 moment ; il me semble que pour se dérober à elle-même la vue de son fils et celle du cadavre de son époux, elle a dû [18] porter une de ses mains sur ses yeux, et de l'autre montrer à l'enfant ingrat le cadavre de son père [19]. On n'en aurait pas moins aperçu sur le reste de son visage toute la violence de sa douleur ; et la figure en eût été plus simple et plus pathétique encore ; et puis le costume est lésé [20], dans une bagatelle, à la vérité ; mais Greuze ne se pardonne rien. Le grand bénitier rond, avec le goupillon, est celui que l'Église mettra au pied de la bière ; pour celui qu'on met dans les chaumières aux pieds des agonisants, c'est un pot à l'eau, avec un rameau du buis bénit le dimanche des Rameaux.

Du reste ces deux morceaux sont, à mon sens, des chefs-d'œuvre de compo-
90 sition : point d'attitudes tourmentées ni recherchées ; les actions vraies qui conviennent à la peinture ; et dans ce dernier, surtout, un intérêt violent, bien un et bien général. Avec tout cela, le goût [21] est si misérable, si petit, que peut-être ces deux esquisses ne seront jamais peintes ; et que, si elles sont peintes, Boucher aura plus tôt vendu cinquante de ses indécentes et plates marionnettes que Greuze ses deux sublimes tableaux.

LE DRAME

Pendant la seconde moitié du XVIIIᵉ siècle, notre théâtre voit naître et triompher momentanément un genre nouveau, intermédiaire entre la tragédie et la comédie, le DRAME. Le drame s'apparente à la *comédie* par la peinture réaliste de milieux bourgeois ; à la *tragédie* par le sérieux du ton et la gravité des malheurs qui menacent les héros, dont l'honneur, la vie ou le bonheur sont en danger. On veut émouvoir et édifier le spectateur d'une façon directe et efficace grâce à une imitation fidèle de la réalité courante et des mœurs contemporaines. DIDEROT, créateur de ce genre, aborde le théâtre avec un *système* que ses deux drames, le *Fils Naturel* (1757) et le *Père de famille* (1758) sont chargés d'illustrer. Ils sont accompagnés de deux manifestes, les *Entretiens sur le Fils Naturel* et *De la Poésie dramatique*, où l'auteur expose une foule d'idées concernant la substance, la forme et la mise en scène des pièces de théâtre. Ces idées seront reprises, avec quelques modifications, par Beaumarchais dans l'*Essai sur le genre dramatique sérieux* (1767).

Origines du drame

Pour comprendre cette révolution théâtrale, il faut tenir compte de l'état de la tragédie et de la comédie à cette époque, ainsi que de l'atmosphère morale et sociale, car il est impossible de parler du drame en termes uniquement esthétiques : il s'insère dans le courant de la sensibilité au XVIIIᵉ siècle ainsi que dans le mouvement social et idéologique qui conduit à la Révolution française.

1. DÉCLIN DE LA TRAGÉDIE. En dépit des efforts de Voltaire pour la rajeunir et pour prolonger son existence (cf. p. 185), la tragédie classique est en pleine décadence. Réduite à l'état de corps sans âme, froide et formelle, elle semble à beaucoup de contemporains un genre *périmé*. Tout en la défendant, Voltaire lui-même l'a dénaturée : il en a modifié considérablement l'esprit et la technique ; surtout il en a fait un *instrument de propagande*, ce que va être le drame dès sa naissance.

2. LA COMÉDIE LARMOYANTE. L'évolution de la comédie a également frayé la voie au *genre sérieux*. Vers le milieu du siècle, le rire franc, le grand rire de Molière, semble banni de la scène du Théâtre-Français. La comédie de bon ton est beaucoup plus *moralisante* et *émouvante* que comique. Au ton cynique du *Légataire universel* (p. 34-38) et de *Turcaret* (cf. p. 39) ont succédé la sensiblerie et la prédication morale. Marivaux (cf. p. 44-59) était sensible sans torrents de larmes, fin sans mièvrerie : on n'en peut dire autant de Destouches et de La Chaussée.

DESTOUCHES (1680-1754) fait de la comédie une leçon de morale dialoguée. Dans son œuvre la plus connue, le *Glorieux* (1732), on trouve plus de tirades édifiantes que de traits comiques.

NIVELLE DE LA CHAUSSÉE (1692-1754) est plus fade encore. Il crée la *comédie larmoyante*, alliance de mots bien caractéristique du goût de l'époque. Sa production s'étend de la *Fausse Antipathie* (1733) à l'*Homme de fortune* (1751), en passant par le *Préjugé à la mode* (1735) et *Mélanide* (1741). La sensibilité moralisatrice exclut cette fois tout comique ; ce genre hybride est tout proche, sinon du drame, du moins de la *comédie sérieuse* également conçue par Diderot, « qui a pour objet la vertu et les devoirs de l'homme. » La principale différence, c'est que La Chaussée continue à écrire en *vers*, et aussi qu'il n'a pas de véritable système dramatique.

3. L'ATMOSPHÈRE MORALE ET SOCIALE. C'est l'époque où l'on tente de fonder la morale sur l'émotion, où l'on confond sensibilité et vertu ; pour être un homme de bien, il suffit de pleurer au théâtre sur les malheurs de la vertu. Voltaire estime que la scène et les comédiens remplacent avantageusement la chaire et les prédicateurs. Il en résulte une autre confusion, entre émotion esthétique et émotion tout court : au tragique

et au comique succède le pathétique, et l'on cherche les moyens les plus directs de faire pleurer les spectateurs.

C'est aussi l'époque de la lutte philosophique et de l'essor de la bourgeoisie. Celle-ci joue un rôle essentiel dans le pays, et pourtant la noblesse continue à la traiter de haut. Jusqu'ici la dignité tragique était réservée à la « classe des rois » (Giraudoux), les bourgeois fournissaient des personnages comiques. Le drame va être une première revanche de la bourgeoisie, sur la scène. Les intentions moralisatrices se confondent avec les revendications sociales et la propagande encyclopédique : « Le drame est un genre nouveau créé par le parti philosophique pour attendrir et moraliser la bourgeoisie et le peuple en leur présentant un tableau touchant de leurs propres aventures et de leur propre milieu » (Félix Gaiffe).

Tragédie domestique et bourgeoise

Le drame est, pour Diderot, une « tragédie domestique et bourgeoise » par opposition à la tragédie héroïque qui met en scène des rois et des princes. « Un renversement de fortune, la crainte de l'ignominie, les suites de la misère, une passion qui conduit l'homme à sa ruine, de sa ruine au désespoir, du désespoir à une mort violente, ne sont pas des événements rares ; et vous croyez qu'ils ne vous affecteraient pas autant que la mort fabuleuse d'un tyran, ou le sacrifice d'un enfant aux autels des dieux d'Athènes ou de Rome ? » (*IIIe Entretien*). Un siècle auparavant, Corneille avait déjà discerné la possibilité de « faire une tragédie entre des personnes médiocres [de condition moyenne], quand leurs infortunes ne sont pas au-dessous de sa dignité. » (*Épître dédicatoire de Don Sanche d'Aragon*, 1654). N'est-il pas vrai, disait-il, que nous pourrions être plus vivement impressionnés « par la vue des malheurs arrivés aux personnes de notre condition, à qui nous ressemblons tout à fait, que par l'image de ceux qui font trébucher de leurs trônes les plus grands monarques, avec qui nous n'avons aucun rapport qu'en tant que nous sommes susceptibles des passions qui les ont jetés dans ce précipice : ce qui ne se rencontre pas toujours ? » C'était, en germe, la théorie de l'*intérêt* et de la *moralité dramatiques* chère aux créateurs du genre sérieux. Beaumarchais la présentera, simplement, d'une façon beaucoup plus catégorique et cavalière : « Que me font à moi, sujet paisible d'un état monarchique du XVIIIe siècle, les révolutions d'Athènes et de Rome ? quel véritable intérêt puis-je prendre à la mort d'un tyran du Péloponèse, au sacrifice d'une jeune princesse en Aulide ? il n'y a dans tout cela rien à voir pour moi, aucune moralité qui me convienne » *(Essai)*.

CONDITIONS ET RELATIONS. On va donc porter à la scène un événement dramatique intervenant dans la vie quotidienne d'une famille bourgeoise (cf. *Le Philosophe sans le savoir*, analyse et extraits). On va représenter les mœurs, les idées, les vertus de la bourgeoisie. Dans cette perspective, la peinture des *conditions* (professions) et des *relations* de famille remplacera celle des *caractères* (comédie classique) et des *passions* (tragédie classique). « Il faut que la condition devienne aujourd'hui l'objet principal, et que le caractère ne soit que l'accessoire... C'est la condition, ses devoirs, ses avantages, ses embarras, qui doivent servir de base à l'ouvrage. » Il faut représenter « l'homme de lettres, le philosophe, le commerçant, le juge, l'avocat, le politique, le citoyen, le magistrat, le financier, le grand seigneur, l'intendant » et aussi « toutes les relations : le père de famille, l'époux, la sœur, les frères » (Diderot, *IIIe Entretien*).

A cet égard, les titres des drames sont bien caractéristiques : *Le Négociant de Lyon* (sous-titre des *Deux Amis*, second drame de Beaumarchais), *le Fils naturel*, *le Père de famille* (Diderot), *la Mère coupable* (Beaumarchais). Sedaine avait songé à intituler lui aussi *Le Père de famille* son drame du *Philosophe sans le savoir* : son héros, M. Vanderk, est à la fois un *négociant* et un *père* affectueux, malheureux et stoïque.

Le drame école de vertu

Le drame abonde en sentences morales, tirades édifiantes et tableaux touchants. Il met en valeur les vertus bourgeoises, opposées aux mauvaises mœurs de l'aristocratie et surtout aux préjugés nobiliaires. Le personnage ridicule n'est plus le bourgeois gentilhomme mais le noble hautain et futile. Beaumarchais et Sedaine (cf. p. 230) font *l'éloge du commerce* : l'honneur du négociant vaut celui du gentilhomme, et la noblesse a grand tort de croire déroger en exerçant une profession utile à la patrie. A l'esprit aristocratique succède l'esprit citoyen ; rois et princes ne sont sympathiques que s'ils se convertissent aux idées et aux qualités de la bourgeoisie. Le drame attaque l'inégalité sociale, l'intolérance, les abus les plus divers, au nom de la *raison*, de la *nature* et du *sentiment*.

Innovations techniques Toujours au nom de la raison et de la nature, Diderot tente également une *révolution technique*. Sans doute il admet les unités classiques, souhaitant seulement qu'une scène plus vaste permette d'échapper à une unité de lieu trop étroitement conçue. De même il ne s'aventure guère dans la voie du mélange des genres : le drame n'est pas un amalgame de scènes comiques et de scènes tragiques ; il a un ton uniforme, ni comique ni véritablement tragique. En revanche on voit apparaître toute une série de nouveautés.

1. L'ACTION. Diderot préfère les tableaux pathétiques aux coups de théâtre. Il voudrait voir au théâtre ces scènes familiales attendrissantes qu'il aime tant dans la peinture de Greuze (cf. p. 224). En fait le drame usera et abusera des coups de théâtre, préparant ainsi le mélodrame de l'époque révolutionnaire et romantique. Mais on retient aussi l'indication relative aux tableaux : Beaumarchais en tire le parti le plus heureux dans ses comédies (cf. p. 392), groupant soigneusement les acteurs de façon à former de gracieuses estampes.

2. LA MISE EN SCÈNE. Le décor devient précis et même réaliste. Il prend une importance considérable dans la création de l'atmosphère. Les indications scéniques se multiplient. L'auteur indique le costume, l'allure, les gestes des personnages. Dans le *Philosophe sans le savoir*, l'action est rigoureusement minutée : il est un peu moins de neuf heures à l'Acte I, onze heures dix à l'Acte II, Scène X ; le jour se lève au début de l'Acte III ; il est trois heures seize au moment où commence la Scène IV de l'Acte V (cf. p. 233). Nous assistons aux préparatifs du mariage de Mlle Vanderk ; au moment le plus pathétique, le père doit s'arracher à sa douleur pour veiller à des détails matériels.

3. LE STYLE ET LE JEU DES ACTEURS. La prose est préférée aux vers parce qu'elle est plus naturelle, plus vraie. Dans les moments d'émotion intense, la parole est hachée de soupirs, d'interjections, de silences, car le désespoir ne se traduit pas, dans la réalité, par des tirades suivies et bien composées. La mimique des acteurs a, selon Diderot, autant d'importance que le texte. Qu'ils se pénètrent bien de la situation et traduisent les sentiments qu'ils ont à exprimer par les jeux de physionomie, les gestes, les attitudes, bref par la *pantomime*. Peut-être même conviendrait-il, lorsque l'émotion est à son paroxysme, de les laisser improviser le détail de leurs répliques : ainsi pourrait être obtenu ce que Stendhal appellera plus tard *l'illusion parfaite*, la reproduction intégrale de la réalité.

Échec du drame On voit que le système de Diderot est extrêmement riche et hardi : au XIXe siècle, le Théâtre libre d'Antoine exploitera beaucoup de ses idées, et nos metteurs en scène actuels s'en inspirent encore. Pour le fond même, le drame est à l'origine de la comédie bourgeoise et de la pièce à thèse, du théâtre d'Augier, Dumas fils et Paul Hervieu. Cependant le genre sérieux a échoué : il a suscité un engouement passager mais n'a produit aucun chef-d'œuvre. Le seul drame du XVIIIe siècle qui présente encore quelque intérêt est le *Philosophe sans le savoir* de Sedaine, et cela est dû en partie à la prudence de l'auteur, qui connaissait bien son métier et a su éviter les écueils les plus dangereux du genre nouveau.

A quoi tient cet échec ? Avant tout à une ambiguïté fondamentale : le théâtre est un art, les auteurs de drames en ont fait un moyen, en l'asservissant à la propagande philosophique. Aussi leurs œuvres ont-elles vieilli très vite : les tirades morales ou sociales datent ; elles nous ennuient ou nous font sourire. La théorie des conditions a conduit à négliger les caractères : la psychologie du drame est toujours sommaire, parfois inexistante. Dans un négociant comme dans un roi c'est *l'homme* qui nous intéresse, beaucoup plus que la fonction. Par suite d'une constante partialité, d'un besoin de moraliser vraiment naïf, le drame n'a même pas égalé la comédie de mœurs dans la peinture des milieux sociaux. Enfin le naturel est complètement faussé par le débordement de la sensibilité : le style émotionnel, que Diderot jugeait *vrai*, nous semble au contraire totalement *faux*, tant il est fade, déclamatoire et grandiloquent.

SEDAINE (1719-1797)

Un « maçon-poète »   Fils d'un maître maçon entrepreneur des bâtiments
du roi, Michel-Jean SEDAINE doit interrompre ses études
à treize ans, après la ruine de son père. Puis le père meurt, et le jeune garçon, aîné de
sept enfants, devient tailleur de pierres pour aider les siens à vivre. Il parvient cependant
à se cultiver, fréquente des écrivains et manifeste des goûts et des talents littéraires.
Il publie d'abord des *Poésies fugitives*, mais le théâtre est sa véritable vocation. Il écrit
des livrets d'opéras-comiques dont PHILIDOR ou MONSIGNY composent la musique,
L'Huître et les Plaideurs, Le Jardinier et son Seigneur, Le Roi et le Fermier, et surtout
Rose et Colas (1764).

     Ami de Diderot, SEDAINE applique ses théories dans un drame donné à la Comédie-
Française en 1765, *Le Philosophe sans le savoir*. Il s'agit à la fois de faire triompher le
genre nouveau, de répondre aux diatribes de PALISSOT contre les *Philosophes* dans la
comédie qui porte ce titre (1760), et d'exalter sur la scène, après Diderot, le rôle du *père
de famille*. Sans être un chef-d'œuvre, la pièce, bien faite et attachante, constitue
la meilleure réussite du genre sérieux.

     Après une agréable comédie, *La Gageure imprévue* (1768), Sedaine revient à l'opéra-
comique, collaborant désormais surtout avec GRÉTRY : *Aucassin et Nicolette, Richard
cœur de lion, Amphitryon, Guillaume Tell*. Il entre à l'Académie française en 1786. Ruiné
par la Révolution, qu'il a accueillie avec enthousiasme mais dont les excès ne tardent pas
à l'effrayer, Sedaine meurt en 1797.

Le philosophe   *Un riche négociant, M. VANDERK, va marier sa fille*
sans le savoir   *Sophie. Mais VICTORINE, fille d'ANTOINE, l'homme de
confiance de la maison, vient d'entendre parler d'une
querelle survenue en ville entre deux jeunes officiers : elle craint que l'un d'eux ne soit le fils
de M. Vanderk ; sa vive inquiétude, ses larmes nous laissent deviner qu'elle est secrètement
amoureuse du jeune homme. Au début de l'ACTE II le spectateur apprend par un monologue
de VANDERK FILS que celui-ci doit se battre en duel le lendemain : les craintes de Victorine
n'étaient que trop fondées. Mais M. Vanderk père apparaît : son fils se garde bien de lui
parler du duel.*

LA « CONDITION » DE NÉGOCIANT

     Cette scène (II, 4) illustre l'un des principaux aspects du *genre sérieux*. Sans doute elle
se justifie du point de vue de l'action : nous devons savoir que M. Vanderk est d'origine
noble et qu'ils s'est lui-même battu en duel dans sa jeunesse ; malgré qu'il en ait, lorsqu'il
sera au courant, il ne pourra s'opposer au duel de son fils. Mais la situation devient très
vite un simple prétexte à *moraliser* : SEDAINE attaque le *préjugé des nobles* qui méprisent les
négociants et croiraient déroger en se livrant au commerce (cf. Voltaire, p. 121).

M. VANDERK FILS : Mon père, on vient de lire le contrat de mariage de
ma sœur : nous l'avons tous signé. Quel nom avez-vous donc pris ?
et quel nom m'avez-vous fait prendre ?

M. VANDERK PÈRE : Le vôtre.

M. VANDERK FILS : Le mien ! et celui que je porte ?...

M. VANDERK PÈRE : Ce n'est qu'un surnom.

M. VANDERK FILS : Vous êtes titré de chevalier, d'ancien baron de
Salvières, de Clavières, de... etc.

M. VANDERK PÈRE : Je le suis.

M. Vanderk fils : Vous êtes donc gentilhomme ?   10
M. Vanderk père : Oui.   M. Vanderk fils : Oui ?
M. Vanderk père : Vous doutez de ce que je dis ?
M. Vanderk fils : Non, mon père ; mais est-il possible ?
M. Vanderk père : Il n'est pas possible que je sois gentilhomme !
M. Vanderk fils : Je ne dis pas cela. Est-il possible, fussiez-vous le plus pauvre des nobles, que vous ayez pris un état ?...
M. Vanderk père : Mon fils, lorsqu'un homme entre dans le monde, il est le jouet des circonstances.
M. Vanderk fils : En est-il d'assez fortes pour vous faire descendre du rang le plus distingué au rang...   20
M. Vanderk père : Achevez : au rang le plus bas ?
M. Vanderk fils : Je ne voulais pas dire cela.
M. Vanderk père : Écoutez : le compte le plus rigide [1] qu'un père doive à son fils est celui de l'honneur qu'il a reçu de ses ancêtres.

Il lui raconte sa vie : contraint de s'expatrier à la suite d'un duel, il a mérité l'affection d'un négociant hollandais qui l'a associé à ses affaires ; à la mort du Hollandais, il a pris, à sa prière, son nom et son commerce.

Le ciel a béni ma fortune [2], je ne peux pas être plus heureux ; je suis estimé ; voici votre sœur bien établie, votre beau-frère remplit avec honneur une des premières places dans la robe [3]. Pour vous, mon fils, vous serez digne de moi et de vos aïeux ; j'ai déjà remis dans notre famille tous les biens que la nécessité de servir le prince avait fait sortir des mains de nos ancêtres [4] : ils seront à vous, ces biens ; et si vous pensez 30 que j'aie fait par le commerce une tache à leur nom, c'est à vous de l'effacer ; mais dans un siècle aussi éclairé que celui-ci [5], ce qui peut procurer la noblesse n'est pas capable de l'ôter [6].
M. Vanderk fils : Ah ! mon père ! je ne le pense pas ; mais le préjugé est malheureusement si fort...
M. Vanderk père : Un préjugé ! un tel préjugé n'est rien aux yeux de la raison.
M. Vanderk fils : Cela n'empêche pas que le commerce ne soit vu comme un état...
M. Vanderk père : Quel état, mon fils, que celui d'un homme qui, 40 d'un trait de plume [7], se fait obéir d'un bout de l'univers à l'autre ! Son nom, son seing [8] n'a pas besoin, comme la monnaie d'un souverain, que la valeur du métal serve de caution à l'empreinte, sa personne a tout fait ; il a signé, cela suffit.
M. Vanderk fils : J'en conviens, mais...
M. Vanderk père : Ce n'est pas un peuple, ce n'est pas une seule nation qu'il sert ; il les sert toutes, et en est servi ; c'est l'homme de l'univers [9].

— 1 Rigoureux. — 2 Mon sort. — 3 Magistrature : cf. *noblesse de robe*. — 4 Dégager la double leçon donnée à la noblesse. — 5 Le siècle *des lumières*. — 6 L'argent permet d'acheter des charges qui anoblissent : comment donc serait-ce *déroger* que de gagner de l'argent dans le commerce ? — 7 Par des effets de commerce, des ordres de paiement. — 8 Signature qui authentifie un acte. — 9 Quelle nouvelle idée apparaît ici ?

M. Vanderk fils : Cela peut être vrai ; mais enfin en lui-même qu'a-t-il de respectable ?

M. Vanderk père : De respectable ! Ce qui légitime dans un gentil- 50 homme les droits de la naissance, ce qui fait la base de ses titres : la droiture, l'honneur, la probité.

M. Vanderk fils : Votre seule conduite, mon père [10]...

M. Vanderk père : Quelques particuliers audacieux font armer les rois, la guerre s'allume, tout s'embrase, l'Europe est divisée ; mais ce négociant anglais, hollandais, russe ou chinois, n'en est pas moins l'ami de mon cœur : nous sommes, sur la surface de la terre, autant de fils de soie qui lient ensemble les nations, et les ramènent à la paix par la nécessité du commerce [11] ; voilà, mon fils, ce que c'est qu'un honnête négociant.   60

M. Vanderk fils : Et le gentilhomme donc, et le militaire ?

M. Vanderk père : Il n'y a peut-être que deux états au-dessus du commerçant (en supposant qu'il y ait des différences entre ceux qui font le mieux qu'ils peuvent dans le rang où le ciel les a placés) ; je ne connais que deux états : le magistrat, qui fait parler les lois, et le guerrier, qui défend la patrie.

M. Vanderk fils : Je suis donc gentilhomme ?

M. Vanderk père : Oui, mon fils ; il est peu de bonnes maisons à qui vous ne teniez [12], et qui ne tiennent pas à vous.

M. Vanderk fils : Pourquoi donc me l'avoir caché ?   70

M. Vanderk père : Par une prudence peut-être inutile : j'ai craint que l'orgueil d'un grand nom ne devînt le germe de vos vertus ; j'ai désiré que vous les tinssiez de vous-même [13].

– Le commerce. *Classez les arguments de M. Vanderk en faveur du commerce ; comparez-les à ceux de* Voltaire *dans la* Lettre philosophique *« Sur le commerce » (p. 121).*
• **Groupe thématique : La vraie noblesse.** Montesquieu : « La morgue des grands », p. 84. – Voltaire :« Sur le commerce », p. 121. – Rousseau : « Émile apprendra un métier manuel », p. 303. – Beaumarchais : « Monologue de Figaro », p. 400. – Moyen Age : « La vraie noblesse », p. 197. – XVIIe siècle. La Bruyère : « Idées sociales et politiques », p. 414-415 ; – « L'injustice sociale », p. 418. – XXe siècle. Claudel : « Le révolutionnaire et l'aristocrate », p. 215

---

*Dans la suite de l'*Acte II*, un élément comique intervient en la personne de* la Tante*, sœur de M. Vanderk, marquise ridicule sottement entichée de sa noblesse.* Acte III : *le lendemain à l'aube, jour du mariage... et du duel, Vanderk fils tente de quitter la maison en cachette, mais son père est réveillé, et le presse de questions sur cette sortie insolite. Le jeune homme doit avouer son duel : il a provoqué la veille, dans un café, un officier de cavalerie qui traitait les commerçants de fripons et de misérables ; fils de négociant, il s'est cru visé par ces paroles lancées à la légère. Douleur du père qui déplore le préjugé du point d'honneur ; mais il est gentilhomme et ne saurait interdire à son fils de se battre. Pour ne pas inquiéter sa femme, pour ne pas troubler les noces de sa fille, il gardera le secret, stoïquement, et affectera un air tranquille en dépit de son angoisse. A l'*Acte IV*, la Tante s'étonne et s'irrite de cette inexplicable disparition de son neveu. M. Vanderk charge le fidèle Antoine d'assister de loin au duel :*

— 10 Compléter la pensée. — 11 Point de vue séduisant ; mais de nos jours, certains voient dans les intérêts économiques des causes de guerre. — 12 De familles nobles auxquelles vous ne soyez apparenté. — 13 Sedaine critique ici l'éducation donnée aux jeunes nobles : à préciser.

si le combat a une issue fatale, Antoine viendra frapper trois coups *à la porte.* ACTE V : *au moment même où son fils se bat, M. Vanderk, négociant modèle, doit recevoir un* M. D'ESPARVILLE, *venu le voir pour affaires. Comme devant les siens, il dissimulera son anxiété en présence de cet étranger. M. d'Esparville voudrait négocier une lettre de change contre argent comptant : M. Vanderk accepte aussitôt de lui en verser le montant intégral, sans réaliser aucun bénéfice sur l'opération.*

STOICISME D'UN PÈRE

Voici le passage le plus pathétique et le plus dramatique de la pièce. SEDAINE nous donne à admirer la *maîtrise de soi* de son héros ; ici l'émotion reste sobre, tandis que le genre sérieux est gâté d'ordinaire par le débordement de la sensibilité. Puis c'est le *coup de théâtre* introduisant le *dénouement heureux* qui récompensera la belle attitude et les sentiments généreux des Vanderk père et fils. Pour comprendre ce texte, il faut se rappeler (cf. analyse ci-dessus) que M. Vanderk attend l'issue du duel de son fils : si le jeune homme est tué, on doit frapper *trois coups* à la porte. (Acte V, scènes IV, V, VIII et XI.)

M. D'ESPARVILLE PÈRE : Monsieur, voilà de l'honnêteté, voilà de l'honnêteté ; vous ne savez pas toute l'obligation [1] que je vous dois, toute l'étendue du service que vous me rendez.

M. VANDERK PÈRE : Je souhaite qu'il soit considérable.

M. D'ESPARVILLE PÈRE : Ah ! monsieur, monsieur, que vous êtes heureux. Vous n'avez qu'une fille, vous ?

M. VANDERK PÈRE : J'espère que j'ai un fils [2].

M. D'ESPARVILLE PÈRE : Un fils ! Mais il est apparemment dans le commerce, dans un état tranquille ; mais le mien, le mien est dans le service [3] ; à l'instant que je vous parle, n'est-il pas occupé à se battre ! 10

M. VANDERK PÈRE : A se battre !

M. D'ESPARVILLE PÈRE : Oui, monsieur, à se battre... Un autre jeune homme, dans un café... un petit étourdi lui a cherché querelle, je ne sais pourquoi, je ne sais comment ; il ne le sait pas lui-même.

M. VANDERK PÈRE : Que je vous plains ! et qu'il est à craindre...

M. D'ESPARVILLE PÈRE : A craindre ! je ne crains rien ; mon fils est brave, il tient de moi, et adroit, adroit ; à vingt pas il couperait une balle en deux sur une lame de couteau [4] ; mais il faut qu'il s'enfuie [5], c'est le diable ; c'est un duel, vous entendez bien, vous entendez bien ; je me fie à vous, vous m'avez gagné l'âme. 20

M. VANDERK PÈRE : Monsieur, je suis flatté de votre... *(On frappe à la porte un coup.)* Je suis flatté de ce que... *(Un second coup.)*

M. D'ESPARVILLE PÈRE : Ce n'est rien ; c'est qu'on frappe chez vous. *(On frappe un troisième coup. M. Vanderk père tombe sur un siège.)* Vous ne vous trouvez pas indisposé ?

M. VANDERK PÈRE : Ah ! monsieur tous les pères ne sont pas malheureux ! *(Le domestique entre avec les 2.400 livres.)* Voilà votre somme ! partez, monsieur, vous n'avez pas de temps à perdre.

— 1 La reconnaissance. — 2 Réplique émouvante dont M. d'Esparville ne peut saisir le sens. — 3 Dans l'armée. — 4 Imaginer l'effet de ces paroles sur M. Vanderk, s'il a deviné qu'il s'agit de l'adversaire de son fils. — 5 Après le duel, pour échapper aux poursuites.

M. D'ESPARVILLE PÈRE : [Ah [6] ! monsieur, que je vous suis obligé. *(Il fait quelques pas et revient.)* Monsieur, au service que vous me 30 rendez, pourriez-vous en ajouter un second ? Auriez-vous de l'or ? C'est ce que je vais donner à mon fils...

M. VANDERK PÈRE : Oui, monsieur.

M. D'ESPARVILLE PÈRE : Avant que j'aie pu rassembler quelques louis, je peux perdre un temps infini.

M. VANDERK PÈRE, *au domestique.* Retirez les deux sacs de douze cents livres ; voici, monsieur, quatre rouleaux de vingt-cinq louis chacun ; ils sont cachetés et comptés exactement.]

M. D'ESPARVILLE PÈRE : Ah ! monsieur, que vous m'obligez !

M. VANDERK PÈRE : Partez, monsieur ; permettez-moi de ne pas vous 40 reconduire [7].

M. D'ESPARVILLE PÈRE : Restez, restez, monsieur, je vous en prie, vous avez affaire ! Ah ! le brave homme ! Ah ! l'honnête homme ! Monsieur, mon sang est à vous ; restez, restez, restez, je vous en supplie.

M. VANDERK PÈRE, *seul :* Mon fils est mort... Je l'ai vu là... Et je ne l'ai pas embrassé... Que de peines sa naissance me préparait ! Que de chagrin sa mère [8] !...

M. VANDERK PÈRE : Eh bien ?

ANTOINE : Ah ! mon maître ! tous deux ; j'étais très loin, mais j'ai vu, j'ai vu... Ah ! monsieur [9] !   50

M. VANDERK PÈRE : Mon fils ?

ANTOINE : Oui, ils se sont approchés à bride abattue : l'officier a tiré, votre fils ensuite ; l'officier est tombé d'abord, il est tombé le premier. Après cela, monsieur... Ah ! mon cher maître ! les chevaux se sont séparés... Je suis accouru... je ... je...

M. VANDERK PÈRE : Voyez si mes chevaux sont mis [10] : faites approcher par la porte de derrière, venez m'avertir ; courons-y. Peut-être n'est-il que blessé.

ANTOINE : Mort ! mort ! J'ai vu sauter son chapeau. Mort !...

Nouvelle interruption : Victorine, fille d'Antoine, vient demander si l'on peut faire servir le dîner (scènes IX *et* X*). Soudain, coup de théâtre,* VANDERK FILS *paraît.*

M. VANDERK PÈRE : Mon fils !   M. VANDERK FILS : Mon père ! 60

M. VANDERK PÈRE : Mon fils !... je t'embrasse... je te revois sans doute honnête homme [11] ?

M. D'ESPARVILLE : Oui, morbleu ! il l'est.

M. VANDERK FILS : Je vous présente messieurs d'Esparville.

M. VANDERK PÈRE : Messieurs...

— 6 Passage supprimé à la représentation ; pourquoi, selon vous ? — 7 Croyant son fils mort, M. Vanderk a hâte d'être seul pour s'abandonner à sa douleur. — 8 Monologue interrompu par l'arrivée de musiciens venus pour le mariage de Mlle Vanderk (scènes VI et VII, supprimées à la représentation). Mais voici que paraît Antoine. — 9 Que traduisent ces propos entrecoupés ? — 10 Attelés. — 11 *Je pense que tu n'as pas failli à l'honneur.* Que veut-il dire ?

M. D'ESPARVILLE PÈRE : Monsieur, je vous présente mon fils... N'était-ce pas mon fils, n'était-ce pas lui justement qui était son adversaire ?

M. VANDERK PÈRE : Comment ! est-il possible que cette affaire...

M. D'ESPARVILLE PÈRE : Bien, bien, morbleu ! bien. Je vais vous raconter...   70

M. D'ESPARVILLE FILS : Mon père, permettez-moi de parler.

M. VANDERK FILS : Qu'allez-vous dire ?

M. D'ESPARVILLE FILS : Souffrez de moi cette vengeance.

M. VANDERK FILS : Vengez-vous donc.

M. D'ESPARVILLE FILS : Le récit serait trop court [12] si vous le faisiez, monsieur ; et à présent votre honneur est le mien... *(A M. Vanderk père.)* Il me paraît, monsieur, que vous étiez aussi instruit que mon père l'était. Mais voici ce que vous ne saviez pas. Nous nous sommes rencontrés ; j'ai couru sur lui : j'ai tiré [13] ; il a foncé sur moi, il m'a dit : « Je tire en l'air » ; il l'a fait. « Écoutez, m'a-t-il dit en me serrant la botte [14], 80 j'ai cru que vous insultiez mon père, en parlant des négociants. Je vous ai insulté, j'ai senti que j'avais tort ; je vous en fais excuse. N'êtes-vous pas content ? Éloignez-vous, et recommençons [15] ». Je ne puis, monsieur, vous exprimer ce qui s'est passé en moi ; je me suis précipité de mon cheval : il en a fait autant [16], et nous nous sommes embrassés. J'ai rencontré mon père, lui à qui, pendant ce temps-là, lui à qui vous rendiez service. Ah ! monsieur !

M. D'ESPARVILLE PÈRE : Eh ! vous le saviez, morbleu ! et je parie que ces trois coups frappés à la porte... Quel homme êtes-vous ? Et vous m'obligiez pendant ce temps-là ! Moi, je suis ferme [17], je suis honnête 90 homme ; mais en pareille occasion, à votre place, j'aurais envoyé le baron d'Esparville à tous les diables !

Voici donc le bonheur revenu au foyer de M. Vanderk. Son fils épousera-t-il Victorine, ou la riche héritière, une Cramont-Ballière de la tour d'Agon, que lui destine la Tante ? Sedaine ne nous le dit pas, ce qui permettra à GEORGE SAND *de donner une suite à la pièce,* Le Mariage de Victorine.

– Le drame. *D'après l'analyse et les extraits de cette pièce, par quels aspects caractéristiques vous semble-t-elle illustrer la conception du drame selon* DIDEROT *(cf. p. 228-229) ? Vous étudierez particulièrement les « conditions et relations », et les innovations techniques.*
– Le coup de théâtre. *Vous semble-t-il artificiel ou relativement vraisemblable ? Pourquoi ? Connaissez-vous d'autres effets saisissants dans le théâtre classique, romantique ou moderne ?*
– Le titre. *Comment interprétez-vous le titre de la pièce :* Le philosophe sans le savoir ? *Dans quelle mesure Vanderk se montre-t-il « philosophe » au sens du* XVIIIe SIÈCLE ? *En quoi sa « philosophie » dépasse-t-elle les limites du siècle des « lumières » ?*

— 12 Par modestie, Vanderk fils passerait trop vite sur sa propre conduite. — 13 Et la balle a percé le chapeau de son adversaire, nous l'apprendrons plus loin : d'où l'erreur d'Antoine (cf. l. 59) — 14 En s'approchant jusqu'à être botte à botte. — 15 Quoiqu'il ait satisfait par ses excuses à l'honneur de son adversaire (« N'êtes-vous pas *content ?* »), Vanderk lui offre courageusement une nouvelle réparation par les armes. — 16 Dans son émotion, Antoine a cru qu'ils *tombaient* (l. 53). — 17 Maître de moi.

L'ENCYCLOPÉDIE

**La bataille
encyclopédique
(1751-1766)**

Il manquait à la France un dictionnaire *moderne ;* en 1745, le libraire LE BRETON eut l'idée de publier une traduction de la *Cyclopaedia,* de l'Anglais Chambers, dictionnaire doté de planches et d'articles sur les arts mécaniques : il confia l'entreprise à DIDEROT (1746).

I. LE PREMIER VOLUME (1751). Plein d'enthousiasme, DIDEROT élargit le projet : au lieu d'être une simple traduction, l'*Encyclopédie** fera le point des connaissances contemporaines ; ce sera une œuvre de progrès, dissipant les préjugés et accordant une large place aux arts mécaniques. Il s'assure, pour la partie scientifique, la collaboration de d'ALEMBERT, et recrute une équipe de spécialistes parmi les plus compétents. Lui-même se charge des besognes les plus diverses : il écrit des articles, visite des ateliers pour établir la partie technique, classe les manuscrits, les soumet aux censeurs, corrige les épreuves. Son emprisonnement à Vincennes, à la suite de la *Lettre sur les Aveugles* (1749), ne ralentit pas son ardeur. En 1750, il lance le *Prospectus* qui expose l'objet du *Dictionnaire* et attire deux mille souscripteurs. Enfin, le 1ᵉʳ juillet 1751 paraît le *Premier Volume,* précédé du *Discours Préliminaire* de d'ALEMBERT.

II. L'AFFAIRE DE L'ABBÉ DE PRADES (1752). Applaudie par les philosophes, l'entreprise est aussitôt attaquée par les Jésuites du *Journal de Trévoux* (p. 243). Dans la thèse de théologie de l'abbé de PRADES, collaborateur de DIDEROT, ils découvrent dix propositions hérétiques : ils la font condamner au feu (janvier 1752). Juste au même moment, ils dénoncent, dans le *Deuxième volume* de l'*Encyclopédie* qui vient de paraître, le scepticisme de l'article *Certitude,* rédigé par Diderot et l'abbé de PRADES. Aux protestations des Jésuites se joignent celles des Jansénistes, et l'affaire dégénère en offensive contre l'*Encyclopédie.* Le Conseil d'État interdit la vente et la détention des deux premiers tomes (février 1752).

III. LA PROTECTION DE MALESHERBES. Trois mois plus tard la situation s'est améliorée, grâce à la protection de Mme DE POMPADOUR, ennemie des Jésuites, et surtout à la politique libérale de MALESHERBES, *directeur de la librairie.* Dès la première alerte il avait accueilli chez lui, pour les mettre en sûreté, les manuscrits et les feuilles imprimées du Troisième volume. Voulant assurer la publication de la suite, il s'efforce d'éliminer les articles trop retentissants : il désigne des censeurs plus attentifs, mais en contre partie il protège l'*Encyclopédie* contre les attaques de FRÉRON, agent de la reine et du parti dévot. Grâce à sa protection éclairée, on voit paraître les *Tomes III à VII,* de 1753 à 1757, un volume chaque année. Les Encyclopédistes, dont le nombre va croissant, forment une véritable armée de philosophes qui se retrouvent chez Mme DU DEFFAND, chez Mme GEOFFRIN, et surtout chez D'HOLBACH (p. 248).

IV. L'ARRÊT DE 1759. Mais les dévots ne désarment pas : à propos de l'attentat de Damiens contre le roi (janv. 1757), ils dénoncent les livres subversifs et obtiennent une surveillance plus étroite de la librairie.

1. LES CACOUACS. Fréron et ses amis redoublent leur campagne de pamphlets : les *Petites lettres sur de grands philosophes* de Palissot, les *Préjugés légitimes contre l'Encyclopédie* de Chaumeix et surtout les *Cacouacs* de Moreau. Sous ce nom mystérieux, ce dernier ridiculisait une dangereuse peuplade, pleine de séduction, mais acharnée contre la morale, la religion, l'État : c'était, textes à l'appui, présenter l'*Encyclopédie* comme l'œuvre d'un parti organisé et hostile au gouvernement.

---

* Cf. Pierre Grosclaude, *Un audacieux message,* l'*Encyclopédie* (Nouv. Éd. Latines 1951)

La curiosité universelle

J.-H. Fragonard, « Denis Diderot », peinture, XVIIIᵉ siècle. (Musée du Louvre, Paris. Ph. Hubert Josse © Photeb.)

Le maître d'œuvre de l'*Encyclopédie* (cf. **p. 236 à 248**) est d'une curiosité universelle (cf. **XIXᵉ siècle, p. 377**). Il ouvre les voies de l'avenir par ses intuitions scientifiques sur la matière, le transformisme, les rapports entre l'homme et l'univers (cf. **p. 211 à 218**). En morale, en politique, en métaphysique, sa pensée est toujours stimulante (cf. **p. 211 à 220**). Précurseur du roman réaliste, il amorce la réflexion moderne sur le roman (cf. **p. 204**) et l'art dramatique (cf. **p. 229**). Avec lui, la critique d'art devient une province nouvelle de la littérature (cf. pages suivantes).

H. Robert, « Vue imaginaire de la Grande Galerie du Louvre en ruines » (détail), esquisse, vers 1796. (Musée du Louvre, Paris. Ph. H. Josse © Photeb.)

Diderot et la critique d'art

Ses *Salons* sont le reflet de sa personnalité émotive, enthousiaste, moralisatrice (cf. **p. 221**). S'il a une bonne connaissance de la technique, il accorde plus d'importance à la description du tableau et aux émotions qu'il éveille en lui.

Commentant avec enthousiasme *la Grande Galerie* d'Hubert Robert, il glisse vers la méditation sur les ruines, et ainsi la critique d'art donne naissance à une sorte de poème lyrique (cf. **p. 222**).

Devant *Le Fils ingrat* et *Le Mauvais Fils puni* (cf. ci-contre), il se met à vivre intensément les deux scènes, devine les sentiments, interprète les attitudes, entend les paroles, imagine le dialogue. Il va jusqu'à corriger le tableau de Greuze selon son goût pour le rendre encore plus moral et pathétique (cf. **p. 224 à 226**) !

L'admiration de Diderot pour Chardin et ses scènes de genre est liée à son intérêt pour le détail réaliste, pour cet accent de vérité qu'il recherchait dans ses propres romans. (cf. **planche XXIV**).

J.-B. Greuze, « La Malédiction paternelle - Le Fils ingrat », peinture, XVIIIᵉ siècle. (Musée du Louvre, Paris. Ph. H. Josse © Arch. Photeb.)

J.-B. Greuze, « Le Fils puni », peinture, XVIIIᵉ siècle. (Musée du Louvre, Paris. Ph. H. Josse © Photeb.)

J.-B.-S. Chardin, « La Pourvoyeuse », peinture, 1739. (Musée du Louvre, Paris.
Ph. H. Josse © Photeb.)

« Cela est vrai : on n'invente pas ces choses là »
« C'est la nature même ; les objets sont hors de la toile et d'une vérité à tromper les yeux » (Diderot).

L. Carmontelle, « M. de Buffon », aquarelle, 1769.
(Musée Condé, Chantilly. Ph. H. Josse © Arch. Photeb.)

Un savant et un écrivain

Le savant méticuleux aux manchettes de dentelle ; le cadre évoque l'ampleur de sa documentation (cf. **p. 249**) et son intérêt pour les animaux exotiques (cf. **p. 251**).

« Taillanderie, Fabrique des Étaux », planche de l'« Encyclopédie »,
1751-1780, gravure de R. Bénard. (Bibl. Nat., Paris. Ph. Jeanbor © Arch. Photeb.)

« On a pris l'esquisse des machines et des outils. On n'a rien omis de ce qui pouvait les montrer distinctement aux yeux. Dans le cas où une machine mérite des détails par l'importance de son usage et par la multitude de ses parties, on a passé du simple au composé. On a commencé par assembler dans une première figure autant d'éléments qu'on en pouvait apercevoir sans confusion. Dans une seconde figure, on voit les mêmes éléments avec quelques autres. C'est ainsi qu'on a formé successivement la machine la plus compliquée, sans aucun embarras ni pour l'esprit ni pour les yeux. »

Discours préliminaire

« *La vignette du haut de la planche montre la boutique d'un coutelier de Paris :*

1. Forge.
2. Ouvrier sur la planche qui polit ou émoud.
3. Ouvrier qui repasse un rasoir sur la pierre.
4. Ouvrier qui fore à l'arçon.
5. Ouvrier qui lime.
6. La maîtresse qui range de l'ouvrage.
7. Tourneur de roue.
a : L'enclume avec son billot et le marteau.
g : Polissoire. »

Au bas de la planche :

1 Foret avec son archet et la plaque
2 Tournevis
3 Pierre douce d'Allemagne
4 Tenailles
5 Étau à main
6 Pince plate
7 Pince ronde
8 Scie
9 Brunissoir
10 Marteau de Forge
11 Marteau à dresser
12 Lime en couteau
13 Pierre à affiler les rasoirs
14 Cuir à repasser
15 Marteau d'établi
16 Enclume d'établi
17 Poinçon
18 Ciseau
19 Lime plate
20 Grand étau
21 Enclume
22 Polissoire
23 La meule avec son équipage

A La roue
B La manivelle
C La corde
D La planche
E La meule
F La poulie
G L'auge

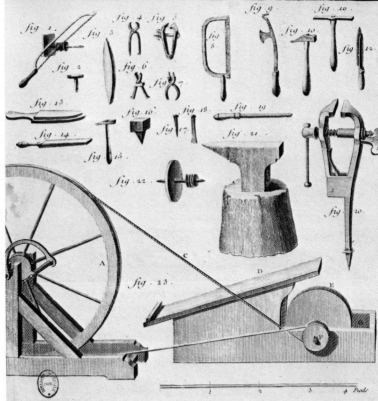

« *Coutelier* », *planche de l'« Encyclopédie », 1751-1780, gravure de Prévost.* (Bibl. Nat., Paris. Ph. Jeanbor © Arch. Photeb.)

*J. de Lajoue, « Le Cabinet de Physique de M. Bonier de la Mosson »
(détail), peinture, XVIIIᵉ siècle.* (Coll. Sir Alfred Beit. Ph. © Arch. Thames and Hudson/T.)

La méthode expérimentale

Témoignage de l'intérêt, chez les intellectuels du XVIIIᵉ siècle, pour les observations scientifiques ; cf. Montesquieu (**p. 75 et 107**), Voltaire à Cirey (**p. 112**), Rousseau et la botanique (**p. 338**). En dehors des recherches scientifiques proprement dites, la méthode expérimentale est souvent adoptée par les philosophes comme instrument d'investigation (cf. **p. 17, 24, 82, 131,** etc.) ou de démonstration (cf. **p. 88, 138, 167, 213, 297,** etc.).

2. LA RETRAITE DE D'ALEMBERT (1758). Écœuré par ces polémiques et s'estimant mal rétribué, d'ALEMBERT décide alors d'abandonner l'*Encyclopédie*. Son article sur *Genève*, inspiré par Voltaire (p. 157), avait soulevé l'opinion et provoqué la brouille de Rousseau avec les philosophes (p. 275). D'ALEMBERT entraînait avec lui DUCLOS et MARMONTEL. Heureusement pour Diderot, l'inlassable chevalier de JAUCOURT, prêt à tous les dévouements, va le seconder jusqu'au bout.

3. INTERDICTION DE L'ENCYCLOPÉDIE. En 1758, nouvelle tempête à propos de l'ouvrage matérialiste *De l'Esprit*,. d'HELVÉTIUS. En faisant condamner ce livre au bûcher, le Procureur Joly de Fleury élève une réquisitoire contre l'*Encyclopédie* : le parti dévot obtient enfin un *arrêt du Conseil d'État* révoquant le privilège du *Dictionnaire*, interdisant la vente des volumes parus et condamnant les libraires à rembourser les souscripteurs (8 mars 1759).

V. LA VICTOIRE DE DIDEROT. MALESHERBES sauve une nouvelle fois l'entreprise en admettant le remboursement des souscripteurs sous la forme de volumes de planches. DIDEROT apporte tous ses soins à ce travail autorisé, et poursuit *clandestinement* l'impression des dix volumes de texte qui restent à publier. La bataille des pamphlets fait encore rage : d'un côté la *Comédie des Philosophes* de Palissot et le *Discours* de Le Franc de Pompignan à l'Académie (1760) ; de l'autre, les répliques foudroyantes de VOLTAIRE (p. 113). L'arrêt du Parlement expulsant les Jésuites, ses principaux adversaires, facilite la tâche de Diderot (1762). Il aura encore un moment de découragement, en 1764, quand il découvrira que LE BRETON, craignant la Bastille, a supprimé certaines hardiesses des volumes déjà imprimés mais non encore publiés ; mais malgré tout, *la grande œuvre sera menée à son terme*. A la fin de 1765 les *Tomes VIII à XVII*, soi-disant imprimés à Neufchâtel, sont terminés : on les distribue clandestinement aux souscripteurs au début de 1766. Quant aux *onze volumes de planches*, ils parurent sans encombre entre 1762 et 1772.

Principaux artisans   DIDEROT fut l'animateur et le principal rédacteur de l'*Encyclopédie*. Avec plus de mille articles écrits ou retouchés, (cf. p. 200), la morale (cf. p. 238), la religion (cf. p. 240), sur la philosophie et la littérature (cf. p. 200), la morale (cf. p. 238), la religion (cf. p. 240), la politique (cf. p. 243 et 246), l'économie (cf. p. 245) et les arts appliqués, il apparaît comme universel. D'ALEMBERT (1717-1783), auteur du *Discours Préliminaire* et de l'article *Genève* (cf. p. 275), a surtout traité de questions mathématiques et contrôlé toute la partie scientifique. Il a laissé également des *Mélanges de philosophie, d'histoire et de littérature* (1783). Quant au chevalier de JAUCOURT (1704-1779), s'il s'intéressait particulièrement à la médecine, il a touché comme Diderot à tous les sujets : physique, littérature, histoire, droit, politique, etc. Sous leur direction, l'*Encyclopédie* est l'œuvre d'une multitude d'ouvriers plus obscurs, de spécialistes judicieusement choisis : Duclos (morale), Marmontel (littérature), Le Blond (fortification et tactique), Le Roy (astronomie), Blondel (architecture), Belin (marine), Toussaint (jurisprudence), abbé Yvon (métaphysique et morale), abbé Mallet (théologie, histoire et littérature), La Condamine (mathématiques).

L'esprit de l'Encyclopédie   A travers cette extrême diversité, un *esprit commun* ordonne tous les efforts. Il s'agit d'abattre les préjugés et de faire triompher la *raison* : entreprise audacieuse qui explique la tactique prudente des renvois d'un article à l'autre, à la manière de BAYLE (cf. p. 22). Les Encyclopédistes prétendent mettre à la portée d'un large public, par un puissant effort de *vulgarisation*, toutes les branches de la connaissance. Leur esprit est *réaliste* et *pratique* : ils observent la nature humaine comme une donnée, avec le désir d'en tirer le meilleur parti. A l'idée religieuse de l'humanité déchue, ils opposent la volonté optimiste d'assurer le bonheur humain par le *progrès de la civilisation*. Par cette foi, l'*Encyclopédie* est l'ouvrage le plus représentatif du XVIIIᵉ siècle.

La partie technique   DIDEROT accorde aux *arts mécaniques* une place considérable et traite ces questions nouvelles avec un soin particulier.

1. DOCUMENTATION PRÉCISE : « Tout nous déterminait à recourir aux ouvriers. On s'est adressé aux plus habiles de Paris et du royaume ; on s'est donné la peine d'aller

dans leurs ateliers, de les interroger, d'écrire sous leur dictée, de développer leurs pensées, d'en tirer les termes propres à leurs professions, d'en dresser des tables, de les définir » *(Prospectus)*. On est allé jusqu'à « se procurer les machines, les construire, mettre la main à l'œuvre » afin « d'en parler avec précision ».

2. RICHESSE DES ARTICLES. Pour chaque article, on a traité de la matière utilisée, des transformations qu'elle subit, « des principaux ouvrages qu'on en fait et de la manière de les faire », des outils et des machines à cet usage ; on a représenté ces opérations dans une ou plusieurs planches et on a recueilli « les termes propres de l'art ». Beaucoup d'articles constituent de *petits traités*. A la rubrique MOULIN (25 pages), on nous décrit tous les moulins, toutes les pièces qui les composent : moulins à vent, à eau, à bras ; moulins à exprimer l'huile, à scier le bois, à tirer l'or ; moulins à pierres précieuses, à moutarde, à poudre à canon. A l'article SOIE (38 pages) sont décrites les opérations du moulinage, du tissage, de l'ourdissage des chaînes ; on y étudie l'élevage des vers à soie et les règlements sur les manufactures, etc.

3. LES PLANCHES. « Un coup d'œil sur l'objet ou sur sa représentation en dit plus qu'une page de discours » *(Prospectus)*. Accompagnées de notices explicatives, ces planches sont une véritable initiation aux arts mécaniques. Certaines sont de petits tableaux de genre, montrant les travailleurs dans les ateliers ou les champs. D'autres, plus techniques, représentent les machines, vues dans leur ensemble puis décomposées, les outils, les étapes de la fabrication des objets.

4. INTÉRÊT SOCIAL. DIDEROT et d'ALEMBERT ont voulu réhabiliter les *travailleurs manuels* et les *techniciens* : « Le mépris qu'on a pour les arts mécaniques semble avoir influé jusqu'à un certain point sur leurs inventeurs mêmes. Les noms de ces bienfaiteurs du genre humain sont presque tous inconnus, tandis que l'histoire de ses destructeurs, c'est-à-dire des conquérants, n'est ignorée de personne. Cependant, c'est peut-être chez les artisans qu'il faut aller chercher les preuves les plus admirables de la sagacité de l'esprit, de sa patience et de ses ressources » *(Discours Préliminaire)*. L'attention était attirée sur la dignité de l'artisan consciencieux et sur son *utilité sociale*, sans laquelle nul ne mérite une place dans la société : considérations *démocratiques*, sinon révolutionnaires.

Philosophe

Ce portrait, rédigé par DUMARSAIS et revu par DIDEROT, définit, en réponse à la satire contemporaine, l'esprit qui anime les Encyclopédistes : le philosophe est un *savant* plein de raison, un *honnête homme* plein d'humanité pour qui la *société* est « une divinité sur la terre ». La partie la plus originale est celle qui concerne la *vertu :* pour l'auteur il y a naturellement au fond de l'homme éclairé un *élan spontané* vers le bien qui peut se développer sous l'action du milieu social. Cette interprétation optimiste de la nature humaine explique la foi des Encyclopédistes dans les progrès de la civilisation.

L a raison est à l'égard du philosophe ce que la grâce est à l'égard du chrétien. La grâce détermine le chrétien à agir ; la raison détermine le philosophe [1]. (...)
Le philosophe forme ses principes sur une infinité d'observations particulières [2]. Le peuple adopte le principe sans penser aux observations qui l'ont produit : il croit que la maxime existe, pour ainsi dire, par elle-même [3] ; mais le philosophe prend la maxime dès sa source ; il en examine l'origine ; il en connaît la propre valeur, et n'en fait que l'usage qui lui convient.

De cette connaissance que les principes ne naissent que des observations parti-
10 culières, le philosophe en conçoit de l'estime pour la science des faits ; il aime à

— 1 Expliquer la signification profonde de cette formule. — 2 D'Alembert insistait dans le *Discours Préliminaire* sur les vertus de l'observation et de l'expérience. — 3 Cf. Voltaire qui oppose sans cesse les esprits éclairés à la « canaille » (p. 175).

s'instruire des détails et de tout ce qui ne se devine point ; ainsi, il regarde com ne une maxime très opposée au progrès des lumières de l'esprit que de se borner à la seule méditation et de croire que l'homme ne tire la vérité que de son propre fonds [4]... La vérité n'est pas pour le philosophe une maîtresse qui corrompe son imagination, et qu'il croie trouver partout ; il se contente de la pouvoir démêler où il peut l'apercevoir. Il ne la confond point avec la vraisemblance ; il prend pour vrai ce qui est vrai, pour faux ce qui est faux, pour douteux ce qui est douteux, et pour vraisemblable ce qui n'est que vraisemblable. Il fait plus, et c'est ici une grande perfection du philosophe, c'est lorsqu'il n'a point de motif pour juger,
20 il sait demeurer indéterminé [5]. (...)

L'esprit philosophique est donc un esprit d'observation et de justesse, qui rapporte tout à ses véritables principes ; mais ce n'est pas l'esprit seul que le philosophe cultive, il porte plus loin son attention et ses soins.

L'homme n'est point un monstre qui ne doive vivre que dans les abîmes de la mer ou au fond d'une forêt ; les seules nécessités de la vie lui rendent le commerce des autres nécessaire ; et dans quelque état où il puisse se trouver, ses besoins et le bien-être l'engagent à vivre en société [6]. Ainsi, la raison exige de lui qu'il étudie, et qu'il travaille à acquérir les qualités sociables.

Notre philosophe ne se croit pas en exil dans ce monde, il ne croit point être
30 en pays ennemi [7] ; il veut jouir en sage économe des biens que la nature lui offre ; il veut trouver du plaisir avec les autres ; et pour en trouver il en faut faire [8] : ainsi il cherche à convenir à ceux avec qui le hasard ou son choix le font vivre ; et il trouve en même temps ce qui lui convient : c'est un honnête homme qui veut plaire et se rendre utile [9].

La plupart des grands, à qui les dissipations [10] ne laissent pas assez de temps pour méditer, sont féroces envers ceux qu'ils ne croient pas leurs égaux. Les philosophes ordinaires qui méditent trop, ou plutôt qui méditent mal, le sont envers tout le monde ; ils fuient les hommes, et les hommes les évitent [11] : mais notre philosophe qui sait se partager entre la retraite et le commerce des hommes
40 est plein d'humanité. C'est le Chrémès de Térence qui sent qu'il est un homme, et que la seule humanité intéresse à la mauvaise ou à la bonne fortune de son voisin. *Homo sum, humani nil a me alienum puto* [12].

Il serait inutile de remarquer ici combien le philosophe est jaloux de tout ce qui s'appelle honneur et probité. La société civile est, pour ainsi dire, une divinité pour lui sur la terre [13] ; il l'encense, il l'honore par la probité, par une attention exacte à ses devoirs, et par un désir sincère de n'en être pas un membre inutile ou embarrassant. Les sentiments de probité entrent autant dans la constitution mécanique [14] du philosophe que les lumières de l'esprit. Plus vous trouverez de raison dans un homme, plus vous trouverez en lui de probité. Au contraire, où

— 4 Critique de l'esprit de système de Descartes, Leibnitz, etc., déjà critiqué par Condillac dans son *Traité des systèmes* (1749). — 5 Idéal de parfaite rigueur, difficile à appliquer dans les sciences morales et politiques. — 6 C'est peut-être une allusion aux premiers Discours de Rousseau, qui venait de rompre avec l'Encyclopédie. et à sa retraite à Montmorency où il vivait en misanthrope (cf. p. 267). — 7 Allusion satirique à la doctrine de la chute originelle (cf. p. 127). — 8 Noter l'effort pour fonder la morale sociale sur le raisonnement. — 9 Expliquer les deux éléments de cette formule. — 10 La dispersion de leur vie. — 11 Nouvelle allusion venimeuse à Rousseau. — 12 Heautontimoroumenos (Le Bourreau de soi-même), v. 77 : « Je suis homme, et rien d'humain ne me paraît étranger », réponse de Chrémès à son voisin qui s'étonne de le voir s'intéresser à son sort. — 13 Préciser et commenter cette mystique sociale qui s'épanouira sous la Révolution. — 14 La probité est chez lui un réflexe automatique : il n'a besoin d'aucune règle ajoutée à sa nature pour être moral. Idée fondamentale chez Diderot.

50 règne le fanatisme et la superstition [15], règnent les passions et l'emportement. Le tempérament du philosophe, c'est d'agir par esprit d'ordre ou par raison ; comme il aime extrêmement la société, il lui importe bien plus qu'au reste des hommes de disposer tous ses ressorts à ne produire que des effets conformes à l'idée d'honnête homme. (...)

Cet amour de la société si essentiel au philosophe fait voir combien est véritable la remarque de l'empereur Antonin : « Que les peuples seront heureux quand les rois seront philosophes, ou quand les philosophes seront rois ! » (.) Le vrai philosophe est donc un honnête homme qui agit en tout par raison, et qui joint à un esprit de réflexion et de justesse, les mœurs et les qualités sociables. Entez [16] un
60 souverain sur un philosophe d'une telle trempe, et vous aurez un parfait souverain [17].

EXERCICE : Le « philosophe » d'après DIDEROT, VOLTAIRE (p. 114-117) et ROUSSEAU (p. 268-315). Les écrivains du XVIIIe siècle ont-ils réalisé cet idéal ?

Idées religieuses

L'Encyclopédie était accusée « d'élever les fondements de l'irréligion et de l'incrédulité » (arrêt de 1752). Cependant, pour déjouer la censure, on se gardait de prendre position trop ouvertement. Les abbés MALLET et YVON respectent l'orthodoxie tout en revendiquant la liberté de penser. Mais DIDEROT et ses amis glissaient bien des hardiesses dans des articles où ils proclamaient leur soumission à l'Église (cf. p. 241). A l'autorité de la foi et de la révélation, ils opposent les droits de la raison (Raison) : ils rejettent les faits insuffisamment prouvés (Imposture), doutent des miracles (Oracle), étudient les textes sacrés « en littérateurs, en philosophes même, et en historiens de l'esprit humain » (Langue hébraïque). Ils sont plus virulents contre la dévotion extérieure, les ordres religieux, les ambitions des papes (Papes). Au catholicisme, ils reprochent d'être intolérant et fanatique (Christianisme, Hérétiques, Réfugiés). Plus indulgents envers les protestants (Genève), ils n'en jugent pas moins sévèrement Luther et Calvin.

En réalité, les Encyclopédistes sont déistes et certains penchent vers l'athéisme. Ils professent la philosophie naturaliste : DIDEROT croit comme ROUSSEAU à la bonté naturelle de l'homme (Homme) et justifie les passions comme étant les mouvements légitimes de l'âme (Passions). Selon les Encyclopédistes, la moralité consiste à prendre conscience des données de notre nature pour fonder le bonheur individuel et social sur les besoins humains et sur la raison (cf. p. 238) : il n'est plus question de préparer la vie future par la mortification et la pénitence.

CHRISTIANISME

Dans l'article Athéisme, type même du développement de nature à satisfaire les censeurs ecclésiastiques, l'abbé Yvon avait justifié la répression de l'athéisme et même de l'impiété. L'article Christianisme (anonyme), encore orthodoxe en apparence, se révélera plus hardi. Le christianisme s'y voit honoré des qualités qu'il devrait avoir et que lui contestent, en fait, les philosophes : contre les autres religions l'auteur élève des critiques dont il n'absout le christianisme que par une tardive clause de style. Partout affleure le scepticisme des Encyclopédistes dont on trouvera confirmation dans les notes : on saisira ainsi sur le vif l'esprit et la méthode insinuante de l'Encyclopédie.

Le christianisme, je le sais, a eu ses guerres de religion, et les flammes en ont été souvent funestes aux sociétés [1] : cela prouve qu'il

---

— 15 Les grands ennemis de la raison et, par conséquent, des Encyclopédistes. — 16 Greffez. — 17 Catherine II représentait aux yeux de Diderot cet idéal du despotisme éclairé,

source de désillusions pour Voltaire (cf. p. 142).

— 1 Plus loin l'auteur exposera complaisamment ces méfaits, sous prétexte d'évoquer en regard tous les bienfaits du christianisme.

n'y a rien de si bon dont la malignité humaine ne puisse abuser [2]. Le fanatisme est une peste qui reproduit de temps en temps des germes capables d'infecter la terre ; mais c'est le vice des particuliers et non du christianisme, qui par sa nature est également éloigné des fureurs outrées du fanatisme et des craintes imbéciles de la superstition. La religion rend le païen superstitieux et le mahométan fanatique : leurs cultes les conduisent là naturellement (voyez *Paganisme*, voyez *Maho-*
10 *métisme*) ; mais lorsque le chrétien s'abandonne à l'un ou l'autre de ces deux excès, dès lors il agit contre ce que lui prescrit sa religion [3]. En ne croyant rien que ce qui lui est proposé par l'autorité la plus respectable qui soit sur la terre, je veux dire l'Église catholique, il n'a point à craindre que la superstition vienne remplir son esprit de préjugés et d'erreurs [4]. Elle est le partage des esprits faibles et imbéciles, et non de cette société d'hommes qui, perpétuée depuis Jésus-Christ jusqu'à nous, a transmis dans tous les âges la révélation dont elle est la fidèle dépositaire [5]. En se conformant aux maximes d'une religion toute sainte et tout ennemie de la cruauté, d'une religion qui s'est accrue par le sang
20 de ses martyrs, d'une religion enfin qui n'affecte [6] sur les esprits et sur les cœurs d'autre triomphe que celui de la vérité qu'elle est bien éloignée de faire recevoir par des supplices, il ne sera ni fanatique ni enthousiaste [7], il ne portera point dans sa patrie le fer et la flamme, et il ne prendra point le couteau sur l'autel pour faire des victimes de ceux qui refuseront de penser comme lui.

Vous me direz peut-être que le meilleur remède contre le fanatisme et la superstition serait de s'en tenir à une religion qui, prescrivant au cœur une morale pure, ne commanderait point à l'esprit une créance aveugle des dogmes qu'il ne comprend pas [8] ; les voiles mystérieux
30 qui les enveloppent ne sont propres, dites-vous, qu'à faire des fanatiques et des enthousiastes. Mais raisonner ainsi, c'est bien peu connaître la nature humaine : un culte révélé est nécessaire aux hommes, c'est le seul frein qui les puisse arrêter. La plupart des hommes que la seule raison guiderait, feraient des efforts impuissants pour se convaincre des dogmes [9] dont la créance est absolument essentielle à la conservation des États.(...) La voie des raisonnements n'est pas faite pour le peuple [10]. Qu'ont gagné les philosophes avec leurs discours pompeux, avec leur style

---

— 2 Cette « réhabilitation » suffit-elle à effacer l'effet de la phrase précédente ? — 3 Cf. Voltaire : p. 170. — 4 Oui, mais à l'article *Junon*, le culte des saints et de la Vierge est assimilé aux superstitions du culte de Junon. — 5 Oui, mais l'article *Langue Hébraïque* proclame la nécessité de soumettre les livres révélés à un sérieux examen critique ; et l'article *Evangiles* dénonce les nombreux évangiles apocryphes, « ouvrages du fanatisme et du mensonge ». — 6 Recherche. — 7 Voltaire condamne aussi « l'enthousiasme », duperie du cœur qui s'affranchit du contrôle de la raison. — 8 Cf. Voltaire. p. 115. — 9 Affirmation lourde de conséquences. Cf. : « Partout où nous avons une décision claire et évidente de la *raison*, nous ne pouvons être obligés d'y renoncer pour embrasser l'opinion contraire sous prétexte que c'est une matière de foi. La raison de cela, c'est que nous sommes hommes avant d'être chrétiens » *(Raison)*. — 10 A l'art. *Aius Locutius* Diderot déclare, comme Voltaire, qu'il faut une religion pour le peuple, mais revendique pour les philosophes la liberté de penser.

sublime, avec leurs raisonnements si artificiellement arrangés ? Tant qu'ils n'ont montré que l'homme dans leurs discours sans y faire inter-
40 venir la divinité, ils ont toujours trouvé l'esprit du peuple fermé à tous les enseignements. Ce n'est pas ainsi qu'en agissaient les législateurs, les fondateurs d'État, les instituteurs de religion : pour entraîner les esprits et les plier à leurs desseins politiques, ils mettaient entre eux et le peuple le dieu qui leur avait parlé ; ils avaient eu des visions nocturnes ou des avertissements divins ; le ton impérieux des oracles se faisait sentir dans les discours vifs et impétueux qu'ils prononçaient dans la chaleur de l'enthousiasme [11]. C'est en revêtant cet extérieur imposant, c'est en tombant dans ces convulsions surprenantes, regardées par le peuple comme l'effet d'un pouvoir surnaturel, c'est en lui présentant
50 l'appas d'un songe ridicule que l'imposteur de la Mecque [12] osa tenter la foi des crédules humains, et qu'il éblouit les esprits qu'il avait su charmer, en excitant leur admiration et captivant leur confiance. Les esprits fascinés par le charme vainqueur de son éloquence ne virent plus dans ce hardi et sublime imposteur qu'un prophète qui agissait, parlait, punissait et pardonnait en Dieu. A Dieu ne plaise que je confonde les révélations dont se glorifie à si juste titre le christianisme [13] avec celles que vantent avec ostentation les autres religions ; je veux seulement insinuer par là qu'on ne réussit à échauffer les esprits qu'en faisant parler le dieu dont on se dit l'envoyé, soit qu'il ait véritablement parlé, comme
60 dans le christianisme et le judaïsme, soit que l'imposture le fasse parler, comme dans le paganisme et le mahométisme. Or il ne parle point par la voix du philosophe déiste : une religion ne peut donc être utile qu'à titre de religion révélée. Voyez *Déisme* et *Révélation*.

– Tactique philosophique. *Précisez les idées combattues par l'auteur de cet article. Comment s'y prend-il pour les discréditer et mettre en valeur les objections qu'il leur oppose ? En quoi cette tactique est-elle conforme à celle que définit* VOLTAIRE *à l'article Blé du Dictionnaire Philosophique (p. 175) ?*
● **Groupe thématique : Christianisme et fanatisme.** MONTESQUIEU : « Très humble remontrance... », p. 109. – VOLTAIRE : « Sur le Parlement », p. 119 ; – « Dogmes », p. 178 ; – p. 170 ; – p. 171.
● **Groupe thématique : Religion et société.** VOLTAIRE, p. 114-115 ; – « Dieu », p. 176 ; – « Dogmes », p. 178. – L'argument de l'utilité politique et sociale vous paraît-il décisif ? Quel en est le point faible ?

Idées politiques

En politique, l'*Encyclopédie* est moins hardie que sur le plan religieux. Dans l'ensemble elle se rallie aux idées de MONTESQUIEU, à qui elle fait de larges emprunts. Elle condamne le despotisme et considère la république comme bonne seulement pour un petit État *(République)* ; JAUCOURT fait l'éloge de la monarchie anglaise où l'on trouve « le mélange égal de la liberté et de la royauté » *(Monarchie)* ; il flétrit les régimes fondés sur la violence et leur oppose les régimes reposant sur le consentement des peuples, dont le but est « d'assurer le bien-être général de la nation » *(Gouvernement)*. L'article *Autorité Politique* de DIDEROT contient une ferme condamnation du droit divin et de l'absolutisme. Sur la question de

— 11 Cf. Fontenelle, *Histoire des Oracles* (p. 23), dont la thèse sera exposée à l'article *Oracle*. — 12 Mahomet. — 13 Oui, mais les articles *Bible, Certitude, Probabilité* opposent à la révélation les principes de l'examen critique « d'après lesquels on accordera ou refusera la croyance, si l'on ne veut pas donner dans des rêveries et si l'on aime sincèrement la vérité ».

l'*égalité*, JAUCOURT partage l'avis de Voltaire : « Dans l'état de nature, les hommes naissent bien dans l'égalité, mais ils n'y sauraient rester : la société la leur fait perdre ; ils ne redeviennent égaux que par les lois » *(Égalité)*. Si l'*Encyclopédie* dénonce les privilèges, les impôts mal répartis, les atteintes à la liberté du travail, *elle n'est pas révolutionnaire :* elle veut seulement *réformer les abus* les plus scandaleux. Elle annonce ainsi le mouvement d'opinion qui aboutira aux États Généraux et à la Constituante.

AUTORITÉ POLITIQUE

Paru dans le Tome I, cet article est le plus hardi du *Dictionnaire* en matière politique. S'inspirant assez directement de LOCKE *(Du Gouvernement civil, 1690)* et annonçant dix ans à l'avance le *Contrat Social* (p. 313), DIDEROT reprend, avec une fermeté remarquable, les idées qui s'exprimaient depuis le XVIe siècle sous la plume des polémistes protestants. C'est à juste titre que l'arrêt de 1752 reprochait aux Encyclopédistes « d'insérer plusieurs maximes tendantes à détruire l'autorité royale, à établir l'esprit d'indépendance et de révolte ». Les répliques du *Journal de Trévoux* citées dans les notes donneront une idée de la lutte engagée pied à pied contre l'*Encyclopédie.*

Aucun homme n'a reçu de la nature le droit de commander aux autres. La liberté est un présent du ciel, et chaque individu de la même espèce a le droit d'en jouir aussitôt qu'il jouit de la raison [1]. Si la nature a établi quelque *autorité*, c'est la puissance paternelle : mais la puissance paternelle a ses bornes ; et dans l'état de nature elle finirait aussitôt que les enfants seraient en état de se conduire [2]. Toute autre *autorité* vient d'une autre origine que la nature. Qu'on examine bien et on la fera toujours remonter à l'une de ces deux sources : ou la force et la violence de celui qui s'en est emparé [3], ou le consentement de
10 ceux qui s'y sont soumis par un contrat fait ou supposé entre eux et celui à qui ils ont déféré l'*autorité* [4].

La puissance qui s'acquiert par la violence n'est qu'une usurpation et ne dure qu'autant que la force de celui qui commande l'emporte sur celle de ceux qui obéissent ; en sorte que si ces derniers deviennent à leur tour les plus forts, et qu'ils secouent le joug, ils le font avec autant de droit et de justice que l'autre qui le leur avait imposé [5]. La même loi qui a fait l'*autorité* la défait alors : c'est la loi du plus fort.

Quelquefois l'*autorité* qui s'établit par la violence change de nature ; c'est lorsqu'elle continue et se maintient du consentement exprès de

---

— 1 Dès 1690, Locke définissait l'état de nature comme « un état de parfaite liberté » auquel les hommes accèdent quand « l'âge et la raison » les délivrent de la domination paternelle, et dont nul ne peut être privé « sans son propre consentement ». — 2 Cf. *Journal de Trévoux* : « Croira-t-on encore que, dans l'état de nature, toute puissance d'un père doive être finie à cet âge ? N'est-il pas plus dans l'ordre de la nature que durant tout le cours de la vie des enfants il reste des traces de cette puissance ? » Apprécier les deux thèses opposées. — 3 Thèse de Rousseau dans le *Discours sur l'inégalité* (p. 271). Cf. Pascal,

XVIIe siècle (p. 153). — 4 C'est déjà l'idée du *Contrat Social* (p. 313). Selon le *Journal de Trévoux*, ces principes seraient empruntés à un livre « réfuté en Angleterre même comme autorisant la *révolte* et la *trahison*. Il est beaucoup parlé dans ce livre de contrat, de convention entre le Roi et le Peuple ; il y est dit que quand on choisit un Roi, il s'engage à gouverner la société suivant les conditions stipulées dans l'accord ; que le Prince tient son autorité du Peuple qui le choisit, qui l'établit et dont il n'est que l'exécuteur ». — 5 Justification de l'insurrection sous un roi absolu. Cf. Voltaire, p. 120 (l. 44-55).

20 ceux qu'on a soumis : mais elle rentre par là dans la seconde espèce dont je vais parler ; et celui qui se l'était arrogée devenant alors prince cesse d'être tyran [6].

La puissance qui vient du consentement des peuples suppose nécessairement des conditions qui en rendent l'usage légitime utile à la société, avantageux à la république [7], et qui la fixent et la restreignent entre des limites [8] ; car l'homme ne peut ni ne doit se donner entièrement et sans réserve à un autre homme, parce qu'il a un maître supérieur au-dessus de tout, à qui seul il appartient tout entier [9]. C'est Dieu dont le pouvoir est toujours immédiat [10] sur la créature, maître aussi jaloux qu'absolu,
30 qui ne perd jamais de ses droits et ne les communique point [11]. Il permet pour le bien commun et le maintien de la société que les hommes établissent entre eux un ordre de subordination, qu'ils obéissent à l'un d'eux ; mais il veut que ce soit par raison et avec mesure, et non pas aveuglément et sans réserve [12], afin que la créature ne s'arroge pas les droits du créateur. Toute autre soumission est le véritable crime d'idolâtrie. Fléchir le genou devant un homme ou devant une image n'est qu'une cérémonie extérieure [13], dont le vrai Dieu qui demande le cœur et l'esprit ne se soucie guère, et qu'il abandonne à l'institution des hommes pour en faire, comme il leur conviendra, des marques d'un
40 culte civil et politique, ou d'un culte de religion [14]. Ainsi ce ne sont pas ces cérémonies en elles-mêmes, mais l'esprit de leur établissement qui en rend la pratique innocente ou criminelle. Un Anglais n'a point de scrupule à servir le roi le genou en terre [15] ; le cérémonial ne signifie que ce qu'on a voulu qu'il signifiât, mais livrer son cœur, son esprit et sa conduite sans aucune réserve à la volonté et au caprice d'une pure créature, en faire l'unique et dernier motif de ses actions, c'est assurément un crime de lèse-majesté divine au premier chef.

Le prince tient de ses sujets mêmes l'autorité qu'il a sur eux [16] ; et cette autorité est bornée par les lois de la nature et de l'État.(...) Le prince
50 ne peut donc pas disposer de son pouvoir et de ses sujets sans le consentement de la nation et indépendamment du choix marqué dans le contrat de soumission.(...) Les conditions de ce pacte sont différentes dans les différents États. Mais partout la nation est en droit de maintenir envers et contre tout le contrat qu'elle a fait ; aucune puissance ne peut le changer ; et quand il n'a plus lieu [17], elle rentre dans le droit et dans la pleine liberté d'en passer un nouveau avec qui et comme il lui plaît. C'est ce qui arriverait en France si, par le plus grand des malheurs, la

---

— 6 Usurpateur. — 7 L'État. — 8 Cf. Fénelon, *XVIIe Siècle*, p. 426. — 9 Argument habile, mais un peu suspect chez un admirateur de Frédéric II et de Catherine II. — 10 Sans intermédiaire. — 11 Bossuet admettait au contraire le droit divin des princes à qui « Dieu communique sa puissance ». — 12 Rousseau (*Contrat Social*, V. 6), parlera au contraire de « l'aliénation totale » et « sans réserve » de « chaque associé avec tous ses droits à toute la communauté », qui est, selon lui, le vrai *souverain*. — 13 Ce sont les « respects d'établissement », purement conventionnels, que Pascal opposait aux « respects naturels » (*XVIIe Siècle*, p. 154, 4). — 14 Préciser ce trait de satire religieuse (cf. p. 309-310). — 15 Expliquer pourquoi. — 16 Négation formelle du droit divin. — 17 Est inapplicable.

famille entière régnante venait à s'éteindre jusque dans ses moindres rejetons : alors le sceptre et la couronne retourneraient à la nation.

– L'autorité: *a) Quel en est, selon* Diderot, *le fondement, et quelles en sont les limites ? – b) Quelles pourraient en être les autres sources, et par quels arguments les repousse-t-il ? – c) Comment procède-t-il pour réfuter la thèse de la monarchie de droit divin ?*
• **Groupe thématique : Autorité politique.** Ressemblances et différences entre les idées de Diderot et celles de Montesquieu *: Esprit des Lois*, p. 95-106, de Voltaire « Sur le Parlement » p. 119 et de Rousseau : *Contrat social*, p. 314 ; – voir aussi XVIIᵉ SIÈCLE, p. 153 et 154. – XIXᵉ SIÈCLE, p. 359-360.

Économie politique

L'article *Agriculture* de Diderot, et surtout deux longues études du physiocrate Quesnay, *Fermiers* et *Grains*, initiaient les lecteurs aux problèmes de l'agriculture, « la source des revenus du royaume » : on y trouvait exposées en détail les conditions de la prospérité agricole, les questions du rendement et du prix de vente des blés, la nécessité de moderniser les méthodes, d'alléger les impôts, de libérer les échanges, etc. Dans l'article *Economie Politique*, Rousseau insiste sur les responsabilités de l'État, expression de la volonté générale : il lui appartient d'assurer l'éducation des enfants pour en faire de bons citoyens (idée commune à d'Holbach, Helvétius, Turgot, reprise par Saint-Lambert : art. *Législateur*) : c'est à lui de veiller à la subsistance des citoyens, de répartir proportionnellement les impôts, de prévenir l'extrême inégalité des fortunes. A cette même veine mi-politique mi-économique se rattache l'article *Luxe* de Saint-Lambert.

Luxe

Pour Voltaire le luxe est l'expression même de la civilisation (p. 128) ; la thèse de Rousseau est diamétralement opposée (p. 271). L'auteur prend une position intermédiaire. Partisan du luxe et du progrès matériel, il n'en méconnaît pas les dangers moraux : c'est au gouvernement de faire du luxe une source de vertu et non de corruption. Le *bon gouvernement* est celui qui comprend l'importance de l'agriculture, le danger du déséquilibre des fortunes, la relation entre le pouvoir d'achat du peuple et la prospérité générale, les répercussions psychologiques et morales de l'aisance des citoyens. On remarquera l'*accent moderne* de beaucoup de ces observations : l'article met en lumière le lien entre l'économie et la politique, et le rôle de la psychologie en économie politique.

Voyons ce que doit être l'esprit national d'un peuple qui rassemble chez lui tous les objets possibles du plus grand luxe, mais que sait maintenir dans l'ordre un gouvernement sage et vigoureux, également attentif à conserver les véritables richesses de l'État et les mœurs.

Ces richesses et ces mœurs sont le fruit de l'aisance du grand nombre, et surtout de l'attention extrême de la part du gouvernement à diriger toutes ses opérations pour le bien général [1], sans acceptions ni de classes ni de particuliers, et de se parer sans cesse aux yeux du public de ces intentions vertueuses.

Partout ce grand nombre est ou doit être composé des habitants de la campagne,
10 des cultivateurs ; pour qu'ils soient dans l'aisance, il faut qu'ils soient laborieux ; pour qu'ils soient laborieux, il faut qu'ils aient l'espérance que leur travail leur procurera un état agréable ; il faut aussi qu'ils en aient le désir [2]. Les peuples tombés dans le découragement se content volontiers du simple nécessaire, ainsi que les habitants de ces contrées fertiles où la nature donne tout, et où tout languit si le législateur ne sait point introduire la vanité et à la suite un peu de

---

— 1 C'est la préoccupation de tout *philo-sophe* (cf. p. 239) et la justification de l'*autorité* *politique* (cf. p. 243). — 2 Étudier le fondement psychologique de ces théories économiques.

luxe [3]. Il faut qu'il y ait dans les villages, dans les plus petits bourgs, des manufactures d'ustensiles, d'étoffes nécessaires à l'entretien et même à la parure grossière des habitants de la campagne : ces manufactures y augmenteront encore l'aisance et la population. C'était le projet du grand Colbert qu'on a trop accusé
20 d'avoir voulu faire des Français une nation seulement commerçante.

Lorsque les habitants de la campagne sont bien traités, insensiblement le nombre des propriétaires s'augmente parmi eux : on y voit diminuer l'extrême distance et la vile dépendance du pauvre au riche ; de là ce peuple a des sentiments élevés, du courage, de la force d'âme, des corps robustes, l'amour de la patrie, du respect, de l'attachement pour des magistrats, pour un prince, un ordre, des lois auxquelles il doit son bien-être et son repos [4] : il tremble moins devant son seigneur, mais il craint sa conscience, la perte de ses biens, de son honneur et de sa tranquillité. Il vendra chèrement son travail aux riches, et on ne verra pas le fils de l'honorable laboureur quitter si facilement le noble métier de ses pères pour aller se souiller des livrées et du mépris de l'homme opulent [5].

Revendications sociales et humaines

L'*Encyclopédie* s'associe à l'action humanitaire des philosophes. Elle s'attaque à l'*intolérance* avec une indignation assez rare dans l'ouvrage, montrant que « l'intolérant est un méchant homme, un mauvais chrétien, un sujet dangereux, un mauvais politique et un mauvais citoyen » *(Intolérance ;* cf. aussi *Fanatisme* et *Réfugiés)*. Elle flétrit l'*esclavage* au nom du droit naturel et de la dignité humaine : « L'esclavage n'est pas seulement un état humiliant pour celui qui le subit, mais pour l'humanité qui en est dégradée ». Elle condamne la *torture* et la *question*, et si elle admet les pénalités extrêmes comme la peine de mort, c'est non pour punir la faute, mais pour prévenir de nouveaux crimes (art. *Crimes).* Les articles *Guerre* (JAUCOURT) et *Paix* (DAMILAVILLE ?) sont une condamnation catégorique de la guerre : seule est admise la guerre de légitime défense, à condition qu'elle soit menée avec le désir d'aboutir à une paix durable.

Paix

Moins sarcastique que LA BRUYÈRE *(XVIIe Siècle,* p. 421), moins humoriste que VOLTAIRE (p. 165), l'auteur est peut-être plus complet dans sa condamnation de la guerre et de l'esprit de conquête. S'il déplore comme eux les atrocités de la guerre, il est surtout sensible à son caractère *antisocial :* elle est la négation de toutes les activités qui assurent la santé du corps social. Aussi pourra-t-on dégager de ce texte les arguments des Encyclopédistes contre la guerre, et l'idéal d'une société harmonieuse où tout tendrait au *bonheur humain.*

L a guerre est un fruit de la dépravation des hommes ; c'est une maladie convulsive et violente du corps politique ; il n'est en santé, c'est-à-dire dans son état naturel, que lorsqu'il jouit de la *paix ;* c'est elle qui donne de la vigueur aux empires ; elle maintient l'ordre parmi les citoyens ; elle laisse aux lois la force qui leur est nécessaire ; elle favorise la population [1], l'agriculture et le commerce ; en un mot, elle procure au peuple le bonheur qui est le but de toute société. La guerre, au contraire, dépeuple les États ; elle y fait régner le désordre ; les lois sont forcées de se taire à la vue de la licence qu'elle introduit ; elle rend incertaines la liberté et la propriété des citoyens ; elle trouble
10 et fait négliger le commerce ; les terres deviennent incultes et abandonnées.

— 3 Ainsi le luxe devient le stimulant de l'activité économique. — 4 Le paysan devient un *citoyen :* c'est l'idéal de 1789. — 5 Étudier

dans ce § les bienfaits moraux du luxe. Opposer Fénelon *(XVIIe Siècle,* p. 428-429).

— 1 Le peuplement.

Jamais les triomphes les plus éclatants ne peuvent dédommager une nation de la perte d'une multitude de ses membres que la guerre sacrifie. Ses victoires même lui font des plaies profondes que la *paix* seule peut guérir.

Si la raison gouvernait les hommes, si elle avait sur les chefs des nations l'empire qui lui est dû, on ne les verrait point se livrer inconsidérément aux fureurs de la guerre. Ils ne marqueraient point cet acharnement qui caractérise les bêtes féroces. Attentifs à conserver une tranquillité de qui dépend leur bonheur, ils ne saisiraient point toutes les occasions de troubler celle des autres. Satisfaits des biens que la nature a distribués à tous ses enfants, ils ne regarderaient point
20 avec envie ceux qu'elle a accordés à d'autres peuples ; les souverains sentiraient que des conquêtes payées du sang de leurs sujets ne valent jamais le prix qu'elles ont coûté. Mais, par une fatalité déplorable, les nations vivent entre elles dans une défiance réciproque ; perpétuellement occupées à repousser les entreprises injustes des autres ou à en former elles-mêmes, les prétextes les plus frivoles leur mettent les armes à la main. Et l'on croirait qu'elles ont une volonté permanente de se priver des avantages que la Providence ou l'industrie [2] leur ont procurés. Les passions aveugles des princes les portent à étendre les bornes de leurs États ; peu occupés du bien de leurs sujets, ils ne cherchent qu'à grossir le nombre des hommes qu'ils rendent malheureux. Ces passions, allumées ou entretenues par
30 des ministres ambitieux ou par des guerriers dont la profession est incompatible avec le repos, ont eu, dans tous les âges, les effets les plus funestes pour l'humanité. L'histoire ne nous fournit que des exemples de *paix* violées, de guerres injustes et cruelles, de champs dévastés, de villes réduites en cendres [3]. L'épuisement seul semble forcer les princes à la *paix ;* ils s'aperçoivent toujours trop tard que le sang du citoyen s'est mêlé à celui de l'ennemi ; ce carnage inutile n'a servi qu'à cimenter l'édifice chimérique de la gloire du conquérant et de ses guerriers turbulents ; le bonheur de ses peuples est la première victime qui est immolée à son caprice ou aux vues intéressées de ses courtisans.

AUTOUR DE L'ENCYCLOPÉDIE

Parmi les grands écrivains, MONTESQUIEU ne donna à l'*Encyclopédie* qu'un article, inachevé, sur le *Goût*, VOLTAIRE se limita à des questions de littérature, ROUSSEAU ne fournit que des études sur la musique et l'article *Economie Politique*, BUFFON ne put rédiger l'article *Nature* qu'on lui demandait. Mais, sans jouir du même rayonnement, d'autres écrivains, protecteurs ou collaborateurs occasionnels de l'entreprise, ont laissé des œuvres importantes et exercé une vive influence sur l'esprit encyclopédique. Les idées qu'ils répandaient concernaient la nécessité de fonder *la science de l'homme* sur le concret et d'élargir le champ des *connaissances positives*, la volonté de substituer à l'impératif religieux une *morale sociale* reposant sur l'*éducation*, et enfin l'*aspiration humanitaire* à une meilleure organisation de la société.

Condillac
(1715-1780)

Le philosophe CONDILLAC n'a signé aucun article, mais Diderot lui fait de larges emprunts. Disciple de Locke, il n'admet de philosophie que celle qui repose sur l'expérience concrète (*Traité des Systèmes*, 1749). Dans l'*Essai sur l'origine des connaissances humaines* (1746), il rejette les considérations métaphysiques et s'en tient à la seule analyse

---

— 2 L'activité (latin : *industria*). — 3 Cf. Voltaire, p. 116 et p. 146.

de l'esprit observé expérimentalement dans son mécanisme : ces recherches *concrètes* le conduisent à l'étude de *l'association des idées*, qui fait de lui le précurseur de notre psychologie scientifique. Dans le célèbre *Traité des Sensations* (1754), il formule la théorie du *sensualisme*, s'efforçant de montrer que, de proche en proche, les sensations diversement combinées et associées sont à l'origine de nos connaissances, de nos sentiments, de nos idées, des plus hautes opérations de notre esprit. Cette croyance que *les idées ne sont pas innées*, et que tout dans l'esprit humain est acquis, domine la pensée encyclopédique. Cependant, loin d'être matérialiste comme Diderot, l'abbé DE CONDILLAC reste spiritualiste.

Helvétius (1715-1771)

Riche fermier général et protecteur des philosophes, HELVÉTIUS est disciple de Condillac : dans ses traités *De l'Esprit* (1758, cf. p. 237) et *De l'Homme* (1772) il applique à la morale les conséquences extrêmes du sensualisme. L'étude réaliste de l'esprit humain le conduit à l'idée matérialiste, vivement combattue par les moralistes traditionnels, que notre *intérêt* seul dicte nos jugements et nos actions. Pour lui, la moralité n'est autre que la conformité à une législation bien faite ; il s'efforce donc de fonder sur le réalisme une *morale efficace :* c'est par une utilisation rationnelle de l'intérêt et des passions, et en premier lieu par une *éducation* appropriée, qu'on établira l'harmonie sociale entre individus.

D'Holbach (1723-1789)

Le baron D'HOLBACH mit ses richesses à la disposition des philosophes dont il est, dans ses œuvres, un écho peu original. L'*Encyclopédie* lui doit des articles de chimie et de minéralogie. Dans son *Système de la Nature* (1770) et sa *Morale Universelle* (1776), il assigne à la *conscience* une origine matérielle : c'est une disposition *acquise*, résultant de notre expérience, de notre éducation, de nos habitudes. Nous ne sommes donc pas libres, mais déterminés par le sentiment de notre intérêt personnel. Surtout connu par son *athéisme* et sa propagande antichrétienne (*Le Christianisme dévoilé*, 1767), D'HOLBACH croit à la ruine prochaine de la religion et entend sauver la morale en aménageant le déterminisme, grâce à la connaissance des mobiles réels de nos actes : par l'éducation on guidera l'homme vers la vertu et les habitudes favorables à la Société. La moralité n'est autre en effet que *l'utilité sociale :* c'est déjà la morale de la solidarité.

Turgot (1727-1781)

Disciple de QUESNAY, le célèbre physiocrate (auteur des articles *Fermiers* et *Grains*), qui considérait la terre comme la source de toutes les richesses, TURGOT est surtout économiste et homme politique : il sera ministre de Louis XVI. Il a donné à l'*Encyclopédie* des études sur l'économie et l'agriculture (*Foires et Marchés, Fondation*, etc.). Dans ses *Réflexions sur la formation et la distribution des richesses* (1766), il étudie les fondements mêmes de l'économie politique. Son but est de créer la *prospérité*, source du bonheur individuel : elle est liée, selon lui, à la circulation de l'argent, à la liberté du commerce, à la dépendance réciproque des prix et des salaires. Ce qui caractérise sa pensée et la situe dans le courant encyclopédique, c'est le *réalisme*, l'idée de la *solidarité* entre les hommes et la notion moderne de *service social*.

Condorcet (1743-1794)

Ce mathématicien, qui collabora à l'édition de Kehl des œuvres de Voltaire, fut un des derniers « philosophes » et un grand révolutionnaire, avant d'être arrêté sous la Terreur et de s'empoisonner dans sa prison. Traqué par les Conventionnels, CONDORCET écrivit en 1793-1794 l'*Esquisse d'un Tableau des progrès de l'esprit humain*, la plus brillante apologie de son siècle. Après avoir retracé le progrès des sciences et de la civilisation depuis les temps primitifs, il s'enthousiasme pour l'œuvre du XVIIIe siècle et l'idéal des philosophes qu'il résume par ces trois mots : *raison, tolérance, humanité*. La dernière partie du livre exprime sa confiance dans les réalisations de l'*avenir :* égalité entre les hommes et entre les nations, progrès indéfini de l'espèce humaine grâce à l'instruction et aux conquêtes de la science.

BUFFON

Sa vie (1707-1788)   Fils d'un conseiller au Parlement de Dijon, Georges-Louis Leclerc de BUFFON est né à Montbard, en Bourgogne, en 1707. Mathématicien remarquable il est admis à l'Académie des Sciences à 26 ans. En 1739, il est nommé *intendant du Jardin du Roi* (Jardin des Plantes) : il se consacre désormais à son œuvre de naturaliste. Tous les ans il passe quatre mois sur douze à Paris, s'occupant d'agrandir et d'enrichir le Jardin du Roi et fréquentant quelques salons, notamment celui de Mme Necker. Mais le reste du temps il séjourne au château de Montbard où il compose en 40 ans les 36 volumes de l'*Histoire Naturelle*. Le « seigneur de Montbard » mène une vie familiale, assure en « philosophe » la prospérité de ses vassaux, exploite ses terres, dirige ses forges, se livre à des expériences scientifiques. Jusqu'à sa mort (1788), il poursuit dans le calme son œuvre de savant : attaqué en 1751 par la Sorbonne malgré sa sympathie pour le catholicisme, il donne aux théologiens des apaisements de pure forme ; il se refuse de même à la controverse avec Voltaire et les Encyclopédistes qui affectent de ne voir en lui qu'un faiseur de phrases.

L'HISTOIRE NATURELLE

Dès le début du siècle on se passionnait pour le *Spectacle de la Nature* de l'abbé PLUCHE (1732) et l'*Histoire des Insectes* de RÉAUMUR (1734-1742). Mais c'est surtout BUFFON qui a vulgarisé la science en définissant pour le grand public l'*esprit scientifique*.

L'esprit scientifique   L'étude de la nature suppose « les grandes vues d'un génie ardent qui embrasse tout d'un coup d'œil et les petites attentions d'un esprit laborieux qui ne s'attache qu'à un seul point ». L'intuition ne doit s'exercer qu'à partir de l'observation (cf. p. 211).

1. LA MÉTHODE EXPÉRIMENTALE. Pour BUFFON, plus près de Locke que de Descartes, « *la seule vraie science est la connaissance des faits* ». Pendant 40 ans, il s'est occupé de dissections et d'examens microscopiques ; il a étudié la croissance des végétaux, la reproduction et la nutrition des animaux ; dans ses forges de Montbard, il a observé la chaleur et le refroidissement des masses métalliques ; il a fait des fouilles, des expériences sur le paratonnerre et sur l'optique ; il a vérifié la possibilité de provoquer des incendies, comme Archimède, au moyen de miroirs ardents.

Le savant doit observer sans esprit de système. BUFFON a rejeté les classifications de Linné parce qu'elles soumettent animaux et végétaux à un ordre arbitraire alors que la nature est d'une infinie diversité : « il semble que tout ce qui peut être est ».

Indépendant par tempérament et par esprit scientifique, il s'est tenu à l'écart des *Encyclopédistes ;* en revanche, il a refusé d'inféoder la science à la théologie.

2. LES « GRANDES VUES » DU GÉNIE. Selon BUFFON, le vrai savant doit *s'élever jusqu'aux grandes lois de l'univers.* Il n'ignore pas que « *les premières causes nous seront à jamais cachées* », et que l'objet de la science est « le *comment* des choses, non le *pourquoi* » ; mais son esprit s'élance sans cesse vers les vues générales.

L'Histoire naturelle   Publiée régulièrement de 1749 à 1789, l'*Histoire Naturelle*, avec ses beaux livres bien illustrés, est un des « monuments » du siècle. Elle comprend 36 volumes : 1 sur la *Théorie de la Terre*, 2 sur l'*Homme* (T. I à III, publiés en 1749), 12 sur les *Quadrupèdes vivipares* (1753-1778), 9 sur les *Oiseaux* (1770-1783), 5 sur les *Minéraux* (1783-1788), et 7 volumes de *suppléments* (1774-1789), contenant les célèbres *Époques de la Nature* (1778).

1. BUFFON ET SES COLLABORATEURS. Pour cette tâche immense, BUFFON dut s'adjoindre des collaborateurs : DAUBENTON s'occupe de l'anatomie ; à partir des *Oiseaux*, de nombreuses descriptions parfois célèbres sont dues à GUÉNEAU DE MONT-BEILLARD et à l'abbé BEXON ; GUYTON DE MORVEAU et FAUJAS DE SAINT-FOND collaborent aux *Minéraux*. Mais *c'est* BUFFON *qui est l'animateur de l'entreprise ;* c'est lui qui rassemble les documents par une vaste correspondance avec des voyageurs, des marins, des soldats, des missionnaires, des chasseurs ; il recrute des peintres et des graveurs, contrôle le travail et apporte un appoint irremplaçable : la maîtrise du style et les éclairs du génie.

2. LES MONOGRAPHIES ANIMALES. Il procède par *monographies* consacrées chacune à un ensemble indiscutable : l'*espèce*, « suite constante d'individus semblables qui se reproduisent ». De chaque espèce il étudie l'aspect physique, les mœurs, l'anatomie, « l'histoire », et adopte comme principe d'unité le *naturel*, c'est-à-dire l'*instinct*. Ce dessein l'oblige à observer les bêtes *vivantes* et exige de lui des talents d'*écrivain*. Le STYLE est en effet chez BUFFON autre chose qu'un ornement : il devient inséparable de la *science*. Il faut se garder de le juger sur quelques préambules emphatiques qu'on admirait de son temps. Il est souvent vif et animé, toujours adapté au modèle (p. 252-253 et n. 7) : ses fraîches notations nous rappellent LA FONTAINE.

D'autres fois, dans ses *Discours* et ses *Vues générales*, le style s'élève, mais la hauteur du ton convient alors à la magnificence du sujet : l'origine des espèces, la place de l'homme dans la nature, etc. Après le charme d'un LA FONTAINE, c'est la majesté d'un LUCRÈCE.

Les idées de Buffon

Combattu par les théologiens et aussi par les philosophes qui doutaient de sa science, BUFFON a eu cependant quelques *intuitions vraiment géniales*.

I. DIEU, L'HOMME, LES ANIMAUX. S'il est tenté de parler de la Nature comme d'un être réel, il se garde néanmoins de l'identifier à l'Être Suprême. Il se refuse également à admettre la parenté de l'homme et de l'animal : selon lui l'homme se fait pour régner sur l'univers. À l'opposé de ROUSSEAU, il considère le règne de l'homme comme le triomphe de *la vie en société*, qui répond à son instinct naturel (cf. p. 255-256, n. 1, 6 et 9).

Quant aux *animaux*, le naturaliste n'est pas loin d'en faire, avec DESCARTES, de pures machines. Il leur accorde le sentiment de leur existence, mais, d'après lui, ils n'ont ni intelligence, ni réflexion, ni mémoire réelle, ni langage véritable.

II. LES INTUITIONS DU NATURALISTE. BUFFON fut un génial éveilleur d'idées : il a posé le principe des lentilles à échelons encore utilisées dans nos phares ; ses observations sur les mines ouvrent des voies à la *géologie* et à la *géographie* ; l'idée des espèces disparues fonde la *paléontologie* et renouvelle l'*histoire du globe ;* constatant la répartition des espèces par zones et par continents, il inaugure la *géographie zoologique* (cf. p. 251, l. 10-26). Mais, surtout, il annonce les *grands naturalistes du XIXᵉ siècle*.

1. ABANDON DES « CAUSES FINALES », RÉAUMUR, l'abbé PLUCHE, ROUSSEAU s'extasient sur la perfection de la nature ; on connaît les émerveillements ridicules de BERNARDIN DE SAINT-PIERRE (cf. p. 346) ! BUFFON, au contraire, se moque de la « théologie des insectes » : l'existence d'êtres anormaux nous invite à *l'abandon des causes finales* (cf. p. 212).

2. L'UNITÉ DE PLAN DANS LA SÉRIE ANIMALE. Combattant la classification par familles, BUFFON était frappé par la *continuité naturelle* du règne animal : « On peut descendre par degrés presque insensibles de la créature la plus parfaite jusqu'à la matière la plus informe ». Bien plus, tous les animaux lui paraissent organisés selon un même « dessein primitif et général » : BUFFON ouvrait ainsi la voie à l'hypothèse de GEOFFROY SAINT-HILAIRE sur l'*unité de plan du règne animal*.

3. LA QUESTION DU TRANSFORMISME. Déiste et spiritualiste, BUFFON a cru d'abord à la *fixité des espèces :* il rejetait l'idée d'une parenté entre l'homme et l'animal, qui donnerait des points au *matérialisme*. Mais peu à peu, comparant les animaux des deux continents autrefois réunis, il s'est demandé s'ils ne descendaient pas d'*ancêtres communs* et si leurs différences ne venaient pas d'*altérations* dues à des conditions de vie dissemblables. « La température du climat, dit-il, la qualité de la nourriture et les maux de l'esclavage, voilà

les trois causes de changement, d'altération et de dégénération des animaux ». D'où l'idée que, sous ces influences diverses, « *la nature est dans un mouvement de flux continuel* ». BUFFON paraît donc avoir pressenti l'*évolutionnisme*, doctrine professée au début du XIXᵉ siècle par son disciple LAMARCK. Il a même eu l'idée de la *sélection naturelle*, qui sera illustrée par DARWIN (*L'Origine des espèces*, 1859). Mais à la différence de DIDEROT (cf. p. 216), Buffon n'aboutit qu'à un transformisme très limité, agissant seulement *à l'intérieur de l'espèce*, et auquel, par sa faculté d'adaptation, l'homme échapperait totalement.

LE LION

Parmi des centaines de monographies, nous retiendrons celle du *lion* (1761). Aussi diverses que les modèles eux-mêmes, ces études présentent néanmoins des éléments communs qui résultent de la méthode de BUFFON (cf. p. 250, 2). Il évoque d'abord le *naturel*, puis l'*aspect extérieur* de la bête et enfin ce qu'il appelle son « *histoire* » : mœurs, nourriture, chasse, utilisation des dépouilles. Assez souvent, le goût des « grandes vues » l'entraîne à *des considérations générales*, comme ici au début de l'article. Si le « portrait moral » d'un animal est aujourd'hui un genre vieilli, sinon ridicule, ces descriptions restent valables par la *vertu évocatrice du style*.

Dans l'espèce humaine l'influence du climat ne se marque que par des variétés assez légères, parce que cette espèce est une [1], et qu'elle est très distinctement séparée de toutes les autres espèces ; l'homme, blanc en Europe, noir en Afrique, jaune en Asie et rouge en Amérique, n'est que le même homme teint de la couleur du climat : comme il est fait pour régner sur la Terre, que le globe entier est son domaine, il semble que sa nature se soit prêtée à toutes les situations ; sous les feux du Midi, dans les glaces du Nord, il vit, il multiplie, il se trouve partout si anciennement répandu, qu'il ne paraît affecter [2] aucun climat parti-
10 culier. Dans les animaux, au contraire, l'influence du climat est plus forte et se marque par des caractères plus sensibles, parce que les espèces sont diverses et que leur nature est infiniment moins perfectionnée, moins étendue que celle de l'homme. Non seulement les variétés dans chaque espèce sont plus nombreuses et plus marquées que dans l'espèce humaine, mais les différences mêmes des espèces semblent dépendre des différents climats. (.) Il n'y a peut-être aucun animal dont l'espèce soit, comme celle de l'homme, généralement répandue sur toute la surface de la terre ; chacun a son pays, sa patrie naturelle, dans laquelle chacun est retenu par nécessité physique, chacun est fils de la terre qu'il habite, et c'est
20 dans ce sens qu'on doit dire que tel ou tel animal est originaire de tel ou tel climat [3].

Dans les pays chauds, les animaux terrestres sont plus grands et plus forts que dans les pays froids ou tempérés ; ils sont aussi plus hardis, plus féroces ; toutes leurs qualités naturelles semblent tenir de l'ardeur du climat. Le lion, né sous le soleil brûlant de l'Afrique ou des Indes, est le plus fort, le plus fier, le plus terrible de tous. (...)

— 1 Idée qui revient souvent chez Buffon : il proteste énergiquement contre l'esclavage des nègres. — 2 Rechercher de préférence. — 3 Voici l'origine de la *géographie zoologique*.

Le lion, intrépide dans les déserts, devient craintif devant « l'homme et la force de ses armes ».

Ce changement, cet adoucissement dans le naturel du lion, indique qu'il doit avoir assez de docilité pour s'apprivoiser jusqu'à un certain point et pour recevoir une espèce d'éducation.(…) Sa colère est noble, son
30 courage magnanime, son naturel sensible. On l'a vu souvent dédaigner de petits ennemis, mépriser leurs insultes, et leur pardonner des libertés offensantes ; on l'a vu réduit en captivité s'ennuyer sans s'aigrir, prendre, au contraire des habitudes douces, obéir à son maître [4].(...)

On pourrait dire aussi que le lion n'est pas cruel, puisqu'il ne l'est que par nécessité, qu'il ne détruit qu'autant qu'il consomme, et que dès qu'il est repu il est en pleine paix ; tandis que le tigre [5], le loup et tant d'autres animaux d'espèce inférieure, tels que le renard, la fouine, le putois, le furet, etc., donnent la mort pour le seul plaisir de la donner, et que dans leurs massacres nombreux ils semblent plutôt vouloir
40 assouvir leur rage que leur faim.

L'extérieur du lion ne dément point ses grandes qualités intérieures [6] ; il a la figure imposante, le regard assuré, la démarche fière, la voix terrible ; sa taille n'est point excessive comme celle de l'éléphant ou du rhinocéros ; elle n'est ni lourde comme celle de l'hippopotame ou du bœuf, ni trop ramassée comme celle de l'hyène ou de l'ours, ni trop allongée ni déformée par des inégalités comme celle du chameau ; mais elle est, au contraire, si bien prise et si bien proportionnée que le corps du lion paraît être le modèle de la force jointe à l'agilité ; aussi solide que nerveux, n'étant chargé ni de chair ni de graisse, et ne contenant
50 rien de surabondant, il est tout nerf et muscle. Cette grande force musculaire se marque au dehors par les sauts et les bonds prodigieux que le lion fait aisément, par le mouvement brusque de sa queue qui est assez fort pour terrasser un homme, par la facilité avec laquelle il fait mouvoir la peau de sa face et surtout celle de son front, ce qui ajoute beaucoup à la physionomie ou plutôt à l'expression de la fureur, et enfin par la faculté qu'il a de remuer sa crinière, laquelle non seulement se hérisse, mais se meut et s'agite en tous sens, lorsqu'il est en colère.

Le lion, lorsqu'il a faim, attaque de face tous les animaux qui se présentent ; mais comme il est très redouté et que tous cherchent à éviter
60 sa rencontre, il est souvent obligé de se cacher et de les attendre au passage ; il se tapit sur le ventre dans un endroit fourré, d'où il s'élance avec tant de force qu'il les saisit souvent du premier bond : dans les déserts et les forêts, sa nourriture la plus ordinaire sont les gazelles et les singes, quoiqu'il ne prenne ceux-ci que lorsqu'ils sont à terre, car .il ne grimpe pas sur les arbres comme le tigre et le puma ; il mange beaucoup à la fois et se remplit pour deux ou trois jours ; il a les dents si fortes qu'il brise aisément les os, et il les avale avec la chair.

Le rugissement du lion est si fort que, quand il se fait entendre, par

---

— 4 Portrait moral. — 5 Buffon aime établir des parallèles entre le tigre et le lion, le vautour et l'aigle, etc. — 6 Principe cher à Buffon. Cf. : « La forme du corps est ordinairement d'accord avec le naturel » *(Le tigre)*.

échos, la nuit dans les déserts, il ressemble au bruit du tonnerre. (...) Le cri
70 qu'il fait lorsqu'il est en colère est encore plus terrible que le rugissement ;
alors, il se bat les flancs de sa queue, il en bat la terre, il agite sa crinière,
fait mouvoir la peau de sa face, remue ses gros sourcils, montre des dents
menaçantes, et tire une langue armée de pointes si dures qu'elle suffit
seule pour écorcher la peau et entamer la chair sans le secours des dents
ni des ongles qui sont, après les dents, ses armes les plus cruelles [7].

– Les vues générales (l. 1-26) : *a) Précisez les idées de* BUFFON *sur l'espèce humaine et leur portée philosophique ;
– b) Quel lien établit-il entre les espèces animales et le climat ?*
– Le naturel du lion (l. 27-40) : *a) Dégagez les traits essentiels de son « caractère » ;– b) Relevez dans la suite
du texte les détails qui confirment ou complètent ce naturel.*
– L'extérieur du lion : *a) Relevez les détails permettant de se représenter son aspect physique ; n'y a-t-il pas des
lacunes regrettables ? – b) Qu'en penserait un naturaliste moderne ?*
– *Étudiez la relation entre le* naturel *de l'animal, son « extérieur » et ses mœurs.*

LES ÉPOQUES DE LA NATURE (1778)

Le tome I de l'*Histoire Naturelle* contenait une *Théorie de la Terre* où BUFFON expliquait
le relief actuel par le travail lent et régulier des eaux. Mais, trente ans après, les observations qu'il avait accumulées, la découverte de sommets dépourvus de vestiges marins, la
considération de fossiles d'animaux disparus lui firent modifier et compléter sa théorie,
dans les *Époques de la Nature*, et accorder le premier rôle à l'action du feu.

I. « LES ARCHIVES DU MONDE ». BUFFON définit d'abord, dans une magnifique
image, la *méthode* de cette science nouvelle : « Comme dans l'histoire civile on consulte
les titres, on recherche les médailles, on déchiffre les inscriptions antiques, pour déterminer les époques des révolutions humaines et constater la date des événements moraux :
de même dans l'histoire naturelle, il faut *fouiller les archives du monde*, tirer des entrailles
de la terre les vieux monuments, recueillir leurs débris, et rassembler en un corps de
preuves tous les indices des changements physiques qui peuvent nous faire remonter aux
différents âges de la nature... Si nous l'embrassons dans toute son étendue, nous ne
pourrons douter qu'elle ne soit aujourd'hui très différente de ce qu'elle était au commencement et de ce qu'elle est devenue dans la succession des temps : ce sont ces changements
divers que nous appelons ses *époques* ».

II. LES SEPT ÉPOQUES. Dans la formation de la Terre, BUFFON distingue sept
Époques : 1. Une comète, heurtant la masse solaire en fusion, en aurait détaché la Terre
et les planètes. — 2. En se refroidissant, elle devient solide et ses montagnes se soulèvent.
— 3. La chaleur ne transformant plus en vapeur les liquides, l'eau peut se condenser : le
globe est presque entièrement recouvert par les mers. — 4. Les eaux se retirent, les
volcans entrent en activité et le globe est secoué par des convulsions (cf. p. 254). —
5. « Lorsque les éléphants et les autres animaux du Midi ont habité les terres du Nord ». —
6. « Lorsque s'est faite la séparation des continents ». — 7. « Lorsque la puissance de
l'homme a secondé celle de la nature » (cf. p. 255).

III. INTÉRÊT DE L'OUVRAGE. Ces idées n'étaient pas nouvelles. Toutefois
BUFFON a eu le mérite de retenir, parmi de multiples hypothèses, les plus plausibles, et de
les compléter par ses propres *observations*. Pour la première fois on traçait une *histoire
ordonnée et cohérente* de la formation de la Terre, et BUFFON rendait possibles les progrès
de cette science en *cessant de la subordonner à la théologie*. L'hypothèse des *Époques* contient

---

— 7 Buffon adapte au sujet traité le style et le
mouvement de la phrase. Comparer à cette
puissante description le portrait sautillant et
gracieux de l'écureuil : « *Il est propre, leste, vif,
très alerte, très éveillé, très industrieux ; il a les* | *yeux pleins de feu, la physionomie fine, le corps
nerveux, les membres très dispos : sa jolie figure
est encore rehaussée, parée par une belle queue
en forme de panache, qu'il relève jusque dessus
sa tête, et sous laquelle il se met à l'ombre* ».

de nombreuses inexactitudes, notamment dans l'appréciation des temps (cf. p. 254, n. 1) : la voie n'en était pas moins ouverte à la cosmogonie moderne.

Au point de vue littéraire, l'ouvrage offre encore des pages saisissantes où l'*imagination épique* de Buffon évoque les bouleversements prodigieux du globe (p. 254), ou reconstitue la vie des premiers hommes (p. 255). Derrière le savant et le poète apparaît enfin *le philosophe* épris de progrès et confiant dans l'avenir (p. 257).

Le Globe avant les animaux terrestres

Fin de la *Quatrième Époque*. Buffon vient d'exposer, en se fondant sur des observations précises (fossiles, ossements, couches sédimentaires), comment la Terre a pris peu à peu sa forme. Sans oublier ses préoccupations de savant, il parvient, par sa puissance d'évocation, à nous faire vivre ces « scènes effrayantes et terribles » dont aucun homme n'a jamais été témoin.

A mesure que les mers s'abaissaient et découvraient les pointes les plus élevées des continents, ces sommets, comme autant de soupiraux qu'on viendrait de déboucher, commencèrent à laisser exhaler les nouveaux feux produits dans l'intérieur de la terre par l'effervescence des matières qui servent d'aliment aux volcans. Le domaine de la terre, sur la fin de cette seconde période de vingt mille ans [1], était partagé entre le feu et l'eau ; également déchirée et dévorée par la fureur de ces deux éléments, il n'y avait nulle part ni sûreté ni repos ; mais heureusement ces anciennes scènes, les plus épouvantables de la nature, n'ont point eu de spectateurs [2], et ce n'est qu'après cette seconde période entièrement
10 révolue que l'on peut dater la naissance des animaux terrestres [3] ; les eaux étaient alors retirées, puisque les deux grands continents étaient unis vers le nord, et également peuplés d'éléphants [4], le nombre des volcans était aussi beaucoup diminué, parce que leurs éruptions ne pouvant s'opérer que par le conflit de l'eau et du feu, elles avaient cessé dès que la mer, en s'abaissant, s'en était éloignée. Qu'on se représente encore l'aspect qu'offrait la terre immédiatement après cette seconde période, c'est-à-dire à cinquante-cinq ou soixante mille ans de sa formation : dans toutes les parties basses, des mares profondes, des courants rapides et des tournoiements d'eau ; des tremblements de terre presque continuels, produits par l'affaissement des cavernes et par les fréquentes explosions des
20 volcans, tant sous mer que sur terre ; des orages généraux et particuliers ; des tourbillons de fumée et des tempêtes excitées par les violentes secousses de la terre et de la mer ; des inondations, des débordements, des déluges occasionnés par ces mêmes commotions, des fleuves de verre [5] fondu, de bitume et de soufre, ravageant les montagnes et venant dans les plaines empoisonner les eaux ; le soleil même presque toujours offusqué [6], non seulement par des nuages aqueux, mais par des masses épaisses de cendres et de pierres poussées par les volcans ; et nous remercierons le Créateur [7] de n'avoir pas rendu l'homme témoin de ces scènes effrayantes et terribles qui ont précédé, et, pour ainsi dire, annoncé la naissance de la nature intelligente et sensible [8].

— 1 L'âge de la Terre est estimé à quatre milliards et demi d'années. Buffon songeait d'abord à trois millions d'années ; mais en l'évaluant au total à cent mille ans, il scandalisait encore les fervents de la Bible, pour qui la Création ne remontait qu'à six ou sept mille ans. — 2 Cf. cependant le texte suivant. — 3 Les coquillages fossiles prouvent que la vie existait antérieurement dans les mers. — 4 La présence d'ossements d'éléphants et d'hippopotames dans le Nord de l'Europe et de l'Amérique fait admettre que les deux continents se tenaient ; Buffon croit que, fuyant devant le froid grandissant, ces animaux sont descendus ensuite vers le midi. — 5 *Substances liquéfiées :* toute la matière terrestre est ainsi « vitrescible ». — 6 Dissimulé. — 7 Il n'intervient qu'indirectement dans ces révolutions cosmiques par la création des lois physiques qui régissent les forces naturelles. — 8 De nos jours, on croit à des transformations lentes et imperceptibles ; cela n'exclut pas l'idée de cataclysmes plus puissants que ceux d'aujourd'hui.

LES PREMIERS HOMMES

Début de la *Septième Époque*. Si BUFFON ne distingue pas encore les divers âges de la préhistoire, cette reconstitution des activités primitives, reposant sur des *faits précis* et des *données raisonnables*, n'en constitue pas moins par rapport au mythe de l'âge d'or un progrès vers l'archéologie scientifique. Mais ce tableau nous frappe surtout par la vigueur de l'*imagination* pittoresque, souvent comparée à celle de LUCRÈCE (Livre V). C'est l'épopée de l'homme primitif ; c'est aussi l'épopée du *progrès* matériel et moral.

Les premiers hommes, témoins des mouvements convulsifs de la terre encore récents et très fréquents, n'ayant que les montagnes pour asiles contre les inondations, chassés souvent de ces mêmes asiles par le feu des volcans, tremblants sur une terre qui tremblait sous leurs pieds, nus d'esprit et de corps, exposés aux injures de tous les éléments, victimes de la fureur des animaux féroces, dont ils ne pouvaient éviter de devenir la proie ; tous également pénétrés du sentiment commun [1] d'une terreur funeste, tous également pressés par la nécessité, n'ont-ils pas très promptement cherché à se réunir, d'abord pour se défendre
10 par le nombre, ensuite pour s'aider et travailler de concert à se faire un domicile et des armes [2] ? Ils ont commencé par aiguiser en forme de haches, ces cailloux durs, ces jades [3], ces *pierres de foudre* [4], que l'on a crues tombées des nues et formées par le tonnerre, et qui néanmoins ne sont que les premiers monuments de l'art de l'homme dans l'état de pure nature : il aura bientôt tiré du feu de ces mêmes cailloux en les frappant les uns contre les autres ; il aura saisi la flamme des volcans ou profité du feu de leurs laves brûlantes pour le communiquer, pour se faire jour dans les forêts, les broussailles ; car, avec le secours de ce puissant élément, il a nettoyé, assaini, purifié les terrains qu'il voulait habiter ;
20 avec la hache de pierre, il a tranché, coupé les arbres, menuisé [5] le bois, façonné des armes et les instruments de première nécessité. Et, après s'être munis de massues et d'autres armes pesantes et défensives, ces premiers hommes n'ont-ils pas trouvé le moyen d'en faire d'offensives plus légères, pour atteindre de loin ? un nerf, un tendon d'animal, des fils d'aloès, ou l'écorce souple d'une plante ligneuse, leur ont servi de corde pour réunir les deux extrémités d'une branche élastique dont ils ont fait leur arc ; ils ont aiguisé d'autres petits cailloux pour en armer la flèche. Bientôt ils auront eu des filets, des radeaux, des canots, et s'en sont tenus là tant qu'ils n'ont formé que de petites nations composées
30 de quelques familles, ou plutôt de parents issus d'une même famille [6],

---

— 1 Cf. « La société dépend moins des convenances physiques que des relations morales » (*Hist. Nat.* IV). — 2 Bienfaits de la société : « Auparavant, l'homme était peut-être l'animal le plus sauvage et le moins redoutable de tous ». — 3 Pierres verdâtres, très dures. —

4 Antoine de Jussieu avait établi en 1723 que ces silex étaient des armes préhistoriques. — 5 Découpé et façonné. — 6 Cf. « Une famille est une société naturelle, d'autant mieux fondée qu'il y a plus de besoins, plus de causes d'attachement » (*Hist. Nat.*, IV, 1753).

comme nous le voyons encore aujourd'hui chez les sauvages [7] qui veulent demeurer sauvages et qui le peuvent, dans les lieux où l'espace libre ne leur manque pas plus que le gibier, le poisson et les fruits. Mais dans tous ceux où l'espace s'est trouvé confiné par les eaux, ou resserré par les hautes montagnes, ces petites nations, devenues trop nombreuses, ont été forcées de partager leur terrain entre elles, et c'est de ce moment que la terre est devenue le domaine de l'homme : il en a pris possession par ses travaux de culture, et l'attachement à la patrie a suivi de très près les premiers actes de sa propriété. L'intérêt particulier faisant partie
40 de l'intérêt national, l'ordre, la police [8] et les lois ont dû succéder, et la société prendre de la consistance et des forces [9].

Néanmoins, ces hommes, profondément affectés des calamités de leur premier état, et ayant encore sous les yeux les ravages des inondations, les incendies des volcans, les gouffres ouverts par les secousses de la terre, ont conservé un souvenir durable et presque éternel de ces malheurs du monde [10] : l'idée qu'il doit périr par un déluge universel ou par un embrasement général ; le respect pour certaines montagnes sur lesquelles ils s'étaient sauvés des inondations ; l'horreur pour ces autres montagnes qui lançaient des feux plus terribles que ceux du
50 tonnerre [11] ; la vue de ces combats de la terre contre le ciel, fondement de la fable des Titans [12] et de leurs assauts contre les dieux ; l'opinion de l'existence réelle d'un être malfaisant [13], la crainte et la superstition qui en sont le premier produit ; tous ces sentiments, fondés sur la terreur, se sont dès lors emparés à jamais du cœur et de l'esprit de l'homme : à peine est-il encore rassuré par l'expérience des temps, par le calme qui a succédé à ces siècles d'orages, enfin par la connaissance des effets et des opérations de la Nature [14] ; connaissance qui n'a pu s'acquérir qu'après l'établissement de quelque grande société dans les terres paisibles.

– *Débuts de la préhistoire. Étudiez comment à partir de minces vestiges et de réflexions sur les obstacles à surmonter,* BUFFON *reconstitue par le raisonnement et l'imagination l'activité des premiers hommes.*
• **Groupe thématique : De l'individu à la cité.** La naissance de la vie en société, de la propriété, de l'organisation politique selon BUFFON et ROUSSEAU (analyse et extrait sur l'inégalité, p. 271 à 275).
• **Groupe thématique : L'état de « pure nature ».** Le tableau de cet état primitif et de la vie sociale des premiers hommes d'après les extraits de BUFFON, p. 255, de VOLTAIRE (*Dictionnaire philosophique*, « Homme », p. 180), et de ROUSSEAU (*Discours sur l'origine de l'inégalité*) : ressemblances et différences.
• **Groupe thématique : le progrès humain.** Appliquez à ce texte la formule de MICHELET : « L'homme est son propre Prométhée ». XVIᵉ SIÈCLE. RABELAIS : « Éloge du Pantagruélion » p. 78. – XVIIᵉ SIÈCLE. BOSSUET : *Le sermon sur la Mort*, « L'homme a changé la face du monde », p. 269. – XIXᵉ SIÈCLE. LAMARTINE : « Les laboureurs », p. 114. – « Les révolutions et le progrès », p. 107-110.

— 7 Comme Rousseau, Buffon voit dans le sauvage un primitif attardé. — 8 Organisation de la vie sociale. — 9 Réplique aux diatribes de Rousseau contre la société et la propriété. Cf. « L'homme a vu que la solitude n'était pour lui qu'un état de danger et de guerre, il a cherché la sûreté et la paix dans la société... Il n'est tranquille, il n'est fort, il n'est grand, il ne commande à l'univers que parce qu'il a su se commander à lui-même, se dompter, se soumettre et s'imposer des lois ; l'homme, en un mot, n'est l'homme que parce qu'il a su se réunir à l'homme ». — 10 Cf. Fontenelle, p. 23. — 11 Légendes des Cyclopes, de Cacus, etc. — 12 Géants qui voulaient escalader le ciel. — 13 Satan. — 14 Lucrèce croyait déjà 'qu'en expliquant les phénomènes la physique nous délivre de la superstition. Idée familière aux Encyclopédistes.

**Buffon et
les philosophes** Penseur indépendant, BUFFON fut attaqué par les Encyclopédistes. Néanmoins sa *générosité* lui a dicté des protestations contre l'esclavage, l'avidité des riches, la misère
des paysans. Il a condamné la guerre et exprimé sa ferveur pour *le progrès de la civilisation.*
« Qui sait jusqu'à quel point l'homme pourrait perfectionner sa nature, soit au moral, soit
au physique ? Y a-t-il une seule nation qui puisse se vanter d'être arrivée au *meilleur
gouvernement possible*, qui serait de rendre tous les hommes, non pas également heureux,
mais moins inégalement malheureux, en veillant à leur conservation, à l'épargne de leurs
sueurs et de leur sang par la paix, par l'abondance des subsistances, par les aisances de la
vie et les facilités pour leur propagation. Voilà *le but moral de toute société...*
   Il semble que de tout temps l'homme ait fait moins de réflexions sur le bien que de
recherches pour le mal : toute société est mêlée de l'un et de l'autre ; et comme de tous les
sentiments qui affectent la multitude la crainte est le plus puissant, les grands talents dans
l'art de faire du mal ont été les premiers qui aient frappé l'esprit de l'homme ; ensuite
ceux qui l'ont amusé ont occupé son cœur ; et ce n'est qu'après un trop long usage de ces
deux moyens de faux honneur et de plaisir stérile, qu'enfin il a reconnu que *sa vraie gloire
est la science, et la paix son vrai bonheur* » (*Conclusion* des *Époques de la Nature*).

LE DISCOURS SUR LE STYLE

   Le discours prononcé par BUFFON lors de sa réception à l'Académie Française est resté célèbre
sous le nom de *Discours sur le Style* (1753). Le style était sa passion. C'est ici le style scientifique
et, bien entendu, son propre style qu'il a voulu définir. Conception peut-être trop rigide, trop
uniforme, trop apprêtée : ne semble-t-il pas nier les prestiges de la verve, les bonheurs du premier
jet ? C'est qu'il réagissait contre la composition fragmentaire de MONTESQUIEU, la subtilité de
MARIVAUX, l'enthousiasme de DIDEROT. Mais s'il a prôné l'ordre, l'enchaînement des idées, la
sévère adaptation de l'expression à la pensée, BUFFON était loin de méconnaître le rôle de *la sensibilité* chez l'écrivain. « Bien écrire, dit-il, c'est tout à la fois bien penser, *bien sentir* et bien rendre ;
c'est avoir en même temps de l'esprit, *de l'âme* et du goût. *Le style suppose la réunion et l'exercice
de toutes les facultés intellectuelles...* »

L e style n'est que l'ordre et le mouvement qu'on met dans ses pensées.
      Si on les enchaîne étroitement [1], si on les serre, le style devient ferme,
nerveux et concis.(...) Mais avant de chercher l'ordre dans lequel on
présentera ses pensées, il faut s'en être fait un autre plus général et plus fixe, où
ne doivent entrer que les premières vues et les principales idées : c'est en marquant
leur place sur ce premier plan qu'un sujet sera circonscrit et que l'on en connaîtra
l'étendue ; c'est en se rappelant sans cesse ces premiers linéaments [2] qu'on déter-
minera les justes intervalles qui séparent les idées principales et qu'il naîtra des
idées accessoires et moyennes [3] qui serviront à les remplir. Ce plan n'est pas encore
10 le style, mais il en est la base ; il le soutient il le dirige, il règle son mouvement et
le soumet à des lois : sans cela, le meilleur écrivain s'égare, sa plume marche sans
guide, et jette à l'aventure des traits irréguliers et des figures discordantes.()
C'est faute de plan, c'est pour n'avoir pas assez réfléchi sur son objet, qu'un
homme d'esprit se trouve embarrassé, et ne sait par où commencer à écrire. Il
aperçoit à la fois un grand nombre d'idées ; et, comme il ne les a ni comparées
ni subordonnées, rien ne le détermine à préférer les unes aux autres ; il demeure
donc dans la perplexité ; mais, lorsqu'il se sera fait un plan, lorsqu'une fois il
aura rassemblé et mis en ordre toutes les pensées essentielles à son sujet, il s'apercevra aisément de l'instant auquel il doit prendre la plume ; il sentira le point de
20 maturité de la production de l'esprit ; il sera pressé de la faire éclore ; il n'aura
même que du plaisir à écrire : les idées se succéderont aisément, et le style sera

— 1 Cf. l. 28-29. — 2 Terme de peinture.: ce sont ici, les *grandes lignes* qui permettent d'embrasser le sujet « d'un coup d'œil ». — 3 Idées intermédiaires qui se subordonnent aux idées principales.

naturel et facile ; la chaleur naîtra de ce plaisir, se répandra partout, et donnera de la vie à chaque expression ; tout s'animera de plus en plus ; le ton s'élèvera, les objets prendront de la couleur ; et le sentiment, se joignant à la lumière, l'augmentera, la portera plus loin, la fera passer de ce que l'on dit à ce que l'on va dire, et le style deviendra intéressant et lumineux [4] . (...)

Pour bien écrire, il faut donc posséder pleinement son sujet ; il faut y réfléchir assez pour voir clairement l'ordre de ses pensées, et en former une suite, une chaîne continue, dont chaque point représente une idée ; et, lorsqu'on aura pris
30 la plume, il faudra la conduire successivement sur ce premier trait, sans lui permettre de s'en écarter, sans l'appuyer inégalement, sans lui donner d'autre mouvement que celui qui sera déterminé par l'espace qu'elle doit parcourir [5]. C'est en cela que consiste la sévérité du style ; c'est aussi ce qui en fera l'unité et ce qui en réglera la rapidité ; et cela seul aussi suffira pour le rendre précis et simple, égal et clair, vif et suivi. A cette première règle, dictée par le génie [6], si l'on joint de la délicatesse et du goût, du scrupule sur le choix des expressions, de l'attention à ne nommer les choses que par les termes les plus généraux [7], le style aura de la noblesse. Si l'on y joint encore de la défiance pour son premier mouvement, du mépris pour tout ce qui n'est que brillant, et une répugnance
40 constante pour l'équivoque et la plaisanterie [8], le style aura de la gravité, il aura même de la majesté. Enfin, si l'on écrit comme l'on pense, si l'on est convaincu de ce que l'on veut persuader, cette bonne foi avec soi-même, qui fait la bienséance pour les autres et la vérité du style, lui fera produire tout son effet, pourvu que cette persuasion intérieure ne se marque pas par un enthousiasme trop fort, et qu'il y ait partout plus de candeur [9] que de confiance [10], plus de raison que de chaleur. Le ton n'est que la convenance du style à la nature du sujet : il ne doit jamais être forcé ; il naîtra naturellement du fond même de la chose . (...)

Les ouvrages bien écrits seront les seuls qui passeront à la postérité. La quantité des connaissances, la singularité des faits, la nouveauté même des découvertes
50 ne sont pas de sûrs garants de l'immortalité ; si les ouvrages qui les contiennent ne roulent que sur de petits objets, s'ils sont écrits sans goût, sans noblesse et sans génie, ils périront, parce que les connaissances, les faits et les découvertes s'enlèvent aisément, se transportent, et gagnent même à être mis en œuvre par des mains plus habiles [11]. Ces choses sont hors de l'homme, le style est l'homme même [12]. Le style ne peut donc ni s'enlever, ni se transporter, ni s'altérer : s'il est élevé, noble, sublime, l'auteur sera également admiré dans tous les temps ; car il n'y a que la vérité qui soit durable, et même éternelle. Or, un beau style n'est tel en effet que par le nombre infini des vérités qu'il présente.

- *Par quelles opérations successives parvient-on à mettre de l'ordre dans ses pensées ?*
- *Définissez ce que* BUFFON *appelle le « mouvement », et la relation entre l'ordre et le* mouvement.
- *Quelles sont, en dehors de l'ordre, les qualités requises ? Quels sont les défauts à éviter ?*
- *Précisez le raport qui doit s'établir entre la pensée de l'écrivain et son style.*
- **Essai.** « *Le style est l'homme même* » : *a) Commentez cette assertion d'après le contexte. Vérifiez sa justesse sur des exemples ; – b) Quel serait le sens de la formule si on l'isolait ?*
- ● **Groupe thématique : L'idéal du style.** Comparez cette conception à l'*idéal classique* selon BOILEAU, XVIIᵉ SIÈCLE, p. 319, 330 et 339-348. – LA BRUYÈRE, p. 397-398. – FÉNELON, p. 430.

— 4 Cf. p. 331. — 5 Cette uniformité n'expose-t-elle pas à certains défauts de style ? — 6 C'est-à-dire la *raison*, qui domine le sujet. — 7 Afin d'éviter les termes techniques, le jargon érudit. — 8 Rien ne s'oppose plus à la *chaleur* du style que la recherche des traits d'esprit, dit Buffon.—
9 Sincérité spontanée. — 10 Présomption. — 11 Cf. Pascal, *XVIIᵉ Siècle*, p. 143 (III, 5) — 12 Ne pas comprendre que le style reflète le caractère de l'auteur, mais qu'il lui permet d'imprimer sa marque personnelle à la pensée.

SENSIBILITÉ ET PRÉROMANTISME

Mme de Tencin reprochait à FONTENELLE d'avoir *de la cervelle à la place du cœur*. On serait tenté d'étendre le reproche à toute la première moitié du XVIIIe siècle quand on considère la place que va prendre la *sensibilité* à partir de 1750. Le courant sensible a pourtant des racines plus profondes : on le perçoit déjà chez FÉNELON et DU BOS, chez l'abbé PRÉVOST (cf. p. 70) dans les comédies de DESTOUCHES et NIVELLE DE LA CHAUSSÉE (cf. p. 227) où apparaît l'assimilation entre la sensibilité et la vertu. Mais avant 1750 c'est avec VAUVENARGUES que s'affirme surtout la volonté de réhabiliter le sentiment.

Vauvenargues   Luc de Clapiers, marquis de VAUVENARGUES (1715-1747) rêve de gloire militaire : par malheur il a les deux jambes gelées lors de la retraite de Bohême et, se voyant confiné à un rang subalterne, il démissionne (1744). Retiré à Paris, il se résigne à son sort et publie une *Introduction à la connaissance de l'esprit humain* suivie de *Réflexions* et *Maximes* (1746), avant de mourir à 32 ans.

A peu près inconnu de ses contemporains, il n'a pas eu le temps d'écrire les œuvres originales que lui auraient sans doute inspirées son génie et sa noblesse d'âme. Ce jeune *moraliste* fait en effet figure de *précurseur*. S'il admire VOLTAIRE, dont il partage les idées religieuses et l'indifférence à la métaphysique, il paraît à d'autres égards annoncer ROUSSEAU, par son respect du passé, par son mépris du progrès scientifique et surtout par la prééminence du *sentiment* dans sa psychologie et sa morale.

SENTIMENT ET RAISON   Dans ses *Maximes*, en réaction contre la tyrannie des « géomètres » qui, tels La Motte et Fontenelle, soumettraient à la logique la poésie elle-même, VAUVENARGUES souligne l'insuffisance de la raison (§ 1), célèbre les *intuitions du sentiment* (§ 2) et même leur rattache ce qu'il y a de meilleur dans la raison (§ 3).

La raison nous trompe plus souvent que la nature (123).

Il n'est pas donné à la raison de réparer tous les vices de la nature (24).

On paye chèrement les moindres biens, lorsqu'on ne les tient que de la raison (129).

Personne n'est sujet à plus de fautes que ceux qui n'agissent que par réflexion (131).

La raison ne connaît pas les intérêts du cœur (124).

Toutes nos démonstrations ne tendent qu'à nous faire connaître les choses avec la même évidence que nous les connaissons par sentiment. Connaître par sentiment est donc le plus haut degré de connaissance » (*Réflexions*).

Je porte rarement au tribunal de la raison la cause du sentiment... Quand il m'arrive de me repentir de quelque chose que j'ai fait par sentiment, je tâche de me consoler en pensant que j'en juge mal par réflexion.

Le sentiment ne nous est pas suspect de fausseté (367).

Dans l'enfance de tous les peuples, comme dans celle des particuliers, le sentiment a toujours précédé la réflexion et en a été le premier maître (155).

Nous devons peut-être aux passions les plus grands avantages de l'esprit (151).

Les passions ont appris aux hommes la raison (154).

Le bon instinct n'a pas besoin de la raison, mais il la donne (128).

Les grandes pensées viennent du cœur (127).

Cependant, il faut noter que Vauvenargues, dont l'œuvre est toute réflexion, se garde bien de mépriser la raison : « *Assurément*, dit-il, *notre raison n'est pas parfaite, mais malgré son infirmité elle nous sauve de beaucoup d'erreurs* ». L'homme véritablement éclairé doit savoir recourir au sentiment et à la raison :

La raison et le sentiment se conseillent et se suppléent tour à tour. Quiconque ne consulte qu'un des deux et renonce à l'autre se prive inconsidérément d'une partie des secours qui nous ont été accordés pour nous conduire (150).

RÉHABILITATION DES PASSIONS

Traditionnellement on accusait les *passions* de troubler l'âme, de l'induire à la tentation et à la chute : épicuriens, stoïciens et chrétiens s'accordaient à les condamner. Contre Pascal et contre La Rochefoucauld qui voyait partout l'empire de l'amour-propre (cf. *XVIIᵉ Siècle*, p. 350), Vauvenargues soutient que les passions ne sauraient être néfastes puisque notre nature n'est pas mauvaise (§ 1), et même qu'elles sont la source des plus nobles activités et souvent des plus belles vertus (§ 2).

Nos passions ne sont pas distinctes de nous-mêmes ; il y en a qui sont tout le fondement et toute la substance de notre âme.

Il y a des semences de bonté et de justice dans le cœur des hommes. Si l'intérêt propre y domine, j'ose dire que cela est non seulement selon la nature, mais aussi selon la justice, pourvu que personne ne souffre de cet amour-propre, ou que la société y perde moins qu'elle n'y gagne (294).

Est-il contre la raison ou la justice de s'aimer soi-même ? Et pourquoi voulons-nous que l'amour-propre soit toujours un vice ? (290).

S'il y a un amour de nous-mêmes naturellement officieux (*serviable*) et compatissant, et un amour-propre sans humanité, sans équité, sans bornes, sans raison, faut-il les confondre ? (291).

Nous sommes susceptibles d'amitié, de justice, d'humanité, de compassion et de raison. O mes amis ! qu'est-ce donc que la vertu ? (298)

Aurions-nous cultivé les arts sans les passions, et la réflexion toute seule nous aurait-elle fait connaître nos ressources, nos besoins et notre industrie ? (153)

On ne fait pas beaucoup de grandes choses par conseil (*décision réfléchie*) (132).

Si la passion conseille parfois plus hardiment que la réflexion, c'est qu'elle donne plus de force pour exécuter (125).

Le défaut d'ambition, dans les grands, est quelquefois la source de beaucoup de vices ; de là le mépris des devoirs, l'arrogance, la lâcheté et la mollesse. L'ambition, au contraire, les rend accessibles, laborieux, honnêtes, serviables, etc., et leur fait pratiquer les vertus qui leur manquent par nature : mérite souvent supérieur à ces vertus mêmes, parce qu'il témoigne ordinairement une âme forte (371).

Si les hommes n'avaient pas aimé la gloire, ils n'avaient ni assez d'esprit ni assez de vertu pour la mériter (152).

La gloire remplit le monde de vertus et, comme un soleil bienfaisant, elle couvre toute la terre de fleurs et de fruits (495).

L'ACTION

Selon Vauvenargues, loin d'être un « divertissement » condamnable, *l'action* est l'expression *naturelle* de la vie et la *dignité* même de l'homme (cf. p. 124). Il a le culte de *l'énergie* et des grandes passions, l'amour, l'ambition, le désir de la gloire. Comme plus tard Stendhal, il admire les héros qui ont le goût du risque et éprouvent leur volonté dans l'action : c'est la marque de leur grandeur d'âme, même s'ils s'égarent et aboutissent au crime.

La plus fausse de toutes les philosophies est celle qui, sous prétexte d'affranchir les hommes des embarras des passions, leur conseille l'oisiveté, l'abandon et l'oubli d'eux-mêmes (145).

L'homme ne se propose le repos que pour s'affranchir de la sujétion et du travail ; mais il ne peut jouir que par l'action et n'aime qu'elle (199).

Qui condamne l'activité condamne la fécondité. Agir n'est autre chose que produire ; chaque action est un nouvel être qui commence et qui n'était pas. Plus nous agissons, plus nous produisons, plus nous vivons, car le sort des choses humaines est de ne pouvoir se maintenir que par une génération continuelle (594).

Les feux de l'aurore ne sont pas si doux que les premiers regards de la gloire (758).

La grandeur d'âme est un instinct élevé qui porte les hommes au grand, de quelque nature qu'il soit ; mais qui les tourne au bien ou au mal selon leurs passions, leurs lumières, leur éducation, leur fortune, etc. Égale à tout ce qu'il y a sur la terre de plus élevé, tantôt elle cherche à soumettre par toutes sortes d'efforts ou d'artifices les choses humaines à elle, et tantôt, dédaignant ces choses, elle s'y soumet elle-même sans que sa soumission l'abaisse ; pleine de sa propre grandeur, elle s'y repose en secret, contente de se posséder. Qu'elle est belle, quand la vertu dirige tous ses mouvements ! mais qu'elle est dangereuse quand elle se soustrait à la règle !

La MORALE consiste donc, au lieu d'étouffer les passions, à les orienter vers les *actes utiles à la société :* les âmes héroïques goûtent ainsi la jouissance de déployer leur énergie et d'aller à la gloire par l'humanité.

Que ceux qui sont nés pour l'action suivent hardiment leur instinct, l'essentiel est de faire bien ; s'il arrive qu'après cela le mérite soit méconnu et le bonheur seul honoré, il faut pardonner à l'erreur. Les médiocres ne peuvent sentir les qualités supérieures ; mais quand on a fait courageusement, et jusqu'au bout, ce que l'on a jugé bon de faire, on peut se passer de la réputation, de la gloire et même du succès. Mais la gloire et le succès viendront tôt ou tard à ceux qui seront supérieurs au succès et à la gloire.

Pour exécuter de grandes choses, il faut vivre comme si on ne devait jamais mourir (142).

Ainsi, loin de décourager l'homme, VAUVENARGUES veut lui « *restituer toutes ses vertus* » et l'élever au-dessus de lui-même en réhabilitant les passions. Cette croyance à la *bonté de la nature* et à la *valeur du sentiment* va dominer la vie morale après 1750.

La sensibilité après 1750

Vers le milieu du siècle, en réaction contre le rationalisme desséchant et l'abus de l'esprit, la *sensibilité* trop longtemps contenue envahit la littérature et les mœurs. On a vu l'importance que prend chez DIDEROT l'élément émotionnel (cf. p. 195) : il analyse lui-même les manifestations de sa sensibilité passionnée (cf. p. 199). Mais c'est surtout ROUSSEAU, tempérament ardent et impétueux (cf. p. 330, § 1) qui va déchaîner les instincts profonds et assurer le triomphe de la passion. La *Nouvelle Héloïse* offre à un public tout prêt à l'accueillir la *peinture exaltante de ses sentiments passionnés* et la *divinisation des élans du cœur* (p. 281 ; 329). Désormais la mode sera aux effusions, aux ravissements et aux extases, aux soupirs, aux larmes et aux désespoirs.

I. L'EXALTATION DE LA SENSIBILITÉ. Source d'émotions délicieuses ou puissantes qui nous font vivre plus intensément, le sentiment apparaît d'abord comme un *instinct* plus *vrai* et plus *sûr* que la raison (cf. DIDEROT, *Génie*, p. 200).

1. SENSIBILITÉ ET VERTU. L'idée de la bonté originelle de l'homme conduit à considérer le cœur comme un *guide infaillible*. Pour être dans la vraie *religion*, ne suffit-il pas d'écouter

« ce que Dieu dit au cœur de l'homme ? » (cf. Rousseau, p. 310 ; Bernardin de Saint-Pierre, p. 349). Pour bien se conduire, ne suffit-il pas de consulter la *conscience*, « instinct divin » dont les règles sont au fond de notre cœur « écrites par la nature en caractères ineffaçables » (p. 311) ? Ainsi la *vertu*, « science sublime des âmes simples » (p. 269) est à la portée de ceux qui, comme Paul et Virginie (p. 347) savent écouter au fond d'eux-mêmes la voix de la nature. Notre admiration pour « celui qui fait le bien » (cf. Diderot, p. 199 ; Rousseau, p. 312), notre bonheur lorsque nous agissons bien (p. 312) nous prouvent suffisamment qu'une *âme sensible* est assurée « d'avoir des sentiments droits de chaque chose et d'en juger par ce qui est véritable » (*Nouvelle Héloïse*, I, 26). Puisque le cœur ne saurait nous égarer, la *passion*, l'élan le plus spontané et le plus irrésistible de notre être, loin de nous dégrader, nous conduit naturellement à la *vertu* (p. 281).

2. Les « délices du sentiment ». Mille *émotions diverses* font battre délicieusement les cœurs sensibles : exaltation puissante, qui est selon Diderot la source du délire poétique (p. 204), ou douce langueur de l'âme en communion avec une nature apaisante (p. 198) ; ivresses et extases de Rousseau (p. 317, 324, 326), ravissements où le plonge la rédaction de la *Nouvelle Héloïse* (p. 329), sentiments nobles et tendres des « belles âmes » qui, comme sa Julie, boivent jusqu'à la lie « *la coupe amère et douce de la sensibilité* » (cf. p. 294). Rien n'approche le bonheur de ces âmes « sensibles et vertueuses » : le *devoir* et la *vertu*, répondant à leurs aspirations, s'accompagnent pour elles de *volupté* (p. 199, 281).

3. Le « fatal présent du ciel ». Par malheur on ne jouit pas impunément de cette extrême sensibilité : tous les froissements, toutes les souffrances déchirent plus vivement les cœurs (cf. Diderot, p. 200). Ainsi Saint-Preux traduit dans une formule célèbre son tourment perpétuel : « O· Julie ! *que c'est un fatal présent du ciel qu'une âme sensible !* Celui qui l'a reçu doit s'attendre à n'avoir que peine et douleur sur terre. Vil jouet de l'air et des saisons, le soleil et les brouillards, l'air couvert ou serein règleront sa destinée et il sera content ou triste au gré des vents » (*Nouvelle Héloïse*, I, 26). Rarement une joie sera goûtée sans mélange ; toutefois il y a tant de charme à se découvrir une âme sensible qu'*on goûte* déjà *dans la souffrance même une sorte de volupté* (cf. p. 283, 316, 334).

II. LES AMES ARDENTES. Si la passion envahit la littérature, elle triomphe aussi dans les mœurs et le témoignage le plus sincère nous en est offert par la *correspondance* de quelques femmes célèbres.

Mme du Deffand (cf. p. 8) exprime dans ses lettres le pessimisme d'une femme rongée d'*ennui* parce qu'elle est trop intellectuelle et ne parvient à s'intéresser à rien. Elle a une formule saisissante pour définir son mal intérieur : « *la privation du sentiment avec la douleur de ne s'en pouvoir passer* ». En 1766, à près de 70 ans, elle s'éprend d'une passion brûlante pour Horace Walpole, sans se laisser rebuter par son indifférence, déclarant que la raison « serait cent fois plus contraire à notre bonheur que les passions ne peuvent l'être ».

Mlle de Lespinasse (cf. p. 8) cherche, elle aussi, dans les *sentiments extrêmes* le remède de ce « dégoût universel et mortel », qui lui fait dire à tout propos « *A quoi bon ?* ». Elle aime la musique triste qui la « rend folle » : son âme est « avide de cette espèce de douleur ». Elle se réfugie dans la passion : « *Il n'y a qu'une chose qui résiste, c'est la passion, et c'est celle de l'amour, car toutes les autres resteraient sans réplique... Il n'y a que l'amour passion et la bienfaisance qui me paraissent valoir la peine de vivre* ». Après la mort de M. de Mora qu'elle aimait ardemment, elle écrit, malgré son remords, des lettres enflammées à M. de Guibert : trahie, elle n'a pas le courage de se suicider, mais elle appelle la mort avec des *accents déjà romantiques :* « J'ai souffert, j'ai haï la vie ; j'ai invoqué la mort... Oh ! qu'elle vienne ! et je fais serment de ne pas lui donner de dégoût et de la recevoir au contraire comme une libératrice ! »

Le préromantisme

I. COSMOPOLITISME LITTÉRAIRE. Cet épanouissement de la sensibilité fit accueillir avec ferveur les *œuvres étrangères* placées sous le signe de la passion. Les traductions de Richardson par l'abbé Prévost enthousiasment les cœurs sensibles (p. 70) ; la littérature anglaise connaîtra une vogue croissante avec les traductions de Shakespeare, des poésies sombres et mélancoliques de Gray et de Young, des chants rêveurs ou exaltés d'Ossian ; vers la fin du siècle, c'est l'Allemagne qui attire les regards, surtout le *Werther* de Gœthe.

Ces œuvres étrangères, d'ailleurs connues par des traductions très édulcorées, exerceront bientôt leur influence sur le *mouvement romantique*. Mais si l'on veut remonter aux sources profondes du romantisme il faut les chercher d'abord dans la libération progressive de la *sensibilité* au cours du XVIIIe siècle.

II. THÈMES PRÉROMANTIQUES. La sensibilité conduit les écrivains à *se mettre au centre de leurs œuvres*, largement autobiographiques, avec leur orgueil, leur mélancolie, leurs émotions. Aussi trouve-t-on chez ROUSSEAU et ses successeurs la plupart des thèmes qui seront chers aux romantiques.

1. LE SENTIMENT DE LA NATURE. Avant Chateaubriand, JEAN-JACQUES a été sensible à la *grandeur* et au *mystère* de la nature (p. 283 et 325) et BERNARDIN DE SAINT-PIERRE, un des créateurs de l'*exotisme*, a décrit des paysages *pittoresques* avec une extrême richesse de coloris (p. 343). Déjà la nature est considérée dans ses *rapports avec l'âme humaine :* elle offre à l'homme des spectacles pour le charmer (p. 283 et 347), pour apaiser son cœur (p. 284) ; elle éveille en nous des sentiments en accord avec ses spectacles (p. 198 et 288), elle se met elle-même en harmonie avec nos émotions « comme une tendre amie » (cf. p. 345, l. 18 et p. 334). Aussi est-elle pour l'artiste *le cadre des émotions humaines* qu'elle contribue à souligner et à suggérer ; l'automne, le clair de lune, les bruits sourds et mystérieux, les ruines et les tombeaux sont désormais liés à l'évocation de la *mélancolie :* certaines pages de ROUSSEAU (p. 288, 334), de BERNARDIN DE SAINT-PIERRE (p. 350), certains poèmes de CHÉNIER (p. 370) annoncent Chateaubriand et surtout Lamartine.

2. LE SENTIMENT RELIGIEUX. La solitude, le mystère de la nature aident l'âme à se rapprocher de Dieu (p. 317). C'est dans les extases et les élans de JEAN-JACQUES, dans les « harmonies » chères à BERNARDIN que préludent les *élévations* romantiques. On trouve déjà chez ROUSSEAU et son disciple ce *mal de l'infini* qui aboutira aux élans de René et de l'auteur de l'*Isolement* (cf. p. 317).

3. L'AMOUR. Le « délire » de Rousseau, « ivre d'amour sans objet », au moment où il rédigea la *Nouvelle Héloïse* (cf. p. 280 et 329), c'est déjà le « vague des passions » qui sera le tourment de René. On peut dire que les thèmes essentiels de l'amour romantique se trouvent dans la *Nouvelle Héloïse :* la fatalité de la passion, la prédestination des amants, les tourments de la séparation, la recherche de l'oubli dans les voyages et les dangers, l'idée du suicide, le sentiment douloureux du temps qui passe et du bonheur qui s'enfuit, et surtout les émotions qui s'emparent de l'âme au retour dans les lieux témoins du bonheur passé.

Qu'on lise à titre d'exemple l'émouvant récit de la « *Promenade sur le lac* » (p. 287), et ces quelques lignes qui le précèdent immédiatement, où l'on croirait que ROUSSEAU s'est plu à rassembler tous ces thèmes préromantiques : « Quand nous eûmes atteint ce réduit et que je l'eus quelque temps contemplé : « Quoi ! dis-je à Julie en la regardant avec un œil humide, votre cœur ne vous dit-il rien ici, et ne sentez-vous point quelque émotion secrète à l'aspect d'un lieu si plein de vous ? » Alors, sans attendre sa réponse, je la conduisis sur le rocher et lui montrai son chiffre gravé dans mille endroits, et plusieurs vers de Pétrarque et du Tasse relatifs à la situation où j'étais en les traçant. En les revoyant moi-même après si longtemps, j'éprouvai combien la présence des objets peut ranimer puissamment les sentiments violents dont on fut agité près d'eux. Je lui dis avec un peu de véhémence : « O Julie, éternel charme de mon cœur ! voici les lieux où soupira jadis pour toi le plus fidèle amant du monde : voici le séjour où ta chère image faisait son bonheur. (..)Voilà la pierre où je m'asseyais pour contempler au loin ton heureux séjour, sur celle-ci fut écrite la lettre qui toucha ton cœur, ces cailloux tranchants me servaient de burin pour graver ton chiffre ; ici je passai le torrent glacé pour reprendre une de tes lettres qu'emportait un tourbillon, là je vins relire et baiser mille fois la dernière que tu m'écrivis ; voilà le bord où d'un œil avide et sombre je mesurais la profondeur de ces abîmes ; enfin ce fut ici qu'avant mon triste départ je vins te pleurer mourante et jurer de ne pas survivre. Fille trop constamment aimée, ô toi pour qui j'étais né, faut-il me retrouver avec toi dans les mêmes lieux, et regretter le temps que j'y passais à gémir de ton absence !... » Ainsi donc, à n'en pas douter, les idées, les sentiments, parfois même le rythme et l'harmonie du style nous révèlent en ROUSSEAU et BERNARDIN DE SAINT-PIERRE les précurseurs directs de Chateaubriand et de Lamartine.

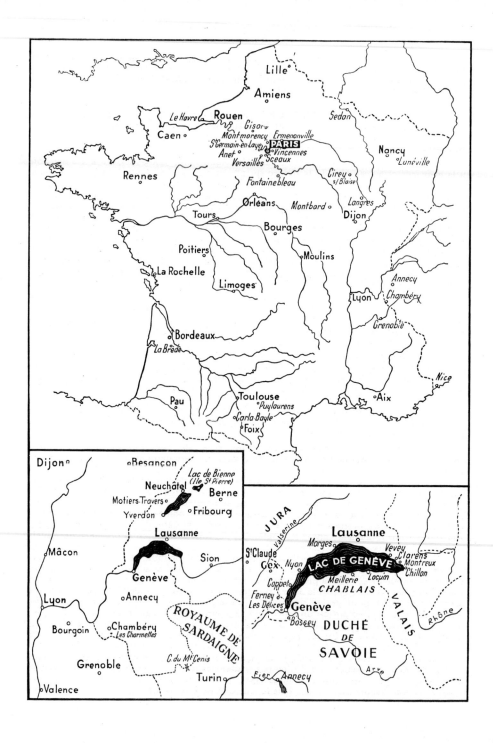

JEAN-JACQUES ROUSSEAU

Une enfance négligée   Né à Genève le 28 juin 1712, d'une famille protestante d'origine française, Jean-Jacques ROUSSEAU perdit sa mère en naissant. Son père Isaac Rousseau, horloger, était d'humeur fantasque. L'enfant, livré à lui-même, puisait sans discernement dans sa bibliothèque : l'*Astrée* éveilla de bonne heure son esprit romanesque, Plutarque sa passion de la vertu. Le père dut s'exiler à la suite d'une rixe et JEAN-JACQUES, mis en pension à Bossey, chez le pasteur LAMBERCIER, y vécut deux années heureuses en pleine campagne, abandonné à sa paresse et à ses rêves (1722-1724). De retour à Genève, il fut mis en apprentissage en 1727 chez le graveur DUCOMMUN qui le traitait brutalement : timide et fier, l'enfant devint dissimulé, menteur, fainéant et chapardeur.

L'aventure (1728-1732)   Un dimanche de mars 1728, rentrant trop tard d'une promenade et trouvant fermées les portes de Genève, JEAN-JACQUES qui craint d'être battu décide de s'enfuir.

1. LA CONVERSION. Le voilà, avec ses seize ans et ses rêves, sur les routes de Savoie. Devenir catholique, c'est le moyen d'obtenir quelques secours : il est recueilli à Annecy par la pieuse Mme de WARENS qui lui laisse une *impression inoubliable* (cf. p. 320), et qui l'envoie recevoir le baptême à l'hospice des catéchumènes de Turin. Il mène alors une *vie misérable et insouciante :* nourri par charité, tour à tour graveur puis laquais (cf. p. 322), il est *humilié* par des maîtres orgueilleux. Une occasion s'offre à lui de s'instruire pour devenir secrétaire : il préfère suivre *sur les routes* un garnement comme lui !

2. LA VIE ERRANTE. Dès 1729, il est revenu chez Mme de WARENS, qu'il appellera désormais Maman. Sera-t-il prêtre ? Quelques mois au séminaire révèlent ses médiocres dispositions. Musicien ? Il s'enthousiasme pour la musique et accompagne à Lyon un maître de chapelle, mais l'abandonne aussitôt pour retourner, toujours à pied, à Annecy. Par malheur Mme de WARENS est absente. JEAN-JACQUES reprend donc sa *vie errante* et tente sa chance à Lausanne comme *maître de musique :* il fait même jouer, sans presque rien y connaître, une cantate de sa composition ! Il passe l'hiver 1730-1731 à Neuchâtel, où il vit de leçons. Au printemps, le voici de nouveau sur la route, interprète d'un soi-disant archimandrite quêtant pour le Saint-Sépulcre. Il pousse enfin jusqu'à Paris, où il compte devenir précepteur : on lui offre une place de laquais ! Pour la troisième fois il revient chez Mme de WARENS, installée maintenant à Chambéry : c'est son dernier grand *voyage à pied* (cf. p. 324).

Les Charmettes   Mme de WARENS recevait du roi de Sardaigne une pension pour secourir les nouveaux convertis : ROUSSEAU fut bien accueilli. Chimérique, toujours lancée dans des entreprises hasardeuses, sa protectrice vivait surtout d'expédients.

1. LE BONHEUR (1732-1736). JEAN-JACQUES connut alors une vie agréable : table mise, petits concerts qu'il dirigeait, livres nouveaux. Il enseignait la musique, composait des cantates, écrivait une comédie *(Narcisse).* Il comblait méthodiquement les lacunes d'une *éducation* longtemps négligée : histoire, géographie, latin, astronomie, physique

et chimie. Souvent malade, il passait les beaux jours à la campagne : il rêvait de finir sa vie auprès de Maman (cf. p. 326).

2. L'IDYLLE DES CHARMETTES ? Selon les *Confessions*, ce bonheur idyllique se serait prolongé jusqu'en 1740, aux Charmettes, maison de campagne aux portes de Chambéry. Mais la réalité fut plus amère. En 1737, au retour d'un voyage à Genève, JEAN-JACQUES se trouva supplanté par un jeune rival, Wintzenried. Pendant des mois la maison connut une atmosphère orageuse : en août 1738 ROUSSEAU fut en effet installé aux Charmettes, mais seul et ulcéré, livré à la solitude et à ses rêves.

3. PRÉCEPTEUR A LYON. En 1740, il devient à Lyon, chez M. de Mably, précepteur de deux élèves médiocres : ce fut un échec. JEAN-JACQUES devra retourner aux Charmettes, dernier séjour plein d'orages avant le grand départ pour Paris (1742).

A la conquête de la gloire

Pendant dix ans, ROUSSEAU va se mêler à la *vie mondaine* et poursuivre ardemment la gloire.

1. INNOVATIONS MUSICALES (1742). Il apportait un nouveau mode de notation musicale et en attendait la fortune : il ne lui valut que des encouragements. JEAN-JACQUES doit donc se résigner à vivre de *leçons de musique*. Il recherche l'appui des grandes dames, devient secrétaire de Mme Dupin ; puis Mme de Broglie lui procure une place à Venise, chez l'ambassadeur.

2. SECRÉTAIRE D'AMBASSADEUR A VENISE (1743). Le voici devenu un personnage : il voyage en chaise, distribue des pourboires ! Par malheur M. de Montaigu est un incapable plein de morgue : JEAN-JACQUES, son secrétaire, est d'autant plus pointilleux qu'il ne veut plus retomber au rang de valet ; il exige des égards, dispute la préséance aux gentilshommes. La brouille éclate, si vive qu'il est chassé de Venise, n'emportant que la révélation de la musique italienne et sa rancune de roturier contre *l'inégalité sociale*.

3. LA MISÈRE ET LES RÊVES. De retour à Paris, il vit pauvrement dans un galetas. Son ballet des *Muses Galantes* le signale à M. de Richelieu qui le charge de réduire à un seul acte une comédie-ballet de VOLTAIRE et RAMEAU. Serait-ce enfin la gloire ? Hélas, son travail est remanié, et son nom n'est même pas cité (1745).

Il redevient secrétaire de Mme Dupin, se remet à la musique, ébauche une farce, écrit une comédie, l'*Engagement téméraire*. Ami intime de DIDEROT depuis 1742, il collabore à l'*Encyclopédie* (cf. p. 247). Cette activité fébrile, c'est la lutte pour la gloire, c'est aussi la lutte contre la misère.

4. THÉRÈSE LEVASSEUR. ROUSSEAU est accueilli dans les salons ; mais maladroit, timide, parleur médiocre, il souffre dans son orgueil. N'osant faire la cour aux grandes dames, ce déshérité s'attache à une servante d'auberge, Thérèse LEVASSEUR. Elle est jeune, douce, affectueuse, mais ignorante et vulgaire. *Cinq enfants* seraient nés de ces relations, et il les aurait mis aux Enfants Trouvés, ce que nous appelons l'Assistance Publique. Il en concevra plus tard des remords. Pour sa défense, il allègue les mœurs du temps : de fait, en 1772, le tiers des enfants nés à Paris seront confiés aux Enfants Trouvés. Il allègue aussi l'excuse de la misère ; les confier à l'État c'était les mettre à l'abri des privations ; on leur apprendrait un bon métier, qui les rendrait plus heureux que leur père. Comment juger cette cause controversée ? Il semble *difficile de l'absoudre* en invoquant les chefs-d'œuvre qu'il n'aurait pu écrire s'il avait eu la charge d'une nombreuse famille. Peu à peu, par habitude, par besoin d'être soigné, ROUSSEAU se laissera enchaîner à THÉRÈSE, à la « tribu » des Levasseur.

La gloire

Ainsi JEAN-JACQUES se trouvait dans une situation fausse qui contribuait à l'écarter de la vie mondaine : il aspirait au repos, à la simplicité, il se sentait « peuple ».

1. LE PREMIER DISCOURS ET LA RÉFORME DE JEAN-JACQUES (1750-1752). C'est le *Discours sur les Sciences et les Arts* qui lui valut en 1750 le prix de l'Académie de Dijon et la célébrité (cf. p. 268). Contre la civilisation, il devient le champion de la vie simple, de la pauvreté et de la vertu. Il décide d'être désormais lui-même. Sa « réforme », symbolisée par la simplicité de sa mise (cf. p.' 327), le conduit à copier de la musique pour gagner sa vie en « homme libre ». Cette *existence modeste* le rendait heureux.

2. LE DEVIN DU VILLAGE (1752). Il ne put aller jusqu'au bout de sa réforme : il fréquentait encore les Encyclopédistes, discutait musique avec GRIMM, son plus cher ami après DIDEROT. Un opéra, le *Devin du Village*, met le comble à sa célébrité. Mais *cette gloire arrive trop tard :* prisonnier de son attitude, de sa timidité, de sa maladie, il boude son succès, refuse d'être présenté au roi (cf. p. 328). Toutefois, tenté encore par la gloire, ce « barbare » donne *Narcisse* à la Comédie Française (sans succès) et prend part à la « querelle des Bouffons » où il prône la musique italienne contre la musique française (*Lettre sur la Musique française*, 1753. — Cf. p. 10).

3. LE SECOND DISCOURS (1755). Il expose plus nettement sa pensée dans le *Discours sur l'Inégalité :* l'idée de la bonté naturelle de l'homme le conduit par contraste à critiquer l'*injustice* de la société contemporaine. Pour consacrer son divorce avec le monde des « esclaves », il retourne à Genève, y abjure le catholicisme et redevient *citoyen d'une cité libre* (1754). Se fixera-t-il définitivement dans sa patrie ? Non : l'installation de VOLTAIRE aux Délices (cf. p. 113), la froideur du Grand Conseil le décident à rester en France ; mais son humeur étrange commence à le brouiller avec ses amis.

L'Ermitage et Montmorency   Invité par Mme d'EPINAY il s'installe à l'Ermitage, maison des champs dépendant du château de la Chevrette, au Nord de Paris, non loin de Montmorency.

1. L'ERMITAGE (1756-1757). ROUSSEAU y retrouvait enfin la nature, comme aux Charmettes (cf. p. 326). Période d'une intense activité créatrice où il continue son *Dictionnaire de Musique*, prépare des extraits de l'abbé de Saint-Pierre, écrit à Voltaire sa *Lettre sur la Providence* (cf. p. 157), travaille simultanément à l'*Émile*, au *Contrat Social*, à la *Nouvelle Héloïse*. Les Encyclopédistes l'accusent de déserter, et d'affecter par système un faux amour de la solitude. Un mot de DIDEROT dans le *Fils Naturel :* « il n'y a que le méchant qui soit seul » envenime encore leurs relations. A l'Ermitage, cependant, ROUSSEAU s'éprend de Mme D'HOUDETOT, belle-sœur de Mme d'Epinay : c'est la seule vraie passion de sa vie, qu'il se flatte d'avoir su garder pure et noble (cf. p. 329). Mais cet amour secret paraît avoir indisposé Mme d'Epinay, influencée par GRIMM avec qui JEAN-JACQUES ne s'entendait plus. En décembre 1757, accusé d'ingratitude, ROUSSEAU quitte l'Ermitage et va s'établir à Montmorency. La brouille avec GRIMM et DIDEROT devient définitive.

2. MONTMORENCY (1758-1762). Bientôt accueilli par le Maréchal de Luxembourg dans une dépendance du château de Montmorency, ROUSSEAU y connaît pendant quatre ans une période de calme relatif. Il publie en 1758 la *Lettre à d'Alembert* (cf. p. 275), en 1761 la *Nouvelle Héloïse* (cf. p. 280), en 1762 le *Contrat Social* (cf. p. 313) et l'*Émile* (cf. p. 295). Malheureusement la *Profession de foi du Vicaire Savoyard* (cf. p. 308) irrite le Parlement : décrété de prise de corps, il se hâte de passer en Suisse.

L'homme traqué   Désormais ROUSSEAU connaîtra huit années de vie errante. Chassé de ses asiles successifs par des haines religieuses ou par les mesquineries de ses anciens amis les philosophes, il est effectivement persécuté, mais il ajoute à son malheur par les soupçons morbides qui le brouillent avec tous. Condamné à Genève, expulsé d'Yverdon, il s'installe à Motiers, territoire du roi de Prusse, dans le Val-Travers non loin de Neuchâtel. Il y passe 18 mois assez heureux (1762-1763) : ami du gouverneur KEITH « Milord Maréchal », accueilli par la communauté protestante, il précise ses convictions dans la *Lettre à Christophe de Beaumont*, archevêque de Paris. A Genève, ses amis voudraient faire annuler sa condamnation, mais VOLTAIRE excite ses adversaires. ROUSSEAU l'attaque dans les *Lettres de la Montagne* (1764) ; VOLTAIRE réclame contre lui la peine capitale dans *Le Sentiment des Citoyens*. La population de Motiers, ameutée contre Jean-Jacques, lapide sa maison (sept. 1765) et il doit se réfugier dans l'île de Saint-Pierre, au milieu du lac de Bienne. Il y goûte six semaines délicieuses (cf. p. 337), mais on lui ordonne de partir (oct. 1765).

Il accepte alors l'invitation du philosophe HUME, en Angleterre. A partir de mai 1766, il est installé au château de Wootton, chez M. Davenport ; mais, poursuivi par les écrits de VOLTAIRE (cf. p. 158), brouillé avec HUME par ses hantises, ses angoisses, ses terreurs subites, il rentre en France en mai 1767. Entre temps, il écrit le début des *Confessions*.

Jusqu'en 1770, en proie à son *délire intermittent*, il continue sa vie errante : quelques mois à Trye, près de Gisors, chez le prince de Conti; puis, après Lyon, Grenoble, Bourgoin, il passe 18 mois à Monquin (Dauphiné), dans une ferme isolée.

L'apaisement   Revenu à Paris, il y vit pauvrement, presque solitaire, se dérobant à la curiosité des visiteurs. Il n'accepte guère comme ami que BERNARDIN DE SAINT-PIERRE. Il est toujours obsédé par l'idée du complot universel contre lui : pour se justifier il écrit les derniers livres des *Confessions* et les *Dialogues : Rousseau juge de Jean-Jacques* (1772-1776). Enfin il prend le parti de ne plus penser à ses ennemis et de se replier sur lui-même, enchantant ses dernières années en rédigeant les *Rêveries du promeneur solitaire*.

A la veille de sa mort, il venait d'accepter l'hospitalité de M. DE GIRARDIN au château d'Ermenonville où il mourra le 2 juillet 1778. Il fut enterré à l'île des Peupliers, dans le parc d'Ermenonville. Ses cendres furent transférées au Panthéon en 1794.

DISCOURS SUR LES SCIENCES ET LES ARTS (1750)

A son retour de Venise (1744), ROUSSEAU devient bel esprit et homme de société : il complète sa culture, compose des pièces de théâtre, rédige pour l'*Encyclopédie* des articles sur la musique (cf. p. 247). Comme il était loin, semblait-il, le petit vagabond ignorant qui dormait à la belle étoile !

I. L'ILLUMINATION DE VINCENNES. Le voici sur la route de Vincennes, au début d'octobre 1749 : il rend visite à DIDEROT enfermé au château pour la *Lettre sur les Aveugles*. Dans le *Mercure de France*, il tombe sur cette question mise au concours par l'Académie de Dijon : *Si le rétablissement des Sciences et des Arts a contribué à épurer les mœurs*. Quel bouleversement soudain ! « Si jamais quelque chose a ressemblé à une inspiration subite, c'est le mouvement qui se fit en moi à cette lecture. Tout à coup, je me sens l'esprit ébloui de mille lumières ; des foules d'idées vives s'y présentent à la fois avec une force et une confusion qui me jeta dans un trouble inexprimable ; je sens ma tête prise par un étourdissement semblable à l'ivresse. Une violente palpitation m'oppresse, soulève ma poitrine ; ne pouvant plus respirer en marchant, je me laisse tomber sous un des arbres de l'avenue, et j'y passe une demi-heure dans une telle agitation qu'en me relevant j'aperçus tout le devant de ma veste mouillé de larmes, sans avoir senti que j'en répandais » *(A Malesherbes, 12 janv. 1762).*

« A l'instant de cette lecture, dit-il dans les *Confessions*, je vis un autre univers et je devins un autre homme... En arrivant à Vincennes, j'étais dans une agitation qui tenait du délire. Diderot l'aperçut : je lui en dis la cause, et je lui lus la *Prosopopée de Fabricius*, écrite en crayon sous un chêne. Il m'exhorta de donner l'essor à mes idées, et de concourir au prix. Je le fis et dès cet instant je fus perdu. Tout le reste de ma vie et de mes malheurs fut l'effet inévitable de cet instant d'égarement » (II, 8). D'un coup, ROUSSEAU avait pris conscience du paradoxe qui fera l'unité de toute sa pensée : *l'homme est bon et heureux par nature ; c'est la civilisation qui l'a corrompu et qui a ruiné son bonheur primitif.*

II. LA GENÈSE D'UN SYSTÈME. Rousseau eut l'impression qu'il découvrait *sa vérité*, qu'il devenait « *un autre homme* ». En réalité cette idée était l'aboutissement de tout son passé, l'expression profonde de son tempérament. Sa formation genevoise, les leçons des prédicateurs, les lectures stoïciennes lui avaient donné le sens de la liberté et de la justice, le goût de la vertu, le mépris des richesses. Sans doute les douceurs de la société semblaient l'avoir pris tout entier ; mais *le sujet du concours réveilla soudain les vieux sentiments* et lui fit ressentir comme une blessure le désaccord entre son fond vertueux, sa vie simple et la société corrompue qu'il fréquentait. De là venait la gêne qu'il éprouvait dans ces milieux et qui était un obstacle à son succès ; n'était-ce pas un reste de simplicité plébéienne qui l'attachait, au mépris du scandale, à Thérèse Levasseur, humble servante d'auberge ? Tout s'expliquait maintenant : son malheur datait de son entrée dans une société pervertie par le luxe et la civilisation. *Telle était l'histoire de l'humanité tout entière : bonheur des hommes primitifs, corruption et malheur des peuples civilisés.*

III. PORTÉE DU DISCOURS. A cette époque, ces *lieux communs* des philosophies antiques, retrouvés par Jean-Jacques, parurent nouveaux et originaux.

1. Portée philosophique. En réaction contre la morale d'austérité et de renoncement du siècle précédent, Voltaire et les philosophes chantaient le luxe, le progrès matériel qui engendre le progrès moral et conditionne le bonheur (cf. p. 116). Au moment où l'*Encyclopédie* va symboliser cette foi dans la civilisation, voici que ce « barbare » se dresse, soutenant que les sciences et les arts corrompent les mœurs, que *le bonheur est dans la vie simple*, que la vertu dépend non de la science mais de la *conscience !*

2. Portée littéraire. Habitués à des écrits spirituels ou à de froides dissertations, les contemporains se laissèrent prendre à l'*âpreté* du moraliste, à l'*éloquence* de son style. Sans cesse nourrie de réminiscences classiques, cette éloquence nous paraît aujourd'hui d'une rhétorique bien artificielle, mais Rousseau s'enflammait pour ses idées et l'on fut sensible à cette ardeur où passait toute son âme. Pour les hommes de ce demi-siècle, le *Discours* rendait un son nouveau.

Les Sciences et les Arts ont corrompu les mœurs *au lieu de les épurer.* Rousseau *va en donner des* preuves historiques *et prouver qu'il ne pouvait en être autrement.*

I. *PREUVES HISTORIQUES. En adoucissant la vie sociale, les sciences et les arts aident les tyrans à* asservir les hommes : « *ils étouffent en eux le sentiment de cette liberté originelle pour laquelle ils semblaient être nés, leur font aimer leur esclavage, et en forment ce qu'on appelle des peuples policés...* »
De nos jours les mensonges de la bienséance *ont remplacé la vertu :* les vices sont voilés sous la politesse ou déguisés habilement en vertus. « *Nos âmes se sont corrompues à mesure que nos sciences et nos arts se sont avancés à la perfection* ».
Ainsi, dans l'histoire, le progrès des sciences, des arts et du luxe a perdu l'Égypte, la Grèce, Rome, Constantinople, la Chine, tandis que les peuples ignorants et primitifs *(Germains, vieux Romains, Suisses, sauvages de l'Amérique) ont conservé leur vertu et leur bonheur. Quelle eût été l'indignation de l'antique* Fabricius *devant la décadence de Rome ! (cf. p. 270).*

II. *PREUVES RATIONNELLES. Nées de nos vices et de notre orgueil, les* sciences *encouragent à l'oisiveté et détruisent le sens religieux sans rétablir la morale. Quant aux* arts, *ils sont inséparables du* luxe, *agent de corruption et de décadence (cf. p. 271). Enfin, la culture intellectuelle affaiblit les vertus militaires et fausse l'éducation : elle forme des savants et non des citoyens.*
Le secret de la vertu n'est donc pas dans la folle science : « *O vertu, science sublime des âmes simples, faut-il donc tant de peines et d'appareil pour te connaître ? Tes principes ne sont-ils pas gravés dans tous les cœurs ? et ne suffit-il pas, pour apprendre tes lois, de rentrer en soi-même et d'écouter la voix de sa conscience dans le silence des passions ? Voilà la véritable philosophie... »*

La civilisation a corrompu les hommes

On analysera d'abord, et notamment dans la fameuse *Prosopopée de Fabricius*, la thèse centrale du *Discours*. Dans les dernières lignes de l'extrait, avec la diatribe contre le *luxe*, ROUSSEAU abordait un problème d'une *actualité* plus vibrante : on opposera ses idées à celles de VOLTAIRE (p. 128) et on étudiera la position plus nuancée de SAINT-LAMBERT dans l'*Encyclopédie* (p. 245). Il y a trop d'apostrophes sans doute, trop d'interrogations, d'exclamations, d'antithèses et de formules, trop de réminiscences antiques ; mais à travers toute cette rhétorique les contemporains reconnurent l'*enthousiasme d'une âme sincère* et nous percevons parfois l'*amertume* d'un homme blessé par la vie.

S ocrate avait commencé dans Athènes, le vieux Caton continua dans Rome, de se déchaîner contre ces Grecs artificieux et subtils qui séduisaient[1] la vertu et amollissaient le courage de ses concitoyens. Mais les sciences, les arts et la dialectique[2] prévalurent encore ; Rome se remplit de philosophes et d'orateurs ; on négligea la discipline militaire, on méprisa l'agriculture, on embrassa des sectes, et l'on oublia la patrie. Aux noms sacrés de liberté, de désintéressement, d'obéissance aux lois, succédèrent les noms d'Épicure, de Zénon, d'Arcésilas[3]. *Depuis que les savants ont commencé à paraître parmi nous*, disaient leurs propres philosophes, *les gens de bien se sont éclipsés*[4]. Jusqu'alors les Romains
10 s'étaient contentés de pratiquer la vertu ; tout fut perdu quand ils commencèrent à l'étudier.

O Fabricius[5] ! qu'eût pensé votre grande âme si, pour votre malheur, rappelé à la vie, vous eussiez vu la face pompeuse de cette Rome sauvée par votre bras, et que votre nom respectable avait plus illustrée que toutes ses conquêtes ? « Dieux ! eussiez-vous dit, que sont devenus ces toits de chaume et ces foyers rustiques qu'habitaient jadis la modération et la vertu ? Quelle splendeur funeste a succédé à la simplicité romaine ? quel est ce langage étranger[6] ? quelles sont ces mœurs efféminées ? que signifient ces statues, ces tableaux, ces édifices ? Insensés, qu'avez-vous fait ? Vous, les maîtres des nations, vous vous êtes rendus
20 les esclaves des hommes frivoles que vous avez vaincus[7] ! Ce sont des rhéteurs qui vous gouvernent ! C'est pour enrichir des architectes, des peintres, des statuaires et des histrions que vous avez arrosé de votre sang la Grèce et l'Asie ! Les dépouilles de Carthage sont la proie d'un joueur de flûte ! Romains, hâtez-vous de renverser ces amphithéâtres ; brisez ces marbres, brûlez ces tableaux, chassez ces esclaves qui vous subjuguent, et dont les funestes arts vous corrompent. Que d'autres mains s'illustrent par de vains talents ; le seul talent digne de Rome est celui de conquérir le monde[8] et d'y faire régner la vertu. Quand Cynéas[9] prit notre sénat pour une assemblée de rois, il ne fut ébloui ni par une pompe vaine, ni par une élégance recherchée : il n'y entendit point cette éloquence
30 frivole, l'étude et le charme des hommes futiles. Que vit donc Cynéas de si majestueux ? O citoyens ! il vit un spectacle que ne donneront jamais vos richesses ni tous vos arts, le plus beau spectacle qui ait jamais paru sous le ciel : l'assemblée de deux cents hommes vertueux, dignes de commander à Rome et de gouverner

---

— 1 Égaraient (lat. *seducere*). — 2 Art d'argumenter. — 3 Fondateurs de l'épicurisme, du stoïcisme et du néo-académisme sceptique. — 4 Sénèque, *A Lucilius*, 95. — 5 Consul du IIIᵉ siècle qui est, dans Plutarque et Juvénal, le type de l'antique vertu romaine. La *prosopopée*, figure de rhétorique, consiste à faire parler un absent, un mort, ou un personnage allégorique (XVIᵉ S. p. 158). — 6 Le *grec*, com-

battu jadis par le vieux Caton, était devenu sous l'empire la langue des Romains raffinés. — 7 Cf. Horace, *Ep.* II, 1 : « *Græcia capta ferum victorem cepit* » : La Grèce conquise conquit son farouche vainqueur. — 8 Souvenir de Virgile, *En.* VI, 851 ; mais c'est Rousseau qui ajoute « *y faire régner la vertu* ». — 9 Envoyé par Pyrrhus pour offrir la paix (280 av. J.-C.) ; l'anecdote est de Plutarque.

la terre ».(..) Et qu'ai-je fait dire à ce grand homme, que je n'eusse pu mettre dans la bouche de Louis XII ou de Henri IV ? Parmi nous, il est vrai, Socrate n'eût point bu la ciguë, mais il eût bu dans une coupe encore plus amère la raillerie insultante et le mépris, pire cent fois que la mort.

Voilà comment le luxe, la dissolution et l'esclavage ont été de tout temps le châtiment des efforts orgueilleux que nous avons faits pour sortir de l'heureuse
40 ignorance où la sagesse éternelle nous avait placés. Le voile épais dont elle a couvert toutes ses opérations semblait nous avertir assez qu'elle ne nous a point destinés à de vaines recherches. (...)

Le luxe va rarement sans les sciences et les arts, et jamais ils ne vont sans lui. Je sais que notre philosophie, toujours féconde en maximes singulières, prétend, contre l'expérience de tous les siècles, que le luxe fait la splendeur des États ; mais, après avoir oublié la nécessité des lois somptuaires, osera-t-elle nier encore que les bonnes mœurs ne soient essentielles à la durée des empires, et que le luxe ne soit diamétralement opposé aux mœurs ?

Une mise au point Couronné et publié en 1750, le *Discours sur les Sciences et les Arts* souleva aussitôt une foule de *Réfutations*, notamment celles du pasteur Vernet, de Grimm et du roi de Pologne Stanislas. A son tour ROUSSEAU, que cette polémique rendait célèbre, protesta contre les déformations infligées à sa pensée. *Loin de lui l'idée de détruire la société civilisée et de prêcher un retour à la vie primitive, qu'il jugeait impossible et dangereux.* « Gardons-nous de conclure qu'il faille aujourd'hui brûler toutes les bibliothèques et détruire les universités et les académies. Nous ne ferions que replonger l'Europe dans la barbarie ; et les mœurs n'y gagneraient rien... On n'a jamais vu de peuple une fois corrompu revenir à la vertu. Laissons donc les sciences et les arts adoucir en quelque sorte la férocité des hommes qu'ils ont corrompus ; cherchons à faire une diversion sage, et tâchons de donner le change à leurs passions... Les lumières du méchant sont encore moins à craindre que sa brutale stupidité » *(A Stanislas).* Ainsi « les arts et les sciences, après avoir fait éclore les vices, sont nécessaires pour les empêcher de se tourner en crimes » *(Préface de Narcisse)*

DISCOURS SUR L'ORIGINE DE L'INÉGALITÉ

Quelle est l'origine de l'inégalité des conditions parmi les hommes ; et si elle est autorisée par la loi naturelle? Tel était, en 1753, le nouveau sujet proposé par l'Académie de Dijon. C'est au cours d'un séjour à Saint-Germain que ROUSSEAU conçut en réponse son *Discours sur l'Inégalité :* « Enfoncé dans la forêt, j'y cherchais, j'y trouvais l'image des premiers temps, dont je traçais fièrement l'histoire ; je faisais main basse sur les petits mensonges des hommes ; j'osais dévoiler à nu leur nature, suivre le progrès du temps et des choses qui l'ont défigurée, et, comparant l'homme de l'homme avec l'homme naturel, leur montrer dans son perfectionnement prétendu la véritable source de ses misères. Mon âme, exaltée par ces contemplations sublimes, s'élevait auprès de la divinité ; et, voyant de là mes semblables suivre, dans l'aveugle route de leurs préjugés, celle de leurs erreurs, de leurs malheurs, de leurs crimes, je leur criais d'une faible voix qu'ils ne pouvaient entendre : *Insensés qui vous plaignez sans cesse de la nature, apprenez que tous vos maux viennent de vous !* » *(Confessions,* VIII). La racine du mal était donc dans la *vie sociale,* puisque la nature avait fait l'homme pour la vie isolée. Mais, plus directement, le problème de l'*inégalité* remettait en question les bases mêmes de la société contemporaine.

I. LA MÉTHODE. Laissant de côté les « témoignages incertains de l'histoire», il se livre à des *hypothèses plausibles* et reconstitue par le *raisonnement* l'évolution de l'homme primitif à l'homme civilisé. Cette méthode arbitraire lui permet d'éluder les tracasseries des théologiens et d'admettre à priori la *condition isolée de l'homme primitif.*

II. LA PORTÉE DU DISCOURS. Cette fois Rousseau ne reçut pas le prix : l'Académie de Dijon recula devant tant de hardiesse. Mais le *Discours sur l'Inégalité*, publié en 1755, assura la gloire et l'influence de Jean-Jacques.

1. LE BON SAUVAGE : Déjà répandue par les voyageurs (cf. p. 13), la peinture des sauvages « libres, sains, bons et heureux » va devenir un thème littéraire (Marmontel : *Les Incas ;* Bernardin de Saint-Pierre : *La chaumière Indienne*, etc.).

2. LE PROBLÈME MORAL : Au lieu d'un philosophe perdu dans la spéculation, les contemporains découvraient un *moraliste ardent* qui voulait, de toute son âme, les guérir et les rendre heureux. Il plaçait le bonheur non dans les fausses vertus de la convention sociale mais dans les saines vertus de la *morale individuelle*. Il ne les invitait pas à une impossible régression vers la vie sauvage, mais à une *existence rustique* et *patriarcale*.

3. LE PROBLÈME SOCIAL. Jamais on n'avait affirmé avec tant de force l'*égalité fondamentale* des hommes. Rousseau qui a souffert de la misère s'indigne contre l'injuste répartition des fortunes et conteste le droit de *propriété ;* humilié par la servitude, il proteste contre l'*inégalité* et le *despotisme ;* il dénonce enfin le lien entre l'inégalité des richesses et l'inégalité politique.

4. L'ÉLOQUENCE RÉVOLUTIONNAIRE. C'est chez Rousseau que prend son essor l'éloquence révolutionnaire, avec ses périodes largement rythmées, ses élans d'imagination, ses formules explosives (cf. p. 273-275). Qu'on relise, à la fin du *Discours*, cette tirade contre l'inégalité qui règne parmi les peuples policés, « puisqu'il est manifestement contre la loi de nature, de quelque manière qu'on la définisse, qu'un enfant commande à un vieillard, qu'un imbécile conduise un homme sage, et qu'une poignée de gens regorge de superfluités tandis que la multitude affamée manque du nécessaire ».

*Négligeant l'*inégalité physique, Rousseau *étudie l'origine de l'*inégalité morale ou politique. *Imaginons ce qu'était l'homme à l'état de nature, en le dépouillant de toutes les facultés artificielles qu'il doit à la vie sociale.*

I. *BONHEUR DE L'HOMME PRIMITIF. A l'état de nature, l'homme avait une vie essentiellement* animale *: la rude existence des forêts avait fait de lui un être robuste, agile, aux sens exercés, peu sujet aux maladies dont la plupart naissent de la vie civilisée. Son activité intellectuelle était à peu près nulle :* « l'homme qui médite est un animal dépravé ». *Ainsi disposé, il était* heureux, *ses seules passions étant naturelles et aisées à satisfaire.*

« Je le vois se rassasiant sous un chêne, se désaltérant au premier ruisseau, trouvant son lit au pied du même arbre qui lui a fourni son repas ; et voilà ses besoins satisfaits... Ses désirs ne passent pas ses besoins physiques ; les seuls biens qu'il connaisse dans l'univers sont la nourriture, une femelle et le repos ; les seuls maux qu'il craigne sont la douleur et la faim... Je voudrais bien qu'on m'expliquât quel peut être le genre de misère d'un être libre dont le cœur est en paix et le corps en santé ». *Entre ces êtres* l'inégalité naturelle est négligeable *; elle ne leur est d'ailleurs pas sensible puisqu'ils n'ont* « presque aucune sorte de relation entre eux ».

C'est en effet le point capital de l'argumentation de Rousseau *: la nature ne destinait pas l'homme primitif à la vie en société ; pendant des milliers de siècles peut-être, il a vécu solitaire et par suite indépendant, et c'était un élément essentiel de son bonheur. Il ne se distinguait des animaux que par sa plus grande intelligence, par la conscience d'être libre et non soumis à l'instinct, et par la faculté de se perfectionner qu'il possédait en puissance et qui aurait pu ne jamais se développer. Il a fallu toute une suite de circonstances malheureuses pour* « rendre un être méchant en le rendant sociable ».

II. *LES TROIS ÉTAPES DE L'INÉGALITÉ. C'est la* propriété *qui, donnant naissance à la société, a corrompu les hommes et développé l'inégalité.*

1. Institution de la propriété, *qui a créé des riches et des pauvres ; pour la légitimer, les riches imposent des lois qui fondent la société civile (cf. p. 273-275).*

2. Élection de magistrats *pour faire respecter ces lois (théorie du* Contrat Social, *p. 313) : de là résulte l'inégalité de la hiérarchie sociale.*

3. Transformation du pouvoir légitime en pouvoir arbitraire : *les magistrats élus, se proclamant héréditaires, ont établi le* despotisme.

LA PROPRIÉTÉ SOURCE DE LA SOCIÉTÉ ET DE L'INÉGALITÉ

Voici les thèmes essentiels de l'ouvrage : le rêve paradisiaque d'un *âge d'or* de l'humanité primitive, la diatribe contre la *propriété* et ses conséquences néfastes, l'idée que la *société civile*, corruptrice des âmes, est née de la propriété. Le texte offre une image fidèle du *Discours* : un vigoureux effort de *raisonnement* reposant sur des conjectures parfois contestables ; une *imagination ardente* appuyée sur des documents sérieux mais aujourd'hui dépassés ; une *éloquence* parfois brutale, parfois harmonieusement rythmée, toujours vibrante et spontanée.

L̲e premier qui ayant enclos un terrain s'avisa de dire : *Ceci est à moi* [1], et trouva des gens assez simples pour le croire, fut le vrai fondateur de la société civile [2]. Que de crimes, de guerres, de meurtres, que de misères et d'horreurs n'eût point épargnés au genre humain celui qui, arrachant les pieux ou comblant le fossé, eût crié à ses semblables : « Gardez-vous d'écouter cet imposteur ; vous êtes perdus si vous oubliez que les fruits sont à tous, et que la terre n'est à personne [3] ! » Mais il y a grande apparence qu'alors les choses en étaient déjà venues au point de ne pouvoir plus durer comme elles étaient : car cette idée de propriété, dépendant de beaucoup d'idées antérieures qui n'ont pu naître que successivement, ne se forma pas tout d'un coup dans l'esprit humain : il fallut faire bien des progrès, acquérir bien de l'industrie [4] et des lumières, les transmettre et les augmenter d'âge en âge, avant que d'arriver à ce dernier terme de l'état de nature [5]. (...)

Peu à peu les hommes primitifs, vivant isolés, ont conquis la supériorité sur les animaux. Puis s'établit la famille qui « introduisit une sorte de propriété », et la liaison entre familles créa des groupes. Déjà différent de la pure nature, cet état antérieur à la propriété et à la société fut néanmoins selon Rousseau le plus heureux de l'histoire du monde.

Quoique les hommes fussent devenus moins endurants, et que la pitié naturelle [6] eût déjà souffert quelque altération, cette période du développement des facultés humaines, tenant un juste milieu entre l'indolence de l'état primitif et la pétulante activité de notre amour-propre, dut être l'époque la plus heureuse et la plus durable. Plus on y réfléchit, plus on trouve que cet état était le moins sujet aux révolutions, le meilleur à l'homme, et qu'il n'en a dû sortir que par quelque funeste hasard [7], qui, pour l'utilité commune, eût dû ne jamais arriver. L'exemple des sauvages qu'on a presque tous trouvés à ce point, semble confirmer que le genre humain était fait pour y rester toujours, que cet état est la véritable jeunesse du monde, et que tous les progrès ultérieurs ont

---

— 1 Cf. Pascal, *Pensées*, 295 (*XVII⁰ Siècle*, p. 153). — 2 Organisée. — 3 C'est une idée chrétienne ; cf. Bossuet, *XVII⁰ Siècle*, p. 261 (§ 2), mais le ton est bien différent. — 4 Activité. — 5 Avec la propriété va en effet commencer la vie en société. — 6 L'âme primitive aurait été partagée entre deux sentiments élémentaires : l'*amour de soi-même* et la *pitié* qui modérait cet égoïsme. — 7 L'invention de la métallurgie et de l'agriculture, origine de la propriété (cf. l. 45-63).

été en apparence autant de pas vers la perfection de l'individu, et en effet [8] vers la décrépitude de l'espèce.

Tant que les hommes se contentèrent de leurs cabanes rustiques, tant qu'ils se bornèrent à coudre leurs habits de peaux avec des épines
30 ou des arêtes, à se parer de plumes et de coquillages, à se peindre le corps de diverses couleurs, à perfectionner ou embellir leurs arcs et leurs flèches, à tailler avec des pierres tranchantes quelques canots de pêcheurs, ou quelques grossiers instruments de musique [9], en un mot, tant qu'ils ne s'appliquèrent qu'à des ouvrages qu'un seul pouvait faire, et qu'à des arts [10] qui n'avaient pas besoin du concours de plusieurs mains, ils vécurent libres, sains, bons [11] et heureux [12] autant qu'ils pouvaient l'être par leur nature [13] et continuèrent à jouir entre eux des douceurs d'un commerce indépendant [14], mais dès l'instant qu'un homme eut besoin du secours d'un autre, dès qu'on s'aperçut qu'il
40 était utile à un seul d'avoir des provisions pour deux, l'égalité disparut, la propriété s'introduisit, le travail devint nécessaire [15] et les vastes forêts se changèrent en des campagnes riantes qu'il fallut arroser de la sueur des hommes, et dans lesquelles on vit bientôt l'esclavage et la misère germer et croître avec les moissons [16].

La métallurgie et l'agriculture furent les deux arts dont l'invention produisit cette grande révolution. Pour le poète, c'est l'or et l'argent ; mais pour le philosophe, ce sont le fer et le blé qui ont civilisé les hommes et perdu le genre humain [17].(...) Dès qu'il fallut des hommes pour fondre et forger le fer, il fallut d'autres hommes pour nourrir ceux-là [18]. (...)
50 De la culture des terres s'ensuivit nécessairement leur partage, et de la propriété une fois reconnue les premières règles de justice [19] : car, pour rendre à chacun le sien, il faut que chacun puisse avoir quelque chose ; de plus, les hommes commençant à porter leurs vues dans l'avenir, et se voyant tous quelques biens à perdre, il n'y en avait aucun qui n'eût à craindre pour soi la représaille [20] des torts qu'il pouvait faire à autrui. Cette origine est d'autant plus naturelle, qu'il est impossible de concevoir l'idée de la propriété naissant d'ailleurs que de la main-d'œuvre ; car on ne voit pas ce que, pour s'approprier les choses qu'il n'a point faites, l'homme y peut mettre de plus que son travail. C'est le
60 seul travail qui, donnant droit au cultivateur sur le produit de la terre qu'il a labourée, lui en donne par conséquent sur le fonds, au moins jusqu'à la récolte [21], et ainsi d'année en année ; ce qui, faisant une possession continue, se transforme aisément en propriété.

— 8 En réalité. — 9 Caractériser cette activité. — 10 Métiers (lat. *artes*). — 11 Cf. « Les hommes, dans cet état, n'ayant entre eux aucune sorte de relation morale ni de devoirs connus, ne pouvaient être bons, ni méchants et n'avaient ni vices ni vertus ». Pour eux, *être bon* c'était obéir aux impulsions de la nature. — 12 Expliquer ces quatre termes essentiels (cf. p. 272, *Analyse*, I). — 13 Montrer l'importance de cette précision. — 14 Tout le début de ce § est inspiré de Buffon et des « reportages » de voyageurs sur les peuplades sauvages. — 15 Expliquer ce changement. — 16 Montrer que ces contrastes expriment la pensée maîtresse de Rousseau. — 17 Cf. *Premier Discours*, p. 269. — 18 La division du travail favorisa le progrès, mais l'interdépendance mit fin à la liberté. — 19 De proche en proche la propriété va donner naissance à l'organisation sociale et politique. — 20 Vengeance. — 21 Pourquoi ?

L'inégalité des conditions éveille dans l'âme primitive l'ambition, la jalousie, la tromperie, l'avarice, etc. Constamment en lutte avec les pauvres, les riches leur proposent habilement d'instituer un contrat, sous prétexte de protéger les faibles, de contenir les ambitieux, et d'assurer à chacun la possession de ce qui lui appartient. « Telle fut ou dut être l'origine de la société et des lois, qui donnèrent de nouvelles entraves au faible et de nouvelles forces au riche, détruisirent sans retour la liberté naturelle, fixèrent pour jamais la loi de la propriété et de l'inégalité, d'une adroite usurpation firent un droit irrévocable, et, pour le profit de quelques ambitieux, assujettirent désormais tout le genre humain au travail, à la servitude et à la misère ».

- **Thèse de Rousseau** : *Exposez comment, de proche en proche, s'est créée la propriété, puis comment elle a donné naissance à l'organisation sociale, et par suite à l'inégalité.*
- « La terre n'est à personne ». *Sur ce thème, comparez l'inspiration de* ROUSSEAU *à celle de* PASCAL *et de* BOSSUET *(XVIIᵉ SIÈCLE, p. 153 et 261).*
- **L'époque la plus heureuse** (15-44) : *a) Pourquoi à cette époque les hommes étaient-ils plus heureux qu'avant et après cette étape de leur évolution ? – b) Ne peut-on formuler quelques objections ?*
- **Commentaire composé (§3)**. *La thèse ; l'éloquence (période ; procédés oratoires ; rôle de l'imagination).*
- **Essai**. *En donnant à l'occasion votre sentiment personnel, confrontez les idées sur l'état de nature de* ROUSSEAU, *de* VOLTAIRE *(Lettre à Rousseau p. 158 ; Dictionnaire Philosophique « Homme » p. 180) et de* BUFFON *(« Les premiers hommes », p. 255) : points communs et divergences.*
- **Rousseau** ET **Montesquieu** : *a) Ressemblances et différences avec « l'Histoire des Troglodytes » p. 88 ; – b) Rapports avec la « Théorie des climats » entendue au sens élargi (cf. p. 107-108).*

LETTRE A D'ALEMBERT SUR LES SPECTACLES

Les circonstances   1. L'ARTICLE GENÈVE. A la fin de 1757 paraissait au tome VII de l'*Encyclopédie* l'article *Genève*. On a vu (p. 157) qu'à l'instigation de Voltaire, D'ALEMBERT y posait la *question du théâtre* : « On ne souffre point à Genève de comédie ; ce n'est pas qu'on y désapprouve les spectacles en eux-mêmes, mais on craint, dit-on, le goût de parure, de dissipation et de libertinage que les troupes de comédiens répandent parmi la jeunesse ». Et D'ALEMBERT de déplorer l'absence d'un théâtre à Genève, tout en faisant un vif éloge de la cité et de ses pasteurs tolérants qui « n'ont d'autre religion qu'un socinianisme parfait » (cf. p. 15).

2. LA RÉPLIQUE DE ROUSSEAU. Brouillé avec GRIMM et Mme D'EPINAY, en froid avec DIDEROT et les Encyclopédistes, ROUSSEAU s'installait pauvrement à Montmorency. En trois semaines, il rédigea la *Lettre à d'Alembert*, dans un état de « tristesse sans fiel » qui explique le « ton singulier » de l'ouvrage.

Rousseau   Face aux moralistes, aux chrétiens qui dénonçaient
et le théâtre   l'immoralité des spectacles, les philosophes, VOLTAIRE en tête, encourageaient l'art dramatique (cf. p. 151), et présentaient la tragédie et la comédie comme donnant « des leçons de vertu, de raison et de bienséance » *(Lettre à un premier commis)*. Lui-même auteur lyrique célèbre, ROUSSEAU réaffirme néanmoins la thèse du *Premier Discours* et dénonce dans le théâtre l'expression la plus corruptrice de la *civilisation* contemporaine.
Ses arguments ressemblent à ceux de BOSSUET (cf. *XVIIᵉ Siècle*, p. 281). Mais ce qui est nouveau, c'est la *conviction* avec laquelle ROUSSEAU prend la défense d'Alceste, plaidant visiblement sa cause personnelle. Citoyen de Genève, il propose aux citadins l'existence laborieuse et simple des Montagnons qui vivent heureux conformément à la nature. C'était la rupture avec VOLTAIRE, passionné de théâtre, et avec les Encyclopédistes, passionnés de « civilisation ».

Jean-Jacques Rousseau, citoyen de Genève, à M. d'Alembert, de l'Académie Française, de l'Académie Royale des Sciences de Paris, de celle de Prusse, de la Société Royale de Londres, de l'Académie Royale des Belles-Lettres de Suède, et de l'Institut de Bologne... Ce titre, à lui seul, évoque le climat de la *Lettre à d'Alembert.*

I. *DÉFENSE DES PASTEURS DE GENÈVE. C'est à eux d'exposer leurs opinions : d'Alembert a tort d'interpréter leur pensée et de leur créer des ennuis en les présentant comme des hérétiques qui ne croient pas aux peines éternelles.*

II. *LES DANGERS DU THÉÂTRE.* Comment corrigerait-il les mœurs *puisqu'il est obligé, pour plaire, de flatter les goûts du public et d'exciter ses passions? On prétend qu'il « rend la vertu aimable et le vice odieux » ; mais à quoi bon ? « La source de l'intérêt qui nous attache à ce qui est honnête, et nous inspire de l'aversion pour le mal, est en nous et non dans les pièces ».*

LA TRAGÉDIE *éveille la pitié, mais ce n'est qu'un attendrissement superficiel sur des héros imaginaires. Cette pitié n'exige de nous aucun sacrifice et ne saurait réformer une âme mauvaise : au contraire, satisfaits de notre « belle âme », nous nous dispensons de pratiquer la vertu. D'ailleurs la tragédie est trop au-dessus du réel pour que ses leçons puissent nous toucher.*

LA COMÉDIE *est plus près de la vie, mais elle n'en est que plus immorale.*

AUTRE DANGER DU THÉÂTRE : LA PEINTURE DE L'AMOUR. *Au lieu de nous apprendre à dominer nos faiblesses, elle nous conduit à nous y abandonner : nous plaignons* BÉRÉNICE *et* TITUS, *et nous maudissons le devoir qui les sépare.*

III. *PAS DE THÉÂTRE A GENÈVE. Imaginons les funestes effets de l'installation d'un théâtre chez les* MONTAGNONS, *campagnards du Jura, dont* ROUSSEAU *nous vante les mœurs simples et saines : aussitôt apparaîtront la paresse, la vie chère, les impôts, le goût du luxe, les mauvaises mœurs. A Genève même, le théâtre favoriserait le luxe, accroîtrait l'inégalité, altérerait la liberté et affaiblirait le civisme.*

L'IMMORALITÉ DE MOLIÈRE

MOLIÈRE a dit que « l'emploi de la comédie est de corriger les vices des hommes » (préface du *Tartuffe*). ROUSSEAU lui reproche au contraire de *favoriser les vices* et de ne s'en prendre qu'aux *ridicules*. Il a beau jeu de dénoncer l'immoralité des personnages de MOLIÈRE si on les juge *individuellement*, dans l'absolu. Mais ces personnages vivent *en société :* les déplorables effets sociaux de leurs vices et leur châtiment n'ont-ils aucune portée morale ?

Heureusement la tragédie, telle qu'elle existe, est si loin de nous, elle nous présente des êtres si gigantesques, si boursouflés, si chimériques [1], que l'exemple de leurs vices n'est guère plus contagieux que celui de leurs vertus n'est utile, et qu'à proportion qu'elle veut moins nous instruire, elle nous fait aussi moins de mal. Mais il n'en est pas ainsi de la comédie, dont les mœurs ont avec les nôtres un rapport plus immédiat, et dont les personnages ressemblent mieux à des hommes [2]. Tout en est mauvais et pernicieux, tout tire à conséquence pour les spectateurs ; et le plaisir même du comique étant fondé sur 10 un vice du cœur humain, c'est une suite de ce principe que plus la comédie est agréable et parfaite, plus son effet est funeste aux mœurs. Mais, sans répéter ce que j'ai déjà dit de sa nature [3], je me contenterai

— 1 Peut-on accepter ce jugement sans nuances ? — 2 Cf. *XVIIᵉ Siècle*, p. 178, Dorante. — 3 « Le ridicule est l'arme favorite du vice. C'est par elle qu'attaquant dans le fond des cœurs le respect qu'on doit à la vertu, il éteint enfin l'amour qu'on lui porte ».

d'en faire ici l'application, et de jeter un coup d'œil sur votre théâtre comique.

Prenons-le dans sa perfection, c'est-à-dire à sa naissance. On convient, et on le sentira chaque jour davantage, que Molière est le plus parfait auteur comique dont les ouvrages nous soient connus ; mais qui peut disconvenir aussi que le théâtre de ce même Molière, des talents duquel je suis plus l'admirateur que personne, ne soit une école de vices et de
20 mauvaises mœurs, plus dangereuse que les livres mêmes où l'on fait profession de les enseigner ? Son plus grand soin [4] est de tourner la bonté et la simplicité en ridicule, et de mettre la ruse et le mensonge [5] du parti pour lequel on prend intérêt [6] : ses honnêtes gens ne sont que des gens qui parlent ; ses vicieux sont des gens qui agissent, et que les plus brillants succès favorisent le plus souvent [7] : enfin l'honneur des applaudissements, rarement pour le plus estimable, est presque toujours pour le plus adroit [8].

Examinez le comique de cet auteur : partout vous trouverez que les vices de caractère [9] en sont l'instrument, et les défauts naturels [10] le
30 sujet ; que la malice de l'un punit la simplicité de l'autre, et que les sots sont les victimes des méchants [11] : ce qui, pour n'être que trop vrai dans le monde, n'en vaut pas mieux à mettre au théâtre avec un air d'approbation, comme pour exciter les âmes perfides à punir, sous le nom de sottise, la candeur des honnêtes gens [12].

Dat veniam corvis, vexat censura columbas [13].

Voilà l'esprit général de Molière et de ses imitateurs. Ce sont des gens qui, tout au plus, raillent quelquefois les vices, sans jamais faire aimer la vertu [14] ; de ces gens, disait un ancien, qui savent bien moucher la lampe, mais qui n'y mettent jamais d'huile.

Voyez comment, pour multiplier ses plaisanteries, cet homme trouble
40 tout l'ordre de la société [15] ; avec quel scandale il renverse tous les rapports les plus sacrés sur lesquels elle est fondée, comment il tourne en dérision les respectables droits des pères sur leurs enfants, des maris sur leurs femmes, des maîtres sur leurs serviteurs [16] ! Il fait rire, il est vrai, et n'en devient que plus coupable, en forçant, par un charme [17] invincible, les sages mêmes de se prêter à des railleries qui devraient attirer leur indignation. J'entends dire qu'il attaque les vices ; mais je voudrais bien que l'on comparât ceux qu'il attaque avec ceux qu'il

— 4 Montrer ce qu'il y a d'excessif dans ces accusations (cf. *XVIIᵉ Siècle*, p. 177). — 5 Cf. *XVIIᵉ Siècle*, p. 191, 3º et p. 193, I (Stratagèmes). — 6 Vérifier dans le *Bourgeois Gentilhomme*, le *Malade Imaginaire*. La formule est-elle vraie pour *Tartuffe ?* — 7 Triomphent-ils définitivement ? — 8 Citer des ex. tirés des farces et comédies d'intrigue. Est-ce vrai pour Tartuffe, Trissotin, Dorante, Harpagon, Béline ? — 9 Malignité, hypocrisie, ruse de ceux qui *servent* à duper les naïfs. — 10 Naïveté, vanité, sottise des victimes (voir la phrase suivante). — 11 Appliquer la formule au *Bourgeois*, à *Tartuffe*, au *Malade*. —12 Est-ce l'intention de Molière ? Rousseau songe à lui-même : on abuse de sa candeur. — 13 *La critique, indulgente aux corbeaux, s'acharne sur les colombes* (Juvénal, *Sat*. II, 63). — 14 Discuter cette formule. — 15 Montrer l'injustice de ce reproche excessif. — 16 Cf. *L'Avare, George Dandin, Fourberies de Scapin*. Ne peut-on discuter la manière dont ils entendent leurs droits et les font respecter ? — 17 Pouvoir magique.

favorise. Quel est le plus blâmable d'un bourgeois sans esprit et vain qui fait sottement le gentilhomme [18], ou d'un gentilhomme fripon [19] qui
50 le dupe ? Dans la pièce dont je vous parle, ce dernier n'est-il pas l'honnête homme [20] ? n'a-t-il pas pour lui l'intérêt ? et le public n'applaudit-il pas à tous les tours qu'il fait à l'autre [21] ? Quel est le plus criminel d'un paysan assez fou pour épouser une demoiselle [22], ou d'une femme qui cherche à déshonorer son époux [23] ? Que penser d'une pièce où le parterre applaudit à l'infidélité, au mensonge, à l'impudence de celle-ci, et rit de la bêtise du manant puni ? C'est un grand vice d'être avare et de prêter à usure ; mais n'en est-ce pas un plus grand encore à un fils de voler son père, de lui manquer de respect, de lui faire mille insultants reproches, et, quand ce père irrité lui donne sa malédiction,
60 de répondre d'un air goguenard, qu'il n'a que faire de ses dons [24] ? Si la plaisanterie est excellente, en est-elle moins punissable ? et la pièce où l'on fait aimer [25] le fils insolent qui l'a faite, en est-elle moins une école de mauvaises mœurs ?

– **La thèse :** *a) Les arguments tendant à prouver l'immoralité et les dangers de la comédie ; – b) En quoi les comédies de MOLIÈRE seraient-elles particulièrement immorales ? Qu'en pensez-vous ?*
– **Contraction** *(ensemble du texte).* **Essai :** *a) Le jugement sur la tragédie vous paraît-il fondé ou discutable (exemples ?) ; – b) Le plaisir du comique est-il « fondé sur un vice du cœur humain » ?*
– **Essai** *(ou* **Débat***). Pensez-vous avec MOLIÈRE que « l'emploi de la comédie est de corriger les vices des hommes » ou avec ROUSSEAU que la comédie est « une école de vices et de mauvaises mœurs » ? Justifiez votre opinion à l'aide d'exemples précis.*

Jean-Jacques, Alceste et Philinte

Si ROUSSEAU s'en prend longuement au *Misanthrope* c'est, dit-il, que la pièce est le chef-d'œuvre de MOLIÈRE ; mais c'est aussi pour des raisons personnelles. Brouillé avec la société mondaine, où on le considère comme un « ours », brouillé avec Mme d'Épinay, avec Grimm et bientôt avec Diderot, *Jean-Jacques s'identifie avec Alceste* jusqu'à le façonner à sa propre image. Quant à Philinte, il lui prête les défauts de Grimm, son ennemi intime. Aussi plaide-t-il sa propre cause quand il accuse Molière de ridiculiser la vertu et d'opposer à l'honnête homme (Alceste, c'est-à-dire Rousseau), l'homme de société, idéal de VOLTAIRE et des philosophes.

Je trouve que cette comédie nous découvre mieux qu'aucune autre la véritable vue [1] dans laquelle Molière a composé son théâtre, et nous peut mieux faire juger de ses vrais effets. Ayant à plaire au public [2], il a consulté le goût le plus général de ceux qui le composent [3] ; sur ce goût il s'est formé un modèle, et sur ce modèle un tableau des défauts contraires, dans lequel il a pris ses caractères comiques, et dont il a distribué les divers traits dans ses pièces [4].

— 18 M. Jourdain n'a-t-il pas des torts moins pardonnables ? — 19 Ce fripon, Dorante, nous est-il sympathique ? — 20 Montrer que Rousseau joue sur les deux sens du mot. — 21 Ces applaudissements impliquent-ils une approbation pour Dorante ? — 22 George Dandin, qui épouse une jeune fille noble. — 23 Ne les condamnons-nous pas l'un et l'autre ? — 24 Harpagon est-il irréprochable comme père ? Cf. Stendhal : « *Un tel père*

méritait un tel mot ». — 25 Discuter. — 1 Intention. — 2 C'était, pour Molière, la « grande règle de toutes les règles » (cf. *XVIIᵉ Siècle*, p. 176) ; mais peut-on dire qu'il subordonne sa morale au goût du public ? — cf. *XVIIᵉ Siècle*, p. 175 *(Lutte contre la Cabale)* et p. 208 *(Le Conformisme)*. — 3 Goût mondain et, par suite, « corrompu ». — 4 Sa carrière dramatique permet-elle de croire à une telle unité de conception ?

Il n'a donc point prétendu former un honnête homme [5], mais un homme du monde ; par conséquent, il n'a point voulu corriger les vices, mais les ridicules [6] : et, comme j'ai déjà dit, il a trouvé dans le vice même un instrument très propre à y réussir [7]. Ainsi, voulant exposer à la risée publique tous les défauts opposés aux qualités de l'homme aimable, de l'homme de société [8], après avoir joué tant d'autres ridicules, il lui restait à jouer celui que le monde pardonne le moins, le ridicule de la vertu : c'est ce qu'il a fait dans *le Misanthrope*.

Vous ne sauriez me nier deux choses : l'une, qu'Alceste, dans cette pièce, est un homme droit, sincère, estimable, un véritable homme de bien [9] ; l'autre, que l'auteur lui donne un personnage [10] ridicule. C'en est assez, ce me semble, pour rendre Molière inexcusable. On pourrait dire qu'il a joué dans Alceste, non la vertu, mais un véritable défaut, qui est la haine des hommes. A cela je réponds qu'il n'est pas vrai qu'il ait donné cette haine à son personnage : il ne faut pas que ce nom de misanthrope en impose, comme si celui qui le porte était ennemi du genre humain. Une pareille haine ne serait pas un défaut, mais une dépravation de la nature et le plus grand de tous les vices. Le vrai misanthrope est un monstre. S'il pouvait exister, il ne ferait pas rire, il ferait horreur [11]. (...)

Qu'est-ce donc que le misanthrope de Molière ? Un homme de bien qui déteste les mœurs de son siècle et la méchanceté de ses contemporains : qui, précisément parce qu'il aime ses semblables, hait en eux les maux qu'ils se font réciproquement et les vices dont ces maux sont l'ouvrage. S'il était moins touché des erreurs de l'humanité, moins indigné des iniquités qu'il voit, serait-il plus humain lui-même ? Autant vaudrait soutenir qu'un tendre père aime mieux les enfants d'autrui que les siens, parce qu'il s'irrite des fautes de ceux-ci, et ne dit jamais rien aux autres [12].

Ces sentiments du misanthrope sont parfaitement développés dans son rôle. Il dit, je l'avoue, qu'il a conçu une haine effroyable contre le genre humain. Mais en quelle occasion le dit-il ? Quand, outré d'avoir vu son ami trahir lâchement son sentiment et tromper l'homme qui le lui demande, il s'en voit encore plaisanter lui-même au plus fort de sa colère [13]. Il est naturel que cette colère dégénère en emportement et lui fasse dire alors plus qu'il ne pense de sang-froid. D'ailleurs la raison qu'il rend de cette haine universelle en justifie pleinement la cause :

> ....Les uns parce qu'ils sont méchants [14]
> Et les autres, pour être aux méchants complaisants.

Ce n'est donc pas des hommes qu'il est ennemi, mais de la méchanceté des uns et du support que cette méchanceté trouve dans les autres [15]. S'il n'y avait ni fripons ni flatteurs, il aimerait tout le genre humain. Il n'y a pas un homme de bien qui ne soit misanthrope en ce sens ; ou plutôt les vrais misanthropes sont ceux qui ne pensent pas ainsi ; car, au fond, je ne connais point de plus grand ennemi des hommes que l'ami de tout le monde [16], qui, toujours charmé de tout, encourage incessamment les méchants, et flatte, par sa coupable complaisance, les vices d'où naissent tous les désordres de la société.

— 5 Homme *vertueux*. Expliquer l'opposition. — 6 Molière affirme le contraire (*XVIIe Siècle*, p. 177, 1 et p. 207). — 7 Cf. p. 277, l. 28-38. — 8 Voltaire le loue au contraire d'être un « législateur des bienséances du monde » (cf. p. 152, n. 10) ; mais Rousseau vient de rompre avec les mondains. — 9 N'a-t-il pas quelques défauts ? — 10 Rôle (sens latin). — 11 Montrer que Rousseau ne présente cette objection que pour défendre sa propre cause. — 12 Les indignations d'Alceste sont-elles d'un philosophe ? N'ont-elles pas des motifs plus personnels ? — 13 Rousseau n'exagère-t-il pas, comme Alceste, la gravité de l'incident ? — 14 L'auteur cite de mémoire et déforme le v. 119 : « *Les uns parce qu'ils sont méchants et malfaisants* ». — 15 Montrer où est l'excès. — 16 Philinte, « l'ami du genre humain » (v. 64).

LA NOUVELLE HÉLOISE (1761)

Genèse du roman   En avril 1756 Rousseau s'installe à l'Ermitage. Il compte bien que cette paisible retraite va lui permettre de rédiger plusieurs ouvrages déjà sur le chantier ou du moins conçus dans son esprit. Mais, quand viennent les beaux jours, dans cette solitude champêtre, *Rousseau traverse une crise.* Souvenirs, aspirations du cœur, élans de la sensibilité l'envahissent et l'arrachent à ses austères travaux. « Les souvenirs des divers temps de ma vie m'amenèrent à réfléchir sur le point où j'étais parvenu, et je me vis déjà sur le déclin de l'âge en proie à des maux douloureux, et croyant approcher du terme de ma carrière, sans avoir goûté dans sa plénitude presque aucun des plaisirs dont mon cœur était avide, sans avoir donné l'essor aux vifs sentiments que j'y sentais en réserve.(...) Dévoré du besoin d'aimer sans jamais l'avoir pu bien satisfaire, je me voyais atteindre aux portes de la vieillesse, et mourir sans avoir vécu.(...) Je faisais ces méditations dans la plus belle saison de l'année, au mois de juin, sous des bocages frais, au chant du rossignol, au gazouillement des oiseaux. Tout concourut à me replonger dans cette mollesse trop séduisante pour laquelle j'étais né... » *(Confessions, IX).*

Rousseau va demander à la création littéraire une évasion, une revanche sur la vie. Un *roman* s'ébauche dans son esprit et dans son cœur : « L'impossibilité d'atteindre aux êtres réels me jeta dans le pays des chimères, et ne voyant rien d'existant qui fût digne de mon délire, je le nourris dans un monde idéal que mon imagination créatrice eut bientôt peuplé d'êtres selon mon cœur.(...) Je me figurai l'amour, l'amitié, les deux idoles de mon cœur, sous les plus ravissantes images.(...) J'imaginai deux amies.(...) Je les douai de deux caractères analogues, mais différents ; de deux figures, non pas parfaites, mais de mon goût, qu'animaient la bienveillance et la sensibilité. Je fis l'une brune et l'autre blonde, l'une vive et l'autre douce, l'une sage et l'autre faible, mais d'une si touchante faiblesse que la vertu semblait y gagner. Je donnai à l'une un amant dont l'autre fût la tendre amie, et même quelque chose de plus.(...) Épris de mes deux charmants modèles, je m'identifiais avec l'amant et l'ami le plus qu'il m'était possible ; mais je le fis aimable et jeune, lui donnant au surplus les vertus et les défauts que je me sentais. »

Voici donc nés les héros du roman, JULIE, CLAIRE et SAINT-PREUX. Ils s'écrivent, Rousseau leur prête sa passion, son lyrisme enflammé. Peu à peu leurs aventures se précisent ; toutefois le dénouement reste encore incertain. Mais au printemps suivant (1757), Rousseau s'éprend de Mme d'Houdetot : il croit voir se matérialiser en elle Julie, l'idéale créature de ses songes (cf. p. 329). *La vie se mêle au roman* dont elle va compléter la trame. Rousseau caresse le rêve de goûter un impossible bonheur entre Mme d'Houdetot et son amant Saint-Lambert. Ce rêve transposé, épuré, deviendra le centre d'intérêt des trois dernières parties du roman : Saint-Preux accueilli au foyer de M. et Mme de Wolmar (cf. analyse, p. 287). Dès lors l'ouvrage est terminé rapidement (septembre 1758). Il paraîtra à Amsterdam en 1761 sous le titre suivant : *Julie ou la Nouvelle Héloïse, Lettres de deux amants, habitants d'une petite ville au pied des Alpes, recueillies et publiées par J.-J. Rousseau.*

Son intérêt   Rousseau n'avait pas choisi d'écrire un roman : l'œuvre s'est en quelque sorte imposée à lui, irrésistiblement. Mais il lui faut se *justifier devant l'opinion* qui ne manquera pas de relever ce paradoxe : le détracteur des lettres et de la civilisation devenu romancier ! Voici sa réponse : « Les romans sont peut-être la dernière instruction qu'il reste à donner à un peuple assez corrompu pour que toute autre lui soit inutile : je voudrais qu'alors la composition de ces sortes de livres ne fût permise qu'à des gens honnêtes, mais sensibles, dont le cœur se peignît dans leurs écrits » (IIᵉ partie, lettre 21). On lit d'autre part dans la seconde Préface : «...Il vous faut des hommes communs et des événements rares : je crois que j'aimerais mieux le contraire ».

De fait l'intérêt de la *Nouvelle Héloïse* ne réside pas dans l'intrigue, d'ailleurs très simple : les sentiments des personnages importent beaucoup plus que leurs aventures. Et surtout le cœur de Jean-Jacques s'est peint tout entier dans cette œuvre : la *Nouvelle Héloïse* apparaît comme *une somme des idées, des sentiments et des rêves de Rousseau*. Le cadre très souple du roman lui a permis d'aborder les sujets les plus divers ; au moment où il le compose, Rousseau travaille également à la *Lettre à d'Alembert*, à l'*Émile*, au *Contrat social*, et les principales idées de ces ouvrages se trouvent esquissées dans la *Nouvelle Héloïse*. Citons en particulier le jugement de Saint-Preux sur le théâtre en France (cf. analyse, p. 286) ; le problème de l'éducation, abordé au sujet des enfants de Julie ; l'idéal d'égalité sociale (préjugés nobiliaires de M. d'Étange ; vie patriarcale à Clarens, p. 289-291) ; enfin les idées religieuses (cf. p. 292) qui annoncent la Profession de foi du Vicaire Savoyard. Mais deux thèmes dominent le roman : *passion et vertu* d'une part, et d'autre part *amour de la nature*.

1. **PASSION ET VERTU.** Rousseau exalte la passion, il en montre le caractère irrésistible, il en peint les transports, les peines cruelles, les joies, les faiblesses. On l'avait fait avant lui, des romans courtois à l'abbé Prévost en passant par Racine et Mme de La Fayette. Mais jamais n'avait retenti un pareil hymne à l'amour. La passion n'est plus seulement analysée comme dans la *Princesse de Clèves* ou *Manon Lescaut* (cf. p. 71), elle est dépeinte, suggérée, chantée. Le lyrisme de Rousseau, l'ardeur de son cœur insatisfait la rendent présente et en quelque sorte contagieuse (cf. p. 285, 288).

Une autre innovation réside dans le désir de concilier la passion et la vertu. Au siècle classique et janséniste une réprobation morale implacable pèse sur la passion ; *Manon Lescaut* est encore l'histoire d'un être dégradé par elle. Dans la *Nouvelle Héloïse* l'amour de Julie et de Saint-Preux est bien un amour interdit, mais il n'abaisse pas les cœurs qu'il enflamme, tout au contraire. L'auteur en vient même à nous suggérer un lien indissoluble entre passion et vertu : l'une et l'autre sont des formes d'une même sensibilité. Seuls les êtres passionnés peuvent chérir vraiment la vertu : Julie « était faite pour connaître et goûter tous les plaisirs, et longtemps elle n'aima si chèrement la vertu même que comme la plus douce des voluptés » (V, 2). Cependant une évolution s'opère au cours du roman : les deux héros combattent leur passion au nom de la *vertu* dont ils ont retrouvé le *véritable sens*. Julie surtout voit clair dans son cœur, et dénonce la confusion qui les avait trop longtemps séduits : « Je frémis quand je songe que des gens qui portaient l'adultère au fond de leur cœur osaient parler de vertu. Savez-vous bien ce que signifiait pour nous un terme si respectable et si profané... ? c'était cet amour forcené dont nous étions embrasés l'un et l'autre qui déguisait ses transports sous ce saint enthousiasme, pour nous les rendre encore plus chers et nous abuser plus longtemps ». Elle préférera la mort au risque de succomber à la tentation (cf. analyse, p. 291). La passion ne saurait s'éteindre dans une âme sensible, mais le respect de la vertu et du devoir permet de résister à ses entraînements ; c'était déjà la leçon de la *Princesse de Clèves*.

2. **L'AMOUR DE LA NATURE.** La sensibilité de Rousseau se traduit encore dans le roman sous la forme du *sentiment de la nature*, qu'un lien étroit unit d'ailleurs à la passion (cf. p. 285, 288). « Pour placer mes personnages dans un séjour qui leur convînt, je passai successivement en revue les plus beaux lieux que j'eusse vus dans mes voyages. Mais je ne trouvai point de bocage assez frais, point de paysage assez touchant à mon gré... Il me fallait cependant un lac, et je finis par choisir celui autour duquel mon cœur n'a jamais cessé d'errer » *(Confessions, IX)*. Le cadre du roman sera donc le lac de Genève et les montagnes du Valais. Mais Rousseau ne recherche jamais les notations purement pittoresques : ce qui l'intéresse, c'est *l'influence de la nature sur l'âme* (cf. p. 283), ce sont les harmonies, les mystérieuses *correspondances* qui *unissent le paysage aux sentiments*.

Son amour de la nature se traduit également par *l'éloge de la vie champêtre*, opposée aux tracas, aux mensonges et aux vaines ambitions de la vie urbaine. Il ne s'agit point de revenir à l'état sauvage, ni de « marcher à quatre pattes », mais on peut trouver le *bonheur* dans une *existence champêtre saine et utile*. Saint-Preux se sentait meilleur et apaisé dans les montagnes du Valais, de même la petite société de Clarens nous donne l'exemple de la vertu, de l'égalité, de la bienfaisance, des tâches quotidiennes gaîment accomplies.

Son influence Le succès de la *Nouvelle Héloïse* fut prodigieux, sans précédent dans les annales du roman. L'art de Rousseau y est pour beaucoup, mais surtout *le livre vient à son heure*. Le courant de la sensibilité a déjà préparé le public à écouter de pareils accents : l'ABBÉ PRÉVOST a insisté sur la fatalité de la passion ; l'Anglais RICHARDSON a répandu le goût des larmes et du pathétique ; un mouvement de retour à la terre se dessine dès avant 1761. Mais ces aspirations, exaltées par la *Nouvelle Héloïse*, se cristallisent autour du message de Rousseau.

1. INFLUENCE MORALE. C'est une vague de fond qui réunit des mouvements épars et décuple leur force. Sentiment de la nature, passion, goût de l'émotion et de la vertu se trouvent assemblés en un tout cohérent et dynamique. Jusque là, la sensibilité avait été savourée surtout par des êtres fins et distingués comme un raffinement suprême, un plaisir délicat de l'intelligence au moins autant que du cœur : ainsi dans le théâtre de Marivaux l'émotion était l'aboutissement d'une analyse subtile. Désormais la *sensibilité* est un *déferlement d'instincts profonds* qui prennent leur revanche sur la froide raison.

Les lecteurs de la *Nouvelle Héloïse* goûtèrent intensément les délices mêlées des sentiments passionnés et de la vertu : « O sentiment ! sentiment ! douce vie de l'âme! quel est le cœur de fer que tu n'as jamais touché ? quel est l'infortuné mortel à qui tu n'arrachas jamais de larmes ? » Sans doute la confusion même entre la vertu et la passion sous le signe du sentiment risquait d'être dangereuse. Mais il faut songer à l'atmosphère de l'époque, à la liberté cynique des mœurs, aux froids calculs de la perversité que révéleront un peu plus tard les *Liaisons dangereuses* (cf. p. 404). Dans un pareil milieu moral, le cri de la *passion vraie*, même faible, même coupable, devait avoir une influence bienfaisante. D'ailleurs, nous l'avons vu, l'héroïne elle-même mettait le lecteur en garde contre les sophismes du sentiment. Aussi de nombreux contemporains déclarent-ils avoir *réformé leur vie* après avoir lu la *Nouvelle Héloïse*. Faire de la vertu une volupté, du sentiment religieux un plaisir, cela peut nous paraître choquant aujourd'hui, mais Rousseau n'aurait pu trouver un moyen plus efficace de combattre l'influence desséchante du rationalisme. La *Nouvelle Héloïse* répandait aussi le *goût de la vie rustique* et faisait retentir, avant la littérature romantique, *l'appel de la montagne*.

2. INFLUENCE LITTÉRAIRE. L'influence littéraire du roman n'est pas moins considérable. Elle se traduit sur-le-champ par des imitations médiocres, mais surtout elle s'exerce sur BERNARDIN DE SAINT-PIERRE (cf. p. 347) et prépare, à plus longue échéance, l'essor du *romantisme*. Le culte de la passion aboutira au *Werther* de Gœthe, au *René* de Chateaubriand. La *Nouvelle Héloïse*, complétée par les *Confessions*, prépare aussi la voie au roman personnel, au roman-confidence : *Delphine* et *Corinne* de Mme de Staël, *Adolphe* de Benjamin Constant, *Volupté* de Sainte-Beuve. Avec *Oberman* de Senancour, le *Lys dans la vallée* de Balzac et *Dominique* de Fromentin, on retrouvera le lien étroit qui unit le paysage aux états d'âme. Enfin l'apologétique de Chateaubriand dans le *Génie du Christianisme* doit beaucoup à Rousseau : dans la *Nouvelle Héloïse* déjà, Dieu se révélait essentiellement à la sensibilité.

Par son *art* également, Rousseau oriente la littérature postérieure : dans ce siècle pauvre en poésie, c'est un roman qui marque le renouveau du *lyrisme*. Les élans du cœur se traduisent en une prose *rythmée*, vibrante (cf. p. 286), qui s'oppose à la froide perfection intellectuelle du style de Voltaire. C'est en prose, avec Chateaubriand, que le lyrisme romantique, lui aussi, s'exprimera tout d'abord. Sans doute l'analyse des sentiments reste pénétrante dans la *Nouvelle Héloïse*, mais la lucidité n'est plus, comme dans l'art classique, le but suprême : la *suggestion* et *l'émotion* comptent désormais davantage.

*I*ʳᵉ *PARTIE. Précepteur de* JULIE *d'Etange,* SAINT-PREUX *s'est épris de son élève, qui partage son amour. Ainsi, au moyen âge, Héloïse avait répondu à l'amour de son maître, le philosophe Abélard : d'où le titre du roman. Mais Saint-Preux est roturier et les jeunes gens n'osent espérer que le baron d'Etange consente à les unir ; il était absent jusqu'ici, mais son retour à Vevey est proche ; Julie obtient de Saint-Preux qu'il consente à s'éloigner quelque temps : il a justement des affaires à régler dans le Valais.*

INFLUENCE BIENFAISANTE DE LA MONTAGNE

Dans les montagnes du Valais, SAINT-PREUX a d'abord été frappé par le *paysage*, puis il a senti peu à peu la fièvre de sa passion *s'apaiser* sous l'influence de la *nature* et de l'*altitude*. Il décrit ici ses impression à JULIE (I, 23). ROUSSEAU lui-même connaissait cette région, qu'il avait traversée à son retour de Venise. Selon la forme de sensibilité qui lui est propre, le *souvenir* lui en fait probablement apprécier le charme plus intensément que la *sensation immédiate*. On trouvera dans cette page tous les éléments de nature à répandre parmi les âmes sensibles le *goût de la montagne*.

J'étais parti, triste de mes peines et consolé de votre joie [1], ce qui me tenait dans un certain état de langueur qui n'est pas sans charme pour un cœur sensible. Je gravissais lentement et à pied des sentiers assez rudes, conduit par un homme que j'avais pris pour être mon guide, et dans lequel, durant toute la route, j'ai trouvé plutôt un ami qu'un mercenaire [2]. Je voulais rêver, et j'en étais toujours détourné par quelque spectacle inattendu. Tantôt d'immenses roches pendaient en ruines au-dessus de ma tête. Tantôt de hautes et bruyantes cascades m'inondaient de leur épais brouillard. Tantôt un torrent éternel ouvrait
10 à mes côtés un abîme dont les yeux n'osaient sonder la profondeur. Quelquefois je me perdais dans l'obscurité d'un bois touffu. Quelquefois, en sortant d'un gouffre, une agréable prairie réjouissait tout à coup mes regards. Un mélange étonnant de la nature sauvage et de la nature cultivée montrait partout la main des hommes, où l'on eût cru qu'ils n'avaient jamais pénétré : à côté d'une caverne on trouvait des maisons ; on voyait des pampres secs où l'on n'eût cherché que des ronces, des vignes dans les terres éboulées, d'excellents fruits sur des rochers, et des champs dans des précipices.

Ce n'était pas seulement le travail des hommes qui rendait ces pays
20 étranges si bizarrement contrastés ; la nature semblait encore prendre plaisir à s'y mettre en opposition avec elle-même, tant on la trouvait différente en un même lieu sous divers aspects. Au levant les fleurs du printemps, au midi les fruits de l'automne, au nord les glaces de l'hiver : elle réunissait toutes les saisons dans le même instant, tous les climats dans le même lieu, des terrains contraires sur le même sol, et formait l'accord inconnu partout ailleurs des productions des plaines et de celles des Alpes [3]. Ajoutez à tout cela les illusions de l'optique, les pointes des monts différemment éclairées, le clair-obscur du soleil et des ombres, et tous les accidents de lumière [4] qui en résultaient le matin et le soir :
30 vous aurez quelque idée des scènes continuelles qui ne cessèrent d'attirer mon admiration, et qui semblaient m'être offertes en un vrai théâtre ;

— 1 Peines et joie provoquées par le retour du père de Julie. — 2 Commenter cette réflexion. — 3 Relever les *contrastes* dans cette première partie de la description. — 4 Terme de peinture, ainsi que *clair-obscur*.

car la perspective des monts, étant verticale, frappe les yeux tout à la fois et plus puissamment que celle des plaines, qui ne se voit qu'obliquement, en fuyant, et dont chaque objet vous en cache un autre[5].

J'attribuai, durant la première journée, aux agréments de cette variété le calme que je sentais renaître en moi : j'admirais l'empire qu'ont sur nos passions les plus vives les êtres les plus insensibles, et je méprisais la philosophie de ne pouvoir pas même autant sur l'âme qu'une suite d'objets inanimés[6]. Mais cet état paisible ayant duré la
40 nuit et augmenté le lendemain, je ne tardai pas de juger qu'il avait encore quelque autre cause qui ne m'était pas connue. J'arrivai ce jour-là sur des montagnes les moins élevées ; et, parcourant ensuite leurs inégalités, sur celles des plus hautes qui étaient à ma portée. Après m'être promené dans les nuages, j'atteignais un séjour plus serein, d'où l'on voit dans la saison le tonnerre et l'orage se former au-dessous de soi ; image trop vaine de l'âme du sage, dont l'exemple n'exista jamais, ou n'existe qu'aux mêmes lieux d'où l'on en a tiré l'emblème[7].

Ce fut là que je démêlai sensiblement[8] dans la pureté de l'air où je me trouvais la véritable cause du changement de mon humeur, et du
50 retour de cette paix intérieure que j'avais perdue depuis si longtemps. En effet, c'est une impression générale qu'éprouvent tous les hommes, quoiqu'ils ne l'observent pas tous, que sur les hautes montagnes, où l'air est pur et subtil[9], on se sent plus de facilité dans la respiration, plus de légèreté dans le corps, plus de sérénité dans l'esprit ; les plaisirs y sont moins ardents, les passions plus modérées. Les méditations y prennent je ne sais quel caractère grand et sublime, proportionné aux objets qui nous frappent, je ne sais quelle volupté tranquille qui n'a rien d'âcre et de sensuel. Il semble qu'en s'élevant au-dessus du séjour des hommes, on y laisse tous les sentiments bas et terrestres, et qu'à
60 mesure qu'on approche des régions éthérées, l'âme contracte quelque chose de leur inaltérable pureté. On y est grave sans mélancolie, paisible sans indolence, content d'être et de penser : tous les désirs trop vifs s'émoussent, ils perdent cette pointe aiguë qui les rend douloureux ; ils ne laissent au fond du cœur qu'une émotion légère et douce ; et c'est ainsi qu'un heureux climat fait servir à la félicité de l'homme les passions qui font ailleurs son tourment. Je doute qu'aucune agitation violente, aucune maladie de vapeurs[10] pût tenir contre un pareil séjour prolongé, et je suis surpris que des bains de l'air salutaire et bienfaisant des montagnes ne soient pas un des grands remèdes de la médecine
70 et de la morale[11]. (...)

Supposez les impressions réunies de ce que je viens de vous décrire, et vous aurez quelque idée de la situation délicieuse où je me trouvais.

— 5 Apprécier cette remarque. — 6 Cf. p. 197. — 7 Selon Rousseau, on ne peut trouver la sérénité que dans les montagnes auxquelles les poètes ont emprunté l'image de l'homme *dominant les orages des passions*. — 8 Clairement. — 9 Presque immatériel. — 10 Troubles nerveux, sorte de neurasthénie (cf. le *spleen* et le *vague des passions*). — 11 Rousseau avait esquissé une *Morale sensitive* où il étudiait l'influence de l'hygiène sur le caractère.

Imaginez la variété, la grandeur, la beauté de mille étonnants spectacles ; le plaisir de ne voir autour de soi que des objets tout nouveaux, des oiseaux étranges, des plantes bizarres et inconnues, d'observer en quelque sorte une autre nature, et de se trouver dans un nouveau monde. Tout cela fait aux yeux un mélange inexprimable, dont le charme augmente encore par la subtilité de l'air qui rend les couleurs plus vives, les traits plus marqués, rapproche tous les points de vue ; les distances
80 paraissant moindres que dans les plaines, où l'épaisseur de l'air couvre la terre d'un voile, l'horizon présente aux yeux plus d'objets qu'il semble n'en pouvoir contenir : enfin ce spectacle a je ne sais quoi de magique, de surnaturel, qui ravit l'esprit et les sens ; on oublie tout, on s'oublie soi-même, on ne sait plus où l'on est.

– **Composition.** *Distinguez les différentes parties ; montrez comment elles s'enchaînent.*
– **Le paysage.** *a) Montrez que, pour l'auteur, la montagne est un spectacle ; – b) quels aspects retiennent son attention (cf. p. 324) ? – c) Sa méthode ne l'expose-t-elle pas à une certaine rhétorique ? – d) Relevez pourtant les notations originales et vraies.*
– **L'apaisement.** *a) Comment le voyageur explique-t-il l'impression d'apaisement ressentie en altitude ? Comparez avec* DIDEROT, *p. 197. – b) Pourquoi Saint-Preux, pourquoi* ROUSSEAU *y sont-ils particulièrement sensibles ?*
– **Contraction** (ensemble du texte). **Essai :** *Les raisons qui peuvent, de nos jours, faire aimer la montagne – en particulier pour les « âmes sensibles ».*

Amour d'absence

Dans la même lettre (I, 23) apparaît une autre suggestion psychologique aussi séduisante qu'originale. *L'imagination affective peuple la nature de la présence de l'être aimé ;* l'amour triomphe ainsi de la séparation. Le second paragraphe est plus banal : les idées et la rhétorique envahissent le lyrisme. Mais quelle tendresse, que de grâce et de délicatesse dans le premier paragraphe ! Rousseau est ici dans son élément : l'amour, pour lui, n'est-il pas avant tout *rêve d'amour, amour d'absence ?*

Tandis que je parcourais avec extase ces lieux si peu connus et si dignes d'être admirés, que faisiez-vous cependant, ma Julie ? Étiez-vous oubliée de votre ami ? Julie oubliée ! Ne m'oublierais-je pas plutôt moi-même ? et que pourrais-je être un moment seul, moi qui ne suis plus rien que par vous ? Je n'ai jamais mieux remarqué avec quel instinct je place en divers lieux notre existence commune selon l'état de mon âme. Quand je suis triste, elle se réfugie auprès de la vôtre, et cherche des consolations aux lieux où vous êtes ; c'est ce que j'éprouvais en vous quittant. Quand j'ai du plaisir, je n'en saurais jouir seul et pour le partager avec vous je vous appelle alors où je suis. Voilà ce qui m'est
10 arrivé durant toute cette course, où, la diversité des objets me rappelant sans cesse en moi-même, je vous conduisais partout avec moi. Je ne faisais pas un pas que nous ne le fissions ensemble. Je n'admirais pas une vue sans me hâter de vous la montrer. Tous les arbres que je rencontrais vous prêtaient leur ombre, tous les gazons vous servaient de siège. Tantôt, assis à vos côtés, je vous aidais à parcourir des yeux les objets ; tantôt à vos genoux j'en contemplais un plus digne des regards d'un homme sensible. Rencontrais-je un pas difficile, je vous le voyais franchir avec la légèreté d'un faon qui bondit après sa mère. Fallait-il traverser un torrent, j'osais presser dans mes bras une si douce charge ; je passais le torrent lentement, avec délices, et voyais à regret le chemin que j'allais atteindre. Tout me rappelait

20 à vous dans ce séjour paisible ; et les touchants attraits de la nature, et l'inaltérable
pureté de l'air, et les mœurs simples des habitants, et leur sagesse égale et sûre,
et l'aimable pudeur du sexe, et ses innocentes grâces, et tout ce qui frappait
agréablement mes yeux et mon cœur leur peignait celle qu'ils cherchent.

O ma Julie, disais-je avec attendrissement, que ne puis-je couler mes jours avec
toi dans ces lieux ignorés, heureux de notre bonheur et non du regard des
hommes ! Que ne puis-je ici rassembler toute mon âme en toi seule, et devenir
à mon tour l'univers pour toi ! Charmes adorés, vous jouiriez alors des hommages
qui vous sont dus ! Délices de l'amour, c'est alors que nos cœurs vous
savoureraient sans cesse ! Une longue et douce ivresse nous laisserait ignorer
30 le cours des ans : et quand enfin l'âge aurait calmé nos premiers feux, l'habitude
de penser et sentir ensemble ferait succéder à leurs transports une amitié non
moins tendre. Tous les sentiments honnêtes, nourris dans la jeunesse avec ceux
de l'amour, en rempliraient un jour le vide immense : nous pratiquerions au
sein de cet heureux peuple, et à son exemple, tous les devoirs de l'humanité :
sans cesse nous nous unirions pour bien faire, et nous ne mourrions point sans
avoir vécu.

*A son retour du Valais, Saint-Preux s'installe à Meillerie, en face de Vevey, de l'autre côté
du lac de Genève ; les deux jeunes gens se voient en secret. Claire, cousine et intime amie de
Julie, Milord Edouard, ami anglais de Saint-Preux, et Julie elle-même ont beau tenter de
fléchir M. d'Etange, celui-ci ne veut pas entendre parler d'une mésalliance ; il a d'ailleurs
promis la main de sa fille à un gentilhomme qui lui a sauvé la vie, M. de Wolmar. Il faut donc
que Saint-Preux s'éloigne de nouveau.*

IIe *PARTIE. Julie et Saint-Preux souffrent cruellement de leur séparation. Milord
Edouard leur propose de se réfugier en Angleterre, où les lois leur permettraient de se marier.
Mais Julie refuse, pour ne pas désespérer ses parents. De Paris, Saint-Preux lui fait part de ses
réflexions critiques sur la société française et sur les spectacles, opéra, comédie, tragédie.*

IIIe *PARTIE. Cependant Julie tombe gravement malade ; Saint-Preux accourt auprès
d'elle et contracte à son tour la petite vérole. Une fois remise, Julie doit se résigner à épouser
M. de Wolmar. Saint-Preux lui a rendu sa liberté, mais il touche au fond du désespoir. Il
pense au suicide, tentation qui a hanté Rousseau lui-même. Milord Edouard parvient à l'en
dissuader, et le décide à s'embarquer sur une escadre anglaise qui va faire le tour du monde.*

Adieu

Voici la fin de la IIIe partie (lettre 26). SAINT-PREUX va embarquer à Plymouth sur l'escadre de
M. Anson. Julie est mariée, il ne doit plus lui écrire ; il adresse donc sa lettre à Claire, devenue
Mme d'Orbe, mais c'est à Julie que parle son cœur, dans le *lyrisme passionné* de ce pathétique adieu.

J e pars [1], chère et charmante cousine, pour faire le tour du globe ; je vais
chercher dans un autre hémisphère la paix dont je n'ai pu jouir dans celui-ci.
Insensé que je suis ! je vais errer dans l'univers sans trouver un lieu pour y
reposer mon cœur [2] ; je vais chercher un asile où je puisse être loin de vous ! mais
il faut respecter les volontés d'un ami, d'un bienfaiteur, d'un père [3]. Sans espérer
de guérir il faut au moins le vouloir, puisque Julie et la vertu l'ordonnent.

— 1 *Je pars* et *il faut partir* encadrent ces
adieux : préciser l'effet produit. — 2 Sénèque
notait déjà qu'il est vain de chercher dans les
voyages la guérison de l'âme. — 3 Milord
Edouard, qui a décidé Saint-Preux à s'éloigner
de Julie.

Dans trois heures je vais être à la merci des flots ; dans trois jours je ne verrai plus l'Europe ; dans trois mois je serai dans des mers inconnues où règnent d'éternels orages [4] ; dans trois ans peut-être [5]... Qu'il serait affreux de ne vous plus voir !
10 Hélas ! le plus grand péril est au fond de mon cœur : car, quoi qu'il en soit de mon sort, je l'ai résolu, je le jure, vous me verrez digne de paraître à vos yeux, ou vous ne me reverrez jamais [6]...

Votre amie a donc ainsi que vous le bonheur d'être mère ! Elle devait donc l'être [7] !... Ciel inexorable !... O ma mère, pourquoi vous donna-t-il un fils en sa colère [8] ?

Il faut finir, je le sens. Adieu, charmantes cousines [9]. Adieu, beautés incomparables. Adieu, pures et célestes âmes. Adieu, tendres et inséparables amies, femmes uniques sur la terre. Chacune de vous est le seul objet digne du cœur de l'autre. Faites mutuellement votre bonheur. Daignez vous rappeler quelquefois
20 la mémoire d'un infortuné qui n'existait que pour partager entre vous tous les sentiments de son âme, et qui cessa de vivre au moment qu'il s'éloigna de vous. Si jamais... J'entends le signal et les cris des matelots ; je vois fraîchir le vent [10] et déployer les voiles ; il faut monter à bord, il faut partir. Mer vaste, mer immense, qui dois peut-être m'engloutir dans ton sein, puissé-je retrouver sur tes flots le calme qui fuit mon cœur agité [11] !

IVe PARTIE. A Clarens, sur la rive est du lac, entourée de son mari, de leurs deux fils, de Claire d'Orbe, maintenant veuve, et de sa fille, Julie semble avoir trouvé la paix. M. de Wolmar n'ignore rien de ce qui s'est passé entre elle et Saint-Preux, mais, dans sa grandeur d'âme, il invite Saint-Preux à venir vivre parmi eux dès son retour de voyage. On imagine l'émotion des deux amants lorsqu'ils se retrouvent ; mais pourront-ils vivre ainsi côte à côte sans succomber à la passion ? une telle existence ne risque-t-elle pas, loin de les rendre heureux, d'être un supplice de tous les instants ?

LA PROMENADE SUR LE LAC

M. de Wolmar est absent : il s'est proposé de « guérir » les deux amants et son départ est une *épreuve* dont il est persuadé qu'ils sortiront vainqueurs. Voici donc Saint-Preux et Julie seul à seule, livrés au charme périlleux de leurs *souvenirs d'amour*. La matinée est calme cependant : la présence des bateliers, un coup de vent sur le lac sont venus les distraire. Mais après le repas de midi, ils parcourent ensemble les rochers de Meillerie où jadis Saint-Preux errait, solitaire, songeant à sa Julie. Avec les souvenirs, l'émotion les envahit : elle va croître peu à peu jusqu'à un paroxysme. La *vérité psychologique, l'harmonie* subtile et prenante *du décor, des sentiments et de l'expression* font de cette page célèbre l'un des plus beaux moments de la *Nouvelle Héloïse*. (IV, 17 ; SAINT-PREUX à Milord Edouard).

Revenus lentement au port après quelques détours, nous nous séparâmes [1]. Elle voulut rester seule, et je continuai de me promener sans trop savoir où j'allais. A mon retour, le bateau n'étant pas encore

---

— 4 Note très romantique. — 5 Compléter la pensée ; cf. *Si jamais...* l. 22. —6 Est-ce vraiment à Claire que ces mots s'adressent ? — 7 Quel bonheur pour Saint-Preux s'il eût été le père de cet enfant, que Julie a donné à M. de Wolmar ! — 8 Cf. Chateaubriand : «...la chambre où ma mère *m'infligea la vie.* » — 9 Saint-Preux ne peut plus feindre d'écrire seulement à Claire. — 10 Le vent devenir plus fort (terme de marine). — 11 Cette lettre lyrique se termine sur un décasyllabe.

— 1 Quelle impression nous laisse cette première phrase ? Montrer comment cette impression se précise ensuite.

prêt, ni l'eau tranquille, nous soupâmes tristement, les yeux baissés, l'air rêveur, mangeant peu et parlant encore moins. Après le souper, nous fûmes nous asseoir sur la grève en attendant le moment du départ. Insensiblement la lune se leva, l'eau devint plus calme, et Julie me proposa de partir. Je lui donnai la main pour entrer dans le bateau ; et, en m'asseyant à côté d'elle, je ne songeai plus à quitter sa main.
10 Nous gardions un profond silence. Le bruit égal et mesuré [2] des rames m'excitait à rêver [3]. Le chant assez gai des bécassines, me retraçant les plaisirs d'un autre âge, au lieu de m'égayer m'attristait. Peu à peu je sentis augmenter la mélancolie dont j'étais accablé. Un ciel serein, la fraîcheur de l'air, les doux rayons de la lune, le frémissement argenté dont l'eau brillait autour de nous, le concours des plus agréables sensations, la présence même de cet objet [4] chéri, rien ne put détourner de mon cœur mille réflexions douloureuses.

Je commençai par me rappeler une promenade semblable faite autrefois avec elle durant le charme de nos premières amours. Tous les
20 sentiments délicieux qui remplissaient alors mon âme s'y retracèrent pour l'affliger ; tous les événements de notre jeunesse, nos études, nos entretiens, nos lettres, nos rendez-vous, nos plaisirs,

E tanta fede, e si dolce memorie,
E si lungo costume [5] *!*

ces foules de petits objets qui m'offraient l'image de mon bonheur passé ; tout revenait, pour augmenter ma misère présente, prendre place en mon souvenir. « C'en est fait, disais-je en moi-même, ces temps, ces temps heureux ne sont plus ; ils ont disparu pour jamais. Hélas ! ils ne reviendront plus ; et nous vivons, et nous sommes ensemble, et nos cœurs sont toujours unis ! » Il me semblait que j'aurais porté [6] plus patiemment sa mort ou son absence, et que j'avais moins souffert
30 tout le temps que j'avais passé loin d'elle. Quand je gémissais dans l'éloignement, l'espoir de la revoir soulageait mon cœur ; je me flattais qu'un instant de sa présence effacerait toutes mes peines ; j'envisageais au moins dans les possibles un état moins cruel que le mien. Mais se trouver auprès d'elle, mais la voir, la toucher, lui parler, l'aimer, l'adorer, et, presque en la possédant encore, la sentir perdue à jamais pour moi ; voilà ce qui me jetait dans des accès de fureur et de rage qui m'agitèrent par degrés jusqu'au désespoir. Bientôt je commençai de rouler dans mon esprit des projets funestes, et dans un transport dont je frémis en y pensant, je fus violemment tenté de la précipiter
40 avec moi dans les flots, et d'y finir dans ses bras ma vie et mes longs tourments. Cette horrible tentation devint à la fin si forte que je fus obligé de quitter brusquement sa main pour passer à la pointe du bateau.

— 2 Régulier. — 3 Cf. p. 340 l. 9-18. —
4 Etre. — 5 « Et cette foi si pure, et ces doux souvenirs, et cette longue familiarité. » (Trad.
de Rousseau) ; vers de Métastase (1698-1782), poète italien que Rousseau cite volontiers (cf. p. 292, n. 2). — 6 Supporté.

Là, mes vives agitations commencèrent à prendre un autre cours ; un sentiment plus doux s'insinua peu à peu dans mon âme, l'attendrissement surmonta le désespoir, je me mis à verser des torrents de larmes ; et cet état, comparé à celui dont je sortais, n'était pas sans quelques plaisirs [7] ; je pleurai fortement, longtemps, et fus soulagé. Quand je me trouvai bien remis, je revins auprès de Julie, je repris sa main. Elle tenait son mouchoir ; je le sentis fort mouillé. « Ah ! lui dis-je
50 tout bas, je vois que nos cœurs n'ont jamais cessé de s'entendre ! — Il est vrai, dit-elle d'une voix altérée, mais que ce soit la dernière fois qu'ils auront parlé sur ce ton. »

– Le drame. *Étudiez l'évolution des sentiments de Saint-Preux. Comment un souvenir heureux peut-il conduire au désespoir et à la crise ? comment est-elle dénouée ? A quels signes reconnaît-on que le cœur de Julie a vibré à l'unisson de celui de Saint-Preux ?*
• **Groupe thématique : Souvenir.** Le thème du « souvenir heureux dans les jours de douleur ». Comparez, pour la situation et les sentiments, avec *Le Lac* et *Souvenir* (XIXᵉ SIÈCLE, p. 88 et 226).
– *Commentaire composé du § 1. Les moyens mis en œuvre pour créer l'impression de mélancolie : décor, attitudes, bruits et silence, rythme et musicalité des phrases.*

Vᵉ PARTIE. Rousseau célèbre la vie simple à la campagne et l'égalité sociale : dans un beau cadre naturel, parmi les occupations utiles, les affections domestiques et les joies de la bienfaisance, les cœurs purs goûtent le bonheur. La scène des vendanges couronne cette évocation.

Les Vendanges

Dans cette lettre, SAINT-PREUX décrit à Milord Edouard les vendanges à Clarens (V, 7). On notera la précision des détails et même des termes techniques : les vendanges sont d'abord un *travail ;* mais elles sont aussi une *fête,* et un beau *spectacle* dont le paysage automnal constitue le *décor.* Puis Rousseau en vient aux idées économiques et sociales qui lui sont chères : une *judicieuse répartition des tâches,* qui bannit toute oisiveté, assure l'efficacité du travail dans la bonne humeur.

D epuis un mois les chaleurs de l'automne apprêtaient d'heureuses vendanges ; les premières gelées en ont amené l'ouverture [1] ; le pampre grillé [2], laissant la grappe à découvert, étale aux yeux les dons du père Lyée [3], et semble inviter les mortels à s'en emparer. Toutes les vignes chargées de ce fruit bienfaisant que le ciel offre aux infortunés pour leur faire oublier leur misère ; le bruit des tonneaux, des cuves, des légrefass [4] qu'on relie [5] de toutes parts ; le chant des vendangeuses dont ces coteaux retentissent ; la marche continuelle de ceux qui portent la vendange au pressoir ; le rauque son des instruments rustiques qui les anime au travail ; l'aimable et touchant tableau d'une allégresse
10 générale qui semble en ce moment étendue sur la face [6] de la terre ; enfin le voile de brouillard que le soleil élève au matin comme une toile de théâtre pour

— 7 Cf. p. 294, dernière ligne : « la coupe amère et douce de la sensibilité ».

— 1 Note de Rousseau : « On vendange fort tard dans le pays de Vaud parce que la principale récolte est en vins blancs et que la gelée leur est salutaire. » — 2 Par la gelée. — 3 Bacchus, dieu de la vigne et du vin ; le mot signifie en grec : « celui qui délivre (des soucis) » (cf. l. 5). — 4 Grands tonneaux du pays. — 5 Auxquels on remet des cercles. — 6 La terre est probablement personnifiée.

découvrir à l'œil un si charmant spectacle : tout conspire à lui donner un air de fête ; et cette fête n'en devient que plus belle à la réflexion, quand on songe qu'elle est la seule où les hommes aient su joindre l'agréable à l'utile.

M. de Wolmar, dont ici le meilleur terrain consiste en vignobles, a fait d'avance tous les préparatifs nécessaires. Les cuves, le pressoir, le cellier, les futailles, n'attendaient que la douce liqueur pour laquelle ils sont destinés. Mme de Wolmar s'est chargée de la récolte ; le choix des ouvriers, l'ordre et la distribution du travail la regardent. Mme d'Orbe [7] préside aux festins de vendange et au salaire
20 des ouvriers selon la police [8] établie, dont les lois ne s'enfreignent jamais ici. Mon inspection à moi est de faire observer au pressoir les directions de Julie, dont la tête ne supporte pas la vapeur des cuves ; et Claire n'a pas manqué d'applaudir à cet emploi, comme étant tout à fait du ressort d'un buveur [9].

Les tâches ainsi partagées, le métier commun pour remplir les vides est celui de vendangeur. Tout le monde est sur pied de grand matin : on se rassemble pour aller à la vigne. Mme d'Orbe, qui n'est jamais assez occupée au gré de son activité, se charge, pour surcroît, de faire avertir et tancer les paresseux, et je puis me vanter qu'elle s'acquitte envers moi de ce soin avec une maligne vigilance. Quant au vieux baron [10], tandis que nous travaillons tous, il se promène avec un fusil, et
30 vient de temps en temps m'ôter aux vendangeuses pour aller avec lui tirer des grives, à quoi l'on ne manque pas de dire que je l'ai secrètement engagé ; si bien que j'en perds peu à peu le nom de philosophe pour gagner celui de fainéant, qui dans le fond n'en diffère pas de beaucoup.

JULIE SOUVERAINE DES CŒURS

Toujours dans la même lettre (V, 7), voici un autre aspect des vendanges. Il s'agit surtout maintenant d'évoquer l'*atmosphère morale* et, par l'intermédiaire d'un *souvenir antique*, Rousseau aboutit à une sorte d'*apothéose de Julie*. Cette envolée soudaine peut surprendre tout d'abord, mais Rousseau y a préparé le lecteur dans plusieurs passages du roman : « Il y a longtemps que nous sommes tous vos sujets » dit M. de Wolmar à sa femme (V, 3) ; et Claire de son côté : « Ma Julie, tu es faite pour régner. Ton empire est le plus absolu que je connaisse... c'est que ton cœur vivifie tous ceux qui l'environnent... Ne sais-tu pas que tout ce qui t'environne est par toi-même armé pour ta défense, et que je n'ai par-dessus les autres que l'avantage des gardes de Sésostris, d'être de ton âge et de ton sexe, et d'avoir été élevée avec toi ? » (IV, 2).

Vous ne sauriez concevoir avec quel zèle, avec quelle gaieté tout cela se fait. On chante, on rit toute la journée, et le travail n'en va que mieux. Tout [1] vit dans la plus grande familiarité ; tout le monde est égal, et personne ne s'oublie [2]. Les dames sont sans airs [3], les paysannes sont décentes, les hommes badins et non grossiers. C'est à qui trouvera les meilleures chansons, à qui fera les meilleurs contes, à qui dira les meilleurs traits. L'union même engendre les folâtres querelles ; et l'on ne s'agace mutuellement que pour montrer combien on est sûr les uns des autres. On ne revient point ensuite faire chez soi les messieurs ; on

---

— 7 Claire. — 8 Règlementation. — 9 Il est arrivé à Saint-Preux de se griser ; taquine, Claire le lui rappelle, quoiqu'il ait renoncé au vin pur. — 10 Le père de Julie, avec qui Saint-Preux s'est réconcilié.
— 1 Tout le monde. — 2 Et pourtant personne n'oublie le respect dû aux maîtres. — 3 Manières hautaines, affectées.

10 passe aux vignes toute la journée : Julie y a fait faire une loge [4] où l'on va se chauffer quand on a froid, et dans laquelle on se réfugie en cas de pluie. On dîne avec les paysans et à leur heure, aussi bien qu'on travaille avec eux. On mange avec appétit leur soupe un peu grossière, mais bonne, saine, et chargée d'excellents légumes. On ne ricane point orgueilleusement de leur air gauche et de leurs compliments rustauds ; pour les mettre à leur aise, on s'y prête sans affectation. Ces complaisances ne leur échappent pas, ils y sont sensibles ; et voyant qu'on veut bien sortir pour eux de sa place, ils s'en tiennent d'autant plus volontiers dans [5] la leur. A dîner, on amène les enfants [6], et ils passent le reste 20 de la journée à la vigne. Avec quelle joie ces bons villageois les voient arriver ! « O bienheureux enfants ! disent-ils en les pressant dans leurs bras robustes, que le bon Dieu prolonge vos jours aux dépens des nôtres [7] ! ressemblez à vos père [8] et mères, et soyez comme eux la bénédiction du pays » ! Souvent, en songeant que la plupart de ces hommes ont porté les armes, et savent manier l'épée et le mousquet aussi bien que la serpette et la houe [9], en voyant Julie au milieu d'eux, si charmante et si respectée, recevoir, elle et ses enfants, leurs touchantes acclamations, je me rappelle l'illustre et vertueuse Agrippine montrant son fils aux troupes de Germanicus [10]. Julie ! femme incomparable ! vous exercez 30 dans la simplicité de la vie privée le despotique empire de la sagesse et des bienfaits : vous êtes pour tout le pays un dépôt cher et sacré que chacun voudrait défendre et conserver au prix de son sang ; et vous vivez plus sûrement, plus honorablement au milieu d'un peuple entier qui vous aime, que les rois entourés de tous leurs soldats.

- Égalité ou paternalisme ? *a) Dans quelle mesure cette page met-elle en valeur « trois vertus appelées à un illustre destin : liberté, égalité, fraternité » (B. Guyon) ? – b) Relevez pourtant les notations qui semblent dénoter une tendance « paternaliste ». – c) Que pensez-vous de cette clef donnée par R. Pomeau : « à travers l'inégalité subsistante, la sensibilité retrouvée établit une égalité humaine » ?*
- Réalisme et artifice. *Dans cet extrait et le précédent, distinguez : a) la description exacte et réaliste des activités rustiques ; – b) la part de l'idéalisation et de la rhétorique.*
- Retour à l'âge d'or. *Étudiez le thème du bonheur à la campagne opposé à la vie corrompue des villes.*

VIe PARTIE. Julie est-elle vraiment guérie de sa passion ? Elle a recours à la prière et y trouve l'apaisement (cf. p. 292) ; mais divers signes nous inquiètent. Lors d'une absence de Saint-Preux, Claire la trouve « pâle et changée ». Elle écrit elle-même à Saint-Preux : « On étouffe de grandes passions, rarement on les épure ». Soudain survient un incident dramatique : au cours d'une promenade à Chillon, son fils Marcellin tombe dans le lac et elle se jette à l'eau pour le sauver. L'enfant est sain et sauf, mais sous l'effet de l'émotion, de la chute, du refroidissement, Julie tombe gravement malade (cf. p. 293).

— 4 Cabane. — 5 On disait aussi : *dans la Cour, dans l'occasion*, etc. — 6 Les enfants de Julie et de Claire. — 7 Ces paysans sont des *âmes sensibles.* — 8 Au sing. parce que l'autre père, M. d'Orbe, est mort. — 9 Pioche. — 10 Les légions de Germanicus s'étaient révoltées ; mais en voyant la femme de leur général, Agrippine, quitter le camp avec son fils, le petit Caligula, dans ses bras, les soldats remplis de honte et de pitié rentrèrent dans l'obéissance (Tacite, *Annales*, I, 40-41).

La piété de Julie

Entre Julie et Saint-Preux, c'est-à-dire entre Rousseau et lui-même, s'engage un dialogue sur le *sentiment religieux*, et en particulier sur la *prière*. Lors de son mariage avec M. de Wolmar, pendant la cérémonie religieuse au temple, Julie a senti un bouleversement s'opérer en elle : elle a décidé de bannir de son cœur tout amour coupable pour Saint-Preux ; depuis ce moment, elle cherche un secours dans la prière. Saint-Preux condamne le mysticisme ; il ne croit pas que la prière puisse obtenir une intervention spéciale de Dieu en notre faveur, mais reconnaît cependant qu'elle peut nous aider à devenir meilleurs. JULIE lui répond ici (VI, 8) en insistant sur la douceur et le réconfort qu'elle trouve dans le recueillement, *l'état d'oraison*.

J'ai blâmé les extases des mystiques : je les blâme encore quand elles nous détachent de nos devoirs, et que, nous dégoûtant de la vie active par les charmes de la contemplation, elles nous mènent à ce quiétisme [1] dont vous me croyez si proche, et dont je crois être aussi loin que vous.

Servir Dieu, ce n'est point passer sa vie à genoux dans un oratoire, je le sais bien ; c'est remplir sur la terre les devoirs qu'il nous impose ; c'est faire en vue de lui plaire tout ce qui convient à l'état où il nous a mis [2]. (...)

Il faut premièrement faire ce qu'on doit, et puis prier quand on le peut ; voilà la règle que je tâche de suivre. Je ne prends point le recueillement que vous
10 me reprochez comme une occupation, mais comme une récréation, et je ne vois pas pourquoi, parmi les plaisirs [3] qui sont à ma portée, je m'interdirais le plus sensible et le plus innocent de tous. (...)

Je n'ai point pour cet exercice un goût trop vif qui me fasse souffrir quand j'en suis privée, ni qui me donne de l'humeur quand on m'en distrait. Il ne me donne point non plus de distractions dans la journée, et ne jette ni dégoût ni impatience sur la pratique de mes devoirs. Si quelquefois mon cabinet m'est nécessaire, c'est quand quelque émotion m'agite, et que je serais moins bien partout ailleurs ; c'est là que, rentrant en moi-même, j'y retrouve le calme de la raison. Si quelque souci me trouble, si quelque peine m'afflige, c'est là que je
20 les vais déposer. Toutes ces misères s'évanouissent devant un plus grand objet. En songeant à tous les bienfaits de la Providence, j'ai honte d'être sensible à de si faibles chagrins et d'oublier de si grandes grâces. Il ne me faut des séances ni fréquentes ni longues. Quand la tristesse m'y suit malgré moi, quelques pleurs versés devant celui qui console soulagent mon cœur à l'instant. Mes réflexions ne sont jamais amères ni douloureuses : mon repentir même est exempt d'alarmes. Mes fautes me donnent moins d'effroi que de honte : j'ai des regrets et non des remords. Le Dieu que je sers est un Dieu clément, un père ; ce qui me touche est sa bonté ; elle efface à mes yeux tous ses autres attributs ; elle est le seul que je conçois. Sa puissance m'étonne [4], son immensité me confond [5], sa justice...
30 Il a fait l'homme faible ; puisqu'il est juste, il est clément. Le Dieu vengeur est le Dieu des méchants : je ne puis ni le craindre pour moi ni l'implorer contre un autre. O Dieu de paix, Dieu de bonté, c'est toi que j'adore ! c'est de toi, je le sens, que je suis l'ouvrage ; et j'espère te retrouver au dernier jugement tel que tu parles à mon cœur durant ma vie.

Je ne saurais vous dire combien ces idées jettent de douceur sur mes jours et de joie au fond de mon cœur. En sortant de mon cabinet ainsi disposée, je me sens plus légère et plus gaie, toute la peine s'évanouit, tous les embarras dispa-

---

— 1 Cf. *XVIIᵉ Siècle*, p. 423-424. — 2 Suit une citation de Métastase (cf. p. 288, n. 5) ; « Le cœur lui suffit, et il prie Dieu, celui qui accomplit son devoir. » — 3 Commenter le choix de ce terme. — 4 Sens très fort. — 5 Me demeure incompréhensible.

raissent ; rien de rude, rien d'anguleux ; tout devient facile et coulant, tout prend à mes yeux une face plus riante ; la complaisance ne me coûte plus rien ; j'en
40 aime encore mieux ceux que j'aime, et leur en suis plus agréable, mon mari même en est plus content de mon humeur.

JULIE VA-T-ELLE GUÉRIR ?

Dans cette lettre (VI, 11), M. DE WOLMAR raconte à Saint-Preux *les derniers moments et la mort de* JULIE. Homme âgé, plutôt froid, attaché à Julie par un amour sincère mais calme, M. de Wolmar pouvait, sans trop d'invraisemblance, dominer assez son émotion pour entrer dans tous les détails que Rousseau tenait à nous donner. Car ce récit est remarquable par un *réalisme* et une *précision* qui d'ailleurs ne nuisent nullement au *pathétique*. On saisit là un aspect de la *Nouvelle Héloïse* qui annonce le roman réaliste. Jamais dans notre littérature la dernière maladie d'un personnage n'avait été décrite d'une façon aussi minutieuse (opposer la mort de Manon, p. 73, ou *XVIIᵉ Siècle*, p. 364).

Le jeûne, la faiblesse, le régime ordinaire à Julie, donnèrent au vin une grande activité [1]. « Ah ! dit-elle, vous m'avez enivrée ! après avoir attendu si tard, ce n'était pas la peine de commencer, car c'est un objet [2] bien odieux qu'une femme ivre. » En effet, elle se mit à babiller [3], très sensément pourtant, à son ordinaire, mais avec plus de vivacité qu'auparavant. Ce qu'il y avait d'étonnant, c'est que son teint n'était point allumé ; ses yeux ne brillaient que d'un feu modéré par la langueur de la maladie ; à la pâleur près, on l'aurait crue en santé. Pour lors l'émotion de Claire devint tout à fait visible. Elle élevait un œil craintif
10 alternativement sur Julie, sur moi, sur la Fanchon [4], mais principalement sur le médecin ; tous ces regards étaient autant d'interrogations qu'elle voulait et n'osait faire : on eût dit toujours qu'elle allait parler, mais que la peur d'une mauvaise réponse la retenait ; son inquiétude était si vive qu'elle en paraissait oppressée.

Fanchon, enhardie par tous ces signes, hasarda de dire, mais en tremblant et à demi-voix, qu'il semblait que madame avait un peu moins souffert aujourd'hui... que la dernière convulsion avait été moins forte... que la soirée... Elle resta interdite. Et Claire qui pendant qu'elle avait parlé tremblait comme la feuille, leva des yeux craintifs sur le
20 médecin, les regards attachés aux siens, l'oreille attentive, et n'osant respirer de peur de ne pas bien entendre ce qu'il allait dire [5].

Il eût fallu être stupide pour ne pas concevoir tout cela [6]. Du Bosson se lève, va tâter le pouls de la malade, et dit : « Il n'y a point là d'ivresse ni de fièvre ; le pouls est fort bon. » A l'instant Claire s'écrie en tendant à demi les deux bras : « Eh bien ! monsieur !... le pouls ?... la fièvre ?... » la voix lui manquait, mais ses mains écartées restaient toujours en avant ; ses yeux pétillaient d'impatience ; il n'y avait pas un muscle

---

— 1 Efficacité. — 2 Spectacle. — 3 Apprécier le choix de ce terme. — 4 Servante de Julie. — 5 Noter la précision avec laquelle est décrit le comportement des personnages ; cf. l. 24-29. — 6 Pour ne pas *comprendre* ce que pensaient Claire et Fanchon.

à son visage qui ne fût en action. Le médecin ne répond rien, reprend le poignet, examine les yeux, la langue, reste un moment pensif, et dit :
30 « Madame, je vous entends bien ; il m'est impossible de dire à présent rien de positif ; mais si demain matin à pareille heure elle est encore dans le même état, je réponds de sa vie. » A ce mot Claire part comme un éclair, renverse deux chaises et presque la table, saute au cou du médecin, l'embrasse, le baise mille fois en sanglotant et pleurant à chaudes larmes, et, toujours avec la même impétuosité, s'ôte du doigt une bague de prix, la met au sien malgré lui, et lui dit hors d'haleine [7] : « Ah ! monsieur, si vous nous la rendez, vous ne la sauverez pas seule [8] ! »

Julie vit tout cela. Ce spectacle la déchira. Elle regarde son amie, et lui dit d'un ton tendre et douloureux : « Ah ! cruelle, que tu me fais
40 regretter la vie ! veux-tu me faire mourir désespérée ? Faudra-t-il te préparer deux fois [9] ? » Ce peu de mots fut un coup de foudre ; il amortit aussitôt les transports de joie ; mais il ne put étouffer tout à fait l'espoir renaissant.

En un instant la réponse du médecin fut sue par toute la maison. Ces bonnes gens crurent déjà leur maîtresse guérie. Ils résolurent tout d'une voix de faire au médecin, si elle en revenait, un présent en commun pour lequel chacun donna trois mois de ses gages, et l'argent fut sur-le-champ consigné dans les mains de la Fanchon, les uns prêtant aux autres ce qui leur manquait pour cela. Cet accord se fit avec tant d'em-
50 pressement, que Julie entendait de son lit le bruit de leurs acclamations. Jugez de l'effet dans le cœur d'une femme qui se sent mourir ! Elle me fit signe, et me dit à l'oreille : « On m'a fait boire jusqu'à la lie la coupe [10] amère et douce [11] de la sensibilité. »

– **Âmes sensibles.** *a) Étudiez les sentiments des personnages et leurs manifestations extérieures. – b) Relevez quelques détails excessifs ; comment s'expliquent-ils ? en quoi ont-ils vieilli ?*
• **Groupe thématique : L'agonie d'un personnage.** PRÉVOST : « la mort de Manon », p. 73.– XIXᵉ SIÈCLE. BALZAC : « Le dernier combat de Mme de Mortsauf », p. 321. – FLAUBERT : Mme BOVARY », p. 467.
– **Pathétique.** *En fait, Julie va mourir : elle le sait et le lecteur le sait aussi (lettre 10) : quel est l'effet dramatique et pathétique de ce faux espoir ?*

---

*Avant de mourir, Julie a écrit une dernière fois à Saint-Preux : elle lui avoue qu'elle n'a jamais cessé de l'aimer passionnément. A vivre constamment auprès de lui, elle devait toujours craindre une défaillance coupable ; aussi accueille-t-elle la mort avec joie : c'est sans regret qu'elle a sacrifié sa vie pour sauver son fils, puisqu'elle ne pouvait trouver le bonheur en ce monde. C'est vers l'autre vie qu'elle tourne maintenant son espoir : « Non, je ne te quitte pas, je vais t'attendre. La vertu qui nous sépara sur la terre nous unira dans le séjour éternel. Je meurs dans cette douce attente, trop heureuse d'acheter au prix de ma vie le droit de t'aimer toujours sans crime, et de te le dire encore une fois ! »
Elle conseille à Saint-Preux d'épouser Claire qui est veuve et depuis longtemps amoureuse de lui. Mais Saint-Preux n'en fera rien : fidèle à la mémoire de Julie, il se consacrera à l'éducation de ses fils.*

— 7 Noter le contraste avec son attitude précédente ; comment se traduisent ici la vivacité naturelle et l'émotion violente de Claire ? — 8 Préciser le sens — 9 Recom- mencer à te préparer à ma mort (Julie se rend compte que l'amélioration de son état n'est qu'apparente). — 10 Cf. « Boire le calice jusqu'à la lie ». — 11 Pourquoi *amère et douce ?*

Rousseau et le bonheur

*M. Quentin de La Tour, « J.-J. Rousseau jeune »,
pastel, XVIIIᵉ siècle.* (Musée Antoine-Lécuyer, Saint-Quentin.
Ph. J. Tarascou © Arch. Photeb.)

En s'installant à Paris (cf. **p. 266-267**), Rousseau est flatté d'être admis dans la belle société. Après le succès du *Premier Discours,* celui de son opéra, le *Devin du Village,* pourrait le griser, mais il a déjà amorcé sa « réforme morale » et accueille avec embarras cette gloire toute neuve (cf. **p. 327**). A partir du *Second Discours* il va tourner le dos à la civilisation telle que la conçoivent Voltaire et les Encyclopédistes : pour lui le bonheur est dans le **retour** à la vie simple, à la pureté de l'âme primitive.

J. White, « La façon dont pêchaient les "Bons Sauvages" »,
aquarelle, 1585. (Ph. © British Museum, Londres-Photeb.)

Retrouver en soi l'âme naturelle

Le bonheur, selon Rousseau, ne consiste pas à « marcher à quatre pattes », ni à reprendre la vie de l'homme des cavernes comme, perfidement, feignait de le croire Voltaire (cf. **p. 158, 180**) : il consiste, dans le cadre de la vie moderne, à retrouver en nous la pureté et les vertus primitives qui rendaient heureux les premiers hommes. D'ailleurs, aux yeux de Rousseau, le bonheur des hommes primitifs n'avait atteint son plus haut degré qu'après une très longue évolution : c'est seulement lorsqu'ils furent parvenus au dernier terme de l'état de nature que « les hommes vécurent libres, sains, bons et heureux autant qu'ils pouvaient l'être par leur nature » (cf. **p. 273**). Telles sont précisément les conditions qu'il faut restaurer dans l'âme moderne pour que les hommes retrouvent le bonheur.

*« Il retourne chez ses égaux », gravure de D. Somique d'après
Ch. Eisen, XVIIIe siècle.* (Bibl. Nat., Paris. Ph. Jeanbor © Arch. Photeb.)

Le « sauvage » et le « civilisé »

Dans une note du *Discours sur l'Inégalité,* Rousseau reproduit un récit qui remet en question la quête
du bonheur dans la civilisation moderne. Le gouverneur du Cap avait adopté un jeune sauvage. « On
le vêtit richement, on lui fit apprendre plusieurs langues et ses progrès répondirent fort bien aux soins
que l'on prit pour son éducation ». Mais, revenu dans sa tribu, le jeune homme reprit son vêtement de
peau de brebis et retourna au fort dans ce nouvel ajustement, chargé d'un paquet qui contenait ses anciens
habits. En les rendant au gouverneur, il lui exprima dans un fort beau discours sa résolution de vivre
et de mourir dans la religion, les usages et les manières de ses ancêtres. Le dialogue entre le sauvage et
le civilisé, qui avait déjà intéressé Montaigne (cf. XVIe siècle, p. 231) devient un thème familier au XVIIIe
siècle, par exemple dans le *Supplément au Voyage de Bougainville,* de Diderot.

L. Lafitte, « L'Enfance de Paul et Virginie », dessin, 1806.
(Ph. © Bibl. Nat., Paris-Photeb.)

La vie « suivant la nature et la vertu »

Disciple de Rousseau, Bernardin de Saint Pierre décrit dans *Paul et Virginie* le bonheur de deux familles pauvres qui vivent loin de la corruption des villes dans le cadre exotique de l'Ile de France, l'actuelle île Maurice (cf. **p. 347**), « suivant la nature et la vertu ». Dans ce paradis sous les tropiques, les petits enfants allaités au sein selon les préceptes de l'*Émile* (cf. **p. 296**) s'épanouissent librement. Maîtres et serviteurs partagent les mêmes tâches rustiques ; on file selon les procédés ancestraux. C'est une « petite société » qui coopère comme dans la conclusion de *Candide* (cf. **p. 169**), mais ici le bonheur résulte avant tout de la pureté et de la beauté morale des personnages, dignes de ceux que Rousseau appelait des « êtres selon son cœur » (cf. **p. 289 à 294** et **p. 305-307**).

« *Le Passage du torrent* », *gravure d'après A.-L. Girodet de Roucy Trioson, 1806.* (Bibl. Nat., Paris, Ph. J.-L. Charmet © Arch. Photeb.)

La vie « suivant la nature et la vertu »

« La rivière sur le bord de laquelle ils étaient coule en bouillonnant sur un lit de rochers. Le bruit des eaux effraya Virginie ; elle n'osa y mettre les pieds pour la passer à gué. Paul alors prit Virginie sur son dos, et passa ainsi sur les roches glissantes de la rivière, malgré le tumulte des eaux. « N'aie pas peur, lui disait-il ; je me sens bien fort avec toi ». Peu à peu les deux « enfants de la nature » découvriront le sentiment tendre qui les unit : c'est une idylle très chaste, en harmonie avec l'innocence de la nature qui les entoure. Quelques années plus tard, le thème sera repris et orchestré par Chateaubriand avec cette fois pour cadre grandiose la majestueuse nature américaine (cf. **XIXᵉ siècle,** *Atala,* **p. 31 à 39**).

« *Le Premier Baiser de l'Amour* », gravure de N. Le Mire d'après J.-M. Moreau le Jeune, 1773. (Ph. © Bibl. Nat., Paris. Arch. Photeb.) *Ce premier baiser, où la passion se traduit avec la force irrésistible d'un élan naturel, bouleverse la jeune Julie : elle restera toute sa vie hantée par le souvenir du baiser de Saint-Preux.*

« *La Confiance des "Belles Âmes"* », dessin de J. Moreau le Jeune, 1776. (Ph. © Bibl. Nat., Paris. Arch. Photeb.) *Ce titre est de Rousseau lui-même. Obligé, parce qu'il est roturier, de s'éloigner de celle qu'il aime et qui devient Mme de Wolmar, Saint-Preux est accueilli, dix ans plus tard, au foyer du généreux philosophe. Telle est, en effet, sa confiance en la vertu des « belles âmes » capables de dominer une passion qui, désormais, serait coupable.*

« *La Tempête devant Meillerie* », dessin de J.-M. Moreau le Jeune, 1776. (Ph. © Bibl. Nat., Paris. Arch. Photeb.) *Au cours d'une promenade aux rochers de Meillerie, Julie et Saint-Preux essuient une brusque tempête, prélude à celle qui va bouleverser leurs cœurs, car ils vont y retrouver les « monuments des anciennes amours » (cf. page ci-contre). C'est au retour, au cours de la célèbre « promenade sur le lac » (cf. p. 287 à 289) que Saint-Preux éprouvera « l'horrible tentation » de précipiter Julie dans le lac et d'y périr avec elle. Mais si les cœurs sont déchirés, la vertu et le sens du devoir l'emporteront.*

La Nouvelle Héloïse

Le bonheur a pour condition la vertu naturelle des « belles âmes ».

H. Gravelot, « Les Monuments des Anciennes Amours », dessin, XVIIIᵉ siècle. (Bibliothèque de l'Assemblée Nationale, Paris. Ph. Jeanbor © Arch. Photeb.)

Thème préromantique : le souvenir

Dans la *Nouvelle Héloïse,* au cours de la promenade à deux aux rochers de Meillerie (cf. page ci-contre), où il s'était réfugié autrefois quand il avait dû s'éloigner de Julie, Saint-Preux est bouleversé par la brusque résurrection des souvenirs : « J'éprouvai, dit-il, combien la présence des objets peut ranimer puissamment les sentiments violents dont on fut agité auprès d'eux ». Julie elle-même se laisse gagner par cette redoutable émotion (cf. **bas de p. 263**). Mais obéissant à leur vertu naturelle, ils sauront résister à toute tentation. Cette page est comme le prélude à quelques uns des plus beaux poèmes romantiques sur le thème du souvenir ravivé par les lieux où l'on a aimé : *le Lac, Tristesse d'Olympio, Souvenir* (cf. **XIXᵉ siècle, p. 88, 163, 226**).

« *Les folâtres jeux sont les premiers cuisiniers du monde* », gravure de R. Delaunay, d'après J.-M. Moreau le Jeune, 1778. (Ph. © Bibl. Nat., Paris. Photeb.)

« Si j'étais riche... »

« Si j'étais riche... » : qui ne s'est un jour posé la question ? et comment, en pareil cas, organiser sa vie ? Diderot prête au Neveu de Rameau une réponse cynique : il imiterait « la partie la plus importante de la ville et de la cour ». « Je ferais, dit-il, comme tous les gueux revêtus ; je serais le plus insolent maroufle (= coquin) qu'on eût encore vu ». Rousseau, lui, serait un modèle de vertu ! En lisant son idéal de vie simple dans l'*Émile* (cf. **p. 305-306**), on mesurera la différence entre ce mode d'existence et celui que prône Voltaire dans *le Mondain* (cf. **p. 128**) : c'est toute la distance entre cette gravure et celle du *Souper à Louveciennes*, par le même artiste (cf. **planche x**).

ÉMILE OU DE L'ÉDUCATION (1762)

Au moment où, dénonçant la corruption de son siècle, ROUSSEAU soumettait à ses contemporains une conception plus naturelle de la famille *(Nouvelle Héloïse)* et de la société *(Contrat Social)*, il fut logiquement entraîné à exposer les principes d'une éducation conforme à la nature. Écrit entre 1757 et 1760, l'*Émile* parut en 1762.

Le but : recréer l'homme naturel « *Tout est bien sortant des mains de l'Auteur des choses, tout dégénère entre les mains de l'homme* » : par cette première phrase, ROUSSEAU rattache sa pédagogie à l'ensemble de sa philosophie et à sa diatribe contre la civilisation.

1. ÉDUCATION « NÉGATIVE » ET LIBRE. Il faut protéger l'enfant contre l'influence néfaste de la civilisation. D'où ces deux traits essentiels : a) *l'éducation* « *négative* », à la campagne, à l'abri de tout contact avec la famille, la société, les livres ; — b) la *liberté* laissée à l'enfant, qui se forme par sa propre expérience : la nature est le meilleur précepteur. C'est ainsi qu'en dépit de la civilisation on recréera *l'homme naturel*.

2. L'HOMME NATUREL. Plus qu'à la science, ROUSSEAU s'attache à la *formation morale*, aux qualités du cœur, à l'honnêteté, à la vertu. Le savoir d'*Émile* sera fait de *notions concrètes*, utiles pour la vie *pratique*. Il s'agit surtout de lui former le *jugement*, car l'instruction concerne toute la vie. Enfin, bien qu'Émile soit élevé hors de la société, il sera un jour chef de famille et *citoyen :* les dernières années de son éducation ont pour objet de l'y préparer.

La méthode Il faut *respecter la nature*, c'est-à-dire traiter l'enfant en enfant, non en adulte.

1. SUIVRE L'ÉVOLUTION NATURELLE. A chaque âge ses facultés : ne raisonnons pas avec l'enfant quand il en est encore incapable ; ne nous adressons pas à sa sensibilité avant qu'elle ne soit éveillée ; ne lui parlons pas trop tôt de religion et de morale. Les 5 livres de l'*Émile* correspondent aux étapes de l'évolution naturelle.

2. S'ADRESSER AUX SENS. Jusqu'à 12 ans, on s'adressera presque uniquement aux sens. Pour la formation intellectuelle, nos idées étant liées à nos sensations, il n'y a pas de meilleur mode de connaissance que *l'observation directe :* loin de recourir à la mémoire et à l'éducation livresque, ROUSSEAU instruit l'enfant au contact des choses, des métiers, des réalités sociales. Formation du jugement, éducation morale relèvent également de l'observation.

3. MÉTHODES « ACTIVES ». Faire appel à l'expérience, c'est amener l'élève à s'instruire *par lui-même*. Cette méthode « active » exige tout un art d'*éveiller la curiosité* sans en avoir l'air (cf., p. 301-302) : c'est en recourant sans cesse à l'*artifice* que le « guide » mettra l'élève dans les conditions de la nature.

4. NE PAS ALTÉRER L'AME PRIMITIVE. A tout instant JEAN-JACQUES nous met en garde contre des méthodes qui seraient efficaces mais risqueraient d'introduire dans l'âme de l'enfant des défauts que la nature n'y a pas mis, et qui proviennent de la vie sociale : vanité, esprit de domination, cupidité, mensonge, etc. Autant qu'une intelligence, il s'agit de former *une âme naturelle*.

Son originalité ROUSSEAU doit beaucoup à Montaigne, à Locke, Turgot, Helvétius, mais son originalité reste grande.

1. L'ORIGINALITÉ DE ROUSSEAU. *Sa philosophie* confère à ses principes et à sa méthode une indéniable cohérence. Son originalité vient aussi de *sa personnalité :* beaucoup de conseils dérivent de sa propre expérience. Mis trop tôt au contact des livres, trop vite éveillé aux sentiments, il en signale les dangers. Formé au hasard de l'expérience,

ayant exercé plusieurs métiers, il sait tout ce qu'on peut apprendre par l'observation, tout le prix d'une formation pratique ; il sait aussi *ce qui lui a manqué :* une éducation méthodique, un parfait équilibre physique. Parfois même ce livre de pédagogie tourne à la *confidence émouvante* (p. 305).

2. VALEUR DE CETTE PÉDAGOGIE. On ne peut suivre Rousseau jusqu'au bout si l'on n'admet l'idée initiale de la bonté originelle de l'homme. Dans le détail, bien des points restent *contestables.* Qui croira à un éveil aussi tardif « de l'intelligence et de la sensibilité ? ne s'épanouissent-elles pas parallèlement et progressivement dès le plus jeune âge ? Le désir de tout enseigner par l'observation entraîne des pertes de temps et des artifices puérils. Rousseau lui-même nous invite à considérer l'ouvrage comme « les rêveries d'un visionnaire » sur l'éducation.

Néanmoins l'*Émile* contient beaucoup d'*idées excellentes :* l'adaptation de l'enseignement aux facultés des enfants, la portée de la connaissance sensible et du travail manuel, les vertus de l'observation, l'enseignement actif, l'incidence des méthodes pédagogiques sur la formation morale. Le livre fourmille de *recettes* et de *remarques sensées* où l'on trouve toujours à glaner.

3. L'INFLUENCE. L'*Émile* eut un grand retentissement. Des contemporains se mirent à élever leurs enfants d'après ses principes, ce qui donna lieu à des excès ridicules ; d'autres les adaptèrent plus intelligemment, tel le duc de Wurtemberg, qui consultait Rousseau par correspondance. L'influence du livre est très sensible chez les théoriciens de la fin du XVIIIe siècle et s'exerce encore sur la *pédagogie moderne.*

Livre I

JUSQU'A 5 ANS. L'éducation consiste à empêcher « les préjugés, l'autorité, la nécessité, l'exemple, toutes les institutions sociales » de défigurer la nature. Rousseau se donne un *élève imaginaire* que, précepteur muni de tous les droits, il conduira de la naissance au mariage. Émile sera d'intelligence moyenne ; il sera *riche et noble :* il faudra le défendre contre les préjugés de sa caste. Il faut le préparer à « *l'état d'homme* » : « Vivre est le métier que je lui veux apprendre ».

1. OBÉISSONS A LA NATURE. Pas de *maillot,* qui gênerait le développement naturel de l'enfant. Pas de *nourrice :* c'est la mère qui doit allaiter son bébé, afin d'accomplir physiquement et moralement sa mission naturelle.

2. LA PREMIÈRE ÉDUCATION. Elle doit favoriser *l'épanouissement physique :* liberté de se mouvoir, de prendre contact avec le monde par *les sens* et de découvrir ainsi la chaleur, le froid, la pesanteur, les distances. Peu à peu on accoutume l'enfant aux intempéries et on le rend courageux en le familiarisant avec des spectacles effrayants ou des bruits impressionnants. On doit éviter d'introduire en lui des sentiments *étrangers à la nature :* les pleurs étant le langage naturel de l'enfant pour exprimer ses besoins, il faut les satisfaire sans qu'il puisse l'interpréter comme une obéissance à sa volonté ; sinon on éveillerait artificiellement l'esprit de domination, la fantaisie capricieuse, l'orgueil.

Livre II

DE 5 A 12 ANS. Ne devançons pas l'évolution naturelle : il faut savoir « perdre du temps ».

1. ÉDUCATION DU CORPS ET DES SENS. L'enfant n'est pas encore apte à raisonner : laissons-le « jouir de son enfance ». C'est le moment d'exercer « *son corps, ses organes, ses sens, ses forces* ». Pratiquant tous les sports, vêtu légèrement, dormant sur une couche dure, il s'affermira contre la douleur et trempera son âme. Par des jeux dans l'obscurité, il acquerra un toucher aussi fin que celui des aveugles ; il exercera sa vue à apprécier les distances ; on lui formera l'ouïe, la voix et l'odorat.

2. « LIBERTÉ BIEN RÉGLÉE ». Pour être heureux, Émile doit être *libre :* puisque son inexpérience exige qu'il soit guidé, on lui laissera une « *liberté bien réglée* ». Le

précepteur évitera les sermons que l'enfant comprendrait de travers : il le maintiendra
« *sous la seule dépendance des choses* » et le mettra devant des nécessités physiques : le
bien et le mal seront pour ÉMILE le possible et l'impossible. Pas de châtiments incompréhensibles pour lui : que la punition lui apparaisse comme la suite naturelle de sa faute.
Ainsi les leçons de conduite, les premières notions morales, c'est de *sa propre expérience*
qu'il les recevra (cf. p. 297-298).

3. PAS DE LIVRES. « *La première éducation doit être purement négative* » : elle
consiste à « garantir le cœur du vice et l'esprit de l'erreur ». N'ayant pas de jugement, les
enfants ne retiennent que les mots, non les idées. C'est donc une erreur de vouloir leur
enseigner les langues, la géographie, l'histoire. Quant aux *fables*, elles sont incompréhensibles et dangereuses (cf. p. 299). Il suffira qu'ÉMILE apprenne à lire.

A douze ans, ÉMILE est vigoureux, adroit, heureux de vivre : il n'a guère de notions
abstraites, mais son *intelligence pratique* s'est formée par l'expérience.

L'éveil aux notions de justice et de propriété

L'éducation morale par *l'expérience sensible* est un principe essentiel de ROUSSEAU. La petite
comédie qu'on va lire repose souvent sur une connaissance très juste de l'âme enfantine. On se
demandera néanmoins si certaines initiatives du précepteur ne sont pas à *double tranchant* et si cette
« éducation naturelle », avec ses *artifices* et ses truquages ne présente pas de dangers. Le récit, en
lui-même, est conduit avec art : on étudiera comment ROUSSEAU parvient à ménager jusqu'au bout
l'intérêt dramatique, et avec quelle habileté il sait mettre en valeur sa technique d'éducateur.

Tous nos mouvements naturels [1] se rapportent d'abord à notre conservation
et à notre bien-être. Ainsi le premier sentiment de la justice ne nous
vient pas de celle que nous devons, mais de celle qui nous est due ; et
c'est encore un des contresens des éducations communes [2] que, parlant d'abord
aux enfants de leurs devoirs, jamais de leurs droits, on commence par leur dire
le contraire de ce qu'il faut, ce qu'ils ne sauraient entendre, et ce qui ne peut les
intéresser.

Si j'avais donc à conduire un de ceux que je viens de supposer, je me dirais :
un enfant ne s'attaque pas aux personnes, mais aux choses ; et bientôt il apprend
10 par l'expérience à respecter quiconque le passe en âge et en force : mais les choses
ne se défendent pas elles-mêmes. La première idée qu'il faut lui donner est donc
moins celle de la liberté que de la propriété [3], et, pour qu'il puisse avoir cette idée,
il faut qu'il ait quelque chose en propre. Lui citer ses hardes, ses meubles, ses
jouets, c'est ne lui rien dire, puisque, bien qu'il dispose de ces choses, il ne sait
ni pourquoi ni comment il les a. Lui dire qu'il les a parce qu'on les lui a données,
c'est ne faire guère mieux ; car, pour donner il faut avoir : voilà donc une propriété
antérieure à la sienne , et c'est le principe de la propriété qu'on lui veut expliquer ;
sans compter que le don est une convention, et que l'enfant ne peut savoir encore
ce que c'est que convention [4]. Lecteurs, remarquez je vous prie, dans cet exemple
20 et dans cent mille autres, comment, fourrant dans la tête des enfants des mots
qui n'ont aucun sens à leur portée, on croit pourtant les avoir fort bien instruits.

Il s'agit donc de remonter à l'origine de la propriété, car c'est de là que la
première idée en doit naître. L'enfant, vivant à la campagne, aura pris quelque
notion des travaux champêtres ; il ne faut pour cela que des yeux, du loisir, et
il aura l'un et l'autre. Il est de tout âge, surtout du sien, de vouloir créer, imiter,

---

— 1 Noter ce point de départ. — 2 Dans
tout l'ouvrage Rousseau attaque les préjugés
du temps. — 3 On a voulu voir ici une contradiction avec la diatribe du *Second Discours*
contre la propriété (p. 273). En réalité, Émile

est destiné à vivre dans une société où la
propriété existe : le moindre mal est de lui
en donner une notion correcte. — 4 *Contrat*.
« Voilà pourquoi la plupart des enfants veulent
ravoir ce qu'ils ont donné, et pleurent quand on
ne le leur veut pas rendre » (note de Rousseau).

produire, donner des signes de puissance et d'activité. Il n'aura pas vu deux fois
labourer un jardin, semer, lever, croître des légumes, qu'il voudra jardiner à
son tour.

Par les principes ci-devant établis, je ne m'oppose point à son envie :
30 au contraire, je la favorise, je partage son goût, je travaille avec lui, non pour son
plaisir, mais pour le mien ; du moins il le croit ainsi [5] : je deviens son garçon
jardinier ; en attendant qu'il ait des bras, je laboure pour lui la terre : il en prend
possession en y plantant une fève ; et sûrement cette possession est plus sacrée
et plus respectable que celle que prenait Nunès Balboa [6] de l'Amérique méridionale au nom du roi d'Espagne, en plantant son étendard sur les côtes de la
mer du Sud [7].

On vient tous les jours arroser les fèves, on les voit lever dans des transports de
joie. J'augmente cette joie en lui disant : *Cela vous appartient ;* et lui expliquant
alors ce terme d'appartenir, je lui fais sentir qu'il a mis là son temps, son travail,
40 sa peine, sa personne enfin ; qu'il y a dans cette terre quelque chose de lui-même
qu'il peut réclamer contre qui que ce soit, comme il pourrait retirer son bras de
la main d'un autre homme qui voudrait le retenir malgré lui.

Un beau jour il arrive empressé, et l'arrosoir à la main. O spectacle ! ô douleur !
toutes les fèves sont arrachées, tout le terrain est bouleversé, la place même ne se
reconnaît plus. Ah ! qu'est devenu mon travail, mon ouvrage, le doux fruit de mes
soins et de mes sueurs ? Qui m'a ravi mon bien ? qui m'a pris mes fèves ? Ce jeune
cœur se soulève ; le premier sentiment de l'injustice y vient verser sa triste amertume ; les larmes coulent en ruisseaux ; l'enfant désolé remplit l'air de gémis-
sements et de cris. On prend part à sa peine, à son indignation ; on cherche, on
50 s'informe, on fait des perquisitions. Enfin l'on découvre que le jardinier a fait le
coup : on le fait venir.

Mais nous voici bien loin de compte. Le jardinier, apprenant de quoi on se
plaint, commence à se plaindre plus haut que nous : « Quoi ! messieurs, c'est
vous qui m'avez ainsi gâté mon ouvrage ! J'avais semé là des melons de Malte
dont la graine m'avait été donnée comme un trésor, et desquels j'espérais vous
régaler quand ils seraient mûrs : mais voilà que, pour y planter vos misérables
fèves, vous m'avez détruit mes melons déjà tout levés, et que je ne remplacerai
jamais. Vous m'avez fait un tort irréparable [8], et vous vous êtes privés vous-mêmes
du plaisir de manger des melons exquis [9]

60   JEAN-JACQUES : Excusez-nous, mon pauvre Robert. Vous aviez mis là votre
travail, votre peine. Je vois bien que nous avons eu tort de gâter votre ouvrage :
mais nous vous ferons venir d'autre graine de Malte, et nous ne travaillerons plus
la terre avant de savoir si quelqu'un n'y a point mis la main avant nous [10] ».

*La discussion s'envenime et Robert prononce une formule qui se gravera dans l'esprit de
l'enfant :* « Personne ne touche au jardin de son voisin : chacun respecte le travail des
autres afin que le sien soit en sûreté ». *On finit par s'accorder : Émile recevra un coin de
terre, à condition de respecter le reste du jardin et de donner à Robert* « la moitié du produit ».

— 5 Quel défaut s'agit-il d'éviter ? Mais n'y
retombe-t-on pas aussitôt ? — 6 Le premier
qui atteignit le Pacifique (1513). — 7 Préciser
la valeur polémique de cette comparaison, et
retrouver dans la suite du passage les idées de
l'auteur sur *l'origine de la propriété* (cf. p. 274,
l. 57). — 8 Pourquoi Émile comprendra-t-il
l'indignation du jardinier et la nécessité de
respecter la propriété d'autrui ? — 9 La passion
de l'enfant étant, selon Rousseau, la *gourman-
dise,* comment le coupable sera-t-il détourné de
récidiver ? Cf. : « Il casse les fenêtres de sa
chambre ? laissez le vent souffler sur lui nuit
et jour, sans vous soucier des rhumes... Il les
casse encore ? vous l'enfermerez à l'obscurité
dans un lieu sans fenêtre ». — 10 Remarquer
le caractère *indirect* de la leçon morale.

LA FONTAINE EST-IL IMMORAL ?

Rousseau renouvelle en les adaptant les critiques déjà formulées contre la comédie de Molière (p. 276-278). Cette fois, il est vrai, la condamnation n'est que *provisoire :* dans la pédagogie de Jean-Jacques *les Fables* viendront à leur heure, quand Émile sera er. âge de les comprendre *(Livre IV)*. Mais le fabuliste n'avait-il pas répondu par avance dans sa *Préface ?* Sur ce problème qui suscitera encore bien des réflexions (cf. Lamartine, Préface des *Méditations)*, nous découvrons les talents et aussi les faiblesses du polémiste.

On fait apprendre les fables de La Fontaine à tous les enfants, et il n'y en a pas un seul qui les entende [1]. Quand ils les entendraient, ce serait encore pis ; car la morale en est tellement mêlée et si disproportionnée à leur âge, qu'elle les porterait plus au vice qu'à la vertu. Ce sont encore là, direz-vous, des paradoxes [2]. Soit ; mais voyons si ce sont des vérités.

Je dis qu'un enfant n'entend point les fables qu'on lui fait apprendre, parce que, quelque effort qu'on fasse pour les rendre simples, l'instruction qu'on en veut tirer force d'y faire entrer des idées qu'il ne peut 10 saisir, et que le tour même de la poésie, en les lui rendant plus faciles à retenir, les lui rend plus difficiles à concevoir, en sorte qu'on achète l'agrément aux dépens de la clarté.

Et Rousseau *d'analyser mot à mot le Corbeau et le Renard pour montrer ce que cette fable a d'inintelligible pour un enfant :* « Qu'est-ce qu'un corbeau ? Qu'est-ce qu'un *arbre perché ?...* Quel fromage ?... *Ce langage !* Les renards parlent donc ? ils parlent donc la même langue que les corbeaux ?... *Sans mentir !* on ment donc quelquefois ?... Qu'est-ce qu'un *phénix ?... Les hôtes de ces bois !* Quel discours figuré !... *Vit aux dépens de celui qui l'écoute :* Jamais enfant de dix ans n'entendit ce vers-là... *Jura !* Quel est le sot de maître qui ose expliquer à l'enfant ce que c'est qu'un serment ? »
On le voit : quelques observations judicieuses et beaucoup d'objections ridicules ! Rousseau *paraît oublier totalement que le rôle du maître est d'instruire l'enfant et de redresser ses erreurs (cf. XVIIᵉ Siècle, p. 238, II, 2).*

Je demande si c'est à des enfants de six ans [3] qu'il faut apprendre qu'il y a des hommes qui flattent et mentent pour leur profit ? On pourrait tout au plus leur apprendre qu'il y a des railleurs qui persiflent les petits garçons, et se moquent en secret de leur sotte vanité : mais le fromage gâte tout [4], on leur apprend moins à ne pas le laisser tomber de leur bec qu'à le faire tomber du bec d'un autre. C'est ici mon second paradoxe, et ce n'est pas le moins important.

20 Suivez les enfants apprenant leurs fables, et vous verrez que, quand ils sont en état d'en faire l'application, ils en font presque toujours une contraire à l'intention de l'auteur, et qu'au lieu de s'observer sur le défaut dont on les veut guérir ou préserver, ils penchent [5] à aimer le

---

— 1 Comprenne. — 2 Idées contraires à l'opinion commune et paraissant déraisonnables. — 3 Cette observation, juste en elle-même, n'affaiblit-elle pas l'argumentation ? —

4 Expliquer pourquoi. Afin de rendre la fable plus morale, Lessing a imaginé une suite : le fromage était empoisonné ! — 5 Inclinent (cf. *avoir du penchant pour*).

vice avec lequel on tire parti des défauts des autres [6]. Dans la fable
précédente, les enfants se moquent du corbeau, mais ils s'affectionnent [7]
tous au renard ; dans la fable qui suit, vous croyez leur donner la cigale
pour exemple ; et point du tout, c'est la fourmi qu'ils choisiront. On
n'aime point à s'humilier : ils prendront toujours le beau rôle ; c'est le
choix de l'amour-propre, c'est un choix très naturel [8]. Or, quelle horrible
30 leçon pour l'enfance ! Le plus odieux de tous les monstres serait un
enfant avare et dur, qui saurait ce qu'on lui demande et ce qu'il refuse.
La fourmi fait plus encore, elle lui apprend à railler dans ses refus.

Dans toutes les fables où le lion est un des personnages, comme c'est
d'ordinaire le plus brillant [9], l'enfant ne manque point de se faire lion ;
et quand il préside à quelque partage, bien instruit par son modèle [10],
il a grand soin de s'emparer de tout. Mais, quand le moucheron terrasse
le lion, c'est une autre affaire ; alors l'enfant n'est plus lion, il est
moucheron. Il apprend à tuer un jour à coups d'aiguillon ceux qu'il
n'oserait attaquer de pied ferme [11].

40 Dans la fable du loup maigre et du chien gras, au lieu d'une leçon
de modération qu'on prétend donner, il en prend une de licence [12].
Je n'oublierai jamais d'avoir vu beaucoup pleurer une petite fille qu'on
avait désolée avec cette fable tout en lui prêchant toujours la docilité.
On eut peine à savoir la cause de ses pleurs : on la sut enfin. La pauvre
enfant s'ennuyait d'être à la chaîne, elle se sentait le cou pelé ; elle pleurait
de n'être pas loup [13].

Ainsi donc la morale de la première fable citée est pour l'enfant
une leçon de la plus basse flatterie ; celle de la seconde, une leçon
d'inhumanité ; celle de la troisième, une leçon d'injustice ; celle de la
50 quatrième, une leçon de satire ; celle de la cinquième, une leçon d'indépendance. Cette dernière leçon, pour être superflue à mon élève [14], n'en
est pas plus convenable aux vôtres. Quand vous leur donnez des préceptes qui se contredisent, quel fruit espérez-vous de vos soins ? Mais
peut-être, à cela près, toute cette morale qui me sert d'objection contre
les fables fournit-elle autant de raisons de les conserver. Il faut une
morale en paroles et une en actions dans la société, et ces deux morales
ne se ressemblent point. La première est dans le catéchisme, où on la
laisse ; l'autre est dans les fables de La Fontaine pour les enfants, et
dans ses contes [15] pour les mères. Le même auteur suffit à tout.

60 Composons [16], monsieur de La Fontaine. Je promets, quant à moi,
de vous lire, avec choix, de vous aimer, de m'instruire dans vos fables ;
car j'espère ne pas me tromper sur leur objet ; mais, pour mon élève,

---

— 6 Que penser de leur « bonté naturelle » ? —
7 S'attachent avec intérêt. — 8 Mais n'y a-t-il
pas chez l'enfant, et selon Rousseau chez
l'homme primitif, un sentiment qui combat
l'égoïsme ? (cf. p. 273, n. 6). — 9 Citer des
fables où le lion est ridicule ou odieux. — 10 Cf.
*La Génisse, la Chèvre et la Brebis en société avec
le Lion.* — 11 Visiblement Rousseau pense à
ses ennemis. Ne peut-on cependant réhabiliter
la satire honnête ? (cf. *XVIIᵉ Siècle*, p. 137,
177 et 325). — 12 Pourquoi Rousseau ne dit-il
pas « de liberté » ? — 13 Ce regret s'accorde-
t-il avec l'idée des l. 20-29 ? — 14 Émile
jouit, en effet, de la « liberté bien réglée ». —
15 Les *Contes* sont très licencieux. — 16 Adop-
tons un compromis.

permettez que je ne lui en laisse pas étudier une seule jusqu'à ce que vous m'ayez prouvé qu'il est bon pour lui d'apprendre des choses dont il ne comprendra pas le quart ; que, dans celles qu'il pourra comprendre, il ne prendra jamais le change et qu'au lieu de se corriger sur la dupe, il ne se formera pas sur le fripon.

- *Exposez les arguments de Rousseau contre l'utilisation pédagogique des* Fables.
- *Pour chacune des fables évoquées ; a) Êtes-vous d'accord avec Rousseau sur les enseignements que nous prétendons en tirer pour les enfants ? – Pensez-vous que les enfants interprètent ces fables comme le suppose l'auteur ? – b) Quelles répliques peut-on formuler à propos de chaque exemple ?*
- *Ne peut-on trouver des fables qui échappent aux critiques de Rousseau (cf. XVIIᵉ SIÈCLE) ? Quelles précautions prendriez-vous pour les enseigner à un enfant ?*
- *L'art du polémiste dans les l. 13-51 : a)En quoi les fables choisies se prêtent-elles à sa démonstration ? – Comment a-t-il agencé son argumentation ?*

Livre III

DE 12 A 15 ANS : *éducation intellectuelle et technique.* Il faut se hâter, car les passions approchent et « sitôt qu'elles frapperont à la porte, votre élève n'aura plus d'attention que pour elles ». On limitera donc l'enseignement à « ce qui est utile ».

1. LES LEÇONS DE LA NATURE. L'abstraction ne convenant guère à cet âge, on fondera l'éducation sur *l'observation de la nature.* « Point d'autre livre que le monde, point d'autre instruction que les faits ». ÉMILE apprendra ainsi la physique, la cosmographie et la géographie (cf. p. 301). Sa seule lecture sera *Robinson Crusoë.*

2. PRÉPARATION A LA VIE SOCIALE : LES MÉTIERS. Par le travail manuel,, on intéresse ÉMILE aux arts mécaniques et on l'éveille à l'idée de l'interdépendance des hommes, de l'utilité des échanges, de l'égalité, de la nécessité de travailler (cf. p. 303). ÉMILE, qui sait déjà manier tous les outils, apprendra un métier. Les travaux manuels lui donneront « le goût de la réflexion et de la méditation » et lui formeront le jugement.

Première leçon d'astronomie

Que d'idées fécondes, initiatrices de la *pédagogie moderne :* l'appel à l'observation directe et aux *leçons de choses ;* l'art de stimuler la curiosité et d'instruire en amusant, les rapports confiants entre le maître et l'élève. On rapprochera de celle de MONTAIGNE cette méthode qui tend à rendre l'élève *actif* et l'invite à *raisonner* sur ses observations. On s'attachera néanmoins à préciser le rôle un peu différent du maître, ce « meneur de jeu », et l'on pourra se demander ce qu'il adviendrait si Émile se mettait à observer...le précepteur lui-même ! JEAN-JACQUES, l'ami de la nature, se laisse aller à évoquer un lever de soleil, avec un mélange d'impressions vécues et de clichés conventionnels : mais quelle harmonie dans ce style lyrique de *poème en prose !*

Rendez votre élève attentif aux phénomènes de la nature, bientôt vous le rendrez curieux ; mais, pour nourrir sa curiosité ne vous pressez jamais de la satisfaire. Mettez les questions à sa portée, et laissez-les lui résoudre [1]. Qu'il ne sache rien parce que vous le lui avez dit, mais parce qu'il l'a compris lui-même ; qu'il n'apprenne pas la science, qu'il l'invente [2]. Si jamais vous substituez dans son esprit l'autorité à la raison, il ne raisonnera plus, il ne sera plus que le jouet de l'opinion des autres [3].

Vous voulez apprendre la géographie à cet enfant, et vous lui allez chercher des globes, des sphères [4], des cartes : que de machines ! Pourquoi toutes ces représentations ? que ne commencez-vous par lui montrer l'objet même, afin qu'il sache au moins de quoi vous lui parlez !

— 1 Quel est l'avantage de cette méthode ?
— 2 Préciser d'après la suite du texte le vrai sens de cette formule paradoxale. — 3 Cf. Montaigne, *XVIᵉ Siècle,* p. 208-209. — 4 Sphères célestes.

Une belle soirée on va se promener dans un lieu favorable, où l'horizon bien découvert laisse voir à plein le soleil couchant, et l'on observe les objets qui rendent reconnaissable le lieu de son coucher. Le lendemain, pour respirer le frais [5], on retourne au même lieu avant que le soleil se lève. On le voit s'annoncer de loin par les traits de feu qu'il lance au-devant de lui. L'incendie augmente, l'orient paraît tout en flammes : à leur éclat on attend l'astre longtemps avant qu'il se montre : à chaque instant on croit le voir paraître ; on le voit enfin. Un point brillant part comme un éclair et remplit aussitôt tout l'espace ; le voile
20 des ténèbres s'efface et tombe. L'homme reconnaît son séjour et le trouve embelli. La verdure a pris durant la nuit une vigueur nouvelle ; le jour naissant qui l'éclaire, les premiers rayons qui la dorent, la montrent couverte d'un brillant réseau de rosée qui réfléchit à l'œil la lumière et les couleurs. Les oiseaux en chœur se réunissent et saluent de concert le Père de la vie ; en ce moment pas un seul ne se tait ; leur gazouillement, faible encore, est plus lent et plus doux que dans le reste de la journée, il se sent de la langueur d'un paisible réveil. Le concours de tous ces objets porte aux sens une impression de fraîcheur qui semble pénétrer jusqu'à l'âme. Il y a là une demi-heure d'enchantement auquel nul homme ne résiste : un spectacle si grand, si beau, si délicieux, n'en laisse aucun de sang-froid.
30 Plein de l'enthousiasme qu'il éprouve, le maître veut le communiquer à l'enfant : il croit l'émouvoir en le rendant attentif aux sensations dont il est ému lui-même. Pure bêtise ! c'est dans le cœur de l'homme qu'est la vie du spectacle de la nature ; pour le voir, il faut le sentir [6]. L'enfant aperçoit les objets : mais il ne peut apercevoir les rapports qui les lient, il ne peut entendre la douce harmonie de leur concert. Il faut une expérience qu'il n'a point acquise, il faut des sentiments qu'il n'a point éprouvés, pour sentir l'impression composée qui résulte à la fois de toutes ces sensations [7]. (...)

Ne tenez point à l'enfant des discours qu'il ne peut entendre... Point de descriptions, point d'éloquence, point de figures, point de poésie. Il n'est pas
40 maintenant question de sentiment ni de goût. Continuez d'être clair, simple et froid ; le temps ne viendra que trop tôt de prendre un autre langage.

Dans cette occasion, après avoir bien contemplé avec lui le soleil levant, après lui avoir fait remarquer du même côté les montagnes et les autres objets voisins, après l'avoir laissé causer là-dessus tout à son aise, gardez quelques moments le silence comme un homme qui rêve [8], et puis vous lui direz : Je songe qu'hier au soir le soleil s'est couché là, et qu'il s'est levé là ce matin, comment cela peut-il se faire ? N'ajoutez rien de plus : s'il vous fait des questions, n'y répondez point ; parlez d'autre chose. Laissez-le à lui-même [8], et soyez sûr qu'il y pensera.

Pour qu'un enfant s'accoutume à être attentif, et qu'il soit bien frappé de
50 quelque vérité sensible, il faut bien qu'elle lui donne quelques jours d'inquiétude avant de la découverte. S'il ne conçoit pas assez celle-ci de cette manière, il y a moyen de la lui rendre plus sensible encore, et ce moyen c'est de retourner la question. S'il ne sait pas comment le soleil parvient de son coucher à son lever, il sait au moins comment il parvient de son lever à son coucher, ses yeux seuls le lui apprennent. Éclaircissez donc la première question par l'autre : ou votre élève est absolument stupide, ou l'analogie est trop claire pour lui pouvoir échapper. Voilà sa première leçon de cosmographie.

— 5 Pourquoi ce prétexte ? — 6 Formule heureuse pour définir le sentiment de la nature chez Rousseau. — 7 Idée originale : le sentiment de la nature s'enrichit de l'expé-rience humaine (souffrances, passions, idée de Dieu). VOLTAIRE voulut assister à un lever de soleil pour voir si Rousseau disait vrai ; saisi d'émotion et de respect, il ne cessait de s'écrier : *Dieu puissant, je crois !* — 8 Pourquoi ?

Émile apprendra un métier manuel

ÉMILE a beau être élevé *seul* à la campagne, il ne pourra échapper à la *vie sociale*, que ROUSSEAU se défend de vouloir détruire : le retour à l'état de nature serait impossible et dangereux. « En sortant de l'état de nature, nous forçons nos semblables d'en sortir aussi ; nul n'y peut demeurer malgré les autres ». Il faut donc *préparer l'adolescent à la société*, mais en le gardant des idées fausses et des préjugés. Égalité des hommes, devoir pour tout citoyen de travailler, dignité de tout métier utile, tels sont les *principes démocratiques* que le « citoyen de Genève » soutient avec une ardeur plébéienne, une vivacité de ton et parfois un parti pris d'insolence cinglante qui annoncent les orages révolutionnaires. Dans le choix du métier, on notera que JEAN-JACQUES s'efforce de concilier le devoir d'être utile à la société et le souci d'échapper à ses servitudes : activité manuelle, indépendance de l'artisan, voilà qui nous rapproche de l'heureux *état de nature*.

Vous vous fiez à l'ordre actuel de la société sans songer que cet ordre est sujet à des révolutions inévitables, et qu'il vous est impossible de prévoir ni de prévenir celle qui peut regarder vos enfants. Le grand devient petit, le riche devient pauvre, le monarque devient sujet ; les coups du sort sont-ils si rares que vous puissiez compter d'en être exempt ? Nous approchons de l'état de crise et du siècle des révolutions[1]. Qui peut vous répondre de ce que vous deviendrez alors ? Tout ce qu'ont fait les hommes, les hommes peuvent le détruire ; il n'y a de caractères ineffaçables que ceux qu'imprime la nature, et la nature ne fait ni princes, ni riches, ni grands seigneurs. Que fera donc, dans la bassesse, ce

10 satrape[2] que vous n'aurez élevé que pour la grandeur ! Que fera, dans la pauvreté, ce publicain[3] qui ne sait vivre que d'or ? Que fera, dépourvu de tout, ce fastueux imbécile qui ne sait point user de lui-même, et ne met son être que dans ce qui est étranger à lui[4] ? Heureux qui sait alors quitter l'état qui le quitte, et rester homme en dépit du sort ! Qu'on loue tant qu'on voudra ce roi vaincu[5] qui veut s'enterrer en furieux[6] sous les débris de son trône : moi je le méprise : je vois qu'il n'existe que par sa couronne, et qu'il n'est rien du tout s'il n'est roi ; mais celui qui la perd et s'en passe est alors au-dessus d'elle. Du rang de roi, qu'un lâche, un méchant, un fou peut remplir comme un autre, il monte à l'état d'homme[7], que si peu d'hommes savent remplir.(...)

20 L'homme et le citoyen, quel qu'il soit, n'a d'autre bien à mettre dans la société que lui-même, tous ses autres biens y sont malgré lui, et quand un homme est riche, ou il ne jouit pas de sa richesse, ou le public en jouit aussi. Dans le premier cas, il vole aux autres ce dont il se prive ; et, dans le second, il ne leur donne rien. Ainsi la dette sociale lui reste tout entière, tant qu'il ne paie que de son bien. « Mais mon père, en le gagnant, a servi la société... — Soit ; il a payé sa dette mais non pas la vôtre. Vous devez plus aux autres que si vous fussiez né sans bien, puisque vous êtes né favorisé. Il n'est point juste que ce qu'un homme a fait pour la société en décharge un autre de ce qu'il doit ; car chacun, se devant tout entier, ne peut payer que pour lui, et nul père ne peut transmettre à son fils le droit

30 d'être inutile à ses semblables[8] : or, c'est pourtant ce qu'il fait, selon vous, en lui transmettant ses richesses, qui sont la preuve et le prix du travail. Celui qui mange dans l'oisiveté ce qu'il n'a pas gagné lui-même, le vole ; et un rentier[9] que l'État

---

— 1 Phrase prophétique. Rousseau ajoute en note : « *Je tiens pour impossible que les grandes monarchies de l'Europe aient encore longtemps à durer* ». — 2 Grand seigneur, dans l'ancienne Perse. — 3 Financier, dans l'antiquité. — 4 Expliquer l'allusion. — 5 Sarda-napale. — 6 Fou. — 7 Commenter cette belle formule et étudier comment ce lieu commun de morale antique se trouve vivifié par la conviction personnelle de l'auteur. — 8 Commenter cette irréversibilité des services. — 9 Ici, un homme qui a *hérité* de titres de rente.

paye pour ne rien faire ne diffère guère, à mes yeux, d'un brigand qui vit aux dépens des passants. Hors de la société, l'homme isolé, ne devant rien à personne, a le droit de vivre comme il lui plaît ; mais dans la société, où il vit nécessairement aux dépens des autres, il leur doit en travail le prix de son entretien ; cela est sans exception. Travailler est donc un devoir indispensable à l'homme social. Riche ou pauvre, puissant ou faible, tout citoyen oisif est un fripon [10]. »

Or, de toutes les occupations qui peuvent fournir la subsistance à l'homme,
40 celle qui le rapproche le plus de l'état de nature est le travail des mains : de toutes les conditions, la plus indépendante de la fortune et des hommes est celle de l'artisan [11]. L'artisan ne dépend que de son travail : il est libre, aussi libre que le laboureur est esclave, car celui-ci tient à son champ, dont la récolte est à la discrétion d'autrui [12]. (...)Toutefois l'agriculture est le premier métier de l'homme [13]: c'est le plus honnête, le plus utile, et par conséquent le plus noble [14] qu'il puisse exercer. Je ne dis pas à Émile : « Apprends l'agriculture » ; il la sait. Tous les travaux rustiques lui sont familiers : c'est par eux qu'il a commencé, c'est à eux qu'il revient sans cesse. Je lui dis donc : « Cultive l'héritage de tes pères. Mais si tu perds cet héritage, ou si tu n'en as point, que faire ? Apprends un métier.
50 — Un métier à mon fils ! mon fils artisan ! Monsieur, y pensez-vous [15] ? — J'y pense mieux que vous, Madame, qui voulez le réduire à ne pouvoir jamais être qu'un lord, un marquis, un prince, et peut-être un jour moins que rien : moi, je veux lui donner un rang qu'il ne puisse perdre, un rang qui l'honore dans tous les temps, je veux l'élever à l'état d'homme [16] ; et, quoi que vous puissiez dire, il aura moins d'égaux à ce titre qu'à tous ceux qu'il tiendra de vous. »

La lettre tue, et l'esprit vivifie. Il s'agit moins d'apprendre un métier pour savoir un métier, que pour vaincre les préjugés qui le méprisent [17]. Vous ne serez jamais réduit à travailler pour vivre. Eh ! tant pis, tant pis pour vous ! Mais n'importe ; ne travaillez point par nécessité, travaillez par gloire. Abaissez-vous à
60 l'état d'artisan pour être au-dessus du vôtre. Pour vous soumettre la fortune et les choses, commencez par vous en rendre indépendant. Pour régner par l'opinion, commencez par régner sur elle.

Souvenez-vous que ce n'est point un talent que je vous demande, c'est un métier, un vrai métier, un art purement mécanique, où les mains travaillent plus que la tête, et qui ne mène point à la fortune, mais avec lequel on peut s'en passer [18]. (...) Je veux absolument qu'Émile apprenne un métier. Un métier honnête [19], au moins, direz-vous ? Que signifie ce mot ? Tout métier utile au public n'est-il pas honnête ? Je ne veux point qu'il soit brodeur, ni doreur, ni vernisseur [20] ; je ne veux qu'il soit musicien, ni comédien, ni faiseur de livres [21].(...)

— 10 Étudier les éléments essentiels de cette éloquence : *a)* armature logique ; *b)* violence de certains termes ; *c)* formules frappantes ; *d)* rythme enflammé. — 11 Rousseau avait commencé à apprendre le métier de graveur. — 12 L'auteur s'indigne fréquemment de la détresse des paysans menacés par « l'ennemi, le prince, un voisin puissant, un procès ». — 13 Cf. Voltaire, p. 153, l. 1-11. Depuis 1750, on remet en vogue les travaux rustiques. — 14 Idée de l'*utilité sociale*, chère aux Encyclopédistes (cf. p. 238, § 4). — 15 Imaginer le ton indigné de la mère ! Préciser celui de la réplique. — 16 En quoi cette formule s'oppose-t-elle aux titres cités plus haut ? — 17 Le métier a donc une utilité *morale* dans cette pédagogie. Ces préjugés étaient déjà combattus par l'abbé de Saint-Pierre (1730), l'abbé de Pons (1738), l'abbé Pluche (1739) ; la réhabilitation des « arts mécaniques » est un des thèmes majeurs de l'*Encyclopédie* (cf. p. 238). — 18 Précepte qui eut une grande influence : Louis XVI aura à Versailles son atelier de serrurier et, un jour, beaucoup de nobles émigrés seront bien aises d'exercer pour vivre le métier appris dans leur enfance. — 19 Honorable. — 20 Toujours l'hostilité contre le luxe (cf. p. 271). — 21 « Vous l'êtes bien, me dira-t-on ?... Je n'écris pas pour excuser mes fautes, mais pour empêcher mes lecteurs de les imiter ».

70 J'aime mieux qu'il soit cordonnier que poète ; j'aime mieux qu'il pave les grands chemins que de faire des fleurs de porcelaine.(...) Tout bien considéré, le métier que j'aimerais le mieux qui fût du goût de mon élève est celui de menuisier. Il est propre, il est utile, il peut s'exercer dans la maison ; il tient suffisamment le corps en haleine ; il exige dans l'ouvrier de l'adresse et de l'industrie [22], et dans la forme des ouvrages que l'utilité détermine, l'élégance et le goût ne sont pas exclus [23].

Livre IV

DE 15 à 20 ANS : *éducation morale et religieuse.* C'est l'âge des passions : vouloir les détruire serait absurde, puisqu'elles sont dans la nature. Mieux vaut favoriser les *passions naturelles*, douces et affectueuses, et conjurer la vanité, l'ambition, la jalousie, la haine, qui sont l'œuvre de la société.

1. GUIDER LA SENSIBILITÉ. Il faut retarder les passions violentes, en détournant l'attention, en calmant l'imagination. On favorisera au contraire les passions qui rendent l'homme *sociable*, l'amitié, la pitié, la sympathie.

Vient le jour où la passion va régner dans le cœur d'ÉMILE : le précepteur le traite alors en *homme*. Loin de combattre son besoin d'aimer, il se fait agréer comme guide amical, le met en garde contre les désirs aveugles et lui dépeint la *femme idéale*.

2. LA CONNAISSANCE DES HOMMES. Le besoin social qui s'éveille conduit ÉMILE à étudier la société, l'égalité, la justice. Il faut l'en instruire plutôt « par l'expérience d'autrui que par la sienne », de crainte qu'il ne sorte irrémédiablement blessé de ce premier contact avec les hommes. Cette initiation sera donnée par l'*Histoire (* les *Vies des hommes illustres* de Plutarque *)*, et par les *fables* (cf. p. 299).

3. LA RELIGION ET LA MORALE. Sous peine d'en faire un idolâtre égaré par son imagination, il ne faut pas lui parler de Dieu avant qu'il ne soit en âge de le concevoir. Dans une digression, la *Profession de foi du Vicaire Savoyard*, Rousseau prêche la *religion naturelle* (cf. p. 309) et la morale de *la conscience* (cf. p. 310).

ÉMILE entre maintenant dans le monde : il est modeste, compatissant, franc et réservé. Il plaît par sa simplicité et son naturel. Il sera heureux, car il limite ses aspirations aux biens qui sont à sa portée.

« SI J'ÉTAIS RICHE... »

A la fin du *Livre IV*, ROUSSEAU imagine comment, s'il était riche, il organiserait son existence en restant « *toujours aussi près de la nature qu'il serait possible* ». Cet éternel bohème vient de trouver à Montmorency une retraite heureuse, mais le *pays des chimères* garde pour lui tous ses attraits. On verra toutefois que ses aspirations restent conformes à ses goûts *modestes* et *plébéiens* et que, même dans ses rêves de bonheur, le philosophe n'oublie pas de donner une leçon à ses contemporains.

Je n'irais pas me bâtir une ville en campagne, et mettre au fond d'une province les Tuileries devant mon appartement. Sur le penchant de quelque agréable colline bien ombragée, j'aurais une petite maison rustique [1], une maison blanche avec des contrevents verts ; et quoique une couverture de chaume soit en toute saison la meilleure, je préférerais

---

— 22 Ingéniosité. — 23 Émile et son précepteur auront « l'honneur » de partager deux jours par semaine la rude vie des ouvriers menuisiers. Ainsi seront menés de front l'apprentissage du métier manuel et celui du « métier d'homme ».

— 1 Cf. p. 316, 326 et 338.

magnifiquement [2], non la triste ardoise, mais la tuile, parce qu'elle
a l'air plus propre [3] et plus gai que le chaume, qu'on ne couvre pas
autrement les maisons dans mon pays, et que cela me rappellerait un
peu l'heureux temps de ma jeunesse [4]. J'aurais pour cour une basse-cour,
10 et pour écurie une étable avec des vaches, pour avoir du laitage que
j'aime beaucoup. J'aurais un potager pour jardin, et pour parc un joli
verger [5] semblable à celui dont il sera parlé ci-après. Les fruits, à la
discrétion des promeneurs, ne seraient ni comptés ni cueillis par mon
jardinier ; et mon avare magnificence n'étalerait point aux yeux des
espaliers superbes auxquels à peine on osât [6] toucher [7]. Or, cette petite
prodigalité serait peu coûteuse, parce que j'aurais choisi mon asile
dans quelque province éloignée où l'on voit peu d'argent et beaucoup
de denrées, et où règnent l'abondance et la pauvreté.
     Là, je rassemblerais une société, plus choisie que nombreuse, d'amis
20 aimant le plaisir et s'y connaissant, de femmes qui pussent sortir de
leur fauteuil et se prêter aux jeux champêtres, prendre quelquefois,
au lieu de la navette [8] et des cartes, la ligne, les gluaux, le râteau des
faneuses, et le panier des vendangeuses [9]. Là, tous les airs de la ville
seraient oubliés, et, devenus villageois au village, nous nous trouverions
livrés à des foules d'amusements divers qui ne nous donneraient chaque
soir que l'embarras du choix pour le lendemain. L'exercice et la vie
active nous feraient un nouvel estomac et de nouveaux goûts. Tous nos
repas seraient des festins, où l'abondance plairait plus que la délicatesse.
La gaieté, les travaux rustiques, les folâtres jeux, sont les premiers
30 cuisiniers du monde, et les ragoûts fins sont bien ridicules à des gens en
haleine depuis le lever du soleil. Le service n'aurait pas plus d'ordre
que d'élégance : la salle à manger serait partout, dans le jardin, dans un
bateau, sous un arbre, quelquefois au loin, près d'une source vive,
sur l'herbe verdoyante et fraîche, sous des touffes d'aunes et de cou-
driers ; une longue procession de gais convives porterait en chantant
l'apprêt du festin ; on aurait le gazon pour table et pour chaise, les bords
de la fontaine serviraient de buffet, et le dessert pendrait aux arbres.
Les mets seraient servis sans ordre, l'appétit dispenserait des façons ;
chacun, se préférant ouvertement à tout autre [10], trouverait bon que tout
40 autre se préférât de même à lui : de cette familiarité cordiale et modérée
naîtrait, sans grossièreté, sans fausseté, sans contrainte, un conflit [11]
badin plus charmant cent fois que la politesse [12], et plus fait pour lier
les cœurs. Point d'importun laquais [13] épiant nos discours, critiquant
tout bas nos maintiens, comptant nos morceaux d'un œil avide, s'amusant
à nous faire attendre à boire, et murmurant d'un trop long dîner. Nous

---

— 2 Magnifiquement : Expliquer le mot et
le ton. — 3 Soigné. — 4 Indiquer la nature de
ces raisons. — 5 Étudier dans cette phrase
et la précédente les oppositions de termes.
— 6 *Oserait*. Subj. imparf. à sens conditionnel,
comme en latin. — 7 A l'Ermitage, Rousseau

protégeait les espaliers de Mme d'Épinay
contre les voleurs.— 8 Instrument servant à
la broderie. — 9 Cf. p. 289. — 10 Pour se
servir. — 11 Une rivalité. — 12 Expliquer
pourquoi. — 13 Rousseau se plaignait de
l'impertinence des valets de grandes maisons.

serions nos valets pour être nos maîtres, chacun serait servi par tous ;
le temps passerait sans le compter ; le repas serait le repos, et durerait
autant que l'ardeur du jour. S'il passait près de nous quelque paysan
retournant au travail, ses outils sur l'épaule, je lui réjouirais le cœur
50 par quelques bons propos, par quelques coups de bon vin qui lui feraient
porter plus gaiement sa misère ; et moi j'aurais aussi le plaisir de me
sentir émouvoir un peu les entrailles, et de me dire en secret : « Je suis
encore homme. [14] »

Si quelque fête champêtre rassemblait les habitants du lieu, j'y serais
des premiers avec ma troupe ; si quelques mariages, plus bénis du ciel
que ceux des villes, se faisaient à mon voisinage, on saurait que j'aime
la joie, et j'y serais invité. Je porterais à ces bonnes gens quelques dons
simples comme eux, qui contribueraient à la fête ; et j'y trouverais en
échange des biens d'un prix inestimable, des biens si peu connus de
60 mes égaux, la franchise et le vrai plaisir. Je souperais gaiement au bout
de leur longue table ; j'y ferais chorus au refrain d'une vieille chanson
rustique, et je danserais dans leur grange de meilleur cœur qu'au bal
de l'Opéra.

– La vie rêvée : a) *Précisez l'idée dominante qui préside à la succession de ces tableaux ; – b) Que nous apprend
cette page sur les goûts et le tempérament de* ROUSSEAU *? – c) Distinguez les détails pratiques, issus de l'expérience
– et les éléments chimériques.*
– **Rapprochement.** *Le bonheur à Clarens :* « Les Vendanges », *p. 289,* « Julie souveraine des cœurs », *p. 290.*
– **Commentaire composé** *(l. 1-26). Détails concourant à préciser le portrait moral de l'auteur.*
• **Groupe thématique : Pédagogie.** (Analyse et extraits de *l'Émile.*) Comparez la pédagogie de ROUSSEAU
et celles de RABELAIS et de MONTAIGNE. XVIᵉ SIÈCLE, p. 42-51 et p. 206-212.
• **Groupe thématique : Deux conceptions du bonheur.** Comparez la vie dont rêve ROUSSEAU et celle
qu'évoque VOLTAIRE dans le MONDAIN, p. 128. – Voir aussi la conclusion de CANDIDE, p. 167.

Livre V   L'ÉDUCATION FÉMININE. « Toute l'éducation
des femmes doit être relative aux hommes. Leur plaire,
leur être utiles, se faire aimer et honorer d'eux, les élever jeunes, les soigner grands, les
conseiller, les consoler, leur rendre la vie agréable et douce : voilà les devoirs des femmes
dans tous les temps, et ce qu'on doit leur apprendre dès l'enfance ».

1. UNE FEMME AGRÉABLE, UNE MAITRESSE DE MAISON. SOPHIE a été
élevée pour former avec l'homme naturel un couple heureux. A 15 ans, elle est pleine de
sensibilité et de charme, musicienne, élégante avec simplicité, coquette sans effronterie :
tout en elle est *grâce* et *modestie*. Sa conversation est agréable et spontanée ; elle est gaie
sans exubérance ni médisance, obligeante et attentive, d'une politesse issue du cœur. La
couture, la cuisine, le ménage n'ont pas de secret pour elle. « Elle dévoue sa vie entière à
servir Dieu en faisant le bien » ; elle aime la *vertu* avec passion et la considère comme « la
seule route du vrai bonheur ».

2. LE ROMAN D'ÉMILE ET DE SOPHIE. Au cours d'un voyage à pied, ÉMILE,
guidé par son précepteur, reçoit l'hospitalité d'une famille... qui se trouve être celle de
SOPHIE. C'est alors un *petit roman :* la rencontre d'Émile et de Sophie, les visites empressées
du jeune homme, les progrès de leur passion. Toutefois le mariage n'aura lieu que dans
deux ans : ÉMILE les passera à voyager en Europe pour compléter son éducation politique.
Au retour *il épouse Sophie ;* il éduquera lui-même son fils.

— 14 Apprécier ce sentiment.

PROFESSION DE FOI
DU VICAIRE SAVOYARD

Rousseau et le   La religion est *l'aspiration naturelle* de son âme
sentiment religieux   (cf. p. 326). A Paris, il a pu oublier un temps sa ferveur ;
mais à partir de 1750, face au scepticisme des philosophes,
il a tenté à plusieurs reprises de faire le point de sa pensée religieuse, par exemple dans la
Lettre sur la Providence (cf. p. 157, § 2) et surtout dans la *Nouvelle Héloïse* (p. 292). Au
Livre IV de l'*Émile*, il en dresse, en une soixantaine de pages, un exposé d'ensemble qu'il
considérera comme définitif.

Avant lui bien des écrivains adhéraient à la *religion naturelle*. Mais son originalité, c'est
sa *conviction*, sa *force persuasive :* il a senti la religion avec un enthousiasme qui faisait
défaut à la plupart de ses contemporains, et sa pensée religieuse est au cœur même de sa
philosophie. S'il a écrit contre les religions révélées quelques pages acerbes, il n'est pas
moins sévère pour les matérialistes incrédules avec lesquels il s'est brouillé. Par sympathie
pour la personne de Jésus, il concilie avec les exigences « philosophiques » ses aspirations
profondément chrétiennes. Il n'est pas si loin, en somme, de ce *socinianisme* (cf. p. 15) que
d'Alembert attribuait élogieusement aux Genevois.

Le Vicaire savoyard   Rousseau nous présente un jeune calviniste (c'est lui-
même), réfugié dans un hospice catholique et dérouté par
la doctrine nouvelle qu'on lui enseigne. Son âme sombrerait dans le doute, s'il n'était
recueilli et éclairé par un *vicaire savoyard*, vertueux et tolérant. L'entretien a lieu à Turin,
devant un paysage dont la majesté s'accorde avec le sujet : « *Il me mena hors de la ville,
sur une haute colline au-dessous de laquelle passait le Pô, dont on voyait le cours à travers les
fertiles rives qu'il baigne : dans l'éloignement, l'immense chaîne des Alpes couronnait le
paysage ; les rayons du soleil levant rasaient déjà les plaines, et, projetant sur les champs par
longues ombres les arbres, les coteaux, les maisons, enrichissaient de mille accidents de lumière
le plus beau tableau dont l'œil humain puisse être frappé. On eût dit que la nature étalait à nos
yeux toute sa magnificence pour en offrir le texte à nos entretiens* ».

C'est encore de l'*analyse de la nature humaine*, et non d'une révélation surnaturelle, que
Rousseau va tirer ses convictions. Nous avons ici la surprise de trouver chez Jean-Jacques,
pour qui habituellement Dieu est une *révélation du cœur* (cf. p. 310, l. 25), une *méditation
rationnelle* assez proche, à certains moments, de la démarche voltairienne (cf. p. 115). Mais,
à y regarder de près, on verrait que dans cet édifice logique s'insèrent des affirmations
presque sans preuves, jaillies d'une sorte d'instinct : à la source des idées religieuses de
Rousseau, il y a essentiellement le *besoin irréductible de croire*.

La religion   Rebuté comme Voltaire par les discordes métaphysiques,
naturelle   Rousseau se borne aux connaissances d'un intérêt
immédiat.

I. « CONSULTONS LES LUMIÈRES NATURELLES ». « J'existe, dit-il, puisque
j'ai des sensations ; la matière existe, puisqu'elle agit sur mes sens ». Or la matière est
inerte, et cependant elle nous apparaît en mouvement : « Je crois donc qu'une volonté
meut l'univers et anime la nature... Si la matière mue me montre une volonté, la matière
mue selon de certaines lois me montre une intelligence ». A ce propos, il attaque vigoureusement les matérialistes qui, comme Diderot et Helvétius (*De l'Esprit*, 1758), rejettent
l'idée d'une intelligence organisatrice et attribuent l'harmonie du monde à un hasard
favorable.

II. LE DÉISME DE ROUSSEAU. L'existence de l'Être Suprême, qui lui est garantie
par « l'ordre sensible de l'univers », lui est confirmée par son « *sentiment intérieur* ». Mais la
connaissance humaine ne va guère plus loin : « J'aperçois Dieu partout dans ses œuvres ;

je le sens en moi, je le vois tout autour de moi ; mais sitôt que je veux le contempler en lui-même, sitôt que je veux chercher où il est, ce qu'il est, quelle est sa sub-stance, il m'échappe, et mon esprit troublé n'aperçoit plus rien ». Devant son impuissance à concevoir « l'essence infinie de Dieu », ROUSSEAU se résigne au *silence* et à l'*adoration :* « Je m'humilie, et lui dis : Être des êtres, je suis parce que tu es. Le plus digne usage de ma raison est de s'anéantir devant toi : c'est mon ravissement d'esprit, c'est le charme de ma faiblesse de me sentir accablé de ta grandeur » (cf. aussi p. 292-293).

III. RELIGION NATURELLE ET RELIGIONS RÉVÉLÉES. Celles-ci ne nous apportent rien de plus, sinon leur cérémonial et leurs dogmes contradictoires (cf. p. 310).

1. L'INCERTITUDE. Parmi tant de religions, *comment connaître la bonne?* Il faudrait les examiner toutes. Pareille enquête exigerait des voyages, une immense documentation, le génie des langues originales, un esprit critique averti : il y faudrait toute une vie ! Comment choisir entre diverses révélations connues les unes et les autres par des *témoignages humains*, toujours sujets à caution : « Que d'hommes entre Dieu et moi ! » Enfin, si une seule religion est vraie, que sont aux yeux du Créateur tous les hommes qui n'ont pu la connaître ? « Celui qui destine au supplice éternel le plus grand nombre de ses créatures n'est pas le Dieu clément et bon que ma raison m'a montré ». Voilà pourquoi ROUSSEAU s'en tient à l'adoration de l'*Etre Suprême*, non sans exprimer toutefois son admiration pour la sagesse de Jésus (cf. p. 310).

2. L'ATTITUDE PRATIQUE. « Je n'ai jamais pu croire que Dieu m'ordonnât, sous peine de l'enfer, d'être savant. J'ai donc refermé tous les livres. Il en est un seul, ouvert à tous les yeux, c'est celui de la nature. C'est dans ce grand et sublime livre que j'apprends à servir et à adorer son divin auteur... Je regarde toutes les religions particulières comme autant d'institutions salutaires... Je les crois toutes bonnes quand on y sert Dieu convenablement. Le culte essentiel est celui du cœur. Dieu n'en rejette point l'hommage quand il est sincère, sous quelque forme qu'il lui soit offert ». Le mieux est donc de *garder sa religion*. Essen-tiellement *tolérant*, le Vicaire invite catholiques et protestants « à s'entr'aimer, à se regarder comme frères », à considérer « qu'en tout pays et dans toute secte, aimer Dieu par-dessus tout et son prochain comme soi-même est le sommaire de la loi ; qu'il n'y a point de religion qui dispense de la *morale* ».

La religion naturelle

ROUSSEAU apôtre de la *religion naturelle* dresse contre les religions révélées un réquisitoire admiré de VOLTAIRE, qui le fit relier à part : on en trouvera ici l'écho, sous une forme modérée. Mais JEAN-JACQUES est loin de tourner en ridicule ces religions qu'il croit toutes bonnes, dans la mesure où leur culte est celui du *cœur*. Il se sépare de l'esprit voltairien par la *ferveur* avec laquelle, sans adhérer formellement au christianisme, il s'incline devant la personne de JÉSUS, sa doctrine, sa mort.

Vous ne voyez dans mon exposé que la religion naturelle : il est bien étrange qu'il en faille une autre ! Par où connaîtrai-je cette nécessité ? De quoi puis-je être coupable en servant Dieu selon les sentiments qu'il inspire à mon cœur ? Quelle pureté de morale, quel dogme utile à l'homme et honorable à son auteur puis-je tirer d'une doctrine positive [1], que je ne puisse tirer sans elle du bon usage de mes facultés ? Montrez-moi ce qu'on peut ajouter, pour la gloire de Dieu, pour le bien de la société, et pour mon propre avantage, aux devoirs de la loi naturelle, et quelle vertu vous ferez naître d'un nouveau culte, qui ne soit pas une conséquence du mien. Les plus grandes idées de la divinité nous viennent par la raison seule. Voyez le spectacle de la nature, écoutez la voix intérieure [2]. Dieu n'a-t-il pas tout dit à nos yeux, à notre conscience, à notre jugement ? Qu'est-ce que les hommes nous diront de plus ? Leurs révélations ne font que dégrader Dieu, en lui donnant les passions humaines [3]. Loin d'éclaircir les notions

---

— 1 Fondée sur une révélation et des dogmes particuliers. — 2 S'agit-il de preuves du même ordre ? — 3 Expliquer l'idée.

du grand Être, je vois que les dogmes particuliers les embrouillent ; que loin de les ennoblir ils les avilissent ; qu'aux mystères inconcevables qui l'environnent ils ajoutent des contradictions absurdes ; qu'ils rendent l'homme orgueilleux, intolérant, cruel ; qu'au lieu d'établir la paix sur la terre, ils y portent le fer et le feu. Je me demande à quoi bon tout cela sans savoir me répondre. Je n'y vois que les crimes des hommes et les misères du genre humain [4].

20   On me dit qu'il fallait une révélation pour apprendre aux hommes la manière dont Dieu voulait être servi ; on assigne en preuve la diversité des cultes bizarres qu'ils ont institués [5], et l'on ne voit pas que cette diversité même vient de la fantaisie des révélations. Dès que les peuples se sont avisés de faire parler Dieu, chacun l'a fait parler à sa mode et lui a fait dire ce qu'il a voulu. Si l'on n'eût écouté que ce que Dieu dit au cœur de l'homme, il n'y aurait jamais eu qu'une religion sur la terre.

Il fallait un culte uniforme ; je le veux bien : mais ce point était-il donc si important qu'il fallût tout l'appareil de la puissance divine pour l'établir ? Ne confondons point le cérémonial de la religion avec la religion [6]. Le culte que Dieu 30 demande est celui du cœur ; et celui-là, quand il est sincère, est toujours uniforme. C'est avoir une vanité bien folle de s'imaginer que Dieu prenne un si grand intérêt à la forme de l'habit du prêtre, à l'ordre des mots qu'il prononce, aux gestes qu'il fait à l'autel, et à toutes ses génuflexions [7]. Eh ! mon ami, reste de toute ta hauteur, tu seras toujours assez près de la terre. Dieu veut être adoré en esprit et en vérité [8] : ce devoir est de toutes les religions, de tous les pays, de tous les hommes. Quant au culte extérieur, s'il doit être uniforme pour le bon ordre, c'est purement une affaire de police [9] ; il ne faut point de révélation pour cela...

Toutefois, ROUSSEAU *exprime sa vive admiration pour la beauté sublime de l'Évangile et place* JÉSUS *bien au-dessus de* SOCRATE : « Si la vie et la mort de Socrate sont d'un sage, la vie et la mort de Jésus sont d'un Dieu ».

La morale : la conscience

Comment concilier la bonté divine avec l'existence du mal ? VOLTAIRE *souligne la contradiction en insistant sur la puissance de Dieu, libre s'il le voulait de supprimer* le mal (p. 137, n. 17). Et ROUSSEAU *de répliquer : « si l'embarras du mal vous forçait d'altérer quelqu'une des perfections de Dieu, pourquoi vouloir justifier sa puissance aux dépens de sa bonté ? » (Lettre sur la Providence).* En effet, si JEAN-JACQUES, ce révolté, ne peut nier la présence du mal, il ne se résigne pas à douter de la Providence : il est trop malheureux pour renoncer à *l'espérance* (cf. p. 157, § 2).

1. LE MAL EST NOTRE OUVRAGE. Consultant encore « la lumière intérieure », il en tire la conviction invincible de notre *libre-arbitre :* « On a beau me disputer cela, je le sens, et ce sentiment qui me parle est plus fort que la raison qui le combat ». Le mal est donc notre ouvrage : « Si l'homme est actif et libre, il agit de lui-même ; tout ce qu'il fait librement n'entre point dans le système ordonné de la Providence et ne peut lui être imputé ». Ne reprochons donc pas à Dieu d'avoir permis le mal : c'est pour respecter la *liberté* de l'homme, condition essentielle de sa vertu ! « *Otez nos funestes progrès, ôtez nos erreurs et nos vices, ôtez l'ouvrage de l'homme, et tout est bien* ».

2. LA CONSCIENCE, GUIDE INFAILLIBLE. Il ne tient qu'à nous de faire bon usage de notre liberté, en nous conduisant *selon la nature,* c'est-à-dire selon la volonté divine : obéissons à notre *conscience,* « juge infaillible du bien et du mal. » Dieu nous a donné « la conscience pour aimer le bien, la raison pour le connaître, la liberté pour le choisir », et c'est de nous seuls que dépend notre bonheur.

— 4 Cf. Voltaire, p. 115. — 5 Comment peut-on tirer argument de cette diversité ? — 6 Montrer l'importance de cette formule. — 7 Cf. Voltaire, p. 171. — 8 Citation de Saint Jean, IV, 24. — 9 Règlement.

3. L'AME EST IMMORTELLE. La justice divine implique la *récompense des bons* victimes des méchants : il faut donc que l'âme soit immortelle. Quant aux méchants, ROUSSEAU ne peut croire que leurs tourments seront éternels : ne sont-ils pas déjà punis dès cette vie ? « C'est dans vos cœurs insatiables, rongés d'envie, d'avarice et d'ambition, qu'au sein de vos fausses prospérités les passions vengeresses punissent vos forfaits ».

« CONSCIENCE ! INSTINCT DIVIN... »

« Après avoir ainsi déduit les principales vérités qu'il m'importait de connaître, il me reste à chercher quelles maximes j'en dois tirer pour ma conduite, et quelles règles je dois me prescrire pour *remplir ma destination sur la terre*, selon l'intention de celui qui m'y a placé ». Selon ROUSSEAU la morale est un *jaillissement de l'âme* qui prend conscience de sa bonté naturelle, et l'on peut concevoir, chez les « belles âmes » comme celles de la *Nouvelle Héloïse*, la possibilité d'être moral sans obéir à des règles.

En suivant toujours ma méthode, je ne tire point ces règles des principes d'une haute philosophie, mais je les trouve au fond de mon cœur écrites par la nature en caractères ineffaçables [1]. Je n'ai qu'à me consulter sur ce que je veux faire : tout ce que je sens être bien est bien, tout ce que je sens être mal est mal [2] : le meilleur de tous les casuistes [3] est la conscience ; et ce n'est que quand on marchande avec elle qu'on a recours aux subtilités du raisonnement. Le premier de tous les soins est celui de soi-même [4] : cependant, combien de fois la voix intérieure nous dit qu'en faisant notre bien aux dépens d'autrui nous faisons
10 mal ! Nous croyons suivre l'impulsion de la nature, et nous lui résistons ; en écoutant ce qu'elle dit à nos sens, nous méprisons ce qu'elle dit à nos cœurs : l'être actif obéit, l'être passif commande [5]. La conscience est la voix de l'âme, les passions sont la voix du corps. Est-il étonnant que souvent ces deux langages se contredisent ? et alors lequel faut-il écouter ? Trop souvent la raison nous trompe, nous n'avons que trop acquis le droit de la récuser, mais la conscience ne trompe jamais ; elle est le vrai guide de l'homme : elle est à l'âme ce que l'instinct est au corps ; qui la suit obéit à la nature, et ne craint point de s'égarer.

Toute la moralité de nos actions est dans le jugement que nous en
20 portons nous-mêmes [6]. S'il est vrai que le bien soit bien, il doit l'être au fond de nos cœurs comme dans nos œuvres, et le premier prix de la justice est de sentir qu'on la pratique. Si la bonté morale est conforme à notre nature, l'homme ne saurait être sain d'esprit ni bien constitué qu'autant qu'il est bon. Si elle ne l'est pas, et que l'homme soit méchant naturellement, il ne peut cesser de l'être sans se corrompre, et la bonté n'est en lui qu'un vice contre nature. Fait [7] pour nuire à ses semblables

---

— 1 Rousseau affirme par ce terme l'*universalité* de ces règles, s'opposant ainsi à Voltaire, Diderot, Helvétius, d'Holbach, qui insistaient sur la *relativité* de la conscience (cf. p. 248). — 2 Cette formule va se nuancer dans la suite du §. *Montrez-le*. — 3 Les *casuistes* déterminent dans les cas d'espèce, ce qui est permis ou défendu (cf. *XVII*e *Siècle*, p. 133). — 4 C'est l'*amour-propre* ou *égoïsme*. — 5 Rousseau a distingué le *corps* qui est *passif*, et l'*âme*, qui est *active*. — 6 La moralité n'est donc pas liée à un absolu, mais à l'intention d'être vertueux. — 7 S'il était fait.

comme le loup pour égorger sa proie, un homme humain serait un animal aussi dépravé qu'un loup pitoyable ; et la vertu seule nous laisserait des remords.

30 Rentrons en nous-mêmes, ô mon jeune ami [8] ! examinons, tout intérêt personnel à part, à quoi nos penchants nous portent. Quel spectacle nous flatte le plus, celui des tourments ou du bonheur d'autrui ? Qu'est-ce qui nous est le plus doux à faire, et nous laisse une impression plus agréable après l'avoir fait, d'un acte de bienfaisance [9] ou d'un acte de méchanceté [10] ? Pour qui vous intéressez-vous sur vos théâtres [11] ? Est-ce aux forfaits que vous prenez plaisir ? est-ce à leurs auteurs punis que vous donnez des larmes ?.(...) S'il n'y a rien de moral dans le cœur de l'homme, d'où lui viennent donc ces transports d'admiration pour les actions héroïques, ces ravissements d'amour pour les grandes 40 âmes [12] ? Cet enthousiasme de la vertu, quel rapport a-t-il avec notre intérêt privé ? Pourquoi voudrais-je être Caton [13] qui déchire ses entrailles, plutôt que César triomphant ? Otez de nos cœurs cet amour du beau, vous ôtez tout le charme de la vie. Celui dont les viles passions ont étouffé dans son âme étroite les sentiments délicieux ; celui qui, à force de se concentrer au-dedans de lui, vient à bout de n'aimer que lui-même, n'a plus de transports, son cœur glacé ne palpite plus de joie ; un doux attendrissement n'humecte jamais ses yeux ; il ne jouit plus de rien ; le malheureux ne sent plus, ou ne vit plus ; il est déjà mort.(...)

Il est donc au fond des âmes un principe inné de justice et de vertu, 50 sur lequel, malgré nos propres maximes, nous jugeons nos actions et celles d'autrui comme bonnes ou mauvaises, et c'est à ce principe que je donne le nom de conscience. (...)

Conscience ! conscience ! instinct divin, immortelle et céleste voix ; guide assuré d'un être ignorant et borné, mais intelligent et libre ; juge infaillible du bien et du mal, qui rend l'homme semblable à Dieu, c'est toi qui fais l'excellence de sa nature et la moralité de ses actions ; sans toi je ne sens rien en moi qui m'élève au-dessus des bêtes, que le triste privilège de m'égarer d'erreurs en erreurs à l'aide d'un entendement sans règle et d'une raison sans principe.

- La thèse de Rousseau : *a) Les étapes du raisonnement ; montrez comment ces idées se relient à l'ensemble de sa pensée ; – b) Étudiez la distinction entre la voix de la conscience et celle des passions ; – c) Quelles sont selon* ROUSSEAU *les conditions de l'acte moral ?*
- Méthodologie. *Que valent les affirmations de portée générale fondées sur l'expérience personnelle et les lectures de l'auteur ? Pensez-vous que la conscience soit un guide infaillible ?*
• **Groupe thématique : Conscience.** ROUSSEAU : *Confessions*, « Le ruban volé », p. 322. – BAYLE : « La morale indépendante de la religion ». – DIDEROT : « Combien nos sens influent sur notre morale », p. 213. – XVIᵉ SIÈCLE. RABELAIS : « Fay ce que vouldras », p. 69. – XVIIᵉ SIÈCLE. CORNEILLE : l'admiration » (p. 111 et 112-124). – XIXᵉ SIÈCLE. HUGO : « Une tempête sous un crâne », p. 199. – XXᵉ SIÈCLE. *Référence à un absolu* : p. 61, 185, 453, 515, 552, 643, 644, 648, 659, 661. *b) Relativité* : p. 91, 211, 289-296, 303, 321, 676, 678, 694, 707-715, 734-739.

— 8 Le Vicaire Savoyard s'adresse à son disciple. — 9 Cf. p. 342. — 10 Cf. p. 322. — 11 L'argument n'est-il pas inattendu ? Cf. p. 276. — 12 Cf. p. 281, *Passion et vertu.* —

13 Vaincu par les troupes de César, Caton d'Utique se tua pour ne pas survivre à la liberté. Rousseau dit que les récits de Plutarque lui ont donné « le goût héroïque et romanesque » (2ᵉ *Lettre à Malesherbes*).

DU CONTRAT SOCIAL (1762)

ROUSSEAU, qui méditait depuis 1743 un traité des *Institutions politiques*, résume enfin sa pensée dans le *Contrat Social*. Il emprunte à Locke et aux protestants français qui contestaient le droit divin l'idée du *pacte social*.

Société et liberté La nature a fait l'homme *libre* (cf. p. 272). Mais on ne rétrograde pas : la société existe, « l'homme est né libre et partout il est dans les fers ». A l'injuste contrat où le fort a subjugué le faible (cf. p. 275), il faut substituer un nouveau *Contrat social* qui assure à chaque citoyen la protection de la communauté et lui rende les avantages de la *liberté* et de *l'égalité* (cf. p.274, l. 28-44). MONTESQUIEU étudiait les gouvernements en historien : ROUSSEAU, lui, médite en philosophe et en moraliste sur ce que doit être une *société juste*, il pose des *principes absolus* et en tire des conséquences d'une valeur universelle.

Principes du contrat 1. LE PACTE SOCIAL. Les citoyens adhèrent au « pacte social », contrat *librement accepté*, par lequel ils abandonnent tous leurs droits à la communauté. Nul ne peut y être contraint, mais pour ceux qui l'acceptent il est *définitif*. Cette abdication leur assure, selon ROUSSEAU, *l'égalité* et la *liberté* (p. 314).

2. LA VOLONTÉ GÉNÉRALE. Comment définir cette « volonté générale » à laquelle chacun doit obéir ? C'est, sous certaines conditions, la volonté de la *majorité* : *a)* Elle doit s'exprimer dans une *loi de portée universelle*, applicable à tous, et non dans une décision portant sur un fait particulier, une guerre, un traité, etc. ; *b)* Elle doit être dictée par le souci de *l'intérêt commun*. Toute loi favorisant les intérêts privés est despotique. Pour éviter la tyrannie des intérêts particuliers, ROUSSEAU conseille la médiocrité des fortunes, la limitation du luxe, l'égalité économique : par souci de *liberté politique*, il prône *l'égalité sociale*.

La volonté générale est donc *juste* et *droite*, puisqu'elle a pour objet l'intérêt public ; mais elle peut n'être pas judicieuse, car la majorité peut se tromper. On a reproché à ROUSSEAU d'admettre comme juste la volonté générale même lorsqu'elle n'est pas éclairée : mais comment reconnaître si elle est éclairée ?

Le « Souverain » 1. LA SOUVERAINETÉ EST INALIÉNABLE. **et le « prince »** Seule la « volonté générale » a le droit de faire et de défaire les lois. Mais elle ne peut ni se fragmenter ni s'aliéner : elle doit *s'exprimer directement*. Le peuple souverain (ou, comme dit Rousseau, « *le souverain* ») ne saurait déléguer à des représentants le pouvoir de légiférer à sa place. En revanche, ne pouvant s'appliquer lui-même ses propres lois, il confie l'exécutif à un gouvernement (le « *prince* ») qui, étant au service de la volonté souveraine, peut à tout instant être révoqué.

2. LE MEILLEUR GOUVERNEMENT. Selon ROUSSEAU « le gouvernement démocratique convient aux petits États, l'aristocratique aux médiocres (moyens), le monarchique aux grands ». Ses préférences iraient à la *démocratie pure*, mais elle exige tant de vertu qu'elle ne convient qu'à « un peuple de dieux » ; considérant la monarchie et l'aristocratie héréditaire comme les pires des gouvernements, JEAN-JACQUES se rallie pratiquement à l'*aristocratie élective*. D'ailleurs tout bon gouvernement est une *république* : la volonté générale y est souveraine.

Influence Peu connu à l'origine, le *Contrat Social* aura une grande influence. A l'idée de la liberté individuelle, chère à Montesquieu et Voltaire, ROUSSEAU souscrit théoriquement, mais il la subordonne à la *souveraineté de la nation*, à l'*égalité politique* ou même *économique*. Il proclame le droit à l'insurrection quand le contrat social est violé. Mirabeau, Danton, Robespierre justifieront leur politique parfois tyrannique par ces principes que l'on retrouve en partie dans la Déclaration des droits de l'homme et la Constitution de 1793.

Le contrat social

« Je ne sais pas l'art d'être clair pour qui ne veut pas être attentif », dit ROUSSEAU en nous invitant à le lire « posément ». La lecture de ces chapitres doit être en effet *lente* et *réfléchie*. Pour une fois JEAN-JACQUES renonce à sa fougue oratoire ; il ne reste plus ici que la froide *rigueur* d'un logicien qui pousse ses *déductions* jusqu'à leurs conséquences extrêmes.

Du pacte social   LIVRE I, CHAP. 6. — L'abdication *totale* au profit de la communauté paraîtra d'une rigueur tyrannique. Mais aux yeux de
ROUSSEAU elle sauvegarde l'*égalité* et la *liberté*, puisque la condition est *égale* pour tous et qu'en obéissant à la volonté générale dont il a reconnu d'avance la souveraineté, l'individu ne fait que ce qu'il a *librement* consenti. N'y a-t-il pas sous cette logique austère une argumentation quelque peu spécieuse ?

« Trouver une forme d'association qui défende et protège de toute la force commune la personne et les biens de chaque associé, et par laquelle chacun, s'unissant à tous, n'obéisse pourtant qu'à lui-même, et reste aussi libre qu'auparavant. » Tel est le problème fondamental dont le *Contrat social* donne la solution.

Les clauses de ce contrat sont tellement déterminées par la nature de l'acte, que la moindre modification les rendrait vaines et de nul effet ; en sorte que, bien qu'elles n'aient peut-être jamais été formellement énoncées, elles sont partout les mêmes, partout tacitement admises et reconnues, jusqu'à ce que, le pacte social étant violé, chacun rentre alors dans ses premiers droits, et reprenne sa
10 liberté naturelle [1], en perdant la liberté conventionnelle pour laquelle il y renonça.

Ces clauses, bien entendues, se réduisent toutes à une seule : savoir, l'aliénation totale de chaque associé avec tous ses droits à toute la communauté [2] : car, premièrement, chacun se donnant tout entier, la condition est égale pour tous ; et la condition étant égale pour tous, nul n'a intérêt de la rendre onéreuse aux autres.

De plus, l'aliénation se faisant sans réserve [3], l'union est aussi parfaite qu'elle peut l'être, et nul associé n'a plus rien à réclamer : car, s'il restait quelques droits aux particuliers, comme il n'y aurait aucun supérieur commun qui pût prononcer entre eux et le public, chacun, étant en quelque point son propre juge, prétendrait
20 bientôt l'être en tous ; l'état de nature subsisterait, et l'association deviendrait nécessairement tyrannique ou vaine [4].

Enfin, chacun se donnant à tous ne se donne à personne ; et comme il n'y a pas un associé sur lequel on n'acquière le même droit qu'on lui cède sur soi, on gagne l'équivalent de tout ce qu'on perd, et plus de force pour conserver ce qu'on a [5].

Si donc on écarte du pacte social ce qui n'est pas de son essence, on trouvera qu'il se réduit aux termes suivants : « Chacun de nous met en commun sa personne

---

— 1 Cf. *Constitution de l'an I* : en cas de violation du contrat, « l'insurrection est le plus sacré des devoirs ». — 2 Cf. « Quiconque refusera d'obéir à la volonté générale y sera contraint par tout le corps : ce qui ne signifie pas autre chose sinon qu'on le forcera à être libre ». — 3 Au Livre II, chap. 4, Rousseau dit que le citoyen conserve ses droits naturels et inaliénables, et n'abandonne que la partie de ses droits qui intéresse la communauté. Mais comme cette dernière en est seule juge, l'aliénation est en effet sans réserve. — 4 Certains usurperaient le pouvoir et la liberté ne serait plus garantie. — 5 Cf. « Les hommes naissent et demeurent libres et égaux en droits » (*Déclaration des droits de l'homme*, I).

et toute sa puissance sous la suprême direction de la volonté générale : et nous recevons [6]en corps chaque membre comme partie indivisible du tout [7]. »

De l'état civil

LIVRE I, CHAP. 8. – Par le libre renoncement qu'implique le contrat, les hommes font « un échange avantageux d'une manière d'être très incertaine et précaire contre une autre meilleure et plus sûre, de l'indépendance naturelle contre la liberté ; du pouvoir de nuire à autrui contre leur propre sûreté ; et de leur force, que d'autres pouvaient surmonter, contre un droit que l'union sociale rend invincible ». Ainsi ROUSSEAU, qui a tant souligné les méfaits de la vie sociale, considère maintenant qu'une société bien organisée offre à l'individu plus d'avantages que l'état de nature et l'élève à une plus haute dignité morale.

30 Ce passage de l'*état de nature* [8] à l'*état civil* produit dans l'homme un changement très remarquable, en substituant dans sa conduite la justice à l'instinct, et donnant à ses actions la moralité [9] qui leur manquait auparavant. C'est alors seulement que, la voix du devoir succédant à l'impulsion physique, et le droit à l'appétit, l'homme qui jusque là n'avait regardé que lui-même se voit forcé d'agir sur d'autres principes, et de consulter sa raison avant d'écouter ses penchants. Quoiqu'il se prive dans cet état de plusieurs avantages qu'il tient de la nature, il en regagne de si grands, ses facultés s'exercent et se développent, ses idées s'étendent, ses sentiments s'ennoblissent, son âme tout entière s'élève à tel point que, si les abus de cette nouvelle condition ne le dégradaient souvent au-dessous de celle dont il est sorti, il devrait bénir sans cesse l'instant heureux qui l'en arracha pour 40 jamais, et qui, d'un animal stupide et borné, fit un être intelligent et un homme.

Réduisons toute cette balance à des termes faciles à comparer : ce que l'homme perd par le contrat social, c'est sa *liberté naturelle* et un droit illimité à tout ce qui le tente et qu'il peut atteindre ; ce qu'il gagne, c'est la *liberté civile* et la propriété de tout ce qu'il possède. Pour ne pas se tromper dans ces compensations, il faut bien distinguer la liberté *naturelle* qui n'a de bornes que les forces de l'individu, de la liberté *civile* qui est limitée par la volonté générale [10] ; et la *possession* qui n'est que l'effet de la force ou du droit du premier occupant, de la *propriété* qui ne peut être fondée que sur un titre positif [11].

On pourrait, sur ce qui précède, ajouter à l'acquis de l'état civil la *liberté morale*, 50 qui seule rend l'homme vraiment maître de lui : car l'impulsion du seul appétit est l'esclavage, et l'obéissance à la loi qu'on s'est prescrite est liberté.

Lettres à Malesherbes

L'*Émile* s'imprimait avec une lenteur inquiétante et, se croyant victime de machinations, ROUSSEAU, alors à Montmorency, avait écrit à MALESHERBES des lettres pleines de désarroi pour lui demander son appui (1761). Quand il fut rassuré, il s'excusa de ces « folies » et le Directeur de la librairie (la *censure*) lui répondit avec une amicale compassion : « *Cette mélancolie sombre qui fait le malheur de votre vie est prodigieusement augmentée par la maladie et la solitude, mais je crois qu'elle vous est naturelle et que la cause en est physique, je crois même que vous ne devez pas être fâché qu'on le sache* ». JEAN-JACQUES crut y voir un écho des médisances des Encyclopédistes qui présentaient sa misanthropie comme une attitude de philosophe en mal d'originalité. Dans les quatre *Lettres à Malesherbes* de janvier 1762, véritable prélude aux *Confessions*, il explique son caractère, son goût de la solitude et la félicité dont il jouit à la campagne (cf. p. 316).

— 6 Considérons. — 7 Ainsi, chacun est à la fois *sujet* et *souverain*. — 8 Cf. p. 272, *Analyse*, I. — 9 La *moralité* commence en effet avec la vie sociale (cf. p. 274, n. 11). — 10 Cf. « La liberté consiste à pouvoir faire tout ce qui ne nuit pas à autrui... Ces bornes ne peuvent être déterminées que par la loi » *(Déclaration, 4).* — 11 Les « droits naturels et imprescriptibles de l'homme » sont « la liberté, la propriété, la sûreté et la résistance à l'oppression » *(Déclaration, 2).*

ROUSSEAU A L'ERMITAGE

Voici, dans la *Troisième Lettre à Malesherbes*, le passage le plus célèbre qui évoque le bonheur de ROUSSEAU lorsqu'il vivait à l'Ermitage chez Madame d'Épinay.

En me levant avant le soleil, pour aller voir, contempler son lever dans mon jardin [1], quand je voyais commencer une belle journée, mon premier souhait était que ni lettres, ni visites n'en vinssent troubler le charme [2]. Après avoir donné la matinée à divers soins, que je remplissais tous avec plaisir, parce que je pouvais les remettre à un autre temps [3], je me hâtais de dîner pour échapper aux importuns et me ménager un plus long après-midi. Avant une heure, même les jours les plus ardents, je partais par le grand soleil avec le fidèle Achate [4], pressant le pas dans la crainte que quelqu'un ne vînt s'emparer de moi avant que je j'eusse pu m'esquiver ; mais quand une fois j'avais pu doubler un certain coin, avec quel battement de cœur, avec quel pétillement de joie je commençais à respirer, en me sentant sauvé, en me disant : « Me voilà maître de moi pour le reste de ce jour ! » J'allais alors d'un pas plus tranquille chercher quelque lieu sauvage dans la forêt, quelque lieu désert où rien ne montrant la main des hommes n'annonçât la servitude et la domination [5], quelque asile où je pusse croire avoir pénétré le premier, et où nul tiers importun ne vînt s'interposer entre la nature et moi [6]. C'était là qu'elle semblait déployer à mes yeux une magnificence toujours nouvelle. L'or des genêts et la pourpre des bruyères frappaient mes yeux d'un luxe qui touchait mon cœur [7] ; la majesté des arbres qui me couvraient de leur ombre, la délicatesse des arbustes qui m'environnaient, l'étonnante variété des herbes et des fleurs que je foulais sous mes pieds tenaient mon esprit dans une alternative continuelle d'observation et d'admiration [8] : le concours de tant d'objets intéressants qui se disputaient mon attention, m'attirant sans cesse de l'un à l'autre, favorisait mon humeur rêveuse et paresseuse, et me faisait souvent redire en moi-même : « Non, Salomon dans toute sa gloire ne fut jamais vêtu comme l'un d'eux [9] ».

Mon imagination ne laissait pas longtemps déserte la terre ainsi parée. Je la peuplais bientôt d'êtres selon mon cœur [10], et, chassant bien loin l'opinion, les préjugés, toutes les passions factices, je transportais dans

---

— 1 Cf. p. 302 et 308. — 2 Cf. « Je suis né avec un amour naturel pour la solitude qui n'a fait qu'augmenter à mesure que j'ai mieux connu les hommes » (1re *Lettre*). — 3 Dans la 1re *Lettre*, Rousseau évoque son « indomptable esprit de liberté » : « Je consentirais cent fois plutôt à ne jamais rien faire qu'à faire quelque chose malgré moi ». Cf. p. 338, l. 1-13. — 4 Son chien auquel il a donné le nom d'un fidèle compagnon d'Enée. — 5 Cf. « L'état où je me suis mis est le seul où l'homme puisse vivre bon et heureux, puisqu'il est le plus indépendant de tous, et le seul où l'on ne se trouve jamais pour son propre avantage dans la nécessité de nuire à autrui » (2e *Lettre*). — 6 Cf. p. 337. — 7 Commenter cette phrase qui fut aussitôt célèbre. — 8 Cf. p. 339. — 9 Souvenir d'un mot de l'Évangile. — 10 Cf. p. 280.

les asiles de la nature des hommes dignes de les habiter. Je m'en formais
une société charmante dont je ne me sentais pas indigne ; je me faisais
un siècle d'or [11] à ma fantaisie, et remplissant ces beaux jours de toutes
les scènes de ma vie qui m'avaient laissé de doux souvenirs, et de toutes
celles que mon cœur pouvait désirer encore, je m'attendrissais jusqu'aux
larmes [12] sur les vrais plaisirs de l'humanité, plaisirs si délicieux, si
purs, et qui sont désormais si loin des hommes [13]. Oh ! si, dans ces
moments, quelque idée de Paris, de mon siècle [14] et de ma petite gloriole
40 d'auteur venait troubler mes rêveries, avec quel dédain je la chassais
à l'instant pour me livrer, sans distraction, aux sentiments exquis dont
mon âme était pleine ! Cependant, au milieu de tout cela, je l'avoue, le
néant de mes chimères venait quelquefois la contrister tout à coup.
Quand [15] tous mes rêves se seraient tournés en réalités, ils ne m'auraient
pas suffi : j'aurais imaginé, rêvé, désiré encore. Je trouvais en moi un
vide inexplicable que rien n'aurait pu remplir, un certain élancement
de cœur vers une autre sorte de jouissance, dont je n'avais pas d'idée
et dont, pourtant, je sentais le besoin [16]. Hé bien, monsieur, cela même
était jouissance, puisque j'en étais pénétré d'un sentiment très vif
50 et d'une tristesse attirante que je n'aurais pas voulu ne pas avoir [17].

Bientôt, de la surface de la terre, j'élevais mes idées à tous les êtres
de la nature, au système universel des choses, à l'Être incompréhensible
qui embrasse tout [18]. Alors, l'esprit perdu dans cette immensité, je ne
pensais pas, je ne raisonnais pas, je ne philosophais pas [19] : je me sentais,
avec une sorte de volupté, accablé du poids de cet univers, je me livrais
avec ravissement à la confusion de ces grandes idées, j'aimais à me
perdre en imagination dans l'espace [20] ; mon cœur, resserré dans les
bornes des êtres, s'y trouvait trop à l'étroit, j'étouffais dans l'univers,
j'aurais voulu m'élancer dans l'infini [21]. Je crois que, si j'eusse dévoilé
60 tous les mystères de la nature, je me serais senti dans une situation
moins délicieuse que cette étourdissante extase, à laquelle mon esprit
se livrait sans retenue, et qui, dans l'agitation de mes transports, me
faisait écrier quelquefois : « O grand Être ! ô grand Être ! » sans
pouvoir dire ni penser rien de plus.

– Rousseau et la nature : a) *Quels plaisirs éprouve-t-il dans la nature ?* – b) *Quels sentiments, quelles réflexions lui inspire-t-elle ?* – c) *Comment la décrit-il ?* – d) *Pourquoi ses rêveries le rendent-elles heureux ?*
– De la contemplation à l'extase. *Précisez les étapes de cette « ascension » et les sources de cette extase.*
• **Groupe thématique : Le « pays des chimères »** *La Nouvelle Héloïse* (y compris *Genèse, p. 280*) ; – « Si j'étais riche... », p. 305 ; – « Le Précieux farniente », p. 338 ; – « La rêverie au bord du lac », p. 340 ; – « Pensées d'automne », p. 334. Classez ces diverses sortes de rêveries ; part de l'imagination et de la sensibilité.
• **Groupe thématique : Solitude et mal de l'infini.** XVIᵉ SIÈCLE. DU BELLAY p. 100. – XIXᵉ SIÈCLE. CHATEAUBRIAND ; p. 41-42 et p. 46-56. – SENANCOUR, p. 27. – LAMARTINE, p. 94. – BAUDELAIRE, p. 432. – MALLARMÉ, p. 532 ; p. 533. – XXᵉ SIÈCLE, p. 82, 110, 198-203, 503, 661.

— 11 Un âge d'or. — 12 Cf. p. 262. — 13 Cf. p. 289. — 14 Cf. « Aigri par les injustices que j'avais éprouvées, par celles dont j'avais été le témoin, souvent affligé du désordre où l'exemple et la force des choses m'avaient entraîné moi-même, j'ai pris en mépris mon siècle et mes contemporains » (2ᵉ *Lettre*). — 15 Quand bien même. — 16 C'est déjà le « vague des passions » de Chateaubriand (*René*) et de Lamartine (*L'Isolement*). — 17 Cf. p. 262, § 3. — 18 Cf. p. 308 et 341. — 19 Noter la différence avec Voltaire. — 20 Cf. p. 340, note 9. — 21 Cf. p. 263, § 2.

LES CONFESSIONS

Après *Le Sentiment des Citoyens*, libelle anonyme où Voltaire attaquait sa vie privée et révélait l'abandon de ses enfants, Rousseau entreprit les *Confessions* pour se justifier. La Première Partie (livres I à VI : 1712-1741) a été écrite de 1765 à 1767. La Seconde Partie (livres VII à XII : 1741-1765) fut rédigée en 1769-1770. Au cours de l'hiver 1770-1771, Rousseau lut ses *Confessions* dans plusieurs salons, mais, craignant ses révélations, ses ennemis firent interdire ces lectures. La *Première Partie*, publiée par Moultou, ne paraîtra qu'en 1782, la *Seconde* paraîtra en 1789.

Le dessein de Rousseau   La Première partie, rédigée dans une période de calme et retraçant une jeunesse insouciante, est pleine de fraîcheur et de poésie. La Seconde Partie, écrite dans l'inquiétude, réveille le souvenir désagréable de sa brouille avec Mme d'Épinay et les philosophes : le ton devient plus âpre, les faits sont déformés et interprétés pour aboutir à une apologie de plus en plus appuyée. Ce récit, sincère mais partial, est un plaidoyer.

1. SA VIE EST SA MEILLEURE DÉFENSE. Ses ennemis le présentent comme un être antisocial qui joue au misanthrope et comme un méchant. Rousseau veut réfuter ces calomnies en montrant *son vrai visage*. On verra qu'il est sincère, car l'amour de la *solitude* et de la *nature* est le fond de son tempérament (cf. p. 324, 326, 332) ; on verra que, loin d'être méchant, il a toujours été hanté par la *vertu*, et qu'il a été le meilleur des hommes (cf. p. 320, 323). Jean-Jacques ne cache ni ses fautes ni ses remords : il espère ainsi les diminuer, s'absoudre et alléger sa conscience (cf. p. 322). « Il est, dit-il, des retours sur nos fautes qui valent mieux que de n'en avoir pas commis ».

2. SA VIE CONFIRME SES THÉORIES. Il a vécu *selon la nature* : sa singularité vient de la différence entre un homme « dans toute la vérité de la nature » et les individus déformés par les mensonges et les vices de la société (cf. p. 327). Sa vie est l'illustration même de sa doctrine : né bon, égaré ensuite par la faute de la société, il a su se reprendre, redevenir lui-même, retrouver les voies de la nature et ne suivre pour guide que *son cœur*. Ses égarements sont donc la meilleure preuve des méfaits de la vie sociale qui déprave les âmes les plus droites.

3. LES PREUVES DU « COMPLOT ». Dans les derniers livres, Rousseau s'efforce d'éclairer les incidents qui l'ont brouillé avec les Encyclopédistes ; il rapporte les faits, les commente, les interprète. Son esprit angoissé rassemble les indices d'un *complot* ourdi sournoisement autour de lui pour le déconsidérer et le perdre.

Poésie et vérité   Privé de documents précis, trahi par sa mémoire, Jean-Jacques doit en partie revivre le passé à la manière d'un romancier. Son *imagination* artistique, son goût des « chimères » l'ont conduit à embellir le récit de sa jeunesse. Il ne s'agit pas de mensonges mais des *illusions* d'un malheureux qui se console du présent en enjolivant le passé. Loin de nous dissimuler ses fautes, il nous les révèle avec une impudeur qu'on lui a reprochée : le *remords* hante son esprit malade, parfois même à propos de défaillances vénielles (cf. p. 322). Il a besoin de se prouver à lui-même qu'il n'est pas méchant, et veut nous persuader que son âme était pure. – Cf. xxᵉ siècle, p. 879, *Le Miroir oblique* (Rousseau et Mme Basile).

C'est surtout pour la Seconde Partie qu'on l'accuse de mensonge et d'hypocrisie. De fait, dans le récit de ses démêlés avec Mme d'Épinay et ses amis, les érudits relèvent bien des *erreurs*. Rousseau veut à tout prix se disculper et noircir ses adversaires. Mais n'est-ce pas l'*égarement* d'un esprit orgueilleux, malade, obsédé par l'idée d'une persécution qui n'était pas entièrement imaginaire ?

Un témoignage humain   Les *Confessions* veulent être « le seul portrait d'homme peint exactement d'après nature et dans toute sa vérité ». Mais plus que « la vérité de la nature », c'est le *document humain* qui nous intéresse, la connaissance de JEAN-JACQUES et de l'âme humaine.

1. LA FORMATION DE JEAN-JACQUES. Nous voyons naître, dès ses premières lectures, son goût du romanesque et de la vertu ; nous mesurons l'influence de sa jeunesse aventureuse sur sa sensibilité et son imagination (cf. p. 320 et p. 321), celle des voyages à pied et de la vie rustique sur son sentiment de la nature (cf. p. 324 et 326). Bien des traits des *Discours*, de l'*Emile*, du *Contrat Social* s'expliquent par sa dure expérience, par son éducation d'autodidacte, par les problèmes que pose la misère (cf. p. 321), par l'amertume que laissent l'injustice et les humiliations. ROUSSEAU évoque également la *genèse de ses principales œuvres* (cf. p. 268, 271, 275, 280) ; il nous dit comment, voulant être indépendant, il est devenu peu à peu prisonnier de ses goûts simples et de son système (cf. p. 327).

2. PSYCHOLOGIE DE ROUSSEAU, PSYCHOLOGIE HUMAINE. Il s'analyse avec une *précision extrême* : certaines pages sont des chefs-d'œuvre d'introspection (cf. p. 323 et 329). Le portrait qu'il nous trace de lui-même (cf. p. 330) se complète çà et là par des *confidences*, d'une complaisante sincérité, sur son goût des rêves et des chimères : nous le voyons s'enchanter lui-même d'un bonheur que son imagination embellit et qu'il croit avoir réellement éprouvé dans sa jeunesse (cf. p. 326).

Plus précieux encore est le témoignage que ce génie malade nous donne *inconsciemment* sur son orgueil, ses inquiétudes morbides, l'obsession du complot que son esprit torturé exagère et avive. Nous le voyons se débattre entre sa volonté d'être *sincère*, son besoin même d'avouer ses fautes afin d'apaiser ses remords, et d'autre part son désir de *se disculper* qui fausse sans cesse la confession. Nous le voyons glisser du récit véridique à l'apologie aveugle, organiser les faits (cf. p. 326 et p. 329), expliquer sa conduite singulière par les motifs les plus raisonnables (cf. p. 323 et p. 327), se persuader de sa bonne foi, de sa délicatesse, de sa bonté, et rejeter sur les autres ses propres erreurs (cf. p. 323).

Témoignage sur JEAN-JACQUES, mais aussi témoignage exceptionnel sur l'*âme humaine*, son extrême complexité, ses illusions, ses grandeurs et ses faiblesses. Le mérite de ROUSSEAU est de savoir s'analyser, et de nous révéler inconsciemment plus qu'il ne croyait nous en dire. On a condamné son impudeur : du moins a-t-il le courage d'avouer pour nous ce que nous ensevelissons parfois au fond de nos âmes, et de *se vouloir meilleur* au lieu de se complaire dans ses fautes.

L'écrivain, son influence   Les SIX PREMIERS LIVRES nous charment par la fraîcheur et la vie des souvenirs, l'impression de jeunesse et de bonheur, le romanesque de certaines scènes. A ce charme s'ajoute, pour maints épisodes, celui d'une nature pittoresque, discrètement et sincèrement évoquée.

Dans les SIX DERNIERS LIVRES, c'est le drame d'un esprit orgueilleux et inquiet, de ses luttes, de ses terreurs, de ses égarements jusqu'aux confins de la démence. Le récit, plus tourmenté, est d'un art moins achevé, mais vaut par son pathétique, par la profondeur des analyses (p. 329), par le démon logique qui fait tout converger vers l'idée fixe.

Le STYLE des *Confessions*, souvent d'une émouvante beauté, est accordé à toutes les nuances de l'âme : lyrisme orgueilleux (p. 320), poignant (p. 322), ou doucement mélancolique (p. 326) ; narrations poétiques et romanesques (p. 321) ; récits alertes et réalistes (p. 320, 322) ; notes de voyage directes et pittoresques (p. 324) ; scènes rustiques (p. 326) ou mondaines (p. 327) ; et surtout richesse et précision de l'analyse psychologique (cf. p. 324, 329, 330).

L'INFLUENCE des *Confessions* sera considérable. On a pu dire qu'elles ont, en partie, « enseigné le Romantisme » par leur *lyrisme*, par la tendance à transformer l'œuvre littéraire en *confidence* directe ou voilée. Au point de vue moral, elles offrirent une justification aux âmes ardentes qui proclamaient les « droits supérieurs de la passion ». Enfin, elles ont contribué à la naissance d'un goût nouveau, celui du *plein air*, des voyages, du tourisme, dont les adeptes modernes peuvent se réclamer de ROUSSEAU.

« Une entreprise qui n'eut jamais d'exemple »

Dès le début des *Confessions* s'affirme l'*orgueil* maladif d'un homme qui se sent et se veut différent des autres. Rien ici qui rappelle l'humilité chrétienne de saint Augustin, auteur lui aussi de *Confessions*. ROUSSEAU souffre d'être incompris, considéré comme un méchant, persécuté. De là cette frénésie de justification, ce besoin de prendre Dieu à témoin, ce défi qu'il lance à ses « semblables ». Par son *lyrisme*, cette page annonce CHATEAUBRIAND et les effusions romantiques.

Je forme une entreprise qui n'eut jamais d'exemple [1] et dont l'exécution n'aura point d'imitateur [2]. Je veux montrer à mes semblables un homme dans toute la vérité de la nature [3] ; et cet homme ce sera moi.

Moi seul. Je sens mon cœur et je connais les hommes. Je ne suis fait comme aucun de ceux que j'ai vus ; j'ose croire n'être fait comme aucun de ceux qui existent. Si je ne vaux pas mieux, au moins je suis autre. Si la nature a bien ou mal fait de briser le moule dans lequel elle m'a jeté, c'est ce dont on ne peut juger qu'après m'avoir lu.

Que la trompette du jugement dernier sonne quand elle voudra, je viendrai,
10 ce livre à la main, me présenter devant le souverain juge [4]. Je dirai hautement : « Voilà ce que j'ai fait, ce que j'ai pensé, ce que je fus. J'ai dit le bien et le mal avec la même franchise. Je n'ai rien tu de mauvais, rien ajouté de bon, et s'il m'est arrivé d'employer quelque ornement indifférent, ce n'a jamais été que pour remplir un vide occasionné par mon défaut de mémoire ; j'ai pu supposer vrai ce que je savais avoir pu l'être, jamais ce que je savais être faux. Je me suis montré tel que je fus : méprisable et vil quand je l'ai été, bon, généreux, sublime, quand je l'ai été : j'ai dévoilé mon intérieur tel que tu l'as vu toi-même, Être éternel. Rassemble autour de moi l'innombrable foule de mes semblables ; qu'ils écoutent mes confessions, qu'ils gémissent de mes indignités, qu'ils rougissent de mes
20 misères. Que chacun d'eux découvre à son tour son cœur aux pieds de ton trône avec la même sincérité, et puis qu'un seul te dise, s'il l'ose : *Je fus meilleur que cet homme-là* ».

Première rencontre avec Mme de Warens

LIVRE II. — Rebuté par les mœurs brutales du graveur Ducommun, le jeune apprenti s'est enfui de Genève (cf. p. 265). A deux lieues de la ville, il a été recueilli par l'abbé de Pontverre, heureux de gagner cette âme au catholicisme. Le petit vagabond est envoyé à Annecy chez Mme DE WARENS, nouvelle convertie qui se consacre à des œuvres charitables. *Rencontre capitale :* cet émerveillement romanesque va décider de la vie et de la formation de JEAN-JACQUES. Le récit, où l'on découvre déjà quelques traits essentiels de son caractère, est admirable de *jeunesse* et de *fraîcheur*.

Je me sentais fort humilié d'avoir besoin d'une bonne dame bien charitable. J'aimais fort qu'on me donnât mon nécessaire, mais non pas qu'on me fît la charité ; et une dévote n'était pas pour moi fort attirante. Toutefois, pressé par M. de Pontverre, par la faim qui me talonnait, bien aise aussi de faire

---

— 1 Cf. « J'avais toujours ri de la fausse naïveté de Montaigne qui, faisant semblant d'avouer ses défauts, a grand soin de ne s'en donner que d'aimables ; tandis que je sentais, moi qui me suis cru toujours et qui me crois encore, à tout prendre, le meilleur des hommes, qu'il n'y a point d'intérieur humain, si pur qu'il puisse être, qui ne recèle quelque vice odieux »

(Confessions, X). — 2 L'avenir lui donnera-t-il raison ? — 3 Cf. « Voici le seul portrait d'homme, peint exactement d'après nature et dans toute sa vérité, qui existe et qui probablement existera jamais... Lequel peut servir de première pièce de comparaison pour l'étude des hommes, qui certainement est encore à commencer » *(Avertissement)*. — 4 Rousseau veut-il se justifier uniquement devant Dieu ?

un voyage et d'avoir un but, je prends mon parti, quoique avec peine, et je pars pour Annecy. J'y pouvais être aisément en un jour ; mais je ne me pressais pas, j'en mis trois. Je ne voyais pas un château à droite ou à gauche sans aller chercher l'aventure que j'étais sûr qui m'y attendait [1]. (...) J'arrive enfin ; je vois Mme de Warens. Cette époque de ma vie a décidé de mon caractère ; je ne puis me résoudre à la passer légèrement. J'étais au milieu de ma seizième année. Sans être ce qu'on appelle un beau garçon, j'étais bien pris dans ma petite taille ; j'avais un joli pied, la jambe fine, l'air dégagé, la physionomie animée, la bouche mignonne, les sourcils et les cheveux noirs, les yeux petits et même enfoncés, mais qui lançaient avec force le feu dont mon sang était embrasé. Malheureusement je ne savais rien de tout cela, et de ma vie il ne m'est arrivé de songer à ma figure que lorsqu'il n'était plus temps d'en tirer parti. Ainsi j'avais avec la timidité de mon âge celle d'un naturel très aimant, toujours troublé par la crainte de déplaire. D'ailleurs, quoique j'eusse l'esprit assez orné, n'ayant jamais vu le monde, je manquais totalement de manières, et mes connaissances, loin d'y suppléer, ne servaient qu'à m'intimider davantage, en me faisant sentir combien j'en manquais [2].

Craignant donc que mon abord ne prévînt pas en ma faveur, je pris autrement mes avantages, et je fis une belle lettre en style d'orateur, où j'ousant des phrases des livres avec des locutions d'apprenti, je déployais toute mon éloquence pour capter la bienveillance de Mme de Warens. J'enfermai la lettre de M. de Pontverre dans la mienne, et je partis pour cette terrible audience. Je ne trouvai point Mme de Warens ; on me dit qu'elle venait de sortir pour aller à l'église. C'était le jour des Rameaux de l'année 1728. Je cours pour la suivre : je la vois, je l'atteins, je lui parle... Je dois me souvenir du lieu ; je l'ai souvent depuis mouillé de mes larmes et couvert de mes baisers. Que ne puis-je entourer d'un balustre d'or cette heureuse place ! que n'y puis-je attirer les hommages de toute la terre ! Quiconque aime à honorer les monuments du salut des hommes n'en devrait approcher qu'à genoux.

C'était un passage derrière sa maison, entre un ruisseau à main droite qui la séparait du jardin, et le mur de la cour à gauche, conduisant par une fausse porte à l'église des Cordeliers. Prête à entrer dans cette porte, Mme de Warens se retourne à ma voix. Que devins-je à cette vue ! Je m'étais figuré une vieille dévote bien rechignée ; la bonne dame de M. de Pontverre ne pouvait être autre chose à mon avis. Je vois un visage pétri de grâces [3], de beaux yeux bleus pleins de douceur, un teint éblouissant, le contour d'une gorge enchanteresse. Rien n'échappa en rapide coup d'œil du jeune prosélyte [4], car je devins à l'instant le sien, sûr qu'une religion prêchée par de tels missionnaires ne pouvait manquer de mener au paradis. Elle prend en souriant la lettre que je lui présente d'une main tremblante, l'ouvre, jette un coup d'œil sur celle de M. de Pontverre, revient à la mienne, qu'elle lit tout entière, et qu'elle eût relue encore si son laquais ne l'eût avertie qu'il était temps d'entrer. « Eh ! mon enfant, me dit-elle d'un ton qui me fit tressaillir, vous voilà courant le pays bien jeune ; c'est dommage en vérité ». Puis, sans attendre ma réponse, elle ajouta : « Allez chez moi m'attendre ; dites qu'on vous donne à déjeuner ; après la messe j'irai causer avec vous. »

Désormais, vagabond, laquais, étudiant, musicien, précepteur, copiste de musique, secrétaire du cadastre, JEAN-JACQUES *ira d'aventure en aventure, gardant devant ses yeux l'image enchanteresse de sa protectrice vers qui, aux heures de détresse, son instinct le ramènera toujours.*

— 1 Comme dans les romans de la bibliothèque paternelle, que Rousseau avait tous lus dès l'âge de sept ans. Cf. « *Ces émotions confuses... me donnèrent de la vie humaine des notions* *bizarres et romanesques dont l'expérience et la réflexion n'ont jamais bien pu me guérir* ». — 2 Cf. p. 332, l. 55-72. — 3 Mme de Warens avait 28 ans. — 4 Nouveau converti.

LE RUBAN VOLÉ

Voici, à la fin du LIVRE II, une des confidences qui justifient vraiment le titre de l'ouvrage. ROUSSEAU ne se contente pas de nous raconter sa vie, il *se confesse*... et il s'absout ; ou du moins, selon le mot d'André Maurois, « il bat sa coulpe vigoureusement, en sachant que le lecteur l'absoudra ». Quel *document* sur le caractère de JEAN-JACQUES hanté par le remords et voulant se persuader de sa bonté naturelle ! Quel témoignage aussi pour « servir de première pièce de comparaison pour l'étude des hommes ! »

Il est bien difficile que la dissolution d'un ménage [1] n'entraîne un peu de confusion dans la maison, et qu'il ne s'égare bien des choses : cependant, la seule Mlle Pontal [2] perdit un petit ruban couleur de rose et argent, déjà vieux. Beaucoup d'autres meilleures choses étaient à ma portée ; ce ruban seul me tenta, je le volai, et comme je ne le cachais guère, on me le trouva bientôt. On voulut savoir où je l'avais pris. Je me trouble, je balbutie, et enfin je dis, en rougissant, que c'est Marion qui me l'a donné. Marion était une jeune Mauriennoise dont Mme de Vercellis avait fait sa cuisinière. Non seulement Marion était jolie,
10 mais elle avait une fraîcheur de coloris qu'on ne trouve que dans les montagnes, et surtout un air de modestie et de douceur qui faisait qu'on ne pouvait la voir sans l'aimer ; d'ailleurs bonne fille, sage et d'une fidélité à toute épreuve. C'est ce qui surprit quand je la nommai. L'on n'avait guère moins de confiance en moi qu'en elle, et l'on jugea qu'il importait de vérifier lequel était le fripon [3] des deux. On la fit venir ; l'assemblée était nombreuse, le comte de la Roque [4] y était. Elle arrive, on lui montre le ruban, je la charge effrontément ; elle reste interdite, se tait, me jette un regard qui aurait désarmé les démons, et auquel mon barbare cœur résiste. Elle nie enfin avec assurance, mais
20 sans emportement, m'apostrophe, m'exhorte à rentrer en moi-même, à ne pas déshonorer une fille innocente qui ne m'a jamais fait de mal ; et moi, avec une impudence infernale, je confirme ma déclaration, et lui soutiens en face qu'elle m'a donné le ruban. La pauvre fille se mit à pleurer, et ne me dit que ces mots : « Ah ! Rousseau, je vous croyais un bon [5] caractère. Vous me rendez bien malheureuse ; mais je ne voudrais pas être à votre place ». Voilà tout. Elle continua de se défendre avec autant de simplicité que de fermeté, mais sans se permettre jamais contre moi la moindre invective. Cette modération, comparée à mon ton décidé, lui fit tort. Il ne semblait pas naturel de supposer d'un côté une
30 audace aussi diabolique, et de l'autre une aussi angélique douceur. On ne parut pas se décider absolument, mais les préjugés étaient pour moi. Dans le tracas où l'on était, on ne se donna pas le temps d'approfondir la chose ; et le comte de la Roque, en nous renvoyant tous deux,

---

— 1 Mme de Vercellis, chez qui Rousseau, âgé de 16 ans, est laquais, vient de mourir. — 2 Femme de chambre qui n'aime pas Jean-Jacques. — 3 Habile voleur. — 4 Neveu et héritier de Mme de Vercellis. — 5 Honnête.

se contenta de dire que la conscience du coupable vengerait assez l'innocent. Sa prédiction n'a pas été vaine ; elle ne cesse pas un seul jour de s'accomplir.

J'ignore ce que devint cette victime de ma calomnie ; mais il n'y a pas d'apparence qu'elle ait après cela trouvé facilement à se bien placer [6].(...) Ce souvenir cruel me trouble quelquefois, et me boule-
40 verse au point de voir dans mes insomnies cette pauvre fille venir me reprocher mon crime, comme s'il n'était commis que d'hier [7]. Tant que j'ai vécu tranquille, il m'a moins tourmenté ; mais au milieu d'une vie orageuse, il m'ôte la plus douce consolation des innocents persécutés : il me fait bien sentir ce que je crois avoir dit dans quelque ouvrage, que le remords s'endort durant un destin prospère, et s'aigrit dans l'adversité. Cependant, je n'ai jamais pu prendre sur moi de décharger mon cœur de cet aveu dans le sein d'un ami. La plus étroite intimité ne me l'a jamais fait faire à personne, pas même à Mme de Warens. Tout ce que j'ai pu faire a été d'avouer que j'avais à me reprocher
50 une action atroce, mais jamais je n'ai dit en quoi elle consistait. Ce poids est donc resté jusqu'à ce jour sans allègement sur ma conscience, et je puis dire que le désir de m'en délivrer en quelque sorte a beaucoup contribué à la résolution que j'ai prise d'écrire mes confessions [8].

J'ai procédé rondement dans celle que je viens de faire, et l'on ne trouvera sûrement pas que j'aie ici pallié la noirceur de mon forfait. Mais je ne remplirais pas le but de ce livre, si je n'exposais en même temps mes dispositions intérieures, et que je craignisse de m'excuser en ce qui est conforme à la vérité. Jamais la méchanceté [9] ne fut plus loin de moi que dans ce cruel moment, et lorsque je chargeai cette
60 malheureuse fille, il est bizarre, mais il est vrai que mon amitié pour elle en fut la cause. Elle était présente à ma pensée, je m'excusai sur le premier objet qui s'offrit. Je l'accusai d'avoir fait ce que je voulais faire, et de m'avoir donné le ruban, parce que mon intention était de le lui donner. Quand je la vis paraître ensuite, mon cœur fut déchiré, mais la présence de tant de monde fut plus forte que mon repentir. Je craignais peu la punition, je ne craignais que la honte ; mais je la craignais plus que la mort, plus que le crime, plus que tout au monde. J'aurais voulu m'enfoncer, m'étouffer dans le centre de la terre ; l'invin- cible honte l'emporta sur tout, la honte seule fit mon impudence ;
70 et plus je devenais criminel, plus l'effroi d'en convenir me rendait intrépide. Je ne voyais que l'horreur d'être reconnu, déclaré publique- ment, moi présent, voleur, menteur, calomniateur. Un trouble universel m'ôtait tout autre sentiment. Si l'on m'eût laissé revenir à moi-même, j'aurais infailliblement tout déclaré. Si M. de la Roque m'eût pris à part, qu'il m'eût dit : « Ne perdez pas cette pauvre fille ; si vous êtes

---

— 6 Ici, quelques considérations sur l'insigni- fiance du larcin (« une bagatelle ») et les graves conséquences que cette injustice a pu exercer sur la vie et la moralité de Marion. — 7 Ce remords le torture encore dix ans plus tard (*Rêveries*, IVe Promenade). — 8 Rousseau ne confond-il pas confession et pénitence ? — 9 Voilà l'idée qui hante Rousseau.

coupable, avouez-le moi », je me serais jeté à ses pieds dans l'instant, j'en suis parfaitement sûr. Mais on ne fit que m'intimider quand il fallait me donner du courage.

Rousseau *invoque encore l'excuse de sa jeunesse ; le remords qui l'a guéri du mensonge et « de tout acte tendant au crime » ; l'expiation que constituent les malheurs de sa vieillesse ; enfin, « quarante ans de droiture et d'honneur dans des occasions difficiles ».*

– La confession. *Relevez : a) les traits destinés à atténuer la faute de Rousseau ; – b) les termes flétrissant la noirceur de sa conduite. – Pourquoi, selon vous, veut-il rendre Marion sympathique ?*
– Le plaidoyer. *a) Analysez l'explication psychologique du mensonge ; est-elle vraisemblable ?. – b) Quels autres arguments invoque Rousseau et quelle est leur valeur ?. – c) A-t-il la notion de la responsabilité ?*
– **Essai.** *« J'ai pu supposer vrai ce que je savais avoir pu l'être » (Préambule des Confessions) : Vous direz ce qui, dans ce récit écrit longtemps après, peut-être une reconstruction a posteriori dictée à Rousseau par le remords ou le besoin de plaider sa cause. A ce propos, étudiez les problèmes d'ordre technique, psychologique et moral que posent, pour toute œuvre autobiographique, la sincérité et la vérité des témoignages (vous pouvez faire appel à d'autres ouvrages).*
– **Essai de synthèse.** *« Est-il bon, est-il méchant ? » Telle est, au sujet de l'homme, la question que pose Diderot. A propos de Rousseau, quelle réponse lui donneriez-vous, en vous appuyant sur l'anecdote du « ruban volé » et sur l'ensemble des extraits de ses œuvres.*

Les voyages à pied

Dans le Livre IV, à propos de son dernier grand voyage à pied, de Paris à Chambéry (1731), Rousseau se plaît à évoquer les charmes de la *vie errante.* Que de fois il avait parcouru les routes de France et de Savoie ! On retrouve ici, en action, le bonheur de voyager à pied dont il fait l'éloge au Livre V de l'*Émile.* On y trouve aussi deux *descriptions de nature* justement célèbres, la première encore *classique* mais d'une ineffable harmonie, l'autre *déjà romantique* par le caractère tourmenté du paysage et les sentiments qu'il inspire à l'auteur.

L a chose que je regrette le plus dans les détails de ma vie dont j'ai perdu la mémoire est de n'avoir pas fait des journaux de mes voyages. Jamais je n'ai tant pensé, tant existé, tant vécu, tant été moi, si j'ose ainsi dire, que dans ceux que j'ai faits seul et à pied. La marche a quelque chose qui anime et avive mes idées : je ne puis presque penser quand je reste en place [1]. (...)
Je me souviens d'avoir passé une nuit délicieuse hors de la ville [2], dans un chemin qui côtoyait le Rhône ou la Saône, car je ne me rappelle pas lequel des deux. Des jardins élevés en terrasse bordaient le chemin du côté opposé. Il avait fait très chaud ce jour-là, la soirée était charmante ; la rosée humectait l'herbe
10 flétrie ; point de vent, une nuit tranquille ; l'air était frais, sans être froid ; le soleil, après son coucher, avait laissé dans le ciel des vapeurs rouges dont la réflexion rendait l'eau couleur de rose : les arbres des terrasses étaient chargés de rossignols qui se répondaient de l'un à l'autre. Je me promenais dans une sorte d'extase, livrant mes sens et mon cœur à la jouissance de tout cela, et soupirant seulement un peu du regret d'en jouir seul. Absorbé dans ma douce rêverie [3], je prolongeai fort avant dans la nuit ma promenade, sans m'apercevoir que j'étais las. Je m'en aperçus enfin. Je me couchai voluptueusement sur la tablette d'une espèce de niche ou de fausse porte enfoncée dans un mur de terrasse ; le ciel de mon lit était formé par les têtes des arbres ; un rossignol était précisément

---

— 1 Cf. Montaigne, *XVIe Siècle*, p. 199 (l. 18-20). — 2 Lyon, où il s'arrêta quelques semaines, attendant de savoir si Mme de Warens accepterait de l'accueillir une fois de plus. — 3 Cf. p. 339 et 340.

20 au-dessus de moi ; je m'endormis à son chant : mon sommeil fut doux, mon réveil le fut davantage. Il était grand jour : mes yeux, en s'ouvrant, virent l'eau, la verdure, un paysage admirable. Je me levai, me secouai, la faim me prit, je m'acheminai gaiement vers la ville, résolu de mettre à un bon déjeuner deux pièces de six blancs [4] qui me restaient encore. J'étais de si bonne humeur que j'allais chantant tout le long du chemin [5] .(...)

J'aime à marcher à mon aise, et m'arrêter quand il me plaît. La vie ambulante est celle qu'il me faut. Faire route à pied par un beau temps, dans un beau pays, sans être pressé, et avoir pour terme de ma course un objet agréable : voilà de toutes les manières de vivre celle qui est le plus de mon goût. Au reste, on sait 30 déjà ce que j'entends par un beau pays. Jamais pays de plaine, quelque beau qu'il fût, ne parut tel à mes yeux [6]. Il me faut des torrents, des rochers, des sapins, des bois noirs, des montagnes, des chemins raboteux à monter et à descendre, des précipices à mes côtés qui me fassent bien peur [7]. J'eus ce plaisir, et je le goûtai dans tout son charme en approchant de Chambéry. Non loin d'une montagne coupée qu'on appelle le Pas-de-l'Échelle, au-dessous du grand chemin taillé dans le roc à l'endroit appelé Chailles, court et bouillonne dans des gouffres affreux [8] une petite rivière qui paraît avoir mis à les creuser des milliers de siècles [9]. On a bordé le chemin d'un parapet pour prévenir les malheurs : cela faisait que je pouvais contempler au fond et gagner des vertiges tout à mon aise, car ce qu'il 40 y a de plaisant dans mon goût pour les lieux escarpés, est qu'ils me font tourner la tête, et j'aime beaucoup ce tournoiement, pourvu que je sois en sûreté. Bien appuyé sur le parapet, j'avançais le nez, et je restais là des heures entières, entrevoyant de temps en temps cette écume et cette eau bleue dont j'entendais le mugissement à travers les cris des corbeaux et des oiseaux de proie qui volaient de roche en roche et de broussaille en broussaille à cent toises [10] au-dessous de moi. Dans les endroits où la pente était assez unie et la broussaille assez claire pour laisser passer des cailloux, j'en allais chercher au loin d'aussi gros que je les pouvais porter ; je les rassemblais sur le parapet en pile ; puis, les lançant l'un après l'autre, je me délectais à les voir rouler, bondir et voler en mille éclats, avant 50 que d'atteindre le fond du précipice.

Plus près de Chambéry j'eus un spectacle semblable, en sens contraire. Le chemin passe au pied de la plus belle cascade que je vis de mes jours. La montagne est tellement escarpée, que l'eau se détache net et tombe en arcade, assez loin pour qu'on puisse passer entre la cascade et la roche quelquefois sans être mouillé. Mais si l'on ne prend bien ses mesures, on y est aisément trompé, comme je le fus : car, à cause de l'extrême hauteur, l'eau se divise et tombe en poussière, et lorsqu'on approche un peu trop de ce nuage, sans s'apercevoir d'abord qu'on se mouille, à l'instant on est tout trempé.

EXERCICE : L'art de voyager *selon* MONTAIGNE (*cf.* XVIe siècle, *p.* 202) *et selon* ROUSSEAU. *Opposer leur état d'esprit, leurs goûts, leur conception du voyage, les joies et les enseignements qu'ils en retirent.*

— 4 Menue monnaie d'argent. — 5 « Tout le Rousseau naturel est là, avec sa rêverie, son idéal, sa réalité ; et cette pièce de six blancs elle-même, qui vient après le rossignol, n'est pas de trop pour nous ramener à la terre et nous faire sentir toute l'humble jouissance que la pauvreté recèle en soi quand elle est jointe avec la poésie et avec la jeunesse » (Sainte-Beuve). — 6 C'était le paysage classique de La Fontaine (*XVIIe Siècle*, p. 222), Balzac (p. 370), Mme de Séyigné (p. 388), Boileau (p. 327 et 329). — 7 Cf. p. 283, l. 7-18. Mais Rousseau préfère ordinairement des paysages moins tourmentés, de vastes panoramas avec des montagnes à l'horizon (cf. p. 340). — 8 *Effrayants*. Épithète courante à cette époque pour désigner les montagnes. — 9 C'est le *Guiers*. Souvenir des idées de Buffon sur l'évolution géologique. — 10 Exagération romantique (195 m. ; en réalité ce précipice n'a que 80 m.).

« LE COURT BONHEUR DE MA VIE »

LES CHARMETTES ! L'auteur des *Confessions* prend plaisir à évoquer un bonheur aussi doux que ce nom même (Livre VI). On sait que la réalité fut tout autre (cf. p. 266). ROUSSEAU vieilli, persécuté, se tourne avec mélancolie vers cet âge d'or de sa jeunesse : sa mémoire brouille les dates, son imagination a tout embelli. Le « *court bonheur* », il l'a goûté en effet, auprès de MME DE WARENS, vers 1735-1736, mais dans une triste maison de Chambéry, ou peut-être au cours de brefs séjours à la campagne. Il le transporte maintenant dans le *cadre rustique* des Charmettes : en fait, il y vécut presque toujours *seul*. Ainsi se recrée une fois de plus, avec des lambeaux du passé, l'inévitable « pays des chimères », le paradis imaginaire où tout s'accorde avec ses rêves, avec son cœur, son âme, avec l'esprit du philosophe qu'il est devenu. JEAN-JACQUES ne nous renseigne jamais mieux sur lui-même et sur l'homme que lorsqu'il se paye d'illusions et voudrait nous les faire partager.

Ici commence le court bonheur de ma vie [1] ; ici viennent les paisibles, mais rapides moments qui m'ont donné le droit de dire que j'ai vécu. Moments précieux et si regrettés [2] ! ah ! recommencez pour moi votre aimable cours, coulez plus lentement dans mon souvenir, s'il est possible, que vous ne fîtes réellement dans votre fugitive succession. Comment ferai-je pour prolonger à mon gré ce récit si touchant et si simple, pour redire toujours les mêmes choses, et n'ennuyer pas plus mes lecteurs en les répétant que je ne m'ennuyais moi-même en les recommençant sans cesse ? Encore si tout cela consistait en faits, en actions,
10   en paroles, je pourrais le décrire et le rendre en quelque façon ; mais comment dire ce qui n'était ni dit, ni fait, ni pensé même, mais goûté, mais senti, sans que je puisse énoncer d'autre objet de mon bonheur que ce sentiment même [3] ? Je me levais avec le soleil, et j'étais heureux ; je me promenais, et j'étais heureux ; je voyais Maman [4], et j'étais heureux ; je la quittais, et j'étais heureux ; je parcourais les bois, les coteaux, j'errais dans les vallons, je lisais, j'étais oisif [5] ; je travaillais au jardin, je cueillais les fruits, j'aidais au ménage, et le bonheur me suivait partout : il n'était dans aucune chose assignable [6], il était tout en moi-même, il ne pouvait me quitter un seul instant. (...)
20   Je me levais tous les matins avant le soleil. Je montais par un verger voisin dans un très joli chemin qui était au-dessus de la vigne, et suivait la côte jusqu'à Chambéry. Là, tout en me promenant, je faisais ma prière [7] qui ne consistait pas en un vain balbutiement de lèvres, mais dans une sincère élévation de cœur à l'auteur de cette aimable nature dont les beautés étaient sous mes yeux [8]. Je n'ai jamais aimé à prier dans la chambre ; il me semble que les murs et tous ces petits ouvrages des hommes s'interposent entre Dieu et moi. J'aime à le contempler [9] dans

---

— 1 Du moins de sa vie sédentaire, car la vie errante lui a donné de grandes joies (cf. p. 324). — 2 Rousseau les évoque encore avec émotion dans les *Rêveries* (X). — 3 Cf. *Rêveries*, p. 341, l. 25-32. — 4 Terme d'affection, usité en Savoie, par lequel Rousseau désigne toujours Mme de Warens. — 5 Non *inactif*, mais *disposant librement de mes loisirs* (lat. *otiosus*). — 6 Précise. — 7 A l'occasion de sa maladie, Mme de Warens avait réveillé sa ferveur religieuse. — 8 Cf. p. 308 et p. 316. — 9 Cf. p. 317.

ses œuvres tandis que mon cœur s'élève à lui. Mes prières étaient pures, je puis le dire, et dignes par là d'être exaucées. Je ne demandais pour moi, et pour celle dont mes vœux ne me séparaient jamais, qu'une vie innocente et tranquille, exempte du vice, de la douleur, des pénibles besoins, la mort des justes [10], et leur sort dans l'avenir. Du reste, cet acte se passait plus en admiration et en contemplation [11] qu'en demandes [12], et je savais qu'auprès du dispensateur des vrais biens le meilleur moyen d'obtenir ceux qui nous sont nécessaires est moins de les demander que de les mériter. Je revenais en me promenant par un assez grand tour, occupé à considérer avec intérêt et volupté les objets champêtres dont j'étais environné, les seuls dont l'œil et le cœur ne se lassent jamais.

– Un bonheur ineffable. *a) Comment est suggéré ce caractère « ineffable » ? Par quels procédés* ROUSSEAU *parvient-il néanmoins à nous en communiquer le sentiment ? – b) Quels en sont les éléments constitutifs ?*
– Les idées religieuses. *Rapprochez ces idées de celles de la* Profession de foi *(p. 308-312) et de* Rousseau à l'Ermitage, *p. 316. Voir aussi p. 292. p. 320 ; p. 334. p. 340.*
– **Essai.** *Au début du texte, étudiez le témoignage de* ROUSSEAU *sur les jeux de la mémoire et les rapports entre souvenir et création littéraire (cf.* XXᵉ SIÈCLE, PROUST *) ; – complétez ces réflexions à l'aide d'exemples tirés des extraits de* ROUSSEAU, *de* CHATEAUBRIAND, *des lyriques du* XVIᵉ SIÈCLE *et du* XIXᵉ SIÈCLE.

Un auteur embarrassé par son succès

18 octobre 1752 : on joue à Fontainebleau le *Devin du Village* (cf. p. 267). Nous découvrons les *émotions d'un auteur* un jour de grande première : la situation est assez piquante puisqu'il s'agit de JEAN-JACQUES, censeur du théâtre, ennemi du luxe et des grands seigneurs. L'analyse, toute en nuances, nous révèle l'*embarras* de ROUSSEAU, partagé entre l'*orgueil* naïf du *plébéien* qui goûte enfin les douceurs d'un succès à la cour et la *rigueur* du *philosophe* qui a décidé sa « réforme morale » et se trouve prisonnier de son personnage *(Livre VIII)*.

J'étais ce jour-là dans le même équipage négligé qui m'était ordinaire : grande barbe et perruque assez mal peignée [1]. Prenant ce défaut de décence pour un acte de courage, j'entrai de cette façon dans la même salle où devaient arriver, peu de temps après, le Roi, la Reine, la famille royale et toute la cour. J'allai m'établir dans la loge où me conduisit M. de Cury [2], et qui était la sienne. C'était une grande loge sur le théâtre [3], vis-à-vis [4] une petite loge plus élevée, où se plaça le Roi avec Mme de Pompadour. Environné de dames, et seul d'homme [5] sur le devant de la loge, je ne pouvais douter qu'on m'eût mis là précisément pour être en vue. Quand on eut allumé [6], me voyant dans cet équipage, au milieu de gens tous excessivement parés, je commençai d'être mal à mon aise ; je me demandai si j'étais à ma place, si j'y étais mis convenablement, et après quelques minutes d'inquiétude, je me répondis : « Oui », avec une intrépidité qui venait peut-être plus de l'impossibilité de m'en dédire que de la force de mes raisons. Je me dis : « Je suis à ma place, puisque je vois

---

— 10 *Réservée* aux justes. — 11 Cf. p. 340, notes 1 et 9. — 12 Cf. Voltaire, p. 171, l. 1-7.

— 1 Cf. « Je commençai ma réforme par ma parure : je quittai la dorure et les bas blancs, et pris une perruque ronde, je posai l'épée ; je vendis ma montre ». Et comme on venait de lui voler son plus beau linge, il avait décidé de n'en porter que de très commun. — 2 Intendant des Menus-Plaisirs. — 3 Loge d'avant-scène. — 4 Tour aujourd'hui incorrect. — 5 En fait d'homme. — 6 Les chandelles.

jouer ma pièce, que j'y suis invité, que je ne l'ai faite que pour cela, et qu'après tout
personne n'a plus de droit que moi-même à jouir du fruit de mon travail et de mes
talents. Je suis mis à mon ordinaire, ni mieux ni pis. Si je recommence à m'asservir
à l'opinion dans quelque chose, m'y voilà bientôt asservi derechef en tout. Pour
être toujours moi-même [7], je ne dois rougir en quelque lieu que ce soit d'être
20 mis selon l'état que j'ai choisi : mon extérieur est simple et négligé, mais non
crasseux ni malpropre ; la barbe ne l'est point en elle-même, puisque c'est la
nature qui nous la donne, et que, selon les temps et les modes, elle est quelquefois
un ornement. On me trouvera ridicule, impertinent [8] ; eh ! que m'importe ! Je
dois savoir endurer le ridicule et le blâme, pourvu qu'ils ne soient pas mérités. »
Après ce petit soliloque, je me raffermis si bien, que j'aurais été intrépide si j'eusse
eu besoin de l'être. Mais, soit effet de la présence du maître [9], soit naturelle disposition des cœurs, je n'aperçus rien que d'obligeant et d'honnête dans la curiosité
dont j'étais l'objet. J'en fus touché jusqu'à recommencer d'être inquiet sur
moi-même et sur le sort de ma pièce, craignant d'effacer des préjugés si favorables,
30 qui semblaient ne chercher qu'à m'applaudir. J'étais armé contre leur raillerie ;
mais leur air caressant, auquel je ne m'étais pas attendu, me subjugua si bien,
que je tremblais comme un enfant quand on commença.
    J'eus bientôt de quoi me rassurer. La pièce fut très mal jouée quant aux acteurs,
mais bien chantée et bien exécutée quant à la musique. Dès la première scène,
qui véritablement est d'une naïveté [10] touchante, j'entendis s'élever dans les loges
un murmure de surprise et d'applaudissement jusqu'alors inouï dans ce genre
de pièces. La fermentation [11] croissante alla bientôt au point d'être sensible dans
toute l'assemblée. A la scène des deux petites bonnes gens [12], cet effet fut à son
comble. On ne claque [13] point devant le Roi ; cela fit qu'on entendit tout : la
40 pièce et l'auteur y gagnèrent. J'entendais autour de moi un chuchotement de
femmes qui me semblaient belles comme des anges, et qui s'entre-disaient à
demi-voix : « Cela est charmant, cela est ravissant ; il n'y a pas un son là qui ne
parle au cœur. » Le plaisir de donner de l'émotion à tant d'aimables personnes
m'émut moi-même jusqu'aux larmes. (...) J'ai vu des pièces exciter de plus vifs
transports d'admiration, mais jamais une ivresse aussi pleine, aussi douce, aussi
touchante, régner dans tout un spectacle, et surtout à la cour, un jour de première
représentation. Ceux qui ont vu celle-là doivent s'en souvenir ; car l'effet en fut
unique [14].
    Le même soir, M. le duc d'Aumont me fit dire de me trouver au château le
50 lendemain sur les onze heures, et qu'il me présenterait au Roi. M. de Cury, qui
me fit ce message, ajouta qu'on croyait qu'il s'agissait d'une pension, et que le
Roi voulait me l'annoncer lui-même.
    Croira-t-on que la nuit qui suivit une aussi brillante journée fut une nuit
d'angoisse et de perplexité pour moi [15] ?. (...)
    Je me figurais devant le Roi, présenté à Sa Majesté, qui daignait s'arrêter et
m'adresser la parole. C'était là qu'il fallait de la justesse et de la présence d'esprit
pour répondre. Ma maudite timidité, qui me trouble devant le moindre inconnu,
m'aurait-elle quittée devant le Roi de France, ou m'aurait-elle permis de bien
choisir à l'instant ce qu'il fallait dire [16] ? (...) Ce danger m'alarma, m'effraya,
me fit frémir au point de me déterminer, à tout risque, à ne m'y pas exposer.

— 7 C'est le point essentiel de sa « réforme ».
— 8 Qui manque aux bienséances. — 9 Du roi.—
10 Spontanéité. — 11 Émotion. — 12 Les deux
campagnards Colin et Colette : on fut touché
de leurs amours naïves. — 13 Applaudit. —

14 A la ville la pièce eut cent représentations :
le profit permit à Rousseau de vivre pendant
plusieurs années. — 15 *Première inquiétude :*
Rousseau craint d'être incommodé en public
par l'affection de la vessie dont il a souffert
toute sa vie. — 16 Cf. p. 332, l. 55-72.

Roman et réalité : Julie et Mme d'Houdetot

Ces pages du Livre IX évoquent, avec une richesse d'analyse vraiment racinienne, un phénomène extraordinaire : *la rencontre du rêve et de la réalité*, et la projection du roman dans la vie de l'auteur. Elles nous livrent aussi un secret que Rousseau a voulu nous cacher. Nous pressentons aujourd'hui qu'après avoir espéré se faire aimer comme Saint-Preux, le « pauvre Jean-Jacques » dut voiler son demi-échec par ce mythe de l'amour pur qu'il place ici *au début* de l'aventure, et qui sera, dans la deuxième moitié de la *Nouvelle Héloïse*, le lien immortel des « belles âmes ». Ainsi, *revanche de l'amour déçu*, la médiocre réalité s'est à son tour transfigurée pour ennoblir le roman.

L e retour du printemps avait redoublé mon tendre délire, et dans mes érotiques transports [1] j'avais composé pour les dernières parties de la *Julie* plusieurs lettres qui se sentent du ravissement dans lequel je les écrivis. Je puis citer entre autres celle de l'Élysée et de la promenade sur le lac [2], qui, si je m'en souviens bien, sont à la fin de la quatrième partie. Quiconque, en lisant ces deux lettres, ne sent pas amollir et fondre son cœur dans l'attendrissement qui me les dicta, doit fermer le livre : il n'est pas fait pour juger des choses de sentiment.

Précisément dans le même temps, j'eus de madame d'Houdetot une seconde
10 visite imprévue.(..) A ce voyage, elle était à cheval et en homme. Quoique je n'aime guère ces sortes de mascarades, je fus pris à l'air romanesque de celle-là, et, pour cette fois, ce fut de l'amour. Comme il fut le premier et l'unique en toute ma vie, et que ses suites le rendront à jamais mémorable et terrible à mon souvenir [3], qu'il me soit permis d'entrer dans quelque détail sur cet article [4].(..) C'était un peu par goût, à ce que j'ai pu croire, mais beaucoup pour complaire à Saint-Lambert, qu'elle venait me voir. Il l'y avait exhortée, et il avait raison de croire que l'amitié qui commençait à s'établir entre nous rendrait cette société agréable à tous les trois. Elle savait que j'étais instruit de leur liaison ; et, pouvant me parler de lui sans gêne, il était naturel qu'elle se plût avec moi.
20 Elle vint ; je la vis ; j'étais ivre d'amour sans objet [5] : cette ivresse fascina mes yeux, cet objet se fixa sur elle, je vis ma Julie en madame d'Houdetot, et bientôt je ne vis plus que madame d'Houdetot, mais revêtue de toutes les perfections dont je venais d'orner l'idole de mon cœur. Pour m'achever, elle me parla de Saint-Lambert en amante passionnée. Force contagieuse de l'amour ! En l'écoutant, en me sentant auprès d'elle, j'étais saisi d'un frémissement délicieux, que je n'avais jamais éprouvé auprès de personne. Elle parlait, et je me sentais ému ; je croyais ne faire que m'intéresser à ses sentiments, quand j'en prenais de semblables ; j'avalais à longs traits la coupe empoisonnée dont je ne sentais encore que la douceur. Enfin, sans que je m'en aperçusse et sans qu'elle s'en aperçût,
30 elle m'inspira pour elle-même tout ce qu'elle exprimait pour son amant. Hélas ! ce fut bien tard, ce fut bien cruellement brûler d'une passion non moins vive que malheureuse, pour une femme dont le cœur était plein d'un autre amour !

Malgré les mouvements extraordinaire que j'avais éprouvés auprès d'elle, je ne m'aperçus pas d'abord de ce qui m'était arrivé : ce ne fut qu'après son départ que, voulant penser à Julie, je fus frappé de ne pouvoir plus penser qu'à madame

---

— 1 A l'Ermitage, « dévoré du besoin d'aimer sans jamais l'avoir pu bien satisfaire », Rousseau se console en imaginant un roman d'amour (printemps 1757). — 2 Cf. p. 287. — 3 Mme d'Houdetot se détachera de lui, et cette aventure provoquera la brouille avec Mme d'Epinay (cf. p. 267). — 4 Rousseau évoque ici la comtesse d'Houdetot et son amour pour le poète Saint-Lambert, alors aux armées. — 5 C'est déjà le « vague des passions » que Chateaubriand analysera dans *René*.

d'Houdetot. Alors mes yeux se dessillèrent ; je sentis mon malheur, j'en gémis, mais je n'en prévis pas les suites.

J'hésitai longtemps sur la manière dont je me conduirais avec elle, comme si l'amour véritable laissait assez de raison pour suivre des délibérations. Je n'étais
40 pas déterminé [6] quand elle revint me prendre au dépourvu. Pour lors j'étais instruit [7]. La honte, compagne du mal, me rendit muet, tremblant devant elle ; je n'osais ouvrir la bouche ni fermer les yeux ; j'étais dans un trouble inexprimable, qu'il était impossible qu'elle ne vît pas. Je pris le parti de le lui avouer, et de lui en laisser deviner la cause : c'était la lui dire assez clairement.

Si j'eusse été jeune et aimable, et que dans la suite madame d'Houdetot eût été faible, je blâmerais ici sa conduite ; mais tout cela n'était pas : je ne puis que l'applaudir et l'admirer. Le parti qu'elle prit était également celui de la générosité et de la prudence. Elle ne pouvait s'éloigner brusquement de moi sans en dire la cause à Saint-Lambert, qui l'avait lui-même engagée à me voir : c'était exposer
50 deux amis à une rupture, et peut-être à un éclat qu'elle voulait éviter. Elle avait pour moi de l'estime et de la bienveillance. Elle eut pitié de ma folie ; sans la flatter, elle la plaignit, et tâcha de m'en guérir. Elle était bien aise de conserver à son amant et à elle-même un ami dont elle faisait cas ; elle ne me parlait de rien avec plus de plaisir que de l'intime et douce société que nous pourrions former entre nous trois, quand je serais devenu raisonnable [8]. Elle ne se bornait pas toujours à ces exhortations amicales, et ne m'épargnait pas au besoin les reproches plus durs que j'avais bien mérités.

Je me les épargnais encore à moi-même. Sitôt que je fus seul, je revins à moi ; j'étais plus calme après avoir parlé : l'amour connu de celle qui l'inspire en devient
60 plus supportable. La force avec laquelle je me reprochais le mien m'en eût dû guérir, si la chose eût été possible.

ROUSSEAU PEINT PAR LUI-MÊME

> Un parent de Mme de Warens qui s'intéresse à l'avenir du jeune ROUSSEAU et l'observe en secret conclut qu'en dépit de sa « physionomie animée », il est « *sinon tout à fait inepte, au moins un garçon de peu d'esprit, sans idées, presque sans acquis, très borné en un mot à tous égards* ». JEAN-JACQUES saisit, dès le LIVRE III, cette occasion d'expliquer par la *singularité de son caractère* les jugements défavorables qui seront portés sur lui à maintes reprises, et de répondre ainsi aux calomnies de la « coterie holbachique ». C'est un de ses nombreux portraits apologétiques : remarquable par la finesse et la lucidité de l'analyse, il nous renseigne sur ROUSSEAU penseur, romancier et styliste.

Deux choses presque inalliables s'unissent en moi sans que j'en puisse concevoir la manière : un tempérament très ardent, des passions vives, impétueuses, et des idées lentes à naître, embarrassées et qui ne se présentent jamais qu'après coup. On dirait que mon cœur et mon esprit n'appartiennent pas au même individu. Le sentiment, plus prompt que l'éclair, vient remplir mon âme [1] ; mais au lieu de m'éclairer, il me brûle et m'éblouit [2]. Je sens tout et je ne vois rien.

— 6 Je n'avais pas pris de décision.— 7 De mes vrais sentiments. — 8 C'est, à défaut d'avoir pu le réaliser, le rêve que Rousseau transcrira dans la *Nouvelle Héloïse*.

— 1 Cf. Diderot : manifestations de l'enthousiasme, p. 199. — 2 Cf. p. 329, l. 20-37. —

Je suis emporté, mais stupide[3] ; il faut que je sois de sang-froid pour penser. Ce qu'il y a d'étonnant est que j'ai cependant le tact assez sûr[4],
10 de la pénétration, de la finesse même, pourvu qu'on m'attende : je fais d'excellents impromptus à loisir[5], mais sur le temps[6] je n'ai jamais rien fait ni dit qui vaille. Je ferais une fort jolie conversation par la poste, comme on dit que les Espagnols jouent aux échecs. Quand je lus le trait d'un duc de Savoie qui se retourna, faisant route, pour crier : *A votre gorge, marchand de Paris*[7], je dis : « Me voilà. »

Cette lenteur de penser, jointe à cette vivacité de sentir, je ne l'ai pas seulement dans la conversation, je l'ai même seul et quand je travaille. Mes idées s'arrangent dans ma tête avec la plus incroyable difficulté : elles y circulent sourdement, elles y fermentent jusqu'à
20 m'émouvoir, m'échauffer, me donner des palpitations[8] ; et, au milieu de toute cette émotion, je ne vois rien nettement, je ne saurais écrire un seul mot, il faut que j'attende. Insensiblement, ce grand mouvement s'apaise, ce chaos se débrouille, chaque chose vient se mettre à sa place, mais lentement, et après une longue et confuse agitation[9].(...) Si j'avais su premièrement attendre, et puis rendre dans leur beauté les choses qui se sont peintes dans mon cerveau, peu d'auteurs m'auraient surpassé[10]

De là vient l'extrême difficulté que je trouve à écrire. Mes manuscrits, raturés, barbouillés, mêlés, indéchiffrables, attestent la peine qu'ils m'ont coûtée. Il n'y en a pas un qu'il ne m'ait fallu transcrire quatre
30 ou cinq fois avant de le donner à la presse[11]. Je n'ai jamais pu rien faire la plume à la main, vis-à-vis d'une table et de mon papier : c'est à la promenade, au milieu des rochers et des bois[12], c'est la nuit dans mon lit et durant mes insomnies, que j'écris dans mon cerveau ; l'on peut juger avec quelle lenteur, surtout pour un homme absolument dépourvu de mémoire verbale, et qui de la vie n'a pu retenir six[13] vers par cœur. Il y a telle de mes périodes que j'ai tournée et retournée cinq ou six nuits dans ma tête avant qu'elle fût en état d'être mise sur le papier. De là vient encore que je réussis mieux aux ouvrages qui demandent du travail qu'à ceux qui veulent être faits avec une certaine légèreté, comme
40 les lettres, genre dont je n'ai jamais pu prendre le ton, et dont l'occupation me met au supplice[14]. Je n'écris point de lettres sur les moindres sujets qui ne me coûtent des heures de fatigue, ou, si je veux écrire de suite[15] ce qui me vient, je ne sais ni commencer ni finir ; ma lettre est un long et confus verbiage ; à peine m'entend-on quand on la lit.

---

3 « Dont l'âme paraît immobile et sans sentiment » (Furetière). — 4 Première rédaction : *le tact sûr*. Mais Rousseau a dû se souvenir de ses nombreux impairs. — 5 Mot plaisant de Mascarille (*Précieuses Ridicules*, IX). — 6 Sur le moment. — 7 Au temps d'Henri IV un duc de Savoie, insulté à Paris par un marchand, n'y prit garde et ne lança cette réplique menaçante qu'en approchant de Lyon. — 8 Cf. p. 268, *L'illumination de Vincennes*. —

9 C'est ainsi, explique Rousseau, qu'à l'Opéra italien, le tumulte des changements de scène est suivi d'un spectacle ravissant. — 10 A commenter. — 11 *De l'imprimeur*. Nous avons en effet deux brouillons et plusieurs copies de la *Nouvelle Héloïse* présentant de nombreuses variantes. — 12 Cf. p. 271 et p. 316. — 13 Première rédaction : *vingt vers*. Aux Charmettes, Rousseau apprenait beaucoup par cœur. — 14 Opposer l'aisance des lettres de Voltaire. — 15 A la suite.

Non seulement les idées me coûtent à rendre, elles me coûtent même
à recevoir [16]. J'ai étudié les hommes, et je me crois assez bon observateur : cependant je ne sais rien voir de ce que je vois ; je ne vois
bien que ce que je me rappelle, et je n'ai de l'esprit que dans mes souvenirs. De tout ce qu'on dit, de tout ce qu'on fait, de tout ce qui se passe
50 en ma présence, je ne sens rien, je ne pénètre rien. Le signe extérieur
est tout ce qui me frappe. Mais ensuite tout cela me revient : je me
rappelle le lieu, le temps, le ton, le regard, le geste, la circonstance ;
rien ne m'échappe [17]. Alors, sur [18] ce qu'on a fait ou dit, je trouve ce
qu'on a pensé, et il est rare que je me trompe [19].

Si peu maître de mon esprit seul avec moi-même, qu'on juge de ce que
je dois être dans la conversation, où, pour parler à propos, il faut penser
à la fois et sur-le-champ à mille choses. La seule idée de tant de convenances, dont je suis sûr d'oublier au moins quelqu'une, suffit pour
m'intimider [20]. Je ne comprends pas même comment on ose parler
60 dans un cercle : car à chaque mot il faudrait passer en revue tous les gens
qui sont là ; il faudrait connaître tous leurs caractères, savoir leurs
histoires, pour être sûr de ne rien dire qui puisse offenser quelqu'un.(...)
Dans le tête-à-tête, il y a un autre inconvénient que je trouve pire,
la nécessité de parler toujours : quand on vous parle il faut répondre,
et si l'on ne dit mot il faut relever la conversation. Cette insupportable
contrainte m'eût seule dégoûté de la société ; c'est assez qu'il faille
absolument que je parle pour que je dise une sottise infailliblement [21].(...)
Ce détail contient la clef de bien des choses extraordinaires qu'on m'a vu
faire et qu'on attribue à une humeur sauvage que je n'ai point. J'aimerais
70 la société comme un autre, si je n'étais sûr de m'y montrer non seulement
à mon désavantage, mais tout autre que je ne suis [22]. Le parti que j'ai
pris d'écrire et de me cacher est précisément celui qui me convenait.

- **Singularité.** a) *Précisez les traits dominants du caractère de* ROUSSEAU ; – b) *Étudiez l'influence de sa sensibilité
sur sa conversation et son activité intellectuelle : inconvénients et avantages.*
- **Méthode de travail :** a) *Exposez cette méthode ;* – b) *D'après les autres extraits, montrez son influence sur la nature
de son inspiration, le mécanisme de son imagination créatrice, la forme de ses écrits. A quoi reconnaît-on que ce portrait
est un plaidoyer ? où se révèle l'orgueil de l'auteur ?*
- ● **Comparaison :** Portraits de ROUSSEAU et de MONTAIGNE (XVIᵉ SIÈCLE, p. 196-198) : a) Intentions et
sincérité ; – b) Ressemblances et différences, – c) « Technique » du portrait.
- **Débat.** « *J'ai étudié les hommes, et je me crois assez bon observateur* ». – « ROUSSEAU *se trompe*, réplique
M. Dedieu : *ce que l'on peut reprocher à ses divers traités, c'est l'absence d'observation ou l'illusion de l'observation.* »
Étudiez le pour et le contre d'après les extraits de ROUSSEAU.
- **Essai :** « *Je ne vois bien que ce que je me rappelle* » déclare ROUSSEAU ; « *je me rappelle le lieu, le temps, le ton,
le regard, le geste, la circonstance ; rien ne m'échappe* ». *Dans les extraits des* Confessions *et des* Rêveries, *vous
rechercherez les passages où se manifeste cette aptitude, et vous étudierez l'exploitation littéraire de ces souvenirs dans
les récits autobiographiques de* ROUSSEAU.
- **Contraction** (ensemble du texte). *La vie en société et ses « insupportables contraintes », selon* ROUSSEAU.

— 16 Expliquer ce mot (Première rédaction : *former*). — 17 Vérifier cette affirmation d'après les *Confessions* et les *Rêveries*. — 18 D'après. —19 Pareille certitude n'est-elle pas dangereuse chez un maniaque de la persécution ? — 20 Cf. p. 328, l. 53-60. — 21 Il cite dans les *Confessions* quelques-unes de ses « balour-dises ». — 22 Cf. *Rousseau juge de Jean-Jacques :* « On le prendrait, dans la conver-sation, non pour un penseur plein d'idées vives et neuves, pensant avec force et s'exprimant avec justesse, mais pour un écolier embarrassé du choix de ses termes, et subjugué par la suffisance des gens qui en savent plus que lui » (*Dialogue II*).

Rousseau et la nature

J.-A. Houdon, « Buste de Rousseau » (détail), plâtre teinté, 1778.
(Musée Jacquemart André, Fontaine Chaalis. Ph. © Bulloz. Arch. Photeb.)

Dans ce visage tourmenté, on perçoit l'inquiétude de l'auteur des *Confessions* et des *Rêveries*. Hanté par l'idée fixe d'un « complot » universel pour l'isoler, le déconsidérer, et dénaturer sa pensée (cf. **p. 335**), Rousseau enchante ses dernières années en revivant les moments heureux de son passé dans le cadre rustique des Charmettes (cf. **p. 326**) ou de l'Ermitage (cf. **p. 316**), les voyages à pied sa jeunesse à travers les montagnes (cf. **p. 324**), déjà évoquées dans la *Nouvelle Héloïse* (cf. **p. 283**), les séjours au bord des lacs de son pays (cf. **p. 337 à 341**), les joies de l'herborisation (cf. **p. 338**).

« Les Charmettes », aquarelle
anonyme, XVIIIᵉ S. (Bibl. Nat., Paris. Ph.
Jeanbor © Arch. Photeb.)
*La maison des « Charmettes », où
Rousseau a goûté le bonheur de la vie
rustique (cf. p. 326).*

*« La nature étalait à nos yeux toute
sa magnificence ». Illustration de
l'*Émile, Profession de foi du
Vicaire savoyard *(cf. p. 308).* (J.-
M. Moreau le Jeune, Lavis, 1778. Ph. © Bibl. Nat.,
Paris. Arch. Photeb.)

« *Vue de l'Ermitage à Montmorency* »,
gravure de Désiré d'après Gautier, fin
XVIIIᵉ siècle. (Bibl. Nat., Paris. Ph. Jeanbor © Arch.
Photeb.)
L'Ermitage de Rousseau à Montmorency,
chez Mme d'Épinay (cf. p. 316).

Rousseau à Montmorency, chez le
Maréchal de Luxembourg. Lithogra-
phie d'après une esquisse de J. Houel,
1764. (Bibl. Nat., Paris. Ph. Jeanbor © Arch. Photeb.)
« *... ces jours rapides, mais délicieux, que*
j'ai passés tout entiers avec moi seul..., avec
mon chien bien-aimé, ma vieille chatte... »

Bonheur de la vie à la campagne

Lieux privilégiés où, se livrant à de simples activités rustiques, Rousseau a goûté un bonheur accordé à sa nature et à ses aspirations.

« *Vue de la vallée de Chamonix prise près d'Argentière* », gravure anonyme, *XVIIIe siècle.* (Bibl. Nat., Paris. Ph. Jeanbor © Arch. Photeb.)
  « *La nature réunissait toutes les saisons dans le même instant, tous les climats dans un même lieu, des terrains contraires sur le même sol, et formait l'accord inconnu partout ailleurs des productions des plaines et de celles des Alpes* » *(cf.* **p. 283**).

Les joies pures de la montagne

Une forme de bonheur que Rousseau révélait à ses contemporains, et qui s'est transmise jusqu'à nous (cf. **p. 283 à 285**).

J. Vernet, « La Bergère des Alpes », peinture, 1763. (Musée des Beaux-Arts, Tours. Ph. L. Joubert © Photeb.)

« Jamais pays de plaine, quelque beau qu'il fût, ne parut tel à mes yeux. Il me faut des torrents, des rochers, des sapins, des bois noirs, des montagnes, des chemins raboteux à monter et descendre, des précipices à mes côtés qui me fassent bien peur » (cf. **p. 325**).

Villeneuve, « Le lac de Bienne et l'île de Saint-Pierre », aquarelle, 1805.
(Ph. © Bibl. Nat., Paris. Arch. Photeb.)

*« Vue du village de Clarens », gravure de F. Née d'après M. Brandoin,
1781/1786.* (Bibl. Nat., Paris. Ph. Jeanbor © Arch. Photeb.)

Rêver au bord d'un lac... (cf. p. 337 à 341).

Mayer, « J.-J. Rousseau herborisant à Ermenon-ville », gravure aquarellée, XVIIIᵉ siècle. (Ph. © Bibl. Nat., Paris. Arch. Photeb.)

Planche de l'herbier de J.-J. Rousseau. (Museum d'Histoire naturelle, Paris. Ph. © Giraudon.)

« Une alternance continuelle d'observation et d'admiration »

Rousseau s'émerveille devant les spectacles grandioses de la nature alpestre. Il aime aussi herboriser « à droite et à gauche », avec une impression de totale liberté (cf. **p. 340**), il éprouve des « ravissements », des « extases » devant la perfection des moindres fleurettes (cf. **p. 339**) : à ses yeux elles manifestent avec autant de magnificence que les spectacles grandioses la toute-puissance du grand Être vers lequel son âme s'élance sans cesse (cf. **p. 316-317**).

J. Moreth, « Le Tombeau de J.-J. Rousseau à Ermenonville », gouache,
XVIIIᵉ siècle. (Musée Carnavalet, Paris. Ph. Jeanbor © Arch. Photeb.)

Son rêve : reposer dans une île

L'île des Peupliers : la verdure et l'eau, éléments inséparables du bonheur de Rousseau, qui auraient dû, pour toujours, servir de cadre à son dernier repos (cf. le vœu de Ronsard, XVIᵉ **siècle, p. 132).**

LES RÊVERIES DU PROMENEUR SOLITAIRE

Après l'interdiction de lire en public ses *Confessions*, ROUSSEAU se persuade de plus en plus que la société tout entière s'est liguée contre lui en un *vaste complot* unissant « les grands, les viziers, les robins, les financiers, les médecins, les prêtres », et dirigé par ses ennemis les philosophes. Renonçant à se faire entendre des contemporains, il rédige les trois *Dialogues* intitulés *Rousseau juge de Jean-Jacques* (1772-1776), dernier effort désespéré pour se justifier du moins devant la postérité.

Persuadé qu'on ne lui permettra même pas de transmettre aux générations futures une image exacte de sa personne et de sa pensée, il se résigne et trouve enfin l'apaisement dans la *retraite* et l'oubli des hommes. Les dix *Promenades* des *Rêveries* ont été rédigées à Paris de 1776 à 1778 et publiées en 1782. Écrites pour lui-même, pour son amélioration morale et son plaisir, elles constituent *son œuvre la plus sincère*.

Examen de conscience

ROUSSEAU attend la mort sans inquiétude et consacre ses derniers jours à « *sortir de la vie, non meilleur, car cela n'est pas possible, mais plus vertueux* » qu'il n'y est entré (III). Tout au long des *Rêveries* il se livre à un examen de conscience d'une précision minutieuse qui, plus encore que les *Confessions*, nous fait pénétrer dans l'intimité de son âme malade. Ces analyses, parfois élargies jusqu'à la *réflexion philosophique*, concernent la morale et la religion (III), le mensonge (IV), le bonheur (V, cf. p. 340), la bonté (VI), les bienfaits de la solitude (VIII) et l'amour du prochain (IX, cf. p. 342). Elles nous révèlent un JEAN-JACQUES détendu, mais profondément mélancolique et navré d'avoir manqué sa vie (cf. p. 334). Il reconnaît ses faiblesses, l'abandon de ses enfants, la tendance au mensonge qu'il explique par sa timidité et son besoin de liberté ; mais il reste convaincu de sa *bonté foncière* (cf. p. 335) et proteste contre l'échec de son existence dont la responsabilité retombe sur ses ennemis. Çà et là, en effet, reparaissent les inquiétudes maladives et la *hantise du complot* : son oubli des hommes n'est pas aussi total qu'il voudrait s'en persuader (p. 336).

Souvenirs heureux

Ne trouvant plus dans son imagination tarie par les ans la faculté d'évasion qu'elle lui offrait jadis, il se réfugie dans ses souvenirs. Il enchante le présent avec les *images charmantes du passé* : images du bonheur qu'il goûtait à l'île de Saint-Pierre (V, cf. p. 337-341), charmes de l'herborisation (VII), plaisirs purs de la bienfaisance (IX, cf. p. 342), souvenir attendri de sa première rencontre avec Mme de Warens (X). De ces pages lumineuses, si justement célèbres, émane toute *une philosophie du bonheur*, liée à la bonté originelle de l'homme : bonheur de faire du bien à autrui (p. 342), bonheur de jouir de notre être selon « ce que la nature a voulu » (p. 338-341).

Le sentiment de la nature

Isolé des hommes, le Promeneur Solitaire cherche ses plus grandes jouissances dans la *nature*, celle des environs de Paris, ou celle qu'il retrouve dans ses souvenirs. La nature qu'il évoque dans les *Rêveries* n'est plus le décor tourmenté de la montagne (cf. p. 283 et 325), c'est plutôt un *paysage modéré* et « riant », le bord d'un lac avec ses eaux fraîches et ses bouquets de verdure (cf. p. 337). Cette nature, il la goûte de tous ses sens, de tout son être. A son esprit inquiet, elle apporte le refuge de la *solitude* (cf. p. 340), l'apaisement que Saint-Preux demandait à l'air des montagnes (cf. p. 284) ; à ses goûts simples elle fournit les saines *activités rustiques* (cf. p. 339), déjà chantées dans l'*Émile* (p. 305) et la *Nouvelle Héloïse* (p. 289) ; enfin à son âme d'artiste elle offre le charme de ses *ensembles variés*, de leurs lignes harmonieuses, ou au contraire la *perfection minutieuse* qui émerveille le botaniste (cf. p. 339).

Pas plus que dans la *Nouvelle Héloïse* (cf. L'amour de la nature, p. 281), Rousseau ne se préoccupe de décrire en spectateur le pittoresque de ce décor. C'est *lui-même* qu'il nous peint dans sa *communion avec la nature* : il est surtout sensible aux vibrations qu'elle éveille en son cœur (cf. p. 339), aux harmonies entre le paysage d'automne et son âme mélancolique (cf. p. 334), aux extases qui le rapprochent de Dieu (cf. p. 341).

Mais le thème le plus original de ces *Promenades*, c'est la *rêverie dans la nature*. Elle n'était jusqu'ici que l'activité heureuse de l'imagination et du souvenir (cf. p. 280 et p. 316) : plus profonde encore sur les bords du lac de Bienne, la rêverie procure à Rousseau ce « ravissement inexprimable » qui consiste à se fondre « dans le système des êtres » et à « s'identifier avec la nature entière » (cf. p. 341, n. 11).

Le poème en prose   Dépouillé de la rhétorique artificielle des *Discours* et de la froideur didactique de l'*Émile*, le style des *Rêveries* porte à leur perfection les beautés de la *Nouvelle Héloïse* et des *Confessions*. Cette prose lyrique aux harmonieuses modulations annonce parfois les rythmes enchanteurs de Chateaubriand ; mais plus souvent encore, parce qu'elle est la traduction spontanée des sensations et s'accorde naturellement avec les élans de la sensibilité, elle réalise d'avance ce miracle dont rêva Baudelaire, d'une prose poétique « assez souple et assez heurtée pour s'adapter aux mouvements lyriques de l'âme, aux ondulations de la rêverie, aux soubresauts de la conscience » (Préface des *Poèmes en Prose*). Jamais encore la prose française n'avait connu l'harmonieuse maîtrise qu'elle atteint dans la *Cinquième Promenade*, véritable poème en prose.

PENSÉES D'AUTOMNE

« Je consacre mes derniers jours à m'étudier moi-même et à préparer d'avance le compte que je ne tarderai pas à rendre de moi » *(Première Promenade)*. Rousseau goûte au début de la Seconde Promenade la douceur de « converser avec son âme », et c'est un véritable *bilan de son existence* qu'il fait au cours de cette sortie dans la banlieue parisienne. Page nettement *préromantique* par la mélancolie du thème, par l'harmonie entre le paysage et les sentiments et surtout par la sincérité du témoignage : même au moment où il se dédouble et se contemple avec lucidité, nous sentons que Rousseau *ne sort pas de lui-même* et qu'il s'engage tout entier dans ce retour sur le passé.

Depuis quelques jours on avait achevé la vendange ; les promeneurs de la ville s'étaient déjà retirés ; les paysans aussi quittaient les champs jusqu'aux travaux d'hiver [1]. La campagne, encore verte et riante, mais défeuillée en partie et déjà presque déserte, offrait partout l'image de la solitude et des approches de l'hiver. Il résultait de son aspect un mélange [2] d'impression douce et triste [3], trop analogue à mon âge et à mon sort pour que je ne m'en fisse pas l'application [4]. Je me voyais au déclin d'une vie innocente [5] et infortunée [6], l'âme encore pleine de sentiments vivaces, et l'esprit encore orné de quelques fleurs, mais
10   déjà flétries par la tristesse et desséchées par les ennuis [7]. Seul et délaissé, je sentais venir le froid des premières glaces [8], et mon imagination

---

— 1 Moment privilégié pour le « promeneur solitaire » (cf. p. 316). — 2 Rousseau aime analyser les sentiments complexes (cf. p. 283, l. 1-3). — 3 Ce plaisir de la tristesse annonce le romantisme (cf. p. 345). — 4 Ainsi René, le héros de Chateaubriand, verra partout dans la nature le symbole de sa destinée. — 5 Idée qui domine les *Confessions*, les *Dialogues* et les *Rêveries*. Cf. l. 14. — 6 Complaisance déjà romantique dans l'attitude du malheur. — 7 Tourments. — 8 Étudier dans les l. 3-12 les éléments de cette métaphore ; faire la part de la convention littéraire et de la sincérité du sentiment.

tarissante ne peuplait plus ma solitude d'êtres formés selon mon cœur [9].
Je me disais en soupirant : « Qu'ai-je fait ici bas ? J'étais fait pour vivre,
et je meurs sans avoir vécu [10]. Au moins ce n'a pas été ma faute, et je
porterai à l'auteur de mon être, sinon l'offrande des bonnes œuvres
qu'on ne m'a pas laissé faire, du moins un tribut de bonnes intentions [11]
frustrées, de sentiments sains, mais rendus sans effet, et d'une patience [12]
à l'épreuve des mépris des hommes. » Je m'attendrissais sur ces réflexions ;
je récapitulais les mouvements de mon âme dès ma jeunesse, et pendant
20 mon âge mûr, et depuis qu'on m'a séquestré [13] de la société des hommes,
et durant la longue retraite dans laquelle je dois achever mes jours.
Je revenais avec complaisance sur toutes les affections de mon cœur,
sur ses attachements si tendres, mais si aveugles, sur les idées moins
tristes que consolantes dont mon esprit s'était nourri depuis quelques
années, et je me préparais à les rappeler assez pour les décrire avec un
plaisir presque égal à celui que j'avais pris à m'y livrer.

- Harmonies. *Soulignez l'accord entre le paysage et la situation de* ROUSSEAU ; *en quoi la nature favorise-t-elle la prise de conscience ? Résumez le bilan de cette vie ; le thème du malheur immérité.*
- Méditation préromantique. *En quoi les thèmes et l'expression littéraire, cette méditation présente-t-elle un caractère préromantique ? Faites appel à des rapprochements précis avec des passages de* CHATEAUBRIAND *et des poètes lyriques du* XIXᵉ SIÈCLE.
- Essai *(d'après les extraits).* ROUSSEAU *et l'idéal des « êtres selon son cœur » ; la femme dans sa vie et son œuvre.*
- Commentaire composé. *Portrait psychologique et moral de* ROUSSEAU *dressant le bilan de son existence.*

Mystères et ténèbres

La fin de la *Seconde Promenade* est dominée par l'idée de la persécution. Depuis 1757, à la suite
de ses démêlés avec les philosophes qui s'amusaient à exacerber son trouble et à lui créer des ennuis,
ROUSSEAU se croyait victime d'un complot universel. A Londres, en 1766, il en vint même
à soupçonner son hôte, le philosophe HUME : nous avons, de cette période aiguë, des *écrits délirants*
où les paroles, les silences, les regards sont interprétés comme autant de preuves de machiavélisme.
Les lignes qu'on va lire ne sont pas moins étranges. ROUSSEAU relate les incidents avec une parfaite
sérénité et s'analyse avec une *lucidité* surprenante ; et pourtant son imagination bâtit avec une
logique et une conviction déconcertantes l'édifice des soupçons, des méfiances, des interprétations
qui démontrent à ses yeux le *complot* de « toute la génération présente », et justifient sa décision de
se retirer du monde.
*Un accident singulier est venu interrompre les « paisibles méditations » du promeneur : un chien
qui courait devant un carrosse l'a renversé si brutalement qu'il a perdu connaissance. Comme* MONTAIGNE
après sa chute de cheval (cf. XVIᵉ Siècle, *p.* 225), ROUSSEAU *analyse les impressions étranges qu'il a
éprouvées en revenant à la vie.*

L a nuit s'avançait. J'aperçus le ciel, quelques étoiles et un peu de verdure.
Cette première sensation fut un moment délicieux [1]. Je ne me sentais
encore que par là. Je naissais dans cet instant à la vie, et il me semblait
que je remplissais de ma légère existence tous les objets que j'apercevais. Tout
entier au moment présent, je ne me souvenais de rien ; je n'avais nulle notion

---

— 9 Sur cette tendance à l'évasion, cf. p. 280,
p. 316 et p. 339. — 10 Pour cette âme sensible,
vivre c'était avant tout *aimer*. Montrer que sa
vie sentimentale, ses amitiés ont été des
échecs. — 11 Condition de « la moralité de
nos actions » (cf. p. 311, l. 19). — 12 Fermeté

qui permet de supporter la douleur avec
constance. Rousseau a-t-il toujours montré
cette « patience » ? — 13 Séparé.

— 1 Pour comprendre ce bonheur, cf. p. 340,
l. 14-32.

distincte de mon individu, pas la moindre idée de ce qui venait de m'arriver ; je ne savais ni qui j'étais ni où j'étais ; je ne sentais ni mal, ni crainte, ni inquiétude. Je voyais couler mon sang comme j'aurais vu couler un ruisseau, sans songer seulement que ce sang m'appartînt en aucune sorte. Je sentais dans tout mon être un calme ravissant, auquel, chaque fois que je me le rappelle, je ne trouve rien de comparable dans toute l'activité des plaisirs connus.

On me demanda où je demeurais ; il me fut impossible de le dire. Je demandai où j'étais ; on me dit *à la Haute-Borne*, c'était comme si l'on m'eût dit *au Mont Atlas*. Il fallut demander successivement le pays, la ville et le quartier où je me trouvais : encore cela ne put-il suffire pour me reconnaître ; il me fallut tout le trajet de là jusqu'au boulevard pour me rappeler ma demeure et mon nom...

En peu de jours cette histoire se répandit dans Paris, tellement changée et défigurée qu'il était impossible d'y rien connaître. J'aurais dû compter d'avance sur cette métamorphose [2] ; mais il s'y joignit tant de circonstances bizarres, tant de propos obscurs et de réticences l'accompagnèrent, on m'en parlait d'un air si risiblement discret que tous ces mystères m'inquiétèrent [3]. J'ai toujours haï les ténèbres ; elles m'inspirent naturellement une horreur que celles dont on m'environne depuis tant d'années n'ont pas dû diminuer. (...)

Le bruit public était que j'étais mort de ma chute ; et ce bruit se répandit si rapidement et si opiniâtrement que, plus de quinze jours après que j'en fus instruit, le roi même et la reine en parlèrent comme d'une chose sûre. Le *Courrier d'Avignon*, à ce qu'on eut soin de m'écrire [4], annonçant cette heureuse nouvelle, ne manqua pas d'anticiper à cette occasion sur le tribut d'outrages et d'indignités qu'on prépare à ma mémoire après ma mort, en forme d'oraison funèbre.

Cette nouvelle fut accompagnée d'une circonstance encore plus singulière que je n'appris que par hasard, et dont je n'ai pu savoir aucun détail. C'est qu'on avait ouvert en même temps une souscription pour l'impression des manuscrits que l'on trouverait chez moi [5]. Je compris par là que l'on [6] tenait prêt un recueil d'écrits fabriqués tout exprès pour me les attribuer d'abord après ma mort : car de penser qu'on imprimât fidèlement aucun de ceux qu'on pourrait trouver en effet, c'était une bêtise qui ne pouvait entrer dans l'esprit d'un homme sensé et dont quinze ans d'expérience ne m'ont que trop garanti.

Ces remarques, faites coup sur coup, et suivies de beaucoup d'autres qui n'étaient guère moins étonnantes, effarouchèrent derechef mon imagination que je croyais amortie ; et ces noires ténèbres, qu'on renforçait sans relâche autour de moi, ranimèrent toute l'horreur qu'elles m'inspirent naturellement. Je me fatiguai à faire sur tout cela mille commentaires, et à tâcher de comprendre des mystères qu'on a rendus inexplicables pour moi. Le seul résultat constant de tant d'énigmes fut la confirmation de toutes mes conclusions précédentes, savoir que, la destinée de ma personne et celle de ma réputation ayant été fixées de concert par toute la génération présente [7], nul effort de ma part ne m'y pouvait soustraire, puisqu'il m'est de toute impossibilité de transmettre aucun dépôt à d'autres âges sans le faire passer dans celui-ci par des mains intéressées à le supprimer.

Mais cette fois j'allai plus loin. L'amas de tant de circonstances fortuites,

---

— 2 Il connaît ses contemporains ! — 3 Ici commencent les interprétations maladives. — 4 Que nous révèle cette précision ? — 5 Qu'y a-t-il d'étrange dans cette circons- tance ? — 6 « On », le mot qui revient sans cesse pour désigner les complices de « l'œuvre de ténèbres ». — 7 Rousseau appelle ailleurs ses ennemis « les directeurs de ma destinée » (Ire *Promenade*).

l'élévation de tous mes plus cruels ennemis, affectée pour ainsi dire par la fortune, tous ceux qui gouvernent l'État, tous ceux qui dirigent l'opinion publique, tous les gens en place, tous les hommes en crédit triés comme sur le volet parmi ceux qui ont contre moi quelque animosité secrète, pour concourir au commun complot, cet accord universel est trop extraordinaire pour être purement fortuit...

Cette hostilité universelle ne peut être qu'une épreuve envoyée par Dieu : ROUSSEAU *décide donc de se résigner et de se confier à la justice divine :*
« Dieu est juste ; il veut que je souffre, et il sait que je suis innocent. Voilà le motif de ma confiance ; mon cœur et ma raison me crient qu'elle ne me trompera pas. Laissons donc faire les hommes et la destinée ; apprenons à souffrir sans murmure : tout doit à la fin rentrer dans l'ordre, et mon tour viendra tôt ou tard ».

ROUSSEAU A L'ILE DE SAINT-PIERRE

La *Cinquième Promenade* est consacrée au souvenir du séjour de ROUSSEAU à l'île de Saint-Pierre où il s'était réfugié en 1765, après la « lapidation de Motiers » (cf. p. 268). « On ne m'a laissé passer guère que deux mois dans cette île, mais j'y aurais passé deux ans, deux siècles, et toute l'éternité sans m'y ennuyer un moment... Je compte ces deux mois pour le temps le plus heureux de ma vie ». Dès cette description, nous comprenons pourquoi cette âme tourmentée avait formé le vœu de finir ses jours dans cette île.

De toutes les habitations où j'ai demeuré (et j'en ai eu de charmantes [1]), aucune ne m'a rendu si véritablement heureux et ne m'a laissé de si tendres regrets que l'île de Saint-Pierre, au milieu du lac de Bienne [2]. Cette petite île, qu'on appelle à Neufchâtel l'île de La Motte, est bien peu connue, même en Suisse. Aucun voyageur, que je sache, n'en fait mention. Cependant elle est très agréable, et singulièrement située pour le bonheur d'un homme qui aime à se circonscrire [3] ; car, quoique je sois peut-être le seul au monde à qui sa destinée en ait fait une loi, je ne puis croire être le seul qui ait un goût si naturel, quoique
10 je ne l'aie trouvé jusqu'ici chez nul autre. [4]
Les rives du lac de Bienne sont plus sauvages et romantiques [5] que celles du lac de Genève, parce que les rochers et les bois y bordent l'eau de plus près ; mais elles ne sont pas moins riantes. S'il y a moins de culture de champs et de vignes, moins de villes et de maisons, il y a aussi plus de verdure naturelle, plus de prairies, d'asiles [6] ombragés de bocages, des contrastes plus fréquents et des accidents [7] plus rapprochés. Comme il n'y a pas sur ces heureux bords de grandes routes commodes pour les voitures, le pays est peu fréquenté par les voyageurs ; mais il est intéressant pour des contemplatifs [8] solitaires qui aiment
20 à s'enivrer à loisir des charmes de la nature, et à se recueillir dans un silence que ne trouble aucun autre bruit que le cri des aigles, le ramage

---

— 1 Préciser. — 2 Au nord du lac de Neuchâtel. — 3 Vivre retiré. — 4 Analyser ce sentiment complexe. — 5 « Pittoresques et romanesques » (anglais : *romantic*). Premier exemple, chez Rousseau, de ce terme désignant un « pittoresque qui parle à l'âme » (cf. p. 283). — 6 Commenter ce terme aimé de Jean-Jacques. — 7 Terme de peinture évoquant la variété. — 8 Définir ce mot d'après le contexte.

entrecoupé de quelques oiseaux, et le roulement des torrents qui tombent de la montagne [9]. Ce beau bassin, d'une forme presque ronde, enferme dans son milieu deux petites îles, l'une habitée et cultivée, d'environ une demi-lieue de tour ; l'autre plus petite, déserte et en friche, et qui sera détruite à la fin par les transports de la terre qu'on en ôte sans cesse pour réparer les dégâts que les vagues et les orages font à la grande. C'est ainsi que la substance du faible est toujours employée au profit du puissant [10].

30 Il n'y a dans l'île qu'une seule maison, mais grande, agréable et commode, qui appartient à l'hôpital de Berne ainsi que l'île, et où loge un receveur avec sa famille et ses domestiques. Il y entretient une nombreuse basse-cour, une volière et des réservoirs pour le poisson. L'île, dans sa petitesse, est tellement variée dans ses terrains et ses aspects, qu'elle offre toutes sortes de sites et souffre toutes sortes de cultures. On y trouve des champs, des vignes, des bois, des vergers, de gras pâturages ombragés de bosquets et bordés d'arbrisseaux de toute espèce, dont le bord des eaux entretient la fraîcheur ; une haute terrasse plantée de deux rangs d'arbres borde l'île dans sa longueur, 40 et dans le milieu de cette terrasse on a bâti un joli salon où les habitants des rives voisines se rassemblent et viennent danser les dimanches durant les vendanges [11].

– Description et impressions. *Distinguez les éléments vraiment pittoresques et ceux qui traduisent les impressions et les goûts de* ROUSSEAU. *Comment évoque-t-il le silence ?*
• **Groupe thématique : Rousseau et le sentiment de la nature.** D'après l'ensemble du chapitre, étudiez : a) les divers types de paysage qu'il a contemplés ; – b) les aspects de la nature qu'il a aimés ; – c) les avantages et les plaisirs qu'elle lui a procurés ; – d) la traduction littéraire de ces sentiments.
– *Essai. D'après les trois extraits de la* Cinquième Promenade *(p. 337-341), définissez le tempérament et les goûts de* ROUSSEAU *; pourquoi souhaitait-il finir ses jours dans cette île ?*
– *Commentaire composé (l. 1-29 ou 11-42).* ROUSSEAU *« écologiste » ; expression littéraire de ses sentiments.*

« Le précieux farniente... »

Dans le site riant de l'île de Saint-Pierre, voici « l'occupation délicieuse et nécessaire » de cet homme blessé par la vie : herborisation, travaux rustiques, rêverie au fil de l'eau. L'*herborisation*, à laquelle il consacrera tout un chapitre (*Septième Promenade*), est déjà une forme élémentaire d'évasion ; elle conduit d'ailleurs aux « extases », aux « ravissements » qui élèvent l'âme vers le Grand Être. Mais c'est surtout par la *rêverie* que Rousseau pénètre dans le paradis cher aux romantiques, où s'évanouissent les laideurs de ce monde (Ve PROMENADE).

Quel était donc ce bonheur, et en quoi consistait sa jouissance ? Je le donnerais à deviner à tous les hommes de ce siècle [1], sur la description de la vie que j'y menais. Le précieux *far niente* [2] fut la première et la principale de ces jouissances que je voulus savourer dans toute sa douceur ; et tout ce que je

---

— 9 Par son rythme et ses sonorités expressives, cette phrase annonce Chateaubriand. — 10 Commenter cette réflexion et son lien avec ce qui précède. — 11 Rousseau aime les

réjouissances rustiques (cf. p. 289 et p. 307)

1 Cf. le bonheur selon *Le Mondain* (p. 128). — 2 Emprunté à l'italien : *Ne rien faire.*

fis durant mon séjour ne fut en effet que l'occupation délicieuse et nécessaire
d'un homme qui s'est dévoué à l'oisiveté [3].(...)

Un de mes plus grands délices [4] était surtout de laisser toujours mes livres
bien encaissés, et de n'avoir point d'écritoire.(...)Au lieu de ces tristes paperasses,
et de toute cette bouquinerie, j'emplissais ma chambre de fleurs et de foin ;
car j'étais alors dans ma première ferveur de botanique, pour laquelle le docteur
d'Ivernois m'avait inspiré un goût qui bientôt devint une passion. Ne voulant
plus d'œuvre de travail, il m'en fallait une d'amusement qui me plût, et qui ne me
donnât de peine que celle qu'aime à prendre un paresseux. J'entrepris de faire
la *Flora Petrinsularis* [5], et de décrire toutes les plantes de l'île, sans en omettre
une seule, avec un détail suffisant pour m'occuper le reste de mes jours. On dit
qu'un Allemand a fait un livre sur un zeste de citron ; j'en aurais fait un sur chaque
gramen [6] des prés, sur chaque mousse des bois, sur chaque lichen qui tapisse
les rochers ; enfin je ne voulais pas laisser un poil d'herbe, pas un atome végétal
qui ne fût amplement décrit. En conséquence de ce beau projet, tous les matins,
après le déjeuner [7] que nous faisions tous ensemble, j'allais, une loupe à la main,
et mon *Systema naturæ* [8] sous le bras, visiter un canton de l'île, que j'avais pour
cet effet divisée en petits carrés, dans l'intention de les parcourir l'un après l'autre
en chaque saison. Rien n'est plus singulier que les ravissements, les extases [9]
que j'éprouvais à chaque observation que je faisais sur la structure et l'organisation végétale.(...)La fourchure des deux longues étamines de la brunelle, le ressort
de celle de l'ortie et de la pariétaire, l'explosion du fruit de la balsamine et de la
capsule du buis [10], mille petits jeux de la fructification que j'observais pour la
première fois me comblaient de joie, et j'allais demandant si l'on avait vu les
cornes de la brunelle, comme La Fontaine demandait si l'on avait lu Habacuc [11].
Au bout de deux ou trois heures je m'en revenais chargé d'une ample moisson,
provision d'amusement pour l'après-dînée au logis, en cas de pluie. J'employais
le reste de la matinée à aller avec le receveur, sa femme et Thérèse, visiter leurs
ouvriers et leur récolte, mettant le plus souvent la main à l'œuvre avec eux ;
et souvent des Bernois qui me venaient voir m'ont trouvé juché sur de grands
arbres, ceint d'un sac que je remplissais de fruits, et que je dévalais ensuite à terre
avec une corde [12]. L'exercice que j'avais fait dans la matinée, et la bonne humeur
qui en est inséparable, me rendaient le repos du dîner très agréable ; mais quand
il se prolongeait trop, et que le beau temps m'invitait, je ne pouvais si longtemps
attendre ; et pendant qu'on était encore à table, je m'esquivais, et j'allais me jeter
seul dans un bateau que je conduisais au milieu du lac quand l'eau était calme ;
et là [13], m'étendant tout de mon long dans le bateau, les yeux tournés vers le ciel,
je me laissais aller et dériver lentement au gré de l'eau, quelquefois pendant
plusieurs heures, plongé dans mille rêveries confuses, mais délicieuses, et qui,
sans avoir aucun objet bien déterminé ni constant, ne laissaient pas d'être à mon
gré cent fois préférables à tout ce que j'avais trouvé de plus doux dans ce qu'on
appelle les plaisirs de la vie [14]. Souvent averti par le baisser du soleil de l'heure
de la retraite, je me trouvais si loin de l'île, que j'étais forcé de travailler [15] de

— 3 L'oisiveté (lat. *otium*) est ici la liberté
de choisir ses occupations. Cf. l. 30-36. —
4 *Délice* est masculin au singulier et féminin
au pluriel. — 5 Flore de l'île de Saint-Pierre. —
6 *Herbe* (cf. graminées). Étudier, dans les
l. 15-29, l'humour de Rousseau ironisant sur
sa propre manie. — 7 Petit déjeuner. — 8 Le
Système de la Nature de Linné (cf. p. 249, § 1.).
— 9 Cf. p. 316, l. 18-25, et p. 340, n. 1. —

10 Noter la précision évocatrice de cette énumération. — 11 Émerveillé par le prophète
Baruch (et non Habacuc), La Fontaine posait
cette question à tout venant. — 12 Cf. p. 306,
l. 19-27. — 13 Étudier la structure et le rythme
« rêveur » de cette phrase. — 14 Dans les
Confessions (XII), Rousseau insiste surtout
sur le sentiment de *sécurité* qu'il éprouvait
alors : « O Nature ! ô ma mère ! me voici sous
ta seule garde ». — 15 Ramer.

toute ma force pour arriver avant la nuit close. D'autres fois, au lieu de m'écarter en pleine eau, je me plaisais à côtoyer les verdoyantes rives de l'île, dont les limpides eaux et les ombrages frais m'ont souvent engagé à m'y baigner.

LA RÊVERIE AU BORD DU LAC

Dès sa jeunesse aventureuse (p. 321), puis à l'Ermitage (p. 316), l'imagination et les rêves constituaient pour JEAN-JACQUES l'ultime refuge, « le grand remède aux misères de ce monde » : mais quelle amertume quand il retombait dans la médiocre réalité ! Au terme de cette longue expérience, il découvre enfin à l'île de Saint-Pierre le secret de « la suprême félicité ». Ce serait une erreur de ne voir dans cette « *rêverie* » qu'un anéantissement : au fond de cette inertie la *sensibilité* subsiste, assez vive pour goûter le bonheur sous la forme élémentaire du présent vécu à l'état pur. Si, dans ces moments privilégiés, JEAN-JACQUES épouse de tout son être la vie universelle c'est, comme dirait Montaigne, « non pas pour s'y perdre, mais pour s'y trouver » : dans cette communion subconsciente se renoue l'alliance profonde de l'homme avec la nature : l'euphorie qui en résulte est celle d'une unité retrouvée. Cette psychologie si nouvelle en son siècle fait de ROUSSEAU le *précurseur du romantisme* et à certains égards de la littérature moderne (Ve PROMENADE).

Quand le lac agité ne me permettait pas la navigation, je passais mon après-midi à parcourir l'île, en herborisant à droite et à gauche, m'asseyant tantôt dans les réduits les plus riants et les plus solitaires pour y rêver à mon aise, tantôt sur les terrasses et les tertres, pour parcourir des yeux le superbe et ravissant coup d'œil du lac et de ses rivages [1], couronnés d'un côté par des montagnes prochaines [2], et de l'autre élargis en riches et fertiles plaines, dans lesquelles la vue s'étendait jusqu'aux montagnes bleuâtres, plus éloignées [3], qui la bornaient.

10 Quand le soir approchait, je descendais des cimes de l'île, et j'allais volontiers m'asseoir au bord du lac, sur la grève, dans quelque asile caché [4] ; là, le bruit des vagues et l'agitation de l'eau, fixant mes sens et chassant de mon âme toute autre agitation [5], la plongeaient dans une rêverie délicieuse [6], où la nuit me surprenait souvent sans que je m'en fusse aperçu. Le flux et reflux [7] de cette eau, son bruit continu, mais renflé par intervalles, frappant sans relâche mon oreille et mes yeux, suppléaient aux mouvements internes [8] que la rêverie éteignait en moi, et suffisaient pour me faire sentir avec plaisir mon existence, sans prendre la peine de penser [9]. De temps à autre naissait quelque faible et courte réflexion sur l'instabilité des choses de ce monde dont la surface des eaux m'offrait

---

— 1 Cf. « La terre offre à l'homme, dans l'harmonie des trois règnes, un spectacle plein de vie, d'intérêt et de charmes, le seul spectacle au monde dont ses yeux et son cœur ne se lassent jamais. Plus un contemplateur a l'âme sensible, plus il se livre aux extases qu'excite en lui cet accord » *(Septième Promenade)*. — 2 Le Jura. — 3 Les Alpes Bernoises. — 4 Commenter l'expression, et définir l'état d'âme de Jean-Jacques en cet instant. — 5 Cf. l. 18-24.— 6 Montrer la différence entre cette rêverie et celles qui sont à la source de la *Nouvelle Héloïse* (cf. p. 280). — 7 Telle est, selon M. Raymond, la leçon du manuscrit. Le premier éditeur avait imprimé à tort : « Le flux et *le* reflux ». — 8 Les pensées et les sentiments. — 9 « Quelquefois mes rêveries finissent par la méditation, mais plus souvent mes méditations finissent par la rêverie ; et, durant ces égarements, mon âme erre et plane dans l'univers sur les ailes de l'imagination, dans des extases qui passent toute autre jouissance » *(Septième Promenade)*.

₂₀ l'image [10] ; mais bientôt ces impressions légères s'effaçaient dans l'uniformité du mouvement continu qui me berçait [11], et qui, sans aucun concours actif de mon âme, ne laissait pas de m'attacher au point qu'appelé par l'heure et par le signal convenu, je ne pouvais m'arracher de là sans effort. (...)

De quoi jouit-on dans une pareille situation ? De rien d'extérieur à soi, de rien sinon de soi-même et de sa propre existence [12] ; tant que cet état dure, on se suffit à soi-même, comme Dieu [13]. Le sentiment de l'existence dépouillé de toute autre affection [14] est par lui-même un sentiment précieux de contentement et de paix, qui suffirait seul pour ₃₀ rendre cette existence chère et douce à qui saurait écarter de soi toutes les impressions sensuelles et terrestres qui viennent sans cesse nous en distraire, et en troubler ici-bas la douceur. Mais la plupart des hommes, agités de passions continuelles, connaissent peu cet état, et, ne l'ayant goûté qu'imparfaitement durant peu d'instants, n'en conservent qu'une idée obscure et confuse, qui ne leur en fait pas sentir le charme. Il ne serait pas même bon, dans la présente constitution des choses, qu'avides de ces douces extases, ils s'y dégoûtassent de la vie active dont leurs besoins toujours renaissants leur prescrivent le devoir [15]. Mais un infortuné qu'on a retranché de la société humaine, et qui ne peut plus ₄₀ rien faire ici-bas d'utile et de bon pour autrui ni pour soi, peut trouver, dans cet état, à toutes les félicités humaines des dédommagements que la fortune et les hommes ne lui sauraient ôter.

« Que ne puis-je aller finir mes jours dans cette île chérie !... Délivré de toutes les passions terrestres qu'engendre le tumulte de la vie sociale, mon âme s'élancerait fréquemment au-dessus de cette atmosphère et commercerait d'avance avec les intelligences célestes, dont elle espère augmenter le nombre dans peu de temps. Les hommes se garderont, je le sais, de me rendre un si doux asile où ils n'ont pas voulu me laisser. Mais ils ne m'empêcheront pas du moins de m'y transporter chaque jour sur les ailes de l'imagination, et d'y goûter durant quelques heures le même plaisir que si je l'habitais encore ».

— La promenade : *a) En quoi peut-elle satisfaire les goûts de* ROUSSEAU ? *– b) Distinguez les divers plans du paysage ; – c) Montrez qu'il est évoqué par le rythme plutôt que par le pittoresque.*
— La rêverie : *a) Expliquez comment s'opère le passage de l'état conscient à la rêverie ; – b) Définissez « l'état de rêverie » et analysez les raisons du plaisir qu'elle procure à* ROUSSEAU *; – c) Comment a-t-il suggéré l'évasion profonde que la rêverie lui apporte ?*
• **Groupe thématique :** ROUSSEAU **et la rêverie** d'après les extraits des *Confessions* et des *Rêveries*, la « 3ᵉ lettre à Malesherbes », p. 316, la notice sur la *Nouvelle Héloïse*, p. 280 : les circonstances favorables ; les divers modes de rêverie ; le bonheur qu'ils lui procurent.
— ***Commentaire composé*** *(l. 1-24). Sources diverses du bonheur ; suggestion et poème en prose.*

— 10 Symbolisme déjà romantique. Comment est suggérée la « légèreté » de ces impressions ? — 11 « Je sens des extases, des ravissements inexprimables à me fondre, pour ainsi dire, dans le système des êtres, à m'identifier avec la nature entière » *(Septième Promenade)*. — 12 Plaisir conforme à notre vraie nature : dans le *Discours sur l'inégalité*, Rousseau évoquait ainsi le bonheur de l'homme primitif : « Son âme, que rien n'agite, se livre *au seul sentiment de son existence actuelle* sans aucune idée de l'avenir ». — 13 Aspiration orgueilleuse et ingénue qui revient assez souvent dans les *Rêveries*. — 14 Aussi a-t-on pu qualifier cet état de « rêverie existentielle ». *Affection :* émotion des sens et de l'âme. — 15 Commenter cette mise au point essentielle. Rousseau a le sens des réalités, plus qu'on ne l'a prétendu (cf. p. 271 et 332).

Les Oublies

« Je sens que faire le bien est le plus vrai bonheur que le cœur humain puisse goûter » (*VI*e *Promenade*). ROUSSEAU lui-même n'est heureux que s'il a le sentiment de son *innocence* et de sa *bonté ;* mais, dit-il, « il y a longtemps que ce bonheur a été mis hors de ma portée ». Aussi se plaît-il, dans la NEUVIÈME PROMENADE, à se rendre témoignage de sa bonté par le souvenir des *douces et pures émotions* qu'il a éprouvées à embrasser un enfant, à distribuer des pommes aux petits Savoyards, à obliger un invalide ou, comme ici, à gâter de jeunes pensionnaires. — La scène se passe dans le parc de La Muette.

Une vingtaine de petites filles, conduites par une manière de religieuse, vinrent, les unes s'asseoir, les autres folâtrer assez près de nous. Durant leurs jeux, vint à passer un oublieur [1] avec son tambour et son tourniquet, qui cherchait pratique [2] : je vis que les petites filles convoitaient fort les oublies, et deux ou trois d'entre elles, qui apparemment possédaient quelques liards [3], demandèrent la permission de jouer. Tandis que la gouvernante hésitait et disputait, j'appelai l'oublieur et je lui dis : « Faites tirer toutes ces demoiselles chacune à son tour, et je vous paierai le tout. » Ce mot répandit dans toute la troupe une joie qui seule eût plus que payé ma bourse, quand je l'aurais toute
10 employée à cela.

Comme je vis qu'elles s'empressaient avec un peu de confusion, avec l'agrément de la gouvernante je les fis ranger toutes d'un côté, et puis passer de l'autre côté, l'une après l'autre, à mesure qu'elles avaient tiré. Quoiqu'il n'y eût point de billet blanc [4] et qu'il revînt au moins une oublie à chacune de celles qui n'auraient rien, (aucune d'elles ne pouvait donc être absolument mécontente), afin de rendre la fête encore plus gaie, je dis en secret à l'oublieur d'user de son adresse ordinaire en sens contraire, en faisant tomber autant de bons lots qu'il pourrait, et que je lui en tiendrais compte. Au moyen de cette prévoyance, il y eut près d'une centaine d'oublies distribuées, quoique les jeunes filles ne tirassent chacune
20 qu'une seule fois ; car là-dessus je fus inexorable, ne voulant ni favoriser des abus, ni marquer des préférences qui produiraient des mécontentements. Ma femme insinua à celles qui avaient de bons lots d'en faire part à leurs camarades, au moyen de quoi le partage devint presque égal, et la joie plus générale [5].

Je priai la religieuse de tirer à son tour, craignant fort qu'elle ne rejetât dédaigneusement mon offre ; elle l'accepta de bonne grâce, tira comme les pensionnaires, et prit sans façon ce qui lui revint. Je lui en sus un gré infini, et je trouvai à cela une sorte de politesse qui me plut fort, et qui vaut bien, je crois, celle des simagrées. Pendant toute cette opération, il y eut des disputes qu'on porta devant mon tribunal ; et ces petites filles, venant plaider tour à tour leur cause, me
30 donnèrent occasion de remarquer que, quoiqu'il n'y en eût aucune de jolie, la gentillesse de quelques-unes faisait oublier leur laideur.

Nous nous quittâmes enfin très contents les uns des autres, et cette après-midi fut une de celles de ma vie dont je me rappelle le souvenir avec le plus de satisfaction.

— 1 Marchand d'*oublies*, pâtisseries roulées en cornet, qu'il portait dans une boîte cylindrique : on tirait au sort au moyen d'un « tourniquet » le nombre d'oublies attribué à chaque mise. — 2 Clientèle. — 3 Menue monnaie : le quart d'un sou. — 4 Quand la flèche du tourniquet s'arrêtait sur une case blanche, la mise ne rapportait rien. — 5 N'est-ce pas conforme aux idées de Rousseau ?

BERNARDIN DE SAINT-PIERRE

Sa vie (1737-1814)   Né au Havre, BERNARDIN DE SAINT-PIERRE fait dès l'âge de 12 ans un voyage à la Martinique. Devenu ingénieur (1758), il est hanté par l'aventure et rêve de fonder une république idéale. Il voyage en Hollande, en Allemagne, en Russie, en Pologne (1761-1766), et surtout il fait un *long séjour à l'île de France* (1768-1770) qui lui laissera des souvenirs inoubliables. De retour en France, il se lie d'amitié avec ROUSSEAU, dont il partage l'amour de la nature et l'horreur de la civilisation. A partir de 1784, il publie les *Études de la Nature*, dont le 4ᵉ volume est un court roman, *Paul et Virginie* (1788). Il publiera encore la *Chaumière Indienne* et le *Café de Surate* (1790), et ses *Harmonies de la Nature* paraîtront en 1815.

Sa douceur humanitaire, ses romans idylliques donneraient de lui une image assez fausse : c'était sans doute un esprit chimérique, un enjôleur, mais aussi comme ROUSSEAU un nerveux à la sensibilité maladive. Cette sensibilité a fait de lui un grand artiste.

LES ÉTUDES DE LA NATURE

Publiées en 1784 et complétées à partir de 1796 par les *Harmonies de la Nature*, ces *Études* ont pour objet essentiel de démontrer la perfection de la Nature qui « n'a rien fait en vain » : BERNARDIN y discute les objections contre la Providence (I à VIII). Il conteste ensuite la prétendue science reposant sur la raison. Selon lui les vraies lois de la nature ne sont pas celles des physiciens mais celles que découvre notre cœur : lois de convenance, d'ordre, d'harmonie (cf. p. 345), de consonances, de progression, de contrastes, — car la Providence a organisé la nature tout entière pour le bonheur de l'homme (IX à XI). De même, les « lois morales de la Nature » nous sont connues non par la raison, mais par le sentiment qui nous révèle l'existence de Dieu et l'immortalité de l'âme (cf. p. 346). BERNARDIN passe enfin à « l'application des lois de la Nature aux maux de la société », vaste utopie humanitaire : il rêve d'une cité idéale où l'on enseignera « l'amour du genre humain » et de la bienfaisance, par le culte des grands hommes...

FÉERIE COLORÉE DES NUAGES

Voici, à propos de l'harmonie de la nature dans ses couleurs (*Étude X*), une description des nuages au coucher du soleil, sous les tropiques, comme il n'en existait pas encore dans notre langue. Sensible à tous les spectacles pittoresques, BERNARDIN DE SAINT-PIERRE a voulu peindre la nature pour elle-même : il excelle à mettre en place les éléments d'un tableau, à décrire les lignes, les formes, les mouvements et surtout les couleurs. « L'art de rendre la nature est si nouveau, disait-il, que les termes n'en sont pas encore inventés ». On verra comment son langage s'enrichit de termes techniques, de comparaisons, d'images, de notations subtiles, pour traduire avec exactitude ses sensations colorées et nous imposer la vision concrète du monde extérieur. Pour l'exotisme, cf. *Paul et Virginie*, p. 347.

J'ai aperçu dans les nuages des tropiques, principalement sur la mer et dans les tempêtes, toutes les couleurs qu'on peut voir sur la terre. Il y en a alors de cuivrées, de couleur de fumée de pipe, de brunes, de

rouges, de noires, de grises, de livides [1], de couleur marron, et de celle
de gueule de four enflammé. Quant à celles qui y paraissent dans les
jours sereins, il y en a de si vives et de si éclatantes qu'on n'en verra
jamais de semblables dans aucun palais, quand on y rassemblerait
toutes les pierreries du Mogol [2]. Quelquefois les vents alisés [3] du nord-
est ou du sud-est, qui y soufflent constamment, cardent les nuages
10 comme si c'étaient des flocons de soie ; puis ils les chassent à l'occident
en les croisant les uns sur les autres comme les mailles d'un panier à
jour. Ils jettent sur les côtés de ce réseau les nuages qu'ils n'ont pas
employés [4] et qui ne sont pas en petit nombre ; ils les roulent en énormes
masses blanches comme la neige, les contournent sur leurs bords en
forme de croupes, et les entassent les uns sur les autres comme les Cor-
dillères du Pérou, en leur donnant des formes de montagnes, de cavernes
et de rochers ; ensuite vers le soir, ils calmissent [5] un peu, comme s'ils
craignaient de déranger leur ouvrage. Quand le soleil vient à descendre
derrière ce magnifique réseau, on voit passer par toutes ses losanges [6]
20 une multitude de rayons lumineux qui y font un tel effet que les deux
côtés de chaque losange qui en sont éclairés paraissent relevés [7] d'un
filet d'or, et les deux autres, qui devraient être dans l'ombre, sont teints
d'un superbe nacarat [8]. Quatre ou cinq gerbes de lumière, qui s'élèvent
du soleil couchant jusqu'au zénith, bordent de franges d'or les sommets
indécis de cette barrière céleste et vont frapper des reflets de leurs feux
les pyramides des montagnes aériennes collatérales qui semblent être
d'argent et de vermillon [9]. C'est dans ce moment qu'on aperçoit au
milieu de leurs croupes redoublées une multitude de vallons qui s'é-
tendent à l'infini, en se distinguant à leur ouverture par quelque nuance
30 de couleur chair ou de rose. Ces vallons célestes présentent, dans leurs
divers contours, des teintes inimitables de blanc, qui fuient à perte
de vue dans le blanc, où des ombres se prolongent sans se confondre,
sur d'autres ombres. Vous voyez çà et là, sortis des flancs caverneux
de ces montagnes, des fleuves de lumière qui se précipitent en lingots
d'or et d'argent sur des rochers de corail. Ici, ce sont de sombres rochers
percés à jour, qui laissent apercevoir, par leurs ouvertures, le bleu pur
du firmament ; là ce sont de longues grèves sablées d'or, qui s'étendent
sur de riches fonds du ciel, ponceaux [10], écarlates et verts comme l'éme-
raude. La réverbération de ces couleurs occidentales se répand sur la
40 mer dont elle glace les flots azurés de safran et de pourpre. Les matelots,
appuyés sur les passavants [11] du navire, admirent en silence ces paysages
aériens. Quelquefois ce spectacle sublime se présente à eux à l'heure
de la prière et semble les inviter à élever leurs cœurs comme leurs yeux
vers les cieux [12].

— 1 « De couleur plombée » (Littré). —
2 Souverain du Nord de l'Inde. — 3 Vents
réguliers des tropiques. — 4 Chercher d'autres
termes qui assimilent l'action des vents à un
jeu volontaire et conscient. — 5 Se calment
(terme de marine). — 6 Encore féminin au
XVIIIᵉ s. — 7 Rehaussés. — 8 Rouge orangé
(terme technique). — 9 Rouge vif. — 10 Nom
du coquelicot, puis de sa *couleur*. — 11 Bastin-
gages du pont supérieur. — 12 Cf. Rousseau,
p. 317, l. 51-64.

– *Établissez un plan détaillé de cette description. Tracez un croquis du « paysage aérien ».*
– Les vents alisés. *a) Étudiez la variété et la précision des verbes exprimant leur action sur les nuages ; – b) Par quelles comparaisons l'auteur a-t-il évoqué les formes des nuages ?*
– *Montrez que sous l'effet du soleil, le « paysage aérien » esquissé par les vents acquiert : a) plus de profondeur ; – b) un mouvement qui contraste avec le calme du tableau.*
– Les couleurs. *a) Étudiez leur précision et leur variété ; – b) Relevez toutes les nuances du rouge contenues dans cette page ; – c) D'où sont tirées les comparaisons qui rehaussent le coloris ?*
● **Groupe thématique : Nature.** ROUSSEAU et BERNARDIN DE SAINT-PIERRE peintres de la nature.
● **Comparaison.** Comparez avec précision le lever de soleil décrit par ROUSSEAU (p. 302 et p. 308) et cette description de BERNARDIN DE SAINT-PIERRE : « Transportez-vous dans une campagne d'où l'on puisse apercevoir les premiers feux de l'aurore. Vous verrez d'abord blanchir, à l'horizon, le lieu où elle doit paraître...Cette blancheur monte insensiblement au ciel et se teint en jaune à quelques degrés au-dessus de l'horizon ; le jaune, en s'élevant à quelques degrés plus haut, passe à l'orange ; et cette nuance d'orangé s'élève au-dessus en vermillon vif qui s'étend jusqu'au zénith. De ce point vous apercevrez au ciel, derrière vous, le violet à la suite du vermillon, puis l'azur, ensuite le gros bleu ou indigo, et enfin le noir tout à fait à l'Occident. »

Mélancolie préromantique

L'*Étude XII* est consacrée à l'examen des sensations physiques et des « sentiments de l'âme » : *Du merveilleux ; Plaisir du mystère ; Plaisir de l'ignorance.* Dans les réflexions ci-dessous, intitulées *Du sentiment de la mélancolie,* on voit préluder certains thèmes majeurs du romantisme, que CHATEAUBRIAND « l'enchanteur » n'aura plus qu'à orchestrer magnifiquement : goût des spectacles et des bruits mélancoliques, volupté de la tristesse et des sensations étranges, sentiment de notre misère et de notre immortalité, mal de l'infini, plaisir de la solitude, et jusqu'à cet engouement du XVIIIᵉ siècle pour les ruines (cf. p. 222) qui deviendra plus tard la passion du « gothique ». Enfin, si nos émotions peuvent se refléter dans la nature, BERNARDIN observe avec ROUSSEAU (p. 284) que la nature aussi peut éveiller en nous des sentiments en harmonie avec ses spectacles.

L a nature est si bonne qu'elle tourne à notre plaisir tous ses phénomènes... Je prends, par exemple, du plaisir lorsqu'il pleut à verse, que je vois les vieux murs mousseux tout dégouttants d'eau, et que j'entends les murmures des vents qui se mêlent aux frémissements de la pluie. Ces bruits mélancoliques me jettent, pendant la nuit, dans un doux et profond sommeil... Je ne sais à quelle loi physique les philosophes peuvent rapporter les sensations de la mélancolie. Pour moi, je trouve que ce sont les affections de l'âme les plus voluptueuses. Cela vient, ce me semble, de ce qu'elle satisfait à la fois les deux puissances dont nous sommes formés, le corps et l'âme, le sentiment de notre misère et celui de
10 notre excellence. Ainsi, par exemple, dans le mauvais temps, le sentiment de ma misère humaine se tranquillise, en ce que je vois qu'il pleut, et que je suis à l'abri ; qu'il vente, et que je suis dans mon lit bien chaudement. Je jouis alors d'un bonheur négatif. Il s'y joint ensuite quelques-uns de ces attributs de la Divinité, dont les perceptions font tant de plaisir à notre âme, comme de l'infinité en étendue, par le murmure lointain des vents... Si je suis triste, et que je ne veuille pas étendre mon âme si loin, je goûte encore du plaisir à me laisser aller à la mélancolie que m'inspire le mauvais temps. Il me semble alors que la nature se conforme à ma situation, comme une tendre amie. Elle est, d'ailleurs, toujours si intéressante, sous quelque aspect qu'elle se montre, que quand il pleut, il me
20 semble voir une belle femme qui pleure. Elle me paraît d'autant plus belle qu'elle me semble plus affligée... Il faut, pour jouir du mauvais temps, que notre âme voyage, et que notre corps se repose. C'est par l'harmonie de ces deux puissances

de nous-mêmes que les plus terribles révolutions de la nature nous intéressent davantage que ses tableaux les plus riants...

PLAISIR DE LA RUINE. Le goût de la ruine est universel à tous les hommes. Nos voluptueux font construire des ruines artificielles dans leurs jardins ; les sauvages se plaisent à se reposer mélancoliquement sur le bord de la mer, surtout dans les tempêtes ; ou dans le voisinage d'une cascade au milieu des rochers... Lucrèce dit que ces sortes de goûts naissent du sentiment de notre sécurité, qui
30 redouble à la vue du danger dont nous sommes à couvert. Nous aimons, dit-il, à voir des tempêtes, du rivage... Ce genre de plaisir naît du sentiment de notre misère, qui est, comme nous l'avons dit, un des instincts de notre mélancolie. Mais nous avons encore en nous un sentiment plus sublime qui nous fait aimer les ruines, indépendamment de tout effet pittoresque, et de toute idée de sécurité ; c'est celui de la Divinité, qui se mêle toujours à nos affections mélancoliques, et qui en fait le plus grand charme... Les ruines occasionnées par le temps nous plaisent en nous jetant dans l'infini : elles nous portent à plusieurs siècles en arrière, et nous intéressent à proportion de leur antiquité... Les ruines, où la nature combat contre l'art des hommes, inspirent une douce mélancolie. Elle
40 nous y montre la vanité de nos travaux et la perpétuité des siens... Une belle architecture donne toujours de belles ruines. Les plans de l'art s'allient alors avec la majesté de ceux de la nature. Je ne trouve rien qui ait un aspect plus imposant que les tours antiques et bien élevées que nos ancêtres bâtissaient sur le sommet des montagnes, pour découvrir de loin leurs ennemis, et du couronnement desquelles sortent aujourd'hui de grands arbres dont les vents agitent les cimes. J'en ai vu d'autres dont les machicoulis et les créneaux, jadis meurtriers, étaient tout fleuris de lilas, dont les nuances d'un violet brillant et tendre formaient des oppositions charmantes avec les pierres de la tour, caverneuses et rembrunies. L'intérêt d'une ruine augmente quand il s'y joint quelque sentiment moral,
50 par exemple quand ces tours dégradées ont été les asiles du brigandage.

PLAISIR DES TOMBEAUX. Mais il n'y a point de monuments plus intéressants que les tombeaux des hommes... La mélancolie voluptueuse qui en résulte naît, comme toutes les sensations attrayantes, de l'harmonie de deux principes opposés, du sentiment de notre existence rapide et de celui de notre immortalité, qui se réunissent à la vue de la dernière habitation des hommes. Un tombeau est un monument placé sur les limites des deux mondes...

PLAISIR DE LA SOLITUDE. C'est encore la mélancolie qui rend la solitude si attrayante. La solitude flatte notre instinct animal, en nous offrant des abris d'autant plus tranquilles que les agitations de notre vie ont été plus grandes ;
60 et elle étend notre instinct divin, en nous donnant des perspectives où les beautés naturelles et morales se présentent avec tous les attraits du sentiment.

Art et naïveté

Avec les prétentions scientifiques de l'auteur et son mépris de la raison, les *Études de la Nature* sont un tissu d'erreurs et de naïvetés devenues célèbres. BERNARDIN persiste à placer la Terre au centre de l'univers, explique les marées par la fonte des glaces, s'extasie intarissablement sur les attentions de la Nature qui met les fruits et les fleurs à portée de nos mains, borde les écueils d'une frange d'écume pour nous les signaler à notre attention, nous fait distinguer « la noirceur des puces sur la blancheur de la peau » et nous offre des melons qui « sont divisés par côtes et semblent être destinés à être mangés en famille ». Mais cet écrivain n'en est pas moins *un de nos plus grands peintres de la nature* (cf. p. 344, 347, 350) : surpassant son maître ROUSSEAU, il annonce CHATEAUBRIAND et les romantiques.

Exotisme et pathétique

J.-M. Moreau le Jeune, « Les Adieux », dessin 1804.

L'artiste a suivi fidèlement le texte de Bernardin de Saint-Pierre (cf. **p. 350**). Scène pathétique et nettement préromantique : la nature exotique, dans son originale beauté, semble s'associer aux sentiments tourmentés qui agitent les personnages.

P.-P. Prud'hon, « Le Naufrage du Saint-Géran ». (Coll. particulière. Ph. © Bulloz. Photeb.)
Le thème de la gravure est puisé dans le texte de Paul et Virginie *(cf. p. 351) dont l'artiste préromantique souligne encore l'élément pathétique. On pourrait comparer cette scène de naufrage avec celle de* La Jeune Tarentine *(cf. p. 369) : Chénier, lui aussi, est sensible au pathétique, mais l'environnement mythologique nous pénètre d'une impression de grâce et de beauté mélancolique.*

« Ce qui sert à vos plaisirs est mouillé de nos larmes », gravure de F.-D. Née d'après J.-M. Moreau le Jeune, 1772. (Ph. © Bibl. Nat., Paris. Arch. Photeb.)
« Ce qui sert à vos plaisirs est mouillé de nos larmes » : l'artiste s'élève contre les sévices infligés aux esclaves noirs. Cette protestation est celle de Montesquieu (cf. p. 108) et de Voltaire (cf. p. 167). Dans Paul et Virginie *les deux familles qui vivent selon la nature traitent humainement les serviteurs noirs. Un des épisodes les plus touchants est celui de la démarche des deux enfants qui traversent montagnes et forêts pour aller implorer d'un maître cruel la grâce d'une « négresse marronne » (= esclave fugitive).*

PAUL ET VIRGINIE

Ce petit roman, qui forme la 4ᵉ partie des *Études* (1788), devait être une « application des lois des *Études de la Nature* au bonheur de deux familles malheureuses ». Nous fermons les yeux aujourd'hui sur la prédication philosophique à la Rousseau et sur les grâces désuètes et conventionnelles de certaines pages pour ne voir dans *Paul et Virginie* qu'une charmante *pastorale exotique :* peinture gracieuse et poétique de l'adolescence, des âmes pures, de la tendresse qui s'éveille inconsciemment dans les jeunes cœurs ; décor d'une nature tropicale, dont l'artiste des *Études* sait retracer la splendeur et les scènes puissantes jusqu'à nous donner une sensation intense de vérité.

BONHEUR DE LA VIE NATURELLE

Ce passage est comme l'illustration des intentions de l'auteur : « J'ai tâché, dit-il dans l'Avant-Propos, d'y peindre un sol et des végétaux différents de ceux de l'Europe... J'ai désiré réunir à la beauté de la nature, entre les tropiques, la beauté morale d'une petite société. Je me suis proposé aussi d'y mettre en évidence plusieurs grandes vérités, entre autres celle-ci, que notre bonheur consiste à vivre suivant la nature et la vertu ». On comprendra le succès de *Paul et Virginie* auprès des disciples de ROUSSEAU, charmés par le pittoresque du décor auquel s'ajoutait le piment de l'exotisme, et séduits par le bonheur de cette société primitive.

Deux Françaises vivent côte à côte, dans le cadre magnifique de l'île de France (l'actuelle île Maurice), dans l'Océan Indien. Mme de la Tour a une fille, Virginie ; son amie Marguerite a un fils nommé Paul. Ces deux adolescents grandissent ensemble, unis par une fraternelle affection. Le narrateur, un vieillard de l'île, va décrire d'abord à l'auteur le site charmant d'une fontaine, appelé « Le Repos de Virginie », puis évoquer le bonheur de ces deux familles.

On avait laissé cet enfoncement du rocher tel que la nature l'avait orné. Sur ses flancs bruns et humides rayonnaient en étoiles vertes et noires, de larges capillaires ¹, et flottaient au gré des vents des touffes de scolopendre, suspendues comme de longs rubans d'un vert pourpré. Près de là croissaient des lisières de pervenches dont les fleurs sont presque semblables à celles de la giroflée rouge, et des piments, dont les gousses couleur de sang sont plus éclatantes que le corail. Aux environs, l'herbe de baume ² dont les feuilles sont en cœur, et les basilics à odeur de girofle exhalaient les plus doux parfums. Du haut de l'escar-
10 pement de la montagne, pendaient des lianes semblables à des draperies flottantes qui formaient sur les flancs des rochers de grandes courtines ³ de verdure. Les oiseaux de mer, attirés par ces retraites paisibles, y venaient passer la nuit. Virginie aimait à se reposer sur les bords de cette fontaine, décorés d'une pompe à la fois magnifique et sauvage. Souvent elle y venait laver le linge de la famille à l'ombre des deux cocotiers.

— 1 Variété de fougères, ainsi que le scolopendre. — 2 Sorte de balsamine. — 3 Rideaux.

Quelquefois elle y menait paître ses chèvres. Pendant qu'elle préparait des fromages avec leur lait, elle se plaisait à les voir brouter les capillaires sur les flancs escarpés de la roche, et se tenir en l'air sur une de ses corniches comme sur un piédestal. Paul, voyant que ce lieu était aimé de Virginie, y apporta de la forêt voisine des nids de toute sorte d'oiseaux. Les pères et les mères de ces oiseaux suivirent leurs petits, et vinrent s'établir dans cette colonie. Virginie leur distribuait de temps en temps des grains de riz, de maïs et de millet. Dès qu'elle paraissait, les merles siffleurs, les bengalis, dont le ramage est si doux, les cardinaux, dont le plumage est couleur de feu, quittaient leurs buissons : des perruches vertes comme des émeraudes descendaient des lataniers [4] voisins, des perdrix accouraient sous l'herbe : tous s'avançaient pêle-mêle jusqu'à ses pieds, comme des poules. Paul et elle s'amusaient avec transport de leurs jeux, de leurs appétits et de leurs amours.

Aimables enfants, vous passiez ainsi dans l'innocence vos premiers jours en vous exerçant aux bienfaits ! Combien de fois, dans ce lieu, vos mères, vous serrant dans leurs bras, bénissaient le ciel de la consolation que vous prépariez à leur vieillesse, et de vous voir entrer dans la vie sous de si heureux auspices ! Combien de fois, à l'ombre de ces rochers, ai-je partagé avec elles vos repas champêtres, qui n'avaient coûté la vie à aucun animal ! des calebasses pleines de lait, des œufs frais, des gâteaux de riz sur des feuilles de bananier, des corbeilles chargées de patates [5], de mangues [6], d'oranges, de grenades, de bananes, d'attes [7], d'ananas, offraient à la fois les mets les plus sains, les couleurs les plus gaies et les sucs les plus agréables.

La conversation était aussi douce et aussi innocente que ces festins. Paul y parlait souvent des travaux du jour et de ceux du lendemain. Il méditait toujours quelque chose d'utile pour la société [8]. Ici, les sentiers n'étaient pas commodes ; là, on était mal assis ; ces jeunes berceaux ne donnaient pas assez d'ombrage ; Virginie serait mieux là.

Dans la saison pluvieuse, ils passaient le jour tous ensemble dans la case, maîtres et serviteurs [9], occupés à faire des nattes d'herbes et des paniers de bambou. On voyait rangés dans le plus grand ordre, aux parois de la muraille, des râteaux, des haches, des bêches ; et auprès de ces instruments de l'agriculture, les productions qui en étaient les fruits : des sacs de riz, des gerbes de blé et des régimes de bananes. La délicatesse s'y joignait toujours à l'abondance. Virginie, instruite par Marguerite et par sa mère, y préparait des sorbets [10] et des cordiaux avec le jus des cannes à sucre, des citrons et des cédrats [11].

La nuit venue, ils soupaient à la lueur d'une lampe ; ensuite Mme de La Tour ou Marguerite racontait quelques histoires de voyageurs

---

— 4 Sorte de palmier. — 5 Racines tuberculeuses et sucrées de certaines plantes. — 6 Fruits exotiques, ayant « un goût vineux et agréable » (Bernardin). — 7 Sorte d'ananas. —

8 C'est l'idéal de la vertu au XVIIIe siècle. Cf. p. 238 et 303. — 9 Cf. Rousseau, p. 289. — 10 Boisson sucrée, à base de jus de fruits. — 11 Sorte de citron.

égarés la nuit dans les bois de l'Europe infestés de voleurs, ou le naufrage
de quelque vaisseau jeté par la tempête sur les rochers d'une île déserte [12].
60 A ces récits, les âmes sensibles de leurs enfants s'enflammaient : ils
priaient le ciel de leur faire la grâce d'exercer quelque jour l'hospitalité
envers de semblables malheureux [13]. Cependant les deux familles se
séparaient pour aller prendre du repos, dans l'impatience de se revoir
le lendemain. Quelquefois elles s'endormaient au bruit de la pluie
qui tombait par torrents sur la couverture de leurs cases, ou à celui des
vents qui leur apportaient le murmure lointain des flots qui se brisaient
sur le rivage. Elles bénissaient Dieu de leur sécurité personnelle, dont
le sentiment redoublait par celui du danger éloigné [14].

De temps en temps Mme de La Tour lisait publiquement quelque
histoire touchante de l'Ancien ou du Nouveau Testament. Ils raison-
70 naient peu sur ces livres sacrés ; car leur théologie était toute en sentiment, comme celle de la nature, et leur morale toute en action, comme
celle de l'Évangile [15]. Ils n'avaient point de jours destinés aux plaisirs,
et d'autres à la tristesse. Chaque jour était pour eux un jour de fête,
et tout ce qui les environnait un temple divin où ils admiraient sans
cesse une intelligence infinie, toute-puissante et amie des hommes. Ce
sentiment de confiance dans le pouvoir suprême les remplissait de
consolation pour le passé, de courage pour le présent, et d'espérance
pour l'avenir. Voilà comme ces femmes, forcées par le malheur de
rentrer dans la nature, avaient développé en elles-mêmes et dans leurs
80 enfants ces sentiments que donne la nature pour nous empêcher de
tomber dans le malheur.

– La « fontaine ». *Étudiez la description du paysage (lignes, formes, couleurs, nuances) ; comment l'auteur a-t-il varié et animé sa description ? Quelles sont les impressions dominantes ?*
– Un Paradis retrouvé. *En quoi cette évocation illustre-t-elle cette formule de l'auteur dans l'Avant Propos du roman : « Le bonheur consiste à vivre selon la nature et la vertu » ?*
• **Groupe thématique : Le bonheur.** Soulignez l'influence de ROUSSEAU (sentiments, vertu, religion). Rapprochez cette peinture de celle des « Bons Troglodytes » p. 89 ; opposez-la à celle de la vie heureuse décrite par VOLTAIRE dans *Le Mondain*, p. 128.
– Exotisme. *Selon P. Trahard, cet exotisme « n'est pas un luxe de peintre ; il est une nécessité pour le moraliste » : commentez, à ce propos, le lien entre le paysage et la peinture des âmes naturelles.*

« Ainsi croissaient ces deux enfants de la nature. Aucun souci n'avait ridé leur front ;
aucune intempérance n'avait corrompu leur sang ; aucune passion malheureuse n'avait
dépravé leur cœur : l'amour, l'innocence, la piété développaient chaque jour la beauté
de leur âme, en grâces ineffables, dans leurs traits, leurs attitudes et leurs mouvements. »
*Devinant que leurs enfants s'aiment sans s'en apercevoir encore, les deux mères décident de les
marier lorsqu'ils en auront l'âge. Or, le gouverneur de l'île vient inviter Virginie à se rendre
en France, auprès d'une tante qui veut lui donner une éducation mondaine et lui léguer sa
fortune. Paul est accablé de douleur, et Virginie, la mort dans l'âme, obéit à sa mère.*

— 12 Bernardin de Saint-Pierre prépare ainsi le dénouement (cf. p. 351). — 13 L'auteur vient de conter un long et pénible voyage de Paul et Virginie pour reconduire à son maître une esclave fugitive et obtenir son pardon. — 14 Cf. p. 345, l. 1-24. — 15 Cf. p. 308-312.

LA NUIT TROPICALE

C'est la dernière entrevue de Paul et de Virginie. L'auteur s'inspire visiblement de la
Promenade sur le Lac dans la *Nouvelle Héloïse* (cf. p. 287). La situation est différente,
mais ici encore, par ses *harmonies* et ses *contrastes*, la nature se trouve mystérieusement
accordée avec l'état d'âme complexe des personnages. Mais si le romancier est disciple
de Rousseau, le peintre annonce déjà Chateaubriand qui se souviendra de cette page
pour évoquer le mystère, les silences et les bruits sourds de la nuit américaine.

Cependant, l'heure du souper étant venue, on se mit à table,
où chacun des convives, agité de passions différentes, mangea peu,
et ne parla point. Virginie en sortit la première, et fut s'asseoir au lieu
où nous sommes. Paul la suivit bientôt après, et vint se mettre auprès
d'elle. L'un et l'autre gardèrent quelque temps un profond silence.
Il faisait une de ces nuits délicieuses, si communes entre les tropiques,
et dont le plus habile pinceau ne rendrait pas la beauté. La lune paraissait
au milieu du firmament, entourée d'un rideau de nuages, que ses rayons
dissipaient par degrés. Sa lumière se répandait insensiblement sur les
10 montagnes de l'île et sur leurs pitons, qui brillaient d'un vert argenté.
Les vents retenaient leurs haleines. On entendait dans les bois, au fond
des vallées, au bout des rochers, de petits cris, de doux murmures
d'oiseaux qui se caressaient dans leurs nids, réjouis par la clarté de la
nuit et la tranquillité de l'air. Tous, jusqu'aux insectes, bruissaient sous
l'herbe. Les étoiles étincelaient au ciel et se réfléchissaient au sein de la
mer, qui répétait leurs images tremblantes. Virginie parcourait avec des
regards distraits son vaste et sombre horizon, distingué du rivage de
l'île par les feux rouges des pêcheurs. Elle aperçut à l'entrée du port
une lumière et une ombre : c'était le fanal et le corps du vaisseau où
20 elle devait s'embarquer pour l'Europe, et qui, prêt à mettre à la voile,
attendait à l'ancre la fin du calme. A cette vue, elle se troubla, et détourna
la tête pour que Paul ne la vît pas pleurer.

VIRGINIE *s'unit à* PAUL *par un engagement solennel :* « O mon ami, j'atteste les plaisirs
de notre premier âge, tes maux, les miens, et tout ce qui doit lier à jamais deux infortunés,
si je reste, de ne vivre que pour toi ; si je pars, de revenir un jour pour être à toi ».

– Composition : a) *Expliquez le rôle du prélude (l. 1-5) ;* – b) *Étudiez en quoi les éléments successifs du tableau
contribuent à l'émotion qui s'empare de Virginie.*
– *Ce paysage est-il aussi pittoresque que celui de la p. 343 ? Pourquoi cette différence ?*
– *Étudiez la relation entre les notations et les intentions psychologiques :* a) *les unes en harmonie avec les « sentiments
délicieux » ;* – b) *les autres en contraste avec les inquiétudes.*
• **Comparaison** : cf. Rousseau, « La promenade sur le lac », p. 287 : ressemblances et différences.
– **Commentaire composé.** Les sentiments ; les notations et les moyens stylistiques qui contribuent à suggérer l'état d'âme
des personnages.

A Paris, dans la société artificielle et corrompue du monde civilisé, VIRGINIE aspire à retrouver
la vie simple et heureuse de l'île de France ; quant à PAUL, il vit dans la pensée constante de la jeune
fille, et désespère de la voir revenir. Or, un soir de décembre, on apporte un message annonçant
l'arrivée prochaine de VIRGINIE sur le *Saint-Géran*. Malheureusement, en pleine nuit, le navire
se trouve poussé sur des récifs par une mer démontée. VIRGINIE *périt dans le naufrage* (cf. p. 351).
L'esprit égaré, PAUL *ne survivra pas à son désespoir. Il repose maintenant auprès de* VIRGINIE.

Le naufrage du Saint-Géran

Le naufrage du *Saint-Géran*, qui a eu lieu réellement, mais au mois d'août, donne une saisissante impression de vérité. L'auteur a su nous faire vivre intensément ce drame de la mer auquel se trouve lié l'épisode le plus dramatique de son roman. La beauté et la sérénité de Virginie dans la mort serviront de modèle à Chateaubriand quand il évoquera le dernier sommeil d'*Atala*.

Vers les neuf heures du matin, on entendit du côté de la mer des bruits épouvantables, comme si des torrents d'eau, mêlés à des tonnerres, eussent roulé du haut des montagnes. Tout le monde s'écria : « Voilà l'ouragan ! » et dans l'instant un tourbillon affreux de vent enleva la brume qui couvrait l'île d'Ambre [1] et son canal. Le *Saint-Géran* parut alors à découvert avec son pont chargé de monde, ses vergues et ses mâts de hunes [2] amenés sur le tillac, son pavillon en berne, quatre câbles sur son avant, et un de retenue sur son arrière. Il était mouillé entre l'île d'Ambre et la terre, en deçà de la ceinture de récifs qui entoure l'île de France, et qu'il avait franchie par un endroit où
10 jamais vaisseau n'avait passé avant lui. Il présentait son avant aux flots qui venaient de la pleine mer, et à chaque lame d'eau qui s'engageait dans le canal, sa proue se soulevait tout entière, de sorte qu'on en voyait la carène [3] en l'air ; mais, dans ce mouvement, sa poupe, venant à plonger, disparaissait à la vue jusqu'au couronnement, comme si elle eût été submergée. Dans cette position où le vent et la mer le jetaient à terre, il lui était également impossible de s'en aller par où il était venu, ou, en coupant ses câbles, d'échouer sur le rivage, dont il était séparé par de hauts-fonds semés de récifs. Chaque lame qui venait briser sur la côte s'avançait en mugissant jusqu'au fond des anses, et y jetait des galets à plus de cinquante pieds dans les terres; puis, venant à se retirer, elle découvrait
20 une grande partie du lit du rivage dont elle roulait les cailloux avec un bruit rauque et affreux. La mer, soulevée par le vent, grossissait à chaque instant, et tout le canal compris entre cette île [4] et l'île d'Ambre n'était qu'une vaste nappe d'écumes blanches, creusée de vagues noires et profondes. Ces écumes s'amassaient dans le fond des anses à plus de six pieds de hauteur, et le vent, qui en balayait la surface, les portait par-dessus l'escarpement du rivage à plus d'une demi-lieue dans les terres. A leurs flocons blancs et innombrables qui étaient chassés horizontalement jusqu'au pied des montagnes, on eût dit d'une neige qui sortait de la mer. L'horizon offrait tous les signes d'une longue tempête ; la mer y paraissait confondue avec le ciel. Il s'en détachait sans cesse des nuages
30 d'une forme horrible, qui traversaient le zénith avec la vitesse des oiseaux, tandis que d'autres y paraissaient immobiles comme de grands rochers. On n'apercevait aucune partie azurée du firmament ; une lueur olivâtre et blafarde éclairait seule tous les objets de la terre, de la mer et des cieux.

Dans les balancements du vaisseau, ce qu'on craignait arriva : les câbles de son avant rompirent ; et, comme il n'était plus retenu que par une seule aussière [5], il fut jeté sur les rochers [6] à une demi-encablure [7] du rivage. Ce ne fut qu'un cri de douleur parmi nous. Paul allait s'élancer à la mer, lorsque je le saisis par le bras : « Mon fils, lui dis-je, voulez-vous périr ? — Que j'aille à son secours, s'écria-t-il, ou que je meure ! » Comme le désespoir lui ôtait la raison, pour
40 prévenir sa perte Domingue et moi lui attachâmes à la ceinture une longue corde dont nous saisîmes l'une des extrémités. Paul alors s'avança vers le *Saint-Géran*,

---

— 1 Située au N.-E. de l'île de France. — 2 Partie supérieure des mâts ; les vergues sont les pièces de bois qui, en travers des mâts, soutiennent les voiles. — 3 Partie de la coque habituellement submergée. — 4 L'île de France où se trouve le narrateur. — 5 Ou *haussière* : gros câble. — 6 Cf. l. 17. — 7 Environ 100 m.

tantôt nageant, tantôt marchant sur les récifs. Quelquefois il avait l'espoir de l'aborder, car la mer, dans ses mouvements irréguliers, laissait le vaisseau presque à sec, de manière qu'on eût pu en faire le tour à pied ; mais bientôt après, revenant sur ses pas avec une nouvelle furie, elle le couvrait d'énormes voûtes d'eau qui soulevaient tout l'avant de sa carène, et rejetaient bien loin sur le rivage le malheureux Paul les jambes en sang, la poitrine meurtrie, et à demi noyé. À peine ce jeune homme avait-il repris l'usage de ses sens, qu'il se relevait et retournait avec une nouvelle ardeur vers le vaisseau, que la mer cependant entr'ouvrait par
50 d'horribles secousses. Tout l'équipage, désespérant alors de son salut, se précipitait en foule à la mer sur des vergues, des planches, des cages à poules, des tables et des tonneaux. On vit alors un objet [8] digne d'une éternelle pitié : une jeune demoiselle parut dans la galerie de la poupe du *Saint-Géran*, tendant les bras vers celui qui faisait tant d'efforts pour la joindre. C'était Virginie. Elle avait reconnu son amant [9] à son intrépidité. La vue de cette aimable personne, exposée à un si terrible danger, nous remplit de douleur et de désespoir. Pour Virginie, d'un port noble et assuré, elle nous faisait signe de la main, comme nous disant un éternel adieu. Tous les matelots s'étaient jetés à la mer. Il n'en restait plus qu'un sur le pont qui était tout nu [10] et nerveux [11] comme Hercule.
60 Il s'approcha de Virginie avec respect : nous le vîmes se jeter à ses genoux et s'efforcer même de lui ôter ses habits ; mais elle, le repoussant avec dignité, détourna de lui sa vue. On entendit aussitôt ces cris redoublés des spectateurs : « Sauvez-la, sauvez-la, ne la quittez pas ! » Mais dans ce moment, une montagne d'eau d'une effroyable grandeur s'engouffra entre l'île d'Ambre et la côte, et s'avança en rugissant vers le vaisseau qu'elle menaçait de ses flancs noirs et de ses sommets écumants. A cette terrible vue, le matelot s'élança seul à la mer ; et Virginie, voyant la mort inévitable, posa une main sur ses habits, l'autre sur son cœur, et, levant en haut des yeux sereins, parut un ange qui prend son vol vers les cieux [12]. O jour affreux ! hélas ! tout fut englouti. (...)
70 Cependant on avait mis Paul, qui commençait à reprendre ses sens, dans une maison voisine, jusqu'à ce qu'il fût en état d'être transporté à son habitation. Pour moi, je m'en revins avec Domingue, afin de préparer la mère de Virginie et son amie à ce désastreux événement. Quand nous fûmes à l'entrée du vallon de la rivière des Lataniers, des noirs nous dirent que la mer jetait beaucoup de débris du vaisseau dans la baie vis-à-vis. Nous y descendîmes, et un des premiers objets que j'aperçus sur le rivage fut le corps de Virginie. Elle était à moitié couverte de sable, dans l'attitude où nous l'avions vu périr. Ses traits n'étaient point sensiblement altérés. Ses yeux étaient fermés ; mais la sérénité était encore sur son front : seulement, les pâles violettes de la mort se confondaient sur ses
80 joues avec les roses de la pudeur. Une de ses mains était sur ses habits, et l'autre, qu'elle appuyait sur son cœur, était fortement fermée et raidie. J'en dégageai avec peine une petite boîte ; mais quelle fut ma surprise lorsque je vis que c'était le portrait de Paul [13], qu'elle lui avait promis de ne jamais abandonner tant qu'elle vivrait ! A cette dernière marque de la constance et de l'amour de cette fille infortunée, je pleurai amèrement.

- La tempête : *a) Comment l'auteur a-t-il suggéré la puissance des bruits et des mouvements de la mer ? – b) Quels autres détails donnent une impression de vérité ?*
- Le naufrage : *a) Étapes successives ; visions les plus impressionnantes ; – b) Valeur dramatique et pathétique de l'épisode final du naufrage ; – c) Intentions de l'auteur au dernier §.*
- *Rapprochement : CHÉNIER, « La Jeune Tarentine », p. 369.*

— 8 Spectacle. — 9 « Qui aime et qui est aimé ». — 10 Pour nager plus facilement. — 11 Musclé. | — 12 Cf. la gravure de Prudhon. — 13 Portrait de saint Paul, que Paul lui avait offert.

LA POÉSIE AU XVIIIᵉ SIÈCLE

A en croire les contemporains qui égalent un J.-B. ROUSSEAU à ORPHÉE, un ÉCOUCHARD-LEBRUN à PINDARE, un BERTIN à PROPERCE, le XVIIIᵉ siècle pourrait s'enorgueillir d'une pléiade de génies poétiques. En fait, après l'éclatante floraison du lyrisme romantique, ces réputations paraîtront bien surfaites et l'on s'apercevra que le siècle des lumières a connu au contraire une véritable *crise de la poésie*, et n'offre — encore est-ce sur son déclin — qu'un seul grand poète, ANDRÉ CHÉNIER.

La crise
de la poésie De l'épopée à l'épigramme, tous les genres traditionnels subsistent ; pourtant, faute d'un milieu favorable, *la poésie manque d'âme* et *tend à dégénérer en versification artificielle ;* elle se réduit à des *procédés :* allusions mythologiques, mots « nobles », périphrases, figures de rhétorique, éloquence. Soumise à une attaque en règle au début du siècle, elle reste entravée ensuite par le rationalisme philosophique et risque de n'être plus qu'ornement frivole ou divertissement mondain.

1. LES ATTAQUES DES MODERNES. S'attachant beaucoup plus aux idées qu'à l'art littéraire, les Modernes en viennent à méconnaître complètement la poésie. Après avoir écrit de nombreux poèmes, HOUDART DE LA MOTTE s'avise de composer une ode en prose et d'établir la *supériorité de la prose sur la poésie*. Le langage poétique ne serait qu'une acrobatie pénible, vaine et même dangereuse : « Le but du discours n'étant que de se faire entendre, il ne paraît pas raisonnable de s'imposer une contrainte qui nuit souvent à ce dessein et qui exige beaucoup plus de temps pour y réduire sa pensée qu'il n'en faudrait pour suivre simplement l'ordre naturel de ses idées » (*Discours sur la poésie,* 1707). Son ami FONTENELLE lui fait écho : « Que serait-ce si l'on venait à découvrir... qu'il y a de la puérilité à gêner son langage uniquement pour flatter l'oreille, et à le gêner au point que souvent on en dit moins ce qu'on voulait, et quelquefois autre chose ? » *(Traité sur la poésie.)* L'abbé DE PONS déclare sans ambages : « Je crois donc que l'art des vers est un art frivole ; que si les hommes étaient convenus de les proscrire, non seulement nous ne perdrions rien, mais que nous gagnerions beaucoup. » *(Dissertation sur le poème épique).*

2. POÉSIE ET ESPRIT PHILOSOPHIQUE. La poésie trouve un fervent défenseur en la personne de VOLTAIRE, mais Voltaire lui-même doit admettre que *l'esprit du temps n'est pas favorable à la création poétique*. Il écrit dans *Ce qui plaît aux dames :*

On a banni les démons et les fées ;	Le raisonner tristement s'accrédite ;
Sous la raison les grâces étouffées	On court, hélas ! après la vérité :
Livrent nos cœurs à l'insipidité ;	Ah ! croyez-moi, l'erreur a son mérite.

De son côté D'ALEMBERT s'inquiète, dans le *Discours préliminaire* de l'*Encyclopédie :* « Cet esprit philosophique, si à la mode aujourd'hui, qui veut tout voir et ne rien supposer, s'est répandu jusque dans les belles-lettres ; on prétend même qu'il est nuisible à leurs progrès, et il est difficile de se le dissimuler ». De fait, cette *stérilité poétique* semble la rançon du triomphe de *l'esprit critique* et de la *raison :* on a perdu le sens et le goût du *mystère,* on ne conçoit plus que la poésie puisse être, elle aussi, *un mode de connaissance.*

3. LA POÉSIE DIVERTISSEMENT MONDAIN. On goûte surtout les petits genres, la poésie légère, satirique ou galante. Toute une production spirituelle et piquante, mais éphémère, répond à l'attente du public. Les poètes deviennent des amuseurs, la

poésie un art d'agrément. *Sa dignité même se trouve menacée :* dans l'art des vers, de grands esprits comme Montesquieu, Vauvenargues ou Buffon ne voient guère que futilité.

L'évolution de la poésie Pourtant la seconde moitié du siècle verra s'accomplir une évolution. Sans renoncer à la rhétorique ni à l'imitation des anciens et des maîtres du XVIIᵉ siècle, les poètes s'orientent vers un lyrisme plus personnel et plus moderne. Gagnés peu à peu par le goût de la *sensibilité* (cf. p. 261), moins épris de froide raison, auteurs et lecteurs communient dans une mélancolie élégiaque. A la *poésie pseudo-classique* se substitue insensiblement le *lyrisme préromantique.* D'autre part Diderot revendique les droits du génie et se fait l'annonciateur de temps nouveaux (cf. p. 203). Sa prophétie ne se réalisera qu'au XIXᵉ siècle, mais elle traduit un changement d'atmosphère. La poésie va cesser d'être l'esclave de la raison ; lyrisme préromantique (cf. p. 263), enthousiasme créateur, ces aspirations nouvelles trouveront en CHÉNIER un interprète inspiré.

JEAN-BAPTISTE ROUSSEAU (1671-1741)

JEAN-BAPTISTE ROUSSEAU avait commencé une brillante carrière poétique lorsqu'il fut frappé de *bannissement* pour des vers diffamatoires qu'il se défendait d'ailleurs d'avoir composés (1712). Il connut alors la tristesse et l'amertume de l'exil ; revenu un moment à Paris (1738), il ne tarda pas à quitter de nouveau la France, et mourut à Bruxelles en 1741. *Pénible destinée* qui contraste avec sa *gloire littéraire,* car il fut considéré comme le plus grand poète de son temps.

Aigri et désabusé, J.-B. ROUSSEAU exprime dans des *épigrammes* très réussies ses rancœurs et ses déceptions (cf. p. 356), mais il fut surtout célèbre par ses *Odes* et ses *Cantates.* Continuateur de MALHERBE et de BOILEAU qui l'avait encouragé à ses débuts, il cultive le *lyrisme impersonnel* dans de grandes odes ambitieuses, plus éloquentes qu'inspirées, pompeuses et froides, mais qui ont de l'ampleur et du mouvement. Les contemporains en goûtaient la majesté, les souvenirs antiques, et se plaisaient à y reconnaître le « beau désordre » prôné par Boileau, qui n'exclut point une solide armature logique. Cette poésie formelle a beaucoup vieilli ; pourtant on lit encore avec intérêt une pièce comme la cantate de *Circé.*

CIRCÉ

On a longtemps considéré cette *cantate* de J.-B. ROUSSEAU comme un chef-d'œuvre lyrique. Sans en méconnaître les mérites, nous la plaçons aujourd'hui beaucoup moins haut. Cette poésie savante est gâtée par *l'abus de la mythologie* et par la *fadeur* de certains accents. L'utilisation habile de modèles antiques, l'art de la versification et la sûreté de la technique ne peuvent dissimuler *l'absence d'une inspiration sincère et spontanée.* La magicienne CIRCÉ a été abandonnée dans son île par Ulysse dont elle s'était éprise *(Odyssée).* J.-B. Rousseau imite les plaintes de Didon et d'Ariane, abandonnées l'une par Enée (VIRGILE, *Enéide,* IV), l'autre par Thésée (CATULLE, *Epithalame*) ; pour les opérations magiques de Circé, il emprunte des détails à VIRGILE et à OVIDE (*Métam.,* XIV).

> Sur un rocher désert, l'effroi de la nature,
> Dont l'aride sommet semble toucher les cieux,
> Circé, pâle, interdite, et la mort dans les yeux [1],
>   Pleurait sa funeste aventure.
>   Là ses yeux, errant sur les flots [2],

— 1 Cf. Didon « pâle de sa mort prochaine », v. 644. — 2 Cf. Ariane : « on raconte qu'elle gravissait, désolée, les monts abrupts d'où elle pouvait étendre son regard sur les vastes

D'Ulysse fugitif semblaient suivre la trace.
Elle croit voir encor son volage héros ;
Et, cette illusion soulageant sa disgrâce,
    Elle le rappelle en ces mots,
10 Qu'interrompent cent fois ses pleurs et ses sanglots :

    Cruel auteur des troubles de mon âme,
    Que la pitié retarde un peu tes pas ;
    Tourne un moment tes yeux sur ces climats,
    Et, si ce n'est pour partager ma flamme,
    Reviens du moins pour hâter mon trépas [3].

    Ce triste cœur devenu ta victime
    Chérit encor l'amour qui l'a surpris ;
    Amour fatal ! ta haine en est le prix ;
    Tant de tendresse, ô dieux ! est-elle un crime,
20   Pour mériter de si cruels mépris ?

    Cruel auteur des troubles de mon âme, etc. [4]

C'est ainsi qu'en regrets sa douleur se déclare.
Mais bientôt, de son art employant le secours,
Pour rappeler l'objet de ses tristes amours
Elle invoque à grands cris tous les dieux du Ténare [5],
Les Parques, Némésis, Cerbère, Phlégéton [6],
Et l'inflexible Hécate [7], et l'horrible Alecton [8].
Sur un autel sanglant l'affreux bûcher s'allume ;
La foudre dévorante aussitôt le consume ;
30 Mille noires vapeurs obscurcissent le jour ;
Les astres de la nuit interrompent leur course,
Les fleuves étonnés remontent vers leur source [9],
Et Pluton même tremble en son obscur séjour.

Sa voix redoutable	La terre tremblante 40
Trouble les enfers.	Frémit de terreur.
Un bruit formidable	L'onde turbulente
Gronde dans les airs.	Mugit de fureur.
Un voile effroyable	La lune sanglante
Couvre l'univers.	Recule d'horreur [10].

flots déserts », v. 126-127. — 3 Didon : « Je ne lui demande qu'un délai insignifiant, le temps d'apaiser ma folie ;... s'il m'accorde cette grâce suprême, ma mort l'en récompensera avec usure », v. 433, 435-36. — 4 Reprise, en refrain, de la strophe 2. — 5 Cap au S. du Péloponèse où la légende plaçait l'entrée des Enfers. — 6 Fleuve de feu, dans le Tartare. — 7 La Diane infernale, patronne de la magie. — 8 Ou *Alecto*, Furie (ainsi que Mégère et Tisiphone). *Horrible* : sa chevelure est hérissée de serpents. Cf. Ovide : Circé « invoque la Nuit, les dieux de la Nuit, l'Erèbe et le Chaos, et elle prie Hécate avec de longs hurlements », v. 404-405. — 9 Didon décrit ainsi le pouvoir d'une magicienne : « Elle se fait fort... d'arrêter le cours des fleuves et de renverser la marche des astres ; la nuit elle évoque les mânes ; tu entendras la terre mugir sous ses pieds », v. 489-491. — 10 Cf. Ovide : par ses incantations, Circé « obscurcit la face neigeuse de la lune » (v. 367) ; « le ciel se couvre et la terre exhale des brouillards » (369-70) ; « le sol gémit..., les rochers poussent des mugissements rauques » (407, 409).

Dans le sein de la mort ses noirs enchantements
      Vont troubler le repos des ombres ;
Les mânes effrayés quittent leurs monuments [11] ;
L'air retentit au loin de leurs longs hurlements,
50 Et les vents, échappés de leurs cavernes sombres,
Mêlent à leurs clameurs d'horribles sifflements [12].
Inutiles efforts ! amante infortunée,
D'un dieu [13] plus fort que toi dépend ta destinée.
Tu peux faire trembler la terre sous tes pas,
Des enfers déchaînés allumer la colère,
      Mais tes fureurs ne feront pas
      Ce que tes attraits n'ont pu faire.

Ce n'est point par effort qu'on aime ;
L'amour est jaloux de ses droits ;
60 Il ne dépend que de lui-même.
On ne l'obtient que par son choix ;
Tout reconnaît sa loi suprême,
Lui seul ne connaît point de lois.

Dans les champs que l'hiver désole
Flore vient rétablir sa cour ;
L'alcyon [14] fuit devant Eole,
Eole le fuit à son tour ;
Mais sitôt que l'amour s'envole
Il ne connaît plus de retour.

- *A quoi reconnaissez-vous que ce poème est une* cantate *destinée à être mise en musique ?*
- *Indiquez la composition du poème. Distinguez les rythmes successifs en montrant quel effet ils produisent et pourquoi l'auteur les a choisis. Étudiez dans chaque strophe l'agencement des rimes.*
- *Relevez des exemples frappants et divers d'harmonie imitative.*
- *Appréciez la façon dont l'auteur utilise ses sources antiques.*
- *Dans quelle mesure cette cantate vous paraît-elle annoncer la poésie de Chénier (cf. p. 365-382) ?*

Épigramme

La comédie humaine, tel est le titre que l'on pourrait donner à cette épigramme de forme *marotique* (cf. *XVIe Siècle,* p. 17) où J.-B. ROUSSEAU exhale ses amères désillusions.

Ce monde-ci n'est qu'une œuvre comique
Où chacun fait ses rôles différents.
Là, sur la scène, en habit dramatique,
Brillent prélats, ministres, conquérants ;
Pour nous, vil peuple, assis aux derniers rangs,
Troupe futile et des grands rebutée,
Par nous d'en bas la pièce est écoutée ;
Mais nous payons, utiles spectateurs,
Et, quand la farce est mal représentée,
Pour notre argent nous sifflons les acteurs.

— 11 Cf. Ovide, *Métamorphoses,* XIV : « on voit voltiger les âmes immatérielles » (v. 411) —   12 Apprécier les sonorités. — 13 Quel est ce dieu ? — 14 Oiseau de mer (cf. p. 369).

LE FRANC DE POMPIGNAN (1709-1784)

Né à Montauban, Jean-Jacques LE FRANC, marquis de POMPIGNAN, fut d'abord magistrat, puis se consacra à la poésie. Il fait jouer une tragédie, *Didon* (1734) et des opéras ; il compose des odes, en particulier l'*Ode sur la mort de J.-B. Rousseau*, et surtout des *Poésies sacrées* (deux recueils, en 1734 et 1763). Ces *paraphrases* de textes bibliques, *psaumes, cantiques, prophéties*, ont d'abord l'intérêt de rappeler que la foi n'était pas éteinte au XVIIIe siècle ; POMPIGNAN, qui avait pris position contre le parti philosophique, fut d'ailleurs en butte aux railleries de VOLTAIRE (cf. p. 189). Elles présentent aussi une réelle valeur littéraire : l'auteur, qui sentait la poésie biblique, a su la rendre dans notre langue. Il prolonge ainsi la tradition classique (cf. *XVIIe Siècle*, p. 25 et 28), mais certains de ses accents annoncent déjà LAMARTINE. Dans les meilleures pièces son *lyrisme sacré* a de la *majesté* (cf. extrait), parfois de la *force*, comme dans ces vers de la *Prophétie de Nahum* (malédiction prononcée contre Ninive) :

> Malheur, malheur à toi, cité lâche et perfide,
> Cité de sang prodigue et de trésors avide,
> Entends le bruit des chars, le choc des boucliers,
> Les clameurs du soldat, les coursiers qui frémissent,
>   Les champs qui retentissent
> Sous les pas des coursiers.

La Résurrection des Morts

Cette pièce est une paraphrase d'ÉZÉCHIEL (chap. XXXVII). La prophétie concerne à la fois la fin de la captivité d'Israël et la résurrection des morts au Jugement dernier. POMPIGNAN a su éviter toute rhétorique indiscrète. Plutôt qu'une vision grandiose, son poème est une sorte de *méditation* qui le conduit, avec le prophète, de l'angoisse humaine à la sérénité que donnent l'espérance et la foi. Comparer D'AUBIGNÉ, *XVIe Siècle*, p. 185.

> Dans une triste et vaste plaine
> La main du Seigneur m'a conduit.
> De nombreux ossements la campagne était pleine ;
>   L'effroi me précède et me suit.
> Je parcours lentement cette affreuse carrière,
> Et contemple en silence, épars sur la poussière,
> Ces restes desséchés d'un peuple entier détruit [1].

>   « Crois-tu, dit le Seigneur, homme à qui je confie
> Des secrets qu'à toi seul ma bouche a réservés,
10   Que de leurs cendres relevés
>   Ces morts retournent à la vie ?

— 1 Préciser l'atmosphère de ce début.

— C'est vous seul, ô mon Dieu, vous seul qui le savez.

— Hé bien ! parle ; ici tu présides ;
Parle, ô mon prophète, et dis-leur :
Écoutez, ossements arides,
Écoutez la voix du Seigneur.
Le Dieu puissant de nos ancêtres,
Du souffle qui créa les êtres
Rejoindra vos nœuds séparés ;
20 Vous reprendrez des chairs nouvelles ;
La peau se formera sur elles :
Ossements secs, vous revivrez [2]. »

Dieu parle, et je redis à peine [3]
Les oracles de son pouvoir,
Que j'entends partout dans la plaine
Ces os avec bruit se mouvoir.
Dans leurs liens ils se replacent,

Les nerfs croissent et s'entrelacent,
Le sang inonde ses canaux :
La chair renaît et se colore [4] : 30
L'âme seule manquait encore
A ces habitants des tombeaux.

Mais le Seigneur se fit entendre,
Et je m'écriai plein d'ardeur :
« Esprit, hâtez-vous de descendre,
Venez, esprit réparateur ;
Soufflez des quatre vents du monde,
Soufflez votre chaleur féconde
Sur ces corps prêts d'ouvrir les yeux [5].»
Soudain le prodige s'achève, 40
Et ce peuple de morts se lève,
Étonné de revoir les cieux.

« Ces os, dit le Seigneur, qu'en mon nom tu ranimes,
 Sont tous les enfants d'Israël.
— Notre espoir a péri, disaient-ils, et nos crimes
 Ont mérité ce sort cruel.

Les neveux [6] de Jacob ne sont plus sur la terre
 Qu'un amas d'ossements blanchis,
Qui, du joug de la mort accablés par la guerre,
50 N'en seront jamais affranchis.

— Non, mon peuple chéri, non, dans cet esclavage
 Israël ne gémira plus.
Israël revivra dans l'heureux héritage
 Que j'ai promis à mes élus.

Des abîmes profonds tiré [7] par ma victoire,
 Tes sépulcres seront ouverts.
Je te rendrai la vie, et l'empire et ta gloire,
 A la face de l'univers.

Tu comprendras alors la parole éternelle
60 Qui te prédisait ce grand jour,
Ce jour où les décrets d'un Dieu juste et fidèle
 Seront consommés [8] sans retour [9]. »

— 2 C'est la strophe des odes de Malherbe (cf. XVIIe Siècle, p. 24), mais l'accent est déjà lamartinien. — 3 A peine ai-je redit... que. — 4 En quoi POMPIGNAN est-il ici inférieur à D'AUBIGNÉ ? — 5 Comment se traduit la ferveur du prophète ? — 6 Descendants. — 7 Commenter l'accord. — 8 Accomplis. — 9 Sur quel sentiment s'achève le poème ? opposer aux vers 1-7 et 43-50.

DELILLE *(1738-1813)*

Né en Auvergne, Jacques DELILLE devient, après de brillantes études, professeur de poésie latine au Collège de France. Un bénéfice ecclésiastique lui vaut le titre d'*abbé* Delille. Arrêté sous la Terreur, il émigre après le 9 thermidor, vit en Angleterre et en Allemagne, puis rentre en France et meurt en 1813. Suivant les traces de VIRGILE, dont il a traduit en vers les *Géorgiques* (1769), et aussi de l'Écossais THOMSON *(Les Saisons,* 1726-1730), DELILLE a tenté de donner à la France une *poésie didactique et pittoresque* de la *nature*, avec *Les Jardins* (1780), *L'Homme des champs ou les Géorgiques françaises* (1800), *Les Trois Règnes de la Nature* (1809). D'autres poèmes, *La Pitié, L'Imagination, La Conversation,* correspondent à une inspiration morale et philosophique.

Delille fut illustre en son temps, mais le lyrisme romantique l'a fait oublier. Il n'est certes pas sans défauts : fadeur, monotonie, rhétorique pseudo-classique, goût des lieux communs. Pourtant il est sensible à la mélancolie de l'automne (p. 360), à la poésie de l'eau (p. 361), au charme d'une nature discrètement aménagée par la main de l'homme ; il sait tirer parti de *l'harmonie imitative* pour peindre des paysages ou suggérer des impressions pittoresques ; Chénier, les romantiques eux-mêmes s'inspireront souvent de sa *poésie descriptive.*

A la même époque, deux autres poètes cultivent, avec moins de talent que Delille, un genre analogue : SAINT-LAMBERT (1716-1803, cf. p. 329) chante les *Saisons* (1769), mais sa poésie bucolique reste assez froide. « C'est que son corps était aux champs et que son âme était à la ville » : ce mot de Diderot rend assez bien l'impression du lecteur. ROUCHER (1745-1794), qui périra sur l'échafaud le même jour qu'André Chénier, avait donné en 1779 un poème en 12 chants, *Les Mois,* qui révèle une sensibilité délicate et un amour sincère pour la nature ; mais la facture en est souvent gâtée par l'obscurité et la rhétorique.

Charme de l'Automne

Des conseils au jardinier paysagiste, DELILLE passe à l'évocation des belles teintes de l'automne, puis se laisse bercer par la mélancolie délicieuse qui envahit l'âme durant cette saison : ses accents annoncent alors le lyrisme de LAMARTINE dans *l'Automne. (Les Jardins,* chant II).

> Ainsi que les couleurs et les formes amies,
> Connaissez les couleurs, les formes ennemies.
> Le frêne aux longs rameaux dans les airs élancés
> Repousserait le saule aux longs rameaux baissés ;
> Le vert du peuplier combat celui du chêne :
> Mais l'art industrieux peut adoucir leur haine,
> Et, de leur union médiateur heureux,
> Un arbre mitoyen [1] les concilie entre eux.
> Ainsi, par une teinte avec art assortie,
> 10   Vernet [2] de deux couleurs éteint l'antipathie.
>   Tu connus ce secret, ô toi [3] dont le coteau,
> Dont la verte colline offre un si doux tableau,
> Qui, des bois par degrés nuançant la verdure,
> Surpassas Le Lorrain et vainquis la nature. (...)

— 1 Intermédiaire. — 2 Apprécier cette comparaison avec l'art du peintre (cf. v. 14). — | 3 Hommage au duc d'Harcourt, pour son jardin de la Colline, près de Caen.

Observez comme lui tous ces différents verts,
Plus sombres ou plus gais, plus foncés ou plus clairs.
Remarquez-les surtout lorsque la pâle automne,
Près de la voir flétrir, embellit sa couronne ;
Que de variété ! que de pompe et d'éclat !
20 Le pourpre, l'orangé, l'opale, l'incarnat,
De leurs riches couleurs étalent l'abondance.
Hélas ! tout cet éclat marque leur décadence.
Tel est le sort commun. Bientôt les aquilons
Des dépouilles des bois vont joncher les vallons
De moment en moment la feuille sur la terre
En tombant interrompt le rêveur solitaire.
Mais ces ruines même ont pour moi des attraits.
Là, si mon cœur nourrit quelques profonds regrets,
Si quelque souvenir vint rouvrir ma blessure,
30 J'aime à mêler mon deuil au deuil de la nature [5] ;
De ces bois desséchés, de ces rameaux flétris,
Seul, errant, je me plais à fouler les débris.
Ils sont passés les jours d'ivresse et de folie :
Viens, je me livre à toi, tendre mélancolie [6] ;
Viens, non le front chargé de nuages affreux
Dont marche enveloppé le chagrin ténébreux,
Mais l'œil demi-voilé, mais telle qu'en automne
A travers des vapeurs un jour plus doux rayonne ;
Viens, le regard pensif, le front calme, et les yeux
Tout prêts à s'humecter de pleurs délicieux.

Jeux d'eau

Fraîches, vivantes, variées dans leurs jeux, *les eaux sont l'âme des jardins*, dont elles égaient les frondaisons. Ronsard était plus spontané lorsqu'il chantait la fontaine Bellerie ; mais, dans le cadre un peu étroit d'une nature asservie par l'homme, DELILLE a su traduire avec grâce des *impressions agréables*. Il parle d'abord des jets d'eau (*Les Jardins*, chant III).

Persuadez aux yeux que d'un coup de baguette
Une Fée, en passant, s'est fait cette retraite.
Tel j'ai vu de Saint-Cloud le bocage enchanteur ;
L'œil de son jet hardi mesure la hauteur ;
Aux eaux qui sur les eaux retombent et bondissent,
Les bassins, les bosquets, les grottes applaudissent [1] ;
Le gazon est plus vert, l'air plus frais ; des oiseaux
Le chant s'anime au bruit de la chute des eaux,
Et les bois, inclinant leurs têtes arrosées,
10 Semblent s'épanouir à ces douces rosées [2].
Plus simple, plus champêtre, et non moins belle aux yeux,
La cascade ornera de plus sauvages lieux.

— 4 Cf. Millevoye : « De la dépouille de nos bois L'automne avait jonché la terre ». — 5 Cf. Lamartine : « Le deuil de la nature Convient à la douleur et plaît à mes regards. — 6 Cf. Chénier, p. 368, v. 27.

— 1 Commenter cette image. — 2 En quoi l'atmosphère est-elle heureusement rendue ?

De près est admirée, et de loin entendue
Cette eau toujours tombante et toujours suspendue ;
Variée, imposante, elle anime à la fois
Les rochers et la terre, et les eaux et les bois.
Employez donc cet art ; mais loin l'architecture
De ces tristes gradins, où, tombant en mesure,
D'un mouvement égal les flots précipités
20 Jusque dans leur fureur marchent à pas comptés [3].
La variété seule a le droit de vous plaire.
    La cascade d'ailleurs a plus d'un caractère.
Il faut choisir. Tantôt d'un cours tumultueux
L'eau se précipitant dans son lit tortueux
Court, tombe et rejaillit, retombe, écume et gronde [4] ;
Tantôt avec lenteur développant son onde,
Sans colère, sans bruit, un ruisseau doux et pur
S'épanche, se déploie en un voile d'azur.
L'œil aime à contempler ces frais amphithéâtres,
30 Et l'or des feux du jour sur les nappes bleuâtres,
Et le noir des rochers, et le vert des roseaux,
Et l'éclat argenté de l'écume des eaux [5].
    Consultez donc l'effet que votre art veut produire ;
Et ces flots, toujours prompts à se laisser conduire,
Vont vous offrir, plus lents ou plus impétueux,
Des tableaux gais ou fiers, grands ou voluptueux ;
Tableaux toujours puissants ! Eh ! qui n'a pas de l'onde
Éprouvé sur son cœur l'impression profonde ?

LEBRUN (1729-1807)

Ancien protégé du prince de Conti, ÉCOUCHARD-LEBRUN accueille la Révolution avec enthousiasme, et célèbre la liberté et ses héros (cf. extrait) ; il se rallie ensuite à l'Empire et reçoit, peu de temps avant de mourir, une pension de Napoléon. Une édition collective posthume (1811) réunit la plupart de ses œuvres : six livres d'*Odes*, des *Élégies*, des *Épîtres*, des *Poèmes divers et épigrammes*. Les épigrammes sont prestement enlevées et mordantes à souhait, témoin ce distique :

On vient de me voler... — Que je plains ton malheur !
— Tous mes vers manuscrits. — Que je plains le voleur !

Mais c'est aux *Odes* que le poète dut sa célébrité et le surnom glorieux de LEBRUN-PINDARE. Nous sommes rebutés aujourd'hui par une mythologie indiscrète et fanée, par les artifices de la rhétorique et les ornements laborieusement poétiques. Pourtant la chaleur d'un *enthousiasme sincère* inspire parfois à l'auteur un lyrisme plus dépouillé, comme dans les meilleures strophes de l'*Ode sur le vaisseau Le Vengeur* ; et LEBRUN a eu aussi le mérite d'illustrer, avec l'*Ode à Buffon* de 1771 et l'*Ode sur les causes physiques des tremblements de terre*, la *poésie scientifique* qui tentera CHÉNIER (cf. p. 376), puis, au XIXe siècle, SULLY PRUDHOMME.

— 3 Delille souhaite que le jardinier imite la nature agreste, au lieu de lui substituer un ordre géométrique. — 4 Étudier l'harmonie imitative et le contraste avec les vers suivants. — 5 Apprécier ces notations de couleurs.

Ode sur le vaisseau Le Vengeur

Engagé contre la flotte anglaise, l'équipage du Vengeur, appartenant à l'escadre de Villaret-Joyeuse, préféra couler bas plutôt que d'amener son pavillon (1ᵉʳ juin 1794). « Plein d'une audace pindarique », Lebrun célèbre le trépas héroïque de ces braves (*Odes*, V, 23). Il abuse de la *mythologie* (surtout dans le début du poème, que nous ne citons pas) et des *procédés poétiques* pseudo-classiques ; mais *certains accents* plus directs *sont dignes du sujet :* on songe même par moments aux vers épiques de Hugo (cf. *A l'Obéissance passive*, dans les *Châtiments :* « O soldats de l'an deux !... »).

Toi que je chante et que j'adore,
Dirige, ô Liberté ! mon vaisseau dans son cours.
Moins de vents orageux tourmentent le Bosphore
    Que la mer terrible où je cours ¹. (...)

Vainqueur d'Éole ² et des Pléiades ³,
Je sens d'un souffle heureux mon navire emporté ;
Il échappe aux écueils des trompeuses Cyclades,
    Et vogue à l'Immortalité.

Mais des flots fût-il la victime,
10 Ainsi que le Vengeur il est beau de périr ;
Il est beau, quand le sort vous plonge dans l'abîme,
    De paraître le conquérir.

Trahi par le sort infidèle,
Comme un lion pressé de nombreux léopards ⁴,
Seul au milieu de tous, sa fureur étincelle ;
    Il les combat de toutes parts.

L'airain ⁵ lui déclare la guerre ;
Le fer, l'onde, la flamme entourent ses héros.
Sans doute ils triomphaient ! mais leur dernier tonnerre
20   Vient de s'éteindre sous les flots.

Captifs !... la vie est un outrage :
Ils préfèrent le gouffre à ce bienfait honteux.
L'Anglais, en frémissant, admire leur courage ;
    Albion pâlit devant eux.

Plus fiers d'une mort infaillible,
Sans peur, sans désespoir, calmes dans leurs combats,
De ces républicains l'âme n'est plus sensible
    Qu'à l'ivresse d'un beau trépas.

Près de se voir réduits en poudre,
30 Ils défendent leurs bords enflammés et sanglants.
Voyez-les défier et la vague et la foudre
    Sous des mâts rompus et brûlants.

— 1 Le *vaisseau* du poète s'aventure sur la *mer* du lyrisme héroïque ; cette métaphore courante vous paraît-elle heureuse dans le cas présent ? — 2 Dieu des vents ; cf. *Téthys*, déesse de la mer (v. 42). — 3 Constellation considérée comme le signal des *tempêtes*. — 4 Un *léopard* (terme héraldique) figure sur les armoiries de l'Angleterre. — 5 Le bronze des *canons ;* relever d'autres exemples de ce procédé poétique.

Voyez ce drapeau tricolore
Qu'élève en périssant leur courage indompté.
Sous le flot qui les couvre, entendez-vous encore
Ce cri : Vive la Liberté ! [6]

Ce cri !... C'est en vain qu'il expire,
Étouffé par la mort et par les flots jaloux [7].
Sans cesse il revivra répété par ma lyre.
40   Siècles ! il planera sur vous ! [8]

Et vous ! héros de Salamine [9],
Dont Téthys vante encor les exploits glorieux,
Non ! vous n'égalez point cette auguste ruine [10],
Ce naufrage victorieux !

GILBERT (1751-1780)

Vivement déçu par les philosophes, dès son arrivée à Paris, le lorrain GILBERT les
attaque dans quelques poèmes qui révèlent un réel talent *satirique*. Ainsi dans le
XVIIIᵉ Siècle, dédié à Fréron, il s'en prend à Voltaire, Diderot, d'Alembert, condamne
son temps, où « la chute des arts suit la perte des mœurs », dénonce « l'athéisme en crédit,
la licence honorée » et l'hypocrisie de tous ceux qui parlent d'autant plus de la vertu
qu'ils la pratiquent moins. Il écrit également des pièces officielles, des *Épîtres* et une fort
belle ode sur *le Jugement dernier*. Mais son œuvre la plus célèbre, l'*Ode imitée de plusieurs
psaumes*, l'a immortalisé sous les traits d'un poète *élégiaque*.
 Une légende, recueillie par VIGNY dans *Stello*, a longtemps fait de GILBERT le
Chatterton français, le type du poète incompris, victime d'une société égoïste. En réalité
il n'est pas mort dans la misère : blessé à la tête dans une chute de cheval, il dut être
trépané ; retrouvant la lucidité après une fièvre cérébrale qui suivit l'opération, il composa
l'*Ode imitée de plusieurs psaumes*, mais succomba peu de temps après, à 29 ans.

Adieux à la vie

Les circonstances dans lesquelles fut composée cette *Ode imitée de plusieurs psaumes* rendent le
lyrisme de GILBERT particulièrement émouvant. S'inspirant d'abord des Psaumes de la pénitence
(cf. MAINARD, *XVIIᵉ Siècle*, p. 28), le poète se repent de ses fautes et exprime sa confiance en Dieu
qui lui pardonnera et assurera, contre les manœuvres de ses ennemis, sa renommée posthume. Pour
dire adieu à la vie et à la nature, il trouve ensuite des *accents élégiaques* qui annoncent CHÉNIER et
LAMARTINE ; enfin, surmontant amertume et rancœur, il pardonne à ceux qui l'ont offensé.

J'ai révélé mon cœur au Dieu de l'innocence.
    Il a vu mes pleurs pénitents ;
Il guérit mes remords, il m'arme de constance :
    Les malheureux sont ses enfants.

Mes ennemis, riant, ont dit dans leur colère :
    Qu'il meure et sa gloire avec lui !
Mais à mon cœur calmé le Seigneur dit en père :
    « Leur haine sera ton appui.

— 6 Apprécier le style de cette strophe. —
7 Mot à expliquer. — 8 Quel est l'effet de
cette apostrophe ? — 9 Les Grecs morts eux
aussi pour la *liberté* dans une *bataille navale*
(480 av. J.-C.). — 10 Désastre.

A tes plus chers amis ils ont prêté leur rage ;
10   Tout trompe la simplicité :
Celui que tu nourris court vendre [1] ton image,
    Noire de [2] sa méchanceté.

Mais Dieu t'entend gémir, Dieu vers qui te ramène
    Un vrai remords né des douleurs,
Dieu qui pardonne enfin à la nature humaine
    D'être faible dans les malheurs.

J'éveillerai pour toi la pitié, la justice
    De l'incorruptible avenir ;
Eux-même épureront, par leur long artifice,
20   Ton honneur qu'ils pensent ternir ».

Soyez béni, mon Dieu ! vous qui daignez me rendre
    L'innocence et son noble orgueil ;
Vous qui, pour protéger le repos de ma cendre,
    Veillerez près de mon cercueil !

Au banquet de la vie, infortuné convive [3],
    J'apparus un jour, et je meurs [4] :
Je meurs, et sur ma tombe, où lentement j'arrive,
    Nul ne viendra verser des pleurs [5].

Salut, champs que j'aimais, et vous, douce verdure,
30   Et vous, riant exil des bois !
Ciel, pavillon [6] de l'homme, admirable nature,
    Salut pour la dernière fois !

Ah ! puissent voir longtemps votre beauté sacrée
    Tant d'amis sourds à mes adieux !
Qu'ils meurent pleins de jours, que leur mort soit pleurée,
    Qu'un ami leur ferme les yeux !

A la génération de Gilbert appartiennent trois poètes qui, nés sous les tropiques, relèvent le *genre élégiaque* d'une note d'*exotisme*. Originaire de la Guadeloupe, LÉONARD (1744-1793) donne des *Idylles* langoureuses. BERTIN (1752-1790) est salué comme le *Properce français* lorsqu'il publie *Les Amours*, élégies gracieuses galantes. Né comme Bertin à l'île Bourbon, PARNY (1753-1814) est sensuel et parfois licencieux ; mais sa mélancolie inquiète est déjà romantique.

FLORIAN (1755-1794) est surtout connu par ses *Fables* (1792), mais on lui doit aussi des poésies légères et des romances comme *Plaisir d'amour ;* en prose, il composa des romans et nouvelles, et des comédies sentimentales pour le Théâtre Italien.

Enfin, à l'aube du XIXe siècle (1812-1814), les *Elégies* de MILLEVOYE (1782-1816) annoncent directement le lyrisme de LAMARTINE. On connaît surtout, pour leur mélancolie harmonieuse, *le Poète mourant* et *la Chute des feuilles*.

— 1 Le mot évoque une *trahison* (cf. Joseph *vendu* par ses frères, le Christ *vendu* par Judas). — 2 Noircie par. — 3 Cf. La Fontaine : « Je voudrais qu'à cet âge *On sortît de la vie ainsi que d'un banquet* » (*XVIIe Siècle*, p. 249). — 4 Cf. Chénier : « *Je meurs. Avant le soir j'ai fini ma journée. A peine ouverte au jour, ma rose s'est fanée. La vie eut bien pour moi de volages douceurs : Je les goûtais à peine, et voilà que je meurs !* » (*Elégies, VI*) ; et p. 379, v. 28-30. — 5 Étudier le rythme et les sonorités de la strophe ; pour l'effet de *reprise*, cf. la strophe suivante. — 6 Préciser le sens.

ANDRÉ CHÉNIER

Sa vocation
poétique
André Chénier naquit en 1762 à Constantinople où son père était consul de France ; belle et cultivée, sa mère s'enorgueillissait d'une origine grecque très probablement illusoire. N'importe, né en Orient d'une mère qu'il croyait grecque, Chénier conçut dès ses plus jeunes ans *un véritable culte pour l'antique Hellade*. Bientôt Mme Chénier vient habiter Paris avec ses fils, et André fait de brillantes études au collège de Navarre (1773-1781). Sa vocation poétique s'éveille très tôt, ainsi que celle de son jeune frère Marie-Joseph : tous deux ont pu s'initier de bonne heure aux questions littéraires et esthétiques dans le salon de leur mère qui reçoit des poètes comme Lebrun-Pindare (cf. p. 361), des artistes comme David et aussi des savants. L'adolescent lit et travaille avec passion, esquisse déjà des *Elégies*. Après un bref séjour dans l'armée (1782), il voyage en Suisse et en Italie, mais ne peut réaliser le rêve de visiter la Grèce chère à son cœur.

De 1785 à 1787 il compose ses *Bucoliques* et de nouvelles *Elégies*. A la fin de 1787, il part pour Londres comme secrétaire d'ambassade ; ce séjour en Angleterre lui est pénible : il souffre du dépaysement comme d'un véritable exil. Il se console par de vastes projets poétiques, écrit l'*Invention*, exposé de sa nouvelle doctrine, ébauche deux épopées grandioses qui doivent l'illustrer, l'*Hermès* et l'*Amérique*.

Le poète
dans la mêlée
De retour en France en 1790, il participe avec enthousiasme au mouvement révolutionnaire qui satisfait ses aspirations généreuses et son amour de la liberté. Il constitue avec les frères Trudaine, ses amis, la *Société de 1789* et célèbre dans une ode le *Serment du Jeu de Paume*. Mais il reste modéré, proteste contre les excès des Jacobins, s'indigne de l'accueil triomphal que reçoivent à Paris des soldats mutinés, les Suisses du régiment de Châteauvieux. Il collabore à la défense de Louis XVI par Malesherbes et *devient suspect* après l'exécution du roi. A Versailles où il s'est retiré, le poète goûte ses derniers beaux jours auprès de celle qu'il nomme *Fanny* dans les odes qu'il lui consacre.

Revenu à Paris, il est arrêté en mars 1794 et incarcéré à Saint-Lazare. Dans sa prison il écrit *La Jeune Captive* (cf. p. 379) et les *Iambes* où il attaque violemment la tyrannie jacobine (cf. p. 380) ; il fait passer à son père les manuscrits des *Iambes* en les dissimulant dans des paquets de linge. Condamné à mort comme « ennemi du peuple », il est guillotiné le 7 Thermidor an II (25 juillet 1794), deux jours avant la chute de Robespierre.

MARIE-JOSEPH CHÉNIER (1764-1811) devra se défendre contre l'injuste et odieuse accusation de n'avoir rien tenté pour sauver son frère *(Epître sur la calomnie)*. Il est l'auteur d'hymnes républicains et patriotiques, en particulier des paroles du *Chant du départ* (1794). On lui doit également des tragédies, dont la plus connue, *Charles IX ou la Saint-Barthélemy*, eut en 1789 un immense succès, dû surtout aux allusions politiques qu'elle contenait.

L'inspiration
de Chénier
Mort à 31 ans, ANDRÉ CHÉNIER laissait pourtant une œuvre considérable aussi bien en elle-même que par les perspectives tracées pour l'avenir. Cette œuvre marque en effet un *renouveau poétique* comparable à celui de la Pléiade ; amoureux de la beauté antique mais homme de son temps par sa sensibilité et son ardeur civique, poète citoyen, lyrique inspiré et théoricien de la poésie, à maints égards Chénier rappelle Ronsard. Son premier miracle est justement d'avoir retrouvé *l'enthousiasme créateur* cher à Ronsard. « L'art ne fait que des vers, le cœur seul est poète » : par ce vers célèbre et surtout par

son exemple, Chénier *réhabilitait l'inspiration*, avant les romantiques, en un temps où l'on considérait la poésie comme une technique, un jeu ou un exercice formel. Une *inspiration sincère et ardente*, unie d'ailleurs au *culte de l'art*, tel est le trait commun de tous ses meilleurs poèmes.

En dehors du lyrisme élégiaque qu'il pratique depuis ses premiers essais poétiques jusqu'à ses derniers jours, sa brève carrière se divise en trois étapes bien distinctes : inspiration antique, inspiration moderne et poésie militante.

1. LES ÉLÉGIES. En dépit de quelques belles réussites, d'accents personnels et mélodieux, c'est la partie la moins originale de son œuvre. Qu'il chante ses amours, sa tristesse ou ses aspirations à l'indépendance, à la vie paisible et rustique (cf. p. 368), Chénier se montre supérieur à ses contemporains mais leur ressemble et leur emprunte maints lieux communs. Quoiqu'il s'inspire aussi des élégiaques latins, ses pièces portent surtout *la marque du XVIIIe siècle* et beaucoup d'entre elles ont vieilli. Pourtant les *Odes* à Fanny, inspirées par un amour profond et remarquables par la pureté de leur facture, *nous touchent encore vivement*, ainsi que les strophes de la *Jeune Captive* (cf. p. 379).

2. A L'ÉCOLE DE LA GRÈCE. L'influence de sa mère, ses goûts personnels, ses lectures, tout porte Chénier à une *admiration fervente pour la Grèce antique*. L'atmosphère du temps ne peut que favoriser cette tendance : on se passionne pour les découvertes archéologiques (fouilles d'Herculanum et de Pompéi) ; la peinture s'oriente avec David vers un néo-classicisme d'inspiration antique ; l'érudit Brunck donne d'excellentes éditions des poètes grecs ; l'abbé Barthélemy publie le *Voyage du jeune Anacharsis en Grèce*. Depuis la Renaissance, on n'avait jamais cessé d'imiter les anciens, mais on omettait de plus en plus de retourner aux sources originales, et la mythologie était devenue un ornement artificiel. En se faisant une âme grecque, *Chénier va renouveler la doctrine classique de l'imitation*.

L'ÉPITRE SUR SES OUVRAGES (1785) est son art poétique. Chénier puise à pleines mains dans le trésor de la Grèce, fonds inépuisable d'idées, d'images, de tableaux sublimes ou gracieux, de beaux vers et de mots harmonieux. Qu'on ne l'accuse pas cependant de plagiat : il sait *assimiler* ses emprunts, les organiser de façon *personnelle*, leur donner des *résonances modernes*.

> Tantôt chez un auteur j'adopte une pensée,
> Mais qui revêt chez moi, souvent, entrelacée,
> Mes images, mes tours, jeune et frais ornement ;
> Tantôt je ne retiens que les mots seulement :
> J'en détourne le sens, et l'art sait les contraindre
> Vers des objets nouveaux qu'ils s'étonnent de peindre.

On songe à l'*Epître à Huet* de La Fontaine (cf. *XVIIe Siècle*, p. 213-214), mais Chénier se montre surtout sensible à la *plastique grecque :* la Grèce est pour lui la terre de la *beauté*.

LES BUCOLIQUES (1785-1787) illustrent cette doctrine. A l'imitation des œuvres de l'*Anthologie grecque* et des poètes latins, Chénier compose toute une série d'*idylles* à l'antique, petits tableaux de genre qui tantôt s'adressent uniquement à notre sens esthétique (cf. p. 371 et 372), tantôt remuent plus profondément notre sensibilité, lorsque le poète renouvelle le thème épicurien de *la beauté fragile guettée par la mort* (cf. p. 369 et 370). Parfois aussi le poème prend plus d'ampleur, le ton devient *épique* et de *larges fresques* s'animent sous nos yeux (cf. l'*Aveugle*, p. 373). Si quelques pièces ressemblent un peu trop à des pastiches ou donnent dans la fadeur et la convention, les *Bucoliques* offrent en revanche des modèles de *grâce mélancolique* et de *beauté sculpturale*.

3. SUR DES PENSERS NOUVEAUX... A Londres, Chénier évolue (1787-1790) : il caresse maintenant des projets plus grandioses, et expose dans l'INVENTION sa nouvelle conception de la poésie. Il n'est pas question pour lui de reniement : il continue à admirer les anciens et continuera à les imiter ; mais un poète du XVIIIe siècle doit être un homme *de son temps* s'il veut suivre jusqu'au bout leur exemple. Leurs œuvres vivent encore parce qu'elles sont nourries des croyances, des idées, de la science de l'époque :

les œuvres modernes à leur tour ne survivront qu'à cette condition. La plastique impeccable héritée des anciens deviendra la parure d'une inspiration philosophique et scientifique : « *Sur des pensers nouveaux faisons des vers antiques* » (cf. p. 375).

L'*Invention* devait servir de préface à deux longs poèmes, restés à l'état d'ébauches,
l'*Hermès* et l'*Amérique*. Rêvant d'être le Lucrèce des temps modernes, Chénier concevait
l'HERMÈS comme une vaste *épopée de la nature, de l'homme et des sociétés ;* l'œuvre eût
exprimé deux tendances essentielles du XVIIIe siècle, l'enthousiasme pour la science et
la foi dans le progrès. L'AMÉRIQUE devait relater les explorations conduisant à la découverte du Nouveau Monde, puis peindre ce continent et les mœurs de ses populations.
Chénier eût-il évité les écueils de la poésie didactique et scientifique ? Le fragment de
l'*Amérique* que nous citons p. 378, sans répondre exactement à son principal dessein,
montre en tout cas qu'il était capable de s'élever jusqu'à un *lyrisme cosmique* digne de
cette *harmonie des sphères* chantée par les anciens.

4. POÉSIE MILITANTE. Les événements ne permirent pas au poète de réaliser ses
projets. Dès son retour en France il s'engage tout entier dans la lutte politique. Il salue
d'abord la Révolution avec enthousiasme, dans quelques *Hymnes* et dans l'ode sur le
Jeu de Paume, mais il change bientôt de registre et révèle dans les IAMBES un superbe
talent *satirique*. Transposant dans notre langue le rythme iambique illustré jadis par le
poète grec Archiloque (VIIe siècle av. J.-C.), il attaque avec une *indignation éloquente
et enflammée* les Jacobins qui, traîtres à la liberté, organisent la terreur (cf. p. 380). La
sincérité de ce lyrisme ardent, la gravité de ces fureurs vengeresses, le martèlement des
cadences, l'ampleur des mouvements oratoires renouvellent entièrement le genre satirique.

L'art de Chénier

Quoiqu'il ait affirmé la primauté de l'inspiration sur la
technique, *Chénier est un de nos poètes les plus artistes.*
Il a d'abord *le culte du beau ;* c'est là sa véritable religion, il est le chantre et le prêtre,
tout païen, de la beauté : beauté des formes, beauté des sons, beauté des vers, beauté des
idées et des sentiments harmonieux. Des *Élégies* aux *Iambes* les sujets de ses poèmes
sont très variés, ainsi que leurs rythmes et leurs résonances, mais dans l'ensemble son
art peut se caractériser par deux tendances dominantes : *poésie plastique* et *poésie musicale.*

1. POÉSIE PLASTIQUE. Comme les poètes grecs, Chénier a le goût des œuvres
d'art, des mouvements gracieux, des poses plastiques. Voici, dans les *Bucoliques*, un
projet de poème bien caractéristique à cet égard : « Il faut peindre des jeunes filles
marchant vers la statue d'un dieu, tenant d'une main sur leur tête une corbeille de
fleurs et de l'autre les pans de leur robe... et d'autres attitudes qu'il faut tirer des marbres,
des pierres et des peintures antiques ». Certains de ses poèmes s'organisent autour d'une
attitude, d'un geste (cf. p. 372) ; d'autres essentiellement la valeur d'une vision
esthétique (cf. p. 371) ; le combat des Lapithes et des Centaures est un bas-relief qui
prend vie (p. 373). Cette poésie est plus *sculpturale* que picturale : pauvre en couleurs,
elle baigne les *formes* d'une *lumière* tantôt douce tantôt éclatante.

2. POÉSIE MUSICALE. A la Grèce, Chénier n'a pas seulement emprunté sa lumière :
il lui doit aussi l'*harmonie* de ses vers. Il aime les beaux vocables grecs, langoureux ou
sonores, et renouvelle en la transposant en français la musique des poètes de l'antiquité.
Multipliant rejets hardis et coupes expressives, *il assouplit l'alexandrin* et le rend apte à
traduire des mouvements mélodiques très divers. Certains de ses plus beaux poèmes,
comme la *Jeune Tarentine* (p. 369), sont de véritables chants. Parmi tous les accents qui
retentissent dans son œuvre, il en est un surtout qui reste indissolublement lié au nom
d'André Chénier : c'est une *mélodie douce et pure*, un peu molle sans doute, mais délicate,
prenante et véritablement enchanteresse.

Son influence

A l'exception de deux poèmes de circonstance (le *Jeu
de Paume* et l'*Entrée triomphale des Suisses révoltés du
régiment de Châteauvieux*), tous les poèmes de Chénier étaient restés *inédits de son vivant.*
Lorsque Henri de Latouche donna en 1819 la première édition de ses œuvres, ce fut une
révélation pour la jeune génération romantique. L'influence de ce lyrisme mélodieux,

descriptif et élégiaque est particulièrement sensible chez Vigny *(La Fille de Jephté)*, Hugo *(Les Orientales)* et Musset *(La Nuit de Mai)*. Le poète citoyen inspire des accents à Auguste Barbier dans ses *Iambes*, à Hugo dans les *Châtiments*. A leur tour les Parnassiens rendent hommage à Chénier : épris de poésie plastique et d'art pur, ils voient en lui un précurseur. L'éclat de sa gloire posthume se révèle dans une formule d'Henri de Régnier résumant en trois noms l'histoire de la poésie française : Ronsard, Chénier et Victor Hugo.

La paix des champs

Racan, La Fontaine (cf. *XVIIe Siècle*, p. 31 et 240) et bien d'autres poètes avaient déjà chanté les charmes de la *solitude champêtre* ; puis Rousseau les a célébrés à son tour. CHÉNIER renouvelle en partie ce thème usé, d'abord par l'évocation de *scènes de la Bible*, dont le XVIIIe siècle finissant goûte la *poésie rustique*, puis par une *mélancolie mélodieuse et douce*, dont la tonalité est déjà lamartinienne (*Elégies.*)

> Vous savez [1] si toujours, dès mes plus jeunes ans,
> Mes rustiques souhaits m'ont porté vers les champs ;
> Si mon cœur dévorait vos champêtres histoires :
> Cet âge d'or si cher à vos doctes mémoires ;
> Ces fleuves, ces vergers, Eden aimé des cieux,
> Et du premier humain berceau délicieux ;
> L'épouse de Booz, chaste et belle indigente [2],
> Qui suit d'un pas tremblant la moisson opulente ;
> Joseph, qui dans Sichem [3] cherche et retrouve, hélas [4] !
> 10 Ses dix frères pasteurs qui ne l'attendaient pas ;
> Rachel, objet sans prix qu'un amoureux courage
> N'a pas trop acheté de quinze ans d'esclavage [5].
> Oh ! oui ; je veux un jour, en des bords retirés,
> Sur un riche coteau ceint de bois et de prés,
> Avoir un humble toit, une source d'eau vive
> Qui parle, et, dans sa fuite et féconde et plaintive,
> Nourrisse mon verger, abreuve mes troupeaux.
> Là, je veux, ignorant le monde et ses travaux,
> Loin du superbe ennui que l'éclat environne,
> 20 Vivre comme jadis, aux champs de Babylone,
> Ont vécu, nous dit-on, ces pères des humains [6]
> Dont le nom aux autels remplit nos fastes saints ;
> Avoir amis, enfants, épouse belle et sage ;
> Errer, un livre en main, de bocage en bocage ;
> Savourer sans remords, sans crainte, sans désirs,
> Une paix dont nul bien n'égale les plaisirs.
> Douce mélancolie ! aimable mensongère [7],
> Des antres, des forêts Déesse tutélaire,
> Qui vient d'une insensible et charmante langueur
> 30 Saisir l'ami des champs et pénétrer son cœur,
> Quand, sorti vers le soir des grottes reculées,
> Il s'égare à pas lents au penchant des vallées,
> Et voit des derniers feux le ciel se colorer,

— 1 Le poète s'adresse aux Muses. — 2 Ruth la glaneuse ; cf. Hugo, *Booz endormi*. — 3 Ville de Samarie. — 4 Il sera vendu par ses frères. — 5 Pour obtenir la main de Rachel, Jacob servit comme berger le père de celle-ci. — 6 Les patriarches. — 7 Cf. p. 360, v. 34.

Et sur les monts lointains un beau jour expirer.
Dans sa volupté sage, et pensive, et muette,
Il s'assied, sur son sein laisse tomber sa tête.
Il regarde à ses pieds, dans le liquide azur
Du fleuve qui s'étend comme lui calme et pur,
Se peindre les coteaux, les toits et les feuillages,
Et la pourpre en festons couronnant les nuages.

LA JEUNE TARENTINE

La lecture d'un passage de Manilius (poète latin du Ier Siècle ap. J.-C.) et de diverses épigrammes funéraires de l'*Anthologie grecque* a inspiré à CHÉNIER cette *idylle*, petit tableau à la manière antique. Ce qui est original dans cette pièce, l'une des plus belles des *Bucoliques*, c'est d'abord le *détail de la facture*, et surtout la *sensibilité*, admirablement traduite par la *musique des vers*. Chénier, qui lui-même mourra jeune, ressent profondément la mélancolie d'une aimable destinée prématurément achevée, d'une jeune vie fauchée dans sa fleur. Cf. *La Jeune Captive*, p. 379.

Pleurez, doux alcyons [1], ô vous, oiseaux sacrés,
Oiseaux chers à Thétis [2], doux alcyons, pleurez.
Elle a vécu, Myrto, la jeune Tarentine [3].
Un vaisseau la portait aux bords de Camarine [4].
Là l'hymen [5], les chansons, les flûtes, lentement
Devaient la reconduire au seuil de son amant.
Une clef vigilante [6] a pour cette journée
Dans le cèdre [7] enfermé sa robe d'hyménée
Et l'or dont au festin ses bras seraient parés
10 Et pour ses blonds cheveux les parfums préparés.
Mais, seule sur la proue, invoquant les étoiles,
Le vent impétueux qui soufflait dans les voiles
L'enveloppe [8]. Étonnée [9], et loin des matelots,
Elle crie, elle tombe, elle est au sein des flots.
Elle est au sein des flots [10], la jeune Tarentine.
Son beau corps a roulé sous la vague marine.
Thétis, les yeux en pleurs, dans le creux d'un rocher
Aux monstres dévorants eut soin de le cacher.
Par ses ordres bientôt les belles Néréides [11]
20 L'élèvent au-dessus des demeures humides,
Le portent au rivage, et dans ce monument [12]
L'ont, au cap du Zéphyr [13], déposé mollement [14].

— 1 Oiseaux de mer ; on disait qu'ils faisaient leur nid sur les flots. Noter la grâce mélodieuse du mot, cf. *Thétis, Myrto,* etc... — 2 Virgile, *Géorg.* I, 399 : « Dilectae Thetidi alcyones ». *Thétis* : divinité marine, l'une des Néréides. — 3 *Tarente* : port de Grande-Grèce (Italie méridionale). — 4 Port de Sicile. — 5 Cortège nuptial. — 6 Commenter cette épithète. — 7 Coffret en bois de cèdre (métonymie). — 8 Quel est l'effet produit par la construction et par le rejet ? — 9 Préciser le sens. — 10 Commenter cette reprise ; cf. v. 26-27. — 11 Nymphes de la mer, filles de Nérée. — 12 Le tombeau où est censée figurer cette épigramme funéraire. — 13 En Grande-Grèce. — 14 Chénier aime ce mot ; pourquoi ?

Puis de loin à grands cris appelant leurs compagnes,
Et les Nymphes des bois, des sources, des montagnes,
Toutes, frappant leur sein [15] et traînant un long deuil,
Répétèrent : « Hélas ! » autour de son cercueil.
Hélas ! chez ton [16] amant tu n'es point ramenée.
Tu n'as point revêtu ta robe d'hyménée.
L'or autour de tes bras n'a point serré de nœuds.
Les doux parfums n'ont point coulé sur tes cheveux [17].

- Chant funèbre. *Dans la composition, distinguez les parties qui relèvent de l'idylle (petit tableau) et celles qui relèvent de l'élégie (déploration funèbre) ; étudiez la fusion des deux éléments.*
- Évocation antique : *a) Détails géographiques et mythologiques ; – b) Peinture des mœurs ; – c) Sentiments et idées.*
- Éléments modernes. *Relevez les témoignages d'une sensibilité sincère et d'un pathétique moderne.*
- Plastique et musique. *a) Comment sont suggérés les attitudes, les mouvements, le relief ? – b) L'évocation musicale (rythmes, rimes, sons) de la grâce, de la douceur, de la mélancolie.*
- **Groupe thématique : L'inspiration antique et mythologique** dans les poèmes de CHÉNIER et de RONSARD.
- *Commentaire composé. L'originalité de CHÉNIER : antique et moderne ; sensibilité musicale.*

NÉÆRE

Voici encore une *épigramme funéraire*. Nous entendons cette fois le dernier adieu de celle qui va mourir à son amant, et le thème de l'amour est plus insistant que dans la *Jeune Tarentine*. La nature est étroitement associée aux sentiments : ainsi les v. 11-14 annoncent le *Lac* de Lamartine. Le poème se termine sur une notation charmante : l'âme de Néære — ce nom même n'est-il pas aérien ? — viendra errer autour de son cher Clinias (Cf. Lamartine, *Le Soir*.)

Mais telle qu'à sa mort pour la dernière fois
Un beau cygne soupire et de sa douce voix,
De sa voix qui bientôt lui doit être ravie,
Chante [1], avant de partir, ses adieux à la vie :
Ainsi, les yeux remplis de langueur et de mort,
Pâle, elle ouvrit sa bouche en un dernier effort [2].
"O vous, du Sébéthus [3] Naïades vagabondes [4],
Coupez sur mon tombeau vos chevelures blondes [5].
Adieu, mon Clinias ; moi, celle qui te plus,
10   Moi, celle qui t'aimai [6], que tu ne verras plus.
O cieux, ô terre, ô mer, prés, montagnes, rivages,
Fleurs, bois mélodieux, vallons, grottes sauvages,
Rappelez-lui souvent, rappelez-lui toujours
Néære, tout son bien, Néære ses amours,

— 15 En signe de deuil. — 16 Que traduit cette apostrophe ? — 17 Cf. v. 5-10.

— 1 Comment le mot important est-il mis en valeur ? Cf. *Pâle*, v. 6, et *Frémira*, en rejet,

v. 28. — 2 Noter l'ampleur et la grâce de la comparaison. — 3 Fleuve de Campanie. — 4 Préciser le sens de l'épithète. — 5 Offrande funéraire ; Chénier est séduit par la grâce de ce rite grec. — 6 Pourquoi le passé simple ?

Cette Néære, hélas ! qu'il nommait sa Néære [7] ;
Qui pour lui criminelle abandonna sa mère ;
Qui pour lui fugitive, errant de lieux en lieux,
Aux [8] regards des humains n'osa lever les yeux.
O ! soit que l'astre pur des deux frères d'Hélène [9]
20   Calme sous ton vaisseau la vague ionienne ;
Soit qu'aux bords de Pæstum [10], sous ta soigneuse main,
Les roses deux fois l'an couronnent ton jardin,
Au coucher du soleil [11], si ton âme attendrie
Tombe en une muette et molle [12] rêverie,
Alors, mon Clinias, appelle, appelle-moi.
Je viendrai, Clinias, je volerai [13] vers toi.
Mon âme vagabonde à travers le feuillage
Frémira. Sur les vents ou sur quelque nuage
Tu la verras descendre, ou du sein de la mer,
30   S'élevant comme un songe, étinceler dans l'air ;
Et ma voix, toujours tendre et doucement plaintive,
Caresser en fuyant [14] ton oreille attentive. ''

– **Prélude.** *Quel est le rôle des v. 1-6 et quelle tonalité introduisent-ils dans le poème ?*
– **Invocation.** *Précisez les liens : a) entre les sentiments qui dictent l'invocation à la nature et ceux qui dictent l'invocation à Clinias ; – b) entre l'évocation du passé et celle de l'avenir.*
– **L'atmosphère antique :** *comment est-elle créée et quel parti en tire le poète ?*
• **Comparaison.** *Néaere et La Jeune Tarentine, p. 369-370 ; ressemblances et différences.*
• **Groupe thématique : Le souvenir,** cf. p. 285-286. – XIXᵉ SIÈCLE. LAMARTINE : p. 88. – HUGO, p. 179.
– **Essai.** *La légende du cygne (v 1-4). L'utilisation symbolique du cygne par* DU BELLAY. *XVIᵉ SIÈCLE, p. 112, et au XIXᵉ SIÈCLE par* BAUDELAIRE, *p. 447 et* MALLARMÉ *p. 536.*

Bacchus

CHÉNIER apparaît ici comme l'ancêtre de *l'art pour l'art :* cette courte pièce n'est pas destinée à exprimer des idées ou des sentiments ; le poète désire simplement communiquer au lecteur, par *l'éclat sonore et coloré* de ses vers, *l'émotion esthétique* qu'il éprouve lui-même en prononçant les « beaux noms » des dieux grecs et en évoquant, après les Grecs, les Latins et Ronsard, les splendeurs exotiques du Cortège de Bacchus.

Viens, ô divin Bacchus, ô jeune Thyonée [1],
O Dionyse [2], Evan [3], Iacchus [4] et Lénée [5],
Viens, tel que tu parus aux [6] déserts de Naxos,
Quand tu vins rassurer la fille de Minos [7].
Le superbe [8] éléphant, en proie à ta victoire,
Avait de ses débris [9] formé ton char d'ivoire.

— 7 Commenter le rythme et la répétition du mot *Néaere*. — 8 Devant les. — 9 Castor et Pollux (les Gémeaux) ; cf. Horace, *Odes*, I, 3. — 10 En Lucanie (Italie du Sud) ; cf. Virgile, *Géorg.*, IV, 119 : *biferique rosaria Paesti*. — 11 En quoi l'heure est-elle bien choisie ? — 12 Commenter l'allitération. — 13 Souligner la double valeur de ce terme. — 14 A expliquer.

— 1 Fils de *Thyoné* (surnom de Sémélé, mère de Bacchus). — 2 Transcription française de *Dionysos*. — 3 Nom tiré du cri des Bacchantes, *Evoé* (v. 13). — 4 Nom mystique du dieu. — 5 Dieu du *pressoir*. — 6 Que tu *apparus dans les...* — 7 Ariane, abandonnée par Thésée dans l'île de Naxos. — 8 Préciser le sens. — 9 De quoi s'agit-il ?

De pampres, de raisins, mollement enchaînés [10],
Le tigre aux larges flancs de taches sillonnés,
Et le lynx étoilé [11], la panthère sauvage [12]
10   Promenaient avec toi ta cour sur ce rivage.
L'or reluisait partout aux axes [13] de tes chars.
Les Ménades [14] couraient en longs cheveux épars
Et chantaient Evoé, Bacchus, et Thyonée,
Et Dionyse, Evan, Iacchus, et Lénée [15],
Et tout ce que pour toi la Grèce eut de beaux [16] noms.
Et la voix des rochers répétait leurs chansons,
Et le rauque tambour [17], les sonores cymbales [18],
Les hautbois tortueux [19], et les doubles crotales [20]
Qu'agitaient en dansant sur ton bruyant chemin
20   Le Faune, le Satyre et le jeune Sylvain,
Au hasard attroupés autour du vieux Silène [21]
Qui, sa coupe à la main, de [22] la rive indienne,
Toujours ivre, toujours débile, chancelant [23],
Pas à pas cheminait sur son âne indolent.

L'enlèvement d'Europe

En lisant OVIDE, Chénier est séduit par la *grâce d'une attitude* (v. 10) : autour de ce geste il organise tout un tableau, que lui fournit la légende d'*Europe*, enlevée par Jupiter sous les apparences d'un taureau. Dans la pensée du poète, ces vers devaient s'insérer dans une *églogue* : un berger décrit à un étranger la scène ciselée sur une coupe de bronze (cf. v. 11). La *description d'une œuvre d'art*, réelle ou plus souvent imaginaire, comme ici, était un genre très en honneur en Grèce et à Rome ; les Parnassiens y reviendront après Chénier. Cette pièce est inégale : à côté de beaux vers, plastiques ou gracieux, on peut discerner quelques procédés poétiques vieillis, un peu de fadeur et de mièvrerie.

Étranger, ce taureau qu'au sein des mers profondes
D'un pied léger et sûr tu vois fendre les ondes,
Est le seul que jamais Amphitrite [1] ait porté.
Il nage aux [2] bords Crétois. Une jeune beauté
Dont le vent fait voler l'écharpe [3] obéissante [4]
Sur ses flancs est assise, et d'une main tremblante
Tient sa corne d'ivoire, et les pleurs dans les yeux
Appelle ses parents, ses compagnes, ses jeux [5],
Et redoutant la vague et ses assauts humides,
10   Retire et veut sous soi cacher ses pieds timides.
L'art a rendu l'airain fluide et frémissant [6] ;
On croit le voir flotter. Ce nageur mugissant,
Ce taureau, c'est un Dieu ; c'est Jupiter lui-même [7].

— 10 Préciser la construction : à quels mots se rapporte ce participe ? — 11 Les taches de son pelage ressemblent à des étoiles. — 12 Ce qualificatif paraît banal, après les précédents. — 13 Essieux (poétique). — 14 Ou *Bacchantes*. — 15 Effet de refrain (cf. v. 1-2). — 16 Mot significatif ; préciser en quoi. — 17 Tambourin. — 18 Harmonie imitative, imitée de Lucrèce (II, 618-619). — 19 Recourbés. — 20 Sortes de castagnettes. — 21 Père nourricier du dieu. — 22 *Depuis ;* Bacchus revient des Indes : cf. v. 5-6, 8-9. — 23 Étudier le rythme du vers.

— 1 La mer (procédé poétique de l'*allégorie*). — 2 Vers les. — 3 Jolie notation plastique. — 4 Cf. *clef vigilante*, p. 369, v. 7, *soigneuse main*, p. 371, v. 21, et ici *pieds timides*, v. 10. Commenter aussi *assauts humides*, v. 9. — 5 Étudier le rythme. — 6 Ici seulement nous apprenons qu'il s'agit de la description d'une œuvre d'art. — 7 Nouvelle précision, qui nous permet de reconnaître le mythe.

Dans ses traits déguisés [8], du monarque suprême
Tu reconnais encore et la foudre et les traits.
Sidon [9] l'a vu descendre aux bords de ses guérets,
Sous ce front emprunté couvrant ses artifices,
Brillant objet des vœux de toutes les génisses [10].
La vierge tyrienne, Europe, son amour,
20 Imprudente, le flatte [11] ; il la flatte à son tour :
Et, se fiant à lui, la belle désirée
Ose asseoir sur son flanc cette charge adorée [12].
Il s'est lancé dans l'onde ; et le divin nageur,
Le taureau roi des Dieux, l'humide ravisseur
A déjà passé Chypre et ses rives fertiles,
Et s'approche de Crète et va voir les cent villes [13].

LE COMBAT DES LAPITHES ET DES CENTAURES

Éloquent lorsqu'il célèbre Cicéron, Démosthène, Périclès (p. 377), CHÉNIER prend le ton *épique* pour évoquer HOMÈRE dans le long poème intitulé l'*Aveugle*. Un aveugle inconnu charme par ses chants trois jeunes pasteurs de l'île de Syros. Les belles légendes de la mythologie grecque inspirent le vieil aède qui aborde maintenant un sujet *plastique* entre tous (cf. le fronton ouest du temple de Zeus à Olympie), le combat des Lapithes et des Centaures. Chénier imite ici HOMÈRE lui-même, et aussi OVIDE (*Métam.*, XII, 210-536), mais il est beaucoup moins diffus, beaucoup plus lapidaire que ce dernier.

Enfin, l'Ossa, l'Olympe et les bois du Pénée [1]
Voyaient ensanglanter les banquets d'hyménée,
Quand Thésée, au milieu de la joie et du vin,
La nuit où son ami [2] reçut à son festin
Le peuple monstrueux des enfants de la nue [3],
Fut contraint d'arracher l'épouse demi-nue
Au bras ivre et nerveux du sauvage Eurytus.
Soudain, le glaive en main, l'ardent Pirithoüs :
« Attends [4] ; il faut ici que mon affront s'expie,
10 Traître ! » Mais, avant lui, sur le Centaure impie [5],
Dryas a fait tomber, avec tous ses rameaux,
Un long arbre de fer hérissé de flambeaux.
L'insolent quadrupède en vain s'écrie, il tombe [6] ;
Et son pied bat le sol qui doit être sa tombe.
Sous l'effort de Nessus, la table du repas

— 8 A expliquer, ainsi que *traits* au vers suivant. — 9 Europe était fille d'Agénor, roi de *Phénicie*. — 10 Ce vers nous paraît aujourd'hui un peu ridicule ; pourquoi ? — 11 Caresse. — 12 Commenter la périphrase. — 13 Dans l'*Iliade*, la Crète est appelée l'île *aux cent villes*.

— 1 Montagnes et fleuve de Thessalie. — 2 Pirithoüs, qui célèbre ses noces avec Hippodamie. — 3 Les Centaures, qualifiés de *nubigenae* par Ovide. — 4 La rapidité du tour traduit la vivacité de l'action. — 5 Il a violé les lois de l'hospitalité. — 6 Commenter la coupe.

Roule [7], écrase Cymèle, Evagre, Périphas.
Pirithoüs égorge Antimaque, et Pétrée,
Et Cyllare aux pieds blancs, et le noir [8] Macarée,
Qui de trois fiers [9] lions, dépouillés par sa main,
20   Couvrait ses quatre flancs, armait son double sein [10].
Courbé, levant un roc choisi pour leur vengeance,
Tout à coup, sous l'airain d'un vase antique, immense,
L'imprudent [11] Bianor, par Hercule surpris,
Sent de sa tête énorme éclater les débris.
Hercule et la massue entassent en trophée
Clanis, Démoléon, Lycotas, et Riphée [12]
Qui portait sur ses crins, de taches colorés,
L'héréditaire éclat des nuages dorés [13].
Mais d'un double combat Eurynome est avide ;
30   Car ses pieds agités en un cercle rapide
Battant [14] à coups pressés l'armure de Nestor,
Le quadrupède Hélops fuit. L'agile Crantor,
Le bras levé, l'atteint. Eurynome l'arrête [15] :
D'un érable noueux il va fendre sa tête ;
Lorsque le fils d'Égée [16], invincible, sanglant,
L'aperçoit, à l'autel prend un chêne brûlant [17],
Sur sa croupe indomptée [18], avec un cri terrible,
S'élance, va saisir sa chevelure horrible [19],
L'entraîne, et quand sa bouche, ouverte avec effort,
40   Crie [20], il y plonge ensemble et la flamme et la mort.
L'autel est dépouillé. Tous vont s'armer de flamme,
Et le bois porte au loin les hurlements de femme,
L'ongle [21] frappant la terre, et les guerriers meurtris [22],
Et les vases brisés, et l'injure, et les cris [23].

Ainsi le grand vieillard, en images hardies,
Déployait le tissu [24] des saintes mélodies [25].
Les trois enfants, émus à son auguste aspect.
Admiraient, d'un regard de joie et de respect,
De sa bouche abonder [26] les paroles divines,
50   Comme en hiver la neige aux sommets des collines.
Et partout accourus, dansant sur son chemin,

— 7 Rejet expressif. — 8 Première rédaction :
l'affreux. Pourquoi cette correction, selon
vous ? — 9 Farouches. — 10 Rappel frappant
de la nature hybride des Centaures ; cf. v. 29.
—11 Bianor *qui ne s'y attend pas.* — 12
Chénier aime ces accumulations sonores de
noms grecs ; cf. v. 16. — 13 Cf. v. 5 ; on croirait
lire un vers parnassien. — 14 Tandis que les
pieds d'Eurynome... battent... — 15 Que
traduit ce rythme heurté ? — 16 Thésée. —
17 Enflammé. — 18 Qui n'avait jamais porté

de cavalier. Chénier adapte ici librement une
expression d'Ovide. — 19 Hérissée (latin
horridus). — 20 On croit entendre ce cri. —
21 Le *sabot* (poétique). — 22 Tués (cf. *meurtre*) ;
expliquer le rapport de ce complément, et du
suivant, avec le verbe (*porte* au loin). —
23 Noter l'élargissement final ; préciser l'effet.
— 24 Commenter l'image. — 25 Le ton devient
calme et majestueux. — 26 Cette construction
du verbe *admirer* (cf. *voir, entendre*) n'est plus
couramment admise.

Hommes, femmes, enfants, les rameaux à la main,
Et vierges et guerriers, jeunes fleurs de la ville,
Chantaient : « Viens dans nos murs, viens habiter notre île ;
Viens, prophète [27] éloquent, aveugle harmonieux,
Convive du nectar [28], disciple aimé des Dieux ;
Des jeux [29], tous les cinq ans, rendront saint et prospère
Le jour où nous avons reçu le grand HOMÈRE [30]. »

L'Aveugle, v. 213 – fin

– Fragment épique. *1) Étudiez en détail les étapes successives du combat. – 2) Plastique et mouvement. a) Exemples caractéristiques de l'art de peindre ou de suggérer les formes, le relief, les attitudes, la rapidité et la variété des actions, la violence des coups ; – b) Multiplication et enchaînement des épisodes, grandissement épique, gros plans ; – c) Effets obtenus par les sonorités, les rejets, les allitérations.*
– Apothéose d'Homère. *Précisez la conception du poète qui s'exprime dans les vers 45-58.*
• **Groupe thématique : Registre épique.** XVIᵉ SIÈCLE. RONSARD, p. 122-123. – XVIIᵉ SIÈCLE (héroï-comique), BOILEAU, p. 322 et 337. – XIXᵉ SIÈCLE, HUGO, p. 190. – FLAUBERT, p. 475.

« *Sur des pensers nouveaux faisons des vers antiques* »

Audendum est, il faut oser : telle est l'épigraphe donnée par CHÉNIER à son poème de l'*Invention.* Osons donc renoncer à *l'imitation servile* qui risque de tarir toute inspiration sincère, toute *invention.* L'imitation féconde consiste non pas à répéter indéfiniment ce qu'ont dit les anciens, mais à exprimer en vers, à leur exemple, les idées, les sentiments, les mœurs de son temps. D'ailleurs, en matière d'*art,* Grecs et Latins resteront toujours des modèles irremplaçables. La poésie telle que la conçoit Chénier sera donc à la fois *moderne et antique.*

Les coutumes d'alors, les sciences, les mœurs
Respirent [1] dans les vers des antiques auteurs.
Leur siècle est en dépôt [2] dans leurs nobles volumes.
Tout a changé pour nous, mœurs, sciences, coutumes [3].
Pourquoi donc nous faut-il, par un pénible soin,
Sans rien voir près de nous, voyant toujours bien loin,
Vivant dans le passé, laissant ceux qui commencent [4],
Sans penser écrivant d'après d'autres qui pensent,
Retraçant un tableau que nos yeux n'ont point vu,
10   Dire et dire cent fois ce que nous avons lu ?
   De la Grèce héroïque et naissante et sauvage [5]
Dans Homère à nos yeux vit la parfaite image.
Démocrite [6], Platon, Epicure, Thalès [7]
Ont de loin à Virgile indiqué les secrets

— 27 En latin le mot *vates* signifie à la fois poète et prophète. — 28 Admis à la table des dieux. — 29 On célébrait des *jeux* en l'honneur des dieux et des héros. — 30 Le nom d'HOMÈRE n'a jamais été prononcé jusqu'ici dans le poème: pourquoi Chénier lui a-t-il réservé cette place ?

— 1 *Revivent ;* montrer que le choix du terme est heureux. — 2 Nouvelle métaphore. — 3 Ici commence, après l'hommage rendu à l'antiquité, l'exposé de la thèse *moderne.* — 4 Préciser le sens. — 5 On ne juge plus aujourd'hui la poésie homérique aussi « primitive ». — 6 Créateur de la théorie de l'atomisme, reprise par Epicure. — 7 Auteur d'une *Cosmologie.* Ces quatre noms résument la physique de l'antiquité, ceux du v. 16 la physique moderne.

D'une nature encore à leurs yeux trop voilée.
Torricelli, Newton, Képler et Galilée,
Plus doctes, plus heureux dans leurs puissants efforts,
A tout nouveau Virgile ont ouvert des trésors [8].
Tous les arts [9] sont unis : les sciences humaines
20 N'ont pu de leur empire étendre les domaines,
Sans agrandir aussi la carrière des vers.
Quel long travail pour eux a conquis l'univers !
    Aux regards de Buffon [10], sans voile, sans obstacles [11],
La terre ouvrant son sein, ses ressorts, ses miracles,
Ses germes, ses coteaux, dépouille de Thétis [12] ;
Les nuages épais, sur elle appesantis,
De ses noires vapeurs nourrissant leur tonnerre,
Et l'hiver ennemi pour envahir la terre,
Roi des antres du Nord ; et de glaces armés,
30 Ses pas usurpateurs sur nos monts imprimés [13] ;
Et l'œil perçant du verre [14], en la vaste étendue,
Allant chercher ces feux qui fuyaient notre vue ;
Aux changements prédits, immuables, fixés,
Que d'une plume d'or Bailly [15] nous a tracés,
Aux lois de Cassini [16] les comètes fidèles ;
L'aimant [17], de nos vaisseaux seul dirigeant les ailes ;
Une Cybèle neuve [18] et cent mondes divers
Aux yeux de nos Jasons [19] sortis du sein des mers :
Quel amas de tableaux, de sublimes images,
40 Naît de ces grands objets réservés à nos âges !
Sous ces bois étrangers qui couronnent ces monts,
Aux vallons de Cusco [20], dans ces antres profonds,
Si chers à la fortune et plus chers au génie,
Germent des mines d'or, de gloire et d'harmonie.
    Pensez-vous, si Virgile ou l'aveugle divin [21]
Renaissaient aujourd'hui, que leur savante main
Négligeât de saisir ces fécondes richesses,
De notre Pinde [22] augustes éclatantes largesses ?
Nous en verrions briller leurs sublimes écrits :
50 Et ces mêmes objets, que vos doctes mépris [23]
Accueillent aujourd'hui d'un front dur et sévère,
Alors à vos regards auraient seuls droit de plaire ;
Alors, dans l'avenir, votre inflexible humeur
Aurait soin de défendre à tout jeune rimeur

— 8 Chénier voudrait être ce nouveau Virgile, ou un nouveau Lucrèce. — 9 Sciences, lettres et beaux-arts. — 10 Cf. p. 253-256. — 11 S'oppose au v. 15. — 12 Dans la *Théorie de la Terre* Buffon explique par les alluvions marines la formation des montagnes. — 13 Les glaciers, considérés comme des signes avant-coureurs d'un refroidissement du globe. — 14 *Le télescope*. La périphrase vous paraît-elle heureuse ? — 15 Le célèbre astronome, maire de Paris en 1789, guillotiné en 1793. — 16 Astronome italien du XVIIe siècle. — 17 La boussole. — 18 Une *terre* nouvelle (l'Amérique): cf. *Thétis*, v. 25. — 19 Jason, qui partit à la conquête de la Toison d'or sur la nef Argo, n'est-il pas l'ancêtre des explorateurs ? — 20 Ville du Pérou, contrée choisie par Chénier pour son poème de l'*Amérique*. — 21 Homère, cf. p. 373. — 22 Montagne de Grèce consacrée aux Muses, d'où : trésor poétique. — 23 Chénier s'adresse ici aux *Anciens*.

D'oser sortir jamais de ce cercle d'images
Que vos yeux auraient vu tracé dans leurs ouvrages [24].
   Mais qui jamais a su, dans des vers séduisants,
Sous des dehors plus vrais peindre l'esprit aux sens [25] ?
   Mais quelle voix jamais d'une plus pure flamme
60 Et chatouilla [26] l'oreille et pénétra dans l'âme [27] ?
Mais leurs mœurs et leurs lois, et mille autres hasards,
Rendaient leur siècle heureux plus propice aux beaux-arts [28].
Eh bien ! l'âme est partout ; la pensée a des ailes.
Volons, volons chez eux retrouver leurs modèles,
Voyageons dans leur âge [29], où, libre, sans détour,
Chaque homme ose être un homme et penser au grand jour [30].
   Au tribunal de Mars [31], sur la pourpre romaine,
Là du grand Cicéron la vertueuse haine
Écrase Céthégus [32], Catilina, Verrès ;
70 Là tonne Démosthène ; ici, de Périclès
La voix, l'ardente voix, de tous les cœurs maîtresse,
Frappe, foudroie, agite, épouvante la Grèce [33].
Allons voir la grandeur et l'éclat de leurs jeux.
Ciel ! la mer appelée en un bassin pompeux !
Deux flottes parcourant cette enceinte profonde,
Combattant sous les yeux des conquérants du monde [34].
O terre de Pélops [35] ! avec le monde entier
Allons voir d'Epidaure un agile coursier
Couronné dans les champs de Némée et d'Elide ;
80 Allons voir au théâtre, aux accents d'Euripide,
D'une sainte folie un peuple furieux [36]
Chanter : *Amour, tyran des hommes et des Dieux* [37].
Puis, ivres des transports qui nous viennent surprendre,
Parmi nous, dans nos vers, revenons les répandre ;
Changeons en notre miel leurs plus antiques fleurs [38] ;
Pour peindre notre idée, empruntons leurs couleurs ;
Allumons nos flambeaux à leurs feux poétiques [39] ;
Sur des pensers nouveaux faisons des vers antiques [40].

L'Invention, v. 97 - 184.

—24 Résumer le raisonnement par lequel le poète tente de prouver aux Anciens que leur attitude est absurde. — 25 Rendre les idées sensibles. — 26 Caressa, charma. — 27 Ici Chénier est d'accord avec les *Anciens* : pour *l'art du vers*, l'antiquité demeure la grande école. — 28 Opinion déjà émise par Diderot *(De la poésie dramatique)*. — 29 Par l'imagination. — 30 Éloge de la *liberté* antique. — 31 L'Aréopage, à Athènes. — 32 Complice de Catilina. — 33 Pour évoquer ces grands orateurs, le poète a lui-même recours à l'éloquence. — 34 Allusion aux *naumachies*, reconstitutions de batailles navales dans l'amphithéâtre, à Rome. — 35 Le Péloponèse, où se déroulaient les jeux Néméens, en Argolide, et les jeux Olympiques, en Elide. — 36 En proie à un délire sacré. — 37 Vers de l'*Andromède* d'Euripide qui enthousiasmia les habitants d'Abdère, en Thrace. — 38 Cf. Montaigne : « Les abeilles pillotent de çà de là les fleurs, mais elles en font après le miel, qui est tout leur : ce n'est plus thym ni marjolaine. » — 39 Cf. le symbole du flambeau olympique. — 40 Dignes de l'antiquité par la perfection de l'art.

« Abîmes de clarté... »

Ce très beau fragment de l'*Amérique* unit de la façon la plus heureuse *l'inspiration moderne* à *l'inspiration antique*. Les noms harmonieux des constellations tirent une partie de leur charme de légendes mythologiques qu'il n'est même pas besoin de rappeler ; *l'enthousiasme* de CHÉNIER est d'abord celui d'un homme du XVIIIe siècle pour les *découvertes de l'astronomie* qui ont percé les ténèbres de l'univers, mais il se fond bientôt dans une *mystique spiritualiste héritée de la pensée grecque*. Ainsi, après avoir chanté la splendeur de la voûte étoilée (« Salut, ô belle nuit étincelante et sombre »), le poète s'élève à une *contemplation extatique* où s'exprime son *panthéisme* esthétique et philosophique, tandis que l'hymne à la Nuit devient un hymne à la Lumière.

Muse, Muse nocturne, apporte-moi ma lyre.
Comme un fier météore, en ton brûlant délire,
Lance-toi dans l'espace ; et pour franchir les airs,
Prends les ailes des vents, les ailes des éclairs,
Les bonds de la comète aux longs cheveux de flamme.
Mes vers impatients élancés de mon âme
Veulent parler aux Dieux, et volent où reluit
L'enthousiasme errant, fils de la belle nuit.
Accours, grande nature, ô mère du génie.
10 Accours, reine du monde, éternelle Uranie [1],
Soit que tes pas divins sur l'astre du Lion
Ou sur les triples feux du superbe Orion
Marchent, ou soit qu'au loin, fugitive emportée,
Tu suives les détours de la voie argentée,
Soleils amoncelés dans le céleste azur
Où le peuple a cru voir les traces d'un lait pur [2] ;
Descends ; non, porte-moi sur la route brûlante,
Que je m'élève au ciel comme une flamme ardente [3].
Déjà ce corps pesant se détache de moi.
20 Adieu, tombeau de chair, je ne suis plus à toi.
Terre, fuis sous mes pas. L'éther où le ciel nage
M'aspire. Je parcours l'océan sans rivage.
Plus de nuit. Je n'ai plus d'un globe opaque et dur
Entre le jour et moi l'impénétrable mur.
Plus de nuit, et mon œil et se perd et se mêle
Dans les torrents profonds de lumière éternelle.
Me voici sur les feux que le langage humain
Nomme Cassiopée et l'Ourse et le Dauphin.
Maintenant la Couronne autour de moi s'embrase.
30 Ici l'Aigle et le Cygne et la Lyre et Pégase.
Et voici que plus loin le Serpent tortueux
'Noue autour de mes pas ses anneaux lumineux [4].
Féconde immensité, les esprits magnanimes
Aiment à se plonger dans tes vivants abîmes ;
Abîmes de clartés, où, libre de ses fers,
L'homme siège au conseil qui créa l'univers ;
Où l'âme remontant à sa grande origine
Sent qu'elle est une part de l'essence divine [5].

— 1 Muse de l'astronomie. — 2 La *voie* *lactée*. — 3 Cf. Du Bellay, *XVIe Siècle*, p. 100. | — 4 Souvenir de Virgile (*Géorg.*, I, 205 et 244). — 5 Souvenir d'Horace (*Sat.* II, 2, v. 79).

LA JEUNE CAPTIVE

Incarcéré à Saint-Lazare, Chénier *attend la mort.* Il s'attendrit particulièrement sur le sort d'une de ses compagnes de captivité, la belle Aimée de Coigny, duchesse de Fleury, qui d'ailleurs, plus heureuse que lui, échappera à la guillotine. Le poème qu'elle lui inspire aurait pu n'être qu'une pièce de circonstance, émouvante mais de portée limitée : en fait Chénier a su joindre aux accents plaintifs de l'*élégie* le grand lyrisme de l'*ode* ; la *Jeune Captive* n'est-elle pas une ode à la vie et à l'espoir ?

« L'épi naissant mûrit de la faux respecté ;
Sans crainte du pressoir, le pampre [1] tout l'été
    Boit les doux présents de l'aurore [2] ;
Et moi, comme lui belle, et jeune comme lui,
Quoi que l'heure présente ait de trouble et d'ennui [3],
    Je ne veux point mourir encore.

Qu'un stoïque [4] aux yeux secs vole embrasser la mort :
Moi je pleure et j'espère. Au noir souffle du nord
    Je plie et relève ma tête [5].
10 S'il est des jours amers, il en est de si doux !
Hélas ! quel miel jamais n'a laissé de dégoûts ?
    Quelle mer n'a point de tempête ?

L'illusion féconde habite dans mon sein.
D'une prison sur moi les murs pèsent en vain,
    J'ai les ailes de l'espérance.
Échappée aux réseaux de l'oiseleur cruel,
Plus vive, plus heureuse, aux campagnes [6] du ciel
    Philomèle [7] chante et s'élance.

Est-ce à moi de mourir ? Tranquille je m'endors
20 Et tranquille je veille ; et ma veille aux remords
    Ni mon sommeil ne sont en proie.
Ma bienvenue au jour me rit dans tous les yeux [8] ;
Sur des fronts abattus, mon aspect dans ces lieux [9]
    Ranime presque de la joie.

Mon beau voyage encore est si loin de sa fin !
Je pars, et des ormeaux qui bordent le chemin
    J'ai passé les premiers à peine.
Au banquet de la vie [10] à peine commencé,
Un instant seulement mes lèvres ont pressé
30   La coupe en mes mains encor pleine.

— 1 Équivalent poétique de *raisin.* — 2 A expliquer. — 3 Les deux mots ont un sens fort ; préciser l'allusion. — 4 Un *stoïcien,* dont la philosophie admet le suicide. — 5 On songe au *roseau* de La Fontaine. — 6 Vers les vastes étendues. — 7 *Le rossignol ;* selon la légende grecque, Philomèle avait été changée en rossignol, sa sœur Procné en hirondelle. — 8 L'aimable accueil que me réserve la vie se reflète dans tous les regards. Apprécier cette expression. — 9 La prison. — 10 Cf. Gilbert, p. 364, v. 25-28. L'image remonte à Lucrèce.

Je ne suis qu'au printemps. Je veux voir la moisson,
Et comme le soleil, de saison en saison,
  Je veux achever mon année.
Brillante sur ma tige et l'honneur du jardin [11],
Je n'ai vu luire encor que les feux du matin,
  Je veux achever ma journée [12].

O mort ! tu peux attendre ; éloigne, éloigne-toi [13] ;
Va consoler les cœurs que la honte, l'effroi,
  Le pâle désespoir dévore.
40 Pour moi Palès [14] encore a des asiles verts,
Les amours des baisers, les Muses des concerts ;
  Je ne veux point mourir encore [15]. »

Ainsi, triste et captif [16], ma lyre toutefois
S'éveillait, écoutant ces plaintes, cette voix,
  Ces vœux d'une jeune captive ;
Et secouant le faix de mes jours languissants,
Aux douces lois des vers je pliais [17] les accents
  De sa bouche aimable et naïve.

Ces chants, de ma prison témoins harmonieux,
50 Feront à quelque amant des loisirs studieux
  Chercher quelle fut cette belle :
La grâce décorait son front et ses discours,
Et comme elle craindront de voir finir leurs jours
  Ceux qui les passeront près d'elle [18].

—————

— Indiquez la composition en dégageant ses éléments logiques, affectifs et mélodiques.
— Analysez les sentiments. Montrez : a) qu'ils sont naturels de la part de la jeune captive ; – b) que ce sont aussi ceux du poète ; – c) qu'ils ont une valeur humaine générale.
— Étudiez les images : comment sont-elles choisies ? quelle est leur valeur poétique ? – Que vous apprennent-elles sur la sensibilité de CHÉNIER ?
• Groupe thématique : Poésie engagée. Ressemblances et différences entre l'extrait des *Iambes* (p. 380-382) et les fragments engagés de RONSARD et d'AUBIGNÉ, XVIᵉ SIÈCLE, p. 157-160 ; 181-188.

—————

« Comme un dernier rayon... »

Si CHÉNIER pleure en songeant à la mort cruelle et prématurée qui attend Aimée de Coigny, ainsi que lui-même et tant d'autres victimes de la Terreur, sa muse sait aussi rester jusqu'au bout *âpre* et *combattive*. Prisonnier, vaincu, il conserve pourtant une arme redoutable, sa *plume vengeresse* qui appelle la malédiction sur les bourreaux et lutte ardemment pour la Justice et la Vérité. On notera le rythme des *Iambes* : distiques formés de vers de 12 et 8 syllabes, rimant a-b-a-b.

Comme un dernier rayon, comme un dernier zéphyre
  Animent la fin d'un beau jour,

—————

— 11 Cf. Ronsard : « Comme on voit sur la branche... ». — 12 Comparer le v. 33 et commenter. — 13 A quoi tient le pathétique de ce vers ? — 14 Déesse latine des pasteurs et des troupeaux. — 15 Commenter cette reprise du v. 6. — 16 Quelle remarque appelle cette construction ? — 17 Je traduisais en vers. — 18 L'ode se termine presque comme un madrigal, sur une *pointe* galante.

Au pied de l'échafaud j'essaye encor ma lyre.
    Peut-être est-ce bientôt mon tour.
Peut-être avant que l'heure en cercle promenée
    Ait posé sur l'émail brillant [1],
Dans les soixante pas [2] où sa route est bornée,
    Son pied sonore et vigilant [3],
Le sommeil du tombeau pressera ma paupière.
10   Avant que de ses deux moitiés
Ce vers que je commence ait atteint la dernière,
    Peut-être en ces murs effrayés [4]
Le messager de mort, noir recruteur des ombres [5],
    Escorté d'infâmes soldats,
Ébranlant de mon nom ces longs corridors sombres [6],
    Où seul dans la foule à grands pas
J'erre, aiguisant ces dards persécuteurs [7] du crime,
    Du juste trop faibles soutiens,
Sur mes lèvres soudain va suspendre la rime ;
20   Et chargeant mes bras de liens,
Me traîner amassant en foule à mon passage
    Mes tristes compagnons reclus,
Qui me connaissaient tous avant l'affreux message,
    Mais qui ne me connaissent plus [8].
Eh bien ! j'ai trop vécu. Quelle franchise auguste,
    De mâle constance et d'honneur
Quels exemples sacrés, doux à l'âme du juste,
    Pour lui quelle ombre de bonheur,
Quelle Thémis [9] terrible aux têtes criminelles,
30   Quels pleurs d'une noble pitié,
Des antiques bienfaits quels souvenirs fidèles,
    Quels beaux échanges d'amitié,
Font digne de regrets l'habitacle [10] des hommes ?
    La peur fugitive [11] est leur Dieu ;
La bassesse ; la feinte. Ah ! lâches que nous sommes
    Tous, oui, tous. Adieu, terre, adieu.
Vienne, vienne la mort ! — Que la mort me délivre !
    Ainsi donc mon cœur abattu
Cède aux poids de ses maux ? Non, non. Puissé-je vivre [12] !
40   Ma vie importe à la vertu.
Car l'honnête homme enfin, victime de l'outrage,
    Dans les cachots, près du cercueil,
Relève plus altiers son front et son langage,
    Brillants d'un généreux orgueil.
S'il est écrit aux cieux que jamais une épée
    N'étincellera dans mes mains,

— 1 Du cadran. — 2 Les soixante minutes. — 3 Apprécier les vers 5-8. — 4 Commenter ce transfert d'épithète. — 5 Le commissaire chargé de l'appel des condamnés devient une sombre divinité infernale. — 6 Étudier les sonorités. — 7 *Qui poursuivent sans relâche ;* de quoi s'agit-il ? — 8 Préciser l'idée et le sentiment. — 9 Déesse de la justice. — 10 La demeure (poétique). — 11 *Qui fait fuir.* Cf. « La peur, qui est un des premiers mobiles de toutes les choses humaines, joue aussi un grand rôle dans les révolutions. » (Chénier, *Journal de Paris*, avril 1791). — 12 Vers 35-39 : comment se traduit l'agitation intérieure ?

Dans l'encre et l'amertume [13] une autre arme trempée
    Peut encor servir les humains.
Justice, Vérité, si ma main, si ma bouche,
50   Si mes pensers les plus secrets
Ne froncèrent jamais votre sourcil farouche,
    Et si les infâmes progrès,
Si la risée atroce, ou, plus atroce injure,
    L'encens de hideux scélérats [14].
Ont pénétré vos cœurs d'une longue blessure,
    Sauvez-moi. Conservez un bras
Qui lance votre foudre, un amant qui vous venge [15].
    Mourir sans vider mon carquois [16] !
Sans percer, sans fouler, sans pétrir dans leur fange
60   Ces bourreaux barbouilleurs de lois,
Ces vers cadavéreux de la France asservie,
    Égorgée [17] ! O mon cher trésor,
O ma plume ! fiel, bile, horreur, Dieux de ma vie !
    Par vous seuls je respire encor :
Comme la poix brûlante agitée en ses veines [18]
    Ressuscite un flambeau mourant,
Je souffre ; mais je vis. Par vous loin de mes peines,
    D'espérance un vaste torrent
Me transporte. Sans vous, comme un poison livide [19],
70   L'invisible dent du chagrin,
Mes amis opprimés, du menteur homicide
    Les succès, le sceptre d'airain [20] ;
Des bons [21] proscrits par lui la mort ou la ruine,
    L'opprobre de subir sa loi,
Tout eût tari ma vie ; ou contre ma poitrine
    Dirigé mon poignard. Mais quoi !
Nul ne resterait donc pour attendrir l'histoire
    Sur tant de justes massacrés ?
Pour consoler leurs fils, leurs veuves, leur mémoire,
80   Pour que des brigands abhorrés
Frémissent aux portraits noirs de leur ressemblance,
    Pour descendre jusqu'aux enfers
Nouer le triple [22] fouet, le fouet de la vengeance,
    Déjà levé sur ces pervers ?
Pour cracher sur leurs noms, pour chanter leur supplice ?
    Allons, étouffe tes clameurs ;
Souffre, ô cœur gros de haine, affamé de justice.
    Toi, Vertu, pleure si je meurs [23].

— 13 Noter l'alliance de mots ; cf. v.63. — 14 Les révolutionnaires qui célèbrent la justice et la vérité sans les pratiquer. — 15 Quel est le mode de *lance* et *venge?* — 16 Cf. *Le Cid :* « Mourir sans tirer ma raison ! » — 17 Rejet pathétique. — 18 Ce mot complète l'assimilation du *flambeau* avec un être vivant. — 19 Qui rend livide (cf. *fugitive*, v. 34). — 20 L'inflexible tyrannie. — 21 Adj. substantivé. — 22 Le fouet des *trois* Furies qui punissent le crime. — 23 Apprécier ce dernier vers.

BEAUMARCHAIS

La vie de BEAUMARCHAIS est un véritable *roman d'aventures ;* alors que la biographie de tant de nos écrivains se ramène à peu près à la chronologie de leurs œuvres, dans celle de Beaumarchais la carrière dramatique n'occupe qu'une place secondaire : elle est éclipsée par de multiples activités dans les domaines les plus divers. Les *intrigues* de toute sorte se succèdent et s'enchevêtrent : « On peut s'en fier à lui pour mener une intrigue. — Deux, trois, quatre à la fois, bien embrouillées, qui se croisent » ; est-ce de l'homme qu'il s'agit, de l'auteur ou de son Figaro ? A chaque tournant de sa carrière apparaît une silhouette féminine, comme à chaque rebondissement de ses comédies. Enfin le rôle de l'*argent* n'est pas moins important dans sa vie que dans son théâtre.

Le chemin   DE LA BOUTIQUE A LA COUR. PIERRE-AUGUSTIN
de la fortune   CARON naît en 1732 à Paris, rue Saint-Denis où son père tient boutique d'horlogerie. Il grandit parmi cinq sœurs, dont LISETTE et JULIE sa préférée. A 13 ans il quitte l'école et devient apprenti horloger. En 1753 il perfectionne le mécanisme des montres en inventant un nouvel échappement. Le voici horloger du roi.

En 1755 il achète la charge du sieur Francquet, contrôleur clerc d'office de la maison du roi, puis épouse sa veuve : première étape d'une rapide ascension sociale. Son esprit, ses talents de musicien et d'amuseur lui valent la faveur de MESDAMES, filles de Louis XV. Grâce à elles, il peut rendre un service signalé au financier PARIS-DUVERNEY qui l'intéresse à ses affaires. L'achat d'une charge de secrétaire du roi l'anoblit (1761) : il se nomme maintenant M. DE BEAUMARCHAIS. En 1763 il devient « lieutenant-général des chasses aux bailliage et capitainerie de la Varenne du Louvre » et juge comme tel les délits de chasse.

L'AVENTURE ESPAGNOLE. En 1764-65 il fait un voyage à Madrid, pour défendre l'honneur de sa sœur Lisette : un Espagnol nommé CLAVIJO qui lui avait promis le mariage manquait à ses engagements. Tancé d'importance, l'infidèle se dérobe, et Beaumarchais doit se contenter d'obtenir des sanctions contre lui. Il nous a laissé de ces événements une version passionnante mais suspecte dans le *IVe Mémoire* contre Goëzman. En fait, d'immenses projets financiers semblent avoir compté pour lui, dans ce voyage, au moins autant que l'honneur de Lisette.

LE GENRE SÉRIEUX. Sa carrière dramatique commence en 1767 avec la représentation d'*Eugénie*, mélodrame emphatique et moralisant qui n'annonce nullement la verve comique de Beaumarchais. Celui-ci montre même quelque mépris pour le théâtre comique dans l'*Essai sur le genre dramatique sérieux* qui sert de préface à la pièce (cf. p. 227). En 1770 il donne sans succès un nouveau drame, *Les Deux Amis* ou *Le Négociant de Lyon*, où l'on reconnaît les idées de Diderot (cf. p. 228) et l'exemple de Sedaine (cf. p. 230) : un négociant si honnête qu'il se tuerait s'il ne pouvait faire face à une échéance est sauvé de la faillite par le dévouement sublime d'un ami « philosophe sensible ».

Veuf après dix mois de mariage, Beaumarchais s'est remarié en 1768, mais sa seconde femme meurt à son tour en 1770. Pâris-Duverney meurt également cette année-là, après avoir signé un règlement de comptes qui reconnaît à Beaumarchais une créance sur sa succession.

La crise   LES PROCÈS. Le comte de La Blache, héritier de Pâris-Duverney, attaque l'acte, insinuant que ce serait un faux. Il est débouté en première instance. L'affaire va venir en appel au Parlement Maupeou lorsque Beaumarchais est enfermé au For-l'Évêque à la suite d'une altercation avec le duc de Chaulnes. Fâcheuse détention, au moment même où il lui faudrait solliciter le conseiller Goëzman, rapporteur de son affaire. Il parvient à le voir, non sans peine, mais le rapport est défavorable, et le Parlement condamne Beaumarchais (avril 1773). Alors celui-ci se déchaîne. Goëzman lui a bien rendu les *épices* (cadeaux) qui ne restent acquises au juge que si le plaideur a gain de cause, mais une petite somme a disparu, subtilisée sans doute par Mme Goëzman : avec autant de vigueur que d'esprit, Beaumarchais attaque dans quatre *Mémoires* le conseiller, sa femme et tous les comparses (1773-1774). Il met les rieurs de son côté, et aussi la majorité de l'opinion publique, hostile au Parlement Maupeou. Ayant à trancher ce nouveau débat, le Parlement condamne Goëzman... et rend contre Beaumarchais un arrêt de *blâme* (déchéance civique).

L'AGENT SECRET. « Ce n'est pas tout que d'être blâmé, disait le lieutenant de police M. de Sartines, il faut encore être modeste. » Si populaire qu'il soit, notre auteur doit se résigner à rester quelque temps dans l'ombre. Le voici chargé de *missions secrètes*. Il va d'abord à Londres, acheter le silence d'un feuilliste qui attaque Mme du Barry dans ses libelles. Une seconde mission le conduit en Allemagne et s'agrémente d'épisodes rocambolesques. Troisième mission : il négocie à Londres avec le fameux chevalier d'Eon qu'il ne manque pas de prendre pour une femme !

Entre temps, il a donné LE BARBIER DE SÉVILLE (février 1775), qui a, lui aussi, toute une histoire : c'est, à l'origine, une « parade » jouée sur une scène privée, puis un opéra-comique refusé par les Italiens, une comédie en 5 actes sifflée à la première ; enfin, l'auteur s'étant « mis en quatre » entre la première et la seconde, le *Barbier* est devenu la pièce en 4 actes que nous lisons aujourd'hui, et dont le succès fut immédiat.

Le triomphe

DES ARMES POUR L'AMÉRIQUE. En 1775 éclate l'insurrection des colonies anglaises d'Amérique : Louis XVI et Vergennes hésitent à intervenir, mais ils voudraient aider secrètement les insurgents. Beaumarchais s'en charge : il reçoit un million du gouvernement français, crée une société fictive de commerce et de navigation, et fait parvenir aux Américains armes et équipements. Après l'entrée en guerre de la France, un de ses navires s'illustre au combat de la Grenade (1779).

A la même époque Beaumarchais obtient la révision des deux sentences portées contre lui. Le nouveau Parlement annule l'arrêt de blâme par une réhabilitation (1776) ; l'arrêt dans l'affaire La Blache est cassé et le Parlement d'Aix prononce en faveur de Beaumarchais (1778) : c'est le *triomphe complet*.

L'ÉDITION DE KEHL. En 1777 il a groupé les auteurs dramatiques pour la défense de leurs droits contre les empiétements et exigences des comédiens ; il entreprend ensuite la publication des *œuvres complètes de Voltaire*. Pour éviter la censure, l'impression a lieu à Kehl (1783-1790). Cette édition marque une nouvelle victoire du parti des philosophes.

LE MARIAGE DE FIGARO. Beaumarchais atteint le sommet de sa carrière avec le *Mariage de Figaro* (27 avril 1784). Voilà près de quatre ans que tout Paris parle de cette pièce, et l'on s'écrase à la première. L'œuvre a été soumise successivement à six censeurs (cf. p. 401, l. 54), sans parler de Louis XVI en personne, qui l'a jugée « détestable et injouable ». En 1783 une représentation prévue à Versailles est interdite au dernier moment ; puis le *Mariage* est joué sur un théâtre privé, chez M. de Vaudreuil. La longue résistance du roi ne fait que renforcer la *portée satirique* de la pièce, et la première représentation publique prend la valeur d'un *signe avant-coureur de la révolution*.

Mais Beaumarchais est imprudent lorsqu'il triomphe : il a des mots trop vifs, que le roi interprète mal, et voici l'auteur à la mode emprisonné pour quelques jours à Saint-Lazare (mars 1785). Hier à son comble, sa popularité diminue : on le constate à propos de nouvelles polémiques qui l'opposent à MIRABEAU, puis à l'avocat BERGASSE, dont il se vengera en nommant BÉGEARSS le traître de la *Mère coupable*. Son talent diminue lui aussi : après un opéra, *Tarare*, qui unit étrangement des histoires de sérail à la propagande philosophique (1787), Beaumarchais commet l'erreur de revenir au drame. Dans la *Mère coupable* (1792) il montre encore du métier, mais quelle fâcheuse idée d'avoir voulu refaire le *Tartuffe* tout en donnant une suite larmoyante à la charmante histoire du *Barbier* et du *Mariage* !

La tourmente
révolutionnaire

L'AFFAIRE DES FUSILS. En 1791 Beaumarchais s'installe dans la superbe maison qu'il s'est fait construire près de la Bastille ; le moment est mal choisi, ce luxe le rend suspect. Pourtant il veut servir la patrie en négociant l'achat de 60.000 fusils en Hollande. Après de longs voyages et mille péripéties, cette affaire des fusils finit par échouer (1792-1795). Tenu pour émigré quoiqu'il ait été chargé d'une mission à l'étranger, Beaumarchais connaît la misère à Hambourg.

LA VIEILLESSE. Il peut enfin rentrer à Paris en 1796 et marie la fille qu'il a eue d'une troisième femme. Mais il est vieilli, sourd, usé après cette vie mouvementée, et il meurt en 1799.

L'homme

Personnage remuant, encombrant, Beaumarchais a presque tous les côtés déplaisants du *parvenu* : impertinence, insolence, fatuité ; il manque de mesure et de tact, il est volontiers faiseur et présente même certains traits de l'aventurier de haute volée. Mais quel dynamisme, que d'*esprit*, de *gaieté*, quel ressort dans l'adversité ! De plus il a des qualités de cœur : bon fils, bon frère, ami dévoué. « Avec le cœur d'un honnête homme, tu as toujours eu le ton d'un bohème » lui écrivait un camarade de jeunesse. Comme Figaro, il vaut mieux que sa réputation, si l'on songe aux innombrables calomnies répandues contre lui. Esprit caustique qui se prend pour une âme sensible, interprète à la scène des idées des philosophes, à la fois homme du peuple et privilégié, bientôt submergé par une révolution que ses audaces ont préparée, Beaumarchais est très *représentatif de son temps*, de cette période de *fermentation sociale* à la veille de 1789.

Le renouveau
de la comédie

COMÉDIE GAIE. « Me livrant à mon gai caractère, j'ai tenté, dans le *Barbier de Séville*, de ramener au théâtre l'ancienne et franche gaieté, en l'alliant avec le ton léger de notre plaisanterie actuelle ». C'est en effet le grand mérite de Beaumarchais d'avoir restauré le *franc comique* à peu près banni du Théâtre-Français (cf. p. 227), en l'assaisonnant de cet *esprit* cher au XVIIIᵉ siècle. Certes il n'a pas le puissant génie de Molière, il abuse des « ficelles » du métier, des mots d'auteur, des clins d'œil au parterre ; pourtant les contemporains n'avaient pas tout à fait tort lorsqu'ils disaient : « le fils de Molière est trouvé ».

COMÉDIE D'INTRIGUE. C'est avant tout l'*intrigue* qui déchaîne le rire : simple dans sa ligne générale, mais riche en méandres, surprises et rebondissements, surtout dans le *Mariage de Figaro*, elle donne lieu à des *situations* extrêmement comiques (cf. p.388, 392), à de perpétuels *jeux de scène*, et tient constamment le spectateur en haleine. Selon le mot de Sainte-Beuve, Beaumarchais a été un grand *rajeunisseur* : rien de plus rebattu que le sujet du *Barbier de Séville* (cf. analyse), emprunté en particulier à l'*École des Femmes* de Molière et à une nouvelle de Scarron, *La Précaution inutile ;* pourtant à force d'esprit et d'ingéniosité, l'auteur en tire une comédie tout à fait originale. On peut également déceler de nombreux emprunts dans le *Mariage de Figaro*, mais qu'importe ? Nous sommes emportés par un mouvement endiablé qui dissimule même les incohérences de l'action (cf. p. 394). Bien mieux, cette *Folle Journée* qu'est le *Mariage de Figaro* nous introduit dans un *monde poétique*, à demi réel, à demi rêvé, où règnent *l'esprit*, *l'amour* et *le hasard*.

COMÉDIE SATIRIQUE. A l'époque, le succès du *Mariage de Figaro* fut pour une large part un succès de scandale. De fait la *satire* y est très hardie. Dans le *Barbier*, Beaumarchais s'en tenait le plus souvent aux plaisanteries traditionnelles contre les *médecins*, les *gens de lettres* et les *juges ;* pourtant quelques *mots* allaient plus loin : « Aux vertus qu'on exige dans un domestique, Votre Excellence connaît-elle beaucoup de maîtres qui fussent dignes d'être valets ? » (I, 2) ; « un grand fait assez de bien quand il ne nous fait pas de mal », etc... Cette *satire sociale* s'épanouit dans le *Mariage ;* le sujet même de la comédie est significatif : c'est un valet qui triomphe de son maître, aux applaudissements du spectateur. De plus la satire devient proprement *politique*, avec de vives attaques contre les *institutions* : justice (p. 396), censure (p. 401), et contre les *mœurs politiques* : la faveur, l'intrigue (p. 395), l'arbitraire. L'auteur fait sans cesse allusion à son cas personnel, cependant *sa verve satirique est gaie* et la critique des abus paraît presque toujours *en situation ;* Beaumarchais est souvent *rosse,* presque jamais amer ou méchant.

FIGARO. L'auteur est constamment présent dans ses comédies : il joue tous les rôles, ou peu s'en faut. Chérubin, c'est Caron à 13 ans ; libertin et moralisant à l'occasion, le Comte ressemble fort à Beaumarchais adulte ; Rosine et Suzanne ont autant d'esprit que Pierre-Augustin ou que sa sœur Julie. Pourtant pas de monotonie : Beaumarchais était assez divers pour donner de lui-même des répliques très variées. Les caractères n'ont ni la profondeur, ni la portée de ceux de Molière, mais ils sont bien dessinés, attachants, et constituent une famille plaisante où tout le monde est spirituel... jusqu'au jardinier Antonio, à sa façon ! (p. 392).

Mais le vrai fils de l'auteur c'est FIGARO. Avec lui Beaumarchais a créé un véritable *type.* Pour les contemporains, Figaro incarne les éléments populaires éclairés qui réclament un peu plus de justice sociale et méritent, par leur intelligence et leur activité, de jouer un rôle dans les destinées de la nation. A nos yeux il représente, avec ses qualités et ses défauts, un aspect frappant du *caractère français.* Le barbier de Séville est un authentique *enfant de Paris,* gai, vif, frondeur, entreprenant, cynique en paroles, sentimental au fond, épris de justice et de liberté, ravi dès qu'il trouve l'occasion de critiquer le gouvernement. Bien sûr il prête lui-même le flanc à la plaisanterie, mais il reste redoutable à toutes les tyrannies.

LE BARBIER *Le jeune* COMTE ALMAVIVA *est épris de* ROSINE, *pupille*
DE SÉVILLE *du médecin* BARTHOLO *qui la séquestre et compte bien l'épouser.*
Sous le nom de Lindor il donne des sérénades à sa belle ; mais voici qu'il rencontre FIGARO, *qui fut jadis à son service et s'est finalement établi comme* barbier *à Séville. Par bonheur, Figaro a ses entrées chez Bartholo : son esprit inventif cherche un moyen d'introduire Almaviva auprès de Rosine.* ACTE II : *Rosine, qui répond à l'amour de Lindor, lui écrit une lettre et la remet à Figaro. Un fourbe, don* BAZILE *maître à chanter de Rosine, révèle à Bartholo les projets d'Almaviva. Lindor-Almaviva se présente chez Bartholo,* déguisé en soldat ; *il parvient à glisser une lettre à Rosine, mais Bartholo s'en est aperçu.*

Une fine mouche

ROSINE n'a pas la candeur d'une Agnès : lorsque Bartholo exige de voir la lettre que lui a glissée le soldat, elle feint l'indignation et parle de s'enfuir ; sur quoi Bartholo va fermer la porte. Mettant à profit cet instant d'inattention, Rosine *retourne la situation* et *se joue du barbon* en comédienne accomplie (II, 15).

ROSINE : Ah ciel ! que faire ?... Mettons vite à la place la lettre de mon cousin, et donnons-lui beau jeu à la prendre [1]. *(Elle fait l'échange, et met la lettre du cousin dans sa pochette de façon qu'elle sorte un peu.)*

BARTHOLO, *revenant :* Ah ! j'espère maintenant la voir.

ROSINE : De quel droit, s'il vous plaît ?

BARTHOLO : Du droit le plus universellement reconnu, celui du plus fort [2].

ROSINE : On me tuera plutôt que de l'obtenir de moi.

BARTHOLO, *frappant du pied :* Madame ! Madame !...

ROSINE *tombe sur un fauteuil et feint de se trouver mal :* Ah ! quelle indignité !...

BARTHOLO : Donnez cette lettre, ou craignez ma colère.   10

ROSINE : *renversée :* Malheureuse Rosine !

BARTHOLO : Qu'avez-vous donc ?

ROSINE : Quel avenir affreux !   BARTHOLO : Rosine !

ROSINE : J'étouffe de fureur !   BARTHOLO : Elle se trouve mal.

—— 1 Noter le rôle des *apartés* dans cette scène. — 2 Commenter ce trait satirique.

ROSINE : Je m'affaiblis, je meurs.

BARTHOLO *lui tâte le pouls et dit à part :* Dieux ! la lettre ! Lisons-la sans qu'elle en soit instruite. *(Il continue à lui tâter le pouls, et prend la lettre, qu'il tâche de lire en se tournant un peu.)*

ROSINE, *toujours renversée :* Infortunée ! ah !...

BARTHOLO *lui quitte le bras, et dit à part :* Quelle rage a-t-on d'apprendre ce 20 qu'on craint toujours de savoir !

ROSINE : Ah ! pauvre Rosine !

BARTHOLO : L'usage des odeurs... produit ces affections spasmodiques [3]. *(Il lit par derrière le fauteuil, en lui tâtant le pouls. Rosine se relève un peu, le regarde finement, fait un geste de tête, et se remet sans parler.)*

BARTHOLO, *à part :* O ciel ! c'est la lettre de son cousin. Maudite inquiétude ! Comment l'apaiser maintenant ? Qu'elle ignore au moins que je l'ai lue ! *(Il fait semblant de la soutenir, et remet la lettre dans la pochette.)*

ROSINE *soupire :* Ah !...

BARTHOLO : Eh bien ! ce n'est rien, mon enfant ; un petit mouvement de 30 vapeurs, voilà tout ; car ton pouls n'a seulement pas varié. *(Il va prendre un flacon sur la console.)*

ROSINE, *à part :* Il a remis la lettre ! fort bien.

BARTHOLO : Ma chère Rosine, un peu de cette eau spiritueuse [4] ?

ROSINE : Je ne veux rien de vous : laissez-moi.

BARTHOLO : Je conviens que j'ai montré trop de vivacité sur ce billet.

ROSINE : Il s'agit bien du billet ! C'est votre façon de demander les choses qui est révoltante.

BARTHOLO, *à genoux :* Pardon : j'ai bientôt senti tous mes torts ; et tu me vois à tes pieds, prêt à les réparer. 40

ROSINE : Oui, pardon ! lorsque vous croyez que cette lettre ne vient pas de mon cousin.

BARTHOLO : Qu'elle soit d'un autre ou de lui, je ne veux aucun éclaircissement.

ROSINE, *lui présentant la lettre :* Vous voyez qu'avec de bonnes façons [5], on obtient tout de moi. Lisez-la.

BARTHOLO : Cet honnête procédé dissiperait mes soupçons, si j'étais assez malheureux pour en conserver.

ROSINE : Lisez-la donc, monsieur.

BARTHOLO *se retire :* A Dieu ne plaise que je te fasse une pareille injure !

ROSINE : Vous me contrariez de la refuser. 50

BARTHOLO : Reçois en réparation cette marque de ma parfaite confiance.

ACTE III : *Nouveau déguisement du Comte qui se présente cette fois comme le bachelier Alonzo, élève de Bazile : celui-ci serait malade et l'aurait chargé de le remplacer pour la leçon de musique de Rosine. Pour vaincre la méfiance de Bartholo, il doit inventer un mensonge beaucoup plus compliqué : non, il n'est pas maître à chanter, mais* doit passer pour tel aux yeux de Rosine ; c'est lui qui renseigne Bazile sur les faits et gestes du Comte Almaviva ; il produit une lettre de Rosine au Comte : Bartholo pourra s'en servir pour faire croire à sa pupille que le Comte la trahit (cf. analyse p. 390). Dès lors Bartholo a toute confiance en Alonzo, mais il garde la lettre. Pendant la leçon de musique, les jeunes gens ne peuvent échapper un seul instant à la surveillance du tuteur qui ne sort même pas de la pièce pour se faire raser par Figaro. Soudain paraît Don Bazile : catastrophe !*

— 3 De qui se moque ici Beaumarchais ? — | 4 Boisson *alcoolisée*, cordial. — 5 Des manières douces et polies.

« BONSOIR, BAZILE, BONSOIR ! »

Cette scène, la plus comique peut-être du *Barbier* (III, 11), est un vrai *tour de force*. A l'entrée de Bazile, la ruse savamment échafaudée par le Comte devrait s'écrouler : il n'en sera rien, au contraire. Avec l'appui bénévole de Bartholo, un complot se forme aussitôt pour *empêcher Bazile de parler*. C'est le maître en fourberie et en calomnie qui joue le rôle ridicule, et le spectateur est ravi de voir son *ahurissement* croissant. Mais en définitive Bartholo est berné plus encore que Bazile.

ROSINE, *effrayée, à part :* Don Bazile !...

LE COMTE, *à part :* Juste ciel !

FIGARO, *à part :* C'est le diable !

BARTHOLO *va au-devant de lui :* Ah ! Bazile, mon ami, soyez le bien rétabli. Votre accident [1] n'a donc point eu de suites ? En vérité le seigneur Alonzo m'avait fort effrayé sur votre état ; demandez-lui, je partais pour vous aller voir, et s'il ne m'avait point retenu...

BAZILE, *étonné :* Le seigneur Alonzo ?

FIGARO *frappe du pied :* Eh quoi ! toujours des accrocs [2] ? Deux heures pour une méchante barbe... Chienne de pratique !   10

BAZILE, *regardant tout le monde :* Me ferez-vous bien le plaisir de me dire, messieurs... ?

FIGARO : Vous lui parlerez quand je serai parti.

BAZILE : Mais encore faudrait-il...

LE COMTE : Il faudrait vous taire, Bazile. Croyez-vous apprendre à monsieur quelque chose qu'il ignore ? Je lui ai raconté que vous m'aviez chargé de venir donner une leçon de musique à votre place. [3]

BAZILE, *plus étonné :* La leçon de musique !... Alonzo !...

ROSINE, *à part, à Bazile :* Eh ! taisez-vous.

BAZILE : Elle aussi !   20

LE COMTE, *bas à Bartholo :* Dites-lui donc tout bas que nous en sommes convenus [4].

BARTHOLO, *à Bazile à part :* N'allez pas nous démentir, Bazile, en disant qu'il n'est pas votre élève ; vous gâteriez tout.

BAZILE : Ah ! ah !

BARTHOLO, *haut :* En vérité, Bazile, on n'a pas plus de talent que votre élève.

BAZILE, *stupéfait :* Que mon élève !... *(Bas.)* Je venais pour vous dire que le comte est déménagé.

BARTHOLO, *bas :* Je le sais, taisez-vous.   30

BAZILE, *bas :* Qui vous l'a dit ?

BARTHOLO, *bas :* Lui [5], apparemment.

LE COMTE, *bas :* Moi, sans doute : écoutez seulement.

ROSINE, *bas à Bazile :* Est-il si difficile de vous taire ?

— 1 Votre indisposition. — 2 Des interruptions. — 3 Le Comte prend Bazile à part, car cette réplique est censée échapper à Rosine.

— 4 Que nous sommes d'accord, au sujet de la prétendue leçon de musique. — 5 Mot à double entente ; désigne à la fois Alonzo et le Comte... qui ne sont qu'une seule personne.

FIGARO, *bas à Bazile :* Hum ! Grand escogriffe [6] ! Il est sourd !

BAZILE, *à part :* Qui diable est-ce donc qu'on trompe ici ? Tout le monde est dans le secret !

BARTHOLO, *haut :* Eh bien, Bazile, votre homme de loi [7] ?

FIGARO : Vous avez toute la soirée pour parler de l'homme de loi.

BARTHOLO, *à Bazile :* Un mot : dites-moi seulement si vous êtes 40 content de l'homme de loi ?

BAZILE, *effaré :* De l'homme de loi ?

LE COMTE, *souriant :* Vous ne l'avez pas vu, l'homme de loi ?

BAZILE, *impatienté :* Eh ! non, je ne l'ai pas vu, l'homme de loi [8].

LE COMTE, *à Bartholo, à part :* Voulez-vous donc qu'il s'explique ici devant elle ? Renvoyez-le.

BARTHOLO, *bas, au comte :* Vous avez raison. *(A Bazile.)* Mais quel mal vous a donc pris si subitement ?

BAZILE, *en colère :* Je ne vous entends [9] pas.

LE COMTE *lui met à part une bourse dans la main :* Oui, monsieur vous 50 demande ce que vous venez faire ici, dans l'état d'indisposition où vous êtes ?

FIGARO : Il est pâle comme un mort !

BAZILE : Ah ! je comprends [10]...

LE COMTE : Allez vous coucher, mon cher Bazile : vous n'êtes pas bien, et vous nous faites mourir de frayeur. Allez vous coucher.

FIGARO : Il a la physionomie toute renversée. Allez vous coucher.

BARTHOLO : D'honneur [11], il sent la fièvre d'une lieue [12]. Allez vous coucher.

ROSINE : Pourquoi êtes-vous donc sorti ? On dit que cela se gagne [13]. 60 Allez vous coucher.

BAZILE, *au dernier étonnement :* Que j'aille me coucher !

TOUS LES ACTEURS ENSEMBLE : Eh ! sans doute.

BAZILE, *les regardant tous :* En effet, messieurs, je crois que je ne ferai pas mal de me retirer ; je sens que je ne suis pas ici dans mon assiette ordinaire.

BARTHOLO : A demain, toujours, si vous êtes mieux.

LE COMTE : Bazile, je serai chez vous de très bonne heure.

FIGARO : Croyez-moi, tenez-vous bien chaudement dans votre lit.

ROSINE : Bonsoir, monsieur Bazile. 70

BAZILE, *à part :* Diable emporte si j'y comprends rien ! et sans cette bourse...

TOUS : Bonsoir, Bazile, bonsoir.

BAZILE, *en s'en allant :* Eh bien ! bonsoir donc, bonsoir. *(Ils l'accompagnent tous en riant.)*

— 6 Après *Hum !* aparté. — 7 D'après Alonzo (III,2) Bazile préparait, avec un homme de loi, le mariage de Bartholo. — 8 Quel est l'effet produit par cette répétition ? Cf. plus bas : *allez vous coucher* et le chœur des *bonsoir.* —

9 Comprends. — 10 A quoi tient le comique de cette réplique ? — 11 Parole d'honneur. — 12 Bartholo, qui est médecin, ajoutera *d'un ton important*, à la scène 12 : « Cet homme-là n'est pas bien du tout. ». — 13 Ce mal est contagieux.

- Situation. *Expliquez comment se forme progressivement le complot contre Bazile. Montrez, en utilisant l'analyse, pourquoi Bartholo lui-même veut empêcher Bazile de parler.*
- *Décrivez les impressions de Bazile en marquant les raisons et les degrés de son ahurissement. Quelle en est la principale source ? Que pense-t-il de Bartholo ? – et Bartholo de Bazile ?*
- *Cette scène vous paraît-elle vraisemblable ? D'après les indications scéniques, pourquoi ne prend-elle toute sa force comique qu'à la représentation ?*
- *Quel est, selon vous, le plus efficace des trois procédés comiques signalés pour cette scène par J. Scherer : la péripétie, le quiproquo, l'écho (ou la répétition) ? Pourquoi ?*

Le Comte parvient à glisser à l'oreille de Rosine : Nous avons la clé de la jalousie, et nous serons ici à minuit. Acte IV : *Bazile a révélé à Bartholo qu'il ne connaissait pas le pseudo-Alonzo ; il lui conseille d'employer la calomnie pour vaincre la résistance de Rosine. Grâce à la lettre qu'il détient (cf. analyse p. 387), le tuteur fait croire à Rosine que Lindor-Alonzo n'est qu'un émissaire du comte, et que celui-ci la trahit. Désespérée, la pauvre Rosine accepte d'épouser Bartholo et lui révèle que Lindor doit s'introduire chez elle cette nuit même. Le tuteur court chercher main-forte. Sur ce, escorté de Figaro, Lindor paraît à la fenêtre ; Rosine l'accable de reproches, mais il a tôt fait de dissiper le malentendu et de lui apprendre qu'il n'est autre que le comte Almaviva : la jeune fille tombe dans ses bras. Arrivent Bazile et le notaire ; celui-ci unit le Comte et Rosine. Lorsque Bartholo revient avec la police, il est trop tard : sa pupille est devenue la comtesse Almaviva. Il en est réduit à s'écrier :* Ah ! je me suis perdu faute de soins ! — Faute de sens, *réplique Figaro :* quand la jeunesse et l'amour sont d'accord pour tromper un vieillard, tout ce qu'il fait pour l'empêcher peut bien s'appeler à bon droit la *Précaution inutile.*

LE MARIAGE DE FIGARO

Trois ans ont passé. Figaro, *devenu concierge du château d'Aguas Frescas, va épouser* Suzanne, *camériste de la* Comtesse. *Mais le* Comte, *naguère si épris, délaisse maintenant sa femme et voudrait obtenir un rendez-vous de Suzanne, le jour même du mariage. A l'*Acte I *Suzanne apprend à Figaro les intentions du Comte. Un autre obstacle risque d'empêcher leur union :* Marceline *(gouvernante de Bartholo dans le* Barbier de Séville*) a prêté de l'argent à Figaro moyennant promesse de mariage, or Figaro n'a pas de quoi payer sa dette, et Marceline désire vivement l'épouser (cf. p. 396).*

Autre élément de l'intrigue : Chérubin, *petit page de 13 ou 14 ans, charmant et précoce, est épris en secret de sa marraine la Comtesse. Il raconte à Suzanne que le Comte le renvoie du château, lorsqu'Almaviva paraît : Chérubin se dissimule derrière un fauteuil. Au terme d'un amusant jeu de cache-cache le Comte le découvre : il est furieux que le page l'ait entendu faire la cour à Suzanne.*

L'épouse délaissée

L'Acte II s'ouvre sur cette conversation entre la Comtesse et Suzanne. Le spectateur a assisté aux scènes que raconte la jeune fille (I, 7, 8 et 9), dont elle précise plutôt les détails, à la demande de sa maîtresse, car elle est censée lui en avoir déjà fait le récit. *L'intérêt réside donc dans les réactions de la Comtesse,* désolée et humiliée d'apprendre l'infidélité de son mari, émue et un peu troublée par l'amour que lui voue le page. « Agitée de deux sentiments contraires, nous dit l'auteur, elle ne doit montrer qu'une sensibilité réprimée..., rien surtout qui dégrade aux yeux du spectateur son caractère aimable et vertueux ».

« *Le théâtre représente une chambre à coucher superbe, un grand lit en alcôve, une estrade au-devant ; la porte pour entrer s'ouvre et se ferme à la troisième coulisse à droite ; celle d'un cabinet, à la première coulisse à gauche. Une porte, dans le fond, va chez les femmes. Une fenêtre s'ouvre de l'autre côté* [1]. »

La Comtesse *se jette* [2] *dans une bergère :* Ferme la porte, Suzanne, et contemoi tout dans le plus grand détail.

Suzanne : Je n'ai rien caché à Madame.

La Comtesse : Quoi, Suzon, il voulait te séduire ?

— 1 La disposition des lieux est importante pour la suite de l'action ; cf. *analyse* page 392.
— 2 Que révèle cette attitude ?

SUZANNE : Oh ! que non ! Monseigneur n'y met pas tant de façon avec sa servante ; il voulait m'acheter [3].

LA COMTESSE : Et le petit page était présent [4] ?

SUZANNE : C'est-à-dire, caché derrière le grand fauteuil. Il venait me prier de vous demander sa grâce [5].

LA COMTESSE : Hé pourquoi ne pas s'adresser à moi-même ? est-ce que je l'aurais refusé [6], Suzon ?

SUZANNE : C'est ce que j'ai dit : mais ses regrets de partir, et surtout de quitter Madame [7] ! *Ah ! Suzon, qu'elle est noble et belle ! mais qu'elle est imposante !*

LA COMTESSE : Est-ce que j'ai cet air-là, Suzon ? Moi qui l'ai toujours protégé.

SUZANNE : Puis il a vu votre ruban de nuit que je tenais, il s'est jeté dessus...

LA COMTESSE, *souriant :* Mon ruban ?... Quelle enfance [8] !

SUZANNE : J'ai voulu le lui ôter ; Madame, c'était un lion ; ses yeux brillaient... « Tu ne l'auras qu'avec ma vie », disait-il en forçant sa petite voix douce et grêle [9].

LA COMTESSE, *rêvant :* Eh bien, Suzon [10] ?

SUZANNE : Eh bien, Madame, est-ce qu'on peut faire finir ce petit démon-là ? Ma marraine par-ci ; je voudrais bien par l'autre [11] ; et parce qu'il n'oserait seulement baiser la robe de Madame, il voudrait toujours m'embrasser, moi.

LA COMTESSE, *rêvant :* Laissons... laissons ces folies [12]... Enfin, ma pauvre Suzanne, mon époux a fini par te dire...?

SUZANNE : Que si je ne voulais pas l'entendre, il allait protéger Marceline [13].

LA COMTESSE, *se lève et se promène en se servant fortement de l'éventail :* Il ne m'aime plus du tout.

SUZANNE : Pourquoi tant de jalousie ?

LA COMTESSE : Comme tous les maris, ma chère ! uniquement par orgueil [14]. Ah ! je l'ai trop aimé ! je l'ai lassé de mes tendresses et fatigué de mon amour ; voilà mon seul tort envers lui [15] ; mais je n'entends pas que cet honnête aveu te nuise, et tu épouseras Figaro. Lui seul peut nous y aider : viendra-t-il ?

SUZANNE : Dès qu'il verra partir la chasse.

LA COMTESSE, *se servant de l'éventail* [16] : Ouvre un peu la croisée sur le jardin. Il fait une chaleur ici !...

SUZANNE : C'est que Madame parle et marche avec action [17]. *(Elle va ouvrir la croisée du fond.)*

LA COMTESSE *rêvant longtemps :* Sans cette constance à me fuir [18]... Les hommes sont bien coupables !

SUZANNE *crie de la fenêtre :* Ah ! voilà Monseigneur qui traverse à cheval le grand potager, suivi de Pédrille, avec deux, trois, quatre lévriers [19].

LA COMTESSE : Nous avons du temps devant nous. *(Elle s'assied)* On frappe, Suzon ?

SUZANNE *court ouvrir en chantant :* Ah ! c'est mon Figaro ! ah ! c'est mon Figaro [20] !

— 3 Noter la distinction, préciser la critique sociale. — 4 Préciser les sentiments de la Comtesse. — 5 Le Comte lui a ordonné de quitter le château. — 6 Je lui aurais infligé un refus. — 7 Style parlé, elliptique. — 8 Enfantillage. — 9 Suzanne contrefait Chérubin, qui n'a pas encore mué. — 10 Comment interpréter cette réplique ? — 11 Contamination de deux tours : *par-ci, par-là* et *d'un côté, de l'autre.* — 12 La Comtesse se défend contre l'émoi qui l'envahit. — 13 Qui veut forcer Figaro à l'épouser. — 14 Et non par amour. — 15 Étudier le *rythme* de ces plaintes. — 16 Encore un geste révélateur. — 17 Animation. — 18 Une rédaction précédente était plus explicite : « mon cœur occupé de lui seul et repoussant toute autre idée... ». — 19 On croirait voir une gravure anglaise du temps ; c'est aussi comme une bouffée d'air qui entre par la fenêtre ouverte. — 20 Comment se traduit chez Suzanne l'allégresse de l'amour heureux ?

Chérubin n'est pas parti : Figaro a imaginé de lui faire revêtir des vêtements de Suzanne pour le substituer à celle-ci au rendez-vous du Comte ! Suzanne et la Comtesse commencent à travestir le page qui chante à sa belle marraine une romance sentimentale. Mais on frappe à la porte, c'est le Comte. Il arrive, soupçonneux, alerté par un billet anonyme lui annonçant qu'il trouvera un homme chez la Comtesse : c'est une imprudence de Figaro qui a cru bon d'éveiller la jalousie d'Almaviva pour qu'il s'occupe un peu moins de Suzanne. Chérubin s'est enfermé dans un cabinet (cf. indications scéniques, p. 390) mais il fait du bruit et le Comte l'entend. Pendant un instant les spectateurs tremblent pour la Comtesse : la comédie va-t-elle tourner au drame ? Heureusement le Comte va chercher un outil pour enfoncer la porte du cabinet : pendant qu'il sort avec la Comtesse, Suzanne se substitue à Chérubin qui saute par la fenêtre. Mais la Comtesse, tentant vainement de calmer la fureur de son époux, lui avoue que Chérubin est dans le cabinet, elle lui tend même la clé. Le Comte ouvre... et trouve Suzanne ! Il ne sait que penser : sa femme a-t-elle vraiment voulu, par un faux aveu, le punir de sa jalousie ? Mais elle ne paraît pas moins stupéfaite que lui. L'intrigue rebondit avec l'arrivée d'Antonio.

« Alerte, Figaro ! »

Fâcheuse intervention que celle du jardinier, au moment où la partie qui se joue contre le Comte allait être gagnée ! Comment *empêcher Antonio de parler ?* (cf. la scène de Bazile, p. 388) comment empêcher le Comte de l'écouter ? Figaro est d'abord embarrassé, puis il prend carrément l'offensive dès qu'il sait qu'Antonio n'a pas reconnu avec certitude l'homme « qu'on a jeté par la fenêtre ». La silhouette du paysan à moitié ivre, sot mais matois, pointilleux sur l'honneur professionnel, est plaisamment dessinée ; son langage pittoresque, où l'on reconnaît le coup de pouce de l'auteur, déchaîne le rire, ainsi que le contraste entre la lenteur avec laquelle il ménage ses effets et l'impatience grandissante du Comte (II, 21).

Antonio, *demi-gris, tenant un pot de giroflées écrasées :* Monseigneur ! Monseigneur !

Le Comte : Que me veux-tu, Antonio ?

Antonio : Faites donc une fois [1] griller les croisées qui donnent sur mes [2] couches. On jette toutes sortes de choses par ces fenêtres, et tout à l'heure encore on vient d'en jeter un homme [3].

Le Comte : Par ces fenêtres [4] ?

Antonio : Regardez comme on arrange mes giroflées !

Suzanne, *bas à Figaro :* Alerte, Figaro, alerte !

Figaro : Monseigneur, il est gris dès le matin.   10

Antonio : Vous n'y êtes pas. C'est un petit reste d'hier. Voilà comme on fait des jugements... ténébreux [5].

Le Comte, *avec feu :* Cet homme ! cet homme ! où est-il ?

Antonio : Où il est ?

Le Comte : Oui.

Antonio : C'est ce que je dis [6]. Il faut me le trouver déjà. Je suis votre domestique ; il n'y a que moi qui prends soin de votre jardin ; il y tombe un homme ; et vous sentez... que ma réputation en est effleurée [7].

Suzanne, *bas à Figaro :* Détourne, détourne.

Figaro : Tu boiras donc toujours ?   20

Antonio : Ah ! si je ne buvais pas, je deviendrais enragé.

La Comtesse : Mais en [8] prendre ainsi sans besoin...

Le Comte, *vivement :* Réponds-moi donc, ou je vais te chasser.

— 1 Une bonne fois. — 2 Valeur du possessif ? — 3 Préciser l'effet comique. — 4 Pourquoi ce vif intérêt ? — 5 *Téméraires...*, mais Antonio s'embrouille. — 6 Est-ce la réponse attendue ? — 7 Préciser l'intention comique dans le choix du terme. — 8 Emploi assez lâche de *en :* de la boisson.

ANTONIO : Est-ce que je m'en irais ?

LE COMTE : Comment donc ?

ANTONIO, *se touchant le front* : Si vous n'avez pas assez de ça pour garder un bon domestique, je ne suis pas assez bête, moi, pour renvoyer un si bon maître [9].

LE COMTE *le secoue avec colère* : On a, dis-tu, jeté un homme par cette fenêtre ?

ANTONIO : Oui, mon [10] Excellence, tout à l'heure, en veste blanche, et qui s'est enfui, jarni [11], courant...   30

LE COMTE, *impatienté* : Après ?

ANTONIO : J'ai bien voulu courir après, mais je me suis donné contre la grille une si fière gourde [12] à la main, que je ne peux plus remuer ni pied ni patte de ce doigt-là [13]. *(Levant le doigt.)*

LE COMTE : Au moins, tu reconnaîtrais l'homme ?

ANTONIO : Oh ! que oui-dà !... si je l'avais vu, pourtant [14] !

SUZANNE, *bas à Figaro* : Il ne l'a pas vu.

FIGARO : Voilà bien du train [15] pour un pot de fleurs ! Combien te faut-il, pleurard, avec ta giroflée ? Il est inutile de chercher, Monseigneur : c'est moi qui ai sauté.   40

LE COMTE : Comment, c'est vous ?

ANTONIO : *Combien te faut-il, pleurard ?* Votre corps a donc bien grandi depuis ce temps-là ? car je vous ai trouvé beaucoup plus moindre [16] et plus fluet !

FIGARO : Certainement : quand on saute, on se pelotonne [17]...

ANTONIO : M'est avis que c'était plutôt... qui dirait [18], le gringalet de page [19].

LE COMTE : Chérubin, tu veux dire ?

FIGARO : Oui, revenu tout exprès avec son cheval de la porte de Séville, où peut-être il est déjà.

ANTONIO : Oh ! non, je ne dis pas ça, je ne dis pas ça ; je n'ai pas vu sauter de cheval, car je le dirais de même [20].   50

LE COMTE : Quelle patience [21] !

FIGARO : J'étais dans la chambre des femmes, en veste blanche : il fait un chaud ! J'attendais là ma Suzette, quand j'ai ouï tout à coup la voix de Monseigneur et le grand bruit qui se faisait ; je ne sais quelle crainte m'a saisi à l'occasion de ce billet, et, s'il faut avouer ma bêtise, j'ai sauté sans réflexion sur les couches, où je me suis même un peu foulé le pied droit. *(Il frotte son pied.)*

ANTONIO : Puisque c'est vous, il est juste de vous rendre ce brimborion de papier qui a coulé de votre veste en tombant. [22]

Grâce à la complicité de Suzanne et de la Comtesse, Figaro parvient à résoudre l'énigme : ce brimborion de papier, c'est le brevet d'officier de Chérubin, qu'Almaviva a nommé capitaine dans sa Légion, pour se débarrasser de lui. Chérubin l'aurait remis à Figaro car il y manquait un cachet. Le Comte sent qu'on se joue de lui, mais ne parvient pas à démêler la vérité. Va-t-il enfin ordonner le mariage de Figaro ? Non, car Marceline vient faire valoir ses droits. A la fin de l'Acte, la Comtesse, modifiant le projet primitif, décide de remplacer Suzanne au rendez-vous du Comte : mais surtout, que Figaro n'en soit pas informé : il voudrait mettre ici du sien.

ACTE III : *Avant de juger l'affaire de Marceline, le Comte décide de sonder Figaro : de ses réponses dépendra l'issue du procès.*

— 9 Trait satirique impertinent, mais habilement amené. — 10 Est-ce ainsi qu'il faut s'exprimer ? — 11 Juron populaire : *je renie* (Dieu). — 12 Enflure résultant d'un coup. — 13 En quoi l'expression est-elle amusante ? — 14 Cf. plus haut : « C'est ce que je dis ». Quelle est l'importance de cette révélation ? — 15 Des embarras. — 16 Pléonasme populaire. — 17 Répartie accompagnée d'une *mimique*. — 18 Cf. *comme qui dirait*. — 19 Rebondissement de la scène. — 20 La chose est plaisante à imaginer ! — 21 Quelle patience je dois montrer ! — 22 Nouveau rebondissement.

A malin, malin et demi

Cette scène (III, 5) *manque de consistance* et même *de vraisemblance :* le Comte veut savoir si Suzanne a appris à Figaro qu'il lui fait la cour ; Figaro a deviné ses intentions, alors pourquoi ne pas lui laisser croire jusqu'au bout·qu'il est prêt à l'accompagner dans son ambassade à Londres ? Pourquoi perdre aussitôt l'avantage qu'il vient de gagner ? Mais la scène contient deux tirades célèbres, celle de *God-dam,* et la *définition de la politique.* En outre ce grand illusionniste qu'est BEAUMARCHAIS parvient, à force d'*esprit* et de *vivacité,* à dissimuler le défaut central, beaucoup moins sensible à la représentation qu'à la lecture.

LE COMTE, *radouci :* J'avais... oui, j'avais quelque envie de t'emmener à Londres, courrier de dépêches ;... mais, toutes réflexions faites...

FIGARO : Monseigneur a changé d'avis ?

LE COMTE : Premièrement, tu ne sais pas l'anglais.

FIGARO : Je sais *God-dam* [1].

LE COMTE : Je n'entends [2] pas.

FIGARO : Je dis que je sais *God-dam.*

LE COMTE : Hé bien ?

FIGARO : Diable ! c'est une belle langue que l'anglais ; il en faut peu pour aller loin. Avec *God-dam,* en Angleterre, on ne manque de rien nulle part. — Voulez- [10] vous tâter d'un bon poulet gras : entrez dans une taverne, et faites seulement ce geste au garçon (*il tourne la broche*), *God-dam !* on vous apporte un pied de bœuf salé sans pain. C'est admirable ! Aimez-vous à boire un coup d'excellent bourgogne ou de clairet, rien que celui-ci (*il débouche une bouteille*) : *God-dam !* on vous sert un pot de bière, en bel étain, la mousse aux bords. Quelle satisfaction ! Rencontrez-vous une de ces jolies personnes qui vont trottant menu, les yeux baissés, coudes en arrière, et tortillant un peu des hanches : mettez mignardement tous les doigts unis dans la bouche. Ah ! *God-dam !* elle vous sangle [3] un soufflet de crocheteur [4] : preuve qu'elle entend. Les Anglais, à la vérité, ajoutent, par-ci par-là quelques autres mots en conversant ; mais il est bien aisé de voir que *God-dam* est le fond [20] de la langue ; et si Monseigneur n'a pas d'autre motif de me laisser en Espagne...

LE COMTE, *à part :* Il veut venir à Londres, elle [5] n'a pas parlé.

FIGARO, *à part :* Il croit que je ne sais rien, travaillons-le un peu dans son genre.

LE COMTE : Quel motif avait la Comtesse, pour me jouer un pareil tour [6] ?

FIGARO : Ma foi, Monseigneur, vous le savez mieux que moi.

LE COMTE : Je la préviens [7] sur tout et la comble de présents.

FIGARO : Vous lui donnez, mais vous êtes infidèle. Sait-on gré du superflu à qui nous prive du nécessaire ?

LE COMTE : ... Autrefois tu me disais tout.

FIGARO : Et maintenant je ne vous cache rien. [30]

LE COMTE : Combien la Comtesse t'a-t-elle donné pour cette belle association ?

FIGARO : Combien me donnâtes-vous pour la tirer des mains du Docteur [8] ? Tenez, Monseigneur, n'humilions pas l'homme qui nous sert bien, crainte d'en faire un mauvais valet [9].

— 1 Juron *(Dieu me damne !)* par lequel on désignait plaisamment les Anglais. — 2 *Comprends ;* mais Figaro joue sur le double sens du mot. — 3 Applique comme un coup de *sangle* ou de fouet. — 4 Portefaix. — 5 Suzanne. — 6 Pour me dire que Chérubin était enfermé dans le cabinet, alors que c'était Suzanne (cf. analyse, p. 392) ; depuis la sc. 21 de l'acte II (p. 392) le Comte croit à un complot entre la Comtesse et Figaro *(cette belle association,* l. 31). 7 Je préviens ses désirs. — 8 De Bartholo ; allusion au *Barbier de Séville.* — 9 Le ton devient sentencieux.

LE COMTE : Pourquoi faut-il qu'il y ait toujours du louche en ce que tu fais ?

FIGARO : C'est qu'on en voit partout, quand on cherche des torts.

LE COMTE : Une réputation détestable !

FIGARO : Et si je vaux mieux qu'elle ? Y a-t-il beaucoup de Seigneurs qui puissent en dire autant ?

LE COMTE : Cent fois je t'ai vu marcher à la fortune, et jamais aller droit.   40

FIGARO : Comment voulez-vous ? la foule est là ; chacun veut courir, on se presse, on pousse, on coudoie, on renverse, arrive qui peut ; le reste est écrasé [10]. Aussi c'est fait ; pour moi, j'y renonce.

LE COMTE : A la fortune ? *(A part)* Voici du neuf.

FIGARO, *(A part)*. A mon tour maintenant [11]. *(Haut.)* Votre Excellence m'a gratifié de la conciergerie du château ; c'est un fort joli sort : à la vérité je ne serai pas le courrier étrenné [12] des nouvelles intéressantes ; mais en revanche, heureux avec ma femme au fond de l'Andalousie...

LE COMTE : Qui t'empêcherait de l'emmener à Londres ?

FIGARO : Il faudrait la quitter si souvent, que j'aurais bientôt du mariage 50 par-dessus la tête.

LE COMTE : Avec du caractère et de l'esprit, tu pourrais un jour t'avancer dans les bureaux.

FIGARO : De l'esprit pour s'avancer ? Monseigneur se rit du mien. Médiocre et rampant, et l'on arrive à tout.

LE COMTE : ... Il ne faudrait qu'étudier un peu sous moi la politique.

FIGARO : Je la sais.

LE COMTE : Comme l'anglais, le fond de la langue !

FIGARO : Oui, s'il y avait ici de quoi se vanter. Mais, feindre d'ignorer ce qu'on sait, de savoir tout ce qu'on ignore ; d'entendre ce qu'on ne comprend pas, de 60 ne point ouïr ce qu'on entend ; surtout de pouvoir au-delà de ses forces ; avoir souvent pour grand secret de cacher qu'il n'y en a point ; s'enfermer pour tailler des plumes, et paraître profond quand on n'est, comme on dit, que vide et creux ; jouer bien ou mal un personnage ; répandre des espions et pensionner des traîtres ; amollir des cachets ; intercepter des lettres [13] ; et tâcher d'ennoblir la pauvreté des moyens par l'importance des objets : voilà toute la politique, ou je meure [14] !

LE COMTE : Eh ! c'est l'intrigue que tu définis [15] !

FIGARO : La politique, l'intrigue, volontiers ; mais comme je les crois un peu germaines [16], en fasse qui voudra. *J'aime mieux ma mie, ô gué !* comme dit la 70 chanson du bon Roi [17].

LE COMTE, *à part :* Il veut rester. J'entends... Suzanne m'a trahi.

FIGARO, *à part :* Je l'enfile [18] et le paye en sa monnaie.

LE COMTE : Ainsi, tu espères gagner ton procès contre Marceline ?

FIGARO : Me feriez-vous un crime de refuser une vieille fille, quand Votre Excellence se permet de nous souffler toutes les jeunes ?

LE COMTE, *raillant :* Au tribunal, le magistrat s'oublie et ne voit plus que l'ordonnance.

FIGARO : Indulgente aux grands, dure aux petits [19]...

LE COMTE : Crois-tu donc que je plaisante ?   80

— 10 Noter dans cette réplique le rythme expressif. — 11 De prendre l'offensive. — 12 Qui reçoit des étrennes, des pourboires. — 13 On songe à Beaumarchais agent secret. —

14 *Que je meure* (si je mens). — 15 Qu'en pensez-vous ? — 16 Sœurs. — 17 Cf. *Misanthrope*, I, 2. — 18 *Je le trompe* (terme du jeu de trictrac). — 19 Noter la vivacité et la portée du trait.

FIGARO : Eh! qui le sait, Monseigneur ? *Tempo è galant' uomo* [20], dit l'italien ; il dit toujours la vérité : c'est lui qui m'apprendra qui me veut du mal ou du bien.
LE COMTE, *à part :* Je vois qu'on lui a tout dit ; il épousera la duègne.
FIGARO, *à part :* Il a joué au fin avec moi ; qu'a-t-il appris [21] ?

Il épousera la duègne... L'imprudent Figaro a-t-il perdu son procès d'avance ? Pas encore : Suzanne, d'accord avec la Comtesse, accepte de rencontrer Almaviva le soir dans le parc. Mais, comme son Figaro, elle est trop bavarde : Tu viens de gagner ton procès, *dit-elle à son fiancé ; le Comte l'entend :* Je donnais là dans un bon piège ! O mes chers insolents ! je vous punirai de façon... Un bon arrêt, bien juste... *Nous savons maintenant quelle sera sa sentence.*

LE PROCÈS

Essentielle du point de vue de la *satire*, cette scène (III, 15) est *inutile à l'action*, doublement inutile puisque Figaro va se révéler le fils de Marceline (cf. analyse p. 399) et que Suzanne interviendra de son côté en offrant de payer Marceline avec la dot que lui donne la Comtesse. Mais on comprend aisément que BEAUMARCHAIS tenait à placer son *procès bouffon :* il n'a pas oublié ses pénibles *démêlés avec la justice* et le nom même du juge bégayant, Don GUZMAN Brid'Oison, est une allusion transparente au conseiller GOEZMAN. Quant à BARTHOLO, qui joue l'avocat de mauvaise foi, il veut se venger de Figaro à qui il garde rancune depuis le *Barbier de Séville.* Le greffier DOUBLE-MAIN *prend le dossier ;* BARTHOLO et FIGARO *se lèvent.*

DOUBLE-MAIN : *Barbe-Agar-Raab-Madeleine-Nicole-Marceline de Verte-Allure,* fille majeure *(Marceline se lève et salue) ;* contre *Figaro...* nom de baptême en blanc.
FIGARO : Anonyme.
BRID'OISON : A-anonyme ? Qué-el patron est-ce là ?
FIGARO : C'est le mien.
DOUBLE-MAIN *écrit :* Contre *Anonyme Figaro.* Qualités ?
FIGARO : Gentilhomme.
LE COMTE : Vous êtes gentilhomme ? *(Le greffier écrit.)*
FIGARO : Si le ciel l'eût voulu, je serais le fils d'un Prince.   10
LE COMTE, *au greffier :* Allez.
L'HUISSIER, *glapissant :* Silence, Messieurs !
DOUBLE-MAIN *lit :...* Pour cause d'opposition faite au mariage dudit *Figaro* par la dite *de Verte-Allure.* Le Docteur *Bartholo* plaidant pour la demanderesse, et ledit *Figaro* pour lui-même [1], si la Cour le permet, contre le vœu de l'usage et la jurisprudence du siège.
FIGARO : L'usage, maître Double-Main, est souvent un abus ; le client un peu instruit sait toujours mieux sa cause que certains avocats qui, suant à froid, criant à tue-tête, et connaissant tout, hors le fait, s'embarrassent aussi peu de ruiner le plaideur que d'ennuyer l'auditoire 20 et d'endormir Messieurs ; plus boursouflés après que s'ils eussent composé l'*oratio pro Murena* [2]. Moi, je dirai le fait en peu de mots. Messieurs...

— 20 Le temps est galant homme. — 21 Il croit avoir embrouillé le Comte : en fait celui-ci a appris tout ce qu'il voulait savoir.

— 1 Comme Beaumarchais qui, par suite de la défaillance des avocats, dut se défendre seul devant le Parlement d'Aix. — 2 Le célèbre plaidoyer de Cicéron.

DOUBLE-MAIN : En voilà beaucoup d'inutiles, car vous n'êtes pas demandeur, et n'avez que la défense [3]. Avancez, Docteur, et lisez la promesse.

FIGARO : Oui, promesse !

BARTHOLO, *mettant ses lunettes :* Elle est précise.

BRID'OISON : I-il faut la voir.

DOUBLE-MAIN : Silence donc, Messieurs !

L'HUISSIER, *glapissant :* Silence !

BARTHOLO *lit : Je soussigné reconnais avoir reçu de Damoiselle, etc...* Marceline de Verte-Allure, *dans le château d'Aguas-Frescas, la somme de deux mille piastres fortes* [4] *cordonnées* [5] *; laquelle somme je lui rendrai à sa réquisition, dans ce château, et je l'épouserai, par forme de reconnaissance, etc.* Signé : *Figaro,* tout court. Mes conclusions sont au paiement du billet et à l'exécution de la promesse, avec dépens. *(Il plaide.)* Messieurs... jamais cause plus intéressante ne fut soumise au jugement de la Cour ! et depuis Alexandre le Grand, qui promit mariage à la belle Thalestris [6]...

LE COMTE, *interrompant :* Avant d'aller plus loin, avocat, convient-on de la validité du titre ?

BRID'OISON, *à Figaro :* Qu'oppo... qu'oppo-osez-vous à cette lecture ?

FIGARO : Qu'il y a, Messieurs,. malice, erreur ou distraction dans la manière dont on a lu la pièce ; car il n'est pas dit dans l'écrit : *laquelle somme je lui rendrai,* ET *je l'épouserai ;* mais : *laquelle somme je lui rendrai,* OU *je l'épouserai ;* ce qui est bien différent.

LE COMTE : Y a-t-il ET dans l'acte, ou bien OU ?

BARTHOLO : Il y a ET.

FIGARO : Il y a OU.

BRID'OISON : Dou-ouble-Main, lisez vous-même.

DOUBLE-MAIN, *prenant le papier :* Et c'est le plus sûr ; car souvent les parties déguisent en lisant. *(il lit.)* E.e.e. *Damoiselle* e.e.e. *de Verte-Allure* e. e. e. Ha ! *laquelle somme je lui rendrai à sa réquisition, dans ce château...* ET... OU... ET... OU... Le mot est si mal écrit... il y a un pâté.

BRID'OISON : Un pâ-âté ? je sais ce que c'est.

BARTHOLO, *plaidant :* Je soutiens, moi, que c'est la conjonction copulative ET qui lie les membres corrélatifs de la phrase ; je payerai la demoiselle, ET je l'épouserai.

FIGARO, *plaidant :* Je soutiens, moi, que c'est la conjonction alternative OU, qui sépare lesdits membres ; je payerai la donzelle, OU je l'épouserai ; à pédant, pédant et demi ; qu'il s'avise de parler latin, j'y suis grec ; je l'extermine.

LE COMTE : Comment juger pareille question ?

BARTHOLO : Pour la trancher, Messieurs, et ne plus chicaner sur un mot, nous passons [7] qu'il y ait OU.

— 3 Étant *défendeur* Figaro ne doit pas parler le premier. — 4 On distinguait *piastres* *fortes* et *demi-piastres.* — 5 Portant un *cordon* gravé autour de l'effigie. — 6 Cf. *Plaideurs,* III, 3. — 7 Admettons.

Figaro : J'en demande acte.

Bartholo : Et nous y adhérons. Un si mauvais refuge ne sauvera pas le coupable : examinons le titre en ce sens. *(Il lit.) Laquelle somme je lui rendrai dans ce château où je l'épouserai.* C'est ainsi qu'on dirait, 70 Messieurs : *vous vous ferez saigner dans ce lit où vous resterez chaudement* [8] *;* c'est « dans lequel ». *Il prendra deux grains de rhubarbe où vous mêlerez un peu de tamarin :* dans lesquels on mêlera... Ainsi *château où je l'épouserai,* Messieurs, c'est *château dans lequel...*

Figaro : Point du tout : la phrase est dans le sens de celle-ci : ou *la maladie vous tuera,* ou *ce sera le médecin ;* ou bien *le médecin ;* c'est incontestable [9]. Autre exemple : ou *vous n'écrirez rien qui plaise,* ou *les sots vous dénigreront ;* ou bien *les sots ;* le sens est clair ; car, audit cas, *sots et méchants* sont le substantif qui gouverne [10]. Maître Bartholo croit-il donc que j'aie oublié ma syntaxe ? Ainsi, je la payerai dans ce 80 château, *virgule ;* ou je l'épouserai...

Bartholo, *vite :* Sans virgule.

Figaro, *vite :* Elle y est. C'est *virgule,* Messieurs, ou bien je l'épouserai.

Bartholo, *regardant le papier, vite :* Sans virgule, Messieurs.

Figaro, *vite :* Elle y était, Messieurs. D'ailleurs, l'homme qui épouse est-il tenu de rembourser ?

Bartholo, *vite :* Oui ; nous nous marions séparés de biens.

Figaro, *vite :* Et nous de corps, dès que [11] le mariage n'est pas quittance. *(Les juges se lèvent, et opinent tout bas.)*   90

Bartholo : Plaisant acquittement [12] !

Double-Main : Silence, messieurs.

L'Huissier, *glapissant :* Silence !

Bartholo : Un pareil fripon appelle cela payer ses dettes !

Figaro : Est-ce votre cause, avocat, que vous plaidez ?

Bartholo : Je défends cette Demoiselle.

Figaro : Continuez à déraisonner, mais cessez d'injurier. Lorsque, craignant l'emportement des plaideurs, les tribunaux ont toléré qu'on appelât des tiers, ils n'ont pas entendu que ces défenseurs modérés deviendraient impunément des insolents privilégiés [13]. C'est dégrader 100 le plus noble institut [14]. *(Les juges continuent d'opiner tout bas.)*

Antonio, *à Marceline, montrant les juges :* Qu'ont-ils à balbucifier [15] ?

Marceline : On a corrompu le grand juge [16], il corrompt l'autre, et je perds mon procès.

Bartholo, *bas, d'un ton sombre :* J'en ai peur.

Figaro, *gaiement :* Courage, Marceline !

Double-Main *se lève ; à Marceline :* Ah ! c'est trop fort ! Je vous

---

— 8 N'oublions pas que Bartholo est médecin ; cf. la réplique de Figaro. — 9 Préciser le double sens. — 10 Trait satirique. — 11 Du moment que. — 12 Moyen d'*acquitter* la dette. — 13 C'est Beaumarchais qui parle ici. — 14 Institution. — 15 Déformation plaisante de *balbutier.* — 16 Le Comte.

dénonce et, pour l'honneur du tribunal, je demande qu'avant faire droit [17] sur l'autre affaire, il soit prononcé sur celle-ci [18].

LE COMTE *s'assied :* Non, Greffier, je ne prononcerai point sur mon [110] injure personnelle [19] : un Juge espagnol n'aura point à rougir d'un excès digne au plus des tribunaux asiatiques [20] : c'est assez des autres abus ! J'en vais corriger un second, en vous motivant mon arrêt : tout Juge qui s'y refuse est un grand ennemi des lois [21] ! Que peut requérir la demanderesse ? mariage à défaut de payement, les deux ensemble impliqueraient [22].

DOUBLE-MAIN : Silence, Messieurs !

L'HUISSIER, *glapissant :* Silence !

LE COMTE : Que nous répond le défendeur ? Qu'il veut garder sa personne ; à lui permis. [120]

FIGARO, *avec joie :* J'ai gagné !

LE COMTE : Mais comme le texte dit : *laquelle somme je payerai à la première réquisition, ou bien j'épouserai, etc..,* la Cour condamne le défendeur à payer deux mille piastres fortes à la demanderesse ; ou bien à l'épouser dans le jour. *(Il se lève.)*

FIGARO, *stupéfait :* J'ai perdu [23].

– *Qu'a promis Figaro ? que demande Marceline ? Est-il vraisemblable que l'acte porte* ET *? Le comte est de parti-pris (cf. analyse, p. 396) ; pourtant sa sentence vous paraît-elle injuste ?*
– *Satire de la justice : a) Distinguez les traits qui visent les institutions judiciaires, les juges, les avocats ; – b) Relevez et précisez les allusions aux procès de Beaumarchais.*
– *L'auteur n'attaque-t-il que la justice ? A qui décoche-t-il encore des flèches ?*
– *Quels éléments propres au comique de farce reconnaissez-vous dans cette scène ?*
• **Groupe thématique : Justice.** VOLTAIRE contre les vices de la justice, p. 171-174. – XVIᵉ SIÈCLE. RABELAIS, p. 75-77. – XXᵉ SIÈCLE. A. FRANCE, *Crainquebille,* p. 93. Le registre comique vous paraît-il un moyen efficace pour mener campagne contre les garanties insuffisantes de la justice ?

---

*On découvre soudain que Figaro est le fils de Marceline... et de Bartholo. Marceline avait pris pour de l'amour sa tendresse maternelle inconsciente ! C'est un vieux « truc » de théâtre que ce procédé de la reconnaissance (cf. le dénouement de l'*École des Femmes *et celui de l'*Avare *) ; mais le tort de Beaumarchais, toujours attaché au genre sérieux, est d'avoir voulu attendrir et édifier les spectateurs par une péripétie bouffonne parfaitement invraisemblable.*

*A l'*ACTE IV *le manque d'action est compensé par l'intérêt du spectacle : la musique, les danses font de la noce de Figaro et de Suzanne un aimable divertissement. Du point de vue de l'intrigue, un seul élément important : on a remis un billet doux au Comte ; Figaro, qui ignore le petit complot de Suzanne et de la Comtesse, apprend que ce billet vient de sa Suzon : le voilà consterné.*

ACTE V : *Il fait nuit, la scène représente une salle de marronniers, dans le parc du château : c'est le lieu du rendez-vous. Dans une atmosphère de mystère et de conspiration Figaro machine un plan pour se venger du Comte et de Suzanne. Puis il reste seul en scène.*

— 17 Langue juridique : *avant de statuer.* — 18 Sur l'accusation d'injure au tribunal. — 19 Beaumarchais avait été jugé par les pairs du conseiller Goëzman. — 20 Dans l'*Esprit des Lois,* les exemples de *despotisme* sont empruntés à l'Asie. — 21 L'arrêt de *blâme* n'était pas motivé (cf. p. 172). — 22 Impliqueraient contradiction. — 23 Analyser l'effet comique.

MONOLOGUE DE FIGARO

Au Ve Acte paraît un Figaro inattendu ; vêtu d'un grand manteau, coiffé d'un large chapeau rabattu, le joyeux barbier serait-il devenu conspirateur ? Il se croit trahi par Suzanne et, comme il l'aime sincèrement, ce coup le bouleverse. Mais il est bavard, et son désarroi se traduit par un flot de paroles. Il s'exalte, déclame, revit toute son existence... Lorsqu'il eut composé ce monologue (V, 3), Beaumarchais lui-même, dit-on, fut effrayé de sa longueur. Pourtant le monologue passe la rampe, mais il a divisé les critiques : les uns le trouvent insupportable, d'autres y voient le morceau capital de la pièce.

FIGARO, *seul, se promenant dans l'obscurité, dit du ton le plus sombre :*

O femme ! femme ! femme ! créature faible et décevante [1] !... nul animal créé ne peut manquer à son instinct ; le tien est-il donc de tromper ?... Après m'avoir obstinément refusé quand je l'en pressais devant sa maîtresse ; à l'instant qu'elle me donne sa parole ; au milieu même de la cérémonie... Il riait en lisant, le perfide [2] ! et moi, comme un benêt [3]... ! Non, Monsieur le Comte, vous ne l'aurez pas... vous ne l'aurez pas... Parce que vous êtes un grand Seigneur, vous vous croyez un grand génie !... Noblesse, fortune, un rang, des places : tout cela rend si fier ! Qu'avez-vous fait pour tant de biens ? Vous vous êtes
10 donné la peine de naître, et rien de plus ; du reste, homme assez ordinaire ! tandis que moi, morbleu ! perdu dans la foule obscure, il m'a fallu déployer plus de science et de calculs pour subsister seulement, qu'on n'en a mis depuis cent ans à gouverner toutes les Espagnes : et vous voulez jouter [4]... On vient... c'est elle... ce n'est personne. — La nuit est noire en diable, et me voilà faisant le sot métier de mari, quoique je ne le sois qu'à moitié ! *(Il s'assied sur un banc)* Est-il rien de plus bizarre que ma destinée [5] ! Fils de je ne sais pas qui, volé par des bandits, élevé dans leurs mœurs, je m'en dégoûte [6] et veux courir une carrière honnête ; et partout je suis repoussé ! J'apprends la chimie,
20 la pharmacie, la chirurgie ; et tout le crédit d'un grand seigneur peut à peine me mettre à la main une lancette vétérinaire ! — Las d'attrister des bêtes malades, et pour faire un métier contraire [7], je me jette à corps perdu dans le théâtre ; me fussé-je mis [8] une pierre au cou ! Je broche [9] une comédie dans les mœurs du sérail ; auteur espagnol, je crois pouvoir y fronder Mahomet sans scrupule ; à l'instant un envoyé... de je ne sais où se plaint que j'offense dans mes vers la Sublime Porte, la Perse, une partie de la presqu'île de l'Inde, toute l'Égypte, les royaumes de Barca [10], de Tripoli, de Tunis, d'Alger et de Maroc : et voilà ma comédie flambée [11] pour plaire aux princes mahométans,
30 dont pas un, je crois, ne sait lire, et qui nous meurtrissent l'omoplate

---

— 1 Trompeuse. — 2 En lisant le billet remis par Suzanne (IV, 9). — 3 Figaro se moquait du Comte : « Ah ! c'est une drôle de tête ! ». — 4 Vous mesurer avec moi. —

5 Comment s'explique ce retour sur soi ? — 6 Comme Gil Blas. — 7 Egayer des hommes bien portants. — 8 J'aurais mieux fait de me mettre... (tour vieilli). — 9 Bâcle. — 10 Cyrénaïque. — 11 *Perdue* (familier).

en nous disant : « Chiens de chrétiens ! » — Ne pouvant avilir l'esprit, on se venge en le maltraitant. — Mes joues creusaient, mon terme était échu ; je voyais de loin arriver l'affreux recors [12], la plume fichée dans sa perruque ; en frémissant je m'évertue. Il s'élève une question sur la nature des richesses [13], et, comme il n'est pas nécessaire de tenir [14] les choses pour en raisonner, n'ayant pas un sou, j'écris sur la valeur de l'argent et sur son produit net ; sitôt je vois, du fond d'un fiacre, baisser pour moi le pont d'un château fort [15], à l'entrée duquel je laissai l'espérance et la liberté. *(Il se lève.)* Que je voudrais bien tenir un de

40 ces puissants de quatre jours, si légers sur le mal qu'ils ordonnent, quand une bonne disgrâce a cuvé son orgueil [16] ! Je lui dirais... [17] que les sottises imprimées n'ont d'importance qu'aux lieux où l'on en gêne le cours ; que, sans la liberté de blâmer, il n'est point d'éloge flatteur, et qu'il n'y a que les petits hommes qui redoutent les petits écrits. *(Il se rassied.)* Las de nourrir un obscur pensionnaire, on me met un jour dans la rue ; et comme il faut dîner quoiqu'on ne soit plus en prison, je taille encore ma plume, et demande à chacun de quoi il est question [18] : on me dit que pendant ma retraite économique [19] il s'est établi dans Madrid un système de liberté sur la vente des productions,

50 qui s'étend même à celles de la presse ; et que, pourvu que je ne parle en mes écrits ni de l'autorité, ni du culte, ni de la politique, ni de la morale, ni des gens en place, ni des corps en crédit [20], ni de l'Opéra, ni des autres spectacles, ni de personne qui tienne à quelque chose, je puis tout imprimer librement, sous l'inspection de deux ou trois censeurs [21]. Pour profiter de cette douce liberté, j'annonce un écrit périodique, et, croyant n'aller sur les brisées [22] d'aucun autre, je le nomme *Journal inutile.* Pou-ou ! je vois s'élever contre moi mille pauvres diables à la feuille [23] ; on me supprime, et me voilà derechef sans emploi !
— Le désespoir m'allait saisir ; on pense à moi pour une place, mais

60 par malheur j'y étais propre : il fallait un calculateur, ce fut un danseur qui l'obtint. Il ne me restait plus qu'à voler ; je me fais banquier de pharaon [24] : alors, bonnes gens ! je soupe en ville, et les personnes dites *comme il faut* m'ouvrent poliment leur maison en retenant pour elles les trois quarts du profit. J'aurais bien pu me remonter ; je commençais même à comprendre que, pour gagner du bien, le savoir-faire vaut mieux que le savoir. Mais comme chacun pillait autour de moi en exigeant que je fusse honnête, il fallut bien périr encore. Pour le coup je quittais [25] le monde, et vingt brasses d'eau m'en allaient séparer,

---

— 12 Adjoint d'un huissier. — 13 Question étudiée par les physiocrates. — 14 Posséder. — 15 Rédaction antérieure : « Mon livre ne se vendit point, fut arrêté et, pendant qu'on fermait la porte de mon libraire, on m'ouvrit celle de la Bastille, où je fus fort bien reçu en faveur de la recommandation qui m'y attirait », etc... — 16 Expression originale à commenter.

— 17 Que traduisent, selon vous, les points de suspension ? — 18 Quelle est la question d'actualité. — 19 Il était nourri et logé gratis ! — 20 Influents. — 21 Comment se traduit l'*ironie* dans l'agencement de cette phrase ? — 22 Faire concurrence à... (terme de vénerie). — 23 *Feuillistes*, payés tant la feuille. — 24 Jeu de cartes ; le *banquier* mise contre les autres joueurs. — 25 Commenter cet imparfait.

lorsqu'un Dieu bienfaisant m'appelle à mon premier état. Je reprends
70 ma trousse et mon cuir anglais ; puis, laissant la fumée [26] aux sots
qui s'en nourrissent, et la honte au milieu du chemin, comme trop
lourde à un piéton, je vais rasant de ville en ville, et je vis enfin sans
souci. Un grand seigneur passe à Séville ; il me reconnaît, je le marie,
et pour prix d'avoir eu par mes soins son épouse, il veut intercepter la
mienne [27] ! Intrigue, orage à ce sujet. Prêt à tomber dans un abîme,
au moment d'épouser ma mère, mes parents m'arrivent à la file. *(Il
se lève en s'échauffant.)* On se débat ; c'est vous, c'est lui, c'est moi,
c'est toi ; non, ce n'est pas nous : eh mais, qui donc [28] ? *(Il retombe
assis.)* O bizarre suite d'événements ! Comment cela m'est-il arrivé ?
80 Pourquoi ces choses et non pas d'autres [29] ? Qui les a fixées sur ma tête ?
Forcé de parcourir la route où je suis entré sans le savoir, comme j'en
sortirai sans le vouloir, je l'ai jonchée d'autant de fleurs que ma gaieté
me l'a permis : encore je dis ma gaieté, sans savoir si elle est à moi
plus que le reste, ni même quel est ce *moi* dont je m'occupe : un assem-
blage informe de parties inconnues, puis un chétif être imbécile, un
petit animal folâtre, un jeune homme ardent au plaisir, ayant tous les
goûts pour jouir, faisant tous les métiers pour vivre ; maître ici, valet
là, selon qu'il plaît à la fortune ! ambitieux par vanité, laborieux par
nécessité, mais paresseux... avec délices ! orateur selon le danger, poète
90 par délassement, musicien par occasion, amoureux par folles bouffées,
j'ai tout vu, tout fait, tout usé [30]. Puis l'illusion s'est détruite, et trop
désabusé... Désabusé !... Suzon, Suzon, Suzon ! que tu me donnes de
tourments ! — J'entends marcher... on vient. Voici l'instant de la
crise.

– Un monologue en situation. *Quels sentiments animent Figaro ? Montrez comment il part de la situation présente,
comment et pourquoi il s'en écarte, comment il y revient.*
– Préromantisme ? *Dans quelle mesure peut-on évoquer le drame romantique et dans quel passage ?*
– Le valet et le grand seigneur. *En quoi Figaro prend-il une autre dimension que celle du valet traditionnel ?
L'écho des attaques philosophiques contre le préjugé de caste (cf. questions p. 232).*
– Satire « tous azimuts ». *Comment se justifient les allusions virulentes à la société contemporaine ? Groupez les
traits satiriques en précisant quels abus ils visent ; signalez ceux qui ont une portée autobiographique.*
– Pour ou contre le monologue. a) *Vous paraît-il trop long, ennuyeux ? Sans rapport avec l'action ?
psychologiquement invraisemblable ? – b) Comment* BEAUMARCHAIS *s'y est-il pris pour l'animer ? – c) En quoi
a-t-il pu plaire ou déplaire aux contemporains ? – d) Quel est son principal intérêt ?*

---

*Il est impossible de résumer la suite de l'Acte : c'est, dans la demi-obscurité, un délicieux
imbroglio où soufflets et baisers se trompent de joue, un véritable ballet de carnaval réglé par
les caprices du petit dieu hasard. Le Comte se montre très tendre avec sa femme qu'il prend pour
Suzanne. Figaro veut les surprendre, lorsqu'il rencontre Suzanne... qu'il prend pour la Comtesse, les deux jeunes femmes ayant échangé leurs vêtements.*

— 26 Les illusions. — 27 Retour à la situation présente. — 28 Que traduit ce style heurté ? — 29 Mystère de la destinée individuelle. — 30 Est-ce Figaro qui parle, ou Beaumarchais ? Préciser.

« Il pleut des soufflets, Figaro »

Suzanne oublie un instant d'imiter la voix de la Comtesse, et Figaro la reconnaît sous son déguisement. Le voilà rassuré : ce n'est donc pas elle qui est auprès du Comte ! Mais elle s'est moquée de lui, il va se venger en feignant de la prendre pour la Comtesse et d'adresser à celle-ci une déclaration d'amour. De son côté Suzanne veut le punir de ses soupçons, et elle a la main leste !... Comique de gestes, comique de mots, vivacité, esprit, gaîté tendre, tout concourt à rendre cette scène vraiment charmante (V, 8). Le dénouement est proche : c'est le triomphe de l'amour légitime (l. 47-48), c'est aussi le triomphe de la finesse féminine sur « ce fier, ce terrible... et pourtant un peu nigaud de sexe masculin » (Marceline, IV, 16).

FIGARO, *avec une chaleur comique, à genoux :* Ah ! Madame, je vous adore. Examinez le temps, le lieu, les circonstances, et que le dépit supplée en vous aux grâces qui manquent à ma prière.

SUZANNE, *à part :* La main me brûle [1] !

FIGARO, *à part :* Le cœur me bat [2].

SUZANNE : Mais, Monsieur, avez-vous songé... ?

FIGARO : Oui, Madame ; oui, j'ai songé.

SUZANNE : ...Que pour la colère et l'amour...

FIGARO : ...Tout ce qui se diffère est perdu. Votre main, Madame ?

SUZANNE, *de sa voix naturelle, et lui donnant un soufflet :* La voilà. 10

FIGARO : Ah ! *Demonio* [3] *!* quel soufflet !

SUZANNE *lui en donne un second :* Quel soufflet ! Et celui-ci ?

FIGARO : Et *qu'es aquo ?* de par le diable ! est-ce ici la journée des tapes [4] ?

SUZANNE, *le bat à chaque phrase :* Ah ! *qu'es aquo ?* Suzanne : et voilà pour tes soupçons ; voilà pour tes vengeances et pour tes trahisons, tes expédients, tes injures et tes projets. C'est-il ça de l'amour ? Dis donc comme ce matin [5].

FIGARO *en se relevant : Santa Barbara !* oui, c'est de l'amour. O bonheur ! ô délices ! ô cent fois heureux Figaro ! Frappe, ma bien-aimée, sans te lasser. Mais quand tu m'auras diapré tout le corps de meurtrissures, regarde avec bonté, Suzon, l'homme le plus fortuné qui fut jamais battu par une femme [6]. 20

SUZANNE : *Le plus fortuné !* Bon fripon, vous n'en séduisiez pas moins la Comtesse, avec un si trompeur babil que, m'oubliant moi-même, en vérité, c'était pour elle que je cédais.

FIGARO : Ai-je pu me méprendre au son de ta jolie voix ?

SUZANNE, *en riant :* Tu m'as reconnue ? Ah ! comme je m'en vengerai !

FIGARO : Bien rosser et garder rancune est aussi par trop féminin ! Mais, dis-moi donc par quel bonheur je te vois là, quand je te croyais avec lui [7] ; et comment cet habit [8], qui m'abusait, te montre enfin innocente...

SUZANNE : Eh ! c'est toi qui es un innocent [9], de venir te prendre au piège apprêté pour un autre ! Est-ce notre faute, à nous, si voulant museler un renard, 30 nous en attrapons deux ?

FIGARO : Qui donc prend l'autre ? SUZANNE : Sa femme.
FIGARO : Sa femme ? SUZANNE : Sa femme.

FIGARO, *follement :* Ah ! Figaro, pends-toi ; tu n'as pas deviné celui-là ! [10] — Sa femme ? O douze ou quinze mille fois spirituelles femelles ! — Ainsi les baisers de cette salle [11]... ?

— 1 Préciser le sens. — 2 Parallélisme burlesque. — 3 Juron italien ou espagnol ; cf. *Santa Barbara. Qu'es aquo* (qu'est ceci), mis à la mode par le *IVe Mémoire (Qu'es aquo Marin),* est provençal. — 4 Cf. la *Journée des Dupes* (11 nov. 1630). — 5 Lorsqu'il lui demandait des preuves de son amour. — 6 Lyrisme burlesque, et rappel du *George Dandin* de Molière. — 7 Le Comte. — 8 De la Comtesse. — 9 Suzanne joue sur le mot. — 10 Ce tour-là. — 11 La *salle de marronniers*, décor du Ve acte.

SUZANNE : Ont été donnés à Madame.
FIGARO : Et celui du page ?   SUZANNE, *riant :* A Monsieur.
FIGARO : Et tantôt, derrière le fauteuil [12] ?   SUZANNE : A personne.
FIGARO : En êtes-vous sûre ?   40
SUZANNE, *riant :* Il pleut des soufflets, Figaro.
FIGARO : *lui baise les mains :* Ce sont des bijoux que les tiens. Mais celui du
Comte était de bonne guerre.
SUZANNE : Allons, superbe ! humilie-toi.
FIGARO *fait tout ce qu'il annonce :* Cela est juste ; à genoux, bien courbé,
prosterné, ventre à terre.
SUZANNE, *en riant :* Ah ! ce pauvre Comte ! quelle peine il s'est donnée...
FIGARO *se relève sur ses genoux :*... Pour faire la conquête de sa femme !

*On finit par se reconnaître au milieu de tous les quiproquos, et tout s'arrange le mieux du
monde : la Comtesse a reconquis son mari qui ne songe plus à disputer Suzanne à Figaro. Dans
l'accord parfait du vaudeville final, chaque personnage vient chanter son couplet : ainsi, comme
le dit Brid'oison, Tout fini-it par des chansons.*

LITTÉRATURE ET MŒURS A LA VEILLE DE 1789

Outre Beaumarchais, plusieurs écrivains, moralistes ou romanciers, nous ont laissé un
précieux témoignage sur l'esprit et les mœurs de la société française à la veille de la Révolution. Les maximes de CHAMFORT, les mots à l'emporte-pièce de RIVAROL traduisent assez
bien *les désillusions du siècle :* on ne croit plus au bonheur, mais *l'ironie* reste une suprême
consolation. Quant au roman, il illustre, avec RESTIF DE LA BRETONNE et CHODERLOS DE
LACLOS, la profonde *dépravation des mœurs*, tout en affirmant des *intentions vertueuses* dues
en partie à l'influence de Rousseau.

CHAMFORT (1741-1794). Couronné par l'Académie française pour son *Éloge de
Molière* (1769) et par l'Académie de Marseille par son *Éloge de La Fontaine* (1774),
lui-même académicien, Chamfort est *amer et misanthrope* en dépit de sa brillante réussite
littéraire. Ses *Pensées, maximes et anecdotes* (parues en 1803) révèlent une *lucidité pessimiste*
à l'égard de la nature humaine, mais cette *ironie caustique* est souvent la réaction de défense
d'une *sensibilité* délicate et ombrageuse. Sous la Révolution, Chamfort devient suspect :
menacé d'être emprisonné pour la seconde fois, il tente de se tuer et survit peu de temps
à ses blessures.

RIVAROL (1753-1801). Fils d'un aubergiste, Antoine Rivaroli se fait appeler comte de
Rivarol. Paresseux mais *plein d'esprit et de hardiesse*, il raille les écrivains à la mode et brille
dans les salons : on se répète ses traits satiriques, on admire son *Discours sur l'universalité
de la langue française* (1784). Hostile à la Révolution, il donne des articles aux *Actes des
Apôtres*, puis émigre et meurt à Berlin.

RESTIF DE LA BRETONNE (1734-1806). Libertin et pourtant disciple de Rousseau,
Restif compose une foule de romans diffus, licencieux, mais vigoureusement *réalistes*, et
qui offrent un véritable *panorama* des mœurs du temps *(Le Paysan perverti, La Vie de
mon père,* etc.*)*.

CHODERLOS DE LACLOS (1741-1803). Brillant officier, Laclos publie en 1782 un
roman par lettres, *Les Liaisons dangereuses ;* il y peint l'effrayante *perversité* de deux êtres
blasés et cyniques, épris du mal pour le mal, le vicomte de Valmont et la marquise de
Merteuil, ainsi que les luttes et les faiblesses de leurs victimes. Le sujet est inquiétant ;
pourtant l'auteur prétend donner une leçon morale, évite les scènes scabreuses et prend
soin de punir les corrupteurs à la fin du roman. Document cruel sur la *corruption des roués*
à la fin du siècle, les *Liaisons* restent un *chef-d'œuvre d'analyse psychologique*.

— 12 Chérubin cherchait à embrasser Suzanne (I, 7).

La stratégie victorieuse de Valmont

Le vicomte de VALMONT est un libertin dont la plus grande volupté est de séduire les femmes et de les abandonner aussitôt. C'est ainsi qu'il s'ingénie à faire capituler la PRÉSIDENTE DE TOURVEL, « austère dévote » dont la résistance est longue et désespérée. Il est inspiré par son ancienne maîtresse, la diabolique marquise de MERTEUIL qui tire avec perversité les fils des intrigues dont il se croit le seul initiateur. La lettre CXXV à la marquise commence par un cri de triomphe : Valmont savoure d'autant plus sa victoire sur Mme de Tourvel que « *c'est une victoire complète, achetée par une campagne pénible, et décidée par une savante manœuvre* ». Voici la fin de la lettre où il relate l'ultime étape de la conquête. Valmont sait déjà que la Présidente l'aime passionnément en secret mais résiste de toute la force de sa vertu. On mesurera la froide maîtrise avec laquelle le séducteur calcule ses effets, la lucidité avec laquelle il scrute les réactions de sa victime, les sursauts de résistance, le glissement vers l'abandon. Elle finit par succomber « par vertu », avec l'illusion de sauver du désespoir celui qu'elle aime.

Ici l'amante craintive céda entièrement à sa tendre inquiétude. – « Mais, Monsieur de Valmont, qu'avez-vous, et que voulez-vous dire ? la démarche que vous faites aujourd'hui [1] n'est-elle pas volontaire ? n'est-ce pas le fruit de vos propres réflexions ? et ne sont-ce pas elles qui vous ont fait approuver vous-même le parti nécessaire que j'ai suivi par devoir [2] ? – Hé bien ! ai-je repris, ce parti a décidé le mien. – Et quel est-il ? – Le seul qui puisse, en me séparant de vous, mettre un terme à mes peines. – Mais, répondez-moi, quel est-il ? » Là, je la pressai de mes bras, sans qu'elle se défendît aucunement ; et jugeant, par cet oubli des bienséances, combien l'émotion était forte et puissante : – « Femme adorable, lui dis-je en risquant l'enthousiasme, vous n'avez pas d'idée de l'amour que vous inspirez ; vous ne saurez jamais à quel point vous fûtes adorée, et de combien ce sentiment m'était plus cher que mon existence ! Puissent tous vos jours être fortunés et tranquilles ; puissent-ils s'embellir de tout le bonheur dont vous m'avez privé ! Payez au moins ce vœu sincère par un regret, par une larme ; et croyez que le dernier de mes sacrifices ne sera pas le plus pénible à mon cœur. Adieu »

Tandis que je parlais ainsi, je sentais son cœur palpiter avec violence ; j'observais l'altération de la figure, je voyais, surtout, les larmes la suffoquer et ne couler cependant que rares et pénibles. Ce ne fut qu'alors que je pris le parti de feindre de m'éloigner ; aussi, me retenant avec force : – « Non, écoutez-moi, dit-elle vivement. – Laissez-moi, répondis-je. – Vous m'écouterez, je le veux. – Il faut vous fuir, il le faut ! – Non ! » s'écria-t-elle... A ce dernier mot, elle se précipita ou plutôt tomba évanouie entre mes bras. Comme je doutais encore d'un si heureux succès, je feignis un grand effroi ; mais tout en m'effrayant, je la conduisais, ou la portais vers le lieu précédemment désigné pour le champ de ma gloire [3] ; et en effet elle ne revint à elle que soumise et déjà livrée à son heureux vainqueur.

Jusque là, ma belle amie, vous me trouverez, je crois, une pureté de méthode qui vous fera plaisir ; et vous verrez que je ne me suis écarté en rien des vrais principes de cette guerre, que nous avons remarqué souvent être si semblable à l'autre. Jugez-moi donc comme Turenne ou Frédéric. J'ai forcé à combattre l'ennemi qui ne voulait que temporiser ; je me suis donné, par de savantes manœuvres, le choix du terrain et celui des dispositions [4], j'ai su inspirer la sécurité à l'ennemi, pour le joindre plus facilement dans sa retraite ; j'ai su y faire succéder la terreur, avant d'en venir au combat ; je n'ai rien mis au hasard [5],

---

— 1. Il est venu sous prétexte de rendre ses lettres à Mme de Tourvel. — 2. Le parti de ne plus le voir. — 3. Il s'agit d'un fauteuil (*désigné* : choisi). — 4. Formation d'une troupe en vue du combat (cf. *dispositif*). — 5. Je n'ai pris aucun risque. — 6. Sinon.

que [6] par la considération d'un grand avantage en cas de succès, et la certitude des ressources en cas de défaite ; enfin, je n'ai engagé l'action qu'avec une retraite assurée, par où je pusse couvrir et conserver tout ce que j'avais acquis précédemment. C'est, je crois, tout ce qu'on peut faire ; mais je crains, à présent, de m'être amolli comme Annibal'dans les délices de Capoue. [...].

Je m'attendais bien qu'un si grand événement ne se passerait pas sans les larmes et le désespoir d'usage ; et si je remarquai d'abord un peu plus de confusion, et une sorte de recueillement, j'attribuai l'un et l'autre à l'état de prude : aussi, sans m'occuper de ces légères différences que je croyais purement locales, je suivis simplement la grande route des consolations ; bien persuadé que, comme il arrive d'ordinaire, les sensations aideraient le sentiment, et qu'une seule action ferait plus que tous les discours, que pourtant je ne négligeais pas. Mais je trouvai une résistance vraiment effrayante, moins encore par son excès que par la forme sous laquelle elle se montrait.

Figurez-vous une femme assise, d'une raideur immobile, et d'une figure invariable ; n'ayant l'air ni de penser, ni d'écouter, ni d'entendre ; dont les yeux laissent échapper les larmes assez continues, mais qui coulent sans effort. Telle était Madame de Tourvel, pendant mes discours ; mais si j'essayais de ramener son attention vers moi par une caresse, par le geste même le plus innocent, à cette apparente apathie succédaient aussitôt la terreur, la suffocation, les convulsions, les sanglots, et quelques cris par intervalle, mais sans un mot articulé.

Ces crises revinrent plusieurs fois, et toujours plus fortes ; la dernière même fut si violente, que j'en fus entièrement découragé et craignis un moment d'avoir remporté une victoire inutile. Je me rabattis sur les lieux communs d'usage ; et dans le nombre se trouva celui-ci : « Et vous êtes dans le désespoir, parce que vous avez fait mon bonheur ? » A ce mot, l'adorable femme se tourna vers moi ; et sa figure, quoique encore un peu égarée, avait pourtant déjà repris son expression céleste. – « Votre bonheur, me dit-elle ! » Vous devinez ma réponse. – « Vous êtes donc heureux ? » Je redoublai les protestations. – « Et heureux par moi ! » J'ajoutai les louanges et les tendres propos. Tandis que je parlais, tous ses membres s'assoupirent ; elle retomba avec mollesse appuyée sur son fauteuil ; et m'abandonnant une main que j'avais osé prendre : – « Je sens, dit-elle, que cette idée me console et me soulage. »

Vous jugez qu'ainsi remis sur la voie, je ne la quittai plus ; c'était réellement la bonne, et peut-être la seule. Aussi quand je voulus tenter un second succès, j'éprouvai d'abord quelque résistance et ce qui s'était passé auparavant me rendait circonspect : mais ayant appelé à mon secours cette idée même de mon bonheur, j'en ressentis bientôt les favorables effets : – « Vous avez raison, me dit la tendre personne ; et je ne puis plus supporter mon existence qu'autant qu'elle servira à vous rendre heureux. Je m'y consacre tout entière : dès ce moment je me donne à vous, et vous n'éprouverez de ma part ni refus, ni regrets. » Ce fut avec cette candeur naïve ou sublime qu'elle me livra sa personne et ses charmes, et qu'elle augmenta mon bonheur en le partageant. L'ivresse fut complète et réciproque ; et, pour la première fois, la mienne survécut au plaisir. Je ne sortis de ses bras que pour tomber à ses genoux, pour lui jurer un amour éternel ; et, il faut tout avouer, je pensais ce que je disais. Enfin, même après nous être séparés, son idée ne me quittait point, et j'ai eu besoin de me travailler pour m'en distraire.

Valmont est pris à son propre piège : il s'éprend à son tour de Mme de Tourvel. De dépit, la cruelle marquise, le mettant au défi, le conduit à abandonner son amante, qui mourra de consomption. Mais la « morale » restera sauve. Valmont sera tué en duel pour avoir séduit et perverti, la jeune Cécile Volanges. Quant à la marquise, défigurée par la petite vérole, elle s'enfuira ruinée et abandonnée de tous.

LA LITTÉRATURE RÉVOLUTIONNAIRE

La Révolution s'accompagne d'une production littéraire *intense* mais *médiocre*. Populaire et moralisateur, le THÉATRE tend au mélodrame (p. 229) ; l'actualité inspire quelques grands POÈMES à Lebrun-Pindare (p. 362), à André Chénier (p. 379-382), à son frère Marie-Joseph Chénier (p. 365). Avec la liberté de la presse, le JOURNALISME prend un essor considérable, mais les journaux quotidiens sont d'une affligeante vulgarité. Les articles les plus remarquables sont ceux de CAMILLE DESMOULINS (1760-1794) qui servit généreusement la Révolution naissante, puis eut le courage de s'élever contre la Terreur et de proposer dans *Le Vieux Cordelier* l'institution d'un Comité de Clémence : cette initiative lui coûta la vie.

L'éloquence

Très vite, dans les Assemblées et les Clubs, l'éloquence devint l'arme des hommes politiques pour décider des plus graves questions, abattre leurs adversaires ou défendre leur tête. La plupart des *tribuns révolutionnaires* sont des hommes jeunes au tempérament passionné, dont l'ardeur lyrique enflamme les foules.

MIRABEAU (1749-1791) s'impose à la Constituante par sa carrure et son masque terrible, son tempérament de lutteur, ses images éclatantes, ses phrases puissamment rythmées, la logique pressante de son argumentation (cf. p. 407-409).

VERGNIAUD (1753-1793) est d'une éloquence plus souple, alanguie par ses rêves humanitaires. Il trouve pourtant des accents virils pour appeler aux armes en 1792 et déploie en faveur des Girondins aux abois une dialectique désespérée (p. 409).

DANTON (1759-1794) s'est formé au Club des Cordeliers : c'est le « *Mirabeau de la populace* ». Vainqueur des Girondins, il domine les masses par son verbe impétueux et brutal (p. 410) jusqu'au jour où il est lui-même victime de Robespierre.

A la différence de son ami SAINT-JUST (1769-1794), dont la phrase sèche et tranchante est celle d'un homme d'action, ROBESPIERRE (1759-1794) n'a pas un tempérament d'orateur : il supplée au défaut d'enthousiasme par son argumentation serrée et la vertueuse austérité de ses principes (p. 411).

CONTRE LA BANQUEROUTE

26 septembre 1789 : la *banqueroute* menace la France. Necker propose d'y faire face immédiatement par une *contribution volontaire du quart des revenus*. MIRABEAU soutient ce projet et combat victorieusement une proposition d'ajournement. Voici la vibrante *péroraison* de son discours improvisé, où l'on reconnaît la puissante personnalité de l'orateur unissant à la logique de l'argumentation son réalisme, sa véhémence et son art de soulever les passions.

Mes amis, écoutez un mot, un seul mot. Deux siècles de déprédations et de brigandages [1] ont creusé le gouffre où le royaume est près de s'engloutir. Il faut le combler, ce gouffre effroyable ! eh bien, voici

— 1 Préciser le sens exact de ces deux termes.

la liste des propriétaires français. Choisissez parmi les plus riches,
afin de sacrifier moins de citoyens ; mais choisissez ; car ne faut-il pas
qu'un petit nombre périsse pour sauver la masse du peuple ? Allons,
ces deux mille notables possèdent de quoi combler le déficit. Ramenez
l'ordre dans vos finances, la paix et la prospérité dans le royaume...
Frappez, immolez sans pitié ces tristes victimes ! précipitez-les dans
10 l'abîme ! il va se refermer... Vous reculez d'horreur... Hommes incon-
séquents ! hommes pusillanimes [2] ! eh ! ne voyez-vous donc pas qu'en
décrétant la banqueroute [3] ou, ce qui est plus odieux encore, en la
rendant inévitable sans la décréter, vous vous souillez [4] d'un acte mille
fois plus criminel, et, chose inconcevable, gratuitement [5] criminel ;
car enfin cet horrible sacrifice ferait du moins disparaître le déficit.
Mais croyez-vous, parce que vous n'avez pas payé, que vous ne devrez
plus rien [6] ? Croyez-vous que les milliers, les millions d'hommes qui
perdront en un instant, par l'explosion terrible ou par ses contrecoups,
tout ce qui faisait la consolation de leur vie, et peut-être leur unique
20 moyen de la sustenter [7], vous laisseront paisiblement jouir de votre
crime ?

Contemplateurs stoïques [8] des maux incalculables que cette catastrophe vomira sur la France, impassibles égoïstes qui pensez que ces
convulsions du désespoir et de la misère passeront comme tant d'autres,
et d'autant plus rapidement qu'elles seront plus violentes, êtes-vous
bien sûrs que tant d'hommes sans pain vous laisseront tranquillement
savourer les mets dont vous n'aurez voulu diminuer ni le nombre ni la
délicatesse ?... Non, vous périrez, et dans la conflagration [9] universelle
que vous ne frémissez pas d'allumer, la perte de votre honneur ne
30 sauvera pas une seule de vos détestables jouissances.

Voilà où nous marchons... J'entends parler de patriotisme, d'élans
de patriotisme, d'invocations au patriotisme. Ah ! ne prostituez pas ces
mots de patrie et de patriotisme. Il est donc bien magnanime, l'effort
de donner une portion de son revenu pour sauver tout ce qu'on
possède ! Eh ! messieurs, ce n'est là que de la simple arithmétique, et
celui qui hésitera ne peut désarmer l'indignation que par le mépris
que doit inspirer sa stupidité. Oui, messieurs, c'est la prudence la plus
ordinaire, la sagesse la plus triviale [10] ; c'est votre intérêt le plus grossier
que j'invoque. Je ne vous dis plus, comme autrefois : « Donnerez-vous
40 les premiers aux nations le spectacle d'un peuple assemblé pour manquer
à la foi publique ? » Je ne vous dis plus : « Eh ! quels titres avez-vous
à la liberté, quels moyens vous resteront pour la maintenir si, dès votre
premier pas, vous surpassez les turpitudes des gouvernements les plus
corrompus, si le besoin de votre concours et de votre surveillance n'est
pas le garant de votre Constitution ? » Je vous dis : « Vous serez tous

— 2 A l'âme faible et médiocre. — 3 Montrer la vigueur de cette alliance de mots. —
4 Expliquer pourquoi. — 5 Sans résultat
profitable. — 6 Il s'agit de la dette de l'État. —
7 Soutenir au moyen de nourriture. — 8 Sans
émotion. — 9 L'embrasement. — 10 Commune
(*litt.* : qu'on trouve aux carrefours).

entraînés dans la ruine universelle, et les premiers intéressés au sacrifice que le gouvernement vous demande, c'est vous-mêmes. »

Votez donc ce subside extraordinaire, et puisse-t-il être suffisant ! Votez-le, parce que, si vous avez des doutes sur les moyens (doutes
50 vagues et non éclairés), vous n'en avez pas sur sa nécessité et sur notre impuissance à le remplacer, immédiatement du moins [11]. Votez-le parce que les circonstances publiques ne souffrent aucun retard et que nous serions comptables de tout délai. Gardez-vous de demander du temps ; le malheur n'en accorde jamais... Ah ! messieurs, à propos d'une ridicule motion du Palais-Royal, d'une risible insurrection qui n'eut jamais d'importance que dans les imaginations faibles ou les desseins pervers de quelques hommes de mauvaise foi, vous avez entendu naguère ces mots forcenés : « Catilina est aux portes de Rome et l'on délibère [12] ! » Et certes, il n'y avait autour de nous ni Catilina, ni périls, ni factions,
60 ni Rome... Mais aujourd'hui la banqueroute, la hideuse banqueroute est là ; elle menace de consumer, vous, vos propriétés, votre honneur, et vous délibérez ?...

– Distinguez les arguments successifs et leur enchaînement. Montrez leur habileté.
– A quels sentiments divers s'adresse l'orateur ? Sont-ils également nobles ?
– Étudiez dans le § 2 comment Mirabeau s'efforce de grossir le danger et souligne la responsabilité des députés. Par contraste avec le § 3, expliquez son intention.
– A quoi tient la véhémence du discours ? Relevez les images et les tableaux les plus vigoureux.
– Style. Montrez : a) la variété du ton ; – b) l'art des antithèses et des contrastes.
• **Groupe thématique : Éloquence révolutionnaire.** Étudiez les caractères communs et les différences, du point de vue oratoire, entre les discours cités p. 407-412.

Défense des « modérés »

10 avril 1793 : les Girondins sont de plus en plus sévèrement attaqués par les Montagnards qui les accusent de « modérantisme » et guillotineront leurs chefs deux mois plus tard. VERGNIAUD trouve des *accents émouvants* et déjà *désespérés* pour réfuter les accusations de Robespierre, dénoncer ses aspirations tyranniques et opposer à la politique de terreur son rêve de fraternité.

R obespierre nous accuse d'être devenus tout à coup des « modérés », des « feuillants [1] ».

Nous, « modérés » ? Je ne l'étais pas le 10 août [2], Robespierre, quand tu étais caché dans ta cave ! Des « modérés »! Non, je ne le suis pas dans ce sens que je veuille éteindre l'énergie nationale ; je sais que la liberté est toujours active comme la flamme, qu'elle est inconciliable avec ce calme parfait qui ne convient qu'à des esclaves : si l'on n'eût voulu que nourrir ce feu sacré, qui brûle dans mon cœur aussi ardemment que dans celui des hommes qui parlent sans cesse de l'impétuosité de leur caractère, de si grands dissentiments n'auraient
10 pas éclaté dans cette Assemblée. Je sais aussi que, dans des temps révolutionnaires, il y aurait autant de folie à prétendre calmer à volonté l'effervescence du peuple,

---

— 11 Pourquoi cette restriction ? — 12 Allusion au discours de Cicéron pour décider le Sénat à agir contre la conjuration de Catilina.

— 1 Membres du club modéré qui siégeait dans le couvent des Feuillants, près des Tuileries. — 2 Jour de la prise des Tuileries et de l'arrestation de Louis XVI.

qu'à commander aux flots de la mer d'être tranquilles quand ils sont battus par les vents ; mais c'est au législateur à prévenir autant qu'il peut les désastres de la tempête par de sages conseils ; et si, sous prétexte de révolution, il faut, pour être patriote, se déclarer le protecteur du meurtre et du brigandage, je suis « modéré » !

Depuis l'abolition de la royauté, j'ai beaucoup entendu parler de révolution. Je me suis dit : « Il n'y en a plus que deux possibles : celle des propriétés, ou la loi agraire, et celle qui nous ramènerait au despotisme. » J'ai pris la ferme résolution de combattre l'une et l'autre, et tous les moyens indirects qui pourraient
20 nous y conduire. Si c'est là être modéré, nous le sommes tous, car tous nous avons voté la peine de mort contre tout citoyen qui proposerait l'une ou l'autre.

J'ai aussi beaucoup entendu parler d'insurrection, de faire lever le peuple, et je l'avoue, j'en ai gémi. Ou l'insurrection a un objet déterminé ou elle n'en a pas ; au dernier cas, c'est une convulsion pour le corps politique, qui, ne pouvant lui produire aucun bien, doit nécessairement lui faire beaucoup de mal ; la volonté de la faire naître ne peut entrer que dans le cœur d'un mauvais citoyen. Si l'insurrection a un objet déterminé, quel peut-il être ? De transporter l'exercice de la souveraineté confié à la représentation nationale : donc ceux qui parlent d'insurrection veulent détruire la représentation nationale, donc ils veulent
30 remettre l'exercice de la souveraineté à un petit nombre d'hommes, ou le transporter sur la tête d'un seul citoyen, donc ils veulent fonder un gouvernement aristocratique ou rétablir la royauté. Dans les deux cas, ils conspirent contre la République et la liberté ; et s'il faut ou les approuver pour être patriote, ou être modéré en les combattant, je suis modéré ! Lorsque la statue de la liberté est sur le trône, l'insurrection ne peut être provoquée que par les amis de la royauté... Quelques hommes ont paru faire consister leur patriotisme à tourmenter, à faire verser des larmes. J'aurais voulu qu'il ne fît que des heureux. La Convention est le centre autour duquel doivent se rallier tous les citoyens. Peut-être que leurs regards ne se fixent pas toujours sur elle sans inquiétude et sans effroi. J'aurais
40 voulu qu'elle fût le centre de toutes les affections et de toutes les espérances. On cherche à consommer la Révolution par la terreur ; j'aurais voulu la consommer par l'amour.

« De l'audace, encore de l'audace »

2 septembre 1792 : *la Patrie est en danger*. L'armée des princes, commandée par le duc de Brunswick, s'est emparée de Longwy et encercle Verdun. Prise de panique, l'Assemblée veut se replier sur la Loire. DANTON, qui vient de faire créer le Tribunal révolutionnaire et de réduire les ennemis de l'intérieur, lance ce pathétique *appel à la levée en masse*. Son éloquence *directe* et *populaire* rompt avec l'ordonnance classique : d'instinct, l'orateur accumule tous les éléments de nature à réveiller l'*espérance* et l'*énergie* de l'Assemblée Législative.

Il est bien satisfaisant, Messieurs, pour les ministres d'un peuple libre, d'annoncer à ses représentants que la patrie va être sauvée. Tout s'émeut, tout s'ébranle, tout brûle de combattre, tout se lève en France d'un bout de l'empire [1] à l'autre.

Vous savez que Verdun n'est pas encore au pouvoir de l'ennemi. Vous savez que la garnison a juré de mourir plutôt que de se rendre. Une partie du peuple va se porter aux frontières ; une autre va creuser des retranchements, et la troisième, avec des piques, défendra l'intérieur de nos villes.

— 1 L'Ensemble du pays.

Paris va seconder ces grands efforts. Tandis que nos ministres se concertaient
10 avec les généraux, une grande nouvelle nous est arrivée. Les commissaires de la
Commune [2] proclament de nouveau, en cet instant, le danger de la patrie, avec
plus d'éclat qu'il ne le fut. Tous les citoyens de la capitale vont se rendre au
Champ-de-Mars, se partager en trois divisions : les uns vont voler à l'ennemi,
ce sont ceux qui ont des armes ; les autres travailleront aux retranchements,
tandis que la troisième division restera et présentera un énorme bataillon hérissé
de piques *(Applaudissements)*.

C'est en ce moment, Messieurs, que vous pouvez déclarer que la capitale a
bien mérité de la France entière ; c'est en ce moment que l'Assemblée nationale
va devenir un véritable comité de guerre ; c'est à vous à favoriser ce grand
20 mouvement et à adopter les mesures que nous allons vous proposer avec cette
confiance qui convient à la puissance d'une nation libre.

Nous vous demandons de ne point être contrariés dans nos opérations. Nous
demandons que vous concouriez avec nous à diriger ce mouvement sublime du
peuple en nommant des commissaires qui nous seconderont dans ces grandes
mesures. Nous demandons qu'à quarante lieues du point où se fait la guerre
les citoyens qui ont des armes soient tenus de marcher à l'ennemi ; ceux qui
resteront s'armeront de piques. Nous demandons que quiconque refusera de
servir de sa personne ou de remettre ses armes soit puni de mort. — Il faut des
mesures sévères ; nul, quand la patrie est en danger, nul ne peut refuser son
30 service sans être déclaré infâme et traître à la patrie. Prononcez la peine de mort
contre tout citoyen qui refusera de marcher ou de céder son arme à son conci-
toyen plus généreux [3] que lui, ou contrariera directement ou indirectement les
mesures prises pour le salut de l'État...

Le tocsin qui sonne va se propager dans toute la France. Ce n'est point un
signal d'alarme, c'est la charge sur les ennemis de la patrie *(on applaudit)*. Pour
les vaincre, Messieurs, il nous faut de l'audace, encore de l'audace, toujours de
l'audace, et la France est sauvée *(Applaudissements)*.

Démocratie et Révolution

Ce fragment d'un discours du 7 février 1794 « *sur les principes de morale politique qui doivent
guider la Convention* » permettra de mesurer le contraste entre l'éloquence de ROBESPIERRE et celle
des orateurs précédents. Ce n'est plus ici la vibrante improvisation d'un orateur-né : c'est, laborieusement médité, un *exposé doctrinal* d'une logique implacable, plutôt un prêche qu'un discours
politique. On notera tout ce que ROBESPIERRE doit aux *philosophes du XVIIIe siècle*, surtout à
MONTESQUIEU et à ROUSSEAU, et l'on étudiera sa justification du despotisme révolutionnaire par la
nécessité d'assurer l'avènement de la démocratie.

L a démocratie est un État où le Peuple souverain, guidé par des lois qui
sont son ouvrage, fait par lui-même tout ce qu'il peut bien faire, et par
des délégués tout ce qu'il ne peut pas faire lui-même [1].

C'est donc dans les principes du gouvernement démocratique que vous devez
chercher des règles de votre conduite politique.

Mais pour fonder et pour consolider parmi nous la démocratie, pour arriver
au règne paisible des lois constitutionnelles, il faut terminer la guerre de la liberté
contre la tyrannie, et traverser heureusement les orages de la révolution ; tel est
le but du système révolutionnaire que vous avez organisé [2]. Vous devez encore

---

— 2 La Commune de Paris, qui fournit en
quelques jours 20.000 volontaires. — 3 Animé
de nobles sentiments.

— 1 Cf. Montesquieu, p. 98. — 2 Cf. plus
bas : « Le gouvernement de la Révolution est le
despotisme de la liberté contre la tyrannie ».

10 régler votre conduite sur les circonstances orageuses où se trouve la République, et le plan de votre administration doit être le résultat de l'esprit du gouvernement révolutionnaire combiné avec les principes généraux de la démocratie.

Or, quel est le principe fondamental du gouvernement démocratique ou populaire, c'est-à-dire le ressort essentiel qui le soutient et qui le fait mouvoir ? C'est la vertu : je parle de la vertu publique qui opéra tant de prodiges dans la Grèce et dans Rome, et qui doit en produire de bien plus étonnants dans la France républicaine ; de cette vertu qui n'est autre chose que l'amour de la Patrie et de ses lois [3].

Mais comme l'essence de la République ou de la démocratie est l'égalité, il
20 s'ensuit que l'amour de la Patrie embrasse nécessairement l'amour de l'égalité [4].

Il est vrai encore que ce sentiment sublime suppose la préférence de l'intérêt public à tous les intérêts particuliers, d'où il résulte que l'amour de la Patrie suppose encore ou produit toutes les vertus ; car que sont-elles autre chose que la force de l'âme qui rend capable de ces sacrifices ? Et comment l'esclave de l'avarice ou de l'ambition, par exemple, pourrait-il immoler son idole à la Patrie ?

Non seulement la vertu est l'âme de la démocratie, mais elle ne peut exister que dans ce gouvernement. Dans la monarchie, je ne connais qu'un individu qui peut aimer la Patrie, et qui, pour cela, n'a pas même besoin de vertu ; c'est le monarque : la raison en est que de tous les habitants de ses États, le monarque
30 est le seul qui ait une patrie. N'est-il pas le souverain, au moins de fait ? N'est-il pas à la place du Peuple ? Et qu'est-ce que la Patrie, si ce n'est le pays où l'on est citoyen et membre du souverain [5] ?

Par une conséquence du même principe, dans les États aristocratiques, le mot Patrie ne signifie quelque chose que pour les familles qui ont envahi [6] la souveraineté : il n'est que la démocratie où l'État est véritablement la Patrie de tous les individus qui le composent, et peut compter autant de défenseurs intéressés à sa cause qu'il renferme de citoyens : voilà la source de la supériorité des Peuples libres sur tous les autres. Si Athènes et Sparte ont triomphé des tyrans de l'Asie, et les Suisses des tyrans de l'Espagne et d'Autriche, il n'en faut point chercher
40 d'autre cause ; mais les Français sont le premier Peuple du monde qui ait établi la véritable démocratie, en appelant tous les hommes à l'égalité et à la plénitude des droits du citoyen ; et c'est là, à mon avis, la véritable raison pour laquelle tous les tyrans ligués contre la République seront vaincus.

Il est dès ce moment de grandes conséquences à tirer des principes que nous venons d'exposer ; puisque l'âme de la République est la vertu, l'égalité, et que votre but est de fonder, de consolider la République, il s'ensuit que la première règle de votre conduite politique doit être de rapporter toutes vos opérations au maintien de l'égalité et au développement de la vertu ; car le premier soin du législateur doit être de fortifier le principe du gouvernement [7]. Ainsi tout ce qui
50 tend à exciter l'amour de la patrie, à purifier les mœurs, à élever les âmes, à diriger les passions du cœur humain vers l'intérêt public, doit être adopté ou établi par vous ; tout ce qui tend à les concentrer dans l'abjection du moi personnel, à réveiller l'engouement pour les petites choses, et le mépris des grandes, doit être rejeté ou réprimé parmi vous. Dans le système de la révolution française, ce qui est immoral est impolitique, ce qui est corrupteur est contre-révolutionnaire. La faiblesse, les vices, les préjugés sont le chemin de la royauté.

— 3 Cf. Montesquieu, p. 99 et Rousseau, | emprunté, dans ce sens, au *Contrat. Social*
p. 314. — 4 Cf. p. 99, n. 2. — 5 Terme | (cf. p. 313). — 6 Usurpé. — 7 Cf. p. 98.

INDEX DES GROUPEMENTS THÉMATIQUES

Les chiffres en romain sont ceux des pages où l'on trouvera, dans les *questionnaires* ou les *notices,* de nombreux renvois aux textes à organiser librement en groupements thématiques. Les chiffres en italique renvoient aux textes à lire ou à consulter.

ILLUSTRATIONS

GROUPEMENTS THÉMATIQUES

TABLE DES MATIÈRES

Iconographie : M. de Mlodzianowski, E. Montigny, L. Vacher.

N° d'éditeur : 10122785 – Février 2005
Achevé d'imprimer en France par Mame Imprimeurs à Tours